Richard Douthwaite / Hans Diefenbacher

W0361210

Jenseits der Globalisierung

Handbuch für lokales Wirtschaften

Matthias-Grünewald-Verlag · Mainz

Für den deutschen Spachraum adaptierte Fassung von:
Richard Douthwaite, Short Circuit. Strengthening local economics for security in an unstaible world, Dublin (The Liliput Press) 1996.

© Richard Douthwaite

Aus dem Englischen übersetzt von Hans Diefenbacher, Ulrike Könemann, Franziska Strohmaier, Stefan Wilhelmy

Der Matthias-Grünewald-Verlag ist Mitglied der Verlagsgruppe engagement

Die Deutsche Bibliothek – CIP-Einheitsaufnahme

Douthwaite, Richard:
Jenseits der Globalisierung : Handbuch für lokales Wirtschaften / Richard Douthwaite/Hans Diefenbacher. [Übers. aus dem Engl.: Hans Diefenbacher ...]. – Adaptierte und wesentl. erw. Fassung. – Mainz : Matthias-Grünewald-Verl., 1998
Einheitssacht.: Short circuit <dt.>
ISBN 3-7867-2067-3

© 1998 Richard Douthwaite / Hans Diefenbacher
Das Werk einschließlich aller seiner Teile ist urheberrechtlich geschützt. Jede Verwertung außerhalb der engen Grenzen des Urheberrechtsgesetzes ist ohne Zustimmung des Verlags unzulässig und strafbar. Das gilt insbesondere für Vervielfältigungen, Übersetzungen, Mikroverfilmungen und die Einspeicherung und Verarbeitung in elektronischen Systemen.

Umschlag: Kirsch & Buckel Grafik-Design GmbH, Wiesbaden
Foto: AGRAR SERVICE, Schmalfeld, Technik und Windkraft
Druck und Bindung: Weihert-Druck, Darmstadt

ISBN 3-7867-2067-3

Inhaltsverzeichnis

Vorwort

Das vorliegende Buch ist auf eine eher ungewöhnliche Weise zustande gekommen. Seine beiden Autoren verbindet ein gemeinsames Erkenntnisinteresse: Wie konnte es geschehen, daß die politischen Instrumente, die in den letzten fünfzehn Jahren eingesetzt wurden, um wirtschaftliches Wachstum zu erzielen, in ihrer Summe zu einer zunehmenden Ungleichverteilung des Wohlstands geführt haben, zu einem Auseinanderdriften von Reichtum und Armut nicht nur weltweit zwischen Nord und Süd, sondern auch in unseren Gesellschaften? Gleichzeitig konzentriert sich die wirtschaftliche Macht zunehmend in den Entscheidungsetagen transnationaler Konzerne und Banken auf der einen und supranationaler Finanzinstitutionen wie dem Internationalen Währungsfond und der Weltbank auf der anderen Seite. Der dringend notwendigen langfristigen Perspektive einer ökologisch nachhaltigen Entwicklung wird dort noch immer nicht der Stellenwert eingeräumt, der angemessen wäre, um die Generationen nach uns nicht zunehmend mit unbezahlten Hypotheken für unseren Wohlstand zu belasten: sei es in Gestalt der steigenden Verschuldung, der zunehmenden Umweltzerstörung oder des übermäßigen Ressourcenverbrauchs.

Dies ist das Ergebnis von Analysen, die Richard Douthwaite unter anderem in seinem Buch "The Growth Illusion" und Hans Diefenbacher in seinen Arbeiten zum Band "Verelendung durch Naturzerstörung" vorgelegt haben.[1] Was aber könnte diesen Konzentrationsprozessen entgegengesetzt werden, ohne das Problem der ökologischen Gefährdung – etwa durch "noch mehr Wachstum" – weiter zu verschärfen? Wer Macht und Reichtum erreicht hat, gibt diese Einflußmöglichkeiten freiwillig in der Regel nicht mehr auf, und es scheint so, daß die Regierungen der Nationalstaaten in vielen Fällen – man denke nur an das Weltfinanzsystem – sich ihrer Gestaltungspotentiale selbst beraubt haben.

Für Hans Diefenbacher bestand die Suche nach alternativen Gestaltungsmöglichkeiten im Blick auf die beschriebenen Konzentrationsprozesse zunächst in Versuchen der Beschreibung von Bedingungen für eine Neuordnung der Weltwirtschaft wie auch in einer Auseinandersetzung mit dem Konzept der nachhaltigen Entwicklung.[2] Richard Douthwaite dachte zunächst auch aufgrund einer Anregung von Ed Mayo, dem Leiter der New Economics Foundation in London, an ein praktisches Handbuch zur Beschreibung von Methoden, mit deren Hilfe Gemeinden in ökonomischer Hinsicht wieder selbständiger werden könnten. Aber aus einem Vorhaben, das zunächst auf sechs Monate angelegt

---

1 Douthwaite, Richard (1992): The Growth Illusion. Dublin: Lilliput Press; Diefenbacher, Hans/Ratsch, Ulrich (1992): Verelendung durch Naturzerstörung – Die politischen Grenzen der Wissenschaft. Frankfurt/M.: S. Fischer.

2 Vgl. u.a. Diefenbacher, Hans (1994): "Gerechtigkeit, Nachhaltigkeit und Entwicklung – Leitlinien für eine Veränderung der Weltwirtschaftsordnung", in: Solms, Friedhelm/Mutz, Reinhard/Krell, Gerd (Hrsg.): Friedensgutachten 1994. Münster: Lit-Verlag, 117 – 129.

war, entstand ein Projekt, das fast vier Jahre in Anspruch nahm und zu der Veröffentlichung von "Short Circuit" führte.[3]

Im wesentlichen gab es zwei Gründe dafür, daß die Arbeit an diesem Buch immer umfangreicher wurde. Schon ziemlich am Anfang wurde deutlich, daß eine nur auf die Beschreibung praktischer Methoden konzentrierte Arbeit aller Wahrscheinlichkeit nach an sehr vielen potentiellen Lesern vorbeigehen würde, denn die tagtäglich in den Medien verkündeten Glaubenssätze der herrschenden Wirtschaftswissenschaft sind von den wirtschaftstheoretischen Grundüberlegungen auch des vorliegenden Buches so weit entfernt, daß es notwendig erschien, die Verbindungslinie zwischen Theorie und Praxis sehr detailliert aufzuzeigen. Zum anderen erschien es im Verlauf der Arbeit immer wichtiger, tatsächlich den Versuch zu unternehmen, die ganze Spannbreite von real- und geldwirtschaftlichen Alternativen wenigstens exemplarisch vorzustellen, mit anderen Worten: die Wechselwirkungen zwischen der lokalen Produktion von Gütern und Dienstleistungen einerseits und den lokalen Geld- und Kreditmärkten andererseits zu beschreiben. Damit wuchs nicht nur die Arbeit, sondern auch der Umfang des Buches.

Nachdem sich die beiden Autoren des vorliegenden Bandes schon einige Jahre kannten und Hans Diefenbacher die Entstehung von "Short Circuit" verfolgen und mit Richard Douthwaite immer wieder diskutieren konnte, entstand schon vor dem Erscheinen dieses Buches der Wunsch, eine deutsche Ausgabe zu erstellen. Richard Douthwaite hatte mit "Short Circuit" der Versuchung widerstehen wollen, eine "weltweite" Leserschaft anzusprechen, weil durch das Schwergewicht auf praktische Beispiele von Umsetzungsmöglichkeiten der theoretisch entwickelten Konzepte das Buch dann weniger brauchbar geworden wäre. "Short Circuit" ist für Leserinnen und Leser in Großbritannien und Irland gedacht; die Projekte, die dort vorgestellt werden, stammen weitestgehend aus diesen Ländern. Trotz aller Harmonisierungsbemühungen durch die Europäische Union sind die rechtlichen und institutionellen wie auch ökonomische und soziale Strukturen innerhalb Europas noch immer häufig grundlegend unterschiedlich. Daß es zudem nicht wenige kulturelle Unterschiede gibt, bedarf keiner weiteren Erklärung.[4]

---

3 Douthwaite, Richard (1996): Short Circuit – Strengthening Local Economies for Security in an Unstable World. Dublin: Lilliput Press.

4 Daß in "Short Circuit" mehr irische als etwa schottische Projekte vorgestellt werden, hat jedoch nicht nur damit zu tun, daß Richard Douthwaite in Irland lebt. In Irland wurden im Vergleich zu den meisten anderen Ländern Europas in den letzten Jahren relativ viele Entwicklungsprojekte auf der kommunalen Ebene vorangetrieben. Das ist unter anderem einer besonders augenfälligen Diskrepanz zwischen einer guten Konjunktur und der hohen Langzeit-Arbeitslosigkeit zuzuschreiben: Mitte der achtziger Jahre vertraten viele irische Politiker die These, daß eine Senkung der Inflationsrate und niedrige Lohnabschlüsse in Verbindung mit einer Reduktion der Staatsverschuldung zu einem Schub neuer Investitionen durch in- und ausländische Unternehmen führen würden, die eine Steigerung des Wirtschaftswachstums, die Schaffung neuer Arbeitsplätze und eine beträchtliche Senkung der Arbeitslosigkeit bewirken würden. All das ist eingetreten – nur die Reduktion der Arbeitslosigkeit fand nicht statt. Das Wirtschaftswachstum stieg derart, daß Banken schon von Irland als dem "keltischen Tiger" sprachen. Das Land hat hohe Handelsüberschüsse und wird kaum Probleme haben, die Maastricht-Kriterien für den

In den Monaten nach dem Erscheinen von "Short Circuit" und der guten Aufnahme des Buches in Irland und Großbritannien nahm der Plan einer deutschen Ausgabe festere Konturen an. Die Verbindung der Analyse der Produktion von Gütern und Dienstleistungen auf der einen Seite und geld- beziehungsweise kreditwirtschaftlichen Aspekten auf der anderen wird in der deutschen Diskussion zwar häufig eingefordert, aber nur selten versucht; der Ansatz von Richard Douthwaite kann diese Diskussion befruchten. Außerdem analysiert das Buch vielfältige Verbindungslinien zwischen den Phänomenen der Globalisierung und konkreten lokalen ökonomischen und sozialen Bedingungen – wobei diese Analyse jedoch nur der Ausgangspunkt ist für den Versuch, möglichst umfassend aufzuzeigen, auf welche Weise auch im "Zeitalter der Globalisierung" lokale Handlungsspielräume erarbeitet und so neu eröffnet werden können. In diesem Sinn ist das Buch auch eine Bemühung, gegen einen bestimmten Typus der intellektuellen Resignation anzugehen, die auf der einen Seite zwar die vorgebliche Unentrinnbarkeit säkularer Trends beklagt, sich auf der anderen Seite jedoch nur ungern auf die "Niederungen" empirischer Detailfragen einläßt.

Während der Arbeit an der Übersetzung aus dem Englischen stellte sich sehr schnell heraus, daß eine reine Übertragung des Buchtextes nicht nur aufgrund der bereits genannten Konzentration auf die Schilderung von Projekten aus Großbritannien und Irland kaum sinnvoll gewesen wäre. In der Tat gibt es im deutschsprachigen Raum eine ganze Reihe von Fallbeispielen, die zur Illustrierung der theoretischen Aussagen des Bandes für die hiesige Leserschaft sehr viel besser geeignet sind, da deren Übertragbarkeit auf andere Regionen in Deutschland weit eher gegeben ist. Daher finden die Leserinnen und Leser des vorliegenden Bandes zum Teil aktualisierte und übersetzte Fallstudien aus "Short Circuit", zum Teil jedoch – anstelle einiger Studien aus dem englischen Buch – für den vorliegenden Band neu recherchierte Fallstudien. Wo wir uns dafür entschieden haben, längere Passagen aus "Short Circuit" in das vorliegende Buch nicht aufzunehmen, haben wir das in Fußnoten vermerkt. Das nächste Kaptitel "entführt" die Leserinnen und Leser dennoch nach Irland, weil das dort beschriebene Beispiel die Problemkonstellation, um die es im vorliegenden Buch geht, besonders deutlich zum Ausdruck bringt.

Jedoch sind auch die theoretischen Teile von "Short Circuit" nicht ohne Modifikationen übertragen worden. Eingeflossen sind hier die Erkenntnisse aus jenen Arbeiten zum Thema der nachhaltigen Wirtschaftsentwicklung von Regionen, an deren Zustandekommen Hans Diefenbacher vor allem in Zusammenarbeit mit Volker Teichert beteiligt war.[5] Viele Ergebnisse aus diesem Projektzusammenhang, der durch die Auseinandersetzung mit "Short Circuit" sehr befruchtet worden war, konnten nun für die Erarbeitung des hier vorliegenden Textes verwendet werden.

Euro zu erfüllen. Aber trotz dieser Erfolge gibt es keine Anzeichen dafür, daß vor allem die Langzeit-Arbeitslosen davon profitieren würden. Daher vertrauen sehr viele Menschen nicht mehr darauf, daß die Regierung oder fremde Investoren ihnen Arbeit bringen werden, und engagieren sich in den Projekten, von denen in dem Buch die Rede ist.

5 Vgl. Diefenbacher, Hans/Karcher, Holger/Stahmer, Carsten/Teichert, Volker (1997): Nachhaltige Wirtschaftsentwicklung im regionalen Bereich [Texte und Materialien Reihe A, Bd. 42]. Heidelberg: FEST.

Trotzdem ist das Buch nach wie vor auch als praktisches Handbuch gedacht. Daher sollte sich niemand verpflichtet fühlen, es von Anfang bis Ende durchzuarbeiten. Wir empfehlen aber, zunächst die Einführung und die ersten beiden Kapitel zu lesen. Von den dann folgenden vier großen Kapiteln 3 bis 6 mag man lesen, was einen besonders interessiert; Kapitel 7 enthält dann wiederum ein allgemeines Resumée. Wir hoffen natürlich, daß das Buch so geschrieben ist, daß die meisten Leserinnen und Leser sich nicht nur mit ihren jeweiligen Spezialinteressen beschäftigen, zu denen sie in den Kapiteln 3 bis 6 Informationen finden mögen, aber wer sich zum Beispiel intensiv mit Windenergie beschäftigt, könnte nach den Kapiteln 1 und 2 als nächstes Kapitel 5 ansehen und danach die Kapitel über die geld- und kreditwirtschaftlichen Aspekte lesen, um zu sehen, wie derartige Projekte begonnen und durchgeführt werden können.

Sehr viele Menschen haben geholfen, daß dieses Buch und sein englischsprachiger Vorläufer entstehen konnten.[6] Da ist zunächst Ed Mayo (New Economics Foundation (NEF), London) zu nennen, der eine Startfinanzierung von der Goldsmith Foundation vermittelte. Helena Norberg-Hodge, Direktorin der International Society for Ecology and Culture, (ISEC), vermittelte einen weiteren Zuschuß des Peter and Máire Buckley Funds, der für die Recherchen zum Problembereich der Globalisierung verwendet werden konnte. Sowohl ISEC als auch NEF haben durch vielfältige Informationen, durch Ratschläge und Ermutigungen die Entstehung des Buches weit über die genannten finanziellen Zuwendungen hinaus unterstützt. Aktie Strohalm (Utrecht/NL) hat die Arbeit an den geld- und kreditwirtschaftlichen Kapiteln indirekt gefördert, da Richard Douthwaite als Gutachter in einem Projekt dieser Organisation tätig war, bei dem es darum ging, für den Weltrat der Kirchen in Genf eine Expertise über das Potential lokaler Tauschringe und Kreditgenossenschaften zusammenzustellen. Auch hier ging die Unterstützung weit über das Finanzielle hinaus, da Aktie Strohalm viele Informationen und Ideen für die Kapitel 3 und 4 beisteuerte. Schließlich muß die Schumacher Society in den Vereinigten Staaten von Amerika – und hier besonders Robert Swann und Susan Witt – genannt werden, die überaus gastfreundlich Unterkunft und Zugang zu ihrer umfangreichen Bibliothek gewährte. Trotz der nur bescheidenen Mittel, die der Gesellschaft zur Verfügung stehen, ist sie wohl die wichtigste Informationsquelle zu allen Fragen lokaler Ökonomie in den USA.

Die Erstellung der deutschen Ausgabe wurde entscheidend durch einen Zuschuß aus Mitteln des ABP gefördert, der von Kairos Europa vermittelt worden war, einer Vereinigung von kirchlichen Basisgruppen. Wiederum auf indirekte Weise unterstützt wurde die Erarbeitung des vorliegenden Buches durch die Landesanstalt für Umweltschutz (LfU) Baden-Württemberg, da die Ergebnisse zweier Forschungsprojekte, die die LfU im Rahmen des Projektverbunds "Angewandte Ökologie" aus Mitteln des baden-württembergischen Ministeriums für Umwelt und Verkehr an die Forschungsstätte der Evangelischen Studiengemeinschaft in Heidelberg vergeben hatte, die Datenbasis der vorliegenden Veröf-

6 In "Short Circuit", 375f. findet man eine Liste all jener Personen, die mit Auskünften oder Anregung das Zustandekommen des Buches gefördert haben.

fentlichung wesentlich verbreitert hatte. Bei allen diesen Organisationen und Institutionen möchten wir uns herzlich für ihre Unterstützung bedanken.

Nicht möglich ist es uns, all jene Menschen namentlich zu erwähnen, die uns freundlich bei unseren Recherchen Auskunft gegeben, uns ihr Material großzügig zur Verfügung gestellt oder uns mit wertvollen Hinweisen weitergeholfen haben. Stellvertretend für alle diese Menschen nennen wir jene, die mehr als eines der Kapitel gelesen und kommentiert oder mit Informationen gefördert haben: Es sind dies Gillies MacBain, Henk van Arkel, Paddy Corcoran, Volker Teichert, Martin Huhn, Martin Gück und Stefanie Manteja. Bei den Genannten und den nicht namentlich Genannten möchten wir uns ebenfalls herzlich bedanken.

Besonders intensiv haben sich die Übersetzerinnen und Übersetzer mit dem Text beschäftigt: Ulrike Könemann, Franziska Strohmaier und Stefan Wilhelmy verdanken wir jedoch außerdem, über die eigentliche Übersetzung hinaus, zahlreiche Verbesserungs- und Überarbeitungsvorschläge. Werner Diefenbacher hat das gesamte Manuskript sorgfältig durchgearbeitet und viele sprachliche und stilistische Ungereimtheiten aufgespürt. Franziska Strohmaier hat über ihre Übersetzungstätigkeit hinaus das Layout des Bandes gestaltet. Ihnen gebührt ein besonderer Dank für ihre zuverlässige Arbeit.

Ohne die geduldige Bereitschaft des Matthias-Grünewald-Verlages, sich auf unser Vorhaben einzulassen, hätte das Buch in dieser Form nicht erscheinen können. Bedanken möchten wir uns hier vor allem bei Bruno Kern, der das Manuskript als Lektor betreut hat.

Wie jede Buchveröffentlichung, so kann auch der vorliegende Band als eine Art Blitzlichtaufnahme betrachtet werden: Es ist ein Zwischenbericht vom Stand sich recht stürmisch entwickelnder Verhältnisse, aufgenommen bis zu dem Zeitpunkt, zu dem wir das Buchmanuskript zum Druck gegeben haben. Wir hoffen sehr, daß manches von dem, was wir hier ausführen, recht rasch veraltet; andere Aussagen des Buches werden durch die zukünftige Entwicklung vielleicht erst so richtig plausibel werden. Bei der Veröffentlichung von "Short Circuit" wurde im dortigen Vorwort die These aufgestellt, daß lokale Alternativen zu fremdbestimmten Bestrebungen zur Globalisierung um so leichter Fuß fassen können, je vollständiger die regionale Infrastruktur (noch) vorhanden ist und je funktionstüchtiger die sozialen Strukturen einer Gemeinde (noch) sind.[7]

7 Das Gefälle im Erfolg regionaler Initiativen zwischen Irland und England kann vermutlich zumindest teilweise auf eben die unterschiedliche Erhaltung traditioneller Strukturen zurückgeführt werden. So hat im Jahre 1994 Muintir ná Tire, ein irischer nationaler Kommunalentwicklungsverband, Gemeinden in North Tipperary untersucht, um deren Entwicklungspotential für neue Betriebe zu analysieren. Eine Gemeinde, die für das Untersuchungsergebnis als typisch anzusehen war, hatte im Jahre 1991 eine Einwohnerzahl von 1.113, ganze 10% weniger als noch fünf Jahre vorher. Aber es gab noch zwei Grundschulen und eine weiterführende Schule, eine Kirche, ein neues Gemeindezentrum, neun Kneipen, drei Tankstellen, vier Lebensmittelläden, ein Stoff- und Kurzwarengeschäft, eine Drogerie, einen Friseur, zwei Ärzte und die Niederlassung einer Kreditgenossenschaft. Eine fahrende Bücherei kam einmal die Woche in den Ort. Schließlich gab es fünf Vereine: einen, der Reisen für seine Mitglieder organisierte, ein Festkomitee, das jedes Jahr ein historisches Fest veranstaltete, einen Dorfverschönerungsverein, eine Schauspielgruppe und die "Gaelic Athletic Association", einen Sportverein; vgl. Mur-

Gerade in den letzten Monaten hat sich jedoch auch in Deutschland gezeigt, daß Bemühungen um die Förderung einer lokalen Agenda 21 durchaus auch von Anstößen, die von außerhalb der jeweiligen Region kommen, sehr profitieren können – und das auch in Regionen, in denen die Zerstörung der langsam gewachsenen Strukturen durch Prozesse der Globalisierung schon sehr weit fortgeschritten ist. In diesem Sinne haben die Förderprogramme in Nordrhein-Westfalen und Hessen, die "Charta von Aalborg" und die Arbeiten der International Coalition for Local Environmental Initiatives spürbare Wirkungen entfaltet.

Wenn unser Buch dazu beiträgt, einige durchaus in wissenschaftliche Gewänder gekleidete Vorurteile über den Prozeß der Globalisierung bloßzulegen und einige Informationen und Anregungen zu geben, um das Nachdenken über mögliche neue Wege zu befördern, dann hätte es seinen Zweck erfüllt. Neue Wege lassen sich nicht finden, wenn man das Rad einfach zurückdrehen will; aber auch im Rahmen vorwiegend theoretischer Analysen können sie unseres Erachtens kaum erschlossen werden. Am aussichtsreichsten erscheint uns eine Herangehensweise, bei der theoretische Einsichten immer wieder durch detaillierte empirische Untersuchungen kontaminiert werden. Einen solchen Versuch muten wir den Leserinnen und Lesern dieses Buches zu, ohne auch nur im Ansatz vorgeben zu wollen, daß wir die angesprochenen Themen erschöpfend behandeln können. Kritik, zusätzliche Informationen und Anregungen für eine Weiterarbeit sind uns jederzeit willkommen; bitte schreiben Sie uns an eine der angegebenen Adressen.

Mannheim/Westport, im Juli 1998

Richard Douthwaite
Cloona
Westport, Co. Mayo
Irland
e-mail:
rdouth@iol.ie

Hans Diefenbacher
FEST
Schmeilweg 5
D – 69118 Heidelberg
e-mail:
hans.diefenbacher@bund.net

---

phy, Ryan and Associates Ltd. (Hrsg.) (1994): Towards Developing Community Enterprise: A Preliminary Study of Four Tipperary Parishes. Limerick: Muintir ná Tire.

Einführung

An einem strahlenden Junitag liegt eine kleine Personenfähre, die "Dún Aengus", zwischen ein paar kleinen Fischkuttern im Hafen von Cleggan im Westen von Irland. Kurz vor dem Ablegen der Fähre um 14 Uhr nach Inishbofin, einer kleinen Insel acht Kilometer vor der Küste mit etwa 180 ständigen Bewohnern, läuft ein Mitglied der Besatzung den Pier entlang. Er trägt ein Tablett mit der Aufschrift "Pat the Baker"; auf dem Tablett sind französische Baguettes und süße Brötchen, und er stellt es auf einem Lukendeckel auf dem Deck der Fähre ab. Fünf Minuten später rangiert ein Zwölf-Tonnen-Lastwagen mit dem Logo eines Gemüsegroßhändlers rückwärts auf den Pier. Mit der Laderampe an der Rückseite des Lkw lädt der Fahrer eine Palette voll mit Lebensmitteln auf die Mole neben dem Fährschiff. "Habt ihr keinen Ausleger, um die Sachen an Bord zu nehmen?" fragt er die Besatzung. "Haben wir nicht", sagt einer von ihnen und nimmt ein Messer aus seiner Tasche, um die schwere Plastikfolie aufzuschneiden, mit der die Ladung auf der Palette verpackt ist. Der Kapitän, Paddy O'Halloran, der das Postschiff der Insel jetzt über dreißig Jahre steuert, kommt aus dem Ruderhaus; wir schließen uns an, und die Güter wandern mit Hilfe einer kleinen Menschenkette von der Palette auf das Deck des Schiffes.

Was wir da verladen, ist ein ganz guter Querschnitt dessen, was auf der Insel in der kommenden Woche gebraucht wird: Zucker und Kekse sind dabei, Gläser mit Marmelade, Mehl und Margarine, Toilettenartikel und Wegwerfwindeln gehen von Hand zu Hand, bis ein großer Teil des offenen Decks mit Kartons vollgestapelt ist. Wir wundern uns über die Anzahl von Kisten mit Coca-Cola-Einwegflaschen und fragen uns wieder einmal, ob hier die Verpackung in der Produktion mehr kostet als der Inhalt. Später sehen wir auf der Insel einen halbherzigen Versuch, die Vorgänger dieser Flaschen loszuwerden: Sie werden zusammen mit anderem Verpackungsmaterial am Strand in der Nähe der Mole verbrannt. Wenn die Flut kommt, werden die Überreste in den Hafen gespült. Ein Teil davon wird aufgrund der üblichen Windrichtung an der Küste Irlands angeschwemmt werden, aber das meiste verteilt sich auf dem Strand dort, wo die Flut ihren Höchststand erreicht. An der Mole von Inishbofin finden wir auch einen Stapel von Tabletts für die Backwaren, die aus unerfindlichen Gründen den Weg zurück in die Fabrik von "Pat the Baker" nicht mehr geschafft haben – nach Granard, County Longford, über 160 Kilometer entfernt von hier.

Nach einer sanften vierzigminütigen Überfahrt über eine glitzernde See werden die Vorräte in einen Anhänger geladen, der dann mit einem Traktor bis zu Day's Laden gezogen wird, der weniger als 150 Meter von der Landungsstelle entfernt liegt. Dort zeigt sich das ganze Ausmaß der Abhängigkeit Inishbofins von der Außenwelt. Die Milch wurde in gewachste Kartons gepackt, sechzig Kilometer entfernt in Oranmore, am anderen Ende von Galway. Die Eier kommen aus dem County Monaghan, der tiefgefrorene Fisch aus dem County Donegal, Käse, Butter und Speckscheiben aus dem "Golden Vale", einer besonders fruchtbaren Ebene im County Cork. Aber viele Bewohner Inishbofins haben noch selbst erlebt, daß diese Insel einmal große Mengen Eier und Butter nach dem Festland geliefert hat und daß die Fischerei über 200 Mann beschäftigt hatte. Was ist falsch gelaufen? Warum wird auf einer Insel so wenig produziert, auf der noch vor einhundert Jahren fast der gesamte Bedarf an Kleidung durch Spinnen, Weben und Stricken selbst gedeckt, auf der sogar Flachs für den Bedarf der Fischer angebaut wurde? Wir wollen dieser Frage nachgehen, weil nur fünf oder sechs der verbleibenden 75 Haushalte auf Inishbofin nicht fast zur Gänze von Rentenzahlungen, Arbeitslosenunterstützung oder Sozialhilfe abhängig sind.

Es ist nicht schwer, Gründe zu finden, die zum Verlust der Selbständigkeit der Insel beigetragen haben. Als erstes fragen wir Margaret Day, die bis vor kurzem Day's Hotel neben dem Laden geführt hat und gleichzeitig viele Jahre lang die Krankenschwester der Insel war. Sie sagt, daß die Elektrizität, die es seit Anfang der achtziger Jahre auf Inishbofin gibt, den Menschen ermöglicht hat, ihre Milchkühe abzuschaffen. "Weil die Fähre bei schlechtem Wetter oft tagelang die Insel nicht erreichen kann, mußten die Leute eine Kuh halten, wenn sie ihre frische Milch sicher haben wollten. Nachdem der Strom da ist, können sie jetzt gekaufte Milch in ihrem Eisschrank lagern."

Heute gibt es tatsächlich nur wenige Kühe auf der Insel, zumal die "Kopfprämie" für Schafe, die die Europäische Union zahlt, diese Tiere viel attraktiver gemacht hat. Die Kühe, die noch da sind, werden noch nicht einmal immer gemolken. "Es ist sehr schwierig, sie an das Melken von Hand zu gewöhnen, wenn sie einmal ein Kalb gesäugt haben", sagt Margaret Murray, die das andere Hotel der Insel betreibt, das Doonmore. "Ich würde gerne Milch von der Insel hier im Hotel verwenden, aber das Gesundheitsamt besteht darauf, daß Milch pasteurisiert werden muß, bevor sie Gästen angeboten werden darf. Die Maschinen dafür sind so teuer, daß das nicht in Frage kommt."

Als 1993 auf Inishbofin ein Kurs im Käsemachen abgehalten werden sollte, gab es dort kaum genug Rohmilch, um die Technik vorzuführen. Keine der sieben Kursteilnehmerinnen, Margaret Murray eingeschlossen, hat seitdem praktizieren können, was sie gelernt hat. Es wird auf der Insel auch nicht mehr gebuttert, obwohl im Speiseraum des Doonmore ein Butterfaß steht. Margaret Day erzählt: "Das bedeutet, daß es keine Buttermilch gibt, um Soda-Bread – eine Brotspezialität, für die Buttermilch verwendet wird – zu backen. Wir kaufen die Buttermilch vom Festland, aber daß man sie kaufen muß, hält wieder viele Leute davon ab, ihr eigenes Soda-Bread zu backen."

Es gibt noch einen Grund, warum so wenig Rindvieh gehalten wird: Es ist schwierig, die Tiere zum Markt zu transportieren. Sie müssen mit Schlingen unter ihren Bäuchen auf das Frachtschiff der Insel gehievt werden – das ist die "Leenane Head", ein schönes Schiff aus Holz, etwa 15 Meter lang, 1906 in Schottland gebaut. "Diese Prozedur und die Fahrt übers Meer regt sie auf", sagt Margaret Murray, "und sie müssen einen Tag ausruhen, bevor man sie weitertransportieren kann. Das macht es teuer und schwierig für die Inselbewohner, sie selbst zum Markt zu bringen. Normalerweise kommen Händler vom Festland, kaufen das Vieh billig, und die Bauern behalten die Tiere noch auf ihrer Weide, bis der Transport organisiert wird – das kann zwei bis drei Monate dauern. Die Bauern kommen damit nur schwer zurecht, denn sie können nicht dann verkaufen, wann sie wollen. Schafe bekommt man leichter aufs Festland hinüber."

Fast alles Fleisch wird nach Inishbofin gebracht. Vor einigen Jahren hatte Margaret Murray, die damals dem Development Association's Committee der Insel angehörte,[8] die Idee, einen Schlachthof zu bauen, so daß die Leute auf der Insel ihren Bedarf nicht mehr bei einem Metzger auf dem Festland decken müßten. Sie hatte an etwas Kleines und Einfaches zur Verarbeitung von Schafen gedacht, aber der Kreisrat verwies auf eine allgemeine Vorschrift, auf deren Einhaltung er bestand. "Der genormte Schlachthof wäre auch für Rinder groß genug gewesen, und die Wände sollten bis hoch zu den Decken gekachelt werden. Das war einfach zu teuer, und so geschah gar nichts." Noch immer werden einige Schafe auf der Insel geschlachtet und wird ihr Fleisch verkauft, aber das geschieht heimlich, um einer Anzeige zu entgehen. Damit hat die Starrheit der Behörde zum denkbar schlechtesten Ergebnis geführt: Tiere werden völlig unkontrolliert und unter gänzlich ungeeigneten Bedingungen geschlachtet.

Obwohl es auf der Insel früher genug Räucherkammern gab, so daß der Fischfang nach ganz Europa und sogar nach Afrika verschickt werden konnte, wird heute Fischerei in nur ganz geringem Ausmaß betrieben. Zwei außer Dienst gestellte Trawler liegen an der Mole fest vertäut; sie erwecken nicht den Eindruck, als würden sie jemals wieder auslaufen. Der einzige seetüchtige Fischkutter, der noch übrig ist, ist die Northern Ranger, aber er wird meistens nur benutzt, um Touristengruppen zu den Nachbarinseln Inishturk und Inishark zu bringen. Sein Besitzer, Gustin Coyne, verdient sein Geld hauptsächlich dadurch, daß er das Elektrizitätswerk der Insel wartet und Elektroreparaturen auf der Insel ausführt. "Noch vor ein paar Jahren", erzählt er, "konntest du im Sommer gut davon leben, wenn du drei Dutzend Hummer-Kästen ausgesetzt hast. Heute könntest du noch nicht mal von dreihundert leben." Langsam verblaßt auch die Erinnerung an die Zeit vor dem Zweiten Weltkrieg, als ein Franzose mit Namen Samzun jedes Jahr mit seinem Schiff herüberkam und den Einheimischen half, lebende Hummer nach England zu bringen.

Der Fischbestand, den es früher in den Gewässern um Inishbofin herum gab, ist größtenteils nicht mehr vorhanden. Die Makrelen, die man zwischen März und Juli fing, die Heringsschwärme, die zur Erntezeit auftauchten, Dorsch und Lengfisch: Sie alle wurden durch Überfischen dezimiert oder werden jetzt durch größere Kutter gefangen, die weiter draußen arbeiten. Auf Inishbofin begann der Niedergang jedoch schon in den zwanziger Jahren. Vordem waren Aufkäufer sogar von Deutschland oder den Shetland-Inseln gekommen, denn die Fanggründe um Inishbofin wurden weltweit zu den ergiebigsten gerechnet. In den vierziger Jahren des 19. Jahrhunderts bevölkerten bis zu zehntausend Fischer die Insel, wenn die Fischschwärme gerade in die Nähe zogen.

---

8 In den meisten irischen Gemeinden gibt es ein solches Komitee, das auf völlig freiwilliger Basis arbeitet, keine festgesetzten Pflichten, aber auch keine verbrieften Rechte hat. Jede Bürgerin und jeder Bürger einer Gemeinde kann die Jahreshauptversammlung der Development Association besuchen und die Mitglieder des Komitees wählen – oder sich wählen lassen. Das Komitee kümmert sich dann um die Verwirklichung von Anregungen und Vorschlägen zur Förderung der Wirtschaft, zur Verbesserung sozialer Einrichtungen und zur Verschönerung der Gemeinde.

Gustin Coyne sagt, daß die Zugeständnisse, die die irische Regierung Anfang der siebziger Jahre im Zuge der Beitrittsverhandlungen zur damaligen EWG gemacht hat, dem heimischen Fischereigewerbe den Todesstoß versetzt haben. Fischkutter aus anderen Staaten dürfen jetzt vermehrt in irischen Hoheitsgewässern fischen – dafür gibt es im Rahmen der Brüsseler Gemeinsamen Agrarpolitik höhere Abnahmepreise für landwirtschaftliche Produkte. "Als diese Vereinbarungen getroffen wurden", sagt Gustin Coyne, "wußte die Regierung weder, wieviele Fischkutter es in diesem Land gab, noch wie groß sie waren. Das zeigt, wie unwichtig dieses Gewerbe für sie war. Ich gebe Euch ein Beispiel für die Folgen des Vertrages. Langusten brachten uns bis vor wenigen Jahren wichtige und wertvolle Fangerträge, doch die Spanier fanden die Route, auf denen die Langusten in Richtung Norden ziehen, und begannen, diese Gewässer zu befischen. Die Langusten wechselten ihre Route, aber die Spanier fanden auch die neue. Jetzt gibt es hier nur noch sehr wenige Langusten, und wir können nichts dagegen machen."

Es wäre schön, wenn wir unsere Aufzählung des Schlechten beenden und die Aktivitäten auflisten könnten, die die Inselbewohner begonnen haben, um einen Ausgleich für Fischerei und Landwirtschaft zu schaffen. Leider gibt es nichts zu berichten – außer über ein wenig Tourismus, aber der besteht meist nur aus Tagesausflüglern während der Sommermonate. Nein – die Litanei der Klagen über Verluste muß fortgesetzt werden. Zum Beispiel wäre die Insel ideal, um Geflügel freilaufend zu halten, weil es dort keine Füchse gibt – ein ernstes Problem für Kleinbauern auf dem Festland. Dennoch halten nur wenige Leute Hühner oder Gänse auf der Insel, und Margaret Murray sagt, daß es schwierig ist, Eier von hier für ihr Hotel zu bekommen, obwohl sie es versucht. Allerdings würde es die Abhängigkeit der Insel von der Außenwelt auch kaum reduzieren, wenn hier Hühner gehalten und anstelle der Eier nun das Futter für die Hühner importiert würde. Früher fütterten die Inselbewohner ihre Geflügelherden mit Hafer und Kartoffeln, die sie selbst anbauten und die auch ein wichtiger Bestandteil ihres eigenen Speisezettels waren. Heute werden nur noch kleine Stückchen Land damit bebaut.

Die handwerklichen Traditionen der Insel verschwanden schon um die Jahrhundertwende. Bootsbauer, Schmiede, Schuhmacher, Schneider, Weber und Näherinnen – sie alle fanden keine Nachfolger mehr. Als sie starben, trat niemand an ihre Stelle, denn die Kinder der Insel verloren mit der Zeit ihre Bindungen zu ihrem Geburtsort. Sie wurden als Kostgänger auf weiterführende Schulen auf das Festland geschickt und suchten ihre beruflichen Chancen dann meist woanders. Als Folge davon sank die Zahl der Haushalte von 186 im Jahr 1893 auf 74 hundert Jahre danach. Die Bevölkerung nahm noch deutlicher ab, nämlich über 80%. Die Mehrzahl der Haushalte besteht heute aus nur einer Person oder einem älteren Ehepaar. Nur 21 Kinder besuchen zur Zeit die Grundschule der Insel. Allein aufgrund der unausgewogenen Altersverteilung wird die Zahl der Inselbewohner bis zum nächsten Zensus im Jahre 2001 unter 100 sinken, sofern nicht neue Bewohner zuziehen oder Auswanderer zurückkehren. Damit würde die Zahl der Einwohner fast auf das Niveau sinken, bei dem die irischen Behörden die Aufrechterhaltung der Versorgung auf der Insel für zu kostspielig halten – was bedeutet, daß dann das Verlassen der Insel subventioniert würde. Von der Nachbarinsel Inishark wurden die letzten verbleibenden sechs Familien, insgesamt 23 Personen, im Oktober 1960 auf das Festland umgesiedelt.

Während eines Aufenthaltes im Jahre 1993 sagten uns einige Inselbewohner, daß sie befürchteten, die Kreisverwaltung von Galway County hätte schon beschlossen, Inishbofin aufzugeben, weil seit mehreren Jahren der Bau von Häusern nicht mehr staatlich gefördert worden wäre; Antragstellern wurden dagegen Häuser auf dem Festland angeboten. Andere widersprachen und sagten, daß es keine Anzeichen dafür geben würde, daß die Kreisverwaltung den allmählichen Rückzug plane, da sie im vorangegangenen Jahr gerade 2,5 Mio. irische Pfund – etwa 6,4 Mio. DM – für den Bau einer häßlichen Hafenmauer aus Beton und Stahl ausgegeben hatte. Von dieser Mauer sagte der Dichter Richard Murphy, der in den frühen sechziger Jahren mit seinem alten Küstensegler "Ave Maria" die ersten Tagestouristen auf die Insel gebracht hatte, daß sie die Ästhetik des einst so schönen, natürlichen Hafens völlig verunstaltet hätte.

Beide Parteien waren jedoch mit den Dienstleistungen unzufrieden, die die Kreisverwaltung offerierte. Anfang 1995 hatten Winterstürme Teile der Küstenstraße so sehr unterspült, daß – nach den Worten des Priesters der Insel, Father Paddy Sheridan – "man sich fürchten mußte, die Straße nach dem Essen entlangzulaufen, weil einen das zusätzliche Gewicht ins Meer befördern könnte[9]." Die Vollversammlung der Insel stimmte nun dafür, sich wieder dem County Mayo anzuschließen, zu dem Inishbofin bis 1872 gehört hatte. Diese Wahl hatte keinerlei administrative Bedeutung, aber die Reparatur der Straße wurde in der darauffolgenden Woche bewilligt, und der Bau eines öffentlichen Gebäudes kurz danach.

Unser Verdacht geht dahin, daß die Kreisverwaltung überhaupt keine Pläne für Inishbofin vorbereitet hatte und daß der Pier gebaut wurde, weil dafür kein eigenes Geld ausgegeben werden mußte: 30% der Mittel kamen von der Regierung in Dublin und der Rest aus dem Fonds für strukturschwache Regionen der EU. Eins ist dabei gewiß: Über diesen Pier wurde nicht auf Inishbofin entschieden. Sicher, die Inselbewohner hatten gewollt, daß etwas geschieht, weil die Fähre an der alten Mole nicht bei allen Gezeitenständen festmachen konnte. Nur – sie hatten die Idee gehabt, ein paar Felsen wegzusprengen und die Mole bis zu einem kleinen Inselchen im Hafenbecken namens Glasoileán zu verlängern. Das hätte weitaus weniger gekostet als die Mauer der Kreisverwaltung und hätte überdies noch verhindert, daß der hintere Teil des Hafens immer wieder verlandet. Aber es war eben nicht so, daß da jemand gesagt hätte: "Hier haben wir 2,5 Mio. Pfund, die wir für beliebige größere Projekte auf Inishbofin ausgeben können – wie können wir sie am besten einsetzen?" Und deswegen hatte die Kreisverwaltung auch keinen Anreiz, das Geld effizient zu verwenden. Hätten die Inselbewohner darüber bestimmen können, dann hätten sie auf jeden Fall "ihre" Mole verwirklicht und zusätzlich noch einen Schlachthof unter Einhaltung aller Verordnungen gebaut, eine Molkerei und noch verschiedene andere Projekte zuwege gebracht.

---

9 Zitiert von Lorna Siggins in The Irish Times, 7. 4. 1995.

Obwohl die Gelder für den Pier – es handelt sich immerhin um erstaunliche 36.000 DM pro Inselbewohner – mit Sicherheit hätten besser angelegt werden können, so sollte man doch der Kreisverwaltung nicht dafür die Schuld geben, daß sie es nicht getan hat. Der Fonds für strukturschwache Regionen der EU ist nicht als Katalysator für die Entwicklung der Peripherie Europas gedacht, wo die Straßen und Häfen gebaut werden. Es verhält sich umgekehrt: Das Geld wird ausgegeben, damit die Firmen, die in entwickelten Regionen ansässig sind, für ihre Produkte einen besseren Zugang zu den Märkten in der Peripherie bekommen. Natürlich kann eine Straße in beide Richtungen befahren werden, und ein Hafen kann sowohl zum Import als auch zum Export von Gütern benutzt werden. Aber je leichter und je billiger Güter nach Inishbofin oder nach irgendeiner anderen abgelegenen Gemeinde von der Außenwelt gebracht werden können, desto weniger sind die Bewohner dieser Gemeinden gezwungen, diese Güter für sich selbst zu produzieren, und desto mehr wird ihre heimische Produktion der Konkurrenz von Gütern ausgesetzt sein, die unter günstigeren Bedingungen hergestellt werden können. Der häßliche Pier verkörpert den Brükkenkopf der EU; er ist eine Ergänzung des Verteilernetzes und nicht das leuchtende Eingangstor zum Gemeinsamen Markt für die Bewohner von Inishbofin.

Trotz dieses Brückenkopfes versuchen einige der Inselbewohner, den Wettbewerb mit Produzenten von außerhalb aufzunehmen. Eine Witwe, die nicht genannt werden will, bessert ihre Rente auf und backt Weißbrot und Kuchen in ihrer winzigen Küche. Sie verkauft an Nachbarn, die an ihrer Türe läuten. Ihre größte Angst besteht darin, daß eines Tages das Gesundheitsamt, das bei regelmäßigen Besuchen die beiden Hotels und die nur im Sommer geöffneten Restaurants kontrolliert, ihr den Laden schließen wird, denn sie verstößt gegen neu erlassene Verordnungen: Danach müßte jeder, der Lebensmittel zum Verkauf herstellt, einen von seiner privaten Küche getrennten Raum dafür benutzen. "Ich werde den Kontrolleur fragen, was er denkt, was ich tun soll, und ob er von den 50 Pfund die Woche leben könnte, die ich bekomme", sagte sie uns sehr aufgeregt.[10]

Regina King und ihre Freundin Mary Lavelle bauen Gemüse an und verkaufen es in einem Schuppen samstags morgens im Juli und August. "Wir haben Karotten, Salat, Spinat und Erbsen", sagten sie uns 1993: "Wir haben nie so besonders viel, und Mrs. Murray nimmt alles, was übrig bleibt, für das Hotel. Alles wird nur organisch angebaut." Ihre Hauptprobleme waren die Kaninchen – sie sind eine Plage auf der Insel, und alles muß sorgfältig eingezäunt werden – sowie das Salz und der Sand, die von den häufig wehenden starken Winden hereingetragen werden und die zarten Blätter zerfetzen und verfärben. Die beiden Frauen hatten eine staatliche Unterstützung zum Ankauf von Folientunneln beantragt; sie hatten gehofft, daß solche Abdeckungen alle diese Probleme auf einmal lösen könnten und darüber hinaus auch noch die Anbausaison verlängern würden. Die Unterstützung wurde bewilligt, aber Regina bekam ein Kind, und die beiden Frauen verfolgten die Sache erst einmal nicht weiter. Zwei Jahre danach hatten sie ihre Ansicht über die Folientunnel geändert. "Wir glauben, daß die Plastikplanen weggeweht werden", sagt Regina, "was wir wirklich

10 Umgerechnet etwa 130 DM.

brauchen, ist ein richtiges Gewächshaus aus Glas, aber das ist teuer, und dafür bekommen wir keinen Zuschuß."

Vor einigen Jahren gründete sich eine Genossenschaft mit dem Ziel, Lebensmittel zu niedrigeren Preisen als die normalen Geschäfte vom Festland auf die Insel zu bringen. Außerdem war geplant, die leidigen Kaninchen zu erlegen und zu exportieren. Kaninchen waren während des Zweiten Weltkriegs schon einmal gefangen und in England verkauft worden. Unglücklicherweise waren die Organisatoren der Genossenschaft viel zu ambitioniert: Sie schlugen vor, einen Lastwagen mit gekühltem Laderaum zu kaufen, um die Geschäfte auf dem Festland damit abzuwickeln. Das dafür notwendige Kapital und die laufenden Ausgaben für den Lkw hätten das ganze Projekt ruiniert, aber da man sich von diesem Plan nicht lösen konnte, kam das Genossenschaftsprojekt nicht in Schwung. Sein Schicksal war dann endgültig besiegelt, als die Ladeninhaber auf der Insel ihren Lieferanten damit drohten, von ihnen nichts mehr zu kaufen, wenn sie auch die Genossenschaft beliefern würden.

Dr. Steven Royle von der Queen's University in Belfast ist ein Geograph, der die Irland vorgelagerten Inseln studiert hat. Dr. Royle ist überzeugt, daß das Leben dort immer hart gewesen ist. Deswegen sind auch die ersten staatlichen Subventionsprogramme wie der "Congested District Board" so stark unter Druck geraten.[11] "In der Vergangenheit haben die Ressourcen der Inseln die Menschen, die dort lebten, ernährt, aber das materielle Niveau dieses Lebens war in der Tat sehr niedrig. Für das heutige Westeuropa wäre das völlig inakzeptabel. Das Leben war hart, und für viele Menschen war es kurz. Die Inselbewohner hatten nur wenig Besitz, und ihr Leben war sehr einfach; meist waren es Bauern, die für ihren eigenen Bedarf produzierten. Die lokalen Ressourcen wurden oftmals in einem Ausmaß beansprucht, daß ein Ausfall an irgendeiner Stelle zu wirklichen Notlagen führen konnte. Mit Sicherheit war das Leben in materieller Hinsicht nicht komfortabel. Dennoch zeigt eine Vielzahl zeitgenössischer Schilderungen ein sehr vielfältiges soziales und kulturelles Leben."[12]

Thomas Brady, ein Fischerei-Inspektor, beschrieb im Jahr 1873, wie schwierig das Leben auf Inishbofin sein konnte, wenn es Ausfälle bei den lokalen Ressourcen gab. Damals lebten dort und auf der benachbarten Insel 1.250 Menschen:

"Im Zuge meiner dienstlichen Obliegenheiten habe ich in den ersten Monaten dieses Jahres Kenntnis davon erlangt, daß auf den Inseln [Inish]Boffin und [Inish]Shark große Not, an vielen Stellen gar tiefe Verzweiflung herrscht ... Schafe sind Hungers gestorben, die Menschen haben nur noch wenig Lebens-

11 Der Congested District Board war noch von den Engländern als Behörde errichtet worden mit der Zielsetzung, die Lebensbedingungen in den armen, dicht besiedelten Gegenden Irlands zu verbessern – meist an der Westküste. Der Board engagierte sich im Bau von Straßen und Hafenanlagen und versuchte sich an einer Bodenreform. Die Behörde wurde 1923 aufgelöst – das heißt, fast sofort, nachdem den Iren dies möglich wurde.

12 Gespräch am 22. 8. 1995. Solche Berichte finden sich u.a. in den sogenannten "Blasket biographies": Ó Criomhthain, Tomas (1929): The Islandman; Ó Súilleabnáin, Muiris (1933): Twenty Years A-Growing; Sayers, Peig (1936): Peig. Alle Dublin: Talbot Press. Im Internet sind unter http://www.dingle-peninsula.ie/blaskets2.html Informationen über die Blasket Islands und über die genannten Biographien abrufbar.

mittelvorräte, keine Kartoffeln, und viele haben auch kein Saatgut mehr, das sie in diesem Jahr ausbringen könnten ... Die Fischereisaison beginnt jetzt, aber die Inselbewohner haben keine Ausrüstung mehr, um diesem Gewerbe nachzugehen. Ich habe viele Häuser in Boffin und Shark besucht ... In einem Haus bestand das Essen der Menschen aus gekochten Algen mit Napfschnecken ... Nur drei Familien auf Shark haben noch Kartoffeln."[13]

Im Jahre 1886 mußte die britische Regierung ein Kanonenboot, die HMS "Banterer", mit grobem Mehl und Kartoffeln nach Inishbofin schicken, um die Not zu lindern. Auch die Wohnverhältnisse waren schlecht. 1893 schrieb Charles Browne ein Memorandum für die Royal Irish Academy, demzufolge ein typisches Haus zu dieser Zeit aus einer Küche und einem oder zwei Zimmern bestand.[14] Die Mauern waren aus Feldsteinen aufgeschichtet und von innen mit Lehm oder Mörtel verklebt. Ein solches Haus hatte ein Reetdach, und die Fußböden bestanden aus gestampftem Lehm. Die Fenster waren klein und befanden sich ausschließlich an der Vorderseite der Häuser, denn die Grundbesitzer hätten bei einem Haus mit mehr Fenstern die Pacht erhöht. Das beim Hausbau am meisten verwendete Holz war Treibholz, das am Strand gefunden wurde. Die Möblierung bestand aus ein paar Stühlen, einem oder zwei groben Tischen, einer Anrichte mit wenig getöpfertem Geschirr, einem Spinnrad und einem Webstuhl; das Schlafzimmer hatte in der Regel zwei Betten, die rundum mit Vorhängen versehen waren, damit ihre Benutzer einigermaßen ungestört waren, wenn sich noch jemand anders in dem Raum aufhielt. Außerdem gab es ein paar Stühle und vielleicht einen kleinen Tisch. Schweine, Kühe und Hühner wurden bei entsprechender Witterung in das Zimmer gebracht, denn die Grundbesitzer erhöhten die Pacht für das Anwesen auch dann, wenn die Pächter außerhalb des eigentlichen Hauses Ställe für ihr Vieh bauten.

Niemand würde sich wünschen, daß Inishbofin zu diesen Verhältnissen zurückkehrt; mit Sicherheit aber muß es einen Mittelweg geben zwischen den Extremen einer fast vollständigen Autarkie und einer fast vollständigen Außenabhängigkeit, die sowohl die Lieferungen von Gütern als auch die Sozialleistungen wie Arbeitslosenunterstützung, Sozialhilfe und Rentenzahlungen umfaßt. Die Herausforderung, der sich nicht nur diese Insel, sondern der sich alle Gemeinden und Regionen stellen müssen, besteht darin, einen solchen Mittelweg zu finden. Um dieses Problem dreht sich das ganze vorliegende Buch.

Für deutschsprachige Leserinnen und Leser mag Inishbofin zunächst als Geschichte erscheinen, die sehr weit weg von ihrem eigenen Alltag spielt. Aber in Wahrheit sind die Verhältnisse von Inishbofin gar nichts Außergewöhnliches. Zehntausende Gemeinden in Europa teilen dieses Schicksal. Bei Fortbestand der gegenwärtigen Entwicklungstendenzen sind rund 100.000 Gemeinden in Europa in ihrem Bestand bedroht.[15] Nur weil Inishbofin eine Insel ist, können wir

---

13 Zit. in: Concannon, Kieran (Hrsg.) (1993): Inishbofin through Time and Tide. Inishbofin Development Association, 59.

14 Browne, Charles (1893): The Ethnography of Inishbofin and Inishark, Co. Galway. Dublin: Proceedings of the Royal Irish Academy, Series 3, Vol. 3.

15 Vgl. Cooley, Mike (1992): European Competitiveness in the 21st Century, zit. bei Birkhölzer, Karl (1994): "Lokale Ökonomie zwischen Marginalisierung und zukunftsweisender Wirtschaftsweise", in: Gesellschaft für sozialwissenschaftliche Forschung und

die Gemeinde leichter als Einheit begreifen und ihre Probleme erkennen. Läge sie auf dem Festland, würden wir uns nicht dabei ertappen zu bedauern, daß fast alles, was dort gebraucht wird, heransgeschafft werden muß: Wir würden diesen Tatbestand einfach nicht zur Kenntnis nehmen, so wie wir ihn bei anderen Gemeinden ignorieren, die auf ebenso groteske Weise von der Sozialfürsorge abhängig sind und die auch langsam sterben, weil die wirtschaftlichen Aktivitäten, die einmal die Basis ihrer Existenz waren, allmählich versiegen.

Wir erwarten nicht mehr, daß Bewohner von Städten mit einer ähnlichen Arbeitslosenquote wie Inishbofin wieder ihr eigenes Brot backen und ihre Schuhe reparieren; aber ist das nicht genau der Punkt, an dem wir falsch denken? Wieviele Handwerker und Kleingewerbetreibende mußten in den letzten Jahrzehnten auch in deutschen Städten aufgeben, weil sie der Konkurrenz des Industriesystems nicht mehr standhalten konnten? In einer Stadt mit über 300.000 Einwohnern – Mannheim – gab es 1997 keinen einzigen Schuhmacherlehrling mehr. Die "Tante-Emma-Läden" sind zwar zum Sprichwort geworden, aber sie sind – und nicht nur in Mannheim! – fast vollständig verschwunden. Auch der alte Herr in der Vorstadt, der alle Nähmaschinen und Regenschirme reparierte und jedes Ersatzteil auftreiben konnte, hat keinen Nachfolger gefunden, auch nicht der Kfz-Meister, der sich auf die Reparatur von Autokühlern und auf das Ausbeulen verbogener Zierleisten spezialisiert hatte. Die Zerstörung der bäuerlichen Landwirtschaft hat die ländlichen Gegenden verändert, aber das Verschwinden einer lokal selbständigen Infrastruktur aus Handwerk und Einzelhandel hat die zentraleuropäischen Ballungszentren ebenso stark verändert – wenn auch in ganz anderer Weise. Wir kommen darauf noch ausführlicher zurück.

Der Niedergang auf Inishbofin und in einer Vielzahl anderer Gemeinden ist auf den Kollaps der Lebensstile zurückzuführen, die die Menschen über Jahrhunderte befähigt haben, ihre Bedürfnisse im Rahmen des wirtschaftlichen Zusammenspiels auch kleiner Gemeinden zu befriedigen, wenn auch auf einem Niveau, das wir heute für völlig unbefriedigend halten würden. Die größte kulturelle Veränderung war natürlich der Kollaps der bäuerlichen Landwirtschaft. Im Jahre 1926 bezogen in Irland insgesamt 670.000 Menschen den größten Teil ihres Einkommens aus der Landwirtschaft, wobei die Mehrheit davon für sich selbst oder für Familienangehörige arbeitete. Bis zum Jahr 1991 war diese Zahl auf 154.000 Menschen gesunken. Das waren nur noch 14% der Beschäftigten insgesamt, und ihre Zahl nimmt weiter ab, und zwar mit einer Geschwindigkeit von derzeit nahezu einhundert Familien pro Woche. Im County Galway wurden in diesem Zeitraum von 65 Jahren insgesamt 224 Dörfer vollständig aufgegeben. Aus den Counties Galway, Mayo und Roscommon sind allein im Jahr 1986 etwa 10.000 Menschen ausgewandert.

Ähnlich rasante Veränderungen hat es überall in Europa gegeben, insbesondere nach dem Zweiten Weltkrieg. In Deutschland ist der Anteil der Bevölkerung, der in der Landwirtschaft tätig ist, mittlerweile auf unter 3% der Erwerbstätigen insgesamt gesunken, und auch in Baden-Württemberg gibt es mittler-

---

Publizistik (Hrsg.): Lokale Ökonomie – Beschäftigungs- und Strukturpolitik in Krisenregionen. Berlin: Edition Berliner Debatte, 9 – 22.

weile viele Dörfer, in denen es keine einzige Kuh mehr gibt. Im Schlußkapitel zum zweiten Band seines Werkes "L'Identité de la France" schreibt der Historiker Fernand Braudel, daß das alte, bäuerliche Frankreich – "das Frankreich der Marktflecken, Dörfer, Weiler [und] verstreuter Gehöfte"[16] in mehr oder minder unveränderter Form bis 1945 überlebte und dann den "dreißig glorreichen Jahren" zum Opfer fiel, einer Periode einer noch nie dagewesenen wirtschaftlichen Expansion, die bis zu den siebziger Jahren anhielt. Der Todesstoß war schließlich, so die These von Braudel, die Einführung des Traktors:[17]

"...jenes fahrenden Motors, der die raffiniertesten Pflüge ebenso ziehen kann wie die gewaltige Dreschmaschine (eine regelrechte Fabrik auf Rädern) und unter der Last der Garben oder der bereits zusammengepreßten Heu- oder Strohballen schwankende Wagen. Ihm ist auch ohne allen Zweifel zu verdanken, daß die Flurbereinigung durchgeführt werden konnte und eine bäuerliche Familie heute einen wesentlich größeren Betrieb bewirtschaften kann als ehedem. Wie sonst sollten diese Riesenfelder, die heute so vielerorts das Landschaftsbild prägen, auch nur gepflügt werden?"

Braudel fragt sich, warum die bäuerliche Landwirtschaft bis in die jüngste Vergangenheit überleben konnte, und argumentiert wie folgt:[18]

"Aber spielt nicht auch ganz einfach die Tatsache herein, daß das bäuerliche Leben lange Zeit ein gewisses Gleichgewicht des Lebens geschaffen hat, das auch einen Bevölkerungsüberschuß verkraften konnte? Bei Céret, im wieder verwilderten Aspre, wo Brombeergebüsch und Ginster dominieren und baumartiges Heidekraut einen kargen Boden überwuchert, ist, wie mir Adrienne Cazeilles (am 20. Januar 1985) schrieb, 'das Gleichgewicht, wie es sich auf einer nahezu vollständigen Selbstversorgung und einem winzigen Stückchen Markt eingependelt hatte, einem Markt, der mit Import-Export wenig zu tun hatte und noch stark einem Tauschmarkt glich, um 1950 endgültig zusammengebrochen'. Die Bevölkerung hat aufgegeben, alles liegen und stehen gelassen, wie in Kriegszeiten, wenn eine unhaltbare Stellung evakuiert werden muß. Vorher jedoch hat sich diese Stellung selbst verteidigt. Das Leben in den Bauernhäusern (mas) des Aspre war karg, aber keineswegs elend. Wie einer meiner Freunde, Jahrgang 1899, Sohn eines Bauern, scherzend, aber zutreffend formulierte: 'Uns fehlte es an nichts, außer an Geld.'"

Die Menschen von Aspre waren nicht gegangen, weil die Art zu leben dort minderwertiger gewesen wäre als in der "anderen" Welt, der Welt außerhalb; sie gingen, weil diese andere Welt, insbesondere die Industrialisierung, ihren Lebensstil untergraben hatte. Ein neues Agrarsystem hat sie ersetzt, überflüssig gemacht, ein System, das industriell erzeugte Produktionsmittel wie Traktoren verwendet, um Nahrungsmittel zu stetig sinkenden Kosten zu erzeugen, so daß schließlich die Menschen von Aspre ein zu geringes Einkommen aus dem Teil ihrer Produkte erzielten, die sie verkaufen mußten, um die wenigen Güter und Dienstleistungen zu kaufen, die sie nicht selbst herstellen konnten.

---

16 Braudel, Fernand (1986): L'Identité de la France. Deutsch unter dem Titel: Frankreich, 3 Bde., Stuttgart: Klett-Cotta 1989; Zitat Bd. 3, 476.

17 Ibid., 477.

18 Ibid., 478.

Die Industrialisierung hat auch die Besiedelung von Inishark beendet: Einer der Gründe, warum die Menschen Inishark verließen, bestand darin, daß Motorschiffe die Fischbestände befischten, von denen sich die Bewohner der Insel zuvor mit ihren Segel- und Ruderbooten ernährt hatten. In diesen beiden Fällen – und in tausenden anderen ebenfalls – hat unsere Welt Produktionsweisen verloren, die über viele Generationen Familien in die Lage versetzt hatten, mit lokalen Ressourcen und nur sehr wenigen Inputs von außerhalb nachhaltig zu wirtschaften. Die Menschen, die von derartigen Entwicklungen betroffen waren, hatten keine Wahl: Sie mußten ihre weitgehend unabhängige Lebensweise aufgeben und wurden fast zur Gänze von anderen und damit vom Industriesystem abhängig, das schließlich fast alle Produkte ihres täglichen Bedarfs erzeugte. Eine Alternative bekamen diese Menschen niemals angeboten. Es waren jedesmal äußere Umstände, die sie zwangen, nicht mehr fast alles, was sie benötigten, selbst herzustellen, anzubauen oder zu fangen und sich auf den Kauf dieser Gegenstände umzustellen, wozu sie dann Löhne brauchten, die ihnen von einem Arbeitgeber gezahlt wurden – oder Geld, das sie in Form irgendeiner Art von Sozialleistung bekamen.

Wie die Nomaden von seßhaften Bauern verdrängt wurden, so wurden bäuerliche Landwirte und Fischer durch das Industriesystem verdrängt. Der größte Unterschied zwischen den beiden Veränderungen bestand in der rasenden Geschwindigkeit, in der sich die letztere vollzogen hat. Der deutsche Ökonom Alexander Rüstow, 1885 geboren, als das gerade entstandene Deutsche Reich einen rasanten Industrialisierungsprozeß durchmachte, betrachtete die Zerstörung der weitgehend unabhängigen bäuerlichen Lebensweise und ihre Ersetzung durch das Fabriksystem als den Siegeszug einer extremen Form der Tyrannei, und zwar deswegen, weil die Fabrikarbeiter, anders als ihre bäuerlichen Vorfahren, weder Grund und Boden noch Fertigkeiten besaßen, die sie auf eigene Rechnung hätten wirtschaftlich nutzen können, um ihre Familien zu ernähren.[19] Sie hatten daher keine Wahl, als die Löhne und Arbeitsbedingungen zu akzeptieren, die die Fabrikbesitzer ihnen anboten – wie schlecht diese auch immer waren. Dieser neue Typ des Arbeiters war überhaupt nicht mehr in der Lage, seine Lebensumstände selbst zu bestimmen. Auf die Geschichte des frühen Kapitalismus und den Kampf der Arbeiterbewegung müssen wir an dieser Stelle nicht eingehen – uns kommt es hier nur auf die Erkenntnis an, daß heute, nach einer sehr wechselhaften Entwicklung der Industriegesellschaft, die sogar in den verschiedenen Ländern Europas zu ganz unterschiedlichen Verhältnissen geführt hat, eines jedoch überall gleich ist: Heute sind alle Menschen in dieses System der Abhängigkeit verwoben, und es ist sehr fraglich, ob heute überhaupt noch jemand ohne das Industriesystem überleben könnte.

Daß Rüstow die Vorzüge einer bäuerlichen Kultur pries, werden jene lächerlich finden, die sich an der Standardvorstellung von einem Bauern als einem ungehobelten und unzivilisierten Menschen orientieren und die Bezeichnung "Bauer" für sich selber als Schimpfwort empfinden würden. Rüstow ist

19 Vgl. Rüstow, Alexander (1950/57): Ortsbestimmung der Gegenwart – eine universalgeschichtliche Kulturkritik, 3 Bde., Erlenbach/Zürich: Eugen Rentsch, hier besonders Bd. 1: Ursprung der Herrschaft.

aber nicht der einzige geblieben, der die Industrialisierung unter diesem Blickwinkel als mögliche Gefahr ansah. Von vielen möglichen Autoren möchten wir nur noch einen nennen, dessen Lebenswerk um diese Frage kreist: Richard Critchfield war ein amerikanischer Journalist, der von seinen Verlegern die Möglichkeit erhielt, über fünfundzwanzig Jahre lang über das Leben in Dörfern auf der ganzen Welt zu berichten. Critchfield hielt die bäuerliche Kultur für die größte Errungenschaft der Menschheit und war besorgt, daß sich die Industriekultur in einer Weise entwickeln könnte, in der sie keinen angemessenen Ersatz bietet.[20] Ursache dafür ist, daß die Verhaltensweisen und Einstellungen, aufgrund derer bäuerliche Kulturen über Jahrhunderte überlebt haben, in direktem Gegensatz zu jenen Verhaltensweisen und Einstellungen stehen, die vom Industriesystem gefördert werden. Critchfield drängte daher auf eine Suche nach einem Ersatz für die alte bäuerliche Grundlage unserer globalen städtischen Kultur, die sich seiner Ansicht nach bald überall durchgesetzt haben wird.

Das vorliegende Buch versucht jedoch nicht, dem nachzuspüren, was eine solche Suche zutage fördern könnte. Dagegen diskutieren wir eine Möglichkeit, die Critchfield vielleicht zu abwegig fand und sie aus diesem Grunde nicht erörtert hat; daß nämlich Gemeinden oder Gemeinschaften von Menschen – nicht nur auf dem Lande, sondern auch in den Städten – Wege finden könnten, ihrer weiteren Zerstörung durch das industrielle System zu widerstehen, und daß aus ihrem Überlebenskampf eine moderne und zeitgemäße Form einer neuen bäuerlich-handwerklichen Kultur entstehen könnte.

Es wird Leserinnen und Leser geben, die der Auffassung sind, daß Rüstow und Critchfield die bäuerliche Welt verklärt haben und die das Leben in einer traditionellen ländlichen Gemeinde sofort mit Ignoranz, extremer Rückständigkeit, Frömmelei und einem erstickenden Maß gegenseitiger Kontrolle verbinden. Jenen Leserinnen und Lesern möchten wir sagen, daß die neuen Formen gar nicht wie die alten sein können. Tatsächlich wäre es wohl nahezu unmöglich, zu den alten Formen zurückzukehren; zum einen haben sich die Einstellungen und Verhaltensweisen der Menschen zu weit von den Traditionen entfernt, zum anderen gibt es mittlerweile einen ständigen, glücklicherweise nicht mehr zu unterbrechenden Strom von Informationen und Ideen in jede Gemeinde – zunehmend auch über technisch entwickelte Formen der Kommunikation wie das Internet. Welche Gemeinde in der industrialisierten Welt würde heutzutage noch ihrem Priester oder Pfarrer die Rolle der einzigen moralischen Autorität zubilligen?

Trotzdem: In jeder Gemeinde, die sich selbst neu als soziale und ökonomische Organisation begreifen will, wird eine intensive Debatte über die Fragen geführt werden müssen, die wir hier angesprochen haben. Wie kann ein Gleichgewicht gefunden werden zwischen den Interessen und Rechten einzelner auf der einen und der Gemeinde auf der anderen Seite? Die verschiedenen Gemeinden werden unterschiedliche Lösungen finden, doch eines ist sicher: An keinem Ort wird man sich für die besonders restriktiven Verhältnisse der Vergangenheit entscheiden, aber nur wenige Gemeinden werden ohne sehr weitreichende Veränderungen überleben können. Wenn die heutige Gleichgültigkeit und das Un-

---

20 Critchfield, Richard (1994): The Villagers. New York: Anchor Books/Doubleday.

wissen über die Wechselwirkungen zwischen den lokalen Ökonomien und der Weltwirtschaft weiter bestehen bleiben, werden diese Veränderungen den Menschen von einem anonymen Markt aufgezwungen werden, und es wird nicht möglich sein, jene lokalen Handlungsspielräume zu schaffen und zu nutzen, von denen in diesem Buch die Rede ist.

1. Außer Kontrolle

Die Weltwirtschaft hat sich verändert. Seit Anfang der siebziger Jahre ist sie in hohem Maße instabil geworden und begünstigt die Reichen auf Kosten der Armen. Selbst wenn Politiker dies erkennen, können sie diese Entwicklung unglücklicherweise kaum verändern.

Die Trendwende der siebziger Jahre

Zwischen 1950 und 1970 konnten die meisten jungen Menschen in Großbritannien oder auch in der Bundesrepublik Deutschland innerhalb weniger Stunden eine Arbeitsstelle finden, wann immer sie eine brauchten – und dabei spielte es fast keine Rolle, welche Fertigkeiten oder Ausbildung sie hatten.[1] Zugegeben, die Arbeit konnte äußerst einfältig und ohne jede Karrierechancen sein, aber man konnte damit ein Einkommen erzielen, mit dem man erstaunlich gut zurecht kommen konnte. Es war eine wundervolle Zeit, das eigene Leben zu beginnen.

Anfang der siebziger Jahre vollzog sich jedoch eine Trendwende, und weitere zwanzig Jahre später waren in Großbritannien ungefähr ein Drittel und in Deutschland etwa 6% der 18- bis 24jährigen entweder arbeitslos oder "wirtschaftlich untätig"[2] – dieser Begriff wird in Großbritannien auf Menschen angewandt, die aufgegeben haben, dem nachzukommen, was ihnen als ökonomische Funktion zugedacht ist: nämlich durch ständige Arbeitsplatzsuche die Löhne gering zu halten. So verloren diese Menschen jeden Anspruch auf Arbeitslosenunterstützung. In den letzten zwanzig Jahren waren in Großbritannien nie weniger als etwa 100.000 junge Menschen als Folge unzureichender Einkommen wohnungslos.[3] In der Bundesrepublik Deutschland ist die Zahl der Menschen ohne mietvertraglich abgesicherten Wohnraum bis zum Jahre 1996 auf ungefähr 900.000 Menschen gestiegen.[4] Die Anzahl der Diebstähle hat sich

---

1 Daß es in diesen Jahrzehnten gerade auch für niedrig Qualifizierte nicht schwierig war, einen Arbeitsplatz zu finden, wird u.a. aus autobiographischen Schilderungen deutlich: vgl. Trauberg, Ursula (1969): Vorleben. Frankfurt/M.: Suhrkamp, oder Werner, Wolfgang (1969): Vom Waisenhaus ins Zuchthaus. Frankfurt/M.: Suhrkamp. Diese Berichte verdeutlichen allerdings auch, daß dieser Umstand die sozialen Probleme der Gesellschaft nicht lösen konnte.

2 Vgl. Financial Times vom 18. 2. 1993; vgl. Bundesanstalt für Arbeit (Hrsg.) (1993): Amtliche Nachrichten, Arbeitsstatistiken. Nürnberg. Im September 1993 waren 459.928 (6 %) der 18- bis 24jährigen ohne Arbeit.

3 Angabe vom Centre Point, London, 30. 7. 1994.

4 Die genaue Zahl obdachloser Menschen kann für die Bundesrepublik Deutschland nicht genannt werden, weil bisher keine Wohnungsnotfallstatistik geschaffen wurde: vgl. Specht-Kittler, Thomas (1992): "Obdachlosigkeit in der Bundesrepublik Deutschland", in: Aus Politik und Zeitgeschichte B 49/92. Bonn, 32. Statistische Angaben beruhen somit auf Schätzungen: vgl. Bundesarbeitsgemeinschaft Wohnungslosenhilfe e.V. (1996): BAG Informationen. Bielefeld. Im Sinne der BAG ist wohnungslos, wer nicht über einen mietvertraglich abgesicherten Wohnraum verfügt. Die Zahl derer, die ohne jede Unterkunft sind und auf der Straße leben, wird auf 35.000 Menschen geschätzt.

zwischen 1971 und 1992 in Großbritannien fast verdreifacht und in Deutschland verdoppelt.[5] Stewart Lansley vom Henley Centre for Forecasting kommentierte dies so:[6]

"Für viele Jugendliche sind Verbrechen notwendig geworden zum Überleben in dieser Gesellschaft, die sich anscheinend nur um die Sieger sorgt ... Wer heute den neuen Versuchungen des Konsums entgehen will, wird betrachtet, als wolle er die volle Staatsangehörigkeit verleugnen ... Als Folge sehen wir einen wachsenden Mangel an Zugehörigkeitsgefühl in den Gemeinden und ein abnehmendes Bewußtsein für gesellschaftliche Verpflichtungen."

Andere Altersgruppen waren ebenfalls durch den Anstieg der Arbeitslosigkeit betroffen, aber die jungen Menschen traf es am härtesten; das Risiko, arbeitslos zu werden, ist für sie innerhalb der EU doppelt so hoch wie das der anderen Arbeitnehmer. In Frankreich waren im Jahre 1995 zum Beispiel 45% aller Abiturienten und 80% der Abgänger ohne Schulabschluß neun Monate später immer noch ohne Beschäftigung. Robert Castel, ein Soziologe, ist nicht der einzige, der vor den Gefahren eines gesellschaftlichen Zusammenbruchs warnt;[7] daß das Buch von Viviane Forrester zum Bestseller wurde, zeigt, daß sich immer mehr das Bewußtsein entwickelt, daß in den Industriegesellschaften Europas etwas grundsätzlich falsch gelaufen ist.[8]

Nur: *Was genau* ist falsch gelaufen? Wie konnte ein wirtschaftliches System, das Großbritannien oder Deutschland in den "guten Jahren" eine Arbeitslosenquote ermöglicht hatte, die nie über 2% lag, sich so verändern, daß seit nunmehr über zwanzig Jahren die Regierungen in zunehmendem Maße unfähig sind, diesem Problem Herr zu werden? Seit der ersten Hälfte der siebziger Jahre stieg die Arbeitslosigkeit rapide an, um nur in kurzen Phasen des wirtschaftlichen Aufschwungs zurückzugehen; aber sogar dann erreichte die Beschäftigung niemals mehr das Niveau des jeweils vorhergehenden konjunkturellen Hochs. Der Unterschied zwischen den Trends vor und nach dieser Wende ist so ausgeprägt, daß zu Beginn der neunziger Jahre sogar Optimisten sich gezwungen sahen zuzugeben, daß Vollbeschäftigung selbst bei einer Verbesserung der weltwirtschaftlichen Lage unerreichbar geworden ist. In der Bundesrepublik Deutschland wurden schon in den achtziger Jahren die Prozentzahlen der berühmten "Sockelarbeitslosigkeit", die angeblich unvermeidbar ist, laufend nach oben korrigiert, während man 1997 nur noch darüber diskutiert, ob eine Halbierung der Arbeitslosigkeit von 4,4 Mio. Erwerbssuchenden mittelfristig möglich

---

5 Angabe vom Presseamt des Home Office, London, vom 9. 6. 1994; in der Bundesrepublik Deutschland ist die Zahl der Diebstähle von 1.608.645 (1971) auf 3.247.668 (1991 – alte Bundesländer) gestiegen: vgl. Statistisches Bundesamt (1973): Statistisches Jahrbuch. Stuttgart: Kohlhammer; und Statistisches Bundesamt (1994): Statistisches Jahrbuch. Stuttgart: Metzler-Poeschel.

6 Lansley, Stewart (1994): After the Gold Rush. London: Century, 50.

7 Vgl. Guardian vom 13. 4. 1995.

8 Forrester, Viviane (1996):L'Horreur économique. Paris: Fayard; deutsch unter dem Titel: Der Terror der Ökonomie. Wien: Zsolnay 1997.

ist oder nicht.[9] Das Problem ist zu einem strukurellen Problem geworden – entstanden durch Veränderungen in der Funktionsweise der Wirtschaft.

Das Ende von Bretton Woods

Die erste dieser strukturellen Veränderungen ereignete sich exakt am Sonntag, dem 15. August 1971. Präsident Nixon sah sich damals einer Reihe von Problemen gegenüber, die aus der Sicht von heute wie Maulwurfshügel erscheinen, damals aber als schier unüberwindliche Berge wahrgenommen wurden. Aufgrund eines Handelsdefizites von 4 Mrd. US-Dollar und des gleichzeitigen Anstiegs von Arbeitslosenquote und Inflationsrate in Richtung auf 5% wurde der Goldstandard in den USA abgeschafft, womit das letzte feste Bindeglied zwischen Papiergeld und realen Gütern beseitigt wurde. Nixons Entscheidung zerstörte das Währungssystem, das 1944 auf der Basis des Goldstandards in Bretton Woods geschaffen worden war und das darauf beruhte, daß der US-Dollar in Gold und alle anderen bedeutenden Währungen wiederum in US-Dollar konvertibel waren. Innerhalb dieses Systems konnten die Länder ihre im Umlauf befindliche Geldmenge so lange ausweiten, wie sie ihre Wechselkurse mit dem Gold-US-Dollar-Standard aufrechterhalten konnten.[10] Ohne dieses System stützte sich der Wert ihrer Währungen auf nichts als auf das Vertrauen, das in sie gesetzt wurde. Daher schwankten die Wechselkurse als Antwort auf die Launen des Marktes in einem noch nie dagewesenen Ausmaß. Die monetäre Welt hatte kein Fundament mehr, keine Fixpunkte – sie war zu einem "gleitenden Nicht-System" geworden, wie es der deutsche Bundeskanzler Helmut Schmidt bezeichnete.[11] Die Zentralbanken waren seitdem fortwährend gezwungen, ihre Zinssätze und das im Umlauf befindliche Geld an diese Schwankungen anzupassen, wofür die internationale Anerkennung ihrer Volkswirtschaft und nicht das Handelsvolumen maßgeblich wurden. Joel Kurtzman, ein Wirtschaftskolumnist der New York Times, schrieb in seinem 1993 erschienenen Buch "The Death of Money":[12]

"Es war eine Umstellung monumentalen Ausmaßes, die nicht nur das Geld neu definierte, sondern die Möglichkeit schuf, die Zahl der Geschäfte zwischen Unternehmen und Ländern dramatisch zu steigern ... Enorme Arbitrage-Möglichkeiten wurden geschaffen und lieferten den Rahmen für unzählige neue Finanzmarktprodukte. Infolge dieser Umstellung begann auch die Abkopplung der 'Geld'-Wirtschaft von der 'realen' Wirtschaft. Etwas mehr als zwei Jahrzehnte später sind nun die Geldwirtschaft, innerhalb derer Transaktionen nur mit

9 Vgl. Bundesanstalt für Arbeit (Hrsg.) (1997): Amtliche Nachrichten, Arbeitsstatistiken. Nürnberg.

10 Eine prägnante Schilderung der Auswirkungen der Politik der USA findet sich auch bei Kunanayakam, Tamara (1992): "Die internationale Verschuldung der Entwicklungsländer – Ursachen und Interessen. Gewinner und Verlierer", in: Zeitschrift für Evangelische Ethik, 36. Jg., Heft 1, 41-60.

11 Zit. bei Kurtzman, Joel (1993): The Death of Money. New York: Simon and Schuster, 51.

12 Ibid.

Blick auf finanzielle oder spekulative Gewinne getätigt werden, und die reale Wirtschaft, in der Rohstoffe, Güter und Dienstleistungen produziert und gehandelt werden, völlig aus dem Gleichgewicht. Dies ist Nixons wirtschaftliches Vermächtnis."

Von der EWG zur EG

Eine weitere Veränderung vollzog sich, kurz bevor die Arbeitslosigkeit anstieg. Am 1. 1. 1973 traten Großbritannien, Dänemark und Irland der EWG bei, ein Schritt, der von den Regierungen dieser Länder eine stufenweise Harmonisierung ihrer Wirtschaftspolitik mit den sechs Gründungsmitgliedern der EWG erforderte. Dadurch wurde ihre eigene wirtschaftspolitische Freiheit stark eingegrenzt, und die Arbeitslosigkeit dieser drei Staaten – und auch in der EWG insgesamt – entwickelte sich bedeutend schlechter als in anderen Ländern, die ebenfalls mit dem Niedergang des Bretton-Woods-Systems fertig werden mußten, sich aber entschlossen hatten, in der Europäischen Freihandelszone (EFTA) zu bleiben statt der EWG beizutreten.

Die Veränderungen des GATT

Die GATT-Verträge von 1967 (Kennedy) und 1979 (Tokio) haben die wirtschaftspolitischen Steuerungsmöglichkeiten für die Vertragsstaaten ebenfalls stark eingeschränkt. Die Vertragsunterzeichner verpflichteten sich, die Zölle zu reduzieren, die Einfuhren aus anderen Vertragsstaaten auferlegt wurden. Dies schränkte die Möglichkeit ein, mehr Arbeitsplätze durch den Schutz der heimischen Wirtschaft vor ausländischer Konkurrenz zu schaffen. Gleichzeitig konnten Handelsbilanzdefizite nicht mehr durch Einnahmen aus Importzöllen reduziert werden. Als Ergebnis wurde zum Beispiel Großbritannien von einer Flut von Schuhen, Kleidung und Textilien aus Billiglohnländern überschwemmt, und die Beschäftigung in britischen Firmen, die solche Produkte herstellen, sank in der Zeit von 1973 bis 1993 von 973.000 auf 412.000 Arbeitnehmer.[13] Andere Industriezweige waren in ähnlicher Weise betroffen. Im Jahr 1982 war es soweit, daß ein Land, das über ein Jahrhundert in Friedenszeiten immer einen Handelsüberschuß bei Fabrikwaren erzielen konnte und das noch im Jahre 1972 Güter im Wert von 155% der Importe exportiert hatte, in ein chronisches Handelsbilanzdefizit geriet. Bis zum Jahr 1993 war dieses Defizit auf 13,4 Mrd. britische Pfund angewachsen. Wären Waren im Wert dieses Defizits im Inland produziert worden, hätte sich ein deutlich positiver Beschäftigungseffekt ergeben. Umgekehrt muß natürlich gesehen werden, daß ein Land wie die Bundesrepublik Deutschland zusammen mit seinen Handelsbilanzüberschüssen auch ständig Arbeitslosigkeit mit exportiert, seine Beschäftigungsprobleme also auf Kosten seiner Handelspartner zu lösen versucht. Auch dies birgt auf Dauer ein extremes Unsicherheitspotential – dennoch haben deutsche Wirtschaftspolitiker

13 Zahlenangaben von der National Union of Knitwear and Allied Trades, 13. 6. 1994.

das Stabilitätsgesetz von 1967 mit seiner Forderung nach einer ausgeglichenen Außenbilanz offenkundig so weit verdrängt, daß jeder hohe Exportüberschuß als Erfolg und nicht als Gefahrensignal bewertet wird.

Freie Wechselkurse

Ein viertes Element des Strukturwandels war die Beendigung jeglicher Einflußnahme auf den Wechselkurs. In Großbritannien geschah das im Jahre 1979, vier Monate, nachdem die Konservativen unter Margaret Thatcher an die Regierung gekommen waren. Diese Konzession versetzte die Banken und Finanzinstitute, die so großzügig die Kasse für den Wahlkampf der Tories bestückt hatten, in die Lage, ihr Geld weltweit dort anzulegen, wo sie die höchsten Gewinne erzielen konnten. Die Liberalisierung der Finanz- und Kreditmärkte wurde jedoch in allen Industrieländern Schritt um Schritt weiter vorangetrieben, nicht nur in Großbritannien: Wenn beispielsweise, nach Berücksichtigung aller Risiken, ein Projekt in Neu-Guinea den Investoren gewinnbringender erscheint als eines in Neu-Ulm, dann, so meinen die Banken, sollte auch dort investiert werden. Die Tatsache, daß der absolute Nutzen eines Projektes, das in Deutschland verwirklicht wird, aller Wahrscheinlichkeit nach für die hiesige Bevölkerung erheblich höher ist als ein Projekt in Übersee, wird nicht mehr zur Kenntnis genommen. Die neue Politik machte es möglich, daß sektorale Interessen über das Gemeinwohl triumphieren können.

Eingeengte Spielräume staatlicher Wirtschaftspolitik

Diese vier strukturellen Veränderungen beraubten die Industrieländer der meisten wirksamen wirtschaftspolitischen Instrumente, die zuvor benutzt worden waren, um politische Handlungsspielräume zu eröffnen. Insbesondere die Instrumente der keynesianischen Wirtschaftspolitik, die vordem zur Begünstigung von Vollbeschäftigung und relativer Stabilität hatten eingesetzt werden können, waren nun weitgehend wirkungslos geworden. Denn wenn eine Regierung jetzt ein Budgetdefizit einging, um die heimische Nachfrage anzuregen und dadurch die Beschäftigung zu erhöhen, konnte sie die Importe nicht länger durch Zölle und Einfuhrbeschränkungen kontrollieren und deswegen nicht mehr verhindern, daß die ausländische Konkurrenz einen großen Teil der zusätzlichen Arbeitsplätze abschöpfte. Mittlerweile genügt bereits die Andeutung eines Finanzministers, er habe die Absicht, das Staatsdefizit zu erhöhen, um Investoren – aus Angst, daß die gestiegene Nachfrage nach Importen den Außenwert der heimischen Währung senken würde – zu veranlassen, ihr Kapital in andere Währungen zu transferieren – wodurch sie den Niedergang der Währung, der sie zu entkommen suchen, in der Regel noch beschleunigen.

Kurzum, die vier strukturellen Veränderungen erhöhten die Instabilität einer jeden Volkswirtschaft, während gleichzeitig jenen, die für ihre Steuerung verantwortlich sind, weit weniger Eingriffsmöglichkeiten verblieben sind. Da sich alle Regierungen der Industrieländer mehr oder weniger in dieselbe Situation brachten, wurde das Weltwirtschaftssystem für extreme Schwankungen vor allem auf den Finanzmärkten immer anfälliger. Zinsen und Wechselkurse waren weltweit in den letzten Jahren instabiler als zu irgendeiner anderen Zeit in den letzten fünfzig Jahren; dies macht es, wie wir zeigen werden, paradoxerweise für jeden besonders schwer und riskant, der versucht, sich mit herkömmlichen Methoden selbständig zu machen.

Wettbewerb und Effizienzsteigerung – auf wessen Kosten?

Nachdem die Regierungen vertraglich ihr Recht aufgegeben hatten, Zölle und Mengenbegrenzungen zur Kontrolle von Importen einzuführen, blieb nur noch eine Möglichkeit, die Arbeitslosigkeit zu bekämpfen. Sie besteht darin, die heimischen Produktionskosten ausreichend zu reduzieren, um inländische Güter und Dienstleistungen international wettbewerbsfähig zu machen, so daß sie Importe ersetzen und hinreichend exportiert werden können, um so alle verfügbaren Arbeitskräfte zu beschäftigen. Diese Methode erscheint nur so lange gut, bis man sich deren Folgen verdeutlicht. Ein Land hat zwei Möglichkeiten, seine Kosten im Vergleich zu seinen Konkurrenten zu reduzieren. Die einfachste und effektivste ist eine Abwertung der eigenen Währung. Unglücklicherweise geht diese Methode unvermeidbar mit einer Inflation einher, weil die gestiegenen Kosten der Importe – gemessen in heimischer Währung – an die Konsumenten weitergereicht werden müssen. Da Inflation bei den Wählern wie auch bei den Banken und besonders bei internationalen Investoren und Spekulanten äußerst unbeliebt ist, versuchen in der Regel Regierungen jeder Couleur, Abwertungen zu vermeiden, außer wenn sie sich dazu gezwungen sehen, wie etwa in der Wechselkurskrise in Großbritannien im September 1992, als eine Abwertung sich durch einen damit erzeugten Exportboom nachträglich als lohnend erwies.

Schließt man also im Regelfall eine Abwertung aus, so bleibt nur noch eine andere Möglichkeit übrig, um die heimischen Preise zu reduzieren: eine Verbesserung der Effizienz und der Produktivität. Alle möglichen angebotsorientierten Maßnahmen wurden benutzt, um die Leistungsfähigkeit der Wirtschaft zu steigern. So wurden in Großbritannien etwa angeblich "wettbewerbsverzerrende" Regulierungen abgeschafft, darunter viele Tarifvereinbarungen über Arbeitsbedingungen. Dazu gehören auch Maßnahmen zur Deregulierung der Finanzmärkte und die Abschaffung der Vorschrift, daß Bausparkassen Kredite nur zum Kauf von Immobilien geben konnten. Diese Änderungen waren in der Regel jenen Menschen willkommen, die unter ihren Folgen nicht leiden mußten, denn niemand zahlt gerne hohe Preise für Güter oder Dienstleistungen, nur weil irgendeine Gruppe – ob es nun Zeitungsdrucker, Anwälte oder staatliche Monopole, etwa für Telekommunikation, sind – eine bestimmte Tätigkeit besetzt hält und anderen die Erlaubnis verweigert, das betreffende Produkt oder die Dienstleistung günstiger anzubieten. Ein Unternehmen wettbewerbsfähig zu nennen, wurde nun zur höchsten Form des Lobs.

Das Problem der Förderung dieser Art von Effizienz ist jedoch, daß des Einen Kosten unweigerlich des Anderen Lohntüte sind. Wenn Gewerkschaften, Firmen oder Institutionen gezwungen werden, aggressiver gegeneinander zu konkurrieren, weil die schützenden Schranken, die sie im Laufe der Jahre um ihre Aktivitäten errichtet haben, abgebaut werden, dann gehen Arbeitsplätze verloren, und die Löhne und Gehälter der Übriggebliebenen sinken, der Absatz geht zurück, und dadurch sinkt wiederum auch die Beschäftigung im Handel und in den Zulieferfirmen. Mit anderen Worten: Durch ihre Versuche, die Beschäftigung zu steigern, haben die Regierungen mehrerer Legislaturperioden nacheinander eine Politik gefördert, die gerade dies vereitelt hat. Nur wenn der Umsatz eines Unternehmens, gemessen in realen Preisen, nach dessen Umstrukturierung steigt, gibt es eine Möglichkeit, zusätzliche Arbeitsplätze zu schaffen, um die zu ersetzen, die die Anstrengungen zur Steigerung der Produktivität vernichtet haben. In den meisten Sektoren hat sich diese Umsatzsteigerung entweder nicht ereignet oder sie reichte nicht aus, um die Arbeitsplatzverluste, die durch die kontinuierliche Effizienzsteigerung entstanden, auszugleichen. So hatten die Industrieländer sich in eine Situation manövriert, in der sie nun, bildlich gesprochen, gezwungen waren, sich eine hinabfahrende Rolltreppe hinaufzukämpfen: In jedem Jahr, in dem etwa Großbritanniens Wertschöpfung, gemessen am Bruttosozialprodukt, nicht über 3% gewachsen ist – und in den sieben Jahren zwischen 1988 und 1995 betrug das durchschnittliche Wachstum nur 1,25% –, lag die Zahl der Arbeitsplätze, die infolge von Rationalisierungsmaßnahmen und arbeitssparender Technologie verlorengingen, über der Zahl der neu geschaffenen Arbeitsplätze, und die Beschäftigung insgesamt nahm ab. Auch in Deutschland liegt der Schwellenwert des Wirtschaftswachstums, oberhalb dessen es zu einem positiven Saldo bei der Zahl der Arbeitsplätze kommt, zwischen 2,5 und 3%.

Zunächst kritisierten nur sehr wenige Menschen die Denkweise, die den Methoden, mit denen größere internationale Wettbewerbsfähigkeit erreicht werden sollte, zugrunde lag. Vielleicht haben Öffentlichkeit und politische Führungskräfte in den Industrieländern gemeinsam ihre Richtung verloren. Wir vermuten, daß die meisten Politiker, wenn man sie fragen würde, unabhängig von ihrer Parteizugehörigkeit sagen würden, daß sie hart arbeiten, um den Wohlstand der Menschen in ihrem Land zu erhalten und, falls möglich, zu steigern. Nach einigem Nachdenken würden wohl ebenso fast alle sagen, daß, je höher die realen Löhne der Bürger sind, um so höher deren wirtschaftliches Wohlergehen und somit ihre *absolute* Wohlfahrt sei, bei sonst gleichbleibenden Bedingungen.[14] Aber wie sehr man Politikern durch entsprechende Argumentation bestimmte Sachverhalte auch versucht nahezubringen – kaum einer wird die grundlegende Unvereinbarkeit zwischen einer Steigerung der gesellschaftlichen Wohlfahrt und dieser Art der Wirtschaftspolitik zugeben. Sie wollen auch nicht sehen, daß sie durch die Liberalisierung des Welthandels für die heimische Wirtschaft unbeabsichtigt ein System geschaffen haben, in dem der Versuch,

---

14 In der Realität bleiben diese Bedingungen allerdings niemals gleich, wenn eine Volkswirtschaft wächst – nur in der Theorie wird mit dieser Annahme laufend operiert. Der ökonomische Wachstumsprozeß verändert immer auch Faktoren außerhalb des eigentlich ökonomischen Bereichs. Negative Konsequenzen des Wirtschaftswachstums werden von vielen Politikern und Ökonomen gerne vernachlässigt, vor allem, wenn sie nicht quantifizierbar sind; vgl. ausführlich dazu Douthwaite, Richard (1992): The Growth Illusion. op.cit.

sowohl national wie international wettbewerbsfähig zu werden, darauf hinausläuft, die Lohnniveaus ihrer Bürger schneller als die der Konkurrenz herabzusetzen. Fast keiner der Politiker sieht, daß das gemeinhin akzeptierte Ziel des Wirtschaftssystems, nämlich die Wohlfahrt der Bürger, geopfert wurde, damit die Wirtschaft frei agieren kann; in der Folge fielen die Löhne vieler Menschen, gemessen an ihrer Kaufkraft, auf ein Niveau, das dem von Schwellenländern fast schon gleichkommt.

Die Ideologie des Freihandels

Aber die Politiker sollten nicht zu streng kritisiert werden: Sie wurden von veralteten Wirtschaftstheorien geblendet. Die wahre Schuld an den Fehlern, die gemacht wurden, muß den Wirtschaftswissenschaftlern zugeschrieben werden, die versagt haben, da sie nicht deutlich gemacht haben, daß der Freihandel unter den Bedingungen, zu denen er eingeführt wurde, schlimmste Folgen haben kann.

Der herkömmliche Beweis der Überlegenheit von Freihandel setzt voraus, daß sich die Volkswirtschaften beider Handelspartner im Gleichgewicht befinden, *bevor* sie Handel aufnehmen – mit anderen Worten, daß sie auf dem höchsten Level, der bei jeweils gegebener Technologie möglich ist, produzieren. Das bedeutet, daß alle ihrer Produktionsfaktoren – Boden, Arbeit und Kapital – ausgelastet sein müssen. Der Beweis geht weiterhin davon aus, daß beide Partner ein ähnliches Gleichgewicht erreichen, wenn der Handel erst einmal begonnen wurde. Unter der Annahme dieser beiden Gleichgewichte können die meisten Wirtschaftsstudenten schon im Grundstudium zeigen, daß in einem Modell mit zwei Ländern, zwei Gütern und mit vollkommenem Wettbewerb das Gleichgewicht mit Handel besser ist als das Gleichgewicht bei Autarkie, weil es beiden Ländern ermöglicht, von den zwei gehandelten Gütern mehr zu konsumieren als im Fall der Autarkie.

Aber es ist sehr zweifelhaft, ob ein theoretischer Beweis, der auf diesen einschränkenden Annahmen basiert, irgendeine Bedeutung für die gegenwärtige Realität hat. Die meisten Länder arbeiten nämlich normalerweise nicht bei maximaler Auslastung ihrer potentiellen Kapazität, da sie nicht überall die neueste Technologie verwenden und auch nicht immer alle Produktionsfaktoren einsetzen. Daher gibt es sowohl Arbeitslosigkeit als auch Betriebe, die in der Regel ungenutzte Anlagegüter besitzen. Daher zögern sogar besonders erfahrene Ökonomen, sich darauf festzulegen, ob es einem Land mit oder ohne Freihandel besser gehen wird, wobei Veränderungen der Einkommensverteilung, die sich aus dem wachsenden Handel ergeben, noch gar nicht in Betracht gezogen sind. Da seit 1973 das wichtigste Charakteristikum der meisten Volkswirtschaften das beständige Wachstum von Arbeitslosigkeit wurde, existierten in den meisten Ländern, die sich in Richtung eines freieren Außenhandels bewegten, gar keine ökonomischen Gleichgewichte wie sie die Wirtschaftswissenschaften theoretisch beschreiben. Unter diesen Umständen hätten die Ökonomen zugeben sollen, daß es ihnen unmöglich ist zu sagen, ob die Beseitigung der verbliebenen Handelsschranken sich als wohlfahrtssteigernd erweisen würde oder nicht. Daß fast alle Ökonomen, die um diese Zusammenhänge wußten, hier versagten, ist ein schwarzes Kapitel in der Geschichte dieser wissenschaftlichen Disziplin, deren überwältigende Unterstützung des Freihandels auf Glaube und geistiger Trägheit statt auf empirischen Beweisen basierte.

200 Milliarden US-Dollar Gewinn?

Niemand würde auch nur einen kleinen Laden an einer Straßenecke eröffnen, ohne dessen Erfolgschancen zuvor gründlicher zu analysieren, als dies während der verschiedenen Phasen der EWG- und der GATT-Experimente getan wurde. In einem Interview mit dem Herausgeber der Dubliner Sunday Business Post im Jahre 1993 behauptete Peter Sutherland, kurz bevor er sein Amt als Generalsekretär des GATT aufnahm, daß die Weltwirtschaft einen Nutzen von 200 Mrd. US-Dollar erzielen würde, wenn die Uruguay-Runde der Handelsliberalisierung abgeschlossen wäre.[15] Es überraschte kaum, daß er diese Zahl benutzte, da sie als einzige damals verfügbare Schätzung über den Nutzen der Uruguay-Runde bereits zuvor so breit zitiert worden war, daß man der Öffentlichkeit nicht anlasten konnte, daß sie sie als zuverlässig erachtete. Tatsächlich stammt diese Zahl aber aus einem kurzen Übersichtsartikel, der von der OECD in Paris herausgegeben worden war,[16] und als französische Journalisten einige Monate vor Sutherlands Interview den Generalsekretär der OECD, Jean-Claude Paye, danach gefragt hatten, hatte ein verlegener Paye die Schätzung als sehr theoretisch abgetan und betont, daß, falls ein Nutzen in dieser Größenordnung jemals erreicht würde, dies über einen Zeitraum von zehn Jahren und auf Kosten einiger Entwicklungsländer geschehen würde.[17]

Die Autoren des genannten Aufsatzes waren nicht überrascht, daß ihre Zahl so breit zitiert wurde. "Schließlich waren wir die einzigen, die versucht hatten, die Gewinne zu quantifizieren", sagte van der Mesbrugghe.[18] Es beunruhigte sie jedoch, welche Bedeutung dem beigemessen wurde, was in Wahrheit nicht viel mehr als eine grobe Schätzung gewesen war, jetzt aber mit der Aura der Autorität verkündet wurde. "Ich bezeichne die 200 Mrd. US-Dollar heute als biblische Zahl", sagte van der Mesbrugghe und stimmte der Meinung zu, daß sie Teil der Mythologie unserer Zeit geworden war. Und obwohl spätere Studien mit unterschiedlichen Ansätzen ähnliche Schätzungen hervorgebracht haben, denkt van der Mesbrugghe nicht, daß es deswegen wahrscheinlicher wurde, daß seine Zahl richtig ist. "Wir benutzten alle dieselben Handelsdaten und trafen ähnliche Annahmen darüber, welche Verzerrungen korrigiert würden und in welchem Ausmaß", sagte er.

Nur von einem Aspekt seines Artikels war van der Mesbrugghe absolut überzeugt. Es war derjenige, den Sutherland in seinem Interview mit der Sunday Business Post bemerkenswerterweise versäumt hat zu erwähnen, ge-

---

15 Sunday Business Post vom 12. 6. 1993.

16 Golding, Ian/van der Mesbrugghe, Dominique (1992): Trade Liberalization: What's at Stake. Paris: OECD.

17 Chakravarti, Raghavan (1993): Third World Resurgence, No. 29/30, Januar 1993, 42.

18 In einem Telefongespräch Ende 1994.

schweige denn zu betonen, wobei dabei zu berücksichtigen ist, daß hier ein Ire zu seinen Landsleuten sprach. Es handelt sich dabei darum, daß zumindest in der entwickelten Welt ländliche Gemeinden aufgrund der Beendigung der Subventionen in der Landwirtschaft im Ergebnis verlieren würden, während Stadtbewohner von der Liberalisierung profitieren würden. Fünf Jahre zuvor hatten die möglichen Gewinne, die von dem gleichermaßen unzuverlässigen Cecchini-Bericht[19] vorhergesagt wurden, eine Entschuldigung dafür geliefert, entlegene und ländliche Regionen zu opfern, um den EG-Binnenmarkt 1992 zu schaffen. Auch in diesem Fall war eine Prognose verwendet worden, in die sogar ihre Autoren kein Vertrauen hatten, und auch hier war selektiv zitiert worden, um eine weitere und weitreichende Liberalisierung des Welthandels zu rechtfertigen.

Freihandel und Effizienz – wer gewinnt?

Die Kräfte, die diese Liberalisierungen vorantrieben, waren in der Tat genau dieselben Gruppen, die Margaret Thatcher dazu gedrängt hatten, die Kontrolle des Wechselkurses zu beenden: Finanzinstitutionen, transnationale Unternehmen und einflußreiche Menschen, die von ihrem privaten Vermögen leben. Freihandel und die Bewegungsfreiheit des Kapitals wirken zusammen sehr stark in Richtung auf eine Absenkung des Anteils des Volkseinkommens, der dem Rest der Wirtschaft zufließt: Das sind die Menschen, die für ihren Lebensunterhalt arbeiten und auf ihren Lohn angewiesen sind. 1952 veröffentlichten zwei Wirtschaftshistoriker, E.H. Phelps-Brown und P.E. Hart, einen mittlerweile berühmten Aufsatz, der zeigte, daß zwischen 1870 und 1950 der Anteil der Löhne am Volkseinkommen zwischen 36,6 und 42,3% blieb, nur leicht mit dem Konjunkturzyklus schwankte und keinen klaren Trend aufwies.[20] Ihre Definition der Löhne enthielt nicht die Gehälter. Führt man die Rechnung noch einmal durch und faßt dabei die Löhne und Gehälter zusammen, so sieht man, daß der Teil des Volkseinkommens, der durch Arbeit entsteht, über die Jahre nicht nur stabiler geworden, sondern auch von 54,8% im Jahre 1870 auf 65,3% bis zum Jahre 1950 angestiegen ist. Mit anderen Worten, über einem Zeitraum von achtzig Jahren, in dem sich das Wohl der "gewöhnlichen" Menschen wesentlich verbessert hat, ist der Teil des Volkseinkommens, der denjenigen zukommt, die in der Volkswirtschaft arbeiten, gegenüber dem Anteil derjeniger Menschen gestiegen, die Einnahmen aus Vermietungen, Zinsen oder Dividenden erhalten.

Wenn wir die Zeitreihen von Phelps-Brown und Hart aktualisieren, können wir sehen, daß sich dieser Trend in den folgenden zwanzig Jahren fortsetzte. Im Jahre 1974 betrugen die Lohn- und Gehaltzahlungen 70,5% des Bruttosozialprodukts zu Marktpreisen. Nach 1974 verkehrte sich der Trend jedoch in sein Gegenteil. 1987 gingen nur noch 63,8% des Bruttosozialprodukts an geleistete Arbeit: Einen solchen Rückgang hatte es in solch kurzer Zeit noch nie zu-

19 Cecchini, Paolo (1988): Europa '92: Der Vorteil des Binnenmarkts. Baden-Baden: Nomos Verlagsgesellschaft.

20 Phelps-Brown, Ernest-Henry/ Hart, Peter E. (1952): "The Share of Wages in the National Income", in: Economic Journal, 62. Jg., 253 – 277.

vor gegeben. Zu einem guten Teil war dies die Folge des Einsatzes neuer, produktivitätssteigernder Technologien, was mit dem Ersatz menschlicher Arbeit durch zwei andere Produktionsfaktoren, nämlich Kapital und fossile Energie, einherging.

Das Bruttosozialprodukt – ein Wohlfahrtsmaß?

Interessanterweise war 1974 auch das Jahr, in dem der Index of Sustainable Economic Welfare (ISEW) für Großbritannien zu sinken begann.[21] Der ISEW wurde von einer amerikanischen Forschergruppe konzipiert,[22] weil die Verwendung des Sozialprodukts pro Kopf eines Landes als Indikator für die wirtschaftliche Wohlfahrt seiner Bürger mehrere schwerwiegende Nachteile hat.

Dabei hat die Diskussion um die Eignung des Bruttosozialprodukts als Wohlfahrtsmaß eine mittlerweile über zwanzig Jahre alte Geschichte:[23]

- Das BSP berücksichtigt nicht, wie der materielle Reichtum in einem Land verteilt ist. Die Einkommens- und Vermögensverteilung in einem Land geht in die Berechnung des BSP nicht ein.
- Die Höhe des jeweiligen BSP ist davon unabhängig, inwieweit bei der Wertschöpfung Kapital unwiederbringlich verbraucht wird. Kapital wird nur in einem sehr eingeschränkten Sinne betrachtet. Ressourcen, Grund und Boden, Humankapital werden in ihrer Bestandsveränderung nicht bewertet.
- Der informelle Teil der Ökonomie geht nicht in das BSP ein: Selbsthilfetätigkeiten, Nachbarschaftshilfe, vor allem aber die Hausarbeit wird nicht berücksichtigt.
- Die "Leistungen der Natur" werden in der BSP-Rechnung als unentgeltliche Leistungen betrachtet. Weder die Rohstofflieferungen der Natur noch ihre Leistungen als Aufnahmemedium für Schadstoffe und für den privaten Konsumbereich werden im BSP berücksichtigt. Auf der anderen Seite werden auch die Kosten der Umweltzerstörung nicht direkt erfaßt.
- Im BSP wird nicht zwischen wohlfahrtssteigernden und -mindernden – oder zumindest fragwürdigen – Gütern und Dienstleistungen unter-

---

21 Jackson, Tim/Marks, Nic (1994): Measuring Sustainable Economic Welfare – A Pilot Index: 1950 – 1990. London: Stockholm Environment Institute; Jackson, Tim/Marks, Nic et al. (1998): Sustainable Economic Welfare in the UK, 1950 -1996. London: New Economics Foundation.

22 Cobb, Clifford W. (1989): "The Index for Sustainable Economic Welfare", in: Daly, Herman E./Cobb, John B. Jr. (ed.): For the Common Good – Redirecting the Economy toward Community, the Environment, and a Sustainable Future. Boston: Beacon Press, 401 – 457.

23 Für eine ausführliche Darstellung vgl. z.B. Leipert, Christian (1975): Unzulänglichkeiten des Sozialprodukts in seiner Eigenschaft als Wohlfahrtsmaß. Tübingen: J.C.B. Mohr; Steiger, Alois (1979): Sozialprodukt oder Wohlfahrt? Diessenhofen: Rüegg, oder Rubik, Frieder (1985): "Das Bruttosozialprodukt als Indikator für Lebensqualität? Kritik und Alternativen: in Projektgruppe Ökologische Wirtschaft (Hrsg.): Arbeiten im Einklang mit der Natur. Freiburg: Dreisam-Verlag, 145 – 176; die folgende Liste orientiert sich an der Systematisierung von Rubik (1985), 153 ff.

schieden. Natürlich ist in vielen Fällen eine Einordnung problematisch – man denke nur an den Konsum von Tabak, Alkohol oder Pornographie. Aber auch Zwangsausgaben – etwa Reparaturausgaben oder Unfallfolgekosten – erscheinen im BSP als Wohlfahrtssteigerung.

- Immaterielle Wohlfahrtskomponenten werden im BSP nicht beachtet: Dazu gehört etwa der Wert von Freizeit, aber auch der ästhetische Wert einer unzerstörten Landschaft, das Ausmaß von Lärmbelästigungen und so weiter.

Der Index for Sustainable Economic Welfare

Wer sich, wie die Arbeitsgruppe um Clifford Cobb, dafür entscheidet, ein Alternativmaß zum Bruttosozialprodukt in Form eines konkurrierenden *einzelnen* Indikators zu entwickeln, wird von vornherein mit mehreren gravierenden Einwänden konfrontiert, die sämtlich berechtigt sind.[24] Natürlich ist es nicht möglich, alle ökonomischen, sozialen und ökologischen Entwicklungen in einer Maßzahl zusammenzufassen, ohne daß damit nicht alle jene Differenzierungen verlorengehen, die zum Beispiel eine ökologisch orientierte Kritik an der Wachstumswirtschaft gerade für unverzichtbar hält. Natürlich sind die methodischen Probleme der Konstruktion eines solchen Index und die Schwierigkeiten bei der Datenerfassung um so größer, je mehr Aspekte in die Berechnung des Index einbezogen werden sollen. Insgesamt sind die Unsicherheitsmargen gerade bei längeren Zeitreihen aufgrund der geschilderten Probleme so groß, daß Ergebnisse von Berechnungen auch nur mit entsprechender Vorsicht interpretiert werden können.

Ein Einzelindikator wie der ISEW kann die angedeuteten methodischen Probleme nicht überwinden. Seine Vorzüge liegen aber gerade in seiner Unabgeschlossenheit: Der ISEW ist ein Diskussionsangebot, die gängigen Vorstellungen von Wachstum und Wohlfahrt, von wirtschaftlicher Leistung und Lebensqualität anhand eines konkreten "Angebotes" der Transformation in eine Maßzahl neu zu überdenken – nicht mehr und nicht weniger.

Der Index für nachhaltiges Wirtschaften benutzt als Basis eine Größe der volkswirtschaftlichen Gesamtrechnungen, die ein zentraler Bestandteil auch des Bruttosozialprodukts ist: den privaten Verbrauch. An dieser Ausgangsgröße, die wie alle Wertansätze preisbereinigt in realen Größen angegeben wird, werden dann fünf Typen von Korrekturen vorgenommen:[25]

---

24 Die folgenden Ausführungen zum ISEW sind in einer ersten Fassung enthalten in Diefenbacher, Hans (1995): Der Index for Sustainable Economic Welfare – eine Fallstudie für die Bundesrepublik Deutschland 1950 – 1992. Heidelberg: FEST [Texte und Materialien, Reihe B, No. 24]. Eine zusammenfassende Dokumentation sämtlicher bisher erarbeiteter Länderfallstudien wird 1998 von Hans Diefenbacher und Alex MacGillivray in einer gemeinschaftlichen Publikation von FEST und der New Economic Foundation herausgegeben werden.

25 Zur genauen Darstellung der Methode und der Berechnungsverfahren im einzelnen siehe Cobb, Clifford W./Cobb, John B. Jr. (1994): The Green National Product – A Propo-

(1) Der private Verbrauch wird zunächst mit einem Index der Einkommensverteilung gewichtet. Dies geschieht aufgrund der Annahme, daß ein zusätzliches Wachstum des privaten Verbrauches gesamtgesellschaftlich um so weniger zur Steigerung der Wohlfahrt beiträgt, je ungleicher die Einkommen in dieser Gesellschaft verteilt sind. Die Zeitreihe des auf diese Weise gewichteten privaten Verbrauchs dient nun als Basis für die weiteren Korrekturen.

(2) Als zweites werden Positionen zum gewichteten privaten Verbrauch hinzuaddiert, um bestimmte wirtschaftliche Aktivitäten zu erfassen, die im BSP nicht oder nicht angemessen berücksichtigt sind. Als gewichtigster Punkt ist hier der Wertansatz für die unbezahlte Hausarbeit zu nennen. Trotz der großen konzeptionellen und empirischen Probleme bei ihrer Messung wird ein solcher Ansatz für einen unverzichtbaren Bestandteil eines Wohlfahrtsindex gehalten. Unter diese Kategorie von Korrekturen fallen etwa auch die öffentlichen Ausgaben zur Verbesserung des Gesundheitswesens.

(3) Der dritte Typ von Korrekturen sind Zu- und Absetzungen, um das zeitliche Auseinderfallen von Ausgaben und Nutzen von wirtschaftlichen Aktivitäten mit längerfristiger Perspektive besser zu erfassen. So werden auf der einen Seite die Ausgaben für dauerhafte Konsumgüter vom gewichteten privaten Verbrauch abgezogen, auf der anderen Seite aber ein Schätzwert für den jährlichen Nutzen aus dem Gebrauch vorhandener dauerhafter Konsumgüter wieder addiert. Eine ähnliche Korrektur wird vorgenommen, um die Investitionen in den Ausbau von Straßen und Autobahnen gegen den jährlichen Nutzen aus der Benutzung dieser Straßen aufzurechnen. Unter diese Korrekturen fällt auch die Subtraktion von privaten Ausgaben für Erziehung und Bildung, da diese Ausgaben als Beitrag zur Steigerung des Humankapitals unter (5) dann als wohlfahrtssteigernd berücksichtigt werden.[26]

(4) Der vierte Typ von Korrekturen ist der häufigste: Hier werden Güter, Dienstleistungen und Folgen wirtschaftlicher Aktivitäten vom privaten Verbrauch subtrahiert, da sie als wohlfahrtsmindernd angesehen werden. Darunter fallen unter anderem ein Teil der Ausgaben für Werbung[27], die Kosten für Fahrten zwischen Wohnung und Arbeitsstelle und die Kosten von Verkehrsunfällen, die erhöhten Lebenshaltungskosten in Ballungsgebieten, private Ausgaben im Gesundheitsbereich rein defensiver Na-

---

sted Index of Sustainable Economic Welfare. Lanham/New York/London: University Press of America.

26 Die privaten Ausgaben für Erziehung und Bildung sind in den statistischen Angaben über den privaten Verbrauch enthalten. Würden sie hier nicht subtrahiert, käme es durch die zusätzliche Erfassung der Veränderung des Humankapitals unter (5) zu einer Doppelzählung.

27 Es wird versucht, Werbung zu klassifizieren in einen wohlfahrtssteigernden Typ, der vorwiegend Informationen über Produkte, Bezugsquellen und Preise vermittelt, und in eine zweite Kategorie, die häufig erst den Bedarf für neue Waren wecken oder durch Assoziationen, die mit dem eigentlichen Produkt nichts zu tun haben, den Kunden zur Markentreue motivieren will.

tur[28], Kosten der Umweltbelastung wie etwa Wasser- und Luftverschmutzung, Lärmbelastung, Bodenerosion und Verlust von Brachland und Feuchtgebieten, schließlich ein Wertansatz für die Ausbeutung nicht erneuerbarer Rohstoffe und für langfristige Umweltschäden, der die Kosten symbolisieren soll, die zukünftige Generationen zu tragen haben, um die Folgekosten unseres Wirtschaftens aufzubringen.

(5) Die letzte Gruppe schließlich bilden Korrekturen, die im Ergebnis entweder positiv oder negativ sein können. Den ersten Wertansatz dieser Kategorie bildet ein Saldo für das Wachstum der Nettokapitalausstattung.[29] Schließlich wird hier der Saldo der Kapitalverkehrsbilanz des betreffenden Landes in Ansatz gebracht; das bedeutet, daß die Investitionen von Ausländern im Inland subtrahiert und die Investitionen von Inländern im Ausland addiert werden.

BSP und ISEW im Vergleich

Das Schaubild zeigt die Zeitreihe des ISEW pro Kopf der Bevölkerung für die Bundesrepublik Deutschland im Vergleich zum Bruttosozialprodukt pro Kopf. Dabei zeigen sich folgende charakteristische Unterschiede:

- Zwischen 1950 und 1980 entwickeln sich BSP und ISEW im großen und ganzen in die gleiche Richtung; die "Ausreißerjahre" 1961 und 1968 beim ISEW sind jeweils Sonderentwicklungen bei der Nettokapitalausstattung zuzuschreiben. Die Zuwachsraten fallen beim ISEW in den ersten dreißig Jahren insgesamt jedoch deutlich kleiner aus als beim BSP.
- Nach 1980 gibt es eine deutliche Veränderung: Das BSP wächst weiter, die Werte des ISEW nehmen signifikant ab.
- Ab 1987 nimmt auch der ISEW wieder zu, und zwar in der Zeit bis 1992 mit Zuwachsraten, die 1987/88 und vor allem 1991/92 deutlich über denen des Bruttosozialproduktes liegen.
- Einbrüche während der ersten Wachstumsperiode fallen beim ISEW ebenfalls größer aus als beim BSP. Da auch der Zuwachs in den letzten Jahren deutlich höher ist, scheint der ISEW auf Konjunkturveränderungen sensibler zu reagieren als das BSP. Aufgrund der Entwicklung in den Jahren 1967/68 und 1973 läßt sich vermuten, daß der ISEW gegenüber dem BSP auf konjunkturelle Entwicklungen mit einer geringen zeitlichen Verzögerung anspricht.

---

28 Hier wird versucht, jene Gesundheitsausgaben zu erfassen, die getätigt werden müssen, um gestiegene Umweltbelastungen zu kompensieren.

29 Damit die ökonomische Wohlfahrt über die Jahre hinweg aufrechterhalten werden kann, muß die Kapitalausstattung zumindest dem Wachstum der Bevölkerung entsprechen. "Kapital" wird hier sehr weit definiert: Der Begriff umfaßt sowohl die Investitionen in Gebäude und Produktionsanlagen als auch das Humankapital. Dabei wird das akkumulierte Humankapital als die Summe der Ausgaben bestimmt, die erforderlich wären, um den Erwerbstätigen zu ihrem derzeitigen Ausbildungsstand zu verhelfen.

Schaubild
BSP pro Kopf und ISEW pro Kopf im Vergleich
Bundesrepublik Deutschland / alte Bundesländer 1950 - 1992

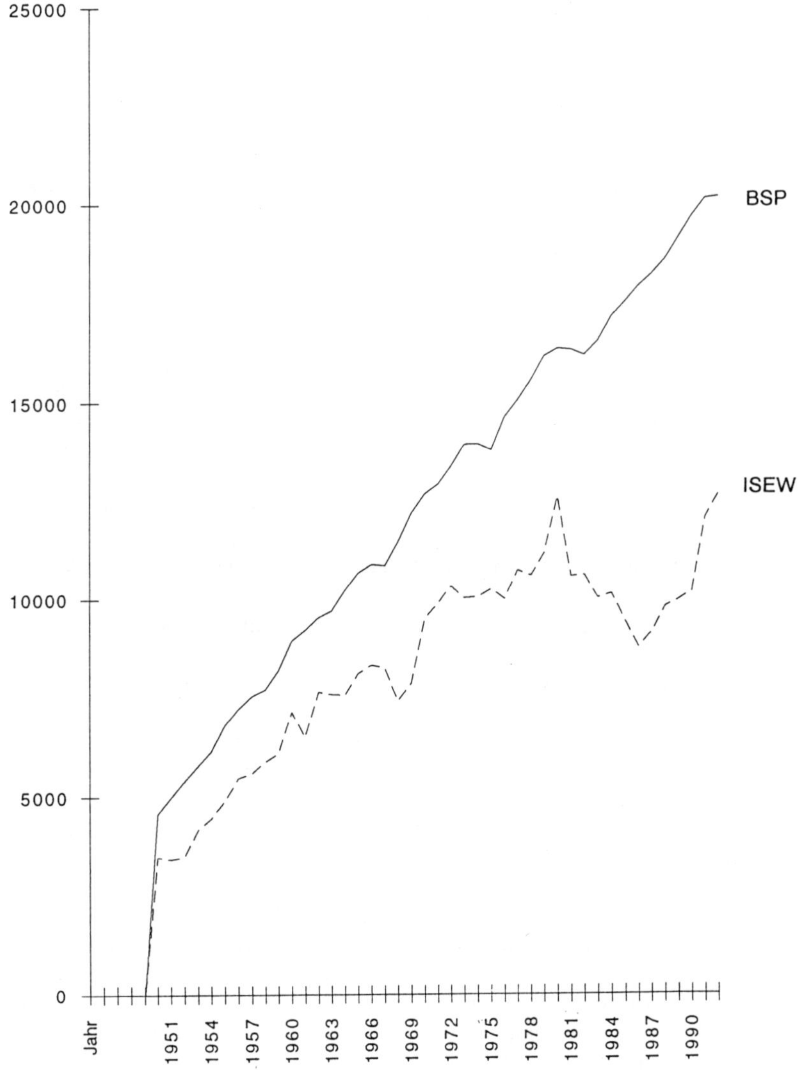

Zu fragen ist nun, wie sich die im ISEW gemessene Wohlstandsentwicklung zusammensetzt, mit anderen Worten: welche einzelnen Komponenten, die wir soeben bei der Erläuterung des Rechenschemas aufgeführt haben, zu der Gesamtentwicklung beitragen.

- *Unterhalb* der Wachstumsziffer des ISEW liegen nur einige wenige Variablen: Die Zuwachsraten der Kosten von Wasser- und Luftverschmutzung, der Lärmbelästigung und der Ausbeutung nicht erneuerbarer Rohstoffe fallen niedriger aus. Das könnte jedoch auch mit der Vorsicht zusammenhängen, mit der hier die Annahmen über die Entwicklung der Kosten getroffen worden sind.
- Etwa in der Größenordnung der Wachstumsrate des ISEW liegen zwei Variablen, deren quantitative Bedeutung besonders groß ist: die Zuwachsraten für den Wert unbezahlter Hausarbeit oder für die Kosten von Langzeitschäden. Da die eine Variable addiert und die andere subtrahiert wird, mindern diese beiden Größen in gewisser Weise gegenseitig ihren Einfluß.
- *Über* der Wachstumsrate des BSP liegen die Zuwachsraten aller Variablen, die dem Verkehr zuzurechnen sind: der Nutzen von Straßen, die Arbeitswegekosten und die Kosten von Verkehrsunfällen. Darin spiegelt sich der überdurchschnittliche Anstieg des Individualverkehrs in der Bundesrepublik Deutschland. Auch die Ausgaben für dauerhafte Konsumgüter fallen in diese Kategorie.
- *Weit über* der Wachstumsrate des Bruttosozialproduktes liegen die Zuwachsraten der Variablen aus den Bereichen Bildungswesen und Gesundheit, der Werbeausgaben und Bodenverschlechterung. Obwohl die Kostenexplosion im Gesundheitswesen heutzutage ein beliebtes Thema ist, sind die hohen Zuwachsraten im ISEW eher auf die äußerst niedrigen Anfangswerte in den fünfziger Jahren zurückzuführen. Die Ausweitung der Werbeausgaben ließe sich hingegen als Amerikanisierung der Geschäftspraktiken in einem vorher nicht gekannten Ausmaß deuten.
- Die Kostenexplosion bei der Variablen für das Umweltmedium Boden ist am schwierigsten zu interpretieren, insbesondere im Vergleich zu den eher niedrigen Zuwachsraten der anderen Variablen im Umweltbereich. Bei näherem Hinsehen ist aber auch diese Entwicklung plausibel. Gegen Luft- und Wasserverschmutzung wird seit über 15 Jahren etwas getan, und obwohl das Wirtschaftswachstum einen Teil der Erfolge der Umweltmaßnahmen neutralisiert hat, lassen sich in einigen Teilbereichen doch erhebliche Verbesserungen konstatieren. Die Verschlechterung der Böden setzt sich jedoch aus sehr vielen verschiedenen Komponenten zusammen: Erosion, Überdüngung, Verwendung von Bioziden in der Landwirtschaft, saurer Regen, Müllkippen und Emissionsablagerungen aus den unterschiedlichsten Prozessen. Die Belastung des Bodens war, zeitlich gesehen, das – bislang – "letzte" Umweltproblem, das der Öffentlichkeit bewußt geworden ist. Es ist das Umweltproblem, das die meisten Langzeit-Konsequenzen hat.

Zu fragen ist weiter, warum der Maximalwert der BRD-Zeitreihe im Jahr 1980 so ausgeprägt ist und wie sich der deutliche Rückgang in den Jahren danach erklären läßt. Wieder ist dafür ein Zusammenspiel vieler verschiedener Faktoren die Ursache:

– Das Wachstum der Nettokapitalausstattung war 1980 außerordentlich hoch, so hoch wie nie zuvor. In sechs von sieben Jahren bis 1987 weist diese Variable dann negative Werte auf, was sonst nur 1951 und 1952 zu verzeichnen war.
– Auch die internationale Kapitalbilanz ist in den achtziger Jahren durchweg negativ, und zwar in einer Größenordnung, die in der Bundesrepublik Deutschland bislang ohne Beispiel war.
– Der private Konsum wächst in der ersten Hälfte der achtziger Jahre nur langsam. Zwischen 1981 und 1982 sowie zwischen 1985 und 1986 läßt sich sogar ein leichter Rückgang verzeichnen. Der Anteil des privaten Konsums am BSP geht in dieser Zeit stetig zurück.
– Der Index für die Einkommensverteilung weist für 1980 fast denselben Wert auf wie für das Jahr 1950. Seit 1980 sind die Einkommen in der Bundesrepublik Deutschland zunehmend ungleicher verteilt. Der Unterschied zwischen Reich und Arm war – wenn man diesen Index als Maß dafür akzeptiert – in der Geschichte der Bundesrepublik Deutschland noch nie so groß wie 1987. Seit diesem Jahr hat sich der Index bis 1992 wieder leicht verbessert.

Ein sicherlich überraschendes Ergebnis ist zunächst, daß der ISEW in den Jahren seit 1987 in den westlichen Bundesländern Deutschlands wieder deutlich zunimmt – ein im Vergleich der Fallstudien einmaliges Ergebnis. Eine genauere Analyse des ISEW zeigt jedoch, daß die Entwicklung in den letzten Jahren vor allem durch drei Variablen bestimmt wird:

– Der gewichtete private Verbrauch nimmt deutlich zu; hier verstärken sich die Einflüsse eines steigenden BSP und einer leicht verbesserten Einkommensverteilung.
– Die Nettoveränderung der Kapitalausstattung wird wieder deutlich.
– Von besonders großem Einfluß in den Jahren 1991/92 ist die Veränderung der Außenbilanz.

Daraus wird deutlich, daß in den letzten Jahren das Gewicht der "ökologischen" Variablen vom Gewicht der "klassisch-ökonomischen" Variablen weit übertroffen wurde, und es bleibt abzuwarten, wie sich der ISEW in den Jahren danach entwickeln wird.

Leerlaufwachstum und Einkommensverteilung

Wir sind auf den ISEW deshalb so ausführlich eingegangen, weil dieses Wohlfahrtsmaß ein interessantes Licht auf die Vorschläge wirft, die wir im nächsten Kapitel unterbreiten. Die Berechnungen zeigen deutlich, daß die Wohlfahrt in allen untersuchten Ländern in den letzten 15 bis zwanzig Jahren – mit Ausnahme von Deutschland in der Zeit zwischen 1987 und 1992 – in der Regel sinkt. Denn obwohl im Weltwirtschaftssystem jedes Jahr mehr Güter und Dienstleistungen produziert werden, wird das gesamte Wachstum und noch einiges mehr benötigt, um das System zu erhalten und um die Schäden, die es erzeugt, zu kompensieren. Mit anderen Worten: Je arbeitsteiliger das System wird und je mehr unsere Bedürfnisse auf indirekten Wegen befriedigt und dabei immer mehr Verpackungsmaterial, Reklame, Kapitalgüter und Transportleistungen benötigt werden, desto ineffizienter wird es. Während das System weiter expandiert, produziert es nicht nur abnehmende, sondern sogar negative Skalenerträge.[30]

Neben den ökologischen und den langfristigen Folgekosten des Wirtschaftens sind vor allem Verschlechterungen bei der Einkommensverteilung dafür verantwortlich, daß die Zeitreihen des ISEW in den letzten Jahren sinken. Da die Lohnquote stetig abnahm, verschlechterte sich auch die Situation der Menschen, die am unteren Ende der sozialen Skala stehen. In den zwei Jahrzehnten nach 1974 fielen insbesondere die britischen Löhne im Vergleich zum Lohnniveau in anderen Ländern deutlich ab. Das war zum Teil auf die Versuche der Regierung zurückzuführen, die Wettbewerbsfähigkeit anzukurbeln, zum Teil darauf, daß neue Technologien die Nachfrage nach Arbeitskräften verringerten. 1980 hatten die britischen Lohnsätze fast den italienischen entsprochen. Im Jahre 1990 lagen sie um 25% niedriger und nur 5% über denen von Irland und Spanien.[31] Als Ergebnis fiel der Anteil des Volkseinkommens des ärmsten Fünftels der Bevölkerung – die Gruppe mit der schwächsten Verhandlungsposition an einem Arbeitsmarkt, der nur noch wenig Verwendung für ungelernte oder körperliche Arbeit hatte – während der achtziger Jahre von 9,6 auf 6%.[32] Auf die reichsten 20% der Bevölkerung entfielen im Gegensatz dazu 43% des gesamten Haushaltseinkommens von 1991, verglichen mit 35% im Jahre 1979.

Ähnliche Veränderungen der Einkommensverteilung ereigneten sich in den USA und auch in anderen Ländern. Loic Wacquant von der Russell Sage Foundation in New York verglich die Entwicklung der städtischen Armut in Europa und den USA und kam zu dem Entschluß, daß sich das Wirtschaftssystem insgesamt verändert hatte. "Grob betrachtet, hat sich bis in die siebziger Jahre die Expansion der Wirtschaft in Verbesserungen am unteren Ende des Klassengefüges übertragen", sagte Wacquant in einem Interview mit dem Economist.[33] "Wenn es jetzt mit der Konjunktur abwärts geht, werden immer mehr Menschen vom Wirtschaftsgeschehen ausgeschlossen. Doch wenn es mit der Wirtschaft wieder aufwärts geht, sind diese Menschen nicht daran beteiligt."

---

30 "Skalenertrag" ist ein Fachbegriff der Ökonomie zur Messung der Effizienz des Einsatzes von Produktionsfaktoren. Bei gleichbleibenden Skalenerträgen erzeugt eine bestimmte Menge von Produktionsfaktoren stets eine bestimmte Menge von Outputeinheiten, gleichviel, ob wenig oder viel produziert wird. Bei abnehmenden Skalenerträgen werden für eine Outputeinheit immer mehr Inputeinheiten benötigt, wenn die Produktionsmenge insgesamt steigt. Bei negativen Skalenerträgen sinkt sogar das Produktionsergebnis, wenn zusätzliche Inputmengen eingesetzt werden.

31 European Commission (Hrsg.) (1994): Annual Employment Report 1993. Bruxelles: EG.

32 Central Statistical Office (Hrsg.)(1994): Social Trends. London: HSMO.

33 The Economist vom 30. 7. 1994: "Europe and the underclass – The slippery slope".

Leerlaufwachstum und Arbeitslosigkeit

Trotz der schwerwiegenden sozialen Konsequenzen dieser massiven Veränderungen in der Verteilung des Volkseinkommens zu Lasten der Lohneinkommen und zu Lasten der ärmsten Bevölkerungsgruppen fühlte sich die britische Regierung im Jahre 1992 in der Lage, sich ihrer angebotsorientierten Errungenschaften in einer Hochglanzbroschüre zu rühmen, um ausländische Kapitalanlagen anzulocken.[34] "Arbeitskosten bleiben im Vereinigten Königreich weiterhin niedrig – bedeutend unterhalb anderer europäischer Länder", heißt es in dieser Broschüre. "Das Vereinigte Königreich hat in Europa die wenigsten lästigen Arbeitsbestimmungen, mit nur wenigen Einschränkungen bezüglich Arbeitszeiten, Überstunden und Urlaub ... Es gibt keine gesetzliche Bestimmung, Gewerkschaften anzuerkennen."

Aber obwohl bis zum Jahre 1996 die Löhne in einigen Bereichen der Wirtschaft Großbritanniens unterhalb derer in Süd-Korea herabgefallen waren, lag die Anzahl der Personen, die eine Vollzeitbeschäftigung innehatten, um 15% unterhalb des Niveaus von 1978. Wie wir bereits gezeigt haben, ist in der Europäischen Union die Arbeitslosigkeit auch in den Ländern gestiegen, die versucht haben, das Rennen um die internationale Wettbewerbsfähigkeit mit Hilfe einer neoliberalen Wirtschaftspolitik anzugehen. Zu Beginn der neunziger Jahre ist die Arbeitslosigkeit dann auch in den EFTA-Staaten angestiegen, die damals begannen, ihre Volkswirtschaften näher an der EU zu orientieren, um sich für eine eventuelle Mitgliedschaft in der Europäischen Union vorzubereiten. Schweden begann 1990, seine Wirtschaft der EU anzupassen; diese Veränderungen erwiesen sich für viele Gruppen der Bevölkerung – alte Menschen und Jugendliche, Frauen, Angestellte im öffentlichen Dienst und die Landbevölkerung – als sehr nachteilig; so jedenfalls urteilte Sten Johansson, ein ehemaliger Direktor des zentralen statistischen Büros in Schweden.[35] Das schwedische soziale Wohlfahrtssystem, so Johansson weiter, befinde sich in einer Krise, weil Wirtschaftswissenschaftler der Regierung angeraten haben, die bestehenden Devisenkontrollen abzuschaffen, mit der Begründung, daß sie ohnehin nur einen geringen Effekt hätten. Wie auch immer, nachdem dieser Ratschlag befolgt worden war, verließen große Geldmengen das Land, und das monetäre System wurde extrem instabil. Die Ausgaben des öffentlichen Sektors mußten stark beschnitten werden, um das Vertrauen in den Markt wiederherzustellen, wobei das schwedische Wohlfahrtssystem, das die Bürger von der Wiege bis zur Bahre beschützte und das fast vierzig Jahre lang von den meisten Ländern der Erde mit Neid betrachtet wurde, langsam unterhöhlt wurde. "Wir müssen ein anderes System zur Kontrolle monetärer Bewegungen finden – eines, das nicht alle Volkswirtschaften unauflösbar miteinander verbindet. Das verursacht nur noch mehr Probleme", sagte Johansson.

---

34 Department of Trade and Industry (Hrsg.) (1992): Britain: The Preferred Location. London: HSMO.

35 In einem Gespräch im Mai 1993.

Freihandel und soziale Marktwirtschaft

Hallvard Bakke, ein Mitglied der sozialdemokratischen Partei im norwegischen Parlament, sagte uns,[36] daß norwegische und schwedische Politiker zu einer EU-Mitgliedschaft drängten, obwohl ein großer Teil der Bevölkerung dies nicht wollte. "Das nordische Wohlfahrtsmodell stellt den Menschen in den Mittelpunkt. Es garantiert, daß er ein gutes Leben leben kann, ohne seine Heimat verlassen zu müssen. Die EU-Politik besteht jedoch genau im Gegenteil: Ihr zufolge sollen die Menschen dahin ziehen, wo immer sie Arbeit finden", sagte er. Bakke wies darauf hin, daß die nordischen Länder immer von Überseehandel abhängig gewesen waren, dessen Anteil am Volkseinkommen ebenso hoch war wie heute. "Trotz dieser relativ hohen Außenverflechtung waren wir in der Lage, unser eigenes Wohlfahrtssystem aufzubauen. Der Markt ist für viele Sachen gut, aber nicht für die Beschäftigung und für ein gutes Leben."

Bakke hat recht. Wenn ein Land mit einem großzügigen sozialen Wohlfahrtssystem, wie Norwegen oder Schweden, gezwungen wird, in nicht regulierter Weise mit dutzenden anderer Länder zu konkurrieren, die die Armen, Kranken und Alten in viel stärkerem Maße sich selbst überlassen, wird dieses Land unvermeidlich Märkte an diese Konkurrenten verlieren, weil sein Wirtschaftssystem Leistungen erbringt und über die Preise der Güter und Dienstleistungen finanziert, für die die Wirtschaftssysteme der Konkurrenten nicht aufkommen. In der Vergangenheit wurde argumentiert, daß die industrialisierten Länder in der Lage sein würden, ihre Wohlfahrtssysteme, Lohnniveaus und Arbeitsbedingungen zu schützen, indem sie ihren Konkurrenten aus weniger entwickelten Ländern mehrere technologische Generationen voraus bleiben. Heute ist es schwer, jemanden zu finden, der dies noch glaubt, weil einerseits die Technologien, die in Südostasiens Exportfabriken eingesetzt werden, sich nur wenig von denen, die im Westen benutzt werden, unterscheiden, und weil andererseits die westlichen Länder heftiger denn je um Marktanteile untereinander konkurrieren, wobei in jedem Land versucht wird, die Löhne und das Sozialsystem zu beschneiden, um international konkurrenzfähig zu bleiben. Die einzigen westlichen Unternehmen, die hoffen können, vom internationalen Wettbewerb einigermaßen unberührt zu bleiben, sind die Hersteller von hochentwikkelten Flugzeugen und von Kriegsgerät – aber nur so lange, wie die öffentlichen Forschungs- und Entwicklungsgelder für diese Branchen weiterlaufen.

Im Prinzip war John Major sehr korrekt, als er seinen Widerstand gegen die sozialen Kapitel des Vertrages von Maastricht beim EU-Gipfel in Kopenhagen im Juni 1993 mit der Begründung wiederholte, daß den europäischen Fabrikanten damit höhere Kosten auferlegt würden und sie dadurch weniger wettbewerbsfähig für den Weltmarkt seien.[37] Man konnte ihm auch nur zustimmen, wenn er sagte, daß die Leistungen der Sozialsysteme überall in der EU gekürzt werden müßten, wenn die Mitgliedsstaaten ihre Güter auf der ganzen Welt mit Erfolg verkaufen wollten. "Die Langzeitarbeitslosigkeit ist in der Europäischen

36 In einem Gespräch am gleichen Tag.

37 Vgl. Hort, Peter (1993): "Delors' Leiden und die Leiden der Zwölf", in: Frankfurter Allgemeine Zeitung vom 22. 6. 1993.

Gemeinschaft höher als in Japan oder in den USA", schrieb Major einige Monate später:[38]

"Es gibt jetzt eine zunehmende Übereinstimmung darüber, daß diese Probleme von der Inflexibilität europäischer Arbeitsmärkte, vom Wirrwarr gesetzlicher Regelungen, von verschwenderischen Wohlfahrtssystemen und von den Lasten zu hoher Steuern stammen, die die Europäer sich selbst in den letzten vierzig Jahre auferlegt haben ... Die europäischen Arbeitskosten sind in den achtziger Jahren jedes Jahr um 4% gestiegen, während sie sich bei unseren wichtigsten Konkurrenten kaum verändert haben ... Europa gibt pro Kopf fast zweimal so viel für Sozialhilfe und Gesundheitsfürsorge aus wie die Japaner und über 60% mehr als die Amerikaner. Das Problem wird sich noch verschärfen, wenn der Anteil älterer Menschen in unserer Bevölkerung steigt. Wenn wir keine Schritte unternehmen, um die Kosten einzudämmen, werden Europas Steuerzahler im Jahr 2020 real 30% mehr für die Sozialhilfe und das Gesundheitswesen zahlen. Wenn wir nicht handeln, um unsere Wirtschaft zu deregulieren, dann wird es in Europa zu wenig Verdiener geben, um diese Rechnungen zu zahlen."

Niemand fühlte sich damals in der Lage, diese Argumentation von Major und vielen anderen in Zweifel zu ziehen, derzufolge die EU-Länder ihre Steuern und ihre Arbeits-, Gesundheits- und Sozialhilfekosten kürzen müßten, weil alternative Strategien, die den internationalen Wettbewerb nicht dermaßen favorisieren, keine Beachtung mehr fanden. Dies war zu einem guten Teil die Folge des Versagens der Wirtschaftswissenschaftler, die, wie wir schon gesagt haben, versäumt haben, darauf hinzuweisen, daß der Freihandel nur unter der Bedingung der Vollbeschäftigung sämtlicher Produktionsfaktoren ein optimales System ist – aber nicht unter der Bedingung einer anhaltenden Arbeitslosigkeit. Sogar an den politischen Rändern gab es nur sehr wenige Menschen, die die Meinung vertraten, daß der Freihandel kein Naturgesetz sei und daß Volkswirtschaften von einem Außenhandel, der zu Bedingungen stattfindet, die sie nicht kontrollieren können, nur selten profitieren. Wohlgemerkt: Anders dagegen ist der Nutzen eines Außenhandels zu beurteilen, von dem die Beteiligten nicht existentiell abhängig sind und an dem sie sich aus "eigener Stärke" beteiligen. Wir kommen auf diesen Punkt noch ausführlicher zurück.

Die Chancen einer anderen Weltwirtschaftsordnung

In Europa hat lediglich Frankreich, das seit Mitte der sechziger Jahre auch nur fünf Jahre aufweisen kann, in denen die Arbeitslosigkeit abgenommen hat, ernsthafte Alternativen zum Freihandel diskutiert. Daß dies geschah, war zum großen Teil der Arbeit von Maurice Allais[39] zuzuschreiben, der 1988 den Nobelpreis für Wirtschaft erhalten hat. Allais ist der Ansicht, daß Freihandel zu

---

38 Major, John (1993): "Raise your eyes, there is a land beyond", in: The economist vom 25. 9. 1993.

39 Vgl. Allais, Maurice (1972): La libéralisation des relations économiques internationales. Paris: Gautelier-Villars. Ders. (1989): La théorie générale des surplus. Grenoble: Presses universitaires.

einer Flut von Importen aus Niedriglohnländern führt und viele Firmen dazu veranlaßt, ihre Fabriken dorthin zu verlagern. Er sagte voraus, daß Europa als Ergebnis Massenarbeitslosigkeit, große Lohnunterschiede und eine soziale Explosion erfahren würde.[40] Sein Denken gab Frankreich den intellektuellen Rückhalt, sich den Beschränkungen für Agrarsubventionen, die von den USA als Teil der Uruguay-Runde im Rahmen der GATT-Verhandlungen verlangt wurden, zu widersetzen. Auf diesem Hintergrund sagte Präsident Mitterrand einem Fernsehinterviewer beim Kopenhagener Gipfeltreffen 1993, daß die EU Regelungen treffen sollte, die es ermöglichen, die eigene Industrie vor Importen aus Niedriglohnländern zu schützen.

Wie auch immer, Frankreich war eine Ausnahme. Falls kein Handelskrieg ausbricht, ist es kaum möglich, sich vorzustellen, daß die Generation europäischer Führungskräfte, die einen großen Teil ihres Arbeitslebens und ihres Prestiges der Umwandlung der EWG in die EU gewidmet haben, eine Kehrtwendung vollziehen und Handelsbeschränkungen zur Bekämpfung der Arbeitslosigkeit einführen. Und wenn es keinen Handelskrieg gibt, wird eine ganz neue Generation von Politikern heranwachsen müssen, damit wieder Strategien den Vorzug bekommen, bei denen die Menschen und nicht mißverstandene ökonomische Theorien im Mittelpunkt stehen. Mit anderen Worten, wir werden wahrscheinlich noch wenigstens zehn Jahre warten müssen, bevor im nationalen und im internationalen Zusammenhang ein Prozeß des Umdenkens einsetzen und politische Wirkungen zeitigen wird.

Reichtum und Armut – zwei Welten?

In der Zwischenzeit ist die Perspektive für viele Menschen düster. In einem Zustand zunehmender Verzweiflung werden unsere derzeitigen politischen Führungskräfte und deren unmittelbare Nachfolger immer stärker versuchen, ihre zusammenbrechende Schöpfung am Leben zu erhalten, wobei sie mehr hoffen als glauben, daß die Weltwirtschaft plötzlich funktioniert und der Wohlstand aller Bürgerinnen und Bürger steigt, nachdem die wenigen noch bestehenden Handelsschranken abgebaut, Steuern und Sozialausgaben gekürzt und die Intensität des Wettbewerbs weiter erhöht wurde. Aber dies ist ein aussichtsloses Unternehmen. Alles, was passieren wird, ist, daß immer mehr Menschen von der Teilnahme am traditionellen Wirtschaftsgeschehen ausgeschlossen werden. Die Arbeitslosigkeit kann sogar noch weiter ansteigen und zu sehr viel sozialem Elend führen, wenn die Sozialleistungen noch weiter eingegrenzt werden. Politiker, Akademiker und Kommentatoren, die zu faul und selbstgefällig sind, um nach Alternativen zu suchen, werden diese Verarmung mit dem Argument begrüßen, daß, je schneller ein Land sich den Bedingungen des Weltmarktes anpassen würde, indem es Löhne und andere Kosten senkt, um so glänzender seine Zukunft sei.

"Der beunruhigendste Aspekt der gegenwärtigen Krise ist, daß zum ersten Mal in der Geschichte die Reichen die Armen nicht mehr länger brauchen",

---

40 Vgl. ders. (1994): "Global Economic Survey", in: Economist vom 1. 10. 1994.

sagte Pierre Calame, Präsident der Foundation for the Progress of Man, schon vor fünf Jahren auf einer Konferenz in Paris im Juni 1993.[41] In der Vergangenheit hatten die Reichen eben immer die Armen gebraucht – als Diener, zum Anbau von Nahrungsmitteln, zum Bau ihrer Häuser, zur Austragung ihrer Kriege und zur Herstellung der Güter, die sie benötigten. Jetzt, wie auch immer, werden viele der Jobs, die die Armen ausgeführt haben, von Maschinen verrichtet, und es ist nicht mehr notwendig, zur Befriedigung der Bedürfnisse der Wohlhabenden so viele Menschen wie zuvor im Wirtschaftssystem zu behalten. Der "Überschuß" wird daher ausgestoßen und gerät in Vergessenheit – auf dem niedrigsten Niveau öffentlicher Unterstützung, das noch möglich ist, ohne daß diese Menschen zur ernsthaften Bedrohung für das Wohl und den Gleichmut derjenigen werden, denen es besser geht.

Aber wenn die Reichen als Ergebnis des technischen Fortschritts ohne die Armen auskommen können, könnten dann die Armen nicht auch ohne die Reichen auskommen? Natürlich wäre ein allgemeiner Prozeß des Umdenkens, von dem wir weiter oben gesprochen haben, besser. Wir glauben aber, daß die Armen tatsächlich – als zweitbeste Alternative – ohne die Reichen auskommen können. Um ihre Handlungsspielräume dreht es sich im Rest dieses Buches.

---

41 Diskussionsbeitrag bei der Konferenz; ein Konferenzbericht ist nicht erschienen.

2. Genügend Handlungsspielräume schaffen

In den meisten Gemeinden, die in das System der Weltwirtschaft eingebunden sind, ist eine nur sehr begrenzte Zahl ökonomischer Aktivitäten aufgrund der starken Konkurrenz von außen auch in betriebswirtschaftlichem Sinn rentabel. Wenn Bedürfnisse daher lokal befriedigt werden sollen, müssen parallele, voneinander weitgehend unabhängige Wirtschaftskreisläufe geschaffen werden.

Industrielles System – gemeinwesenorientierte Wirtschaft

Im letzten Kapitel haben wir auf zwei sehr wichtige Tatbestände hingewiesen. Erstens: Ein großer Teil der Weltbevölkerung hat die Ressourcen und damit die Fähigkeit verloren, für sich selbst sorgen zu können. Diese Menschen sind von einem äußerst instabilen Wirtschaftssystem abhängig geworden – einem System, das zugleich immer weniger Menschen benötigt, um sich selbst zu reproduzieren. Zweitens: Sofern es keinen Handelskrieg – mit dann unvorhersehbaren Folgen – gibt, werden die Politiker in den nächsten Jahren aller Voraussicht nach weder willens noch in der Lage sein, die Bürger ihres jeweiligen Landes vor den negativen Auswirkungen dieses Weltwirtschaftssystems zu schützen – obwohl dieses System seine besten Zeiten hinter sich und nicht vor sich hat und sich die Lebensbedingungen eines erheblichen Teils der Menschen überall auf der Welt verschlechtern.

Wenn diese beiden Tatbestände so richtig beschrieben sind – gibt es dann irgend etwas, was "gewöhnliche Menschen" tun können, um sie zu verändern? Kann ein besseres Gleichgewicht gefunden werden zwischen der Weltwirtschaft auf der einen Seite und den Tausenden lokaler Ökonomien auf der anderen, von denen so viele jedoch fast völlig verschwunden sind? Mit anderen Worten: Können einzelne Gemeinschaften dazu beitragen, die Ausdehnung des industriellen Systems und dessen individualistische Kultur zu begrenzen, und zwar ohne Hilfe der jeweiligen Regierung, um auf diese Weise einen geschützten Raum zu schaffen, in dem lokale, gemeinwesenorientierte Ökonomien und eine damit verbundene Kultur wieder geschaffen oder neu belebt werden kann?

Bevor wir diese Fragen beantworten können, müssen wir zwei Begriffe näher erläutern. Unter einer gemeinwesenorientierten Wirtschaftsweise verstehen wir ein System, in dem die meisten Menschen oder Familien die Produktionsmittel besitzen, die sie benötigen, um ihren Lebensunterhalt zu verdienen. Das kann eine Werkstatt sein oder ein Einzelhandelsgeschäft, eine Praxis, ein Bauernhof oder ein Fischerboot. Natürlich können sich in einer solchen Ökonomie einzelne Menschen oder Familien mit anderen zusammenschließen und ihre Produktionsmittel – etwa in Form einer Genossenschaft – gemeinschaftlich besitzen und bewirtschaften. Mit dem Begriff der industriellen Wirtschaftsweise bezeichnen wir hingegen ein System, in dem wirtschaftliche Aktivitäten in erster Linie unternommen werden, um Gewinne für Anteilseigner zu erzielen. In diesem System bringen normalerweise einzelne oder Gruppen von Investoren Kapital auf und beschäftigen Angestellte und Arbeiter, die ihre Unternehmensideen dann ausführen und dafür Löhne und Gehälter bekommen, die von den Investoren als zu minimierende Kosten betrachtet werden – jedenfalls zählt eine Steigerung der Lohnsumme in der Regel nicht zu den Zielen eines solchen Unternehmens. In einem gemeinwirtschaftlichen System verschulden sich Menschen, um sich selbst anzustellen, wenn ihnen das für ihre Unternehmen nötige Kapital fehlt, und der Lohn, den sie sich selbst auszahlen, ist das eigentliche Ziel ihrer wirtschaftlichen Aktivität. Um ein häufiges Mißverständnis erst gar nicht aufkommen zu lassen: Es ist keineswegs so, daß gemeinwesenorientierte Ökonomien technikfeindlich oder gar bewußt technologisch rückständig sind – es sind im Vergleich zum industriellen System lediglich andere Entscheidungskriterien, die über den Einsatz bestimmter technischer Mittel in der Produktion von Gütern und Dienstleistungen entscheiden.

Der Unterschied zwischen dem industriellen und dem gemeinwesenorientierten System besteht jedoch nicht nur darin, daß in dem einen die Lohnsumme minimiert und der Kapitalertrag maximiert und in dem anderen die Fremdkapitalkosten minimiert und eine breite Palette von Leistungen – darunter auch das Geldeinkommen – maximiert werden soll, wobei diese Leistungen jenen zugute kommen, die an der betreffenden wirtschaftlichen Aktivität direkt partizipieren. Es gibt darüber hinaus auch einen Unterschied in der Größenordnung. Ein industrielles Unternehmen im Besitz von Investoren kann extrem groß werden, wenn es sich mit anderen zusammenschließt, andere aufkauft oder seine Gewinne für eine bestimmte Zeit reinvestiert. Alle diese Strategien hat zum Beispiel General Motors angewendet, der Anfang der neunziger Jahre mit 251.130 Angestellten der weltgrößte private Arbeitgeber war und dessen Umsatz lediglich vom Bruttosozialprodukt von 21 Staaten der Erde übertroffen wurde.[1] Gemeinwesenorientierte Unternehmen bleiben dagegen ziemlich klein, jedenfalls solange, wie sie den industriellen Ansatz nicht übernehmen. Auch hier gibt es jedoch Beispiele dafür, daß ursprünglich "reine" Unternehmen dieser Art Menschen beschäftigen, die nicht zugleich am Eigentum des Unternehmens beteiligt sind, oder gemeinsame Projekte mit Unternehmen in Investorenbesitz durchführen. Zum Beispiel sind viele der größeren landwirtschaftlichen Genossenschaften in Irland nur deswegen so groß, weil sie sich eben dieser im Grunde genossenschaftsfremden Geschäftspraktiken bedienen.

Würde man die politische Mehrheit dafür bekommen, wäre es wohl möglich, auch auf diesem Wege ein besseres Gleichgewicht zwischen dem industriellen und dem gemeinwirtschaftlichen System zu erreichen: Man könnte die Maximalgröße von Unternehmen, die sich im Besitz von Investoren befinden, per Gesetz festlegen und größere Gesellschaften in hunderte von kleinen Unternehmen aufspalten, an deren Besitz die Arbeitnehmer zumindest beteiligt sind. Produktionsstätten und Fabriken könnten dann nur noch bis zu einer gewissen Größe wachsen. Der Einsatz bestimmter Technologien und eine Mindestzahl von Angestellten pro Summe eingesetzten Kapitals könnte ebenfalls

---

1 Vgl. u.a. Keller, Maryann (1994): Der Krieg der Autogiganten: Wem gehört das 21. Jahrhundert? Frankfurt a.M.: Eichborn; diess. (1989): Rude awakening: The Rise, Fall, and Struggle for Recovery of General Motors. New York: Morrow.

gesetzlich geregelt werden. Auf ähnliche Weise könnte eine maximale Fläche für landwirtschaftliche Betriebe festgesetzt werden.

All diese Überlegungen sind nicht neu. In den letzten Jahrzehnten ist eine ganze Reihe von Ordnungsmodellen detailliert ausgearbeitet worden, bei denen die Arbeitnehmerpartizipation als Leitbild an die Stelle der Verwertungsinteressen des Kapitals tritt.[2] Es ist hier nicht der Ort, sich mit der Geschichte der Theorie und Praxis dieser Modelle zu befassen[3] – und es steht völlig außer Zweifel, daß Gesellschaftsmodelle mit dieser Zielsetzung, wenn sie "von oben nach unten", also durch Gesetze und Verordnungen realisiert werden sollen, bei dem derzeitigen politischen Klima nur als Luftschlösser betrachtet werden können. Es gibt daher keine Alternative zu einem Aufbau "von unten nach oben". Mit anderen Worten: Anstatt Gesetzesänderungen zu verlangen, müssen wir Einstellungen und Ideen verändern und danach auch Verhaltensweisen. Nur so können lokale gemeinwesenorientierte Ökonomien entstehen, die stark genug sind, um den Druck und die Instabilität des industriellen Systems der Weltwirtschaft zu überleben. Nachfolgend beschreiben wir drei Prinzipien, die wir verfolgen müssen, wenn wir eine zufriedenstellende Koexistenz beider Systeme erreichen wollen.

Lokale Ressourcen nutzen

Erstes Prinzip: Es muß damit begonnen werden, lokal verfügbare Ressourcen zu nutzen, um so weit wie möglich die Bedürfnisse der Menschen am jeweiligen Ort zu befriedigen, anstatt für weit entfernte Märkte zu produzieren.

Gegenwärtig beschäftigen sich Ökonomen, die die Wirtschaft in einer bestimmten Region ankurbeln wollen, vornehmlich mit nur einer Überlegung: Welche Güter oder Dienstleistungen können dort erstellt und auf Märkten außerhalb dieser Region verkauft werden? Mit anderen Worten: Wie können die Regionen dazu gebracht werden, gegeneinander in Wettbewerb zu treten? Die noch immer herrschende Wirtschaftstheorie der sogenannten Neoklassik besagt, daß mit dem Geld, das so verdient werden kann, die Menschen in der Region alle die Güter und Dienstleistungen kaufen können, die sie benötigen und die irgendwo auf der Welt billiger hergestellt werden können als in ihrer eigenen Region. Die Lehre der komparativen Kostenvorteile besagt weiter, daß, wenn jeder nur noch die Dinge produziert und anbietet, die er am kostengün-

---

2 Vgl. u.a. Huber, Joseph/Kosta, Jirí (Hrsg.) (1978): Wirtschaftsdemokratie in der Diskussion. Frankfurt/M.: Europäische Verlagsanstalt; Jungblut, Michael (1973): Nicht vom Brot allein. Elf Modelle für Mitbestimmung und Gewinnbeteiligung. Hamburg: Hoffmann und Campe; Sik, Ota (1979): Humane Wirtschaftsdemokratie: ein Dritter Weg. Hamburg: Knaus.

3 Vgl. Diefenbacher, Hans/Nutzinger, Hans G. (Hrsg.) (1984/1990): Konzepte und Formen der Arbeitnehmerpartizipation, 4 Bde., Heidelberg: Forschungsstätte der Evangelischen Studiengemeinschaft; Flieger, Burghard (1996): Produktivgenossenschaft als fortschrittsfähige Organisation. Marburg: Metropolis.

stigsten herstellen kann, es am Ende allen besser geht, als wenn jeder versuchen würde, alles selbst zu machen.[4]

Dieser indirekte Weg der Bedürfnisbefriedigung funktionierte solange gut, solange die meisten Güter und Dienstleistungen, die die Menschen benötigten, noch immer in ihrer eigenen Region erstellt wurden. Sobald hier jedoch ein bestimmter Anteil überschritten wird, kommt es zu einem qualitativen Umschlag. Heute sind die meisten Gemeinden – als Wirtschaftsraum betrachtet – fast zur Gänze abhängig von einem Angebot von Gütern und Dienstleistungen, das nicht aus ihrem Gebiet stammt. Aufgrund jenes qualitativen Umschlags wird dieser mit Spezialisierung verbundene indirekte Weg der Bedürfnisbefriedigung immer weniger zufriedenstellend, denn mit ihm gehen eine extreme Verschärfung des Wettbewerbs und eine zunehmende Instabilität der Weltwirtschaft einher.

Golf-Ferien in Westport

Wir möchten diese Zusammenhänge mit ganz unterschiedlichen Beispielen aus den Regionen erläutern, in denen wir leben. Westport in Irland hat versucht, Golf-Ferien für reiche Leute aus Schweden zu organisieren, was der Region für ein paar Jahre ein zusätzliches Einkommen von außen verschafft hat. Dann aber hatten mehrere Dutzend andere Orte sehr ähnliche Angebote gemacht – und um im Wettbewerb zu bleiben, mußten alle Anbieter die Preise senken. Die verschärfte Konkurrenz hat, ökonomisch betrachtet, zu einer relativen Wohlfahrtssteigerung der Golf-Touristen im Vergleich zu den Ferienanbietern geführt und zeigt in einem Mikrokosmos die zunehmenden Einkommensunterschiede zwischen Arm und Reich in einer Zeit, in der die Bedeutung des Welthandels ebenfalls beständig gestiegen ist.

Nach den genannten Preisreduktionen blieb in Westport ein wesentlich geringeres Einkommen als man erwartet hatte, als das Angebot mit den Golf-Ferien geplant worden war, denn man mußte ja Geldmittel für Getränke, Nahrungsmittel, Heizöl, Elektrizität, Reparaturen, Steuern und so weiter aufbringen, die zum größten Teil aus der Region abflossen. Diese Fehlkalkulation wäre nicht allzu schlimm gewesen, wenn man das Projekt mit einem Achselzucken hätte abtun können und es möglich gewesen wäre, einfach so weiterzumachen wie zuvor. Aber genau dies war nur ganz selten möglich. Pensionen und Hotels zum Beispiel hatten Kredite aufgenommen, weil sie sich vergrößert hatten, und sie hatten zusätzliches Personal eingestellt. Nun hatten sie höhere Gemeinkosten, und es hätte sie ruiniert, wenn sie einfach zu ihrem alten Umsatz zurückgekehrt wären. Jetzt waren sie stärker von einem Einkommensstrom abhängig, der nicht aus ihrer Region kam, und entsprechend war auch die Abhängigkeit der Gemeinde insgesamt gestiegen. Das Rezept konventioneller Ökonomen für eine solche Situation besteht nun in nichts anderem, als der Ge-

---

4 Vgl. hierzu ein beliebiges Lehrbuch zur neoklassischen Außenhandelstheorie, etwa Sohmen, Egon (1976): Allokationstheorie und Wirtschaftspolitik. Tübingen: J.C.B. Mohr, 2. Aufl. 1992.

meinde vorzuschlagen, sich um weitere finanzkräftige Feriengäste zu bemühen oder sich ein anderes Geschäft auszudenken und dort gute Gewinne zu machen – solange jedenfalls, bis wieder Konkurrenten nachziehen und ähnliche Produkte oder Dienstleistungen anbieten, die Gewinnspannen so ein weiteres Mal gesenkt werden und der Teufelskreis von neuem beginnt.

Konzentrationsprozesse in der Mannheimer Industrie

Im zweiten Beispiel aus Mannheim scheint es um zunächst prinzipiell unvergleichbare Entwicklungen zu gehen. Ein hoher Anteil der Beschäftigten in der Industrie arbeitet auch in dieser Stadt in Produktionsstätten, die mittlerweile Teile von großen, oft transnational agierenden Konzernen sind. Das war natürlich nicht immer so, aber seit Beginn des Jahrhunderts hat es immer wieder Aufkäufe und Fusionen gegeben; ein für Mannheim sehr wichtiges Ereignis ist zum Beispiel die Übernahme der traditionsreichen Traktorenfabrik Lanz durch die John Deere AG im Jahre 1956 gewesen.[5] Doch werden diese Beispiele seit Anfang der neunziger Jahre zahlreicher und spektakulärer und vor allem: Die Konsequenzen für die Arbeitnehmer vor Ort entwickeln sich meist nach dem gleichen Negativ-Schema. Ob der Übergang von BBC zu Asean oder von Böhringer zu Hoffmann La Roche[6] – hat der verschärfte Wettbewerbsdruck einmal zum Zusammenschluß mit anderen Unternehmen oder zur Aufgabe in Form des Verkaufs an einen Konkurrenten geführt, greift das Gesetz des komparativen Kostenvorteils als Strategie des industriellen Systems. Hatten die vormals selbständigen Konkurrenten ähnliche Produktionslinien, werden sie nach der Fusi-

---

5 Vgl. Hack, Volker (1979): Geschichte der John-Deere-Werke Mannheim. Mannheim: John-Deere-Werke.

6 In fast jedem einzelnen der letzten zehn Jahre sind am "Standort" Mannheim bei ABB Arbeitsplätze entweder abgebaut worden, oder es ist ein Abbau von Arbeitsplätzen in naher Zukunft angekündigt worden, so daß die Beschäftigten in permanenter Unsicherheit leben; vgl. u.a. Internationaler Metallgewerkschaftsbund (Hrsg.) (1988): BBC – Asean Brown Boveri – Anatomie einer Fusion. Genf: IMB; Mannheimer morgen v. 18. 9. 1989: "ABB gibt Bereich Supraleitende Magnete auf"; ibid., 28. 2. 1991: "ABBler fühlen sich verschaukelt – geplante Streichung von 541 Arbeitsplätzen"; ibid., 21. 11. 1991: "ABB-Lehrlinge in Angst – 55 Auszubildende werden nicht übernommen"; ibid., 13. 3. 1992: "Bei ABB Kraftwerke werden 250 Stellen ohne Entlassung abgebaut"; ibid., 1. 7. 1994: "Bei ABB Mannheim droht Personalabbau" – 1.000 von 5.500 Stellen wurden als bedroht eingestuft, was zu einem kurzfristigen Streik führte; fast zeitgleich Mannheimer Morgen v. 18. 8. 1994: "ABB-Gewinn ist elektrisiert – Konzernertrag im 1. Halbjahr über 20% gestiegen"; aber: ibid., 30. 8. 1994: "Ärger bei ABB Kraftwerke" – 320 von 480 Arbeitsplätze im Generatorenbau sind gefährdet. Zuletzt ibid., 13. 1. 1998: "ABB Mannheim baut 550 Arbeitsplätze ab"; dabei befürchtete der Mannheimer Betriebsratvorsitzende das völlige Aus für den Kraftwerksbau, denn schon jetzt reiche die Zahl der Mitarbeiter in Mannheim nicht aus, um alle Aufträge in der nötigen Qualität zu bearbeiten. — Der Aufkauf von Böhringer durch Hoffmann La Roche bedeutet aller Voraussicht nach die Einstellung der Therapeutica-Forschung in Mannheim sowie die Konzentration der Abteilungen Marketing und Vertrieb in Basel, und dies, obwohl Boehringer bei Umsatz und Gewinn Zuwächse im zweistelligen Prozentbereich zu verzeichnen hatte; vgl. Mannheimer Morgen v. 14. 12. 1997.

on zumeist an einem Ort konzentriert. Oftmals werden auch Teile der Produktion aufgegeben, Anlagen und Einrichtungen oder Grundstücke und Gebäude weiterverkauft. Dies geschieht auch ohne Fusion oder Verkauf häufig bei Firmen, die Betriebsstätten an mehreren Orten unterhalten: Mit der Schließung von Hertie und des Mannheimer Zweigwerkes von SEL Alcatel gab es in der Region in der letzten Zeit zwei besonders aufsehenerregende Fälle.[7] Alle diese Varianten sind mit einer zumeist deutlichen Reduktion der Zahl der Beschäftigten verbunden, die dann "im besten Fall" nicht gleich gehen müssen, aber für Pensionäre werden dann keine jungen Menschen mehr eingestellt. So ist die Region am Ende eines solchen Prozesses zwar wieder – im strikten Sinne der herrschenden Wirtschaftstheorie – ein Stückchen wettbewerbsfähiger geworden, nicht wenige der dort lebenden Menschen haben aber ihre berufliche Perspektive verloren. Die Kaufkraft nimmt ab, die Belastung der öffentlichen Haushalte durch Arbeitslosengeld und Sozialhilfe nimmt zu, und so wird es immer schwieriger, für die nach den Gesetzen marktwirtschaftlicher Effizienz produzierten Güter auch Abnehmer zu finden – nur der Markt für Luxuswaren boomt, und es ist kein Zufall, daß das Management von Porsche von der deutschen Presse immer wieder als vorbildlich herausgestrichen wird.

Unter den gegenwärtigen ökonomischen Verhältnissen kann daher die Grundlage einer nachhaltigen und stabilen lokalen Ökonomie keinesfalls darin bestehen, Güter und Dienstleistungen aus der Region in andere Regionen oder Länder zu exportieren, um damit das Geld zu verdienen, das erforderlich ist, um lebensnotwendige Güter und Dienstleistungen zu kaufen. Dagegen muß versucht werden, die Ressourcen einer Region zu nutzen, um die grundlegen-

---

7 Am 31. 1. 1996 schloß die Mannheimer Hertie-Filiale, angeblich wegen schlechter Ertragslage. Von 208 Mitarbeitern hatten neun Monate später nur 32 eine neue Anstellung gefunden. Ein Plan von ehemaligen Beschäftigten, das Kaufhaus als "Öko-Kaufhaus" weiterzuführen, scheiterte an den finanziellen Vorstellungen der Besitzer des Gebäudes; vgl. u.a. Mannheimer Morgen vom 23. 6. 1995, 19. 9. 1995, 26. 9. 1995, 10. 10. 1995, 1. 10. 1996; Die Rheinpfalz vom 1. 6. 1995 und vom 12. 10. 1995. — 1987 hat der französische Alcatel-Konzern die SEL-AG übernommen, deren Werk in Mannheim einmal fast 1.600 Arbeitsplätze hatte. Seit 1990 wurde die Belegschaft um mehr als die Hälfte abgebaut. Am 15. 9. 1994 wurde mit der Unternehmensleitung im Rahmen eines Einigungsstellenverfahrens die Erhaltung von 450 Arbeitsplätzen über das Jahr 1995 hinaus garantiert. Sieben Wochen später kündigte der Alcatel-SEL-Vorstand die komplette Schließung des Mannheimer Werkes im Rahmen eines Abbaus von weltweit 5.300 Arbeitsplätzen an. 1995 wurde ein Vertrag zwischen SEL Alcatel, dem Land Baden-Württemberg, der Landesbank, der IG Metall und der Stadt Mannheim geschlossen, nach dem mindestens 410 Arbeitsplätze auf Dauer agbesichert wurden. Das endgültige Aus zeichnete sich im Frühjahr 1997 ab, als die Unternehmensleitung beschloß, trotz dieses Vertrags das Werk Mannheim dennoch zu schließen. Ein erneutes Einigungsstellenverfahren im August 1997 wurde ohne Einigung beendet; im September 1997 wurde schließlich ein Sozialplan verabschiedet und die Gründung einer Beschäftigungs- und Qualifizierungsgesellschaft beschlossen, in die zunächst jene Arbeitnehmerinnen und Arbeitnehmer überwechseln können, die keinen anderen Arbeitsplatz finden. Vgl. Mannheimer Morgen v. 10. 11. 1994, 11. 11. 1994, 19. 3. 1997; Mannheim illustriert Heft 1/1995, diverse Informationsschriften des SEL Solidaritätskomitee Mannheim (Nov. 1997, April 1997); im Internet unter http://www.ksk-tuebingen.de/bor/mk/sel.html; http://www.alcatel.de/retecom/pinfos/meld_97/pi97_098-htm.

den Bedürfnisse der Menschen, die in dieser Region leben, so weit wie möglich damit zu befriedigen.

Die Theorie der komparativen Kostenvorteile

Seit Adam Smith[8] lehren die Wirtschaftswissenschaften, was wir weiter oben schon mit dem Begriff des komparativen Kostenvorteils beschrieben haben: Es sei effizienter, Bananen in Ecuador und nicht in Essex oder Essen anzubauen. Wir möchten jedoch zu bedenken geben, daß in diesem Zusammenhang drei Überlegungen einer differenzierten Betrachtung bedürfen:

– Zum einen erweist sich bei einer näheren Analyse die vielgepriesene Effizienz des Welthandelssystems als grotesker Mythos. Wir werden darauf ausführlicher weiter unten zurückkommen. An dieser Stelle mag es genügen, sich einmal zu fragen, ob ein System noch immer effizient genannt werden kann, das so viele Menschen dazu verdammt, ihr Leben in unfreiwilligem Müßiggang zu verbringen, und das eine dermaßen große Menge knapper Ressourcen auf Kosten zukünftiger Generationen verschwendet.
– Zweitens: Selbst wenn eine regionale Spezialisierung gemäß der Theorie der komparativen Kostenvorteile Effizienzgewinne bringen würde, so wäre zumindest die Frage zu diskutieren, wieviel Ineffizienz man in Kauf nehmen sollte, um das Risiko zu verringern, daß das Lebensumfeld sehr vieler Menschen in einer Region durch die Instabilität der Weltwirtschaft verletzt oder gar zerstört wird. Viele Menschen zahlen freiwillig jedes Jahr Prämien für Versicherungen, ob für Hausrat, Haftpflicht, Gepäck oder Reiserücktritt, und akzeptieren so einen sicheren kleinen Verlust, mit dem sie das Risiko eines großen Schadens vermeiden. Auch Gemeinden und Regionen sollten bereit sein, ein wenig Ineffizienz als Versicherung gegen die Zerstörung ihrer lokalen Ökonomien in Kauf zu nehmen. Dies gilt um so mehr, als funktionierende lokale Ökonomien ein breites Spektrum wirtschaftlicher Aktivitäten aufweisen, die nicht nur mehr Stabilität garantieren, sondern den Menschen, die in der Gemeinde oder der Region leben, erheblich mehr Möglichkeiten bieten, sich durch sinnvolle Arbeit selbst zu verwirklichen.
– Drittens schließlich: Bananen sind – für europäische Länder – keine lebensnotwendigen Produkte. Wenn sie nach Europa in direktem Austausch gegen andere, hier produzierte und ebenfalls nicht lebensnotwendige Produkte importiert werden, wäre es unerheblich, daß diese Güter von Menschen in anderen Regionen erzeugt werden. Jeder Handelspartner könnte bei einem solchen "Handel auf der Grundlage eigener Stärke" jederzeit den Austausch beenden, ohne den anderen oder sich selbst

---

8 Smith, Adam (1776): An Inquiry into the Nature and the Causes of the Wealth of Nations, Ausg. von W.B. Todd, Oxford: Clarendon Press 1976; deutsche Übersetzg. i. d. Ausg. von H.C. Recktenwald, München: Beck 1978.

ernsthaft zu schädigen.[9] Das Ziel besteht also nicht in der Rückkehr zur Autarkie durch die Abschaffung des Außenhandels, um dies ganz eindeutig zu sagen: Ziel ist die Minimierung der *Abhängigkeit* einer Region von Handelsbeziehungen über ihre Grenzen hinweg. Außenhandel in diesem Sinne sollte zu einer Form wirtschaftlicher Aktivität werden, deren man sich bedienen kann, wenn man es möchte, und zwar zu jeweils unabhängig und selbständig festgelegten Bedingungen. Zum Außenhandel sollte man nicht gezwungen sein, um zu überleben.

Preise regional bestimmen

Zweites Prinzip: Weltmarktpreise sollten nicht bestimmen, was in einer Region produziert wird.

Das zweite Prinzip erfordert ein womöglich noch entschiedeneres Umdenken als das erste: Die zur Zeit existierenden Marktpreise und Gewinnspannen dürfen nicht ausschlaggebend dafür sein, was in den einzelnen Regionen produziert oder angebaut wird. Wir müssen dies so radikal formulieren, weil Marktpreise derzeit nicht als Ausdruck für den Wert eines Gutes oder einer Dienstleistung unter Einschluß der ökologischen und sozialen Aspekte angesehen werden können. Sicher sind die meisten Wirtschaftswissenschaftler und konservativen Politiker der Ansicht, daß der Markt darüber entscheiden sollte, was, in welchen Mengen, an welchem Ort und mit welchen Methoden produziert werden sollte, weil sie es für "unökonomisch" und "ineffizient" halten, andere Faktoren in Betracht zu ziehen. Diese Ansicht steht und fällt jedoch mit der Gleichsetzung des Preises eines Gutes mit seinem Wert, was wiederum nur im Rahmen einer ökonomischen Theorie möglich ist, die zur Gänze an der industriellen und nicht an einer gemeinwesenorientierten Wirtschaftsweise ausgerichtet ist. Wir möchten jedoch daran erinnern, daß Effizienz nur daran gemessen werden kann, inwieweit der Einsatz von Mitteln den Zielen der Menschen dient. Es kann nun sein, daß diese Menschen bestimmte Ziele haben, die von den Entscheidungsträgern des industriellen Systems nicht mit einer hohen Priorität verfolgt werden: möglichst zufriedenstellende Arbeit für alle, Stabilität, ökologische Nachhaltigkeit, Gerechtigkeit – also Ziele jenseits maximaler Erträge für das investierte Kapital. In diesem Fall müssen die Effizienz eines Wirtschaftssystems und damit sein Erfolg oder Mißerfolg auch an diesen Zielen gemessen werden.

Um wirtschaftlichen Fortschritt in diesem weiteren Sinne für eine Gemeinde oder eine Region zu erzielen, kann es sehr viel effizienter sein, am Ort für die lokalen Bedürfnisse zu produzieren, anstelle externe Märkte zu bedienen. Die Gemeinschaft der Menschen einer Region ist nicht nur am Gewinn als Zielgröße eines wirtschaftlichen Unternehmens interessiert, sondern an einem

---

9 Ein solches Konzept eines "Handels aus eigener Stärke" wurde u.a. vertreten und ausführlich begründet von Collins, Joe/Lappé, Frances Moore (1977): Food First – Beyond the Myth of Scarcity. San Francisco: Institute for Food and Development Policy; deutsche Übersetzung unter dem Titel "Vom Mythos des Hungers", Frankfurt/M.: S. Fischer 1978.

wesentlich breiteren Spektrum positiver Effekte. Dazu gehört zum Beispiel das Gesamteinkommen, das eine wirtschaftliche Aktivität in die Region bringt oder dort hält: Löhne und Gehälter plus Gewinne und Zahlungen für Vorleistungen aus der Region. Investoren dagegen betrachten üblicherweise nur einen winzigen Ausschnitt aus den Zahlungsströmen des Unternehmens, an dem sie sich beteiligen: Das sind die Erträge ihres Kapitals, die ihnen wieder zufließen. Aus der Gesamtperspektive der Region ist dies der sprichwörtliche Schwanz, der – auf Geheiß der konventionellen Ökonomie – mit dem Hund wedeln soll.

Das Problem liegt aber nicht nur in der sachlich viel zu eingeschränkten Perspektive ökonomischer Entscheidungen, die nach den Spielregeln des industriellen Systems getroffen werden. Eine Gemeinschaft benötigt auch Einkommensströme für langfristige Aufgaben – etwa für die Betreuung und Ausbildung von Kindern. Daher muß sie ein Interesse daran haben, daß dieses Einkommen auch langfristig gesichert ist. Investoren planen dagegen häufig mit einem sehr kurzen Zeithorizont. Oftmals werden vielversprechende Zukunftsperspektiven aufgegeben oder nicht realisiert, um schneller Gewinne erzielen zu können. 1994 haben bei einer Erhebung der Confederation of British Industry zwei Drittel der antwortenden Unternehmen angegeben, daß der Amortisierungszeitraum für Investitionsvorhaben drei Jahre oder noch kürzer sein sollte; für Deutschland liegen ähnliche Werte vor.[10] Was für Gemeinden oder Regionen effizient ist, unterscheidet sich daher weitgehend von der Effizienz für anonyme Kapitalanleger.

Tauschwerte und Gebrauchswerte

Die Gleichsetzung von Marktpreis und Wert verdüstert jedoch nicht nur die Zukunftsaussichten der Regionen, sondern auch des Globus insgesamt. William Nordhaus, Nobelpreisträger und Professor für Ökonomie an der Yale University in den USA, hat im Jahre 1990 eine Berechnung darüber angestellt, welche Summe die Vereinigten Saaten bereit sein sollten auszugeben, um die Risiken einer globalen Klimaveränderung zu senken.[11] Da die Land- und Forstwirtschaft – die Sektoren, die durch eine Klimaveränderung am meisten betroffen wären – nur 3% zum Bruttosozialprodukt der Vereinigten Staaten beitragen, geht Nordhaus davon aus, daß dies auch den Wert dieser Sektoren für die Bürger der USA darstellen würde. Aber diese 3% sind natürlich lediglich eine Maßzahl für die zu Marktpreisen bewertete Produktion. Mit anderen Worten: Nordhaus übersieht bei seiner Betrachtung die Tatsache, daß die *gesamte* nichtlandwirtschaftliche Wertschöpfung einer modernen Ökonomie wertlos ist,

10 Für die britische Erhebung vgl. den Bericht in Independent on Sunday v. 7. 8. 1994. Bei der thermischen Gebäudesanierung rechnet man mit einem Amortisationszeitraum von acht Jahren – ein Grund dafür, daß dieses Potential zur Verbesserung der Umwelt und zur Steigerung der Beschäftigung nicht besser ausgenutzt wurde. Berechnungen für Österreich sind im Internet zu finden unter http://www.accc.gov.at/papers/gebaeude/schul.htm.

11 Nordhaus, William (1990): "Greenhouse economics: Count before leap", in: The Economist v. 7. 7. 1990.

wenn die Menschen nichts zu essen haben, gleichgültig, ob es sich um Intensivpflegestationen in Krankenhäusern, Bergbau, wissenschaftliche Laboratorien, Kommunikationstechnologien, Schwerindustrien oder um Mikroelektronik handelt; diese Beispiele wählt Nordhaus jedenfalls, um zu erläutern, daß es Wirtschaftssektoren gibt, die von einem Anstieg der Durchschnittstemperatur von 2 oder 3 Grad Celsius relativ unberührt wären.[12] Dieser bemerkenswerte Kurzschluß verführte Nordhaus zu der Ansicht, daß der höchste anzunehmende Schaden einer Erwärmung für die Vereinigten Staaten in der Größenordnung von 0,25% des US-amerikanischen Bruttosozialprodukts liegen würde, da ja keinesfalls die gesamte land- und forstwirtschaftliche Produktion zum Erliegen käme. Schließlich räumt Nordhaus noch eine großzügige Sicherheitsmarge ein und argumentiert, daß es sich für die Vereinigten Staaten nicht auszahlen würde, mehr als 2% des Volkseinkommens pro Jahr aufzuwenden, um die Emission von Treibhausgasen zu senken – natürlich wird derzeit noch nicht einmal dieser Betrag dafür aufgewendet.[13]

Man könnte sich über die Berechnung von Nordhaus amüsieren, hätte sie nicht dazu beigetragen, das Ausmaß und die Dringlichkeit zu reduzieren, mit der die Regierungen der Welt auf die Gefahr einer Klimaveränderung reagieren, und wenn nicht andere Wirtschaftswissenschaftler auf der Grundlage einer derartigen Argumentation Konzepte propagieren würden, mit der die nahezu völlige Substituierbarkeit von natürlichem und künstlichem Kapital behauptet wird, ohne daß eine in diesem Sinn definierte Nachhaltigkeit verletzt würde.[14] Aufgrund der Verwechslung von Preis und Wert kann Nordhaus nicht erkennen, daß Lebensmittel, natürliche Ressourcen und Energieträger viel wertvoller sein können als andere Güter und Dienstleistungen, für die vielleicht der gleiche Anteil des Einkommens ausgegeben wird. Ein durchschnittlicher Vier-Personen-Haushalt in der Bundesrepublik Deutschland gibt ungefähr gleich viel für Nahrungsmittel und für den Unterhalt und den Betrieb von Kraftfahrzeugen aus.[15] Aber während man im Angesicht des Hungertodes praktisch alles aufgeben würde, um weiter essen zu können, wäre man zu weit weniger existentiellen Opfern bereit, um weiter Auto fahren zu können. In der Fachsprache der Ökonomie: In den aktuellen Preisrelationen kommen Unterschiede in der Preiselastizität der Nachfrage nicht unmittelbar zum Ausdruck.

Das Beispiel der grotesken Unterschätzung der möglichen Kosten einer Klimaveränderung zeigt besonders deutlich, warum eine Gleichsetzung von Marktpreis und Wert von Gütern und Dienstleistungen dermaßen in die Irre führen kann. In den Marktpreisen sind häufig soziale und ökologische externe

---

12 Ibid.

13 Vgl. dazu u.a. die Stellungnahmen der Union of Concerned Scientists zu der Haltung der USA bei der Weltklima-Konferenz in Kyoto im Dezember 1997; im Internet unter http://www.ucsusa.org/global/gw.worldsci.html.

14 Vgl. z.B. Pierce, David/Atkinson, Gerald (1993): "Capital Theory and the Measurement of Sustainable Development. An Indicator of weak Sustainability", in: Ecological Economics, Vol. 8, 103-108.

15 Statistisches Bundesamt (Hrsg.) (1997): Statistisches Jahrbuch für die Bundesrepublik Deutschland, Tab. 21.1: Einnahmen und Ausgaben ausgewählter privater Haushalte (Haushaltstypen 2 und 3).

Effekte nicht repräsentiert, da für die Kosten, die diese Effekte verursachen, zunächst niemand aufkommen muß, sofern die Regierungen dem Markt keine entsprechenden Rahmenbedingungen setzen. Im Preis einer Spraydose heute findet sich kein "Spargroschen", um später auftretende Klimaschäden zu bezahlen; im Preis für Benzin sind keine Entschädigungen für lärm- und abgasgeplagte Anwohner vielbefahrener Straßen enthalten. Diese Kosten tragen dann weder die Verkäufer noch die Käufer der entsprechenden Produkte, sondern sie werden anderen Menschen aufgebürdet – häufig sind diese Leidtragenden noch gar nicht geboren. Aufgrund der viel zu kurzen Kalkulationszeiträume, von denen weiter oben bereits die Rede war, tendieren Märkte dazu, natürliche Ressourcen zu billig und damit zu rasch und auf Kosten zukünftiger Generationen in Anspruch zu nehmen.

Ist regionale Preisautonomie möglich?

Aus allen diesen Gründen sollten Weltmarktpreise nicht entscheiden, welche wirtschaftlichen Aktivitäten in einer bestimmten Region stattfinden oder nicht – sonst könnte es sein, daß die Versorgung mit Nahrungsmitteln, Kleidung, Beleuchtung und Heizung dort nicht mehr stattfinden kann und wirtschaftliche Unabhängigkeit bei diesen Basis-Gütern nicht mehr möglich ist. Wenn die Preisrelationen jedoch so beschaffen sind und Produkte, die eine Region unabhängiger machen würden, dort zunächst nur zu Preisen hergestellt werden können, die im Wettbewerb mit Weltmarktpreisen zu Verlusten führen würden, gibt es ein riesiges Problem. Auch in einem gemeinwesenorientierten Wirtschaftssystem läßt sich kein Gewerbe lange ohne angemessene Entlohnung für die Beteiligten und ohne eine gewisse Verzinsung des eingesetzten Kapitals durchhalten. Wie wir im letzten Kapitel gezeigt haben, haben Regierungen früher durch Zölle oder Importquoten ermöglicht, daß Preise innerhalb ihrer Länder von Weltmarktpreisen auch längerfristig abweichen konnten. Das hatte unter anderem die Bandbreite der wirtschaftlich akzeptablen Produktionsmöglichkeiten erhöht. Nun besteht diese Möglichkeit aufgrund der internationalen Vertragswerke nicht mehr, und es gibt keinen Weg zu verhindern, daß Weltmarktpreise den Standard für regionale Preisrelationen setzen. Sofern kein Weg gefunden wird, wie Produzenten vor Ort ihre jeweilige Region mit der gesamten Palette der lebensnotwendigen Güter und Dienstleistungen zu Weltmarktpreisen versorgen können, sind daher alle Versuche, der Region zu größerer Unabhängigkeit zu verhelfen, zum Scheitern verurteilt.

Auf den ersten Blick erscheint es nun unmöglich, einen solchen Weg zu finden, zumal es im Grundsatz nur zwei Strategien gibt, mit deren Hilfe Produzenten vor Ort versuchen können, ihre Preise zu senken. Zum einen könnten sie sich bemühen, "super-effizient" zu werden, um ihre Konkurrenten von außerhalb aus dem Markt zu drängen, gleichgültig, was diese für Arbeitskosten haben, welche Technologien sie verwenden, wie günstig deren Quellen für Rohstoffe sind und ob sie die Vorteile der Massenproduktion nutzen können. Zum anderen könnten die Produzenten vor Ort zum Mittel der Selbstausbeutung greifen, sprich: weniger Lohn für ihre Arbeit und weniger Zinsen für ihr Kapital berechnen und auf diese Weise ihre Produkte wettbewerbsfähig machen. Keine dieser Strategien erscheint auf den ersten Blick besonders vielversprechend, aber wir wollen als nächstes beide etwas näher betrachten, um zu sehen, ob sich auf diesen Wegen vielleicht doch etwas machen läßt.

Option 1: Super-Effizienz

Um den Sinn dieser Option zu erläutern, müssen wir etwas weiter ausholen. Der Grund dafür liegt in der eigentlichen Bedeutung des Effizienz-Begriffs, wie wir ihn weiter oben bereits erläutert haben: Super-Effizienz heißt eben nicht automatisch, die umfassendste Ausstattung von High-Tech-Geräten oder die neuesten Organisationsmethoden zum Einsatz zu bringen, die gerade in Mode sind. Effizienz ist nur dann ein sinnvoller Begriff, wenn der Einsatz von Mitteln an dem Grad gemessen wird, mit dem die Ziele erreicht werden, die man sich gesetzt hat. In diesem Sinne möchten wir die Option der Super-Effizienz an der Möglichkeit der regionalen Selbstversorgung mit Nahrungsmitteln analysieren.

Landwirtschaft, Forstwirtschaft, Fischerei sowie die Rohstoffgewinnung in Steinbrüchen und durch Bergbau bilden den primären Sektor jeder Volkswirtschaft. Sie sind die Grundlage aller weiterer wirtschaftlicher Aktivitäten. Schon im Erdkundeunterricht lernt man, daß dieser Sektor noch vor fünfhundert Jahren die gesamte Wirtschaft dominierte. Kenntnisse und Fertigkeiten nahmen aber von Generation zu Generation zu, und die Menschen waren zunehmend imstande, mehr Nahrungsmittel und Rohstoffe zu produzieren als sie selbst benötigten. Dieser Überschuß ernährte eine steigende Zahl von Angehörigen anderer Berufe: Handwerker, Militär, Adelige, die Geistlichkeit. Langsam entwickelte sich eine soziale und ökonomische Struktur in Form eines Dreiecks. Die breite Basis bildeten die primären Produzenten, Handwerk und Manufakturen beschäftigten schon deutlich weniger Menschen, schließlich gab es eine noch kleinere Schicht aus Angehörigen des Militärs, der Verwaltung, der Lehre und der Geistlichkeit – mit dem Monarchen und dem Adel an der Spitze.

Folgen der Effizienzgewinne

Die Produktivitätssteigerungen in der Landwirtschaft und die industrielle Revolution haben dieses Bild bis zum Beginn des 19. Jahrhunderts grundlegend verändert. Zu dieser Zeit waren etwa in Großbritannien etwa gleich viele Menschen im primären, im sekundären und im tertiären Sektor beschäftigt, wiederum mit einer zahlenmäßig geringfügigen Adelsschicht an der Spitze. Heute, zweihundert Jahre später, gibt es wieder eine Pyramide, die jetzt allerdings auf dem Kopf steht: Nur ein kleiner Bruchteil der Erwerbstätigen – in England 3,2%, in Deutschland 2,5% – sind im primären Sektor der Wirtschaft tätig. Auch der sekundäre Bereich ist, was die Beschäftigung betrifft, rückläufig: In England sank der Anteil der Beschäftigten im produzierenden Gewerbe zwischen 1981 und 1989 von 28,9% auf 23,8% der Erwerbspersonen insgesamt, in Deutschland betrug diese Zahl im Jahre 1996 noch 31,1%. Dabei ist es ganz und gar nicht sicher, ob im tertiären Sektor, also im Dienstleistungsbereich, genügend Arbeitsplätze geschaffen werden können, um das klassische Muster der Vollbeschäftigung zu verwirklichen.[16] Jedenfalls gibt es den bereits erwähnten langfristigen Trend zu einer zunehmenden Zahl von unfreiwillig arbeitslosen Menschen.

Die gesamte moderne Wirtschaftsstruktur wird somit heute von einer winzigen Zahl von Beschäftigten im primären Sektor gestützt. Jedoch brauchen alle, die nicht in diesem Bereich arbeiten, ebenfalls Nahrungsmittel und Rohstoffe, um zu leben. Auf die eine oder andere Weise müssen sie Eigentumsrechte erwerben, um den Strom der Versorgung mit diesen Gütern anzuzapfen und das für sie Notwendige daraus zu erhalten. Dazu können sie Güter oder Dienstleistungen direkt an die Produzenten von Nahrungsmitteln oder Rohstoffen verkaufen – oder an andere, die diese Produzenten des primären Sektors mit Gütern oder Dienstleistungen versorgen, oder an wiederum andere, die – direkt oder indirekt, manchmal erst auf dritter oder vierter Stufe – in die Kette der Weiterverarbeitung oder des Verkaufs von Nahrungsmitteln oder Rohstof-

16 Ob die Überzeugung vieler Politiker zu Recht besteht, daß der tertiäre Sektor alle Arbeitskräfte aufnehmen kann, die im primären oder sekundären Sektor freigesetzt werden, ist völlig ungewiß. Jonathan Gershuny, Professor an der Universität von Essex, hat gezeigt, daß mit wenigen Ausnahmen in den meisten entwickelten Ländern der Anteil an ihren Gesamtausgaben, den die privaten Haushalte für Dienstleistungen aufwenden, seit zwei bis drei Jahrzehnten sinkt. Das liegt daran, daß viele Familien mehr selbst tun. Staubsauger, Waschmaschinen und Geschirrspülautomaten haben Haushaltsangestellte ersetzt; viele renovieren und reparieren selbst, wobei sich die Industrie auf die Versorgung der Heimwerker rundum eingestellt hat. Dieser Trend ist aber nicht offen zutage getreten, weil er in der Statistik durch einen Anstieg der Beschäftigtenzahlen im Gesundheits- und Bildungswesen überlagert wurde, der vor allem durch gestiegene Staatsausgaben in diesen Bereichen hervorgerufen wurde. Für die Statistik positiv zu Buche schlägt auch noch die Tatsache, daß viele Industrieunternehmen in den letzten Jahren vermehrt bestimmte Aufgabenbereiche, die sie früher durch eigene Abteilungen bewältigt hatten, auslagern und als Auftrag an spezielle Dienstleistungsunternehmen vergeben – etwa in den Bereichen Design und Werbung oder Reinigung. Beide Wachstumssegmente der letzten Jahre sind jedoch nicht sehr zukunftsträchtig, was einen weiteren Beschäftigungszuwachs angeht. Im Gesundheits- und im Bildungssektor sind keine zusätzlichen, über Steuern oder Lohnnebenkosten finanzierten Arbeitsplätze zu erwarten, da dem durchschnittlichen Steuerzahler bereits das jetzige Ausgabenniveau zu hoch erscheint. Hohe Steigerungsraten der von Industrieunternehmen vergebenen Dienstleistungen lassen sich aufgrund des bereits erreichten Niveaus auch nicht erwarten. Damit, so Gershuny, scheint der Dienstleistungssektor keine vielversprechende Basis für einen Anstieg der Beschäftigtenzahl zu sein; es könnte dagegen sogar sein, daß Erwerbsarbeit in traditionellem Verständnis auf breiter Front abnimmt; vgl. Gershuny, Jonathan (1987): "The Future of Service Employment in the Emerging Self-Service Economy", in: Giarini, Orio (Hrsg.): The Emerging Service Economy. Oxford: Pergamon Press. Vgl. auch ders. (1978): After industrial society? London: Macmillan, deutsche Übersetzung unter dem Titel "Die Ökonomie der nachindustriellen Gesellschaft", Frankfurt/M.: Campus 1981. Vgl. hierzu auch Bender, Christiane/Graßl, Hans (1997): "Dienstleistungen und ihre technische Reproduzierbarkeit – die 'McDonaldisierung' erfaßt immer mehr Bereiche der Ökonomie", in: Frankfurter Rundschau vom 14. 10. 1997.

fen eingegliedert sind. Menschen, die nicht in der Lage sind, solche Güter oder Dienstleistungen anzubieten, weil sie zu jung oder zu alt, krank oder arbeitslos sind, müssen die Nahrungsmittel und die Rohstoffe, die sie benötigen, aus einem Transfereinkommen bezahlen, die sie von jenen Menschen erhalten, die in diesen Wirtschaftskreislauf eingebunden sind.

Aufgrund der geschilderten Entwicklungen, der Zunahme der Produktivität und der Importe stehen, bildlich gesprochen, immer mehr Menschen auf den Schultern der verbleibenden Produzenten im primären Sektor. Sie müssen ihr Auskommen finden und dabei auch noch jene stützen, die in der heutigen, auf die Spitze gestellten Pyramide noch weiter oben stehen. Wer dabei noch in der Lebensmittelbranche tätig ist, der versucht, seine eigene wirtschaftliche Aktivität zu einem möglichst unverzichtbaren Bestandteil einer immer länger und komplexer werdenden Verarbeitungskette zu machen. Als Folge davon muß die Spanne zwischen dem Preis, den der Landwirt für seine Produkte erhält, und dem Preis, den der gewöhnliche Konsument für seine Lebensmittel bezahlen muß, immer größer werden. Von dieser Spanne muß eine steigende Zahl von Zwischenhändlern und anderen Menschen ernährt werden, die Nahrungsmittel in irgendeiner Form weiter verarbeiten – und alle anderen, die davon direkt oder indirekt abhängen.

In Großbritannien produzieren derzeit zum Beispiel 2% der Erwerbspersonen etwas mehr als 50% der Lebensmittel, gemessen am Marktwert; der Rest wird importiert. Unter der Annahme, daß die Landwirte, die die importierten Produkte erzeugen, die gleiche Arbeitsproduktivität wie die britischen Landwirte haben, bedeutet das, daß vier Landwirte 96 andere Erwerbspersonen ernähren – und zusätzlich alle Nicht-Erwerbspersonen.[17] Zwei-Personen-Haushalte von Rentenempfängern haben in Deutschland im Jahre 1996 etwa ein Fünftel ihres Netto-Einkommens für Nahrungsmittel ausgegeben; bei Vier-Personen-Haushalten mit mittleren und höheren Einkommen waren dies zwischen 11 und 14%.[18] Würden wir einmal weiter annehmen, daß Landwirte nach Abzug von Steuern etwa das gleiche Durchschnittseinkommen haben wie der Rest der Bevölkerung, dann bedeutet das, daß nur etwa ein Fünfundzwanzigstel – und nicht zwischen einem Fünftel und einem Zehntel! – des Einkommens nach Steuern jedes nicht in der Landwirtschaft Tätigen den Landwirten als Einkommen zufließt, das sind also nur etwa zwischen 20 und 30% dessen, was für Nahrungsmittel ausgegeben wird. Das wiederum heißt, daß zwischen 70 und 80% der Ausgaben für Nahrungsmittel anderen Personen zugute kommen: Einzelhändlern, Zwischen- und Großhändlern, weiterverarbeitenden Betrieben.

---

17 Erwerbspersonen sind alle "Personen mit Wohnsitz im Inland, die eine auf Erwerb gerichtete Tätigkeit ausüben oder suchen"; vgl. ibid., 101.

18 Statistisches Bundesamt (1997), op.cit., Tab. 21.2.1

Diesen Umstand möchten wir in zweifacher Weise kommentieren. Zum einen: Diese 80% sind ein erster Anhaltspunkt dafür, in welcher Größenordnung zusätzliche Einkommen in lokalen oder regionalen Wirtschaftskreisläufen geschaffen werden können, wenn es gelingt, Produktions-Inputs, Dienstleistungen und Stufen der Weiterverarbeitung zurückzudrängen, die nicht aus der betreffenden Region kommen. Zum anderen: Wer versucht, das gegenwärtige System der Nahrungsmittelproduktion und -verteilung oder irgendeinen anderen Sektor der industriellen Produktion wettbewerbsfähiger zu machen, kann dazu beitragen, Existenzgrundlagen zu zerstören, mit denen Menschen sich und andere in der "umgekehrten Pyramide" der Industriegesellschaft erhalten. Die Menschen, die auf diese Weise freigesetzt werden, können natürlich ihren und den Wohlstand der Gesellschaft steigern, indem sie neue Produktlinien oder Dienstleistungen erfinden und erfolgreich verkaufen. Aber dies gelingt nicht immer – sei es, weil Sättigungsgrenzen erreicht sind, die Kaufkraft bei den potentiellen Abnehmern fehlt oder weil einfach das Know-How oder die Kapitalausstattung bei den freigesetzten Menschen nicht vorhanden ist. Jene, die nicht wieder in das Wirtschaftsleben eingegliedert werden können, müssen vom Rest der Gesellschaft über Steuern und Abgaben unterstützt werden, wodurch unfreiwillige Arbeitslosigkeit in doppelter Hinsicht zur schlimmsten Vergeudung ökonomischer Ressourcen wird.

Eine gestiegene Arbeitsproduktivität, die zu einem Anstieg der Arbeitslosigkeit führt, befördert Menschen von einer Stelle der "umgekehrten Pyramide", an der sie eine ökonomische Funktion haben, an eine andere Stelle, an der das nicht mehr der Fall ist. In dieser Perspektive sind Arbeitslose ganz einfach ein Teil des Dienstleistungssektors, der keine Dienstleistungen gegen Geld in den Wirtschaftskreislauf einbringt, aber dennoch einen bestimmten Mindestkonsum von anderen finanziert bekommen muß. Einzelne Unternehmen können von einer gestiegenen Arbeitsproduktivität profitieren, auch wenn sie diese Folgen hat, denn nicht die Unternehmen allein, sondern die Gesellschaft als Ganzes muß die damit verbundenen Kosten tragen. Jedoch: Bis auf die Anteilseigner der Unternehmen gibt es im beschriebenen Fall keine Gewinner.

Eine zunehmende Spanne zwischen dem Preis, den der ursprüngliche Produzent für sein Erzeugnis erhält, und dem Preis, den der Verbraucher zahlen muß, läßt sich nicht nur im Lebensmittelbereich beobachten. Da immer mehr Menschen auf den höheren Ebenen "der umgekehrten Pyramide" mitgetragen werden müssen, hat diese Entwicklung auch im sekundären Sektor – also in der Güterproduktion – Einzug gehalten. Wiederverkäufer von Unterhaltungselektronik und Haushaltsgeräten veranschlagen häufig eine Handelsspanne von 100%, während Textil-Einzelhändler und Versandhäuser in der Regel mit Margen von 150 bis 200% arbeiten. Die Liste derartiger Beispiele ließe sich mühelos verlängern.

Derartig hohe Handelsspannen auf Märkten, auf denen sehr viel Konkurrenz existiert, zeigen, daß in der Industriegesellschaft die langen und hochkomplizierten Systeme der Vermarktung von Produkten den Konsumenten genausoviel oder sogar mehr belasten als die Herstellungskosten des betreffenden

Gutes. Vor allem diese Systeme der Vermarktung sind der Grund, weshalb wir die hochangesehene Effizienz des modernen Wirtschaftssystems als einen grotesken Mythos bezeichnen. Sie sind die schwache Stelle des Industriesystems und zugleich der Ort, an dem Verbesserungen zur Erhöhung der lokalen und regionalen Selbständigkeit ansetzen müssen. Wenn eine Firma oder ein Bauernhof am Ort oder in der Region höhere Produktionskosten hat, es aber gelingt, die üblichen Wege der Vermarktung zu unterbrechen und die Produkte auf direkterem Wege an die Verbraucher vor Ort zu verkaufen, sollten die vermiedenen Handelsspannen zwischen 100 und 200% ausreichen, um diese höheren Produktionskosten zu kompensieren und das Unternehmen am Leben zu halten. Wenn die Produzenten vor Ort jedoch damit beginnen, ihre Produkte über die herkömmlichen Vertriebswege in einem immer größer werdenden Gebiet zu verkaufen, wird ihre Kostenstruktur zu der ihrer Weltmarktkonkurrenten auch immer ähnlicher – und wenn sie keinen anderen Standortvorteil für sich in Anspruch nehmen können, werden sie fast zwangsläufig scheitern. Die Unterbrechung komplizierter Vermarktungssysteme durch den Direktverkauf vor Ort ist daher eine der Schlüsselstrategien, um Regionen durch eine Bandbreite profitabler wirtschaftlicher Aktivitäten wieder unabhängiger zu machen.

Option 2a: Verringerung von Arbeitskosten

Die zweite Option, von der weiter oben die Rede war, besteht in der Senkung von Arbeits- oder Kapitalkosten. Auch diese Option kann, wie wir sehen werden, die Handlungsmöglichkeiten in einer Gemeinde oder einer Region verbessern; von den beiden Varianten werden wir die Arbeitskosten zuerst betrachten.

Überall auf der Welt werden immer wieder Arbeitnehmer vor die Alternative gestellt, niedrigere Löhne zu akzeptieren oder ihren Arbeitsplatz zu verlieren; in der gemäßigten Form werden Beschäftigungsgarantien gegen einen Verzicht auf Lohnerhöhungen ausgehandelt.[19] Können wir wirklich von Menschen in einer bestimmten Gemeinde oder Region verlangen, niedrigere Löhne in Kauf zu nehmen, um Arbeitsplätze zu *schaffen*?

Als erstes möchten wir die These aufstellen, daß es zwischen diesen beiden Konstellationen einen wichtigen Unterschied gibt. Wenn Arbeitnehmer eines transnational tätigen Unternehmens niedrigere Löhne akzeptieren, besteht eine sehr ernst zu nehmende Gefahr, daß ihr Opfer Arbeitnehmer anderswo ebenfalls zu einem solchen Verzicht zwingt. Auf diese Weise kann weltweit eine Spirale wettbewerbsorientierter Lohnkürzungen in Gang gesetzt werden, die zur Verarmung der Lohnabhängigen führt und nur jene Verbraucher begünstigt, die ihr Einkommen als Selbständige oder überwiegend in Form von Kapitalerträgen beziehen.

Ein Beispiel aus Irland mag diese Gefahr verdeutlichen. Im Jahre 1992 hat Waterford Crystal, ein Hersteller von Kristallglaswaren, ein Reihe seiner

---

19 So unter anderem auch ein Angebot der ÖTV vom Juli 1997, durch eine Verkürzung der Wochenarbeitszeit ohne vollen Lohnausgleich einen weiteren Personalabbau zu verhindern; vgl. Neue Arbeiterpresse, Nr. 863, vom 14. 8. 1997.

Angestellten entlassen, die Verbleibenden zu einer Lohnkürzung von 25% gezwungen und damit begonnen, billigere Glaswaren aus Osteuropa zu importieren. Kleinere irische Konkurrenten hatten danach keine andere Alternative, als die Löhne ebenfalls zu senken. "Die Preise auf dem Markt sind gefallen, und wenn man die Verkaufspreise senkt, muß man auch seine Kosten senken", sagte Brian Williams, der Geschäftsführer von Cavan Crystal, in einem Interview der Irish Times, um zu erklären, warum das Unternehmen für einige Zeit eine Lohnsenkung von 15% durchsetzen wollte – nach einem Jahr mit besonders gutem Verkaufserfolg. "Die Angestellten von Galway Crystal haben einer Lohnkürzung von 20% zugestimmt", fügte Williams hinzu, und von einem vierten Konkurrenten, Tipperary Crystal, berichtete man ähnliches.[20]

Ökonomisch betrachtet, verschiebt diese Art der Lohnkürzung die weltweite Angebotskurve des jeweiligen Produktes im Angebot-Nachfrage-Diagramm nach oben, denn zu jedem gegebenen Marktpreis werden mehr Einheiten dieses Produktes verfügbar. Die Nachfragekurve wird im Normalfall jedoch nach unten gedrückt, da die niedrigeren Löhne niedrigere Konsumausgaben zur Folge haben. Diese Kosumeffekte werden in Diskussionen über weltwirtschaftliche Probleme oftmals ignoriert. So wurde in den Vereinigten Staaten von Amerika während der Debatten über die Nordamerikanische Freihandelszone (NAFTA) und die Uruguay-Runde zum Welthandelsabkommen (GATT) von Vertretern des Freihandels häufig das Argument vorgebracht, die Armen im eigenen Lande würden darunter leiden, wenn der Import von billigen Schuhen und von Kleidung beschnitten würde, um heimische Produzenten zu schützen. Bei dieser Propaganda wurde jedoch regelmäßig versäumt zu fragen, wer vor der Einführung des Freihandels die Kleidung und die Schuhe in den amerikanischen Fabriken produzierte und wie die Kaufkraft dieser Menschen sich verändern würde, wenn ihre Arbeitsplätze verschwänden.

Lohnverzicht nur bei regionalen Wertschöpfungskreisläufen

Wenn ein Unternehmen transnational tätig ist, wird die Kaufkraft, die deren Arbeitnehmer bei Lohnkürzungen aufgeben, an Verbraucher auf der ganzen Welt "verteilt", und es gibt keine Methode, um sicherzustellen, daß ein Teil davon wieder in die Gemeinde oder die Region zurückkehrt, die dieses Opfer gebracht hat. Wenn dagegen eine Gruppe arbeitsloser Menschen beschließt, eine Kooperative zu gründen, um Güter zum Verkauf in ihrer eigenen Region herzustellen und sich dabei zunächst einen niedrigeren Lohnsatz als den ortsüblichen auszuzahlen, so verbleiben alle positiven Folgewirkungen dieser Entscheidung in der Region. Nur in diesem letzteren Fall gibt es keinen Abfluß von Mitteln. Dagegen wurde in der Region ein zusätzlicher Wohlstand geschaffen, nämlich in Form der zusätzlichen Güter oder Dienstleistungen, die jetzt neu erstellt werden. Darüber hinaus gibt es auf diese Weise keine Gefahr, eine Kettenreaktion wechselseitig zerstörerischer Lohnkürzungen in Gang zu setzen. Daher formulieren wir eine erste, vielleicht zunächst ungewohnte Schlußfolge-

20 The Irish Times v. 14. 9. 1994, Bericht von Tom McEnaney.

rung: Ein Rückgang des Lohnniveaus sollte als Methode zur Schaffung neuer oder zur Sicherung bestehender Arbeitsplätze nicht akzeptiert werden – es sei denn, die gesamten erstellten Güter oder Dienstleistungen werden in der Region verkauft, in dem das Unternehmen ansässig ist.

Wer aber von einem ortsansässigen Unternehmen, das seine Produkte ausschließlich am Ort vermarktet, einen niedrigeren Lohn als den üblichen akzeptiert, kann als Ausgleich dafür zufriedenstellende Arbeitsbedingungen verlangen. Im Grunde fordern wir damit nichts weiter, als ein Prinzip auf die Wirtschaft als Ganzes zu übertragen, das wohl alle Menschen in einer Differenzierung zwischen lokalen und internationalen, persönlichen und anonymen Bezügen schon immer anwenden. Wer zum Beispiel zu Hause sein Schlafzimmer neu tapeziert, wird von der Familie dafür keinen Tariflohn verlangen: Er wird auf andere Weise dafür "entlohnt" werden. Das wird auch auf jene zutreffen, die Kostüme für ihre Laien-Schauspielgruppe schneidern: Einen solchen Auftrag übernimmt man in der Regel nicht gegen Bezahlung, sondern weil man sich mit der Gruppe in einem gemeinsamen Projekt engagiert – im Gegenteil, die Chancen stehen nicht schlecht, daß man finanziell bei einem solchen Unterfangen noch zuzahlt. Auf der anderen Seite würde niemand davon träumen, einen Beratervertrag mit einer transnationalen Bank abzuschließen, ohne finanziell das maximal Mögliche dabei herauszuholen.

Sowohl die Renovierung des Schlafzimmers als auch die Fertigung der Theaterkostüme befinden sich an dem einen Ende eines Spektrums zwischen der sogenannten "intrinsischen" auf der einen und der "extrinsischen" Arbeitszufriedenheit auf der anderen Seite, in dem sich die meisten Menschen bewegen. Beide Tätigkeiten bringen überhaupt kein Geld ein, aber zwei Formen der Befriedigung, nach der alle Menschen normalerweise streben: Die eine ist das Gefühl, eine interessante und lohnende Arbeit erfolgreich in Angriff zu nehmen, die andere ist die Wertschätzung anderer Menschen. Der Job bei der Bank könnte das andere Ende des Spektrums repräsentieren; er bringt eine Menge Geld, aber nur wenig Befriedigung anderer Art, weil niemand außerhalb der Bank dankbar sein wird, wenn der Job gut erledigt ist; außerdem sind Freunde vielleicht sogar neidisch, weil er so gut bezahlt wird.

Lohn und Arbeitszufriedenheit

Der Zusammenhang zwischen Entlohnung und Arbeitszufriedenheit, zwischen intrinsischer und extrinsischer Motivation ist äußerst kompliziert;[21] im Extremfall spielt Geld die unwichtigste Rolle bei der Frage, warum Menschen eine bestimmte Arbeit übernehmen. Es kann sogar sein, daß die Zufriedenheit, die ein Tätigkeit bringt, abnimmt, wenn diese bezahlt wird. Robert Lane, emeritierter Professor an der Yale University, hat in einer wahren Fundgrube von einem

---

21 Vgl. zum Beispiel Israel, Joachim (1972): Der Begriff Entfremdung. Reinbek: Rowohlt; Frey, Bruno S. (1997): Not Just for the Money. Cheltenham/Brookfield: Edward Elgar.

Buch ein Experiment beschrieben, das diese These stützt.[22] Studenten wurden für eine langweilige Arbeit bezahlt und waren danach zufriedener als eine Kontrollgruppe, die kein Geld bekam. Jedoch wurde eine andere Gruppe von Studenten für eine interessante Arbeit entlohnt – und hier stellte sich heraus, daß die Kontrollgruppe, die unbezahlt gearbeitet hatte, die zufriedenere war. Die Gruppe mit der bezahlten interessanten Arbeit war sogar unzufriedener als die Gruppe mit der unbezahlten langweiligen Arbeit, die im Glauben war, ihre Arbeit sei sehr nutzbringend. In einem weiteren Test zeigten unbezahlte Freiwillige wesentlich mehr Arbeitseifer als bezahlte Kräfte; sie setzten ihre Arbeit viel zuverlässiger fort, wenn die Supervisoren den Raum verließen.

Lane zitiert eine Studie von F. Thomas Juster, die zeigt, daß Menschen ihre Arbeit den meisten ihrer Freizeitaktivitäten vorziehen, und zwar fast unabhängig davon, welche Art der Beschäftigung sie ausüben und welcher Schicht sie angehören.[23]

"Menschen arbeiten nicht 'für nichts', aber häufig nicht nur für das Geld, das sie bekommen ... Es kann sein, daß sie arbeiten, weil die Arbeit eine Herausforderung ist, die zu bestehen ihr Selbstwertgefühl steigert; sie arbeiten aus einem Pflichtgefühl oder weil sie das unwiderstehliche Bedürfnis haben, besonders gut zu sein. [Was auch immer] ihre Motive sein mögen, die Menschen entziehen sich dem Gesetz des Tauschwertes, das den Markt bestimmt, weil ihr Motiv zu arbeiten zu intrinsischer Zufriedenheit führt und nicht vom Tausch von Arbeitsleistung gegen Geld abhängt."

Diese intrinsische Arbeitszufriedenheit, von der hier die Rede ist, stellt sich unseres Erachtens am ehesten in Unternehmen ein, die von ihren Arbeitnehmerinnen und Arbeitnehmern selbst verwaltet werden, die ihre Funktion darin sehen, der Gemeinde oder der Region zu dienen, in der sie ansässig sind und deren Beschäftigte ihre Arbeit nicht nur als Geldverdienst verstehen, sondern als einen der wichtigsten Wege der Selbstverwirklichung begreifen. Wenn es nicht gelingt, Rahmenbedingungen zu schaffen, innerhalb derer solche Unternehmen gedeihen können, wird der globale Vernichtungswettbewerb in den nächsten Jahren dazu führen, daß immer weniger Glückliche gut bezahlte Jobs haben und immer mehr Menschen nur noch zwischen Arbeitslosigkeit und schlecht entlohnten Tätigkeiten in Firmen, die ständig am Weltmarkt um ihr Überleben kämpfen, wählen können. Und in solchen Unternehmen zählen die Menschen sehr oft nicht als Individuen.

Aus allen diesen Gründen könnte es sehr wohl sein, daß es am Ende überhaupt kein Opfer ist, sich für eine niedriger bezahlte Arbeit in einem Betrieb zu entscheiden, der dem gemeinwesenorientierten Wirtschaftssystem zuzurechnen ist. Es kann – entgegen all dem, was wir in diesem Kapitel ausgeführt haben – sogar sein, daß solche Betriebe nicht nur überleben können, sondern prosperieren, ohne niedrigere Löhne zu zahlen als transnational agierende Unternehmen – insbesondere dann, wenn die Arbeitnehmerinnen und Arbeit-

---

22 Lane, Robert (1991): The Market Experience. Cambridge: Cambridge University Press, 371.

23 Juster, F. Thomas (1985): "Preferences for Work and Leisure", in: ders./Stafford, Frank P. (Hrsg.): Time, Goods and Well-Being. Ann Arbor: Institute for Social Research; vgl. Lane, Robert, op.cit., 337.

nehmer in ihren selbstverwalteten Betrieben übereinkommen, einen Teil ihrer Vergütung in einer lokalen Währung zu verrechnen. Auf diese Möglichkeit kommen wir im dritten Kapitel im Detail zurück.

Option 2b: Verringerung von Kapitalkosten

Betrieben im gemeinwirtschaftlichen System kann auch dadurch geholfen werden, den Wettbewerb mit transnational agierenden Konkurrenten zu bestehen, wenn Möglichkeiten geschaffen werden, daß sie zu niedrigen Zinsen oder, noch besser, zinslos an Kapital herankommen können. Das ist nicht so schwierig zu bewerkstelligen wie es zunächst klingt: Im wesentlichen dreht es sich darum, Wege zu finden, wie Betriebe sich ohne Beteiligung der großen Geschäftsbanken finanzieren können. Eine Reihe geeigneter Techniken wird in den Kapiteln 3 und 4 ausführlich vorgestellt; hier möchten wir im Vorgriff schon auf die Möglichkeit der Schaffung einer eigenen "Währung" durch eine Gemeinschaft hinweisen, in der dann Kredite zu niedrigen Zinsen vergeben werden können, denn das verliehene Geld muß dann wieder innerhalb der Gemeinschaft ausgegeben werden und kann nicht aus der Region abfließen. Eine zweite Möglichkeit ist die Gründung einer Kreditgenossenschaft auf Gegenseitigkeit, wie wir sie am Beispiel des schweizerischen Wirtschaftsrings in Kapitel 4 vorstellen werden.

Selbst wenn ein Unternehmen einen Kredit in der herkömmlichen nationalen Währung aufnehmen muß, so sollte dies nicht bei einer herkömmlichen Bank geschehen, auch dann nicht, wenn diese mehr oder minder ausschließlich in der Region tätig ist. Der Grund liegt in der hohen Zinsspanne, die zwischen den Angeboten für Sparer auf der einen und den Konditionen für Kreditnehmer auf der anderen Seite liegen. So lag bei der Badischen Beamtenbank im Juni 1998 der Zinssatz für Sparbücher mit gesetzlicher Kündigungsfrist bei 2,5%; selbst ein kleiner Dispositionskredit auf einem Girokonto wurde dagegen mit 11% belastet. Wenn eine solche Bank nun national oder transnational tätig ist, so ist mit einer solchen Zinsspanne nahezu unweigerlich ein konstanter Mittelabfluß aus ärmeren in reichere Regionen verbunden. Ein beträchtlicher Teil dieser Entwicklung zu einer stets höheren Konzentration der Vermögen könnte vermieden werden, wenn die Ersparnisse, die in einer Region – gerade auch in einer ärmeren – getätigt werden, über lokal begrenzte Kreditgenossenschaften an Unternehmen vor Ort vermittelt werden, die ihre Geschäftstätigkeit ebenfalls auf die entsprechende Region konzentrieren. Dieses System ist um so wirkungsvoller, wenn, wie in vielen der bestehenden Kreditgenossenschaften, ein großer Teil der Verwaltungsarbeit unbezahlt und ehrenamtlich geleistet oder wiederum in einer lokalen Währung vergütet wird.

Die Zinssätze einer solchen lokalen Kreditgenossenschaft können in der Tat sehr niedrig sein, weil viele Sparer sich dann mit einem niedrigen Zins zufriedengeben, wenn sie damit lokalen Projekten helfen können. Lokal operierende Kreditgenossenschaften in Dänemark waren aus diesem Grund in der Lage, zahlreiche Kredite gegen eine Rate von nur 2% pro Jahr auszugeben.

So weit wie möglich ohne importierte Inputs produzieren

Drittes Prinzip: Die wichtigsten Produktionsprozesse in einer Region sollten so weit wie nur irgend möglich ohne Inputs aus der Weltwirtschaft ablaufen.

Wenn Menschen in einer Gemeinde oder einer Region versuchen wollen, eine lokale Ökonomie aufzubauen, weil sie zu dem Schluß gekommen sind, daß sie sich nicht mehr länger auf das System der Weltwirtschaft verlassen können, dann sollte der neue Wirtschaftskreislauf auf allen seinen Stufen so weit wie irgend möglich vom Weltmarkt unabhängig sein. Es würde zum Beispiel wenig Sinn ergeben, die Nahrungsmittelversorgung von Importen in die Region unabhängig machen zu wollen und dazu Anbaumethoden zu verwenden, die die Gefahr von Ernteausfällen bergen, sofern keine Dünger oder Schädlingsbekämpfungsmittel von außerhalb der Region dazugekauft werden. Das wäre nur der Austausch einer Form der Weltmarktabhängigkeit durch eine andere, und Murphys Gesetz[24] würde für diesen Fall die Vorhersage explodierender Preise für Agro-Chemikalien sehr wahrscheinlich machen. Komplexe technische Systeme wie Flugzeuge werden so gebaut, daß alle wichtigen Anlagenteile mindestens doppelt vorhanden und diese Teilsysteme komplett voneinander unabhängig sind. Diese Art der Redundanz sollte auch ein Ordnungsprinzip für das Wirtschaftssystem sein.

In der Vergangenheit hatten lokale Wirtschaftskreisläufe durch die Verbesserung der Transportmöglichkeiten die Versorgungssicherheit zunehmend steigern können. Bei Ernteausfällen oder Katastrophen anderer Art konnten die Defizite einzelner Regionen immer zuverlässiger durch Käufe und Transporte aus nicht betroffenen Regionen ausgeglichen werden. Räumlich begrenzte Hungerkatastrophen wurden immer seltener. Jetzt ist jedoch ein Zustand erreicht, bei dem die leichte Verfügbarkeit von Gütern aus anderen Regionen in vielen Fällen die heimische Produktion zerstört hat. Damit ist aus einer Funktion zur Steigerung der Sicherheit – gegebenenfalls Güter von außerhalb dazukaufen zu können – ein alles beherrschendes Prinzip geworden. Schlimmer noch: Dieses System verringert immer mehr die Redundanzen, die es einmal hatte, denn die transnationalen Konzerne, auf die ein ebenfalls ständig steigender Anteil des Welthandels entfällt, beseitigen überschüssige Kapazitäten, wo immer es ihnen möglich ist – vor allem dann, wie wir gesehen haben, wenn sie andere Firmen aufkaufen.

Natürlich sind nicht alle Teilbereiche des Weltwirtschaftssystems in gleicher Weise störanfällig. Da sie jedoch miteinander verbunden sind, hat ein Ausfall oder ein Fehlschlag in einem Bereich zwangsläufig Auswirkungen auf andere Bereiche – das kann Preisaufschläge bedeuten oder sogar die Verfügbarkeit von Gütern für viele Menschen in vielen Regionen der Erde betreffen. Daß "Preise die ökologische Wahrheit sagen"[25], ist unter dem Regime dieses Systems daher höchst unwahrscheinlich. Daher gibt es unter Umständen keine andere Alternative, als bestimmten Teilen des allumfassenden und alle Lebens-

24 "Alles, was schief gehen kann, wird schief gehen."

25 Vgl. Weizsäcker, Ernst Ulrich von (1989): Erdpolitik. Darmstadt: Wiss. Buchgesellschaft, 143ff.

bereiche infiltrierenden globalen Wirtschaftssystems eine lokal tragfähige Alternative gegenüberzustellen – auf jeden Fall ist es sinnvoll, jene Sektoren des Weltwirtschaftssystems, die sich als besonders risikoreich erwiesen haben, mit lokalen Alternativen zu sichern. Hier ist insbesondere das Weltfinanzsystem zu nennen, das nicht nur die Gefahr eines kompletten Zusammenbruchs in sich trägt – obwohl das System zunehmend "gelernt" hat, mit seinen Risiken umzugehen –, sondern vor allem für die ärmeren Regionen der Welt häufig zu einer permanenten "schleichenden Katastrophe" geführt hat.

Lokal tragfähige Alternativen

Wenn eine Gemeinde oder eine Region die für sie negativen Folgen der für sie unkontrollierbaren Entwicklungen auf den Finanzmärkten der Welt begrenzen will, müßte sie versuchen, eine weitestgehende Unabhängigkeit im monetären Bereich zu erlangen – mit höchster Priorität. Eine solche Unabhängigkeit ließe sich durch eine Währung und durch ein Bankensystem fördern, die einer bestimmten Region zuverlässig dienen können, gleichgültig, welche spekulativ oder durch andere Faktoren bedingten Sprünge sich auf den Weltfinanzmärkten ereignen. Ein solches Sicherungssystem ist für eine tragfähige lokale Ökonomie von größter Bedeutung, gerade auch deswegen, weil auf diese Weise ein Wirtschaftsstil entsteht, in dem auch andere Komponenten eines gemeinwesenorientierten Wirtschaftens sehr gut gedeihen können. Daher werden wir in den nächsten beiden Kapiteln die Währungsfrage und das Problem eines lokalen Banken- und Kreditwesens ausführlich behandeln.

Neben der Wiederherstellung eines lokalen monetären Sektors sollte eine Gemeinde oder eine Region sich bemühen, die Bedürfnisse der dort lebenden Menschen bezüglich der Versorgung mit Energie und mit Nahrungsmitteln und Kleidung soweit wie möglich durch die Produktion entsprechender Güter und Dienstleistungen in der Region selbst zu befriedigen. Die Bedeutung des Energiesektors ist deswegen größer, weil ein bestimmtes Quantum an Energiedienstleistungen für die Produktion von Nahrungsmitteln und anderen Gütern benötigt wird. Außerdem kann das Angebot an Energierohstoffen auf den Weltmärkten sehr unsicher sein. Aber auch die Versorgung mit Nahrungsmitteln sollte sich aus mehreren Gründen soweit wie möglich auf lokale Ressourcen stützen – nicht nur, weil das Angebot auf den Weltmärkten einmal knapp oder sehr teuer werden und die lokale Ökonomie dann aus dem Gleichgewicht bringen könnte. Wenn die Menge der vor Ort produzierten Nahrungsmittel nicht ausreicht, um die Menschen, die in einer Region leben, zu ernähren, dann müssen diese Menschen durch andere wirtschaftliche Aktivitäten einen ständigen Exportstrom erzeugen, um Geldmittel zur Verfügung zu haben, mit denen sie dann ihre Nahrungsmittel einkaufen können. Diese Exporte müssen auf den Weltmärkten abgesetzt, die Geldmittel dort verdient werden – und die Unternehmen in der Region, die dazu in der Lage sind, müssen sich dann auch den Gesetzmäßigkeiten und Fluktuationen dieser Märkte weitgehend anpassen.

Mit anderen Worten: Je mehr eine Gemeinde oder eine Region lebensnotwendig auf den Ankauf von Waren oder Dienstleistungen aus anderen Regionen angewiesen ist, desto weniger kann sie sich von den Einflüssen der Weltmärkte auf ihre Region befreien. Dies ist vollkommen anders, wenn Güter oder Dienstleistungen auf externen Märkten gehandelt werden, auf deren Erlöse die Gemeinde nicht auf Gedeih und Verderb angewiesen ist. In einer solchen Situation würde in der betreffenden Gemeinde Vollbeschäftigung herrschen, und es ginge um den Austausch von Überschüssen.

Vier grundlegende Schritte

Fassen wir noch einmal zusammen: Die vier grundlegenden Schritte zum langsamen Aufbau einer zunehmend lokal tragfähigen Ökonomie sind:

(1) Der Aufbau einer unabhängigen lokalen Währung oder einer Verrechnungseinheit, so daß in einer Gemeinde der Austausch von Gütern und Dienstleistungen unabhängig vom Geldangebot in Landeswährung oder von "harten Devisen" der Weltfinanzmärkte funktionieren kann – wenn auch vielleicht auf niedrigerem Niveau.

(2) Der Aufbau eines lokal unabhängigen Banken- und Kreditwesens, so daß Ersparnisse der Region auch Projekten in der Region zugute kommen – und zwar zu Kreditbedingungen, die diese Projekte durchführbar machen. Die Ersparnisse der Region sollten nicht durch Institutionen oder Unternehmen geleitet werden, die durch Krisen dieser Weltfinanzmärkte gefährdet sind.

(3) Die Produktion von Energiedienstleistungen aus lokalen erneuerbaren Energieträgern, die die Bedürfnisse der Region soweit wie möglich befriedigen – obwohl die Verfolgung dieses Ziels zunächst als sehr schwierig erscheinen mag.

(4) Die Produktion von naturbelassenen Nahrungsmitteln und von Kleidung ebenfalls ohne externe Inputs und in einem Umfang, mit dem die Bedürfnisse der Region soweit wie möglich befriedigt werden können.

Wieviel Autarkie ist nötig?

Die Aufzählung dieser vier Schritte führt in der Regel sofort zu einer Reihe von Nachfragen. Eine davon ist: Gibt es noch weitere Schritte? Wie weit in Richtung Autarkie sollte eine Gemeinde oder Region gehen? Die Inselbewohner von Inishbofin mögen Flachs angebaut haben, den sie dann in der Fischerei verwenden konnten, aber es ist völlig unrealistisch, daß unsere Gemeinden all die Dinge produzieren, die wir konsumieren. Nehmen wir allein einmal die Baumwolle als Beispiel: Müssen wir auf Kleidung aus Leinen und Wolle umsteigen oder bei unserer Ernährung auf Südfrüchte verzichten?

Unsere Antwort ist zweigeteilt. Zum ersten: Die Regeln, die wir hier aufstellen, geben die Richtung an – es sind keine Forderungen, die sofort und zu 100% verwirklicht werden sollten. Die Regel ist: Die Güter und Dienstleistungen, die zur Befriedigung der Grundbedürfnisse der Menschen, die in einer bestimmten Region leben, benötigt werden, sollten auch so weit wie möglich dort produziert werden. Darüber hinaus sollten die Außenverflechtungen der Wirtschaft nur dann verringert werden, wenn die Menschen in der Region der Ansicht sind, daß dies aus sozialen oder ökologischen Gründen zuträglich ist. Nehmen wir noch einmal die soeben genannten Beispiele: Offenkundig gehört Kleidung bis zu einem gewissen Ausmaß sowohl in bezug auf Quantität als auch auf Qualität zu den Grundbedürfnissen, und es ist nicht einzusehen, warum nicht in jeder Region, in der Landwirtschaft betrieben wird, ein bestimmter Teil der landwirtschaftlichen Ressourcen auf die ökologisch verträgliche Produktion von Fasern verwendet werden kann, die wiederum als Rohstoffe für Kleidung dienen können. Denn, wohlgemerkt, in Europa haben wir es mit einem Überschußproblem der herkömmlichen industriellen Landwirtschaft zu tun – und gleichzeitig mit Massenarbeitslosigkeit. Warum also sollte ein Teil der Ressourcen nicht darauf verwendet werden, um ein System der lokalen Grundsicherung zu erneuern?

Südfrüchte gehören in den meisten Regionen Europas nicht zu lokal herstellbaren Produkten, die zur Befriedigung eines Grundbedürfnisses unverzichtbar notwendig sind. Aber wenn Menschen in einer Region solche Produkte haben wollen und in ihrer Region Überschüsse anderer Produkte erzeugt werden, die Menschen in anderen Regionen gerne haben möchten, stünde auch in unserer Betrachtungsweise der Aufnahme eines Außenhandels nichts im Wege – unter einer Bedingung allerdings: die Handelspartner sollten sich in einer vergleichbaren Situation befinden. Das bedeutet, daß die Überschußprodukte aus der Region A für die Region B keine lebensnotwendigen Güter des Grundbedarfs sein sollten, denn auf Dauer gesehen könnte ein solcher Austausch sehr leicht zu einem Preisdiktat von seiten der Region A und zu einer Abhängigkeit der Region B führen. Die Regel "Handel aufgrund eigener Stärke" muß für alle Beteiligten gelten. Natürlich sind Notsituationen von dieser Regel ausgenommen – aber schon die mittelalterliche Scholastik hat dem Wucherer, der Notlagen schonungslos durch überzogene Preise ausnutzt, keine günstigen Prognosen für das Leben nach den Tode ausgestellt.[26]

Sobald die Grundbedürfnisse durch eigene Produktion befriedigt sind, sollte eine Region nur dann importierte Produkte durch eigene Herstellung ersetzen, wenn es noch immer arbeitslose oder unterbeschäftigte Menschen in der Region gibt. Mit anderen Worten: Die Schaffung von ausreichenden Beschäftigungsmöglichkeiten ist ein Ziel, das so wichtig ist, daß es rechtfertigt, dafür Effizienzverluste bis zu einem gewissen Ausmaß in Kauf zu nehmen, indem zum Beispiel zwar weiterhin Rohstoffe importiert werden, die in der Region nicht angebaut oder extrahiert werden können, arbeitsintensive Weiterverarbeitungsschritte aber in die Region verlagert werden.[27] Unter der Bedingung einer Vollbeschäftigung ist eine Ausdehnung der lokalen Ökonomie jedoch nur dann möglich, wenn die Arbeitsproduktivität in der Region – etwa durch vermehrten Einsatz von Technik – gesteigert werden kann.

---

26 Vgl. Le Goff, Jacques (1986): Wucherzins und Höllenqualen. Ökonomie und Religion im Mittelalter. Stuttgart: Klett-Cotta.

27 Auf welche Weise dies mit Hilfe einer auf Arbeitseinheiten als Verrechnungsmodus gestützten lokalen Währung möglich sein kann, wird in Kapitel 3 und in Beispielen auch in Kapitel 5 gezeigt.

Der zweite Teil der Antwort auf die Frage, wie weit eine Gemeinde oder eine Region in Richtung Autarkie gehen muß, ist vielleicht überraschend. Er lautet: "Nicht so weit, wie man zunächst denkt." Das liegt zum einen daran, daß ein Teil der Produkte, die das industrielle System notwendig braucht, in einer gemeinwirtschaftlich orientierten Wirtschaft nicht mehr oder nicht mehr in diesem Umfang benötigt werden. Im letzten Kapitel haben wir bei der Diskussion alternativer Wohlfahrtsmaße wie dem ISEW gezeigt, daß ein zunehmender Teil des Wachstums, das im industriellen System entsteht, darauf verwendet werden muß, um die Schäden, die in diesem System erzeugt werden, wieder zu beseitigen. Dieses "Leerlauf-Wachstum" kommt der Wohlfahrt der Menschen gar nicht direkt zugute. Man "genießt" keine Katalysatoren oder Rauchgas-Entschwefelungsanlagen, sondern saubere Luft. Der Wechsel von einem industriellen System zu einem gemeinwirtschaftlich orientierten Wirtschaften muß sich vorrangig daran orientieren, jenes Leerlauf-Wachstum abzubauen.

Immer und immer wieder haben ökologisch orientierte Studien gezeigt, daß der Materialdurchsatz und damit die Stoffströme in der Wirtschaft der industrialisierten Länder im Laufe des nächsten Jahrhunderts drastisch sinken müssen, damit die zukünftigen Generationen überhaupt noch weiter bestehen können.[28] Auch dieser Prozeß der Umorientierung wird nicht "über Nacht" möglich sein, auf lange Sicht aber die Herausbildung lokaler ökonomischer Strukturen begünstigen.

Wie groß sollten kleine Regionen sein?

Eine andere Frage beschäftigt Menschen, die über die hier angesprochenen Probleme nachdenken, ebenfalls häufig: Wie sollten die Grenzen der Regionen gezogen werden, innerhalb derer man sich um eine Stärkung der lokalen Ökonomie bemühen sollte? Eine recht gute Orientierungshilfe ist das Verbreitungsgebiet von Lokalzeitungen, aus dem sich das Ergebnis eines oft jahrzehntelangen Prozesses von "Versuch und Irrtum" der Zeitungsmacher ablesen läßt und aus dem man erkennen kann, in welchen Grenzen sich Menschen für das interessieren, was ihre "Nachbarn" tun.[29] Wenn das Verbreitungsgebiet zu klein ist, bekommt die Zeitung zu wenig Anzeigen und Abonnenten und muß ums Überleben kämpfen; ist es zu groß, blättern die Leser Seite um Seite um und finden zu wenig, was sie interessiert, und werden sich am Ende einer Zeitung mit einem engeren regionalen Bezug zuwenden. Auch die Inserenten geben nicht gerne viel Geld aus, um Leser anzusprechen, die zu weit weg wohnen, als daß sie zu Kunden werden könnten; wenn der Erfolg solcher überregionaler Anzeigen abnimmt, wenden sie sich Zeitungen zu, die ihnen zwar kleinere Gebiete, diese aber intensiver erschließen. Es gibt also eine ständige dynamische Spannung zwischen den Vorteilen der Expansion des Gebiets und den Vortei-

---

28 Vgl. u.a. Weizsäcker, Ernst Ulrich v./Lovins, Amory B./Lovins, L. Hunter (1995): Faktor Vier – Doppelter Wohlstand – halbierter Naturverbrauch. München: Droemer Knaur.

29 Diesen Hinweis verdanken wir Gillies MacBain.

len eines intensiven, aber sehr stark lokal begrenzten Bezugsraums. Und schließlich ist zu beachten, daß sich die Verbreitungsgebiete der Lokalzeitungen in der Regel überlappen, und daß es oftmals innerhalb dieser Verbreitungsgebiete noch "Inseln" einzelner lokaler, auf Stadtteile oder Kleinstädte bezogener Blätter gibt. Auch lokal tragfähige Ökonomien werden sich in dieser Weise überlappen; es mag sogar sein, daß sich für jedes Produkt und jede Dienstleistung eigene sinnvolle Grenzen herausbilden werden.

Dennoch müssen wir feststellen, daß wir mit der Antwort auf diese Frage ein wissenschaftlich wenig bearbeitetes Gebiet berühren: Der optimale Raumbezug für nachhaltige Entwicklung wird in den nächsten Jahren noch stärker erforscht werden müssen.[30] Dies ist ein weiteres Beispiel für die Betriebsblindheit der herrschenden Wirtschaftswissenschaften, die zwar viel Mühe darauf verwenden, die Bedingungen zu beschreiben, wie Regionen gegeneinander in Wettbewerb treten können, die sich aber kaum darum kümmern, welche Bedingungen für eine solidarische Koexistenz gegeben sein müssen.

Können auch Städte tragfähige Alternativen entwickeln?

Eine weitere Frage beschäftigt vor allem Bewohnerinnen und Bewohner von Städten und Ballungsgebieten, denen die Idee einer lokal tragfähigen Ökonomie in einer Kleinstadt in Verbindung mit einer ländlichen Umgebung noch einleuchtend erscheint, die aber überhaupt keine Möglichkeit sehen, dieses Konzept auf eine europäische Millionenstadt zu übertragen.

Natürlich kann eine Großstadt im Sinne der einfachen Regeln, die wir oben beschrieben haben, nicht unabhängig von anderen Regionen werden. Dort kann man in der Regel keine Nahrungsmittel in der erforderlichen Menge anbauen. Städte sind von einem kontinuierlichen Strom von Energieträgern, Rohstoffen und Lebensmitteln von außerhalb anhängig. Sie konnten nur durch den Aufbau entsprechender Versorgungssysteme zu ihrer heutigen Größe anwachsen. Die meisten dieser Versorgungssysteme sind heute auf dem Verbrauch fossiler Brennstoffe aufgebaut. Das heißt nun nicht, daß das nicht geändert werden könnte. Es gibt keinen Grund, warum diese Versorgungssysteme nicht weitgehend durch noch zu entwickelnde Transportsysteme bedient werden könnten, die erneuerbare Energie-Ressourcen verwenden und mit deren Hilfe die Bewohner von Städten auch weiter ernährt und gekleidet, ihre Häuser und ihre Herde beheizt werden könnten. Die ökonomische Funktion von Städten und Ballungsgebieten verlöre jedoch tendenziell wieder an Bedeutung, wenn sich ländliche Gebiete in Richtung auf eine tragfähige, gemeinwesenorientierte Wirtschaft entwickeln würden. In den Städten sind viele Menschen beheimatet,

30 In der Diskussion um Probeme der Welternährung und der alternativen Strategie einer so weit wie möglich gehenden regionalen Selbstversorgung wurde dieser Ansatz allerdings schon vor über zwanzig Jahren diskutiert; vgl. Collins, Joseph/Lappé, Frances M. (1977), op.cit., hier vor allem Kap. 11 und 42; vgl. auch Whelan, Kevin (1993): The Territorial Spiral: Historical Evidence of Scale-Appropriateness [Working Paper 4, Landscape and Life: Appropriate Scales for Sustainable Development]. Dublin: University College.

deren ökonomische Funktion sehr weit oben in der auf die Spitze gestellten Pyramide angesiedelt ist, von der am Anfang dieses Kapitels die Rede war. Wenn sich ländliche Regionen nur ein Stück weit von der Last befreien, die die Versorgung dieser Bereiche für sie bedeutet und die durch die stabilisierten Geldflüsse innerhalb des industriellen Systems unentrinnbar ist, wird die damit verbundene Aufwertung der ländlichen Räume zunächst auf Kosten der Städte gehen, wenn hier nicht ebenfalls weitreichende Veränderungen stattfinden.

Nun können Stadtbewohnerinnen und -bewohner sehr viel tun, um ihre Abhängigkeit von weltwirtschaftlichen Strukturen stark zu verringern. Viele der in die Städte importierten Produkte und Dienstleistungen können dort auch hergestellt werden; ein Grundbedarf an Energie, Nahrungsmitteln und Rohstoffen für Kleidung könnte durch Vereinbarungen mit lokalen Produzenten aus der unmittelbaren ländlichen Umgebung gedeckt werden. Ansätze dieser Art haben sich in der jüngsten Vergangenheit sehr stark weiterentwickelt.[31] Dennoch: selbst wenn all dies gelingt, so wird die relative Bedeutung der Städte gegenüber dem ländlichen Raum wieder zurückgehen. Aufgrund der verheerenden Entwicklungen der letzten Jahrzehnte, die zum Niedergang vieler ländlicher Gebiete geführt haben, wird dadurch ein neues und verbessertes Gleichgewicht zwischen Stadt und Land möglich werden. Dabei könnte die Entvölkerung weiter Landstriche in Europa ebenso reduziert und vielleicht sogar beendet werden wie die immer weiter zunehmende Verdichtung der Agglomerationsgebiete. Und vielleicht werden es nicht nur die reichen Ruheständler sein, die sich aufs Land zurückziehen – ein Beispiel dafür schildern wir im letzten Kapitel dieses Buches.

Leben mit Begrenzungen

Ein letztes Mal in diesem Kapitel möchten wir auf die "guten alten Zeiten" zurückkommen, die wir aus vielen Gründen, auf die wir schon eingegangen sind, nicht zurückholen können und auch nicht wollen. Dennoch ist es notwendig, die kleinräumige Ökonomie der Vergangenheit genau zu studieren, um zu sehen, was es bedeuten kann, mit Begrenzungen zu leben – im Guten wie im Schlechten.

Bevor die Verkehrsinfrastruktur so weit entwickelt war, daß nahezu alle Güter über große Entfernungen transportiert werden konnten, bestand die Her-

---

31 Zunächst müssen wir auch, was diese Problematik anbelangt, mit durchaus gemischten Gefühlen feststellen, daß es seit über zwei Jahrzehnten (!) umfassende und detaillierte Ansätze zur Verbesserung der ökologischen und sozial tragfähigen Entwicklung in Städten gibt – denen außerhalb einiger ökonomischer Nischen jedoch nur wenig Aufmerksamkeit zuteil wurde. Stellvertretend sei genannt: Harper, Peter/Boyle, Godfrey (Hrsg.) (1976): Radical Technology. London: Wildwood House; Olkowski, Helga/Olkowski, Bill/Javits, Tom (1978): The Integral Urban House – Self-Reliant Living in the City. San Francisco: Farrallones Institute; als Sammlung von "best-practice"-Projekten für regional nachhaltige Entwicklung heute vgl. Teichert, Volker/Diefenbacher, Hans/ Gramm, Rolf u.a. (1998): Kommunale Handlungsspielräume für nachhaltiges Wirtschaften. Heidelberg: FEST.

ausforderung für eine Gemeinde oder eine Region darin, einen Lebensstil zu entwickeln, der von Generation zu Generation weitergegeben werden konnte, ohne daß dadurch die heimischen Ressourcen übernutzt worden wären. An so manchen Orten ist dies nicht gelungen; sie mußten deshalb wieder aufgegeben werden. Andere Gemeinden kamen dagegen erstaunlich gut mit ihren eigenen Ressourcen zurecht und importierten bis in die jüngste Vergangenheit hinein überraschend wenig. Walter Rose berichtet vom Leben in einem Dorf, in dem er im Jahre 1871 geboren wurde und das kaum 50 Kilometer von London entfernt liegt:[32]

"Der Austausch mit den Orten in der Nachbarschaft war so geringfügig, daß eine Fuhre mit einer Eselskarre einmal die Woche alles mitnehmen konnte – und auch diese Fahrt wurde nur unternommen, wenn der Fuhrmann genug Aufträge hatte, daß es ihm lohnend erschien."

Auch George Bourne, dessen Werk "The Weelwright's Shop" wohl am bekanntesten wurde und in dem er das Geschäft beschrieb, das sein Vater in Farnham in der Grafschaft Surrey bis zum Jahre 1884 betrieb, schildert in einer anderen Veröffentlichung, wie wenig Güter von außen in den Ort kamen:[33]

"Es ist wirklich überraschend, wie wenig Rohmaterialien und fertige Produkte zu dieser Zeit [d.h., in den fünfziger Jahren des 19. Jahrhunderts] in das Dorf kamen. Das meiste waren Kleidungsstücke und Metalle. Die Lebensmittelhändler hatten natürlich ein wenig Umsatz mit Zucker und Kaffee, Tee und Gewürzen; es gab einen Laden, der Gegenstände aus Zinn führte und aus Eisen, und es gab sogar einen Weinhändler; ihre Produkte kamen natürlich nicht aus dem Ort. Aber weder Fleisch noch Mehl, kein Heu, kein Stroh, kein Holz wurde von außerhalb dazugekauft, und es gab kaum Fertigwaren, die nicht aus der unmittelbaren Umgebung kamen, kaum Produkte aus anderen Gegenden Englands. Die Zimmerleute verwendeten nach wie vor die Eichen, Eschen und Ulmen in der Nachbarschaft, und die Sägereien am Ort sägten ihnen die Stämme nach ihren Anweisungen zu. Der Stellmacher montierte die Räder für die Karren, da Eisen so teuer war, auf riesige Achsen, die er selbst aus dem härtesten Buchenholz herstellte. Auf seinem Amboß machte der Schmied seine eigenen Nägel, mit denen er die Pferde beschlug oder die Eisenreifen auf die Räder aufzog. So war es mit den meisten Dingen des Alltags. Stiefel, Besen, Töpferwaren, Butter und Schmalz, Kerzen, Ziegelsteine – all das wurde am Ort hergestellt. Käse wurde vom Markt in Weyhill auf den Karren zurückgebracht, mit denen die Hopfenernte dorthin transportiert wurde. Mit anderen Worten: Der Ort war in einem Maß, das heute [d.h., 1912!] kaum mehr vorstellbar ist, unabhängig von Handelsbeziehungen mit anderen Orten. Man nutzte die Bauernhöfe, die Wälder, die Lehmgruben und das Unterholz der Gegend, um seine Bedürfnisse zu decken."

Heute gibt es diese Grenzen des Raumes nicht mehr, und Güter können von überall auf dem Globus herangeschafft werden – für jene, die genug Geld

---

32 Rose, Walter (1942): Good Neighbours. Cambridge: Cambrige University Press, 51.

33 Bourne, George (1912): Change in the Village. Ausg. New York: Augustus M. Kelley 1969, 103; das Buch ist eine faszinierende Schilderung vom Niedergang des Landlebens vergangener Jahrhunderte.

haben, um sie zu kaufen. Damit ist einer der stärksten Gründe für den Zusammenhalt in einer Gemeinde verschwunden. Die Mechanismen der negativen Rückkopplung, die früher eine Gemeinde oder eine Region unvermeidlich zur Umkehr gezwungen haben, wenn sie die Tragfähigkeit ihrer Ressourcen überstrapaziert hatten, sind noch immer wirksam. Aber diese Mechanismen haben ihre Kraft verloren – für eine Weile. Wenn in einer Region die Fruchtbarkeit der Böden zurückgeht, die Wälder abgeholzt, die Bergwerke erschöpft und die Gewässer leergefischt sind, dann können die finanziell besser Situierten die Güter, die sie haben wollen, von anderswo kaufen – im schlimmsten Fall können sie sogar in eine andere Gegend ziehen; auch dafür gibt es Beispiele. Die negativen Folgen einer Übernutzung von Ressourcen verstärken sich im industriellen System mit der Zeit gegenseitig, denn die Länder, die den Reichtum der Erde am schnellsten verbrauchen, werden durch ein Einkommen belohnt, das ihnen ermöglicht, noch mehr Ressourcen zu kaufen und das natürliche Kapital noch schneller zu zerstören.

Regionale Selbständigkeit und nachhaltige Entwicklung

Es gibt daher eine enge Verbindung zwischen den Zielen nachhaltiger Entwicklung und einer möglichst hohen regionalen Selbständigkeit. Wohl die bedeutsamste Defintion der Nachhaltigkeit aus dem Bereich der Politik stammt von der Brundtland-Kommission, die nachhaltige Entwicklung als eine Entwicklung beschreibt, "die die Bedürfnisse der Gegenwart befriedigt, ohne zu riskieren, daß künftige Generationen ihre eigenen Bedürfnisse nicht befriedigen können"[34]. Aber diese Definition ist zu harmlos. Es ist erforderlich, im Detail zu benennen, was nachhaltige Entwicklung wirklich bedeutet. Die Menschen müssen wieder lernen, mit Begrenzungen zu leben, was den Verbrauch von Ressourcen und die Belastung der Umwelt mit Schadstoffen betrifft – sonst ist die Zukunft der Menschen auf der gesamten Erde gefährdet. Wir möchten noch einmal betonen, daß es theoretisch durchaus denkbar wäre, eine weltweite Industrie-Kultur zu entwerfen, innerhalb derer es möglich wäre, daß die gesamte Menschheit in Frieden und Gerechtigkeit und in den Grenzen der natürlichen Umwelt leben könnte. Und so wichtig es ist, sich im Rahmen einer Art von "Weltinnenpolitik" unablässig um eine Neuordnung der internationalen Institutionen zu bemühen, um diesem Ziel wenigstens ein Stück weit näher zu kommen, so bezweifeln wir doch, daß *allein* auf diesem Wege rasche und durchschlagende Erfolge zu erzielen sind. Die Komplexität der zu lösenden Probleme ist sehr hoch, und es gibt massive Einzelinteressen, die einer Gesamtlösung im Wege stehen. Außerdem ist Vielfalt und nicht Uniformität gefragt, wenn es darum geht, viele kleine ökologische Nischen nutzbar zu machen. Daher wiederholen wir noch einmal unseren Ansatz: Es wird notwendig sein, zur Absicherung ein "neues Netz" zu knüpfen – ein Netz aus möglichst vielen kleinen Regionen und Gemeinden, die sich bemühen, auf ihrem jeweiligen Gebiet und

34 Übers. bei Hauff, Volker (Hrsg.) (1987): Unsere gemeinsame Zukunft. Der Brundtland-Bericht der Weltkommission für Umwelt und Entwicklung. Greven: Eggenkamp, 46.

mit den dort lebenden Menschen so weit wie möglich eine dauerhaft umweltgerechte Entwicklung zu realisieren. Dazu sind fünf Punkte wichtig, von denen wir drei bereits als notwendig für eine *ökonomisch* nachhaltige Entwicklung erkannt haben:

(1) Jede ökonomische Aktivität, jeder Produktionszyklus sollte in einer bestimmten Region auch für künftige Generationen fortsetzbar sein, ohne ökologische Zerstörungen oder andere Probleme hervorzurufen.

(2) Die Bevölkerung einer Region sollte deren ökologische Tragfähigkeit nicht überschreiten, und die Wirtschaft der Region sollte – wenn überhaupt – nur langsam wachsen. Auf keinen Fall darf Wirtschaftswachstum die Voraussetzung für Wohlstand oder Vollbeschäftigung sein.

(3) In der Region sollten zumindest ausreichend Nahrungsmittel und Rohstoffe produziert werden, um ihren Bewohnern ein gutes Leben zu ermöglichen, ohne die ökologische Tragfähigkeit der Region zu überschreiten und ohne andere Regionen der Erde auszubeuten.

(4) Die Energie, die in der Region verbraucht wird, sollte so weit wie nur irgend möglich aus erneuerbaren Energieträgern dieser Region kommen.

(5) Um Ausbeutung oder Störungen des ökonomischen Gleichgewichts durch Einflüsse von außerhalb der Region zu verhindern, sollte jede Region zusätzlich eine eigene Währung oder Verrechnungseinheit – unter Umständen auch mehrere – und ein regional eigenständiges Banken- und Kreditsystem haben. Da die Interessen von Investoren außerhalb der Region nur schwer mit den Interessen der Menschen in Einklang zu bringen sind, die in dieser Region wohnen, sollte Kapital die Grenzen der Region möglichst nicht überschreiten; Zinssätze sollten durch Faktoren innerhalb einer Region bestimmt und nicht abhängig von globalen Finanzmärkten sein.

Eine Wirtschaft, die sich an den Kriterien der nachhaltigen Entwicklung orientiert, wird nicht von Großunternehmen beherrscht sein, sich nicht an einer internationalen Wettbewerbsfähigkeit orientieren müssen und auch kein beschleunigtes Wachstum erzielen wollen. Sie wird aus einem Netzwerk kleiner Regionen und Gemeinden bestehen, die die meisten Bedürfnisse aus eigenen Ressourcen befriedigen können. Nur wenn die Möglichkeiten, aber auch die Begrenzungen der jeweils eigenen Region sorgsam beachtet werden, wird es gelingen, einen Wirtschaftsstil zu entwickeln, durch den die Bewahrung der Schöpfung weltweit überhaupt erst vorstellbar wird.

3. Den Geldkreislauf durchbrechen

Wenn die Bewohner einer Region Handelsgeschäfte untereinander nur mit Hilfe eines Zahlungsmittels tätigen können, das von Menschen außerhalb dieser Region ausgegeben wird, wird ihre wirtschaftliche Lage immer von Ereignissen abhängig sein, die sie nicht beeinflussen können. Daher ist der erste Schritt einer Gemeinde, die ihre wirtschaftliche Unabhängigkeit erweitern will, die Einführung eines eigenen lokalen Zahlungsmittels, das neben der nationalen Währung verwendet werden kann.

Warum lokale Währungen?

Grundlegend für eine Verbesserung der wirtschaftlichen Unabhängigkeit ist die Einführung eines lokalen Zahlungssystems. Dies ist deswegen von entscheidender Bedeutung, weil das Ausmaß der Handelsaktivitäten derzeit in fast allen Bereichen der industrialisierten Welt wesentlich von der Geldmenge bestimmt wird. Sofern der Geldfluß in einer bestimmten Region nicht angemessen ist, werden sogar Arbeiten unerledigt bleiben, die die Ortsansässigen selbst, ohne Hilfe von außerhalb, übernehmen könnten. So könnte ich zum Beispiel das Material stellen, das ich zum Streichen meines Hauses benötige, und ein Nachbar, ein guter und erfahrener Maler, der zeitweise zuwenig Aufträge hat, würde diese Arbeit gerne für mich erledigen. Wenn ich jedoch kein Geld – im Normalfall: keine Landeswährung – zur Verfügung habe, um ihn zu bezahlen, kann ich seine Dienste auch nicht in Anspruch nehmen, es sei denn, wir würden einen Tauschhandel vereinbaren. Das wiederum könnte sich als schwierig erweisen, weil ich vielleicht nichts hätte, was ich ihm als Gegenleistung anbieten könnte und was in etwa dem Wert seiner Arbeit entspräche. Letztlich müßte ich – ziemlich unsachgemäß – mein Haus selbst streichen.

Die herkömmliche Lösung dieses Problems besteht in dem Versuch, mehr Geld in der Landeswährung zu verdienen. Als Einzelperson könnte mir das gelingen, indem ich für jemand anderen in der Gemeinde arbeite; aber wenn die Gemeinde als Ganzes die Produktion von Gütern und Dienstleistungen, die ihre Einwohner füreinander leisten, auf Dauer steigern will, muß auf Dauer auch eine größere Geldmenge in Umlauf gebracht werden.[1] Dies kann durch eine Steigerung des Exports von Waren und Dienstleistungen aus der Region geschehen. Aber abgesehen von den Risiken einer zunehmenden Abhängigkeit, denen wir uns dabei aussetzen,[2] wird das neue Geld genauso schnell abfließen wie es hereingekommen ist, so daß der Export vermutlich erheblich gesteigert werden müßte, bevor wir einen merklichen Zuwachs bei der lokal verfügbaren Geldmenge verzeichnen können.

---

1 Eine andere Möglichkeit wäre die Steigerung der Umlaufgeschwindigkeit des Geldes. Aber auch dies führt nur zum Erfolg, wenn das im folgenden grundlegende Problem, nämlich der Abfluß von Geldmitteln aus der Region, beseitigt werden kann.

2 Vgl. das Beispiel der Golfplätze in Westport (Kap. 2).

Eine bessere Alternative erscheint daher, den durch die Außenverflechtung resultierenden schnellen Geldfluß an Landeswährung zu drosseln, indem in der Region eine größere Menge jener Güter hergestellt wird, die bislang von irgendwoher außerhalb erworben wurden. Das ist auf jeden Fall schon einmal eine nützliche Strategie. Aber selbst wenn ein Teil der Importgüter durch regionale Produkte ersetzt wird, bleibt jedoch die Abhängigkeit zwischen dem Grad der wirtschaftlichen Aktivität und dem Geldfluß von außen bestehen; lediglich das Verhältnis zwischen beiden hat sich verändert. Durch eine Verringerung der Geldströme, die aus der Region fließen, kann sich eine Region mit einer bestimmten Menge an Geldzuflüssen auf ein höheres Niveau wirtschaftlicher Aktivität begeben; die Wechselwirkung zwischen diesen beiden Größen kann sie jedoch nicht prinzipiell außer Kraft setzen.

Die beste Strategie würde daher darin bestehen, die internen wirtschaftlichen Transaktionen vom externen Geldfluß unabhängig machen, indem eine spezielle Währung verwendet wird, um die internen Transaktionen abzuwickeln. Denn tatsächlich ist die einzige Rolle, die die nationale Währung bei Transaktionen zwischen Nachbarn spielt, die eines Maßstabes: Sie dient als Skala, auf welcher der Wert der Arbeit des Mannes, der mein Haus streicht, mit dem Wert der Arbeit verglichen werden kann, die ich für ihn oder für einen anderen meiner Nachbarn leiste. Dieser Maßstab bietet die Möglichkeit zu gewährleisten, daß niemand mehr erhält, als er oder sie einbringt. Familien und kleine, stabile Gemeinschaften brauchen aber kein Geld zur Bemessung der Arbeit ihrer Mitglieder, um auf diese Weise zu gewährleisten, daß jeder seinen Teil für die Gemeinschaft leistet: Sie unterstützen sich gegenseitig, ohne aufzurechnen, in dem Vertrauen, daß sich letztlich alles ausgleicht. Eine ganze Reihe nicht nur klösterlicher Gemeinschaften und Kommunen wirtschaftet auch heute auf diese Weise. In größeren Gruppen jedoch sehen die meisten Menschen die Notwendigkeit, Leistungen und Gegenleistungen gegeneinander mit Hilfe einer "objektiven Verrechnungseinheit" aufzurechnen. Gerade in fortgeschrittenen Industriegesellschaften ist die zuweilen nicht nur von Feministinnen vorgebrachte Forderung nach einem angemessenen Lohn für Hausarbeit die logische Konsequenz der gesellschaftlichen Geringschätzung, der dieser Arbeit in einem auf Erwerbsarbeit ausgerichteten Wertgefüge entgegengebracht wird.[3]

Nachbarschaftshilfe und informelle Ökonomie

In der Vergangenheit gab es in den Wirtschaftssystemen aller erfolgreichen Gesellschaften Bereiche, in denen die Mitglieder füreinander und für das Gemeinwohl ohne Geld als Verrechnungseinheit arbeiteten. Hugh Brody schreibt über

---

3 Zwischen 25 und 50% des Bruttosozialprodukts – je nach Rechenverfahren – entspricht allein der Wert der Hausarbeit; ehrenamtliche Tätigkeiten und Nachbarschaftshilfe sind dabei noch gar nicht eingerechnet; vgl. Diefenbacher, Hans (1995): Der Index for Sustainable Economic Welfare – eine Fallstudie für die Bundesrepublik Deutschland, op.cit., 38ff.

das Landleben in der irischen Grafschaft Inishkillane,[4] daß eine Art gegenseitiger Hilfe aus Ansprüchen und Gegenansprüchen sich eigentlich in jeder Gesellschaft behauptet hat, in der es überwiegend Kleinbauern gibt, und er zitiert einen Satz aus einer Studie über ein Dorf in Wales: "Um in diesem Distrikt zu wirtschaften, muß man entweder auf die permanente tägliche Mitarbeit seiner Nachbarn zählen oder eine große Summe Geld im Hintergrund haben."[5]

In Irland, so schreibt Brody, gibt es kaum Anzeichen dafür, daß die Haushalte, die gegenseitige Nachbarschaftshilfe leisten, sich je um eine Aufrechnung der Verpflichtungen bemüht haben: [6]

"Es scheint, daß die Einzelheiten nur vage festgelegt waren, und daß das Verhältnis untereinander an sich wichtiger war als das Bilanzieren der Tauschgeschäfte, die dabei entstanden. Jeder Haushalt wußte, daß er die Nachbarn um Hilfe ersuchen konnte und daß er ihnen wiederum keine Hilfe verweigern würde, wenn er selbst darum gebeten wurde."

Brody vergleicht dieses Verhältnis mit dem von Sparern zu ihrer Bank: [7]

"Der Geber garantierte durch sein Geben, daß er in Zukunft der Empfänger war. In diesem Sinne ist das Geben eines Überschusses an Freunde und Nachbarn nicht viel anders, als einen Überschuß dem Kassierer einer Bank zu überlassen. Eine intakte Gesellschaft garantierte – wie die gesetzlichen Regeln des Bankwesens –, daß die Gabe nicht vergessen und ein zukünftiger Anspruch nicht ignoriert würde."

Meitheal

Da jedoch die Subsistenz-Landwirtschaft einer spezialisierteren Produktion für den Export aus der Region weichen mußte, konnte man – anstatt dem Nachbarn einen Gefallen zu erweisen – Bargeld für schlechte Zeiten ansparen. Ebenso ermöglichten Zahlungen von Familienangehörigen, die in die Städte oder – wie im Falle Irlands häufig – nach Übersee abgewandert waren, daß die fast vollständige Abhängigkeit von eigenen Ressourcen verringert werden konnte. Auch dies minderte die Bedürftigkeit nach nachbarschaftlicher Hilfe, denn diese Ressourcen versiegten jetzt nicht mehr so häufig. Nichtsdestoweniger gibt es nach wie vor Beispiele von verläßlicher gegenseitiger Hilfe; manche dieser Strukturen haben zumindest bis vor kurzem noch bestanden. Eine Frau aus Westport kann sich daran erinnern, daß bis Mitte der sechziger Jahre die Nachbarn auf die Farm ihres Vaters im Westen Irlands kamen und bei der Ernte halfen und daß danach ihr Vater und seine fünf Männer sich mit der Mähmaschine aufmachten, um als Gegenleistung deren Ernte einzubringen. "Kein Geld wechselte den Besitzer,

---

4 Brody, Hugh (1974): Inishkillane: Change and Decline in the West of Ireland. Harmondsworth: Penguin.

5 Emmett, Isabel (1964): A North Wales Village. London: Routledge; zit. nach Brody, Hugh (1974), op.cit., 134.

6 Ibid., 135.

7 Ibid.

selbst wenn die Arbeitsleistungen unterschiedlich waren", sagte sie; "es war das *Meitheal*[8]. Solche Unterschiede spielten einfach keine Rolle."[9]

Ein eigenes System der institutionalisierten Nachbarschaftshilfe findet man zuweilen in Odenwälder Dörfern: Die Ortsansässigen bitten dort ihre Nachbarn bei größeren Arbeiten zu helfen – für einen Stundenlohn, der seit über zwei Jahrzehnten bei 5 DM liegt. In den Genuß derart billiger Arbeitskräfte kommt natürlich nur der- oder diejenige, von dem oder der man die Bereitschaft voraussetzen kann, Nachbarschaftshilfe für denselben eher symbolischen Tarif zu leisten.

Im allgemeinen sind jedoch die wirtschaftlichen Beziehungen in den meisten Teilen der industrialisierten Welt heute zu komplex und vergänglich: Sie begünstigen keine Systeme, die auf gegenseitiger Unterstützung bei Arbeiten beruhen, ohne dafür eigens einen Tauschwert festzulegen. Die meisten Menschen helfen nur ihren Angehörigen, guten Freunden und direkten Nachbarn. Die wirtschaftlichen Transaktionen sind daher auch innerhalb der Gemeinden hochgradig abhängig von der Versorgung mit Geld, das von außerhalb der Gemeinden kommen muß. Diese Veränderung macht die Wirtschaft der Gemeinden sehr anfällig, wenn die externe Beschaffung von Geld ins Stocken gerät und nicht mehr genügend "Maßeinheiten" zur Verfügung stehen, um all den Handel abzuwickeln, den die Menschen gerne untereinander betreiben würden.

Tauschringe

Damit haben wir auf den Punkt gebracht, weshalb die Entwicklung eines unabhängigen lokalen Angebots von "Maßeinheiten" zur Erleichterung des lokalen Tauschhandels ein sehr wichtiger Weg ist, um eine größere Selbständigkeit von Gemeinden zu erreichen. In einigen hundert Gemeinden – vielleicht ist die Tausender-Grenze schon überschritten – wurde ein Tauschring zu diesem Zweck schon aufgebaut. Allein in Deutschland gibt es derzeit über 200 Tauschringe.[10] Diese Tauschringe verwenden entweder eigene Währungen – in Deutschland häufig als "Talent" bezeichnet; es gibt aber auch zum Beispiel "Würzis" in Würzburg oder "Batzen" in Mannheim. Manchmal wird auch die Zeit als Maßeinheit verwendet, während wieder andere Systeme mit Produkteinheiten arbeiten – so zum Beispiel einem Liter Milch oder einem Klafter Brennholz: In einigen Gegenden Kanadas und den USA kann mehr oder weniger jeder Holz schlagen, und auf diesem Wege wird die Zeit zu einem sofort meßbaren Beitrag zur Heizung im Winter.

---

8 Wörtlich übersetzt: gegenseitige Hilfe (ausgesprochen: mä-hel); das irisch-gälische Wort bezeichnet jedoch speziell dieses System gegenseitiger Unterstützung und Hilfe.

9 Für eine genaue Beschreibung dieses Systems siehe O'Dowd, Anne (1981): Meitheal, a Study of Co-operative Labour in Rural Ireland. Dublin: Comhairte Bhéaloideas Éireann, University College.

10 Paysys GmbH (Hrsg.) (1997): LETSysteme und Tauschringe. 4. Auflage, Frankfurt: Selbstverlag.

Waren als Verrechnungseinheiten

Die Geldgeschichte ist seit dem klassischen Altertum voll von Beispielen, bei denen bestimmte Waren die Funktion von Geld – Recheneinheit, Tauschmittel, Wertaufbewahrungsmittel – übernommen haben. Im alten Ägypten galt Getreide als Währungseinheit. Die Bauern brachten gegen Bestätigung von Betrag, Qualität und Datum ihre Ernte in staatlichen Lagerhäusern unter. Zum einen profitierten sie davon, weil das Getreide gegen Diebstahl, Feuer und Wasserschäden gesichert war. Außerdem erübrigte sich dadurch der Bau eigener Vorratsschuppen, und die Ernte mußte auch nicht sofort nach ihrer Einbringung verkauft werden, wenn die Preise entsprechend niedrig waren. Die Bauern konnten ihre Pacht zahlen und Güter kaufen, indem sie eine Art Scheck unterzeichneten, der bestätigte, daß sie Getreide von ihrem Konto im Lagerhaus auf das eines anderen transferierten – selbst wenn jemand in einem anderen Landesteil einen weiteren Getreidelagerplatz benutzte, konnte mit diesen Schecks bezahlt werden. Die einzelnen Lager konnten, wie das die Banken heute tun, ihre Ansprüche gegenseitig aufrechnen, und das Getreide selbst wurde nur woanders hingebracht, wenn sich diese Ansprüche per Saldo nicht ausgleichen ließen und das Korn tatsächlich in einer Stadt gebraucht wurde, die einen Netto-Anspruch aus Schecks auf Leistungen aus einer anderen Stadt hatte. Mit anderen Worten: Das Getreidegewicht war lediglich eine Verrechnungseinheit, die Körner an sich waren keine Standard-Tauschware. Die Tabaklager in den Staaten von Neu-England verfuhren gleichermaßen und ermöglichten, daß die Ernte als gesetzliches Zahlungsmittel galt, in Virginia fast 200, in Maryland etwa 150 Jahre lang. Diese Regelung hatte somit länger Bestand als der Gold-Standard. Ein wichtiges Merkmal sowohl für Getreide als auch für Tabak als Währung ist jedoch, daß, wer auch immer über Geldeinlagen verfügt, nicht nur dafür belastet werden muß, daß er die Waren bei der Lagerhaus-Bank deponiert, sondern auch weiß, daß sie als Zahlungsmittel langsam verfallen. Deswegen wurden diese Waren verzehrt, geraucht oder gegen andere Waren getauscht, sobald es an der Zeit war. Dies führte dazu, daß Geld nicht gehortet, sondern immer im Umlauf war.[11]

Comox Valley – der Tauschring von Michael Linton

Der erste der Tauschringe, die in den letzten 15 Jahren gegründet wurden, war der in Comox Valley (Britisch Columbia), der in den frühen achtziger Jahren von einem in Schottland geborenen Kanadier, Michael Linton, entwickelt wurde. Viele der auf Lintons Idee beruhenden Tauschringe firmieren im englischen Sprachraum unter dem Namen LETS, einer Abkürzung für Local Exchange Trading System. In der Regel weisen Tauschringe oder "LET-Systeme" die folgenden fünf Kennzeichen auf:

---

11 Vgl. Galbraith, John Kenneth (1976): Money – Where it Came, Where it Went. Harmondsworth: Penguin.

- Die Verwaltung des Tauschrings wirft keine Gewinne für diejenigen ab, die den Tauschring leiten; die Mitglieder zahlen die Verwaltungskosten in der Tauschringwährung. In den meisten Fällen wird darüber hinaus die Leitung des Tauschrings von den Mitgliedern regelmäßig gewählt.
- Die Konten der Tauschring-Teilnehmer starten bei Null; es gibt keine Verpflichtung, Tauschring-Aktivitäten in einem bestimmten Umfang zu betreiben.
- Jeder Tauschring-Teilnehmer kann sich über den Kontostand und den Umfang der Aktivitäten eines jeden anderen Mitglieds informieren.
- Die Konten der Tauschringe werden in einer je eigenen "Währung", einer von der Landeswährung getrennten Verrechnungseinheit, geführt.
- Guthaben auf den Tauschring-Konten werden nicht verzinst.

Was sind nun die Gründe für die Wiederbelebung lokaler Währungen – wenn auch in neuer Form? Es erscheint ja zunächst – trotz allem, was wir in diesem Kapitel bislang ausgeführt haben – reichlich paradox, daß die Beschränkung der Akzeptanz einer solchen lokalen Tauschring-Verrechnungseinheit ein Vorteil sein soll gegenüber der umfassenden Akzeptanz, die die Landeswährungen finden – die im Falle der "harten" Währungen wie der deutschen Mark, dem US-Dollar oder dem englischen Pfund fast weltweit gegeben ist. Zur Aufklärung dieses scheinbaren Widerspruchs müssen mehrere Umstände in Rechnung gestellt werden.

Gründe für die Wiederbelebung lokaler Währungen

Erstens: Je weniger Menschen an dem Austausch von Waren und Dienstleistungen in einer bestimmten Währung partizipieren, desto höher ist die Wahrscheinlichkeit, daß ein bestimmtes Quantum an Kaufkraft, das eine Person in den Wirtschaftskreislauf einbringt, auch wieder an diese Person "zurückkommt" – nämlich in Form einer Nachfrage nach Gütern oder Dienstleistungen, die eben diese Person anbietet. Da gibt es natürlich Untergrenzen – je weniger Menschen sich einer bestimmten Währung bedienen, desto unvollständiger wird die Angebotspalette der Güter und Dienstleistungen sein, die mit Hilfe dieser Währung auch nachgefragt werden kann, und desto unwahrscheinlicher ist es, daß sich Angebot und Nachfrage ausgleichen.

Der zweite Grund, der die Wiederbelebung lokaler Währungen als sinnvoll erscheinen läßt, besteht in der Möglichkeit, das Volumen der Geldmenge direkt zu beeinflussen. Besonders in Zeiten einer restriktiven Geldpolitik – und die Jahre, in denen versucht wurde, unsere Volkswirtschaften für den Euro "fit" zu machen, waren durch diese Strategie besonders gekennzeichnet – wird die Geldmenge aus Angst vor einer Inflation besonders knapp gehalten. Die Geldmenge einer lokalen Währung ist dagegen immer adäquat, da dieses Geld dadurch entsteht, daß Menschen etwas für andere Menschen tun. Mit anderen Worten: In Tauschringen wird Geld dadurch "geschöpft", daß sie ihren Mitgliedern nicht nur erlauben, sondern diese geradezu ermuntern, ihr Tauschringkonto zu überziehen. Denn die Summe aller "Kredite" – für die niemals Zinsen berechnet werden! – muß per Definition gleich sein der Summe aller Guthaben;

dies muß zu jedem Zeitpunkt und in allen Tauschringen so sein. Man muß sich einmal klar machen, daß die Gesamtkaufkraft, die in einem solchen lokalen Währungssystem vorhanden ist, rein rechnerisch verschwindet, sollten alle seine Mitglieder einmal über ausgeglichene Konten verfügen.[12] Hier wird ein Unterschied zum "normalen" Geldsystem deutlich, der vor allem in der Startphase von Tauschringen wichtig ist – und gerade diese ermöglicht es, einen wichtigen Anstoß zur Belebung einer lokalen Ökonomie zu geben: Wenn jemand bereit ist, für einen anderen Menschen zu arbeiten, dann hat diese Person nicht notwendigerweise Geld in der Landeswährung zur Verfügung, um dafür zu zahlen. Bei einem Tauschring kann die Mitgliederversammlung selbst darüber entscheiden, wie hoch das Kreditlimit für die Teilnehmer sein soll: Die Entscheidung über das Volumen der Geldmenge kann somit autonom bestimmt werden.[13]

Es gibt aber einen dritten wesentlichen Unterschied zwischen dem normalen Geldsystem und den lokalen Verrechnungssystemen von Tauschringen. Wer viel Geld in der Landeswährung besitzt, ist gegenüber jenen, die weniger oder keine Ersparnisse haben oder sogar verschuldet sind, in einer Position, in der er wirtschaftliche Macht ausüben kann. Auch die mittlerweile fast zwanzigjährige Geschichte der internationalen Verschuldung der Entwicklungsländer mit dem von den internationalen Finanzinstitutionen verordneten Diktat der Strukturanpassungsprogramme kann so interpretiert werden.[14]

Eine lokale "Währung" eines Tauschrings hingegen kann niemals zu einem Instrument der wirtschaftlichen Macht oder gar der Unterdrückung werden, weil in der Regel jeder durch seine Arbeit dieses Geld selbst "erzeugen" kann. Natürlich gibt es auch in gut funktionierenden Tauschringen immer wieder das Problem, daß ein neues Mitglied nicht so recht weiß, was es anbieten kann, oder daß das Angebot eines Mitgliedes auf keine rechte Nachfrage trifft. Diese Schwierigkeiten lassen sich aber meist durch Beratungen durch die Leitung des Tauschrings oder durch Gespräche mit anderen Mitgliedern lösen. Umgekehrt hat jemand mit einem hohen Guthaben kein Druckmittel in der Hand, um ein verschuldetes Mitglied zu bewegen, für ihn zu arbeiten, denn es gibt ja keine Verzinsung. Das einzige Motiv ist das Gefühl einer Verpflichtung gegenüber den Mitgliedern des Tauschrings insgesamt – und natürlich das drohende Ende der Möglichkeit, Dienstleistungen für sich selbst in Anspruch zu nehmen, wenn das Kreditlimit erreicht ist, sofern es eines gibt. Aber wenn ein "Schuldner" einen bestimmten "Gläubiger" nicht ausstehen kann, dann wird das Gefühl, etwas für die Gruppe tun zu müssen, um das Defizit auf dem eigenen

---

12 In der Tat scheiterten einige Tauschringe – wie zum Beispiel ein erster Versuch in Totnes in Devon/Großbritannien –, weil deren Mitglieder ihre Konten nicht überziehen wollten, so daß ein Handel gar nicht richtig in Schwung kommen konnte; so Michael Linton in einer Vortragsveranstaltung in Dublin im Juli 1993.

13 Im weiteren Verlauf dieses Kapitels gehen wir auf das Problem des optimalen Kreditlimits noch ausführlicher ein.

14 Vgl. hierzu u.a. Eberlei, Walter/Unmüßig, Barbara/Wahl, Peter (1996): Schuldenreport '96. Bonn: WEED; Mistry, Percy (1994): Multilateral Debt – An Emerging Crisis? Den Haag: FONDAD; Blardone, Gino et al. (1992): Strategies de développement et ajustements structurels. Genève: IUD; Peter, Hans-Balz (1995): Zur ethischen Evolution von Weltbank und Währungsfonds. Bern: Institut für Sozialethik des SEK.

Konto auszugleichen, in seiner Bedeutung in den Hintergrund treten, und er wird für diesen Menschen doch nicht arbeiten. Erfahrungen aus vielen Tauschringen jedenfalls zeigen, daß die Position des Gläubigers ganz im Gegensatz zum normalen Geldsystem viel problematischer sein kann als die des Schuldners.

Organisationsmethoden in Tauschringen: Westport und Mannheim

Die meisten Tauschringe stellen ihren Mitgliedern spezielle Scheckbücher zur Verfügung und haben ihr eigenes computergestütztes Scheckeinreichungssystem, um Zahlungen auf und von einem jeden Konto festzuhalten. Im Tauschring von Westport in Irland werden alle Schecks, die bis zum letzten Donnerstag eines Monats ausgestellt worden sind, an das Mitglied geschickt, das das Computersystem bedient. Alle Mitglieder erhalten ihre Kontobelege am Donnerstag darauf. Im Mannheimer Tauschring werden die Schecks so bald wie möglich an die Zentrale geschickt oder beim wöchentlichen "jour fixe" abgegeben; dafür gibt es nur alle zwei Monate einen Kontoauszug für alle. Jeder kann sich beim jour fixe aber auch zwischendurch über Kontostände informieren. Beide Systeme sind einfach und funktionieren in der Regel gut.

Bei der Einheit, in der die Schecks in Westport ausgestellt werden, handelt es sich jedoch nicht um irische Pfund, sondern um Reek, genannt nach The Reek, ein Name für einen nahegelegenen heiligen Berg, Croagh Patrick. Die Mannheimer Währung ist, wie schon gesagt, der Batzen – alle Bewohner der Kurpfalz wissen, daß das früher einmal eine kleine Silbermünze war. Alle sechs Monate in Westport, alle zwei Monate in Mannheim erscheint ein neues Verzeichnis, in dem alle Güter und Dienstleistungen aufgelistet sind, die die Mitglieder anbieten. Sicherlich muß man öfter wissen, wie der Stand ist, und so erhält in Westport jeder zusammen mit seinen Kontobelegen eine Ergänzungsliste mit Fachkenntnissen neuer Mitglieder sowie ein Informationsblatt mit aktuellen Neuigkeiten; in Mannheim gibt es ein "Schwarzes Brett", das jeden Mittwoch in der Zentrale eingesehen werden kann, und alle vier Wochen treffen sich alte und neue Mitglieder bei einer "Tauschbörse", um sich kennenzulernen und um Angebote näher zu erläutern. Dort findet mittlerweile auch in der Regel ein Flohmarkt auf "Batzenbasis" statt. Die Vorbereitung der Mitglieder-Rundbriefe ist mit viel Arbeit verbunden, aber die daran Beteiligten machen es gerne und werden für ihre Bemühungen in Reeks beziehungsweise in Batzen bezahlt.

Solange ein Tauschring relativ klein ist, kann er auf diese Weise ohne Probleme verwaltet werden. Daß in regelmäßigen Abständen jedes Mitglied eine Liste mit den Kontoständen aller Mitglieder erhält, wird erfahrungsgemäß häufig auch dazu genutzt, daß "Gläubiger" einmal nachsehen, welche Dienstleistungen jene Mitglieder anbieten, deren Konto gerade ein hohes Defizit aufweisen, um diese dann bevorzugt nachzufragen, und so den "Schuldnern" helfen, ihr Konto wieder auszugleichen. Wenn die Zahl der Mitglieder jedoch zu groß wird, scheint diese Art des sozialen Ausgleichs offenkundig weniger häufig stattzufinden. Unsere Gespräche mit Mitgliedern vieler verschiedener Tauschringe deuten darauf hin, daß die Zahl von 500 Mitgliedern eine Art Umschlagpunkt von

"Qualität in Quantität" sein könnte, wohingegen zwischen 150 und 200 Mitglieder benötigt werden, um eine ausreichend breite Palette von Angebot und Nachfrage zur Verfügung zu haben. Aber dies sind erste und grobe Anhaltspunkte; diese Grenzwerte können ja nach der Intensität, mit der sich die einzelnen Mitglieder am Tauschhandel beteiligen, stark nach oben oder unten variieren.

Größe und Umsatz von Tauschringen

Zum Zeitpunkt der Fertigstellung dieses Buches – im Frühsommer 1998 – waren Tauschringe mit einer Mitgliederzahl über 750 keine Seltenheit mehr. Ein Tauschring in München hatte über 1200 Mitglieder, selbst in einer schweizerischen Kleinstadt – Aarau – gab es einen Tauschring mit 810 Mitgliedern.[15] Dabei gibt es zuweilen auch "unrealistische" Expansionsphasen: Ein Tauschring in Katoomba, sechzig Kilometer westlich von Sydney in den Blue Mountains gelegen, wuchs bis zum Jahre 1993 auf über 1.000 Mitglieder, da nach intensiven Werbe-Kampagnen viele Bewohnerinnen und Bewohner der Gegend die Idee an sich sympathisch und attraktiv fanden. Bis zum Frühjahr 1998 war der Tauschring auf 450 Mitglieder geschrumpft, die anderen waren nie so richtig aktiv geworden. Der verbleibende Kern nutzt den Tauschring jedoch stetig und regelmäßig.

Die meisten der über 200 deutschen Tauschringe befanden sich 1997 jedoch noch in der Startphase mit einer Mitgliederzahl, die unter 100 lag.[16] Zwischen 50 und 70% der Mitglieder werden in der Regel als aktiv eingeschätzt; der Tauschring im Hochschwarzwald hatte Ende 1997 bei etwa 300 Mitgliedern einen Monatsumsatz zwischen 10.000 und 15.000 Talenten, also im Schnitt von 50 Talenten pro Mitglied; die "Kaufkraft" eines Talentes kann in diesem Tauschring etwa der DM gleichgesetzt werden.[17]

Zur optimalen Größe von Tauschringen

In größeren Tauschringen gibt es zuweilen Klagen über eine steigende Anonymität; die Mitglieder können auch gar nicht mehr alle anderen kennen. Das wird häufig als Nachteil empfunden. Nicht zuletzt um die Schwelle des gegenseitigen Kennenlernens zu überwinden, hat der Mannheimer Tauschring den wöchentlichen jour fixe und die monatliche "Tauschbörse" eingeführt, wo man sich auf dem "neutralen Boden" der Tauschring-Zentrale treffen kann. Das wird besonders von Frauen als sehr hilfreich empfunden.

Eine häufig geäußerte Befürchtung besteht darin, daß die Anonymität größerer Tauschringe dazu verführen könnte, daß Mitglieder ihr Konto bis zum Kreditlimit überziehen und sich dann sang- und klanglos verabschieden könn-

---

15 Vgl. die Mitglieder-Rundbriefe von LETS München und von Talent-Experiment Aarau.

16 Vgl. Paysys (Hrsg.) (1997), op.cit., Anhang; Riedel, Anne (1997): "Rasenmähen gilt soviel wie ein Liebesbrief", in: Frankfurter Rundschau vom 28. 1. 1997.

17 Brief von Norbert Baier, Freiburg, vom 28. 12. 1997.

ten. Dies scheint in der Regel jedoch kein großes Problem zu sein. Zunächst einmal muß man sich vergegenwärtigen, daß der Tauschring als Ganzes durch einen solchen Vorfall keinen allzu großen Schaden erleidet – es sei denn, dies würde zu einer generellen Vertrauenskrise gegenüber der lokalen Währung führen, was dann, wie bei jeder Währung, einen Zusammenbruch des Systems zur Folge haben könnte. Scheidet ein Mitglied mit einem Defizit aus, müßten diese Schulden auf alle anderen Mitglieder zu gleichen Teilen aufgeteilt werden, und gerade wenn es viele Mitglieder gibt, wird ein Einzelfall nur zu einem kaum spürbaren Verlust führen. Und, wie gesagt, die Erfahrungen aus größeren Tauschringen zeigen, daß solche Fälle nicht signifikant häufiger auftreten als bei kleinen Tauschringen.[18] Dennoch befürworten manche Tauschring-Praktiker, daß sich Tauschringe über einer Größe von etwa 500 Mitglieder spalten, das heißt noch stärker regionalisieren sollten.

Schecks oder Bargeld?

Als der Tauschring in Westport geplant wurde, gab es die Überlegung, daß es sich vielleicht als lästig erweisen würde, alle Transaktionen mit Schecks zu begleichen, weil es jedesmal die Zeit eines Mitglieds in Anspruch nimmt, die Schecks ins Computersystem einzugeben, und sie oder er dafür in Reeks entlohnt werden muß. Der Zeitaufwand dafür, so dachte man, stünde beispielsweise in keiner Relation zum Kauf eines Pfunds Karotten. Und man befürchtete noch einen zweiten Nachteil: So, wie jemand, der in Bankgeschäften nicht so geübt ist, nur ungern Zahlungen mit herkömmlichen Schecks annimmt, würden sich Nicht-Mitglieder des Tauschrings ebenso ungern mit unseren Schecks bezahlen lassen, obwohl sie diese theoretisch zum Handel mit Inhabern von Konten in lokaler Währung verwenden könnten: Sie könnten sie, wie normale Überbringer-Schecks, bei Mitgliedern des Tauschrings zur Zahlung von Gütern und Dienstleistungen verwenden. Dies würde den Tauschring auf unerwünschte Weise exklusiv gestalten, denn es gäbe für Unentschlossene keine Möglichkeit, sich gelegentlich daran zu beteiligen, bevor sie sich entschließen könnten, Mitglieder zu werden und die Aufnahmegebühr zu entrichten. Diese Überlegungen waren insofern eher ungewöhnlich, da die weit überwiegende Zahl von Tauschringen Handelsaktivitäten nur zwischen Mitgliedern zuläßt. Aus den beiden genannten Gründen entschloß man sich jedoch in Westport, für kleinere Transaktionen und für die Bezahlung von Nicht-Mitgliedern Reek-Zahlungsscheine zu drucken, die dann am einmal wöchentlich stattfindenden Markt oder in den Cafés und Läden, die dem Tauschring angehören, ausgegeben werden konnten.

Da andere Dinge erst einmal größere Priorität hatten, dauerte es noch fast 18 Monate, nachdem der Tauschring gestartet war, bis die Geldscheine in Umlauf gebracht werden konnten. Sie waren von einem Mitglied entworfen und

18 Nicht selten sind jedoch Fälle, wo Mitglieder in eine andere Stadt ziehen und gerade in der hektischen Phase des Umzugs von anderen Tauschring-Mitgliedern Hilfe erhalten – und ihr Defizit dann nur schwer "abarbeiten" können, weil sie ja nicht mehr vor Ort sind. Daher gab es im Mannheimer Tauschring schon Übernachtungsmöglichkeiten und Stadtführungen in anderen deutschen Großstädten im Angebot.

zehn Stück pro DIN-A4-Blatt auf einem Laserdrucker gedruckt worden, geschnitten, in Plastikfolie eingeschweißt und mit einem Prägestempel mit dem Aufdruck *"Meitheal na Mart"* versehen.[19] Jeder der fünf Werte – 1, 5, 10, 20 und 50 Reeks – wurde auf verschiedenfarbigem Papier gedruckt, und die Geldscheine hatten die richtige Größe für eine Brieftasche.

Wie hat das funktioniert? In der Theorie waren die Geldscheine exzellent. Tests bewiesen, daß sie etwa zwanzig Mal in einer Jeans-Tasche mitgewaschen werden konnten, ohne unleserlich zu werden. Aber in der Praxis hätte man sie nicht gebraucht, obwohl sich in den ersten sechs Monaten, in denen sie auf dem Markt waren, schon zeigte, daß sie ihren Zweck erfüllen konnten. Die Zahl der Leute, die sie wirklich benutzten, stieg nur sehr langsam. Ben Ryan, der den Marktstand betreibt und Schecks in Geldscheine wechselt, wenn Mitglieder des Tauschrings das möchten, sagte uns: "Eigentlich geht es auch ohne Geldscheine, denn wer an meinem Stand kauft, kann seine Reeks-Schulden auch in meinem Notizbuch anschreiben lassen, wenn er sie dort quittiert. Aber ich habe schon zwei Nicht-Mitglieder mit den Geldscheinen bezahlt – sie sind dem Tauschring dann später beigetreten."

Arbeitswerteinheiten oder freies Aushandeln des Marktwertes?

Neben dem Experiment der Einführung von Geldscheinen ist der Tauschring von Westport für den englischsprachigen Raum auch deswegen ungewöhnlich, da der Reek eine Arbeitszeit-Einheit ist – 60 Reeks entsprechen einer Stunde Arbeit. In Deutschland findet man Verrechnungseinheiten, die auf Arbeitszeit basieren, häufiger: Auch im Mannheimer Tauschring entsprechen sechs Batzen einer Stunde. Die wichtigste Eigenschaft dieses Verfahrens besteht darin, daß so eine Gleichbewertung von Arbeit gleich welcher Art erreicht wird. Außerdem wird damit verhindert, daß die Preise innerhalb des Tauschrings automatisch mit denen außerhalb identisch sind, und schließlich ist es den Finanz- und Sozialämtern so nicht möglich, die Einnahmen der Mitglieder des Tauschrings in der lokalen Währung ohne weiteres so zu handhaben, als wären sie Bargeld.

Ein Tauschring, der seine Verrechnungseinheiten mit der Landeswährung gleichsetzt, betrügt sich selbst, denn jeder Mensch würde für eine lange Zeit einem Einkommen in Landeswährung gegenüber einem Einkommen in der lokalen Währung den Vorrang geben, da letzteres nur für bestimmte Güter und Dienstleistungen und innerhalb einer bestimmten Gruppe von Menschen ausgegeben werden kann. In Anbetracht dieser Tatsache erscheint es als das Beste, das lokale Währungssystem so unterschiedlich von der Landeswährung wie nur möglich zu gestalten.

Die zweite Möglichkeit der Festlegung des Wertes einer lokalen Währung besteht darin, daß die Mitglieder des Tauschrings den Preis jeder Dienstlei-

---

19 Das ist der Name der Kooperative, die zum Betreiben des Tauschrings gegründet worden war.

stung und jedes Produktes frei aushandeln.[20] Die Erfahrung zeigt, daß in diesem Fall das Verhältnis der lokalen Währung zur Landeswährung in der Regel weit eher eine feste Relation ist als bei den lokalen Währungen, die sich an der Arbeitszeit als Maßstab orientieren. Aber sowohl die auf Zeit als auch die auf einer Währungsrelation basierenden Verrechnungseinheiten haben sich als praktikabel bewährt. Wir glauben aber, daß im Vergleich die Währungen, die auf Zeiteinheiten basieren, besser sind, und sei es nur deshalb, weil sie es den Menschen schwerer machen, Preise entweder in nationaler oder in lokaler Währung anzugeben – etwas, das Mitglieder eines Tauschringes immer wieder tun, vor allem dann, wenn sie ihre Tätigkeit im Tauschring im Grunde als Übergangslösung oder als Einstieg in eine "normale" Beschäftigung sehen. Natürlich müssen Kompromisse geschlossen werden: Wahrscheinlich werden Mitglieder noch auf lange Sicht von ihren Tätigkeiten, die in der lokalen Währung vergütet werden, alleine nicht leben können. Die ältere Dame, die mit ihren gestrickten Pullovern, Socken und Babysachen reißenden Absatz findet, muß neben den Batzen, die sie für ihre Arbeitszeit erhält, DM für die Wolle, die sie benötigt, verlangen – solange sie fast ausschließlich für Tauschring-Mitglieder arbeitet. Wenn jedoch der Gebrauch der Landeswährung das oberste Ziel untergräbt, nämlich den Tauschring zu einem stabilen und autonomen Wirtschaftsfaktor zu machen, ist es auch verständlich, wenn Regeln eingeführt werden, um dies zu unterbinden. Der schon erwähnte Tauschring im australischen Katoomba setzte beispielsweise fest, daß Mitglieder das Anzeigenverzeichnis nicht in Anspruch nehmen dürfen, wenn mehr als die Hälfte des Warenpreises in australischen Dollar gezahlt werden muß.

Bezahlung nur im Tauschring-Geld oder "Mischfinanzierungen"?

Die Mitglieder von Tauschringen sollten permanent darauf bedacht sein, untereinander die Transfers von Landeswährung so gering wie möglich zu halten. Sicherlich wird ein Mechaniker Ersatzteile, die er für eine Autoreparatur kaufen muß, normalerweise in Landeswährung ersetzt bekommen müssen, aber sein Zeitaufwand sollte nur in Reeks berechnet werden. Wegen ihrer allgemeinen Unkosten müssen Handwerker etwa 30% ihrer Arbeitskosten in Landeswährung berechnen, aber sie müssen diese 30% nicht bei jeder Arbeit abrechnen. Sie können die Mitglieder des Tauschrings komplett in der lokalen Währung belasten, da Nicht-Mitglieder zu 100% in Landeswährung bezahlen. Entscheidend ist die richtige Mischung der beiden Währungen in ihrem Einkommen am Ende jeden Monats, nicht nach jedem Auftrag. Tatsache ist, daß jedem Mitglied bei jeder Transaktion einige Kosten in Landeswährung entstehen, selbst wenn

---

20 Die "Kohle" des Konstanzer Kröten-Marktes entspricht etwa einer DM, der "Huntetaler" des Oldenburger Tauschrings entspricht 4 Minuten oder ebenfalls einer DM. Mischformen entstehen auch dann, wenn in reinen Zeitwährungen Produkte gehandelt werden – Teppichbodenreste oder Holzplatten wurden schon in Mannheimer "Batzen" gehandelt – oder wenn reine Zeitwährungen unterschiedliche Preise für die Arbeitsstunde je nach Qualifikation oder der dafür notwendigen körperlichen Anstrengung erlauben; so ist die Arbeitsstunde im Tauschring Schwäbisch Hall zwischen 5 und 30 "Zaster" wert.

es nur die Kosten eines Telefongesprächs sind. Solange die Kosten in Landeswährung für jeden etwa gleich sind, ist keiner schlechter dran, solange niemand versucht, diese Kosten auf andere Mitglieder des Tauschrings abzuwälzen. In diesem Fall – aber nur in diesem! – brauchen die Mitglieder eines Tauschrings untereinander keine Zirkulation von Landeswährung, um den lokalen Geldkreislauf aufrechtzuerhalten – bis auf eine kleine Jahresgebühr, die die meisten Tauschringe erheben, um Portokosten für Rundbriefe und anderes zu bezahlen.

Es ist sogar manchmal möglich, nur in lokaler Währung abzurechnen, obwohl einige Kosten in Landeswährung entstehen. Eine Frau, die während des ersten Sommers, in dem der Tauschring in Westport bestand, jede Woche für den Verkauf auf dem Markt Brot buk, fand, daß sie den Mitgliedern den vollen Preis in Reeks berechnen konnte, da die Verkäufe an Nicht-Mitglieder, darunter viele Touristen, ihre Kosten für Gas und Mehl abdeckten. Im Herbst jedoch begannen zwei andere Mitglieder, Brot zu backen, nachdem die Frau damit aufgehört hatte, weil sie einen Schauspielkurs in Dublin besuchte. Diese beiden stellten fest, daß nach dem Ende der Touristen-Saison zu wenig Bargeldverkäufe getätigt würden, um den Teil ihrer Kosten einzuspielen, den sie in Landeswährung aufbringen mußten. So begannen sie gemischte Preise zu berechnen, wonach auch dic Mitglieder des Tauschrings einen halben Laib in irischen Pfund, den anderen in Reeks bezahlen sollten. Die Verkäufe gingen schlagartig von 16 auf zwei Laib pro Woche zurück und drosselten ihre Nettoeinnahmen aus dem Backen derart, daß es sich nicht lohnte weiterzumachen. "Nur: Diese beiden Frauen hatten ihre Reek-Einnahmen sowieso alle auf dem Markt für Eier und Käse ausgegeben", sagte ein Mitglied der Leitung des Tauschrings, als wir darüber sprachen, "nun müssen sie diese Dinge mit Bargeld kaufen, und daher hatten sie durch die Berechnung von Mischpreisen keine Landeswährung gespart. Und jetzt haben sie weniger Reeks, die sie in der Gemeinde ausgeben können." Heute backen wieder drei Leute für den Markt, und alle berechnen die Preise für die Mitglieder des Tauschrings nur in Reeks.

Es gibt einen weiteren großen Vorteil, wenn die Währung eines Tauschrings auf Zeiteinheiten basiert und in keiner festen Relation zur Landeswährung steht: Es gibt dann weitaus bessere Argumente, die eine konventionelle Behandlung der Tauschring-Einkommen durch die Steuerbehörden erschweren. Erfahrungsgemäß ist eine der ersten Fragen, die Menschen stellen, die sich für Tauschringe interessieren, wie die Transaktionen der Mitglieder steuerlich behandelt werden und inwieweit sie als Bemessungsgrundlage für die Zahlung von Arbeitslosengeld und Sozialhilfe herangezogen werden können. Zum Zeitpunkt der Fertigstellung dieses Buches für den Druck können wir hier keine abschließende Auskunft geben – die Dinge sind noch im Fluß. Aber einige Zwischenresultate verdienen es, berichtet zu werden.

Tauschringe, Finanzämter und andere Behörden

Zum einen sind die Behörden auch in Deutschland offenkundig derzeit bereit, Aktivitäten in Tauschringen zu übersehen, solange sie geringfügig bleiben. Die Grenze, oberhalb derer die Finanzämter jene Geringfügigkeit nicht mehr als gegeben ansehen, steht noch nicht fest; eine erste größere juristische Arbeit zu diesem Problem kommt zu der Ansicht, daß die Grenze in Deutschland bei etwa 1.800 DM pro Jahr liegen sollte[21] – das wäre relativ niedrig; in den Niederlanden wird diese Grenze teilweise pauschal bei umgerechnet 2.700 DM pro Jahr angesetzt. Eine Steuer- und Abgabenpflichtigkeit wird vor allem dann als gegeben betrachtet, wenn ein Mitglied eines Tauschrings dazu übergeht, einen Teil seines normalen Gewerbes nun über die lokale Währung abzurechnen – wenn also der Installateur jetzt einen Elektroherd gegen DM und einen anderen gegen "Batzen" anschließt.

Wenn die Steuerpflichtigkeit vermutet wird, dann stellt sich als nächstes die Frage, wie hoch das Einkommen, das in der lokalen Währung erzielt wird, veranschlagt werden soll. Sofern der Tauschring mit einem eindeutigen "Wechselkurs" zur jeweiligen Landeswährung operiert, gibt es hier gar keinen Interpretationsspielraum – und damit auch keine Möglichkeit, andere Bewertungskriterien für wirtschaftliche Aktivitäten einzuführen. Insbesondere aus diesem Grund befürworten wir, wie bereits gesagt, lokale Währungen auf der Grundlage von Arbeitszeiteinheiten festzulegen. Ein Fall aus dem britischen Newbury macht dies besonders deutlich:[22] Ein Heilpraktiker hatte jemand, der sich eine Behandlung sonst nicht hätte leisten können, für den Stundensatz von 25 "NewBerry" behandelt. Das Finanzamt hatte den Betrag zunächst mit dem Standard-Stundensatz von 20 britischen Pfund in Anschlag gebracht. Die Begründung, daß ohne die Existenz des Tauschrings die Behandlung gar nicht oder kostenlos stattgefunden hätte, überzeugte den Finanzbeamten: Er bestand nun nur noch auf einem Nachweis, daß der Patient sich diese Behandlung zum Tarif von 20 Pfund nicht hätte leisten können. Und in einem anderen Fall nahm ein Mitglied eines Tauschrings einen Scheck von 25 NewBerry, den das Finanzamt aufgrund der dafür geleisteten hochqualifizierten Arbeit ebenfalls mit 20 Pfund veranschlagte, und bezahlte jemanden damit, der dafür eine Stunde Telephondienst machte – eine Tätigkeit, die nach Ansicht des Finanzamtes 3,50 Pfund wert war. Als das Mitglied des Tauschringes den Finanzbeamten nun fragte, wie er sich den angeblichen Wertverlust von 20 Pfund auf 3,50 Pfund erklärte, kam man schließlich überein, daß in diesem Fall eigentlich der Wert der mit diesem Scheck eingekauften Güter oder Dienstleistungen besteuert werden sollte – aber das Finanzamt verfügte über kein Verfahren, wie man dies nun eigentlich regeln sollte.

In Deutschland wird derzeit vorgeschlagen, sich – sofern dieses Problem in der Praxis zu Streitfällen führen sollte – mit der Berechnung des sogenannten "geldwerten Vorteils" zu behelfen, der schon immer dazu herangezogen wird, um Einkommensanteile von Arbeitnehmerinnen und Arbeitnehmern zu Steuerzwecken zu berechnen, die nicht in Geld ausgezahlt werden – etwa kostenlose oder stark verbilligte Kantinenessen, die private Nutzung von Dienstwagen oder mietfreie beziehungsweise verbilligte Dienstwohnungen. Dies ist zumindest

---

21 Brandenstein, Pierre/Corino, Carsten/Petri, Thomas B. (1977): "Tauschringe – ein jursitisches Niemandsland?", in: Neue Juristische Wochenschrift, 50. Jg., Heft 13, 825 – 831 [Zitat 831].

22 Bericht von Val Oldakerim im Letslink Newsletter (Warminster/GB) vom Februar 1994.

eine Denkfigur, an die die Finanzbehörden schon gewöhnt sind, obwohl in konkreten Fällen dann sicherlich viele Bewertungsstreitigkeiten auftreten können.

Das Problem wäre im Sinne der Tauschringe erst dann zufriedenstellend gelöst, wenn sich die Finanzbehörden bereit finden würden, Steuerzahlungen in der lokalen Währung anzunehmen, sofern sie für Tätigkeiten in Rechnung gestellt werden, die in diesem Währungskreis abgewickelt wurden. Noch scheint es jedoch nirgendwo auf der Welt auf seiten der Finanzbehörden eine Bereitschaft zu geben, sich darauf einzulassen; noch schreckt man davor zurück, Teile des Staatseinkommens aus der Landeswährung in lokale Währungen zu "entlassen" – und seien diese auch noch so minimal. Würden die Finanzbehörden hier mitspielen, käme es nicht nur zu einem enormen Akzeptanzgewinn für die lokalen Währungen, sondern auch zu einer weiteren unmittelbaren Stärkung der lokalen Wirtschaftskreisläufe: Schließlich könnten die Finanzämter den Kommunalverwaltungen die Steuereinkommen in lokaler Währung zur Verfügung stellen, die sie wiederum für die Vergabe sinnvoller Arbeiten in der jeweiligen Gemeinde nutzen könnten. Viele Tauschringe haben daher immer wieder und auch öffentlich ihre Bereitschaft erklärt, Steuern in lokaler Währung zu zahlen; in Australien haben einige Tauschringe sogar Konten für "ihre" Finanzämter eröffnet und darauf die ihrer Ansicht nach fälligen Steuern selbst eingezahlt – aber die Finanzämter haben die Guthaben nicht angerührt. In einem Fall haben die Mitglieder des Tauschrings zwei Jahre gewartet, daß ihre Steuerzahlungen von der Gemeindeverwaltung in Anspruch genommen werden würden, und als das nicht geschehen war, haben sie diese Guthaben für gemeinnützige Arbeiten und Projekte in ihrer Gemeinde verwendet, die sie selbst für besonders dringlich erachteten.

Wechselkurse zwischen DM und Batzen

Aus all diesen Gründen sind wir der Ansicht, daß ein Wechselkurs zwischen lokaler und Landeswährung weder ausgerechnet noch propagiert werden sollte, und den Mitgliedern eines Tauschrings sollte davon abgeraten werden, die eine Währung gegen die andere zu kaufen beziehungsweise zu verkaufen. Mitglieder eines Tauschrings sollten einen Preis in lokaler Währung für Waren angeben, die sie an andere Mitglieder verkaufen wollen, aber es ist ihnen freigestellt, sie auch mit einem Bargeldpreis auszuzeichnen, um sie an Nicht-Mitglieder verkaufen zu können. Sie selbst setzen jedoch jedesmal beides fest, Preise und folglich auch den Wechselkurs, was zu "Wechselkursschwankungen" von Mitglied zu Mitglied führt. In Westport weigern sich einige Lieferanten von knappen Gütern – beispielsweise von Eiern von freilaufenden Hühnern –, überhaupt einen Bargeldpreis festzusetzen, weil sie, um den Tauschring weiterzuentwickeln, ihre Waren nur an andere Mitglieder verkauft sehen wollen.

Michael Lintons Ansicht über den Währungstausch unterscheidet sich von der unsrigen, denn er findet nichts daran, wenn Menschen mit einem hohen Bargeldeinkommen, aber wenig Zeit, um Diensleistungen innerhalb des Tauschrings anzubieten, lokales Geld ausgeben, das sie gar nicht haben, so zum Beispiel in einem Restaurant, um dann ihr Konto auszugleichen, indem sie Einheiten der lokalen Währung von jemandem kaufen, der viel Zeit, aber ein zu geringes Einkommen in Landeswährung hat. "Dies nützt jedem. Die Menschen mit hohem Einkommen und wenig Zeit unterstützen den Tauschring, und das Mitglied mit viel Zeit und keinem Bargeld erhält dadurch das nötige Geldeinkommen", argumentiert Linton.[23]

Unserer Ansicht nach schwächt dieser Ansatz jedoch den Tauschring, weil er die Unterlegenheit der lokalen Währung betont. Es ist wesentlich besser, wenn Menschen mit viel Geld und wenig Zeit ihre Konten ausgleichen, indem sie etwas finden, was sie verkaufen können, insbesondere, da es in den meisten Tauschringen nur einen Bruchteil der sonst erhältlichen Waren gibt. Ansonsten besteht die Gefahr, daß Tauschringe wenig mehr leisten, als Babysitterdienste und Nachhilfestunden in arrivierten Kreisen zu vermitteln. Um dies zu vermeiden, sollten Tauschringe sehr darauf bedacht sein, auch ein attraktives Sortiment an Warenangeboten zu gewährleisten: Das war einer der Gründe, warum in Westport der Markt ins Leben gerufen wurde. Wenn jemand einen nützlichen Gegenstand – sagen wir ein Fahrrad – in Reeks zum Verkauf anbietet, um sein Konto auszugleichen, ist das wirklich eine gute Sache, denn es erweitert die Auswahlmöglichkeiten der Mitglieder und stärkt somit die lokale Währung.

Kreditlimits in Tauschringen

Ein weiterer Gedanke Lintons, den zu übernehmen wir entschieden abraten, ist seine feste Vorstellung, daß Tauschringe den Mitgliedern kein Kreditlimit setzen sollen. Linton denkt, wenn die Soll- und Habenbilanz eines jeden Mitglieds regelmäßig veröffentlicht wird, würden Überziehungen nicht überhandnehmen, denn wenn andere Mitglieder feststellen, daß jemand bereits hochverschuldet ist, würden sie diesem Mitglied nichts mehr verkaufen und nicht mehr für es arbeiten, bis es seine Schulden reduziert hat. Mitglieder mit hohen Schulden seien, so Linton, obendrein kaum in der Lage, einen Arbeitsauftrag mit Entlohnung in lokaler Währung abzulehnen, da sie unter einem beträchtlichen Druck der Gruppe stünden, ihre Schulden abzubauen.[24]

So weit, so gut. Auch in den Tauschringen, denen wir angehören, werden die Kontostände der Mitglieder, wie schon gesagt, bekannt gemacht. Immerhin sind alle Defizite auf den Konten Schulden – nicht gegenüber dem Tauschring selbst, wie das bei einer Überziehung eines regulären Bankkontos der Fall wäre, sondern gegenüber allen anderen Mitgliedern, so daß die Weitergabe von Information über den Kontostand eines jeden gerechtfertigt ist. Sowohl in Westport wie auch in Mannheim entstand aber in den ersten Mitgliederversammlungen die Ansicht, daß es allen besser ginge, wenn Richtlinien über die maximale, noch angemessene Kontoüberziehung herausgegeben würden. In Westport kam der Vorschlag, daß neue Mitglieder sich selbst ein Überziehungslimit von 4000 Reeks – entsprechend etwa 66 Arbeitsstunden – im ersten Monat

23 So etwa in dem bereits zitierten Vortrag in Dublin im Juli 1993.
24 Ibid.

setzen und sich dann unterhalb eines Betrages bewegen sollten, der in etwa ihrem Reek-Durchschnittsverdienst von drei Monaten entspricht. In Mannheim wurde das Limit auf 300 Batzen festgesetzt; bei Erreichen dieses Limits muß Rücksprache mit dem Leitungskreis gehalten werden. Man befürchtet einfach, daß sich manche Mitglieder ansonsten so sehr verschulden würden, daß sie sich nicht mehr in der Lage sähen, ihren Verpflichtungen innerhalb eines angemessenen Zeitraums nachzukommen, sich aus dem Tauschring zurückzögen und damit sowohl sich als auch dem Tauschring Schaden zufügen würden.

Andere Tauschringe haben ähnliche Richtlinien – manchmal auch solche, die behaupten, keine zu haben. Der Tauschring in Stroud in der Grafschaft Gloucestershire, einer der erfolgreichsten Tauschringe in England, vertritt die Auffassung, daß ein Kreditlimit der Atmosphäre gegenseitigen Vertrauens und Rückhalts zerstören würde. Aber selbst wenn keine expliziten Grenzen gesetzt wurden, so gibt es implizit doch welche, und wann immer die Koordinatorin das Gefühl hat, ein Kontoinhaber könne in Schwierigkeiten geraten, nimmt sie mit der- oder demjenigen Kontakt auf und hilft, oftmals durch Arbeitsangebote, wieder zu einem Ausgleich zu gelangen.

Kosten der Verwaltung von Tauschringen

Das bringt uns zu einem weiteren Problem, das gerade in der Anfangsphase und in Tauschringen, in denen die durchschnittliche Aktivität der Mitglieder nicht besonders hoch ist, beträchtliche Dimensionen annehmen kann: Das sind die Kosten für die Verwaltung des Tauschringes selbst, für die Durchführung von Werbeaktionen, das Abhalten von Sprechstunden oder, wie in Westport, das Betreiben des Marktstandes. Ganz am Anfang wird diese Arbeit von den Gründungsmitgliedern meist ehrenamtlich geleistet. Aber wenn der Tauschring erst einmal läuft, besteht für das Leitungsgremium oder jeden anderen Mitarbeiter keine Notwendigkeit unbezahlter Tätigkeit, da auch für die Verwaltung des Tauschrings lokale Zahlungseinheiten "geschöpft" werden können: Man richtet der Tauschring-Zentrale ein "eigenes Konto" ein, und wer für die Verwaltung des Tauschringes arbeitet, darf sich entsprechend Währungseinheiten auf seinem Konto gutschreiben und das Konto der Zentrale belasten. Somit entsteht ein ständig steigender Negativsaldo auf dem Konto der Zentrale, der irgendwann bewältigt werden muß. Entweder dieser Saldo wird – am besten in regelmäßigen Abständen, wie in Mannheim – auf alle Mitglieder des Tauschrings gleichmäßig umgebucht, oder der Tauschring veranstaltet irgendwelche Aktivitäten, für die die Mitglieder, die daran teilnehmen, bezahlen – so wurde in Westport eine Party veranstaltet, zu der ein Eintrittsgeld in Reeks zugunsten des Tauschringkontos erhoben wurde. Irgend etwas muß geschehen, sonst geht die Rechnung nicht auf. Die Frage ist jedoch, wieviel man für die Verwaltung des Tauschrings im Verhältnis zur sonstigen Aktivität der Mitglieder "ausgeben" kann, ohne dem Tauschring zu schaden oder ihn gar zu gefährden. Die Antwort lautet: Niemand weiß es.

Bis zu einem gewissen Grad erweist sich der Umsatz auf dem Tauschringkonto als förderlich, denn dadurch steigt der Geldumlauf. Außerdem macht niemand gerne Schulden, die er vermeiden oder abwenden kann, selbst nicht in einem Tauschring. In Westport wurde sogar erwogen, neuen Mitgliedern bei Unterzeichnung ihrer Beitrittserklärung ein paar hundert Reeks gutzuschreiben, um den Einstieg in das System zu erleichtern. Schließlich setzte sich die Meinung durch, daß es effektiver sei, die laufenden Kosten des Marktes solange zu subventionieren, bis der Umsatz so weit gestiegen war, daß die Mitglieder, die den Marktstand betreuten, angemessen für ihren Zeitaufwand entlohnt werden konnten. Jeder profitiert von der Existenz des Marktes – sowohl von den Waren, die dort angeboten werden, als auch von der Möglichkeit, sich dort zu treffen. Darüber hinaus ist er die beste Werbung für den Tauschring, weil neue Mitglieder oft hier gewonnen werden.

Aber es liegt auch ein Risiko darin, wenn eine Tauschringzentrale zu ihrer eigenen Verwaltung oder zur Förderung der Idee ein hohes Defizit auf ihrem Konto ansammelt, *ohne* dies sehr bald auf die Mitglieder umzuverteilen, weil sie damit die "Konjunktur" im Tauschring ankurbeln will. Das Schöne an einem Tauschring ist, daß die sich im Umlauf befindende Geldmenge immer in einem angemessenen Verhältnis zum Handelsvolumen steht – niemals ist sie übermäßig groß, wie das bei herkömmlichen Währungen oft und in destabilisierendem Ausmaß der Fall ist. Bei einem Rückgang des Handels werden die Währungseinheiten so lange aufgezehrt, bis die Mitglieder ihren gegenseitigen Verpflichtungen nachgekommen sind und ihre Konten auf das Ausgangsniveau zurückgebracht haben. Wenn aber die Handelsaktivitäten innerhalb eines Tauschringes zurückgehen, dessen Verwaltungskonto ein erhebliches Defizit ausweist, so kann dies dazu führen, daß es nicht mehr möglich ist, dieses Konto wieder ohne gravierende Probleme auf Null zurückzubringen – denn das heißt ja nichts anderes, als allen Mitgliedern des Tauschrings einen Teil des Defizits anzulasten. Solange dies nicht geschieht, wenn das zentrale Verwaltungskonto also ein hohes Defizit – oder einen hohen Überschuß! – aufweist, kommt es zwangsläufig zu einem subtilen, schleichenden Prozeß, da ein Mißverhältnis zwischen Angebot und Nachfrage besteht. Die Bilanz eines jeden einzelnen Mitglieds wird falsche Signale setzen, solange das System selbst seine Schulden nicht in dem Maße reduziert, wie einzelne Mitglieder mit der gleichen Schuldenbelastung dies sicherlich tun würden. Folglich können Leute mit Guthaben ihr Geld nur schwer ausgeben und verlieren somit ihr Vertrauen in das gesamte System.

Gerade in der Anfangsphase eines Tauschringes, wenn die Arbeit der Mitglieder für den Tauschring selbst aus dem Stadium der reinen Ehrenamtlichkeit in das Stadium übertritt, in dem diese Arbeit in der lokalen Währung vergütet wird, scheint es wichtig zu sein, daß das zentrale Verwaltungskonto keinen zu hohen Anteil am Umsatz des Tauschringes insgesamt bekommt.[25] Wie hoch ist nun der Umsatz eines durchschnittlichen Tauschrings? Die wirtschaftlichen Bilanzen der meisten Tauschringe sind bislang wohl eher enttäuschend. Der

---

25 Manchmal kommt es zu Verwirrungen, wenn der Umsatz verschiedener Tauschringe miteinander verglichen wird, da manche Tauschringe den Umsatz als Addition aller Änderungen eines Kontos berechnen. Damit wird jede Transaktion doppelt gerechnet – einmal als Soll und einmal als Haben. Dieser Fehler wurde hier korrigiert.

Tauschring in Stroud hat einen Monatsumsatz von nur 15 Pfund – etwa 40 DM – pro Mitglied, in Katoomba liegen die Werte umgerechnet zwischen 50 und 60 DM, in Westport sind die Zahlen vergleichbar. Eine Studie über fünf englische Tauschringe ergab, daß sich – selbst wenn die am wenigsten aktiven 30% der Mitglieder nicht mit einbezogen wurden – der Pro-Kopf-Umsatz sich zwischen 75 Pfund und 220 Pfund pro Jahr bewegte.[26]

Tauschringe und Behörden, Teil 2: Arbeitslosen- und Sozialhilfe

Diese Zahlen verbergen mehr als sie offenbaren. Im allgemeinen ist der Umsatz in Großbritannien deshalb so niedrig, weil die zuständigen Behörden keinem Arbeitslosen erlauben, sich an einem Tauschring zu beteiligen, ohne dabei sein Arbeitslosengeld oder seine Sozialhilfe ganz oder teilweise aufs Spiel zu setzen. Das Sozialministerium begründet diesen Schritt mit dem Argument, daß zumindest während der Zeit, in der die oder der Betreffende im Rahmen des Tauschrings arbeitet, er oder sie "dem Arbeitsmarkt nicht zur Verfügung steht" – obwohl man in den meisten Fällen zugab, daß man überhaupt keine Arbeitsplätze mit in Landeswährung zu zahlenden Löhnen hätte anbieten können. Folglich war kein Arbeitsloser in den ersten beiden Jahren, in denen der Tauschring in Stroud existierte, dort Mitglied, obwohl die Arbeitslosen als soziale Gruppe am meisten von einem Tauschring profitieren können. Unserem Eindruck nach bestehen englische und auch einige der deutschen Tauschringe hauptsächlich aus Mitgliedern mit niedrigem Einkommen in Landeswährung und verhältnismäßig viel Freizeit. Der Tauschring bietet ihnen – wirtschaftlich gesehen – einige erfreuliche Extras, die sie sich ansonsten nicht leisten könnten. In anderen Tauschringen kommen relativ viele Mitglieder aus der Mittelklasse, mit "alternativen" oder "grünen" Idealvorstellungen und einem entsprechenden Bargeldeinkommen. Sie fühlen sich dem Tauschring eher wegen dessen Nähe zu ihren Einstellungen verbunden und weniger wegen seinem wirtschaftlichen Nutzen.

Der Pro-Kopf-Umsatz ist im allgemeinen in den besten irischen Tauschringen höher als in England, da die Arbeitslosen sich in beliebigem Umfang daran beteiligen können, ohne ihre Zuwendungen zu verlieren. Das irische Sozialministerium akzeptierte glücklicherweise die von Meitheal na Mart für alle irischen Tauschringe vertretenen Argumente, daß es von öffentlichem Interesse sei, es den Arbeitslosen freizustellen, am Tauschring teilzunehmen, da sie, was ihre Fertigkeiten betrifft, weiterhin in Übung blieben und ihre Arbeitsgewohnheiten beibehielten. Außerdem würden informelle Netzwerke die Chance der Arbeitssuchenden erhöhen, einen Arbeitsplatz zu finden, der in Landeswährung entlohnt wird. Ebenfalls würde eine Beteiligung die Krankheitsrate stabilisieren, denn es ist anhand vieler Studien erwiesen, welch negative Auswirkungen Arbeitslosigkeit auf die Gesundheit der Betroffenen und deren Angehöriger hat,

---

26 Umgerechnet also zwischen rund 200 und 550 DM; vgl. Seyfang, Jyll (1994): The Local Exchange Trading System: Political Economy and Social Audit. University of East Anglia: School of Environmental Sciences.

und der Staat würde Ausgaben sparen, die er ansonsten für medizinische, psychiatrische oder soziale Versorgung ausgeben müßte.

Im August 1993, nur zwei Monate nach Beginn des ersten irischen Tauschrings, schrieb das Ministerium in einem Brief, die Zuwendungen würden nur vorenthalten, "wenn es zu einer Beeinträchtigung regulär steuerlicher und versicherter Beschäftigung seitens des Tauschringes käme". Solch eine Beeinträchtigung wäre in niemandes Interesse, und so stellte die Gruppe in Westport gleich nach Erhalt des Briefes eine Regel auf, die sich gegen die Mitglieder richtete, die mehr als 32 Stunden pro Monat auf regulärer Basis für jemanden arbeiteten und dafür in Reeks bezahlt wurden. Außerdem war der Tauschring in Westport darauf bedacht, seine Mitglieder davon zu überzeugen, daß sie jetzt, da der Tauschring angelaufen war, niemanden mehr beschäftigen sollten, der "schwarz" arbeitet. Damit sollte deutlich gemacht werden, daß anderenfalls sowohl das nationale Gesundheitswesen als auch das eigene lokale Währungssystem unterminiert würden.

Sowohl die neuseeländische als auch die australische Regierung haben die irische Regelung übernommen und streichen Tauschring-Mitgliedern keine Zuwendungen. Das Department of Social Security in Australien unterstützt mittlerweile die Tauschringe sogar, indem es Sozialhilfeempfänger über diese Möglichkeit informiert. In New South Wales wird die Entwicklung von Tauschringen sogar durch einen staatlich bezahlten Beauftragten gefördert.[27] Rechnet man die Alleinerziehenden und die Rentner hinzu, so erhalten über die Hälfte der Westport-Teilnehmer irgendeine Form der staatlichen Unterstützung oder der Sozialleistung; gerade diesen Menschen können Tauschringe oft helfen, ihre Lebensqualität deutlich zu verbessern. Nur ein Beispiel: Ein junges Paar – sie arbeitslos, er nach einem Unfall zeitweise arbeitsunfähig – baute mit Hilfe des Tauschrings den Garten eines ziemlich heruntergekommenen Hauses um, das sie gerade gemietet hatten: Sie entfernten wucherndes Gras und Gestrüpp, pflanzten 200 Bäume als Windschutz, legten einen Stein- und Kräutergarten an und bepflanzten ihn. "Wenn wir mit richtigem Geld und nicht in Reeks hätten bezahlen müssen, hätten wir uns das nie geleistet. Andere Dinge wären uns wichtiger erschienen", sagte mir der Ehemann. "Aber so hatte dies eine wunderbare Auswirkung auf das Haus und darauf, wie wir uns hier fühlen."

Deutschland nimmt hinsichtlich der Regelungen zur Frage, inwieweit Tauschring-Einkommen auf Sozialleistungen angerechnet werden, eine Mittelstellung zwischen der großzügigen irischen und der restriktiven britischen Handhabung des Problems ein. Im Sozialrecht gelten keine eigenen Vorschriften; gemäß einer Stellungnahme der Bundesanstalt für Arbeit ist ein Einkommen aus Tauschringen auf das Arbeitslosengeld oder die Arbeitslosenhilfe wie jedes Einkommen dann anzurechnen, wenn es nach Abzug der Steuern, der Sozialversicherungsbeiträge und der Werbungskosten 30 DM wöchentlich übersteigt. Das Einkommen in einer Tauschring-Währung ohne feste Relation zur DM kann annähernd umgerechnet werden, indem der Gegenwert der erbrachten Leistung im Einzelfall fiktiv festgesetzt wird.[28] Nach Maßgabe des Arbeitsförderungsge-

27 Paysys (1997), op.cit., 62.
28 Zitiert bei Paysys (1997), op.cit., 61.

setzes wird dieser über 30 DM pro Woche liegende Betrag zur Hälfte angerechnet; Arbeitslosengeld beziehungsweise -hilfe und das Nebeneinkommen zusammen dürfen aber nicht über 80% des maßgeblichen Nettoarbeitsverdienstes liegen.

Einschränkender noch und mit Großbritannien durchaus vergleichbar ist die Rechtslage bei der Sozialhilfe. Gemäß Bundessozialhilfegesetz erfolgt die Gewährung von Sozialhilfe ausschließlich nach dem sogenannten Bedarfsdeckungsprinzip; sofern ein Bedürftiger einen Bedarf an bestimmten Gütern oder Dienstleistungen durch seine Teilnahme an einem Tauschring abdecken kann, ist er – in Anwendung des Subsidiaritätsprinzips – in dieser Hinsicht nicht mehr bedürftig, und in diesem Umfang verliert er dann auch den Anspruch auf Sozialhilfe.[29]

Tauschringe – wer profitiert wirklich?

Es stimmt schon, daß – wie bei den meisten Dingen im Leben – die Menschen, die am meisten Energie in einen Tauschring stecken, auch am meisten davon profitieren. Alle hier zitierten Untersuchungen unterschätzten ganz erheblich, was ihr Tauschring wirtschaftlich für einige Mitglieder bedeutet. Wenn man nur die Mitglieder herausrechnet, die in einem bestimmten Monat nicht am Handel teilgenommen haben, erhöht sich beispielsweise der durchschnittliche Umsatz in Westport auf etwa 30 Pfund; das durchschnittliche Handelsvolumen bei den 25 aktivsten Mitgliedern lag über einen Zeitraum von 8 Monaten bei 40 Pfund, wobei vier Mitglieder jeder über 100 Pfund umsetzte. Andere irische Tauschringe laufen noch besser. Auf der Halbinsel Beara in der Grafschaft Cork, wo man für den Aufbau eines gut funktionierenden Tauschrings viel investiert hat, setzte der Wochenmarkt in einem einzigen Vier-Stunden-Zeitraum im November 1995 Waren und Dienstleistungen im Gegenwert von 600 Pfund um. Die 25 aktivsten Mitglieder kamen auf einen monatlichen Umsatz von ungefähr 120 Pfund. Im Tauschring, der den Osten der Grafschaft Clare abdeckt, beträgt der Rekordumsatz des Marktes, der nur einmal im Monat stattfindet, 800 Pfund, und seine 25 aktivsten Mitglieder setzen schätzungsweise jeden Monat im Schnitt 80 Pfund um.

Das wichtigste, das sich alle Gruppen, die beabsichtigen, einen Tauschring ins Leben zu rufen, vergegenwärtigen sollten, ist die Tatsache, daß es nicht reicht, das System zum Laufen zu bringen. Eine lokale Währung kann nicht voll zum Tragen kommen, wenn ihre Günderinnen und Gründer nicht ihre ganze Kraft daran setzen, Betriebe selbst zu gründen oder bestehende Unternehmen zu überzeugen, einen nicht unerheblichen Teil ihrer Handelsaktivitäten über den Tauschring abzuwickeln. Diese Betriebe haben offensichtlich gegenüber Firmen, die auf hundertprozentiger Zahlung in der Landeswährung bestehen müssen, enorme Marktvorteile und erreichen mit der Zeit dann auch einen Grad an Sicherheit gegenüber dem Wettbewerb von außerhalb, den – wie wir gezeigt haben – die Regierungen unserer Länder nicht mehr garantieren können. Dar-

29 Ibid., 62.

über hinaus kommen solche Unternehmen in dem Maße, in dem sie selbst Dienstleistungen oder Produkte in der lokalen Währunge anstatt in Landeswährung bezahlen können und so ihre Anfangskosten abdecken, im Grunde in den Genuß eines zinslosen Darlehens.

Jeder Betrieb wird natürlich, wenn er einen Teil seiner Produktionserträge in der lokalen Währung verkauft, auch wiederum einige seiner Investitionen in der lokalen Währung tätigen. Die Bereitschaft der Mitarbeiter, einen Teil ihres Gehalts in eben dieser lokalen Währung zu akzeptieren, ist daher für das Überleben eines solchen Betriebes besonders wichtig. Anfänglich kann man davon ausgehen, daß nur einige Geschäftstätigkeiten in lokaler Währung abgewickelt werden, aber wenn die Anzahl der Betriebe steigt, die sich an dem Tauschring beteiligen, und Verbindungen untereinander entstehen, werden sich die Beschränkungen lockern, und der Betrag in Landeswährung, den die einzelnen Mitglieder notwendig brauchen, um ihren täglichen Lebensunterhalt zu bestreiten, wird zurückgehen.

In den Anfangsstadien kann man jedoch von einem Tauschring wirtschaftlich nicht mehr erwarten, als daß er den schwächeren Mitgliedern einer Gemeinde eine zusätzliche Einnahmequelle bietet und ein Sicherheitsnetz, an das sich auch die Stärkeren halten können, wenn es zu einer Verschärfung der wirtschaftlichen Krise kommen sollte. Das ist eigentlich schon eine ganze Menge, aber die Vorteile sind in diesem Stadium weniger unter wirtschaftlichen, sondern eher unter persönlichen und sozialen Aspekten zu betrachten, und viele Mitglieder sind der Meinung, daß schon diese Gründe allein dafür sprächen, ein solches System einzuführen. Auf zwischenmenschlicher Ebene können Menschen – dadurch, daß sie angehalten sind, über Dienstleistungsangebote anderen Mitgliedern gegenüber nachzudenken – ihren Arbeitszwängen entfliehen und Fertigkeiten und Fähigkeiten entwickeln, die sie an sich gar nicht entdeckt hätten. Beispielsweise können viele ein Musikinstrument recht gut spielen, würden aber nie auf die Idee kommen, in Regionalzeitungen für Auftrittsmöglichkeiten zu inserieren. Aber wenn ein Mitglied ihres Tauschrings sie bittet, bei einem Fest zu spielen, freuen sie sich sehr darüber, nicht wegen der Reeks oder der Batzen, die sie dabei verdienen – schon allein das zeigt, daß ihre Fähigkeit etwas wert ist –, sondern weil es ihnen Spaß macht, anderen eine Freude zu bereiten. Im sozialen Bereich bedeutet der Handel innerhalb des Tauschrings für die Mitglieder – insbesondere, wenn sich ihre Aktivitäten nicht auf ihre normalen Berufe beschränken – einen größeren Bekanntenkreis, den sie auf andere Weise wohl nicht so gut hätten aufbauen können. Ein Mitglied des Tauschrings von Newbury schrieb in einem Rundbrief, daß durch den Tauschring eine Art "virtuelles Dorf" entstanden sei.[30]

Trotz dieser Vorteile wird ein Tauschring nur funktionieren, wenn in einer Region oder einer sozialen Gruppe Unterbeschäftigung herrscht und zu wenig Geld in Landeswährung im Umlauf ist: Wenn alle voll beschäftigt sind und zudem glauben, daß ihre Aktivitäten durch einen Mangel an Geld nicht ernsthaft beeinträchtigt werden, warum sollten sie dann einem Tauschring beitreten – welchen wirtschaftlichen Nutzen könnte es ihnen überhaupt bringen?

---

30 Vgl. LETSLink Newsletter, Februar 1994.

Für eine solche Situation wäre ein Dienstleistungs-Kreditsystem wie ein Zeit-US-Dollar-Modell angebrachter.

Die Integration von Tauschringen in die "normale" Ökonomie

Kehren wir aber zurück zu unserer Betrachtung der "normalen" Tauschringe als einer Form der Stärkung der lokalen Ökonomie. Tauschringe sind für Konjunkturschwankungen sehr anfällig. Jedes Mitglied möchte, wann immer möglich, Einkommen in Landeswährung haben, da diese Währung für ein viel größeres Spektrum von Gütern und Dienstleistungen ausgegeben werden kann. Folglich entstehen Tauschringe wohl in Rezessionszeiten, wenn die Landeswährung knapp wird; bei einem wirtschaftlichem Aufschwung haben sie jedoch geringeren Zulauf oder können sich nicht mehr halten – sofern es nicht gelingt, tragfähige soziale Strukturen aufzubauen. Dies war im Falle des ersten "modernen" Tauschringes von Michael Linton im kanadischen Comox Valley offenkundig nicht gelungen, und so war es wohl der Aufschwung der kanadischen Wirtschaft Mitte der achtziger Jahre, der diesen Tauschring ruinierte, obwohl Linton selbst den Niedergang dem Wegzug eines Zahnarztes zuschrieb, der sich bereiterklärt hatte, seine Behandlungen in lokalen Einheiten abzurechnen, weil er diese für Bauarbeiten an seinem Haus ausgeben konnte.

Obwohl der Tauschring über 600 Mitglieder hatte, gab es nie mehr als fünf kleinere Läden, die die "Grünen Dollars" akzeptierten. Als dann der Zahnarzt wegzog, dachten die Bauunternehmer und Handwerker, die dem Tauschring anfänglich beigetreten waren und ihre Familien zur Behandlung zu ihm geschickt hatten, daß nun nichts mehr blieb, wofür sie ihre Grünen Dollars ausgeben konnten. Sie hatten kein Interesse an den Dienstleistungen der übrigen Mitglieder wie der alleinstehenden Mütter, die Kinderbetreuung oder Aromatherapie anboten. Daher stellten sie ihre Arbeit für "Grüne Dollars" ein, was bedeutete, daß es für die restlichen Mitglieder nur noch wenig gab, was sie hätten kaufen wollen, denn als Gruppe hatten sie alle eine ähnliche Art von Dienstleistungen angeboten, und viele hatten ihre Häuser mit "Grünen Dollars" instandsetzen können. So kam der Handel mehr oder weniger zum Erliegen. Zwar widersprach Linton der Vermutung, daß der wirkliche Grund nicht der Weggang des Zahnarztes war, sondern daß die Verbesserung der wirtschaftlichen Situation es den Baufachleuten nun eher ermöglichte, in Bargeld entlohnt zu werden. Aber die beiden Erklärungen stehen in keinem Widerspruch zueinander und enthalten vielleicht beide einen Teil der Wahrheit. Jedenfalls zeigt die Erfahrung in Comox noch einmal, wie wichtig es ist zu gewährleisten, daß die realen Bedürfnisse der Menschen innerhalb des Tauschrings abgedeckt werden können.

Lokale Papiergeld-Währungen: Ithaca Hours

Eine andere Variante eines lokalen Währungssystems, die unseres Erachtens aber in noch weit stärkerem Maße von der Gefahr einer Inflation und eines darauf folgenden Vertrauensverlustes bedroht ist, sind lokale Papierwährungen, wie sie etwa in Ithaca im amerikanisches Bundesstaat New York von Paul Glover ins Leben gerufen wurden.[31] Ithaca Money hat seit 1991 an mehr als 1.500 Teilnehmer lokal gültiges Papiergeld im Gesamtwert von über 60.000 US-Dollar ausgegeben; Glover schätzt, daß durch den Umlauf dieses Geldes seit Einrichtung der Währung etwa 2 Mio. US-Dollar an Wertschöpfung einem "Grassroot-Bruttosozialprodukt" hinzugefügt worden seien. Die Ithaca-Hour gilt den Teilnehmern des Systems wie ein Zehn-US-Dollar-Schein; zehn US-Dollar pro Stunde ist etwa der durchschnittliche Stundenlohn in Ithaca. Die Währung gibt es in fünf verschiedenen Stückelungen, von 0,25 bis 2 Ithaca-Hours, und Ende 1997 ließ sich damit eine große Zahl verschiedener Produkte und Dienstleistungen erwerben: etwa Klempner- oder Zimmermannsarbeiten, Elektroinstallationen, Bedachungen, Krankenpflege, Chiropraktik, Kinderbetreuung, Auto- und Fahrradreparatur, Lebensmittel, Brillen oder Brennholz. Der örtliche Kreditverein nimmt sie für Ratenzahlungen oder Hypothekentilgungen, und Restaurants, Kinos, zwei Lebensmittelgeschäfte und vierzig Händler auf dem Wochenmarkt akzeptieren sie als Zahlungsmittel. Einige biologisch-dynamisch wirtschaftende Bauern bezahlen eine Stunde Landarbeit mit einer Ithaca-Hour, doch ist der Stundensatz nicht festgelegt: Zahnärzte, Masseure und Rechtsanwälte können für eine Stunde ihrer Arbeit eine höhere Bezahlung in Ithaca-Hours verlangen.

Wer bereit ist, Hours anzunehmen, bekommt zwei Hours (20 US-Dollar) dafür, daß sein Name auf die Liste in Ithaca Money gesetzt wird. Alle acht Monate kann man eine zusätzliche Auszahlung von zwei Hours beantragen, quasi als Belohnung für die fortgesetzte Teilnahme am System. Alle vierzehn Tage trifft sich ein Komitee, zu dem alle Mitglieder des Systems zugang haben, und man entscheidet gemeinsam, ob die Geldmenge ausgedehnt werden kann oder nicht. Ist das Geld einmal ausgegeben, ist es jedermann zugänglich, ob er oder sie als Mitglied eingetragen ist oder nicht.

Paul Glover schildert die Vorteile des Systems in einer Weise, die der Beschreibung der Vorzüge von Tauschringen sehr ähnlich ist.[32] Die lokale Währung kommt vor allem Schwächeren zugute, die Abhängigkeit der Region von Einfuhren wird verringert, das Gemeinschaftsgefühl der Teilnehmer verändert den Wirtschaftsstil, schließlich können neuen Firmen zinslose Darlehnen in Ithaca-Hours gegeben werden. Das Fälschungsproblem hält Glover für lösbar: Die mehrfarbigen Hours, manche gedruckt auf hier am Ort aus Rohrkolben gemachtem Wasserzeichenpapier, manche hergestellt mit einer wärmeempfindlichen und nicht kopierbaren Tinte und alle mit Seriennummern versehen, seien schwieriger zu fälschen als US-Dollars. Hours gelten als steuerpflichtiges Einkommen, und ihre Verbreitung sei in den Vereinigten Staaten von Amerika ganz legal, solange die Scheine den herkömmlichen US-Dollar-Banknoten nicht ähnlich sehen.

---

31 Glover, Paul (1997): Ortswährung als Anstoß zu einer Gemeinschaftswirtschaft, im Internet unter http://www.lightlink.com/hours/ithacahours/foreign/deutsch/index.html. Eine ausführliche Beschreibung ist enthalten in Ithaca Money (Hrsg.) (1997): Hometown Money Starter Kit, Ithaca: Selbstverlag.

32 Ibid.

Dennoch: Probleme könnten auftreten, wenn der Geldumlauf in Ithaca-Hours einmal sinken würde – zum Beispiel bei einem konjunkturellen Aufschwung, der den Teilnehmern des Systems wieder mehr Tätigkeiten für eine Bezahlung in Landeswährung ermöglicht. Eine damit verbundene Inflation der lokalen Währung könnte, wie gesagt, zu einem Vertrauensverlust und schließlich zu einer Aufgabe des Systems insgesamt führen, denn im Gegensatz zu den Tauschringen verschwindet das umlaufende Geld hier nicht automatisch, wenn die wirtschaftliche Aktivität abnimmt.

Tauschringe und "normale" Ökonomie – vier Unterschiede

Die zuletzt geschilderten Probleme mit Gefahren führen uns dazu, die wichtigsten Unterschiede zwischen der herkömmlichen Geldökonomie und einer über Tauschringe vermittelten Wirtschaft noch einmal in vier Punkten zusammenzufassen:

(1) Die Motivation zur Erbringung der Arbeitsleistung in Tauschringen ist eine ganz andere als im "normalen" Arbeitsleben. Hier gibt es keine festgefügten Arbeiter- und Arbeitnehmer-Identitäten, und es gibt auch nicht die klassische Rollentrennung in "Angestellte" auf der einen und "Kunden" auf der anderen Seite. Wenn ein Mitglied eines Tauschringes für ein anderes Mitglied arbeitet, dann geschieht das mehr in der Form, in der Freunde sich gegenseitig aushelfen. Wenn es sich herausstellt, daß die Beziehung zwischen den beiden nicht gut läuft, dann wird ein Austausch zwischen diesen beiden Mitgliedern in der Regel nicht mehr stattfinden.

(2) Ein Tauschring ist eine ökonomische wie eine soziale Organisation. Das kann mit einem Beispiel am besten erklärt werden: Wenn es eine sehr große Aufgabe zu bewältigen gilt, empfiehlt es sich immer, mehrere Mitglieder des Tauschrings zu suchen, die diese Aufgabe an einem Tag gemeinsam bewältigen können, und nicht ein einziges Mitglied über eine längere Zeit zu beschäftigen – das sähe der "normalen" Lohnarbeit zu ähnlich. Wenn aber viele Menschen zusammenhelfen, der "Arbeitgeber" vielleicht Essen und Trinken für alle vorbereitet hat, bekommt das Ganze zumindest zum Teil den Anstrich einer gemeinsamen Party, an deren Ende alle ein Erfolgserlebnis haben. Da die Guthaben auch noch auf viele Tauschring-Mitglieder verteilt werden, stärkt eine solche Aktion den Tauschring auf vielfältige Weise.

(3) Geschäftsbanken wie auch deren Kunden sind hocherfreut, wenn Bankkonten hohe Guthabenstände aufweisen – für Koordinatoren von Tauschringen ist dies, wie bereits gesagt, ein bedenkliches Zeichen. Wer hohe Guthaben ansammelt, hatte Güter und Dienstleistungen anzubieten, die bei den anderen Mitgliedern sehr begehrt waren, weiß aber selbst nicht so recht, was er damit anfangen soll. Daher wird er seine eigenen Dienste weniger anbieten – und seine Kunden haben es vergleichsweise schwer, ihre Defizite auszugleichen, weil die entsprechende Nachfrage fehlt. Die Koordinatoren von Tauschringen werden daher vor allem das Gespräch mit jenen suchen, die konstant hohe Kontenstände haben: Nicht, um ihre Aktivitäten zu dämpfen, sondern um mit

ihnen gemeinsam herauszufinden, warum sie es so schwierig finden, wenigstens einen Teil ihrer Bedürfnisse im Tauschring abzudecken.

(4) "Geld ist ein Medium, um herauszufinden, wem man trauen kann und wem nicht. Hat man das einmal herausgefunden, spielt Geld im Grunde keine so große Rolle mehr." Diese Aussage ist für Tauschringe und deren Währungen in besonderer Weise zutreffend. Oft ist es so, daß Tauschring-Mitglieder, die mit anderen Mitgliedern stabile Austauschverhältnisse aufgebaut haben, es mit der Zeit fast lästig finden, für jede ihre Transaktionen einen Scheck auszustellen. Man kennt sich untereinander, und man weiß, daß der andere sich nach seinen Kräften einbringt. So geschieht es nicht selten, daß gerade aktive Mitglieder nach einer gewissen Zeit einen Teil ihrer Aktivitäten sogar noch aus dem Tauschring-Geldkreislauf herausnehmen und völlig ohne Geld abwickeln; eine ältere Dame und eine alleinerziehende Mutter etwa, wo die eine zuweilen die Kinder der anderen hütet und dafür eingekauft und beim Großputz geholfen bekommt. Das gegenseitige Vertrauen ist hier das Entscheidende – der Tauschring ist oft ein Weg zum Aufbau solcher Beziehungen.

Das Link-System

Der Comox-Valley-Tauschring war keineswegs der erste, der mit einer lokalen Währung experimentierte. Linton hatte fast ein Jahr darauf verwendet, vor dem Start dieses Tauschrings andere Modelle zu untersuchen. In der Tat sind dessen Komponenten alle aus anderen Experimenten übernommen worden – aber eben diese Kombination der einzelnen Elemente hatte es noch nie gegeben. Der direkte Vorläufer von Tauschringen in Großbritannien war Link, ein System, das älteren Leuten durch Übernahme kleinerer Arbeiten für andere Mitglieder helfen sollte, neue soziale Kontakte zu entwickeln und geistig und körperlich fit zu bleiben. Das erste Link entstand 1976 im Londoner Bezirk Merton, federführend waren eine Krankenversicherung (British Provident Association) und eine Gruppe verschiedener karitativer Einrichtungen, unter anderem Age Concern. Bis 1978 entstanden 35 solcher Systeme, alle in städtischen Umgebungen. Ein Bericht von Age Concern zeigte jedoch, daß im darauffolgenden Jahr schon 22 nicht mehr funktionstüchtig waren. Das letzte dieser Systeme kam 1990 in Bath zum Erliegen. Die Idee von Link war, daß ein unbezahlter freiwilliger Leiter das System kooridinierte: Er heftete im Büro eine Karte für jedes Mitglied ans Informationsbrett, auf der Einzelheiten über dessen Angebote vermerkt waren, und die Mitglieder versuchten sich untereinander auszutauschen. Obwohl jedoch die Mitgliedschaft für jedermann möglich war, beteiligten sich doch meist nur ältere Mitbürger, und daher kam es zu einem Mangel an Arbeitsangeboten, die Körperkraft verlangten. In Bath löste man das Problem, indem man mit Schulen kooperierte. Die Mitglieder erhielten bei der Aufnahme genügend Gutscheine, um vier Stunden Arbeit zu bezahlen, und konnten nur dadurch, daß sie für andere Mitglieder arbeiteten, mehr bekommen. Obwohl die laufenden Kosten durch die karitativen Einrichtungen abgedeckt, durch Verkäufe bei Wohltätigkeitsveranstaltungen oder auch durch eine "Kaffeekasse" eingebracht wurden, war Geld immer knapp: Das System in Bath arbeitete mit 1000 Pfund pro Jahr, inklusive der Miete für das Büro. Bei Link kristallisierten sich – neben der Altersstuktur – zwei Hauptprobleme heraus: Das eine war der Versuch, die Zeit eines jeden gleich zu bewerten – ein Gutschein pro Stunde –, was von vielen Mitgliedern als unrealistisch erachtet wurde, weil sie ihre Gutscheine mit Bargeld aufstocken mußten, um auch tatsächlich jemanden mit den entsprechenden Fähigkeiten oder Kräften für eine bestimmte Arbeit zu bekommen. Das zweite Problem bestand darin, daß die Mitglieder das Büro nur zur anfänglichen Kontaktaufnahme mit Leuten aus ihrem Stadtteil nutzten, um dann weitere Verabredungen direkt untereinander auszumachen, was wiederum zur Folge hatte, daß es sich für neue Interessenten als schwierig erwies, in dem System Fuß zu fassen.

Vorläufer: John Bellers, Robert Owen, Joseph Proudhon

Neben Link waren die kommerziellen Barter-Vereinigungen eine Quelle der Inspiration, und weitere Anregungen kamen vom "Useful Services Exchange", der in den frühen siebziger Jahren in Reston im amerikanischen Bundesstaat Virginia von Harry Ware ins Leben gerufen worden war. Wir konnten nicht herausfinden, wo Ware seine Ideen her hatte, aber die Chroniken über Systeme zur Ermöglichung von Handel ohne Verwendung offizieller Währungen gehen weit zurück. 1696 schlug John Bellers, ein Quäker, vor, Arbeitslose in Arbeits-Zertifikaten für Güter zu entlohnen, die sie mit Material aus einem Zentralbüro gefertigt hatten.[33] Das Büro sollte die Zertifikate wieder einlösen, indem es die Güter entweder an die Arbeiter selbst oder an andere verkaufen sollte, die wiederum von den Arbeitern die Zertifikate als Gegenwert für Nahrungsmittel oder für die Miete erhalten hätten. In Bristol wurde dieses Verfahren ausprobiert; es scheiterte, wurde aber ungefähr 140 Jahre später wieder von dem Philantropen Robert Owen aufgenommen, der Bellers Buch neu herausbrachte. Owen war jedoch auch nicht erfolgreicher als Beller: Sein "National Equitable Labour Exchange" aus dem Jahre 1832 hatte nur knapp zwei Jahre Bestand.[34]

Die Wechselbank, die 1848 von dem französischen Sozialisten Pierre-Joseph Proudhon gegründet wurde, war eine gleichermaßen erfolglose Variante von Bellers Idee. Ein Zitat von Proudhon ist besonders berühmt geworden: "Eigentum ist Diebstahl."[35] Proudhon war der Ansicht, daß die ideale bäuerliche

---

33 Vgl. Bellers, John (1696): Proposals for raising a colledge of industry of all useful trades and husbandry [Report to the committee of the Association for the Relief of the Manufacturing and Labouring Poor], hrsg. v. Robert Owen, Ausg. London: Longman, Hurst, Rees, Orme, and Brown 1818, Reprint New York: AMS Press 1972. Zu Bellers vgl. auch Clarke, George (Hrsg.) (1987): John Bellers – His Life, Time, and Writings. London: Routledge and Kegan Paul.

34 Vgl. Owen, Robert [1989]: Eine neue Auffassung von der Gesellschaft: ausgewählte Texte, hrsg. v. Lola Zahn. Berlin: Akademie-Verlag. Vgl. auch Morton, Arthur L. (1969): The life and ideas of Robert Owen. Berlin: Seven Seas Publications; Simon, Helene (Hrsg.) (1919): Robert Owen und der Sozialismus. Berlin: Paul Cassirer.

35 Interessanterweise wurde das Zitat in den ersten Ausgaben übersetzt mit "Eigentum ist Raub" – bevor es in der anderen Fassung fast zum Sprichwort wurde; vgl. Proudhon, Pierre Joseph (1840): Qu'est-ce que la propriété où recherches sur le principe du droit et du gouvernement. Deutsche Übersetzung u.d.T. Was ist das Eigentum? Erste Denk-

Gemeinschaft aus Kleinbauern gebildet würde, die sich gegenseitig unterstützen, indem sie unabhängig ihr eigenes Land bestellen. Diese Meinung stand im Gegensatz zu der von Marx, der die Auffassung vertrat, daß große Bauernhöfe aufgrund ihres größeren Einflusses, genauso wie Großunternehmen, zwangsläufig die kleineren verdrängen müßten; Marx sprach sich daher für das Kollektiveigentum aus. Marx belächelte Proudhon als einen Vertreter des Kleinbürgertums und betrachtete das Kleinbauerntum als Bremse für soziale und wirtschaftliche Entwicklung und als "Bleigewicht" auf der Bewegung der Arbeiterklasse. Eine der großen Tragödien unserer modernen Zeiten ist, daß, als diese Ideen auf dem Zweiten Kongreß der Internationalen 1867 diskutiert wurden, Marx den Sieg davontrug und von da an die sozialistische Bewegung nicht nur zur Auflösung des ländlichen Gemeinschaftslebens beitrug, sondern dadurch implizit auch die Industrialisierung forcierte.[36]

Freigeld und Schwundgeld nach Silvio Gesell

Die im hier zur Diskussion stehenden Zusammenhang relevantesten Experimente mit lokalen Währungen wurden jedoch in den dreißiger Jahren durchgeführt, als Antwort auf einschneidende Kürzungen der im Umlauf befindlichen Geldmenge. Wie wir bereits gesagt haben: Geld hat im Grunde drei wichtige Funktionen: Es dient zum ersten als Recheneinheit und Maßstab, so daß man den Wert verschiedener Güter und Dienstleistungen festlegen und diese untereinander ins Verhältnis bringen kann. Zum anderen funktioniert Geld als ein bequem handhabbares Tauschmittel, und drittens schließlich ist es ein Wertaufbewahrungsmittel, das man bis zu dem Zeitpunkt anspart, an dem man es ausgeben möchte. Diese Rollen können miteinander in Konflikt geraten. Während einer Inflation verliert eine Währung an Wert, und die Menschen sind daher abgeneigt zu sparen, sie wollen vielmehr ihr Geld so schnell wie möglich wieder ausgeben, was wiederum die Inflation beschleunigt. Im Gegensatz dazu wird in einer Zeit wirtschaftlicher Depression, wenn die Preise fallen, jeder möglichst lange sein Geld in der Erwartung zusammenhalten wollen, alles Notwendige zu einem späteren Zeitpunkt billiger zu bekommen. Natürlich verringert das Horten von Geld die Geldumlaufgeschwindigkeit, was die Möglichkeiten anderer Menschen, Güter und Dienstleistungen am Markt zu kaufen, weiter verringert – in der klassischen Situation der Depression beschleunigt sich der Verfall der Preise immer weiter.

In der wirtschaftlichen Depressionsphase in Deutschland gleich nach dem Ersten Weltkrieg war die niedrige Umlaufgeschwindigkeit der Reichsmark ein schwerwiegendes Problem. Auf diesem Hintergrund entstand die Freiwirtschaftsbewegung. Hans Timm, ein Mitglied dieser Bewegung, gründete 1919 eine Organisation zur Verbreitung einer zusätzlichen Währung. Er bezog sich

---

schrift, Untersuchungen über den Ursprung und die Grundlagen des Rechts und der Herrschaft. Ausg. Berlin: B. Zack 1896, 2. Vgl. auch Salomon, Gottfried (1920): Proudhon und der Sozialismus. Berlin: Paul Cassirer.

36 Vgl. dazu ausführlicher Diefenbacher, Hans (1996): "Anarchismus – Die verlorene Utopie?", in: ders. (Hrsg.): Anarchismus – Zur Geschichte und Idee der herrschaftsfreien Gesellschaft. Darmstadt: Wissenschaftliche Buchgesellschaft/Primus-Verlag, 7 – 23.

auf die Schriften eines Freundes, Silvio Gesell, der – nach seinem unternehmerischen Erfolg in Argentinien – 1900 nach Europa zurückgekehrt war. Keynes widmete fünf Seiten seines Hauptwerkes einer Diskussion über Gesells Beitrag über Geld- und Zinstheorie.[37] Keynes fand Gesells Vorstellung "vernünftig", das Sparen quasi zu besteuern, indem Wertmarken eingeführt werden sollten, um den Wert des Geldes regelmäßig zu "erneuern", obgleich Keynes einschränkend auch darauf hinwies, daß die Sparguthaben in Ersatzwerte wie Fremdwährungen, Juwelen und Edelmetalle eingetauscht würden, um der Entwertung des Geldes zu entgehen. Dennoch schrieb Keynes: "Ich glaube, daß die Zukunft mehr vom Geiste Gesells als von jenem von Marx lernen wird."[38]

Gesells Standardwerk erschien zunächst in zwei Teilen, 1906 und 1911, diese wurden während des Krieges dann jedoch unter einem anderen Namen in der endgültigen Form zusammen veröffentlicht;[39] nach Keynes' Worten zu urteilen, war Gesell in der Lage, "sich in den letzten Jahrzehnten seines Lebens mit den zwei schönsten Dingen zu beschäftigen, die jenen offenstehen, die wohlhabend sind, nämlich Schriftstellerei und experimenteller Landwirtschaft".[40] Gesell betrieb dies jedoch nicht in Form spielerischen Müßiggangs, sondern vertrat seine Theorie der Freiwirtschaft in zahllosen Artikeln und Vorträgen. 1919 trat er dem Kabinett der bayerischen Räteregierung als Finanzminister bei und wurde deshalb vor ein Kriegsgericht gestellt; das letzte Jahrzehnt seines Lebens – Gesell starb 1930 – verbrachte er abwechselnd in Berlin und der Schweiz.

Schon in der argentinischen Wirtschaftskrise der achtziger Jahre des letzten Jahrhunderts hatte Gesell erkannt, wie hoch der gesamtwirtschaftliche Schaden sein kann, wenn aus privatem Interesse Geld gehortet wird. Daher wollte Gesell das Geld in gewisser Weise zähmen: "Das Geld ist Tauschmittel, nichts anderes. Es soll den Austausch der Waren erleichtern, die Schwierigkeiten des Tauschhandels umgehen."[41] Das wollte Gesell erreichen, indem er Geld wieder auf dieselbe Ebene stellte wie die Waren, die ja einem natürlichen Schwund und Verfall ausgesetzt sind: "Unsere Waren faulen, vergehen, brechen, rosten, und nur wenn das Geld körperliche Eigenschaften besitzt, die jene unangenehmen, verlustbringenden Eigenschaften der Waren aufwiegen, kann es den Austausch schnell, sicher und billig vermitteln." Denn ein solches Geld werde von niemandem, in keiner Lage und zu keiner Zeit, den Waren vorgezogen. Von einem Geld mit diesen Eigenschaften denkt Gesell, daß es nur noch als Tauschmittel genutzt wird, und nicht, "weil man vom Besitz des Geldes ei-

---

37 Keynes, John M. (1936): The General Theory of Employment, Interest and Money. London: Macmillan, deutsch u.d.T. Allgemeine Theorie der Beschäftigung, des Zinses und des Geldes, Berlin: Duncker und Humblot 1936.

38 Ibid., 300.

39 Gesell, Silvio (1906): Die Verwirklichung des Rechtes auf den vollen Arbeitsertrag durch die Geld- und Bodenreform. Les Hauts-Geneveys/Leipzig: Selbstverlag und Verlag Bernhard Hartmann; ders. (1911): Die neue Lehre vom Geld und Zins. Berlin/Leipzig: Physiokratischer Verlag; ders.(1916): Die neue Wirtschaftsordnung durch Freiland und Freigeld. Les Hauts-Geneveys: Selbstverlag, 6. Aufl. Berlin/Bern: Freiland-Freigeld-Verlag 1923; zuletzt in Gesammelte Werke Bd. 11, Lütjenburg: Gauke-Verlag 1991

40 Keynes, John M. (1936), op.cit., 299

41 Zitate in diesem Absatz: Gesell, Silvio (1916), op.cit., zit. n.d. Ausg. 1991, 238ff.

nen Vorteil erwartet". Seine Konsequenz: "Wir müssen also das Geld als Ware verschlechtern, wenn wir es als Tauschmittel verbessern wollen." Gesell wollte so die ausgegebene Geldmenge in einen "ununterbrochenen, gleichmäßigen, schnellen Kreislauf" bringen: "Niemand kann mehr dem Staate in der Verwaltung des Geldes durch Ausgeben oder Zurückhalten von Privatgeldbeständen ins Handwerk pfuschen." In der Praxis heißt das: Alle, die mehr Geld als nötig besitzen, bekommen keinen Zins mehr als "Belohnung", wenn sie ihr Kapital freigeben. Vielmehr entrichten sie eine Nutzungsgebühr, wenn sie ihr Geld aus dem allgemeinen Umlauf fernhalten. Gesell stellte sich vor, daß sein "Freigeld" jede Woche ein Tausendstel an Kaufkraft verliert: "So steht der Geldumlauf unter Druck, der es bewirkt, daß jeder immer gleich bar bezahlt, seine Schuld tilgt und etwa dann noch verbleibenden Geldüberschuß mit derselben Eile zur Sparkasse trägt, die ihrerseits auch wieder danach trachten muß, Abnehmer für ihre Sparanlagen heranzulocken, wenn nötig durch Herabsetzung des Zinsfußes."

Wära-Systeme

Die Währung, die Timms Freiwirtschaftler einführten, hieß "Wära" – eine Kombination von "Ware" und "Währung". Man gab Noten für 0,5, 1, 2 und 5 Wära heraus, wobei jede Wära exakt dem Wert einer Reichsmark entsprach und in Notlagen von jedermann im Verhältnis 1:1 eingetauscht werden konnte, da die gesamten Einnahmen aus dem Verkauf der Wära-Noten in einem Tilgungsfond hinterlegt wurden. Der wesentliche Unterschied zwischen Wära und Reichsmark bestand darin, daß Wära bei Banken nicht eingezahlt werden konnte, und jeder, der am Ende eines Monats Wära übrig hatte, spezielle Stempel zu 2% des Nominalwertes einer jeden Note kaufen mußte, damit die Wära-Noten auch noch im Folgemonat gültig waren. Natürlich nutzten diejenigen, die in Wära bezahlt wurden, jede Gelegenheit der Weitergabe der Noten, um zu verhindern, sie stempeln zu müssen, und so begann ein reger Umlauf bei den Anhängern der Freiwirtschaft innerhalb Deutschlands. Die zweiprozentige Abgabe wurde von Timms Organisation für Werbezwecke verwendet.

Timms Wära-Tauschgesellschaft verstand sich als eine "private" Vereinigung zur Bekämpfung von Absatzstockung und Arbeitslosigkeit. Nach zwei Jahren gehörten der Tauschgesellschaft bereits mehr als eintausend Firmen aus allen Teilen des Deutschen Reiches als Mitglieder an. Diese Firmen führten das Hinweisschild "Hier wird Wära angenommen". Wära-Wechselstellen gab es unter anderem in Berlin, Chemnitz, Düsseldorf, Eisenach, Erfurt, Halle, Hamburg, Köln, Leipzig und Nürnberg. Zwischen den Firmen und beteiligten Einzelpersonen lief nunmehr die Wära anstelle der Reichsmark als Tauschmittel um. Die Firmen bezahlten, zumindest teilweise, die Löhne und Gehälter in Wära aus, und mit derselben Wära konnten sich die Empfänger Güter der beteiligten Firmen kaufen. So entstand innerhalb der deutschen Wirtschaft allmählich ein kleiner separater Kreislauf von Ersatzzahlungsmitteln.[42]

42 Vgl. Schneider, Norbert (1996): "Wära – eine Alternative für heute?", in: Contraste, Nr. 162.

Brakteaten als Vorform des Schwundgeldes

Gesell hatte die Idee der Zinsbelastung von Sparguthaben von den Brakteaten; das waren aus dünnem Silber geprägte Münzen der Herrscher dutzender kleiner unabhängiger Staaten im Heiligen Römischen Reich zwischen dem 12. und 15. Jahrhundert.[43] Es war mindestens genauso riskant, diese Brakteaten in Besitz zu haben wie die Waren, für deren Kauf sie verwendet werden konnten. Das größte Risiko bestand darin, daß sie quasi über Nacht bis zu einem Viertel ihres Wertes verlieren konnten, denn wenn ein Herrscher, der einen Satz Münzen herausgegeben hatte, plötzlich starb, mußten alle Münzen mit seinem Konterfei zu einem Diskont von 20 – 25% gegen neue Münzen, auf denen nun das Prägebild des Nachfolgers zu sehen war, umgetauscht werden. Es überrascht nicht, daß die Regenten die Brakteaten schon bald als eine Form der Besteuerung aus dem Verkehr zogen, manchmal dreimal pro Jahr. Johannes II. von Frankreich wechselte seine Währung sage und schreibe nicht weniger als 86 mal.

Der mögliche schnelle Wertverlust des Geldes veranlaßte die Menschen, es so schnell wie möglich wieder auszugeben, da ja ein Verlust selbst von einem Tag auf den anderen eintreten konnte. So legten die Menschen, anstatt dieses schnell verfallende Bargeld zu sparen, jeden eventuellen Überschuß in die Instandsetzung ihrer Häuser und ihres Eigentums an. Fritz Schwarz, ein Anhänger der Gesellschen Wirtschaftstheorie, weist auf die relativ hohe Bautätigkeit auch in einfacheren Schichten der Bevölkerung in dieser Zeit hin.[44] Dies brachte einen hohen Bedarf an Arbeitskräften mit sich, und die Löhne waren demzufolge entsprechend gut. Die Arbeitszeit war kurz – in Sachsen kam es zu Unruhen, als die Minenbesitzer die tägliche Arbeitszeit von sechs auf acht Stunden erhöhen wollten –, und es gab mindestens neunzig religiöse Feiertage pro Jahr. Das bedeutete, daß Handwerker, die am Montag blau machten, um sich von den sonntäglichen Ausschweifungen zu erholen, weniger als vier Tage die Woche arbeiteten. Es war eine Zeit relativen Wohlstands, von der Schwarz sogar behauptet, daß es kaum einen Unterschied zwischen "Bauernhaus und Schloß" gegeben hätte: Reiche Bauern trugen Mäntel mit goldenen Knöpfen und hatten silberne Schnallen an den Schuhen. Die Gesellianer jedenfalls führten diesen Wohlstand auf die hohe Umlaufgeschwindigkeit des Münzgeldes zurück.

Ironischerweise war es das Gold, das das Ende dieses goldenen Zeitalters einläutete. Ein Brakteat war im allgemeinen "eine ausgeprochen dürftige, häßliche kleine Metallscheibe, ganz dünn, von geringem Feingehalt, leicht zu

---

43 Vgl. z.B. Denicke, Jürgen (1983): Die Brakteaten der Münzstätte Braunschweig, Teil 1: Heinrich der Löwe 1142 – 1195. Braunschweig; Buchenau, Heinrich (1917): "Mitteilungen zur mitteldeutschen Brakteatenkunde", in: Blätter für Münzfreunde, 50. Jg., Nr. 460. Siehe auch: Sedillot, René (1989): Histoire morale et immorale de la monnaie. Paris: Edition Bordas; Dopsch, Alfons (1930): Naturalwirtschaft und Geldwirtschaft in der Weltgeschichte. Wien: L.W. Seidel & Sohn.

44 Schwarz, Fritz (1934): "Sechs-Stunden-Tag im Mittelalter", in: ders.: Vorwärts zur festen Kaufkraft des Geldes und zur zinsbefreiten Wirtschaft. Bern: Genossenschaft Verlag Freiwirtschaftlicher Schriften.

verlieren und zerbrechlich"[45], wegen seines geringen Silbergehalts ohne eigenen Wert und daher bei internationalen Handelsgeschäften nicht zu verwenden, insbesondere da die Brakteaten ja jederzeit aus dem Verkehr gezogen werden konnten. Deswegen gaben die Genuesen und dann auch die Florentiner im Jahre 1252 Goldmünzen heraus, Venedig folgte im Jahr 1284. Diese neuen Münzen konnten sowohl als Wertaufbewahrungsmittel als auch als Tauschmittel eingesetzt werden und ermöglichten die Ansammlung von Vermögenswerten, ohne andere beschäftigen und somit den Überschuß im Umlauf halten zu müssen. Darüber hinaus gestaltete sich der Handel mit der zunehmenden Verbreitung der Goldmünzen schwieriger. "Die Tauschmittel verschwanden in Socken und unter Matratzen", schreibt Schwarz.[46] Als das Geld knapp wurde, schnellten die Zinsraten in die Höhe – trotz der Einwände der Kirche. Einige Kaufleute fanden es profitabler, ihre Lager abzustoßen und ihr Kapital zu verleihen: So entstand zwischen Familien, deren Einkommen überwiegend auf Zinszahlungen basierte, und dem Rest der Bevölkerung eine tiefe Kluft. Die Nachfrage nach Arbeitskräften ließ nach, Löhne fielen, und es kam zu Unterbeschäftigung. Und als Krönung des Ganzen, so die freiwirtschaftliche Interpretation der Wirtschaftsgeschichte, mußten die Regenten andere Wege der Besteuerung finden.

Wära in Schwanenkirchen

Keine Behörde nahm von der Freiwirtschaftswährung groß Notiz, bis im Herbst 1930 ein Bergwerksingenieur namens Hebecker eine ehemaligen Kohlemine in Schwanenkirchen, einem Dorf in Bayern mit damals 500 Einwohnern, wieder in Betrieb nehmen konnte, indem er – nachdem er es arrangiert hatte, daß die Ersatznoten in den Dorfläden als Zahlungsmittel angenommen wurden – die sechzig neu eingestellten Bergleute zu 90% in Wära entlohnte. Hebecker hatte von der Tauschgesellschaft einen Kredit in Höhe von 50.000 Wära erhalten. Die Ladeninhaber drängten ihrerseits ihre Großhändler, Wära anzunehmen, und die Großhändler gaben sie wiederum an ihre Lieferanten zurück, die einen Großteil der Noten dafür verwendeten, Schwanenkirchener Kohle zu kaufen, da die Wära wenig Alternativen für eine anderweitige Verwendung bot.

Einem Bericht nach, der im August 1932 in dem amerikanischen Magazin New Republic veröffentlicht worden war, waren die Auswirkungen in dem Dorf enorm:[47]

"Man erkennt Schwanenkirchen, ein paar Monate, nachdem die Arbeit an der Mine wieder aufgenommen wurde, nicht wieder. Das Dorf ist zu Wohlstand gekommen, Arbeiter und Kaufleute sind schuldenfrei, und man spürt in dem

---

45 Vgl. Cipolla, Carlo (1982): The Monetary Policy of Fourteenth-Century Florence, Berkeley: University of California Press.

46 Schwarz, Fritz (1934): op.cit.

47 Zit. bei Fisher, Irving: Stamp Scrip. New York: Adelphi, 20. Der New Republik Artikel wurde verfaßt von Hans Cohrssen, später Fishers Assistent, und lieferte eine wertvolle Berechnung der Stempel-Scrip-Bewegung in den USA; vgl. auch Suhr, Dieter (1989): The Capitalistic Cost-Benefit Structure of Money. Berlin/New York: Springer.

Städtchen einen neuen Lebens- und Freiheitsdrang ... Aus ganz Deutschland reisen Reporter an, um über das 'Wunder' zu berichten."

Wären anstelle von Wära Reichsmark verwendet worden, hätten sie die Leute wegen der unsicheren Zeiten gehortet, und das Wagnis wäre somit fehlgeschlagen. Das war das Wesentliche, was zu dem Erfolg geführt hatte, zu der "Wära-Insel" im bayerischen Wald, auf der es für kurze Zeit keine Arbeitslosigkeit mehr gab. Aus unserer heutigen Perspektive ist noch ein weiterer Umstand von Bedeutung: Selbst wenn niemand die Reichsmark gehortet hätte, die das Bergwerk als Kredit bekommen und weiter als Löhne und Gehälter ausgezahlt hätte, so wäre die zusätzliche Wertschöpfung über ganz Deutschland verstreut worden, und es wäre sehr unwahrscheinlich gewesen, daß diese Reichsmark in Form einer erhöhten Kohlenachfrage nach Schwanenkirchen zurückgeflossen wäre.

Andere Formen von Notgeld in Deutschland

Der Erfolg von Schwanenkirchen beunruhigte die deutsche Reichsbank, die eine Inflation derartiger Ersatzwährungen befürchtete. Die Reichsbank befürchtete, daß durch eine weitere Verbreitung von Not- und Ersatzgeld die Akzeptanz der Reichsmark als offizielles Zahlungsmittel gefährdet werden könnte. Dabei muß berücksichtigt werden, daß es seit dem Ersten Weltkrieg acht "Wellen" von Notgeld-Ausgaben in Deutschland gegeben hatte, die nur teilweise durch einen echten Bedarf an Zahlungsmitteln entstanden waren. Dazu gehörte beispielsweise die erste Periode des Krieges bis in das Jahr 1915, in der in den Aufmarschgebieten der Armeen und in deren Hinterland sowie in jenen Gebieten Silbergeld gehortet wurde, in denen feindliche Einfälle befürchtet wurden.[48] Allein in dieser Periode wurden etwa 1.600 verschiedene Notgeldscheine ausgegeben. Der Mangel an Kleingeld, der ab Ende 1916 spürbar wurde und bis nach dem Krieg anhielt, veranlaßte Städte und Gemeinden, dann auch Firmen und Geschäftsleute, eigenes Notgeld zu verausgaben. Da die Scheine schon sehr bald eine wahre Sammelleidenschaft ähnlich wie bei Briefmarken entfachte, kam es zu zahllosen Emissionen kunstvoll gedruckter Scheine in vielen Varianten, dem sogenannten "Seriengeld", von dem die ausgebenden Stellen – zu Recht – hofften, daß nur ein kleiner Teil der Scheine wieder zum Umtausch vorgelegt werden würde: Die Ausgabe von "Notgeld" war hier nur dürftig verschleierter Gelderwerb.

Obwohl die Reichsdruckerei während der Inflationszeit von 1922 bis zum November 1923 auch viele Privatfirmen mit der Herstellung von Geldnoten beauftragte, reichte die Notenerzeugung zur Sicherung der Liquidität nicht aus. Die Zahl der verschiedenen, von öffentlichen und privaten Stellen ausgegebenen Inflations-Notgeldscheine schätzt man auf zwischen 70.000 und 80.000 Stück. Schon vor der Beendigung der Inflation im November 1993 wurde Notgeld in

---

48 Vgl. Rittmann, Herbert (1986): Deutsche Geldgeschichte seit 1914. München: Klinkhardt und Biermann, 25. Siehe auch Pick, Albert (1967): Papiergeld. Braunschweig: Klinkhardt und Biermann, 48ff.

Form von Sachwertgutscheinen ausgegeben, nach der Einführung der Rentenmark kam es bis zum Ende der zwanziger Jahre zu weiteren 2.800 Emissionen von Scheinen, die nun auf Goldmark, US-Dollar oder wiederum auf Sachwerte lauteten[49] – und die das Vertrauen in die Reichsmark beständig untergruben, vor allem unter dem Eindruck der Bankenkrise des Jahres 1931, als sich die deutschen Banken einem allgemeinen, durch einen Vertrauensschwund ausgelösten Ansturm ihrer Gläubiger und Kunden ausgesetzt sahen.[50]

Es kam der Reichsbank deshalb sehr gelegen, daß Reichsfinanzminister Dietrich im Zuge der Brüningschen Notverordnungen die Herstellung, Ausgabe und Benutzung jeglichen Notgeldes im Oktober 1931 durch eine Verordnung verbot. Damit war auch der Wära und das Experiment von Schwanenkirchen an ein Ende gekommen. Hebecker war gezwungen, sein Bergwerk wieder zu schließen, die Beschäftigten wurden wieder arbeitslos. Norbert Schneider schreibt dazu:[51] "In Anbetracht dieser Auswirkungen der Verbotsverordnung ist es geradezu makaber, daß sie ausgerechnet die Bezeichnung 'Verordnung zur Sicherung von Wirtschaft und Finanzen und zur Bekämpfung politischer Ausschreitungen' trug."

Das Experiment von Wörgl

Im nahegelegenen Tirol hatte ein weiterer begeisterter Anhänger von Gesells Ideen die Vorgänge intensiv verfolgt: Michael Unterguggenberger, der Bürgermeister von Wörgl, von Beruf Lokomotivführer und aktiver Sozialdemokrat.[52] Die Finanzen der Gemeinde Wörgl waren in katastrophalem Zustand: Im ersten Halbjahr 1932 gingen ganze 3.000 Schilling an Gemeindesteuern ein, während die Steuerrückstände seit 1926 von 21.000 Schilling auf 118.000 Schilling im Jahr 1931 gestiegen waren. Darüber hinaus war die Gemeinde mit über 1,3 Mio. Schilling verschuldet. Somit war die Gemeinde kaum mehr in der Lage, die Sozialleistungen zu bezahlen, denn von den 4.200 Einwohnern waren im Frühjahr 1932 rund 400 Menschen arbeitslos. 200 dieser Menschen waren bereits "ausgesteuert" worden, das heißt nach österreichischem Recht, daß sie von der städtischen Armenfürsorge unterstützt werden mußten. Hinzu kamen weitere 1.100 Arbeitslose in der näheren Umgebung.

Am 5. Juli 1932 stellte Bürgermeister Unterguggenberger ein "Nothilfeprogramm" vor dem Wohlfahrtsausschuß vor, der von der Gemeinde

49 Vgl. Pick, Albert (1967), op.cit., 50 sowie Pfleiderer, Otto (1976): "Die Reichsbank in der Zeit der großen Inflation, die Stabilisierung der Mark und die Aufwertung von Kapitalforderungen", in: Deutsche Bundesbank (Hrsg.): Währung und Wirtschaft in Deutschland, 1876 – 1975. Frankfurt/M.: Fritz Knapp, 157 – 202.

50 Vgl. Irmler, Heinrich (1976): "Bankenkrise und Vollbeschäftigungspolitik", in: Deutsche Bundesbank (Hrsg.), op.cit., 283 – 330; Born, Karl Erich (1967): Die deutsche Bankenkrise 1931 – Finanzen und Politik. München: Piper.

51 Schneider, Norbert (1997), op.cit.

52 Der Bericht über Wörgl stützt sich vor allem auf Schwarz, Fritz (1951): Das Experiment von Wörgl. Bern: Genossenschaft Verlag Freiwirtschaftlicher Schriften; vgl. auch Wünstel, Michael (o.J.): Hoffnung auf eine bessere Welt. Im Internet unter http://www.tauschring.de/d0502hof.htm.

Wörgl zur Linderung der ärgsten Not eingerichtet worden war. Dieses Programm hatte er nach Studium der Werke von Silvio Gesell und nach Erfahrungsberichten aus Schwanenkirchen entwickelt; es wurde von allen Parteien im Gemeinderat unterstützt und am 8. Juli 1932 einstimmig angenommen. Michael Wünstel beschreibt das Experiment wie folgt:[53]

"[Das Notprogramm sah die] Herausgabe von 'Arbeitsbestätigungsscheinen' mit drei unterschiedlichen Nennwerten von einem, fünf und zehn Schilling [vor]. Nicht nur hatte es der wackere Bürgermeister geschafft, die Gemeinderatsmitglieder zu überzeugen, auch verschiedene Geschäftsleute und die damalige Ortszeitung 'Wörgler Nachrichten' beteiligten sich mit dem Versprechen an der Aktion, den Aufklärungsdienst durchzuführen. Der Wohlfahrtsausschuß ließ insgesamt Arbeitsbestätigungsscheine im Wert von 32.000 Schilling drucken ... Die Gemeindekasse begann am 31. Juli mit der Ausgabe der ersten Arbeitsbestätigungsscheine, mit denen zunächst Lohnzahlungen in Höhe von 1.800 Schilling an die öffentlich bediensteten Arbeiter und Angestellten geleistet wurden. Die ausgegebenen Scheine flossen umgehend in die Gemeindekasse in Form von Steuern zurück, so daß weitere Lohnzahlungen und die Rückzahlung von Schulden an Einwohner Wörgls getätigt werden konnten. Mit Hilfe der nun reichlicher fließenden Steuereinnahmen, einigen Zuschüssen aus der Arbeitslosenfürsorge und einem Notstandskredit des Bundes in Höhe von 12.000 Schilling konnten umfangreiche kommunale Aufgaben bei Kosten von über 100.000 Schilling angegangen werden. Bereits am 11. Juli war mit ersten Bauvorhaben begonnen worden ... Ferner wurde eine neue Skisprungschanze gebaut und eine Straßenbeleuchtung errichtet. Das Rathaus konnte nun endlich renoviert werden, und eine Brücke, an der eine Tafel anzeigte: 'Erbaut mit Freigeld im Jahre 1933 von d. Gemeinde Wörgl', wurde neu gebaut. Ein Viertel der Arbeitslosen hatte durch diese öffentlichen Maßnahmen wieder eine Arbeit – und ein Einkommen. Sie wurden voll in Arbeitsbestätigungsscheinen entlohnt. Für Familien, in denen zuvor alle Erwachsenen arbeitslos waren, wurde das Los sehr erleichtert. Waren anfangs die Geschäftsleute sehr zurückhaltend gegenüber dem Ersatzzahlungsmittel, so wurde es bald gerne angenommen, konnte man sich doch mit diesem Zahlungsmittel seiner Steuerschuld entledigen, und auch die Gewerbetreibenden nahmen es an. In Wörgl sank die Arbeitslosigkeit innerhalb eines Jahres um 25%, obwohl in ganz Österreich im gleichen Zeitraum die Arbeitslosigkeit um 10% ..., anstieg."

Das Freigeld von Wörgl war, streng nach der Gesellschen Lehre, als Schwundgeld konzipiert. Durch eine monatliche "Notabgabe" von 1% des Nennwertes wurde sichergestellt, daß die Geldbesitzer die Scheine nicht horten wollten. Jeder war bestrebt, seine Arbeitsbestätigungsscheine schnell weiterzureichen, mit anderen Worten: die Arbeit anderer nachzufragen. Das Schwundgeld wurde daher erheblich häufiger ausgegeben als die Landeswährung. Im ersten Jahr wechselte jede Note durchschnittlich 463 mal den Besitzer, wogegen ein Geldschein der Landeswährung nur an 213 Transaktionen beteiligt war.[54]

53 Wünstel, Michael (o.J.), op.cit.
54 Vgl. Schwarz, Fritz, op.cit.

Recht bald waren die Bahnstation und das Postamt die einzigen Stellen, die das örtliche Geld nicht akzeptierten.

Die "Notabgabe", also ein Groschen bei einem Schilling, fünf Groschen bei fünf Schilling und zehn Groschen bei zehn Schilling, war für den Armenfonds bestimmt und mußte in Form einer aufzuklebenden Marke entrichtet werden. Wollte jemand offizielles Geld für die Scheine haben, konnte er sie bei der örtlichen Raiffeisenkasse gegen Zahlung eines "Arbeitsbeschaffungsbeitrages" von 2% auf den Nennwert umtauschen. Die Händler gingen durch die Annahme des Schwundgeldes kein Risiko ein, denn es war vollständig durch ein Darlehen in Landeswährung gedeckt, das die Gemeindekasse von der örtlichen Raiffeisenbank erhalten und bei dieser Bank auf einem Ausgleichskonto belassen hatte. Dies ermöglichte jedem Besitzer von Schwundgeldscheinen jederzeit, sie für 98% des Nennwertes in Landeswährung einzutauschen. Es gab aber nur wenige, die ihr Geld wechselten, denn der zweiprozentige Umtausch war teurer als 1% der monatlichen Notabgabe. Alles, was an Schwundgeld an die Bank zurückgegeben oder an den Gemeinderat in Form von Steuern bezahlt wurde, brachte man umgehend wieder im Ort in Umlauf.

Wie in Schwanenkirchen, so waren auch hier die Auswirkungen des Ersatzgeldes enorm. Innerhalb des ersten Monates wurden 4.542 Schilling an Steuerschulden zurückgezahlt, was ein neues öffentliches Arbeitsprogramm und die Neueinstellung von fünfzig Arbeitskräften ermöglichte, deren Löhne sämtlich mit Schwundgeld bezahlt wurden. In der zweiten Jahreshälfte von 1932 verwendete die Gemeinde Wörgl 100.000 Schilling zum Neubau und zur Asphaltierung von vier Kilometern Straße und erweiterte das Kanalisationsnetz. Diese Kosten wurden ebenfalls gänzlich aus längst fälligen Steuerzahlungen abgedeckt, die nun in Schwundgeld bezahlt worden waren. Auch die Raiffeisenbank profitierte davon: Zum ersten Mal seit vielen Monaten überstiegen die Einzahlungen die Abhebungen. Im Januar 1933 begann die Stadt mit dem Bau der schon genannten Skisprunganlage und eines Wasserturms, beides wurde fertiggestellt, ohne daß die Stadt hätte neue Schulden machen müssen.

Wie man sich denken kann, planten andere Städte bald, das System zu übernehmen, und obwohl die österreichische Regierung dem Experiment von Wörgl im Grunde wohlgesonnen war, vertrat die Zentralbank jedoch die Auffassung, einschreiten zu müssen, da sie befürchtete, die Kontrolle über die Geldmenge, die sich insgesamt im Umlauf befand, zu verlieren; in diesem Falle hätte man keine Möglichkeit der Inflationssteuerung mehr gehabt. Daher wurden gesetzliche Schritte gegen die Gemeinde von Wörgl unternommen. Am 1. September 1933 wurde das Projekt gestoppt, knapp 14 Monate, nachdem es begonnen hatte.

Wörgl hatte zwar eine lokale Währung, aber im Grunde war sie – bis auf die Idee mit der monatlichen Notabgabe – nur ein Ersatz für die Landeswährung. Sie wurde von einer Gemeindeverwaltung herausgegeben und nicht von der österreichischen Zentralbank. Viele der früheren lokalen Währungssysteme waren lediglich eine Landeswährung in kleinem Maßstab, und sie funktionieren auf lokaler Ebene in keiner Weise besser als die Landeswährung auf nationaler Ebene. Im Gegensatz zu den auf Arbeitsleistung beruhenden Verrechnungseinheiten von Tauschringen, die dieses Problem nicht haben, kann es auch bei lokalen Währungen vom Typ Schwundgeld zu Geldknappheit kommen, wie bei nationalen Währungen. Das kann dann geschehen, wenn der Wertschwund zu gering ist, so daß die Menschen doch zum Horten motiviert sind, oder wenn ganz allgemein die Geldmenge zu niedrig ist. Somit kann auch Schwundgeld eine Form des Wettbewerbs nicht verhindern, in der es nach wie vor zu Arbeitslosigkeit kommt, es nach wie vor große Unterschiede im Geldbesitz am Ort geben kann. Was noch schwerer wiegt, ist die Tatsache, daß lokale Währungen dieser Art an sich eine geringere Stabilität aufweisen als die Landeswährungen und es leicht zu einem unwiderruflichen Zusammenbruch des ganzen Systems kommen kann. Michael Linton kommentierte: "Die Behörden hatten in mancher Hinsicht schon recht, das Modell von Wörgl zu unterbinden, obwohl sie mit Sicherheit aus den falschen Beweggründen so handelten."

Das Ersatzgeld von Hawarden und weitere Versuche

Die Geschichte findet ihre Fortsetzung in den Vereinigten Staaten, wo einige hundert Gemeinden, von kleinen Orten über Städte wie St. Paul in Minnesota bis zum Staat Iowa, entweder ihr eigenes Ersatzgeld herausgaben oder ernsthaft über eine solche Möglichkeit nachdachten. Vorreiter dieser Ideen war im Oktober 1932 Hawarden, eine Stadt in Iowa mit 3.000 Einwohnern, aber unglücklicherweise wandelte Charles Zylstra, der Gründer des Modells, das Wörgl-Wära-Modell ab und errichtete keinen Fonds zur Sicherung der Banknoten. Statt dessen schlug er vor, daß jeder, der eine Ersatzgeldnote mit dem Nennwert eines US-Dollars erhielt, darauf eine spezielle 3-Cent-Marke kleben solle. Nach 36 Transaktionen betrug der Wert der Gebührenmarken insgesamt 1,08 US-Dollar und die Ersatzgeldnote konnte wieder gegen einen US-Dollar der Landeswährung zurückgetauscht werden.

Es ist nicht verwunderlich, daß dies nicht allzugut funktionierte, gerade weil es keine andere Möglichkeit gab, als auf die Ehrlichkeit der Leute zu vertrauen, daß sie nach jeder Transaktion eine Gebührenmarke anbrachten. Darüber hinaus bedeutete die Tatsache, daß die Gebührenmarken nicht zu einem festen Termin aufgeklebt werden mußten, daß die Menschen eigentlich keinen Ansporn mehr hatten, das Geld so schnell wie möglich weiterzugeben. Das Ersatzgeld wurde dazu verwendet, einen Teil der Löhne der Arbeiter und Angestellten in örtlichen Arbeitsbeschaffungsmaßnahmen zu zahlen. Damit erschöpfte sich die Wirkung dieses Projektes in nicht viel mehr als einer freiwilligen Abgabe, um eben diese Löhne zu zahlen. Und entrichtet wurde diese Abgabe von jenen Menschen, die willens waren, Zahlungen in der lokalen Währung anzunehmen.

Trotz der Ungereimtheiten wurde Zylstras System in mehreren Städten mit unterschiedlichen Ergebnissen übernommen. Nach und nach wurde das System jedoch durch andere ersetzt, die sich enger am Vorbild von Wörgl orientierten, nachdem dieses Beispiel langsam besser bekannt wurde, vor allem aufgrund der Bemühungen eines Wirtschaftswissenschaftlers an der Universität Yale, Irving Fisher, der 1933 das bereits erwähnte Handbuch über den Aufbau und die Verwaltung eines Ersatzgeld-Systems veröffentlicht hatte.[55] Fisher beschrieb ausführlich ein Ersatzgeld, das für Reading in Pennsylvania konzipiert worden war: Die Geldnote hatte auf der Rückseite 52 Quadrate mit jeweils den Daten der aufeinanderfolgenden Mittwoche des Jahres ihrer Ausgabe. Von dem jeweiligen Eigner der Geldnote mußten dienstags bestimmte 2-Cent-Marken in diese Quadrate geklebt werden, sonst war die Geldnote am Mittwoch darauf nicht mehr gültig. Am Ende des Jahres ergab sich daraus eine Summe von 1,04 US-Dollar; die Note war zum Nennwert einlösbar und ließ 4 Cent zur Ausgabendeckung übrig. Damaligen Zeitungsberichten zufolge wurde diese Methode, Ersatzgeld einzuführen, in den Vereinigten Staaten häufig übernommen.

Ersatzgeld in anderen Gemeinden der Vereinigten Staaten

Bis 1933 hatten mehr als 300 Gemeinden irgendeine Form von Tauschhandelssystemen, Berechtigungsscheinen oder einer lokalen Währung eingeführt, um etwas gegen die landesweite Geldknappheit zu unternehmen. Tenino im Staate Washington verwendete sogar Holzgeld – nach der Zahlungsunfähigkeit der Bank am Ort, bei der die Guthaben der Kontobesitzer eingefroren wurden, stellte man 25-Cent, 50-Cent und Ein-Dollar-Ersatzgeldnoten aus Fichtenholz her. 6.500 Holz-Dollar wurden in Umlauf gebracht, aber am Tag der Rückeinlösung in US-Währung wurden der Stadtkasse nur 30 US-Dollar präsentiert; Touristen hatten den Rest an sich gebracht und ließen der Stadt einen Überschuß, der hoch genug war, um das Bankgebäude kaufen und die Bank wieder eröffnen zu können. Ob auch hier das deutsche Vorbild der bereits erwähnten Seriengeldscheine Pate gestanden hatte, ließ sich von uns nicht ermitteln – jedenfalls stehen die Bielefelder Notgeldscheine auf Stoff und Seide auch heute noch bei Sammlern sehr hoch im Kurs und erzielen Spitzenpreise auf einschlägigen Auktionen.

"Ersatzgeld wird genehmigt, wenn solide Rücklagen vorhanden sind", lautete die Überschrift der New York Times am 10. Januar 1933, aber es war zu schön, um wahr zu sein. Zwei Monate später, am 4. März 1933, untersagte Präsident Roosevelt jede weitere Ersatzgeld-Ausgabe, wenn auch bestehenden Systemen genügend Zeit eingeräumt wurde, um sich selbst aufzulösen. Die Regierung hatte im Grunde keine Einwände gegen die Ausgabe von Ersatzgeld-Dollars zur Schaffung von Arbeitsplätzen, sie folgte jedoch einem von Professor Russel Sprague von der Harvard Universität, der davor warnte, daß das amerikanische Währungssystem außerhalb jeder Einflußmöglichkeit der Regierung basisnaher Demokratisierung unterzogen werden könnte.

---

55 Fisher, Irving (1933), op.cit.; vgl. auch ders. (1934): Mastering the Crisis. London: George Allen and Unwin, eine Veröffentlichung, die das Buch von 1933 vertieft.

Lignières-en-Berry

Während der letzten Jahre ist, wie wir schon berichtet haben, ungestempeltes Ersatzgeld aufgrund der Initiative von Paul Glover in mindestens 21 Gemeinden in den Vereinigten Staaten neu entstanden. Die letzte uns bekannte Emission von gestempeltem Ersatzgeld war die in der französischen Stadt Lignières-en-Berry aus dem Jahre 1956. Es sollte der Geschäftswelt als Ansporn dienen und so dem zunehmenden Verfall der Stadt entgegenwirken: Die Einwohnerzahl war in den vorangegangenen fünfzig Jahren um die Hälfte auf 1.700 gesunken, dreihundert der verbleibenden Einwohner waren älter als siebzig Jahre.[56]

Zuerst entsprach das Ersatzgeld, das von einer Gruppe ortsansässiger Händler ausgegeben wurde, genau dem Vorbild von Wörgl. Es konnte zu 98% seines Nennwertes in französische Francs umgetauscht und seine Gültigkeit mußte jeden Monat mit einem Stempel zu 1% des Nennwertes erneuert werden. Erste Ergebnisse waren ermutigend, richtigen Erfolg hatte das Projekt aber im April des folgenden Jahres, als Lohnempfängern ein fünfprozentiger Aufschlag angeboten wurde, wenn sie sich bereiterklärten, ihren Lohn in der Ersatzwährung anzunehmen. Natürlich mußte man verhindern, daß das Ersatzgeld für einen schnell erzielten Gewinn sofort wieder umgetauscht wurde. Die neuen Noten erhielten einen Ausgabestempel und konnten erst vier Monate später zu der üblichen Quote von 98% umgetauscht werden; wer schneller umtauschen wollte, bekam einen höheren Betrag abgezogen. Dies schien den Bewohnern der Gegend ein attraktives Angebot zu sein, denn wenn sie ihr Bargeld in Ersatzgeld umtauschten und sofort ausgaben, erhielten sie von den Händlern einen Nachlaß von 5%. Wenn sie jedoch vier Monate warteten und dann stempelten, konnten sie es wieder in Bargeld eintauschen und erhielten den damals üblichen Zinssatz von 3%. Das neue Geld war daher in der Stadt weit verbreitet und blieb in der Regel mindestens vier Monate im Umlauf, bevor es wieder in die nationale Währung zurückgetauscht wurde.

Viele Gemeinden gingen daran, das Modell zu übernehmen, was die französische Nationalbank so sehr alarmierte, daß eine Spezialeinheit der Polizei ausgesandt wurde, die untersuchen sollte, "welcher Virus das ganze Land kontaminierte"[57]. Gesetze wurden verabschiedet, die als Abschreckung vor dem Aufbau ähnlicher Systeme bis zu zwei Jahre Gefängnis sowie Geldstrafen in Höhe von 20 Mio. Francs vorsahen. Das Ersatzgeld in Lignières blieb aber bis zu den frühen sechziger Jahren im Umlauf, und eine andere Kleinstadt, Marans, führte eine Variante davon im Jahre 1959 ein, ohne daß irgendjemand gerichtlich belangt worden wäre.

---

56 Zu Einzelheinten über die Modelle in Lignières und Marans siehe: Issautier, Marino-Bertil (1961): Perspecitve d'une Révolution Economique et Monétaire, Sonderheft der Cahiers de la Pensée et de l'Action (Paris).

57 Issautier, Marino-Bertil (1961), op.cit.

Ersatzgeld in Argentinien

Ersatzgeld – der ungestempelten Sorte – wird derzeit in einigen argentinischen Provinzen verwendet: Im Jahre 1984 entschied der Gouverneur von Salta, Roberto Romero, daß Arbeitnehmer und Gläubiger die Wahl haben sollten, entweder sofort mit Schuldscheinen oder einige Tage später in der Landeswährung bezahlt zu werden. Da die Preise zu dieser Zeit sprunghaft anstiegen, waren viele Arbeitnehmer sofort mit dieser Art von Bezahlung einverstanden, zumal sich die Banken auch bereit erklärt hatten, falls die Notwendigkeit bestünde, die Schuldscheine zum Nominalwert in Landeswährung umzutauschen. Um jedoch das Ersatzgeld im Umlauf zu halten, veranstaltete Romero eine Lotterie, bei der die Seriennummern der Scheine Preise gewannen. Die Provinzregierung akzeptierte das neue Geld als Zahlungsmittel für Steuern; Einzelhandel und Gewerbetreibende zogen schnell nach. Drei weitere Provinzen übernahmen die Idee und geben seitdem in ähnlichen Verfahren ihr eigenes Geld heraus.

Der Konflikt zwischen Tauschmittel und Wertaufbewahrung

Lokale Währungssysteme können den Konflikt zwischen den Funktionen von Geld als Tauschmittel und als Wertaufbewahrungsmittel vermeiden, wenn sie für unterschiedliche Zwecke verschiedene Verrechnungseinheiten vorsehen. Die Währung eines Tauschrings kann zum einen ein hervorragendes Tauschmittel sein, zum anderen jedoch auch die dritte Funktion von Geld erfüllen, nämlich die einer reinen Recheneinheit, da sie den Menschen ermöglicht, den Wert ihrer Dienstleistungen untereinander festzusetzen. Aber es ist völlig unvorstellbar, sie als Wertaufbewahrungsmittel zu betrachten, und jeder, der auf seinem Konto einen hohen Überschuß an Einheiten ansammeln würde, um Güter und Dienstleistungen erhalten zu können, wenn er in zwanzig Jahren in den Ruhestand geht, wäre ein Narr, weil ja niemand garantieren kann, daß der Tauschring dann überhaupt noch existiert.

Dies ist sowohl eine Stärke als auch eine Schwäche. Für einen Tauschring ist es eine enorme Schwäche, weil die Mitglieder, die mehr lokale Verrechnungseinheiten verdienen als sie unmittelbar ausgeben können, sie dann nicht mehr so bereitwillig annehmen wollen und somit dem Tauschring Schaden zufügen können, weil folgerichtig ihr Dienstleistungsangebot den anderen Mitgliedern weniger zur Verfügung steht. Anstatt jedoch mit den Tauschring-Einheiten alle Funktionen einer Landeswährung kopieren zu wollen, ist es vielleicht sinnvoller, auf eine andere Weise ein lokales Wertaufbewahrungsmittel zu schaffen.

Der "Constant" – Geld auf der Basis eines Warenstandards

Robert Swann, ein Mitbegründer der E.F.-Schumacher-Gesellschaft in den USA und ein Vordenker ökonomischer Alternativen in Nordamerika, war an zwei Versuchen beteiligt, lokale Währungen zu schaffen, die diese Funktion erfüllen sollten. Einer davon war das "Exeter-Experiment" – der erfolgreiche

Start des "Constant" im Jahre 1972 in Exeter in New Hampshire, einer Währung nach den Vorstellungen von Dr. Ralph Borsodi. Borsodi hatte sehr stark eine Bewegung in den Vereinigten Staaten beeinflußt, die sich für eine weitgehende Dezentralisierung engagiert hatte, und während der großen Wirtschaftskrise in den dreißiger Jahren mit seinem Buch "Flight from the City" eine "Zürück-aufs-Land"-Bewegung unterstützt.[58] Wie sein Buch über das Exeter-Experiment erkennen läßt[59], war Borsodi jedoch viel mehr durch Unehrlichkeit, Diebstahl und Veruntreuung irritiert, die er für sichtbare Auswüchse der Inflation hielt, als daß er eine lokal eigenständige Ökonomie aufbauen wollte. Wenige Monate vorher hatte Präsident Nixon den Goldstandard des US-Dollars aufgehoben. Dieser Anlaß war für Borsodi kein Beweggrund, ein lokales Währungssystem zu starten, sondern er wollte ein Experiment in kleinem Rahmen durchführen, um die Machbarkeit eines neuen Typus einer nationalen oder auch internationalen Währung zu beweisen.

Die ersten "Constants" wurden bei einer Konferenz der School of Living verkauft, eine Organisation, die Borsodi gegründet hatte und bei der Swann damals angestellt war. Borsodi hinterlegte sowohl die Erlöse aus diesen als auch die aus weiteren Verkäufen bei zwei Banken in Exeter, so daß immer genug Geldmittel bereit standen, um Constants zurückzutauschen, falls deren Besitzer das gewollt hätten. Außerdem konnten die Constants, sofern deren Besitzer das wollten, von den Banken auf einem speziellen Konto des Eigners hinterlegt werden. Der Wert eines Constants basierte auf einer bestimmten Menge von dreißig verschiedenen Rohstoffen – Gold, Silber, Eisen, Aluminium, Blei, Zink, Öl, Weizen, Gerste, Reis, Roggen, Hafer, Soja, Mais, Wolle, Baumwolle, Kakau, Kaffee, Kopra, Felle, Jute, Gummi, Zement, Schwefel, Zucker, Erdnüsse und Baumwolle. Borsodis Organisation, die Independent Arbitrage International, berechnete den dem Constant zugrundeliegenden Wert jeden Monat neu und setzte die Banken darüber in Kenntnis. "Wenn man Constants von Borsodis Organisation kaufte, eine Zehn-Constant-Note zu sagen wir 2,18 US-Dollar, konnte es überraschenderweise geschehen, daß die Bank später dafür 2,19 US-Dollar zahlte", schrieb ein Lokalredakteur, Mel Most, nachdem das Experiment sieben Monate gelaufen war.

Borsodi war der Ansicht, daß der Constant weitaus mehr bewirken konnte als nur die Stabilisierung der Kaufkraft gegenüber der Inflation. Wenn Firmen damit begonnen hätten, Preisangaben in Constants anstatt in US-Dollars zu machen und die Banken Constant-Anleihen geboten hätten, hätte sich die neue Einheit um so vieles sicherer als der stetig schwächer werdende US-Dollar erweisen können, daß die Landeswährung schließlich nicht mehr akzeptiert worden wäre; soweit jedenfalls die Theorie. Bevor es jedoch dazu kam, wurde der Versuch ein Jahr nach seinem Beginn beendet, da Borsodi glaubte bewiesen zu haben, daß eine Währung auf der Grundlage eines Güter- anstelle eines Goldstandards absolut funktionstüchtig war. Außerdem fühlte er sich mit 86 Jahren nicht in der Lage, die Verantwortung für den Aufbau und das Manage-

---

58 Borsodi, Ralph (1933): Flight from the City. New York/London: Harper and Brothers.

59 ders. (1989): Inflation and the Coming Keynesian Catastrophe. Great Barrington: E.F. Schumacher Society.

ment einer Bank zu übernehmen, die eine internationale Währung emittieren sollte.

Im Zusammenhang unserer Überlegungen im Blick auf alternative Finanzierungsinstrumente in einer gemeinwesenorientierten Ökonomie liegt die Bedeutung von Borsodis Experiment darin, daß die Bewohner einer Kleinstadt – Exeter hatte zu dieser Zeit eine Einwohnerzahl von annähernd 9.000 – so bereitwillig eine alternative Währung annahmen, obwohl die Stadtverwaltung dies nicht unterstützte, wie das in Wörgl der Fall gewesen war. "Bankanweisungen und persönliche Constants-Schecks im Wert von tausenden von US-Dollar waren im Umlauf wie Geld, wurden zum Kaufen und Verkaufen verwendet und [von Banken] zur Einzahlung zugelassen", schrieb Most. "Selbst die seriöse, wohlhabende Philips Exeter Academy zahlte in Constants im Wert von mehreren tausend US-Dollar den Druck und die Lieferung von Veröffentlichungen." Und Swann fügt hinzu: "Die Stadt Exeter akzeptierte die Constants als Zahlungsmittel für Strafzettel. Nur wenige lösten sie bei der Bank überhaupt gegen US-Dollars ein."[60] Bei der Ausgabe der Noten gab es seitens der Gesetzgebung keine Schwierigkeiten.

Eine neue Bank zur Ausgabe einer stabilen Währung?

Mit Ausnahme von Silber und Gold hatte Borsodi niemals die Absicht, daß seine "Bank for the Issue of a Stable Currency" (BISC), für die das Exeter-Experiment ein Versuchslauf war, physische Bestände der dreißig Waren anlegen sollte, um den Constant abzusichern. Statt dessen sollte BISC mit einem Teil des Geldes, das sie im Tausch gegen Constants erhielt, Warentermingeschäfte tätigen, die Kontrakte bei Fälligkeit erfüllen und mit dem Erlös neue Kontrakte kaufen. Der Rest der Erlöse aus dem Verkauf der Constants war für Investitionen in Wertpapieren vorgesehen oder sollte als Anleihen ausgegeben werden; die einfließenden Gewinne sollten die administrativen Kosten von BISC decken. Die Gewinne der Bank könnten vielversprechend sein, schrieb Borsodi, denn man würde zur Absicherung des Constants nur einen Bruchteil der emittierten Summe direkt in Waren anlegen müssen.

Heute vertritt Swann jedoch die Auffassung, daß Energie ein besserer Standard zur Absicherung einer Währung sei als eine Ansammlung von Gütern, da der langfristige Preis eines jeden Produkts abhängig ist von der Menge der Leistung von Menschen und Tieren sowie von der Menge der erneuerbaren und fossilen Energien, die in die Herstellung des Produktes einfließen. Eine seiner Ideen sah praktisch vor, Elektrizitätswerke in Währungsbanken umzuwandeln. "Fast jede Gemeinde hat erneuerbare Ressourcen, um Energie zu produzieren", schreibt Swann:[61] "All diese Energiequellen können in Elektrizität umgewandelt oder in Kilowatt-Stunden gemessen werden." Swann will Unternehmen der

---

60 Swann, Robert (1989): Introduction, zu: Borsodi, Ralph (1989), op.cit.

61 Vgl. Benello, C. George/Swann, Robert/Turnbull, Shann/Morehouse, Ward (eds.) (1989): Building Sustainable Communities: Tools and Concepts for Self-Reliant Economic Change. New York: Bootstrap.

öffentlichen Hand gründen, die diese Ressourcen nutzbar machen und sich durch den Verkauf von Energie-Noten finanzieren sollen: "Wenn beispielsweise die Versorgungstarife momentan 10 Cent pro Kilowatt-Stunde betragen, dann würde man zukünftig für 1 US-Dollar 10 Kilowatt-Stunden kaufen können. Die Eigner der Noten, die in Stückelungen von 10, 50 und 100 Einheiten – vergleichbar mit den gegenwärtigen 1-, 5- und 10-US-Dollar-Noten – verkauft werden könnten, würden sie, unabhängig vom zukünftigen US-Dollar-Kurs, für eine spätere Energielieferung aufbewahren können. Die Stadtwerke oder die Stadtverwaltung würden die Noten nur in den Mengen herausgeben, die der vorgesehenen Energieerzeugung entsprächen, und auf diese Weise eine Inflation vermeiden können."

Da die Noten immer dem Wert des gängigen Preises der Elektrizitätsmenge entsprechen, auf die sie ausgestellt sind, können die Einwohner dieses Versorgungsbezirks sie zur Zahlung von Gütern und Dienstleistungen anstelle der Landeswährung akzeptieren – gerade wenn, wie mit dem Constant oder der Währung in Wörgl – eine Bank im Hintergrund sie auf Verlangen wieder gegen Bares eintauscht. Obwohl Swann selbst ein solches System nicht ausprobiert hat, war er am erfolgreichen Start des Deli-Dollar-Systems beteiligt, der – ähnlich wie bei seiner Idee mit dem Energie-Geld – ebenfalls auf der Vorausbezahlung von Produkten aufbaut.[62] Folglich gibt es keinen Grund anzunehmen, daß ein solches System einer Währung auf Basis eines Energiestandards Schiffbruch erleiden müßte.

Der Wirtschaftsring: Günstiges Kapital für beteiligte Unternehmen

Das beste Beispiel dafür, wie Unternehmen profitierten können, wenn sie sich an einem eigenen Währungssystem beteiligen, bietet der genossenschaftlich organisierte Wirtschaftsring (WIR) in der Schweiz. Gegründet wurde der Ring im Oktober 1934. Über die Jahre ist er zu einer großen Organisation geworden, deren über 60.000 Mitglieder im Jahre 1993 über 2,5 Mrd. Schweizer Franken umgesetzt haben. Das System des Wirtschaftsrings ist so einfach, so erfolgreich und so vorteilhaft für seine Mitglieder, die hier zinslose Kredite erhalten können, daß es verwunderlich ist, daß es nicht überall derartige Einrichtungen gibt.

Im Kern ist der Wirtschaftsring nichts anderes als ein unabhängiges Währungssystem für kleine und mittlere Unternehmen.[63] Wenn ein Unternehmen beitreten will, nimmt es zunächst Kontakt mit einem der sechs Regionalbüros auf; es erklärt, in welcher Höhe es einen Kredit aufnehmen möchte und welche Sicherheiten es anbieten kann. Bis hier unterscheidet sich das Ganze nicht von einem Kreditüberprüfungsverfahren einer gewöhnlichen Bank. Kredite sollten nicht über 60% des gesamten Investitionsbedarfs abdecken. Als Sicherheit werden in mehr als 80% der Fälle Hypotheken auf Häuser und Grundstücke angeboten. Wenn die ersten Gespräche mit dem Regionalbüro erfolgverspre-

---

62 Siehe dazu Kap. 4.

63 Wünstel, Michael (1991): "WIR Wirtschaftsring-Genossenschaft", in: Angebot und Nachfrage, Heft 6/1991.

chend erscheinen, geht ein formeller Kreditantrag an einen zentralen Prüfungsausschuß, der unter anderem ein weiteres Mal die Sicherheiten prüft. Gibt dieser Ausschuß sein Plazet, erhält das neue Mitglied des Wirtschaftsrings ein eigenes WIR-Scheckbuch, einen Teilnehmerausweis und ein dickes Verzeichnis der anderen Mitglieder, bei denen der Kredit ausgegeben werden muß.

Obwohl die Darlehen von WIR in Schweizer Franken ausgewiesen werden, sind es keineswegs Schweizer Franken: Wenn niemand die Regeln von WIR verletzt, können die Darlehen weder in Bargeld umgewandelt noch an Banken gegeben werden; sie können auch nicht für Geschäfte mit Nicht-Migliedern verwendet werden. Wir wollen daher im weiteren die Währungseinheiten des Wirtschaftsrings "Wir" nennen, um sie von den "normalen" Schweizer Franken unterscheiden zu können. Selbst wenn ein Mitglied aus dem Wirtschaftsring wieder austreten möchte, kann er seine Wir-Guthaben nicht in Schweizer Franken umtauschen. Dies bedeutet, daß die Kaufkraft, die der Kreditvergabeausschuß durch die Gewährung von Darlehen schöpft, zur Gänze innerhalb des Wirtschaftsrings bleibt und die Nachfrage nach den Angeboten der Mitglieder erhöht. Die Darlehen, die zu diesen Konditionen vergeben werden, sind sehr günstig. Im Jahre 1994 betrugen die Zinsen für die Kredite in Wir zwischen 1,75% und 2,5% – eine Abgabe, die lediglich dazu gedacht war, die Kosten der Verwaltung des Wirtschaftsrings zu decken.

Um den Wert des Wir zu sichern, verfolgt der Kreditvergabeausschuß des Wirtschaftsrings die Strategie, das Gesamtvolumen der Kredite auf ein Drittel des jährlichen Gesamtumsatzes in Wir zu beschränken. Die Rückzahlungen der Kredite erfolgen ausnahmslos in Wir, die die Kreditnehmer durch den Verkauf ihrer Güter und Dienstleistungen an andere Mitglieder verdienen. Lediglich die genannten Gebühren zwischen 1,75% und 2,5% der Kreditsumme müssen in der nationalen Währung gezahlt werden, da die Verwaltung nicht ganz ohne Schweizer Franken funktionieren kann. Alle anderen Abgaben werden in Wir erhoben: 11 Wir im Vierteljahr für die Mitgliederzeitschrift und den Katalog mit den Angeboten der Mitarbeiter und 0,6% jedes Wir-Schecks, um die Kosten der Kontoführung abzudecken.

Der Katalog von WIR enthielt im Sommer 1994 unter anderem 1.853 Architekten, 167 Rechtsanwälte, 18 Kaminfeger und 16 Bauunternehmer. Das Bau- und das Gaststättengewerbe sind die beiden am häufigsten vertretenen Branchen, aber man findet auch Astrologen, Klavierstimmer, Heiratsvermittler, Ahnenforscher und Magier – es gibt sogar einen Zirkus. Nicht alle Anbieter akzeptieren 100% der Zahlung in Wir; manche rechnen mit "gespaltenen" Preisen in Wir und Schweizer Franken. Aber da es bei den meisten Gütern und Dienstleistungen mehrere Anbieter gibt, findet sich fast immer mindestens einer, der für Mitglieder auch 100% in Wir abrechnet; manchmal ist dies auf einige Monate im Jahr beschränkt, in denen der entsprechende Anbieter in der Regel schlecht ausgelastet ist. Preise und Zahlungsmodalitäten werden in Wir wie in jeder anderen Währung festgesetzt. Wenn ein Anbieter einen "gespaltenen" Preis festsetzt, dann mußten bis vor kurzem zwei Schecks für jede Transaktion ausgestellt werden: einer in Wir und einer in Schweizer Franken. Seit Anfang 1995 gibt es Scheckformulare, die Eintragungen in beiden Währungen gleichzeitig zulassen.

Mit jedem neuen Mitglied wird bei dessen Eintritt besprochen, welchen Anteil des Preises für ein Produkt oder eine Dienstleistung es in Wir glaubt berechnen zu können. Nur wer einen Mindestanteil von 30% des Preises in Wir akzeptiert, wird als ordentliches Mitglied aufgenommen und kommt in den Genuß der oben erwähnten günstigen Kreditkonditionen. Wer einen geringeren Anteil in Wir abrechnen möchte, kann nur außerordentliches Mitglied werden und muß 3,5% für Kredite und eine Gebühr von 1,2% für jeden Scheck zahlen.

Der Wirtschaftsring wurde im Jahre 1934 von Dr. Werner Zimmermann und Paul Enz zusammen mit einigen Freunden gegründet, um die Geldknappheit in dieser Zeit zu überwinden. Die Gruppe war beeinflußt von den Schriften von Silvio Gesell und hatte sich einen Wahlspruch gegeben: "Freier Austausch von Gütern und Dienstleistungen ohne Ausbeutung unseres Nächsten und ohne Zwang durch die Regierung!" Hohe Zinsen wurden als eine Form der Ausbeutung betrachtet. Am Anfang wollte die Gruppe lediglich die Kreditlimits von Geschäftsleuten ausdehnen, die sich kannten und die einander vertrauten; wenn diese Geschäftsleute untereinander Geld leihen würden, bräuchten sie die Banken weniger in Anspruch zu nehmen, was ihre Kapitalkosten deutlich verringern würde. Es stellte sich jedoch bald heraus, daß es unverzichtbar war, ein objektives Sicherungssystem für Kredite aufzubauen.

Dieses Sicherungssystem erklärt zumindest teilweise, warum der Wirtschaftsring Erfolg hatte und warum andere Systeme, die etwa zu selben Zeit in England, Deutschland, Frankreich und Österreich entstanden waren, wieder verschwunden sind, ohne irgendwelche Spuren zu hinterlassen. Im Rückblick, den der Wirtschaftsring selbst aus Anlaß seines fünzigjährigen Bestehens veröffentlicht hat, wird jedoch die These aufgestellt, daß deswegen kein anderes System überlebt hat, weil diese die Bedeutung dessen, was sie da aufgebaut hatten, im Grunde gar nicht erkannt hatten und sich deshalb wieder selbst auflösten, als die Wirtschaftskrise vorüber war. Es gab natürlich in einigen Fällen auch Widerstände einschlägiger Interessen – Werner Zimmermann und Paul Enz berichten von Besuchen in Norwegen und Dänemark bei ähnlichen Kreisen, bevor sie den Wirtschaftsring gründeten; nach einigen Jahren mußten sie festellen, daß diese Kreise von staatlicher Seite und vermutlich nach Interventionen von Banken geschlossen worden waren.

Die Strukturen des Wirtschaftsrings spiegeln das ursprüngliche Konzept der Kleingruppe wider. Ende 1935 hatte der Wirtschaftsring bereits 3.000 Mitglieder, aber nur sechzehn davon hatten ein effektives Mitspracherecht. Nach 1939 wurden weitere Anteilseigener in diesen inneren Kreis aufgenommen, aber auch heute haben immer noch nur etwa 5% der Teilnehmer das Recht, sich an der Wahl des Vorstandes zu beteiligen.

Welche lokale Währung für welche Aufgaben?

Wära, Stempelgeld, Batzen, Zeit-Dollar, Wir, Reeks, Constants – eine Vielfalt an möglichen Währungssystemen steht einer gemeinwesenorientierten Wirtschaft zur Verfügung. Welches wäre für eine Größenordung von einigen zehntausend besonders geeignet? Die Antwort lautet: Fast alle, denn jedes dieser Systeme zeichnet sich durch spezifische Funktionen aus, und nur eine Kombination dieser Modelle kann alle diese Funktionen erfüllen.

Der erste Schritt besteht zweifellos darin, Tauschringe aufzubauen, wobei jeder die Anzahl seiner Mitglieder auf etwa 250 begrenzen sollte, so daß der notwendige soziale Zusammenhalt auch funktioniert. Diejenigen, die einem Tauschring weder beitreten wollen noch müssen, weil sie über ein ausreichendes Einkommen in Landeswährung verfügen, ihre Freizeit aber dennoch in die Dienste anderer stellen wollen, sollten ein Zeit-Verrechnungssystem in Erwägung ziehen. Geschäftsleute können ihr eigenes WIR-Modell etablieren, in welchem ihre Einheit und die Landeswährung den gleichen Wert haben, so daß sie sie in ihren Büchern nicht unterscheiden müssen. Hier muß die Kreditvergabe zuvor sehr viel strenger kontrolliert werden, als dies bei einem Tauschring der Fall ist, denn die Mitgliederzahl ist höher, der soziale Zusammenhalt niedriger.

Es gibt eigentlich keinen Grund, warum eine Region nicht auch ein Pendant zur Landeswährung haben sollte, das von jedem für alle Transaktionen verwendet werden kann. Dabei könnte es sich um eine Währung mit einem Güterstandard zur Absicherung handeln, wie Borsodi es vorschlug, die von einer Gruppe in einer Gemeinde oder einer Region verwaltet wird[64], um ein Währungssystem auf der Basis eines Energiestandards, die von einem oder mehreren Energieversorgungsunternehmen administriert wird, oder um eine regionale Währung, die durch einen Fonds in Landeswährung abgesichert und die von einer Gemeindeverwaltung ausgegeben wird. Die dafür notwendigen rechtlichen Grundlagen könnten ohne größere Probleme geschaffen werden. Es wäre auch durchaus vorstellbar, daß verschiedene Währungssysteme in einer Gemeinde oder Region parallel existieren. Es gäbe sicher ein paar Schwierigkeiten, sie würden aber durch computergestützte Kassen- und Buchhaltungssysteme auf ein Minimum reduziert werden können. Viele Geschäfte in Grenzgebieten bewältigen es heute ohne jede Probleme, drei oder vier Währungen in ihren Ladenkassen zu führen. Wenn eine Kombination mehrerer örtlicher Währungen mit einer nationalen oder einer internationalen Währung wie dem Euro eindeutig besser funktioniert als die nationale oder internationale Währung alleine, sollte dann dem Einwand der Händler, daß ihre Buchhaltung zu aufwendig würde, stattgegeben und deswegen ein solches System verhindert werden?

Viele Währungen zur gleichen Zeit?

In der Vergangenheit waren sehr oft unterschiedliche Typen von Geld am gleichen Ort und zur gleichen Zeit im Umlauf. Einige Zivilisationen der Antike verwendeten eine Form des Geldes, im allgemeinen Silber, für den Fernhandel und

---

64 Professor Lewis Solomon vom National Law Center an der George Wahsington Universität, Washington D.C., widmet fast ein Viertel seines Buches Rethinking our Centralized Monetary System: the Case for a System of Local Currencies, Praeger: New York 1996 lokalen Währungssystemen in Verbindung mit Gütern und den praktischen Schritten, die es zu unternehmen gilt, ein solches System aufzubauen, und liefert eine wichtige Übersicht über die gesetzlichen Aspekte, die bei einem solchen Aufbau in den USA zu berücksichtigen sind.

eine andere, wie zum Beispiel Gerste, als ihre Einheit für den Tauschhandel in der näheren Umgebung. Im Unterschied zum heute gängigen Währungssystem bedeutete dies, daß eine Knappheit an externen Währungseinheiten den internen Handel nicht behinderte.[65] Im Mittelalter wurden Münzen verschiedenster Länder oft gleichzeitig zur Zahlung bei einem größeren Handelsgeschäft verwendet; der Wert einer jeden Münze basierte auf dem Gewicht des Edelmetallanteils. Auch später noch waren Geldnoten von unzähligen privaten britischen Banken neben den Sovereigns der königlichen Münzprägeanstalt im Umlauf, und erst 1844 erhielt die Bank von England das Exklusivrecht, Papiergeld herauszugeben. Vorher reichte das Monopol nur bis zu 65 Meilen außerhalb Londons; daher konnten etwa zwanzig schottische Banken im Jahre 1800 ihr eigenes Geld herausgeben, wobei jede die Noten mit ihren eigenen Goldreserven deckte. Dieses System erwies sich als äußerst stabil: Zwischen 1727 und 1844 betrugen die Verluste für Noten-Eigner und Anleger nur 32.000 Pfund, das heißt, während der gesamten Zeit, in der die Banken Geldnoten ausgeben. Daher genossen die schottischen Noten bis hinunter nach Yorkshire gegenüber der britschen Währung eine besondere Vorliebe.[66] In Irland bestand im 18. Jahrhundert die Währung aus einer Mischung von ausländischen Münzen, Geldscheinen und Banknoten sowie Silber- und Kupfergeld auf lokaler Ebene – eine Folge des britischen Verbots, Gold- und Silbermünzen zur Zahlung von Importen ins Ausland zu exportierten.

Diese Vielfalt ist, wie in anderen Bereichen des Lebens, verlorengegangen. Die Geldschöpfung wurde standardisiert und nationalisiert, und obwohl Banken in Nordirland und Schottland immer noch Papiergeld mit ihrem Namen herausgeben, handeln sie nur noch als Vertreter der Bank von England. Der Staat hat aber nur bei der Ausgabe von Noten und Münzen eine Monopolstellung inne: Zwei andere wichtige Arten von Geld, nämlich Schecks und Kreditkarten, ermöglichen den Banken nach wie vor, Kaufkraft in eigener Regie zu schöpfen. Die diesbezüglichen Kontrollen von Zentralbanken erweisen sich als indirekt und ineffektiv. Barschecks gelten im Grunde als Beinahe-Währung, da sie in der Form der Überbringer-Schecks zur Abwicklung aufeinanderfolgender Transaktionen weitergereicht werden können; während eines elf Monate andauernden Bankenstreiks in Irland im Jahre 1970 konnte das Wirtschaftsleben dank dieser Barschecks fast ungehindert weitergehen.

Privat geschöpftes "elektronisches" Geld könnte bald das staatliche Bargeld und die Noten allesamt verdrängen. Die Inhaber dieser Art von "plastic money" haben schon heute eine Plastikkarte, die es ihnen ermöglicht, mittels eines Mobiltelefons oder eines Geldautomaten von ihrem Bankkonto Geld "aufzuladen". Die Karte kann bis zum Wert der dort gespeicherten Summe als Zahlungsmittel verwendet werden, indem einzelne Beträge von speziellen Lese-

---

65 Polyani, Karl (1957): "The economy as an institutes process", in: ders. u.a. (Hrsg.): Trade and Markets in the Early Empires. Chicago: Gateway.

66 White, Lawrence (1984): Free Banking in Britain: Theory, Experience, and Debate, 1800 – 1845, London: Cambridge University Press; ein ausgezeichneter bibliographischer Aufsatz über das freie Bankenwesen von Karl Schuler erschien in: Humane Studies Review, 1988, Vol. 6, Nr. 1; vgl. auch Hayek, Friedrich A. (1976): Denationalisation of Money, London: Institute of Economic Affairs.

geräten wie bei einer Telefonkarte heruntergelesen werden: Vor fünf Jahren war das noch Zukunftsmusik, heute ist es schon zum Alltag geworden. Ein nächster Schritt wird sein, daß die Karteninhaber im In- und Ausland bezahlen, denn die Lesegeräte können so konstruiert werden, daß sie automatisch die Währung der Karte in die Währung umrechnen, in welcher der Kauf getätigt wurde. Die Wahl der Währung wird somit durch die entsprechende "Ladung" auf die Karte völlig frei gewählt werden können. "Dies hätte dramatische Auswirkungen. Kleinere Währungen könnten fast verschwinden, gerade dann, wenn es irgendwelche Hinweise auf einen Kursverlust gibt, und auch härtere Währungen wären bei einer Schwäche nicht davor gefeit, daß Menschen sie nur noch in viel geringerem Ausmaß verwenden. Langfristige Stabilität bekäme für eine Währung eine noch größere Bedeutung, als dies heute schon der Fall ist."[67]

Aber obwohl der Staat das Geldangebot und die Ausgabe von Währungen heute nur partiell kontrollieren kann und, falls Keating recht hat, diese Kontrollmöglichkeit auch noch ganz verlieren kann, wird man doch von seiten staatlicher Behörden gegenüber lokalen Währungen mit einigem Widerstand rechnen müssen, und zwar in dem Moment, in dem die Behörden den Status quo gefährdet sehen. Der einzige Grund dafür, daß die Tauschringe bislang einigermaßen problemlos funktionieren konnten, ist der, daß sie eine so geringe Auswirkung haben auf das, was herkömmlich als die "wahre" Ökonomie erachtet wird, so daß man es nicht für nötig befindet, sie zu unterbinden. Die großen Banken, die die elektronischen Geldsysteme entwickeln, werden nicht widerstandslos zusehen, daß ihr Primat der Geldschöpfung in Frage gestellt wird, und sie werden in jenen Politikern, die auf einen Posten in ihren Aufsichtsräten spekulieren, bereitwillige Verbündete finden. Die Mächtigen geben ihre Macht nur in den allerseltensten Fällen freiwillig auf, und die Schwachen müssen Wege finden, mit dieser Tatsache umzugehen. Der Aufbau einer gemeinwesenorientierten Ökonomie bedarf der Möglichkeit, eigene Verrechnungseinheiten, eigene Währungen zu schaffen – und für dieses Recht wird gestritten werden müssen.

---

67 Interview mit Giles Keating, dem Leiter der weltwirtschaftlichen Abteilung der CS First Boston Bank in London, in der Financial Times vom 2. November 1995.

4. Ein eigenständiges Bankwesen

Hohe Zinsen sind nicht der einzige Weg, um in den Genuß hoher Kapitalerträge auf Sparguthaben zu kommen. Einrichtungen, die Beträge aus Sparguthaben wieder in der Gemeinde oder der Region investieren, erzielen nicht nur monetäre, sondern auch soziale Dividenden.

Verborgene Geldströme: von Arm zu Reich

Das ganze Jahr über schicken die drei Banken mit Zweigstellen in Westport im irischen County Mayo an jedem Werktag umgebaute Lastwagen in die umliegenden ländlichen Gebiete, um den Bewohnern zu ermöglichen, ihre Geldangelegenheiten zu regeln – und um Geld einzusammeln. Diese Lastwagen kommen mit viel Geld zurück. "Meine Filiale ist eine der erfolgreichsten im Land, was das Kapital angeht, das wir an unsere Hauptstelle überweisen können, die es dann anderswo verwenden kann", sagte einer der leitenden Angestellten, der heute im Ruhestand lebt, ganz stolz vor ein paar Jahren. "In dieser Region hier bekommen wir sehr viel mehr Einlagen als wir Kredite auszahlen."

Dieses Muster wiederholt sich fast überall in den ländlichen Gebieten Europas: Die Zweigstellen auf dem Lande sammeln sehr viel Geld ein. "Ich kenne Filialen im Westen Irlands, wo das Verhältnis von Einlagen zu Darlehen mancherorts 6 : 1 ist, aber das ist schon außergewöhnlich", sagte ein anderer pensionierter Bankmanager: "4 : 1 ist eher üblich, und das durchschnittliche Verhältnis von ganz Westirland entspricht 2 : 1, weil beispielsweise Gebiete wie Galway und Letterkenny stark expandieren und daher mehr ausgeben als sie einnehmen."

Trotz dieser klaren Aussagen der ehemaligen Manager findet man nur wenige veröffentlichte Statistiken, die das Ausmaß zeigen, in dem Geldinstitute den ländlichen Gebieten ihre finanziellen Ressourcen abziehen. Die Banken machen geltend, daß dies im wesentlichen daran liegt, daß sie die Daten über ihren Geschäftsbetrieb nicht so aufbereitet haben, daß man daraus leicht Informationen zu dieser Frage gewinnen könnte. Seit 1991 hat jedoch die Zentralbank Irlands Zahlen über Bankeinlagen des ländlichen Sektors gesammelt. Für das Jahr 1993 belegten diese Zahlen eine Schuldenlast irischer Farmer gegenüber den Banken von 1.225 Mio. Pfund, während die Banken bei den Landwirten mit insgesamt 946 Mio. Pfund in der Kreide standen. In dieser Statistik wurde aber das Kapital der Landwirte, das in Bausparkassen, Kreditgenossenschaften, Pensionskassen und anderen Investmentfonds steckte, nicht berücksichtigt – und angesichts der besseren Verzinsung dieser Anlageformen war das eine wesentlich größere Summe.[1] Der landwirtschaftliche Sektor erwies sich somit gegenüber anderen Wirtschaftszweigen als ein bedeutender Netto-Kreditgeber.

Professor Patrick Honohan vom Institut für Wirtschafts- und Sozialforschung in Dublin, der zahlreiche Untersuchungen über Geldflüsse zwischen einzelnen Wirtschaftszweigen durchgeführt hat, geht davon aus, obwohl er über

---

1 Vgl. Irish Farmers' Journal vom 27. Januar 1994.

keine exakte Datengrundlage verfügt, daß Sparguthaben aus ländlichen Gegenden und städtischen Notstandsgebieten wegfließen. "In allererster Linie verleihen Geldinstitute an solche Kreditnehmer, die den Anschein erwecken, ihre Pläne so verwirklichen zu können, daß sie ihren Kredit ohne jede Mühe zurückzahlen können. Aber solche Darlehensnehmer sind nun mal in wirtschaftlichen Notstandsgebieten nicht gerade zahlreich gesät."[2]

Das bedeutet, daß das Wirtschaftssystem ein sogenanntes "positives Feedback" erfährt: Wohlhabende Regionen bekommen wegen der höheren Verzinsung, die ihre wirtschaftlichen Aktivitäten erbringen, auch mehr Kapital, das sie dann auch noch wohlhabender macht. Aus ärmeren Regionen hingegen fließt das Kapital gleich wieder ab. Folglich geraten die ärmeren Gebiete weiter ins Hintertreffen, und den dort lebenden Menschen bleibt oft nichts anderes übrig, als sich in investitionsstarken Gegenden Arbeit zu suchen. Sie ziehen in die expandierenden Regionen, und ihre Ausgaben verstärken dort den Einkommenszuwachs, was wiederum die Möglichkeit weiterer Investitionen verbessert. Ein entscheidender Faktor für die Abwanderung junger Menschen aus den ländlichen Gebieten ist somit die Tatsache, daß deren Eltern zugelassen haben, daß ihre Ersparnisse vom herkömmlichen Bankensystem außerhalb ihrer Heimat angelegt wurden.

Positive und negative Rückkopplungen

Ökonomisch gesehen, ist diese Bevölkerungsverlagerung keinenfalls wünschenswert, ja sogar ineffizient, da die Abwanderungen einerseits zu wenig genutzten Vermögenswerten in wirtschaftlichen Randgebieten, andererseits zu einem Bevölkerungsdruck in den wohlhabenden Ballungszentren führen. Unglücklicherweise basiert die herkömmliche Volkswirtschaftslehre auf der Annahme, daß es aufgrund abnehmender Skalenerträge immer zu ausgleichenden und nicht zu sich aufschaukelnden Rückkopplungen kommt; Wirkungsketten wie die gerade beschriebene – mehr Investitionen ziehen Zuwanderer an, es kommt zu Kapitalzuflüssen und damit zu noch mehr Investitionen – werden daher oft nicht in den Blick genommen. Auf der Grundlage der traditionellen ökonomischen Theorie können daher kaum verwertbare Anregungen entwickelt werden, wie man diesen Kreislauf unterbrechen könnte.

W. Brian Arthur, Professor für Bevölkerungsstudien und Wirtschaftswissenschaften an der Stanford-Universität, ist einer der wenigen seines Berufsstandes, der sich daranmachte, die Konsequenzen einer sich selbst verstärkenden Wirkungskette herauszufinden:[3]

"Steigende Zinsen haben interessante Auswirkungen auf die Charakteristika der Volkswirtschaften. Es gibt viele mögliche Produktions- und Konsumptionsmuster auf der Welt, so daß man nicht vorhersagen kann, welches in

---

2 Brief vom 3. Februar 1994.

3 Arthur, W. Brian (1993): "Pandoras Marketplace", in: New Scientist v. 13. Februar 1993; vgl. dazu allerdings bereits Weber, Alfred (1922): Über den Standort der Industrien. 2. Aufl. Tübingen: J.C.B. Mohr.

Erscheinung treten wird. Dasjenige, das dann auftaucht, entwickelt sich organisch; das heißt, neue Betriebe und Industriezweige wachsen an dem, was bereits vorhanden ist. Das ist teilweise das Ergebnis historischer Zufälligkeiten – wer hat welches Unternehmen wo und wann gegründet. Wenn sie einmal entstanden sind, dann sind solche Konzentrationsprozesse schwer zu verlagern; sie sind quasi eingekapselt. Das heißt nicht unbedingt, daß in diesen Strukturen gleichzeitig die beste Allokation der Ressourcen verwirklicht ist. Selbst wenn alle Länder anfänglich gleiche Konzentrationsmuster in allen Industriezweigen aufgewiesen hätten, würde die geringste Störung des Marktgeschehens die ursprünglich gleichen Ausgangsbedingungen zunichte machen. Somit erwirbt eine Wirtschaft mit einem "positiven" Feedback in Form von steigenden Skalenerträgen ganz unterschiedliche Eigenschaften: Sie weist vielschichtige mögliche Produktions-Konsumptions-Muster auf, ist nicht vorhersagbar, geschichtsabhängig, teilweise nur schwer veränderbar, ineffizient und asymmetrisch.

Als ich das erste Mal auf diese Eigenschaften stieß, war ich überrascht – und fasziniert zugleich. Diese Eigenschaften verweisen auf theoretische Ursachen, nicht nur auf methodische Probleme, warum das Wirtschaftsgeschehen nicht vorhersagbar ist. Aber bloße Hinweise auf derartige Ideen hatten schon Wirtschaftswissenschaftler vorhergehender Generationen aufs Tiefste verunsichert. Im Jahre 1939 warnte der englische Wirtschaftswissenschaftler John Hicks vor den Folgen, wenn man versuchen würde, diese Befunde mit der gängigen Wirtschaftslehre in Einklang zu bringen: 'Der größere Teil dieser Wirtschaftstheorie wäre aufgrund der eben genannten Überlegungen zum Scheitern verurteilt.'"

Arthur verweist darauf, daß viele Wirtschaftszweige – insbesondere die Bereiche mit fortgeschrittener Technologie – keine abnehmenden Skalenerträge aufweisen:[4]

"Um ein neues Medikament auf den Markt zu bringen, ein Computer-Programm oder ein Passagierflugzeug herzustellen, müssen vielleicht Hunderte von Millionen Pfund in die Forschung und Entwicklung gesteckt werden. Ist die Produktion jedoch angelaufen, sind zusätzliche Exemplare vergleichsweise billig. Wenn ein Produkt erst einmal dem der Konkurrenz voraus ist, wird es weitere Kostenvorteile erhalten und dann noch marktbeherrschender sein. High-Tech weist zunehmende Skalenerträge auf."

Man muß den Folgen sich selbst verstärkender Wechselwirkungen aufgrund zunehmender Skalenerträge ganz offensichtlich mit wirtschaftspolitischen Instrumenten entgegentreten, wenn wirtschaftliche Aktivitäten sich möglichst gleichmäßig über das Land verteilen sollen und die wirtschaftliche Macht nicht in Händen weniger Großunternehmen konzentriert sein soll. Die meisten herkömmlichen Volkswirtschaftler sprechen sich jedoch energisch gegen solche Eingriffe aus und reagieren auf Vorschläge, wie beispielsweise neue örtlich ansässige Produzenten zu subventionieren, damit diese dem Wettbewerb etablierter Wirtschaftsgiganten aus Übersee standhalten können, mit dem warnenden Hinweis, daß solch ein Kurs eine Einschränkung der freien Marktwirtschaft bedeute und zu einer ungeheuren Ineffizienz führen würde. Diese Reaktion ignoriert

---

4 Ibid.

jedoch die zahlreichen Beweise, daß der Markt selbst derartige Ineffizienzen hervorbringen kann und daß daher Interventionen notwendig sind, um diese zu korrigieren: Nicht zuletzt ignoriert eine solche Haltung auch den historischen Befund, daß die Regierungen von wirklich jedem Land des europäischen Kontinents ihre jungen Industriezweige schützten, um ihnen eine Möglichkeit zu geben, die britische Vormachtstellung während der industriellen Revolution aufholen zu können.

Die Vorstellung, am Markt durch Beschränkung der Kapitalflüsse zu intervenieren, ist für viele Wirtschaftswissenschaftler heute geradezu undenkbar, da es Investoren davon abhalten würde, ihr Geld immer dorthin zu transferieren, wo es gerade den höchsten Ertrag verspricht. Die gängige Ansicht herkömmlicher Ökonomen ist, daß der größte Nutzen für die Allgemeinheit erreicht wird, wenn die Ersparnisse am produktivsten genutzt werden: "Produktiv" wird dabei stillschweigend mit "profitabel" – und zwar profitabel für die Kapitalbesitzer – gleichgesetzt.

Die Existenz sich selbst verstärkender Wechselwirkungen der beschriebenen Art bedeutet, daß nicht allein Kapitalbewegungen über Landesgrenzen hinweg schädlich sein können. Beträchtliche und kontinuierliche Kapitalflüsse von einem Landesteil in einen anderen können ebenfalls erhebliche Momente der Destabilisierung sein, weil sie in einer Gegend zu Wachstum, in einer anderen Gegend aber zu wirtschaftlichem Abschwung führen. Wenn von politischer Seite diese Gefahr jedoch nicht erkannt wird, müssen gefährdete Gemeinden, wenn sie denn wirtschaftlich überleben wollen, solche Kapitalflüsse aus eigener Kraft beschränken.

Erweiterung der Publizitätspflicht von Banken

Eine Möglichkeit besteht in dem Versuch, eine Übersicht aller Kreditinstitute der Gegend zu erstellen, aus der ersichtlich wird, in welchem Verhältnis jeweils bei den einzelnen Banken die Sparguthaben zu den Krediten in der Region stehen. Solch eine Übersicht würde es den Bewohnern einer Region ermöglichen, ihre Ersparnisse bei den Banken anzulegen, die sie am ehesten in der Region halten, wodurch die Konkurrenz wiederum angehalten würde, den Anteil ihrer lokalen Kredite zu erhöhen. Leider steht es jedoch zu vermuten, daß es sich als unmöglich erweisen wird, außerhalb der USA, wo die entsprechenden Daten aufgrund des "Community Reinvestment Act" jederzeit zugänglich sind, eine solche Übersicht zuverlässig zu erstellen. Überall sonst verweigern die Banken die notwendigen Zahlen gerne mit dem Argument, daß die Kontoinhaber nicht unbedingt in der gleichen Gemeinde wohnen, in der die entsprechende Zweigstelle liegt, so daß derartige Statistiken fehlerhaft seien und man daraus falsche Schlüsse ziehen könnte.

Die Gegenargumente – man könnte mit Hilfe der bankeigenen Computer ganz leicht die Adressen der Kontoinhaber herausfinden, und selbst unvollständige Daten wären besser als keine – werden wohl kaum den Standpunkt der Banken ändern. Wenn die Banken aber nicht überzeugt werden können, hier mitzuarbeiten, wird sich dieser Ansatz außer durch eine Änderung der Gesetzgebung nicht verwirklichen lassen. Trotzdem ist der Versuch, Daten zusammenzustellen, schon allein deshalb der Mühe wert, um der Bevölkerung die potentiellen Auswirkungen von Geldflüssen zu Bewußtsein zu bringen. Darüber hinaus werden sich durch die schier unvermeidliche Weigerung der Bankgesellschaften, den Sparern mitzuteilen, wie und vor allem wo sie deren Guthaben verwenden, einige Menschen in dem Vorsatz bestärkt sehen, eigene Mechanismen zu entwickeln, mit Hilfe derer ihr Kapital in lokale Projekte fließen kann, ohne daß Außenstehende sich auf nicht nachvollziehbare Weise einmischen.

Überregionale Banken: ineffizient für arme Regionen

Es gibt einige Gründe, die dafür sprechen, die Einmischung fremder Banken in die wirtschaftlichen Angelegenheiten einer Gemeinde oder einer Region zu unterbinden oder zumindest drastisch einzuschränken. Ein Grund besteht darin, daß die Inanspruchnahme von Dienstleistungen einer externen Bank, die genausogut innerhalb der Gemeinde nachgefragt werden könnten, für diese Gemeinde eine erhebliche Minderung der Kaufkraft mit sich bringt. Dies kann nur durch den Verkauf von Gütern und Dienstleistungen nach außerhalb kompensiert werden, was die Abhängigkeit von extern bestimmten ökonomischen Mechanismen wiederum festigt. Die Landwirte, die – wie oben geschildert – den irischen Banken im Jahre 1993 Einlagen in Höhe von 943 Mio. Pfund zur Verfügung gestellt haben, bekamen darauf etwa 10 Mio. Pfund an Zinsen, während die Bauern, die den gleichen Betrag als Kredit aufnahmen, etwa 113 Mio. Pfund für dieses Privileg bezahlten. Auf diese Weise entstand dem Agrarsektor des Landes ein Nettoverlust von 100 Mio. Pfund. Nicht die ganze Differenz hat die ländlichen Regionen verlassen; ein Teil davon ist sicher zum Beispiel zur Zahlung der Gehälter der Bankangestellten verwendet worden und somit in den lokalen Umlauf an Landeswährung zurückgeflossen. Da jedoch die Kosten einer Zweigstelle im Normalfall höchsten halb so hoch sind wie der Gewinn, den sie erwirtschaftet, bedeutet die Inanspruchnahme einer externen Bank zum Geldtransfer von einer Gruppe von Landwirten zu einer anderen einen erheblichen Abfluß der Reingewinne des Agrarsektors aus ländlichen Gebieten.

Der wichtigste Grund, den Umlauf lokaler Geldflüsse zu verkürzen, ist jedoch der, der im zweiten Kapitel besprochen wurde: Wenn nämlich Ersparnisse erst einmal über den mahagonifarbenen Schalter der Bank gewandert sind, werden sie den Gemeinden, aus denen sie kommen, nicht wieder zugeführt, es sei denn, zu Kapitalmarkt-Konditionen, die auf dem Weltmarkt festgesetzt werden. Diese Zinssätze haben weder etwas mit Bedingungen einer gemeinwesenorientierten Ökonomie zu tun noch berücksichtigen sie den möglichen Ertrag eines lokalen Unternehmens, das mit lokalen Ressourcen für die Nachfrage in seiner Region produzieren will und sich gegen den kostengünstigsten Hersteller behaupten muß, dessen Produkte vom "globalen Markt" auch in diese Region kommen. Wie ebenfalls schon besprochen, sind die Zinssätze auf den globalen Kapitalmärkten so extremen Schwankungen unterworfen, daß sich Darlehenskosten innerhalb eines kurzen Zeitraums bis zu 100% ändern können. Sie gefährden daher die Existenz eines jeden Unternehmens, das mit Fremdkapital arbeitet.

Kreditgenossenschaften: die Anfänge

Nicht überall muß man unbedingt ganz von vorne anfangen, um ein lokales Banksystem aufzubauen. Irland und Großbritannien verfügen bereits über etwa 1.000 unabhängige genossenschaftlich geführte Organisationen, die sich bemühen, die Ersparnisse ihrer Mitglieder zu stabilen Zinssätzen am Ort wieder anzulegen: die sogenannten Kreditgenossenschaften. In Irland hatte diese Bewegung ihre Anfänge im Jahre 1958, das britische Pendant begann seine Tätigkeit 1964, erfuhr aber erst in den späten achtziger Jahren eine weite Verbreitung. Heute öffnet ungefähr jede Woche eine weitere britische Kreditgenossenschaft. Besonders populär ist diese Bewegung aber in den Vereinigten Staaten mit 66 Mio. Mitgliedern – fast ein Drittel der Bevölkerung.[5] Irische Kreditgenossenschaften hatten im Jahre 1993 bei einer Bevölkerungszahl von 5,14 Mio. – inklusive Nordirland – rund 1,33 Mio. Anteilseigner und weisen somit eine recht gute Streuung auf.

Die Kreditgenossenschaftsbewegung hat ihre Ursprünge in einer Darlehensbank, die vom Bürgermeister von Weyerbusch in Deutschland ins Leben gerufen wurde: Friedrich Wilhelm Raiffeisen.[6] Er war entsetzt über die Machenschaften von Geldverleihern, die während der Hungersnot von 1846/47 "die ländliche Bevölkerung wie Vampire aussaugte"[7]. Die Raiffeisen-Kreditgesellschaften entstanden überall in Deutschland, und die Gründer der irischen Kreditgenossenschaftsbewegung, Horace Plunkett und George Russell, verwendeten dieses Modell für ihre landwirtschaftlichen Kreditgesellschaften, die auch "Dorfbanken" genannt wurden und die um die Jahrhundertwende entstanden.[8] Bis Mitte der fünfziger Jahre hatten von den ursprünglich 310 gegründeten Dorfbanken nur 176 überlebt, und ihr Aktivitätsradius war ziemlich begrenzt; fast die Hälfte von ihnen war so desorganisiert und mit uneinbringlichen Außenständen belastet, daß sie ihrer eigenen Rechtspflicht, Zinsen auf die Einlagen zu zahlen, nicht mehr nachkommen konnten.

---

5 Die US-amerikanischen Kreditgenossenschaften haben im Internet eine gemeinsame Website eingerichtet, die umfassende Informationen erschließt: http://www.webdms.com/culinks.html.

6 Zu Raiffeisen und den Anfängen der Kreditgenossenschaftsbewegung vgl. u.a. Klein, Michael (1997): Leben, Werk und Nachwirkung des Genossenschaftsgründers Friedrich Wilhelm Raiffeisen (1818 – 1888), dargestellt im Zusammenhang mit dem deutschen Protestantismus. Köln: Rheinland-Verlag; Arnold, Walter/Lamparter, Fritz (1996): Friedrich Wilhelm Raiffeisen. Neuhausen/Stuttgart: Häussler; Froschauer, Manfred/Sandgruber, Roman/Schneider, Friedrich (1994): Theorien und Grundsätze Raiffeisens und ihre Auswirkungen auf die moderne Raiffeisen-Geldorganisation. Linz: Trauner.

7 Raiffeisen, Friedrich Wilhelm (1887): Die Darlehenskassen-Vereine [5. Aufl.] Neuwied: Ländliche Genossenschaftsbibliothek, Neudruck 1951.

8 Plunkett, Horace (1902): Memorandum on Agricultural Education for Ireland. Dublin: Dept. of Agriculture and Technical Instruction.

Erfolgreicher arbeitete das Raiffeisen-Modell in den USA und in Kanada: Bei dem Crash im Jahre 1929 geriet keine amerikanische Genossenschaftsbank in solche Schwierigkeiten, daß sie zahlungsunfähig geworden wäre. Bis zum Jahre 1955 gab es 16.201 US-amerikanische Kreditgenossenschaften mit insgesamt ungefähr 3 Mio. Mitgliedern. Viele Genossenschaften hatten Mitglieder, die alle im gleichen Betrieb arbeiteten. Aufgrund von Informationen und vielen Ermutigungen seitens der Mitglieder derartiger Kreditgenossenschaften gelang es der Lehrerin Nora Herlihy im Jahre 1958, die erste dieser Einrichtungen in Irland zu gründen. Die erste britische Kreditgenossenschaft entstand in Wimbledon, nachdem in ähnlicher Weise ein Erfahrungsaustausch mit Nova Scotia stattgefunden hatte.

Kreditgenossenschaften: Funktionsweise und Nutzen

Vor der Aufnahme in eine Kreditgenossenschaft müssen neue Mitglieder nachweisen, daß sie mit den bereits eingetragenen Mitgliedern etwas gemein haben – entweder daß sie in derselben Region leben oder daß sie, im Falle einer Mitarbeitergenossenschaft, in ein und demselben Unternehmen beschäftigt sind. Wenn ihr Antrag genehmigt ist, müssen sie einen Mindestanteil erwerben, der oftmals nur symbolischen Charakter hat – viele irische Kreditgenossenschaften verlangen einen Anteil von nur einem Pfund. Jede Art von hinterlegten Sparguthaben – in Irland bis zu maximal 6.000 Pfund, in Großbritannien bis zu 5.000 Pfund – werden ebenfalls wie Anteile gehandhabt, weil sie dazu beitragen, das verfügbare Kapital der Genossenschaft zu erhöhen.[9]

Anteilseigner erhalten auf ihr Geld keine Zinsen, sondern Dividenden, deren jeweilige Höhe von der Ertragslage der Genossenschaft abhängt. Anteile können jederzeit gekündigt werden, wobei dem Leiter der Genossenschaft die Möglichkeit gegeben ist, eine Kündigungsfrist von sechzig Tagen zu fordern, um die Liquidität der Genossenschaft zu sichern. Bei den meisten Kreditgenossenschaften werden die Anteile, wenn das entsprechende Mitglied einen Kredit laufen hat, nicht ausgezahlt, sondern als Teilsicherheit gehalten. Diese Vorgehensweise kann die Kreditgewährung für die Genossenschaft jedoch verteuern. Vor kurzem haben gut funktionierende irische und britische Kreditgenossenschaften steuerfreie Dividenden von ungefähr 6% auf die Anteile ausgeschüttet und einen jährlichen Zinssatz von 12,68% auf ihre Kredite berechnet. Als Folge davon zahlt jeder, der einen Kredit benötigt, aber zu loyal ist, um seine Genos-

---

9 Beträge über 6.000 Pfund gelten bis zu einer Höhe des voll eingezahlten Kapitalanteils bei irischen Kreditgenossenschaften nicht als Anteile, sondern als Spareinlagen. Die Leitung der Genossenschaft zahlt hierauf variable Zinsen, wobei der Zinssatz nach den Gegebenheiten jeweils neu festgelegt wird. Die Zinszahlungen sind aber weder abgedeckt noch können die Einlagen – zumindest nach irischem Gesetz – an Mitglieder verliehen werden: Sie werden von der Effektenverwaltung einer der Banken lediglich in Staatsanleihen investiert. Auch diese Geldmittel tragen daher in gewisser Weise zum Abfluß von Landeswährung aus einer Gemeinde bei. Das einzige, was man dieser Anlageform zugute halten kann, ist, daß die Kreditgenossenschaften dadurch ihre laufenden Kosten decken können.

senschafts-Anteile *zuvor* zu verkaufen, seiner Kreditgenossenschaft etwa 6,5% Zinsen, um *sein eigenes* Kapital zu beleihen. Das einzig beruhigende bei diesem Arrangement ist die Sicherheit der Kreditnehmer, daß im Falle ihres Todes der Kredit vollständig abgeschrieben und ihrem Vermögen der doppelte Wert ihrer Anteile gutgeschrieben wird.

Das Risiko des Verlustes von Anteilen in einer Kreditgenossenschaft aufgrund einer Zahlungsunfähigkeit der Kreditnehmer oder durch Unterschlagung von Geschäftsführern ist durch Versicherungen abgedeckt. In Irland oder Großbritannien hat noch nie ein Sparer Geld verloren. Kreditgenossenschaften haben in der Regel erstaunlich wenige uneinbringliche Außenstände, zum einen wegen der gemeinsamen Verpflichtung, zum anderen aufgrund des Charakters und des Ethos der Bewegung. Im Jahre 1992 hatte die Kreditgenossenschaft in Westport die Befürchtung, Anleihen in Höhe von 8.826 Pfund abschreiben zu müssen, wobei die Darlehenssumme insgesamt etwa 3 Mio. Pfund betrug – ein Ergebnis, auf das viele Banken neidisch wären. Eine weitere Sicherheitsklausel sowohl in Irland als auch in Großbritannien liegt in der regelmäßigen Einsicht der Bücher durch genossenschaftseigene Rechnungsprüfer – neben der üblichen Prüfung durch eine staatliche Aufsichtsbehörde.

Selbst in Frank Capras Film-Klassiker "Ist das Leben nicht schön?" bedurfte es eines Engels, um dem Leiter einer Kleinstadtbank nahezubringen, welch einen Unterschied es für seine Gemeinde machte, ob er lebte oder nicht. Wie sollen dann erst Normalsterbliche in der Lage sein, die Nutzen von Kreditgenossenschaften zu bewerten? Ihre Existenz ist zweifelsohne von entscheidender Bedeutung: Sie helfen den Mitgliedern, sich von Geldverleihern zu befreien und Spargewohnheiten entwickeln zu können. Ein Gründungsmitglied der ersten irischen Kreditgenossenschaft, die für Mitarbeiter eines einzigen Unternehmens eingerichtet wurde, schrieb an Nora Herlihy: [10]

"Eine gute Sache hat das Ganze für unsere Mitglieder: Keines von ihnen wird jemals wieder das Büro eines Geldverleihers betreten. Einige von uns mußten für einen Kredit von 10 Pfund Zinsen in Höhe von 2 Pfund 10 Schilling zahlen – Kapital nebst Zinsen waren in 25 wöchentlichen Raten zu 10 Schilling fällig. Die Kreditgenossenschaft verlangt für eine ähnliche Summe etwa ein Achtel dieses Betrags, und das Geld verbleibt zu unserem Nutzen in der Kreditgenossenschaft."

Selbst heute noch, sagte Graham Tomlin, der Präsident der kürzlich gegründeten Kreditgenossenschaft für Angestellte der British Airways, befinde man sich im Konflikt mit Kredithaien, die in irischen und britischen Gemeinden nach wie vor ein gravierendes Problem darstellten.[11]

In Großbritannien haben Kreditgenossenschaften eine weitere Funktion übernommen: Überschuldeten Kommunen, zu denen die kommerziellen Banken ihre Beziehungen abgebrochen haben, bieten sie Bankdienste an. Die St. Columba Kreditgenossenschaft in Bradford, die ihre Geschäfte nach ihrer Gründung Mitte der siebziger Jahre in den Räumlichkeiten einer Kirchengemeinde

---

10 Culloty, Andrew (1990): Nora Herlihy – Credit Union Pioneer. Dublin: Irish League of Credit Unions, 77.

11 Vgl. Guardian vom 26. Juni 1993.

aufnahm, reagierte auf die Schließung einer Zweigstelle der "Trustee Saving Bank" im Jahre 1991 mit dem Erwerb eigener Geschäftsräume in diesem Stadtteil. "Für die hier wohnenden Geringverdienenden und Rentner bedeutete die Schließung der Zweigstelle, daß sie in die Stadt fahren mußten, um ihre Rechnungen zu begleichen", sagte der Geschäftsführer. "Wir haben jetzt 720 Mitglieder, es werden täglich mehr, und wir verfügen über Guthaben in Höhe von 250.000 Pfund. Wir bezeichnen uns als eine Gemeinde-Bank nach dem Motto 'Alles unter einem Dach'."[12] "Southwark Council" gründete aus den gleichen Beweggründen im Süden Londons die erste "Hauptstraßen-Kreditgenossenschaft". In fünf der 39 Stadtbezirke von Birmingham gibt es keine Bank oder Bausparkasse mehr, weitere sechs verfügen nur noch über eine einzige Zweigstelle. Um dieses Defizit auszugleichen, entstand die "Birmingham Credit Union Development Agency". Sie hat sich zum Ziel gesetzt, beim Aufbau von Kreditgenossenschaften zu helfen, denn 28% der Einwohner Birminghams haben keine Bank mehr in der Nähe, oder die letzte Zweigstelle im Stadtteil ist dabei zu schließen.

Aber können Kreditgenossenschaften nicht mehr, als nur als "Bank für Arme" zu fungieren? Einer der Gründe, warum die Kreditgenossenschaften in Irland eine wesentlich stärkere Position als in England haben, liegt darin, daß die Iren sie weitgehend nicht als eine Bank für die Menschen betrachten, die sich kein "richtiges" Bankkonto leisten können: Sie gelten als Service-Einrichtung einer Gemeinde, und die Wohlhabenderen sparen nicht nur mit ihrer Hilfe, sondern spielen auch bei ihrer Geschäftsführung eine wichtige Rolle. Könnten sie nicht niedrige und auch stabile Zinssätze anbieten, um Gemeinden bei ihren Vorhaben der Nutzung lokaler Ressourcen zur lokalen Bedürfnisbefriedigung im Wettbewerb mit Gütern und Dienstleistungen, die von außerhalb der jeweiligen Region geliefert werden, zu unterstützen? Oder sollten Kommunen andere Formen der Finanzierung entwickeln, um dieser Aufgabe gerecht zu werden?

Kreditgenossenschaften sind gegenwärtig nicht auf Darlehen für kleine Unternehmen eingerichtet. Die meisten Geschäftsführer und Mitglieder denken eher in sozialen als in ökonomischen Kategorien – nebenbei, ein Charakteristikum auch vieler Tauschringe. Obwohl ihre Zinssätze in der Regel nicht nur niedriger als auf den üblichen Finanzmärkten sind, sondern sich als erstaunlich stabil erweisen, waren sie in den letzten Jahren dennoch für jeden, der einen Kredit für nicht-spekulative Unternehmungen benötigte, nicht tragbar, denn sie beliefen sich auf ungefähr das Doppelte der Sätze, die die kommerziellen Banken von großen, etablierten Unternehmen verlangten.

Beispiele: Credit Unions in Blessington und Tallow

Die wenigen Kreditgenossenschaften, die sich dafür aussprechen, Ersparnisse in den Aufbau lokaler Ökonomien fließen zu lassen, haben oftmals Geschäftsräume eingerichtet, von denen aus Kleinunternehmen gut operieren können. Ein Beispiel dafür ist die "Blessington Credit Union" im Regierungsbezirk Wick-

12 In einem Telefongespräch im Sommer1995.

low, die 1987 im Ganzen 90.000 Pfund in den Kauf und die Renovierung eines baufälligen Gerichtsgebäudes – das architektonische Stadtzentrum – für die eigene Nutzung und zur Vermietung von Büroräumen investierte. 1992 kamen noch einmal 84.000 Pfund für den Bau eines Geschäftszentrums mit fünf Einheiten anstelle des verwilderten Gartens auf der Rückseite des Gebäudes hinzu.

Das beste Beispiel in Irland jedoch liefert wohl Tallow, ein Dorf mit 900 Einwohnern im Regierungsbezirk Waterford, dessen Kreditgenossenschaft 1968 von 16 Einwohnern gegründet wurde. Die ehrenamtliche Sekretärin der ersten Stunde war Sheila Ryan. "Es hat fünf Jahre gedauert, bis wir ernst genommen wurden", sagte sie:[13] "Richtige Kredit- und Glaubwürdigkeit genossen wir aber erst, als wir 1975 in der Lage waren, unsere eigenen Geschäftsräume für die Summe von 4.000 Pfund zu erstehen. Wir hielten zu der Zeit nur Anteile in Höhe von 12.000 Pfund und nahmen daher bei der Kanturk-Kreditgenossenschaft einen Kredit mit einer Laufzeit von fünf Jahren auf, den wir aufgrund der immensen Resonanz auf die Eröffnung der Geschäftstelle jedoch innerhalb von drei Monaten zurückzahlen konnten."

Die ganze Arbeit für die Kreditgenossenschaft geschah bis 1984 auf ehrenamtlicher Basis; erst dann wurde Sheila Ryan als fest angestellte Geschäftsführerin bezahlt. "Das ehrenamtliche Engagement ist zwar von großer Bedeutung, die Mitglieder verlangen aber auch professionelle Dienstleistungen." Ihre bezahlte Beschäftigung ließ der Leiterin freie Hand, ihrer tatsächlichen Aufgabe nachzugehen, nämlich die Ziele und die Geschäftspolitik der Organisation festzulegen. "Der Vorstand der Kreditgenossenschaft war über den Anstieg der Arbeitslosigkeit im Ort äußerst besorgt und förderte daher die Gründung einer Tallow-Unternehmensgruppe. Wir boten dieser Gruppe unsere Büro- und Konferenzräume an, aber sie blieben aufgrund des wohl mangelnden Vertrauens seitens der Arbeitslosen ungenutzt."

Daher mußte man einen anderen Weg einschlagen: Ein Anwalt, ein Wirtschaftsprüfer und drei der Vorstandsmitglieder, die sich inzwischen selbständig gemacht hatten, wandelten die Unternehmensgruppe um und boten im obersten Stockwerk des Gebäudes der Kreditgenossenschaft Fortbildungskurse an. 27 Leute nahmen daran teil, und von diesen machte sich etwa die Hälfte selbständig. Aber von wo aus sollten diese neuen Geschäftszweige tätig werden? 1989 beschloß der Vorstand – anstatt den 21. Geburtstag der Organisation mit einer verschwenderischen Dinnerparty zu feiern, wie andere dies vielleicht getan hätten – ein vierstöckiges, baufälliges Getreidelager für 3.500 Pfund zu kaufen. Für die Renovierung mußten noch einmal 10.000 Pfund aufgewendet werden, dann konnte es von der Unternehmensgruppe genutzt werden. Dies hieß nicht, daß es kein Geburtstagsessen gab: Die Mitglieder der Kreditgenossenschaft bereiteten ein Essen vor und servierten es in dem instandgesetzten Gebäude, dem Nora-Herlihy-Haus.

In den neuen Räumen gab es nun eine Spielgruppe, eine Kinderkrippe und eine Bilderrahmenwerkstatt, außerdem noch eine Firma, die Sekretariatsdienste anbot, und ein Unternehmen, das Produkte aus Kunststoff vermarktete. "Das Gebäude dient nicht nur als Gründerzentrum", sagte Sheila Ryan,

---

13 Interviews im Sommer 1995 und im Mai 1998.

"sondern wird auch für Unterrichtszwecke und für Ausstellungen wie zum Beispiel für das Internationale Skulpturen-Festival von Tallow genutzt."

1993 war das ehemalige Getreidelager räumlich völlig ausgelastet, und der Vorstand der Kreditgenossenschaft entschloß sich daher, die Räumlichkeiten eines Kraftfahrzeughändlers zu kaufen, der in Konkurs gegangen war. "Der Preis für ungefähr 2.000 Quadratmeter lag bei 35.000 Pfund", bemerkte Sheila Ryan, "aber wir waren der Meinung, erst ein Angebot abgeben zu können, wenn uns die Familie des Besitzers grünes Licht dafür gab, weil wir nicht von dem Mißgeschick der Leute hier profitieren wollten." Die Erlaubnis wurde erteilt, aber ein neues Problem tauchte auf: Ein Vertreter der Aufsichtsbehörde für Kreditgenossenschaften war drei Jahre zuvor in Tallow gewesen und hatte die Ansicht vertreten, es sei nicht Aufgabe einer Kreditgenossenschaft, ein Geschäftszentrum zu besitzen und zu betreiben. Dies untergrub natürlich das Vertrauen einiger Geschäftsinhaber. "Aber", so betonte Sheila Ryan, "er hatte nichts schriftlich hinterlegt. Wenn wir gegen irgendwelche Gesetze verstoßen hätten, hätte er dies sicherlich schriftlich festgehalten. Es war lächerlich, wir besaßen ein Geschäftszentrum, was 60.000 Pfund wert und mit nur 10.000 Pfund in unseren Büchern registriert war, und der Rechtspfleger war nicht zufrieden damit."[14]

Anstatt die Werkstatt selbst zu kaufen, lieh die Kreditgenossenschaft daher der Unternehmensgruppe das nötige Kapital, die das Anwesen an ihrer Stelle erwarb und mit 100.000 Pfund aus Regierungssubventionen und "weichen" Krediten instandsetzte. "Diese Lösung machte keinen großen Unterschied, denn die Gruppe arbeitet sowieso mehr oder weniger als Unterausschuß der Kreditgenossenschaft", berichtete Sheila Ryan weiter: "Es wäre jedoch besser gewesen, wenn wir es direkt hätten kaufen können, da wir dann ein weiteres Plus in unseren Büchern zu verzeichnen gehabt hätten. Ich denke, daß die Gruppe das Eigentumsrecht wohl irgendwann auf die Kreditgenossenschaft übertragen wird." Nach der Wiederinstandsetzung der Werkstatt zogen die bisher im Nora-Herlihy-Haus tätigen Geschäftszweige dorthin um und ermöglichten einem Unterrichtszentrum für Erwachsenenbildung, seine Arbeit in ihren ehemaligen Räumlichkeiten aufzunehmen.

1995 beschäftigte die "Tallow Area Credit Union" vier Vollzeitkräfte, hatte fast 3.000 Mitglieder und verfügte über Einlagen von 3 Mio. Pfund. Statistisch gesehen ist sie eine der kleineren Kreditgenossenschaften in Irland, was ihre Leistungen noch bemerkenswerter macht. Klein wird sie nicht lange bleiben, ihre Wachstumsrate ist geradezu exponential – es dauerte elf Jahre, bis man 100.000 Pfund an Einlagen hatte, und zwanzig Jahre, um die erste Million zu erreichen; für die zweite Million brauchte es nur vier Jahre und für die dritte nur noch zwei. 1998 hatte die Kreditgenossenschaft fast 4.000 Mitglieder, fünf Vollzeitbeschäftigte und über 5,2 Mio. Pfund Einlagen. Dies liegt zum Teil an der attraktiven Geschäftspolitik. "Obwohl wir uns das Recht auf eine Frist von

---

14 Übrigens wären der Kauf und die Umwandlung des Tallow-Getreidelagers in Großbritannien tatsächlich ungesetzlich gewesen. Gemäß der Kreditgenossenschaftsverordnung aus dem Jahre 1975 wird dort der Kauf von Eigentum, außer zum eigenen Gebrauch, untersagt.

sechzig Tagen bei Auszahlungen eingeräumt haben, mußten wir noch niemanden länger auf sein Geld warten lassen als es dauert, um den Safe zu öffnen", sagte Sheila Ryan. "Noch haben wir bislang jemals verlangt, daß jemand gegen seine Anteile einen Kredit aufnimmt. Zum einen ist es nicht fair, zum anderen kann man es bei entsprechender Liquidität durchaus vermeiden. Normalerweise halten wir zwischen einem Drittel und einem Viertel der gesamten Einlagen in kurzfristigen Wertpapieren oder anderen liquiden Anlageformen."

Die Tallow-Kreditgenossenschaft vergibt relativ viele Kredite an Mitglieder, die diese dann in ihre eigenen wirtschaftlichen Aktivitäten investieren. "In einer größeren Stadt würde es sich als sicherlich schwieriger erweisen", meinte Sheila Ryan, "aber wir kennen unsere Mitglieder, und wenn eine Familie ehrlich arbeitet, kann man eigentlich davon ausgehen, daß die Kinder es auch tun werden, obwohl immer einmal das sprichwörtliche schwarze Schaf dabei ist. Manchmal wissen wir schon eine ganze Menge über ein Projekt, bevor man mit der Nachfrage um einen Kredit an uns herantritt, weil es im Vorfeld von der Unternehmensgruppe bewertet wurde; das muß aber nicht immer so sein. Kürzlich haben wir an zwei Mitglieder einen Kredit in Höhe von jeweils 12.500 Pfund vergeben, damit sie ein gemeinsames Projekt starten können. Die Gesamtsumme von 25.000 Pfund entspricht ungefähr dem Höchstbetrag, mit dem wir ein einzelnes Projekt finanzieren. Die Risiken bei dieser Art von Kredit liegen höher, aber wir müssen die Kredite streuen.

Sheila Ryan ist der Meinung, daß das Hauptproblem mit Geschäftskrediten von Kreditgenossenschaften in der Kürze der Laufzeit lag: Per Gesetz mußten sie sowohl in Irland als auch in Großbritannien innerhalb von fünf Jahren zurückgezahlt werden. Früher gab es in Irland kein Limit bezüglich der Höhe von Krediten an Mitglieder, solange die Summe nicht 10% der gesamten Einlagen der Kreditgenossenschaft überschreitet; in Großbritannien lag das obere Kreditlimit bei 5.000 Pfund. Nach einer Änderung der gesetzlichen Bestimmungen dürfen irische Kreditgenossenschaften jetzt längerfristige Darlehen vergeben; dafür wurde ein oberes Kreditlimit von 30.000 Pfund oder 1,5% der Gesamteinlagen der Genossenschaft für einen einzelnen Kredit festgesetzt.

1994 zahlten die irischen Banken ihren Privatkunden etwa 0,5% Zinsen auf deren Girokonten, der Zinssatz für Kredite für Kleinunternehmen lag zwischen 8 und 10,25%, für Großunternehmen bei 6,65%. Die Kreditgenossenschaft von Tallow hatte bei einer Dividendenausschüttung von 4% – die Hälfte ihres Überschusses – mehr Spareinlagen in ihren Büchern, als den Mitgliedern zum Zinssatz von 12,68% als Darlehen gegeben werden konnten. Sheila Ryan war jedoch lange Zeit nicht dafür, die Sätze für Zinsen und Dividenden zu senken, um sie nicht später wieder anheben zu müssen. "Die Mitglieder wissen die Stabilität unserer Zinsen sehr zu schätzen: Sie wissen heute genau, was sie zum Beispiel in vier Jahren zahlen müssen. Die Zinsen sind derzeit etwa 1% höher als die Kosten für eine kurzfristige Kontoüberziehung im normalen Bankensektor, 1992 waren sie aber zum Beispiel aufgrund der damals hohen Bankzinsen von etwa 20% wesentlich günstiger." In jüngster Vergangenheit ist der Zinssatz für Darlehen auf 10,5% herabgesetzt worden. Ryan lehnt es dagegen ab, ortsansässigen Firmen günstigere Kreditkonditionen einzuräumen: "Es würde sowieso gegen die Regeln verstoßen, nach denen alle Mitglieder gleich zu behandeln sind. Außerdem sind die Risiken bei gewerblichen Darlehen höher einzuschätzen als bei privaten." Allerdings versucht die Tallow Credit Union derzeit, ein System gegenseitiger Bürgschaften bei kleinen Unternehmen der Region aufzubauen, so daß diese dann die Sicherheiten für Darlehen von den Kreditgenossenschaften gemeinsam erbringen können.

Eine Kreditgenossenschaft der Kreditgenossenschaften?

Wenn Kreditgenossenschaften jedoch Ersparnisse einer Region in die Produktionsunternehmen dieser Region lenken möchten, und zwar zu günstigeren Bedingungen als Großfirmen sie bekommen, mit denen die Kleinunternehmen ja auch noch konkurrieren müssen, müssen sie sich selbst absichern. Dafür müssen eigene Einrichtungen entwickelt werden, die aber trotzdem eine ähnliche Struktur wie die Kreditgenossenschaften selbst haben können. Sie könnten deren vorhandene Infrastruktur nutzen und von deren Erfahrung lernen. Jede neue kommunale Darlehensorganisation müßte froh sein, wenn sie sich auf ein solch gutes System der gegenseitigen Rückversicherung stützen könnte.

"Es gibt triftige Gründe für eine 'Kreditgenossenschaft der Kreditgenossenschaften'", meinte Philip Flynn, ein alter Hase der irischen Kreditgenossenschaftsbewegung:[15] "In anderen Ländern fördern die Zentral-Kreditgenossenschaften Hypothekendarlehen und wickeln Investitionen über genossenschaftliche und kommunale Unternehmen ab: So muß zum Beispiel die französische Caisse Populaire 20% ihrer Rücklagen in Unternehmen stecken, die der Gemeinde zugute kommen. Hätten die Kreditgenossenschaften eine Art gemeinsamer, einer Zentralbank vergleichbarer Dachorganisation, könnten sie die Risiken streuen, die solche Investitionen zur Folge haben, und mit einem Teil des Geldes, das sie momentan in Staatsobligationen angelegt haben, zu etwas Positivem beitragen. Sicherlich können Kreditgenossenschaften mehr zur wirtschaftlichen Entwicklung einer Gemeinde beitragen. Daß sie das nicht tun, mag an mangelndem Selbstvertrauen, geringem Vorstellungsvermögen, mangelnder Phantasie und fehlendem Verständnis liegen. Andererseits hat sie vielleicht auch noch nie jemand nach ihrem Engagement gefragt."

Totnes Involvement in Local Trading

Ein ganz kleines Darlehensinstitut im Süden der Grafschaft Devon in Großbritannien könnte als ein weiteres Modell einer zukünftigen kommunalen Wirtschaftsförderung dienen, obwohl es erst noch beweisen muß, daß es mit dem Problem schwankender Zinssätze auf den globalen Finanzmärkten fertigwerden kann: Totnes Involvement in Local Trading (TILT) ist wohl eines der kleinsten Kreditinstitute der Welt. Als es im Frühjahr 1992 um weitere Einlagen warb, hatte es nur drei offene Darlehen und 2.315 Pfund an Guthaben zur Verfügung, mit denen weitere Kredite hätten vergeben werden können. Eines der Darlehen

---

15 Interview im Sommer 1995.

war an einen Fotografen für seine Dunkelkammerausrüstung gegangen, ein anderes an eine Fahrradreparaturwerkstatt und das dritte an einen Schreiner, der die Anteile seines Partners aus ihrem gemeinsamen Geschäft erwerben wollte, als ihre Partnerschaft nicht mehr funktionierte.

"Vor unserer Gründung im Jahre 1989 dachten wir, wir wären in der Lage, eine Gesamtsumme von vielleicht 50.000 Pfund durch große Beträge von einigen wenigen aufzubringen", sagte Marc Beeson, einer der Gründungsdirektoren.[16] Ende 1994 betrug die Summe der Einlagen 6.000 Pfund, die höchste überhaupt bisher. "Leider wurden größere Einlagen bisher jedoch niemals getätigt, und aus diesem Grund konnten wir auch niemals Einzeldarlehen über 750 Pfund hinaus vergeben."

Es bedurfte mehrerer Jahre gedanklicher und praktischer Arbeit, um TILT aufzubauen. Daß es trotz seiner geringen Größe überlebt hat und sinnvolle Arbeit leistet, macht es für Gemeinden anderswo zu einem wertvolleren nachahmungswürdigen Beispiel als es ein Verband gewesen wäre, der einen furiosen Start und nur wenige Problemen gehabt hätte. "Im vorherrschenden Wirtschaftssystem fließt das Geld unweigerlich aus den Gebieten ab, die es ganz gut selbst gebrauchen könnten, und taucht als Kreditmasse dort wieder auf, wo das Geschäft sowieso schon blüht", meinte Beeson. "Wir haben TILT gegründet, weil uns bewußt wurde, daß die Menschen, die kleine Unternehmen gründen und auf lokaler Ebene Handel betreiben wollten, indem sie von Produzenten kaufen, die sie kennen und von denen sie wissen, daß sie umweltfreundliche und gemeinwesenorientierte Produktionsweisen einsetzen, ihre Ersparnisse aber trotzdem lieber großen Institutionen überlassen. Dies kann dazu führen, daß ihr Geld in Projekte investiert wird, die in völligem Widerspruch zu ihren Vorstellungen und Zielen liegen und womöglich genau das untergraben, wofür sie eigentlich arbeiten."

Die Diskussion über den Bedarf einer lokalen Bank begann schon in der ersten Ausgabe 1981 von "DART", ein zweimal im Monat erscheinendes Gemeindeblatt, das Beeson gegründet hat und dessen Herausgeber er ist. Es dauerte aber noch bis zum Jahre 1987, bis Norman Duncan, ein pensionierter Berater aus der Ölindustrie, und Andy Langford, ein Mitbegründer der "Conker Shoe Company", eine der beiden auf genossenschaftlicher Basis arbeitender Schuhfabriken in Totnes, die Gründung von TILT ins Auge faßten. "Ursprünglich hatten Andy und Norman die Idee, TILT nach dem Muster US-amerikanischer und neuseeländischer Investmentfonds zu gestalten. Es wurde aber ziemlich schnell klar, daß nach britischem Gesetz die Struktur einer solchen Organisation eine andere sein mußte", sagte Beeson. Im Juli 1987 verschickten Duncan und Langford die Grundzüge ihrer Ideen an verschiedene Verbände, die im alternativen Finanzbereich arbeiten, mit der Bitte um Ratschläge und Hilfe. Die meisten der Antworten waren entmutigend, denn man wies sie darauf hin, daß sie als eigenständige Bank mindesten 5 Mio. Pfund an Kapital, einen entsprechend hochrangigen Aufsichtsrat und eine dreijährige einschlägige Berufserfahrung vorweisen müßten, bevor sie sich bei der Bank von England überhaupt

16 Die folgende Beschreibung der Entwicklung von TILT beruht auf mehreren Interviews zwischen Ende 1994 und Mai 1998.

um eine Lizenz bemühen könnten, die sie selbst dann wahrscheinlich nicht bekämen. Der einzig positive Vorschlag kam von der "Mercury Provident", einer nach ethischen Richtlinien arbeitenden Bank mit Sitz in Sussex, die heute "Triodos" heißt und sich in Bristol befindet. Mercury Provident schlug vor, TILT als Mittelsmann für Investoren, die ihr Geld in verschiedene gemeindeansässige Unternehmen anlegen wollten, einzurichten, was mehr oder weniger der Arbeitsweise von "Mercury" entspricht.

Man dachte viel darüber nach, welche Form der Organisation TILT bekommen sollte. Duncan und Langford untersuchten die Einrichtung eines gemeinnützigen Vereins mit dem Ergebnis, daß dies nicht möglich war, da die geplanten Aktivitäten sich zu sehr auf kommerzielle Tätigkeiten richteten – obgleich das Ziel ja darin bestand, der Gemeinde und der Umwelt zu nutzen. Ein anderer Vorschlag war der eines Versicherungsvereins auf Gegenseitigkeit oder einer Genossenschaft, gerade weil dies die Art demokratischer Entscheidungsstrukturen geboten hätte, die ihnen vorschwebten, und für eine Zeit sah es auch so aus, als ob dieser Weg gegangen werden könnte. So sah der Plan bei der Gründungsversammlung von TILT im Februar 1989 dann auch dementsprechend aus. Die Teilnehmer der Versammlung brachten 750 Pfund auf, um das Gemeindebüro in der High Street in Totnes herzurichten und um die Eintragungsgebühren zu bezahlen. An dem Projekt gab es großes Interesse, und eine Kerngruppe von fünf oder sechs Leuten wollte ihre Energie darauf verwenden, auf lokaler Ebene Dinge zu verändern. Mark Beeson schloß sich der Gründungsgesellschaft beim ersten Treffen an.

Zwei Monate später jedoch traf ein Brief von der staatlichen Aufsichtsbehörde ein, der besagte, daß nach den britischen gesetzlichen Bestimmungen der Hauptzweck einer Genossenschaft nicht darin bestehen könne, zugunsten ihrer Mitglieder zu investieren. Das war in formalem Sinn zwar korrekt, aber mit sachkundiger Beratung oder einer etwas flexibleren Auslegung der Bestimmungen hätte man den Antrag durchaus in nur leicht veränderter Form erneut stellen und TILT als Genossenschaft registrieren lassen können. Statt dessen schlug das Projekt eine andere Richtung ein.

"Von da an fanden regelmäßige Treffen der Gründungsgesellschaft statt", berichtete Beeson. "Duncan hatte herausgefunden, daß eine herkömmliche GmbH, die zugunsten ihrer Anteilseigner investiert, nach den britischen Bestimmungen von diesen Anteilseignern Kapital beschaffen kann. Dies schien ein Weg aus der Sackgasse zu sein, obwohl es immer noch bedeutete, daß wir uns um mehr gesetzliche Bestimmungen und Restriktionen kümmern mußten als wir zunächst gehofft hatten."

Die schwerwiegendste Einschränkung ist die, daß TILT nicht von jedermann, sondern nur von Anteilseignern Einlagen annehmen kann, was zu Anfang ein ziemliches Handicap für ein noch unbekannntes Unternehmen darstellt. Trotzdem konnte die GmbH schließlich eingetragen werden, und im November 1989 konnte man dann endlich beginnen. Andy Langford war zu dieser Zeit bereits aus Totnes weggezogen; er lebt jetzt in Oxford, unterrichtet ökologischen Landbau und war beim Aufbau des ersten Tauschrings dort beteiligt. Die Gründungsmitglieder von TILT waren Mark Beeson, Norman Duncan, Prem Ash von "Conker Shoes", Alison Hastie von "Green Shoes", William Hubbard, ein Anwalt, und ein Bauunternehmer namens Amiten O'Keeffe.

Jeder Darlehensnehmer oder -geber von TILT muß einen Mitgliedsanteil in Höhe von 10 Pfund zeichnen, was ihn oder sie berechtigt, die Geschäftspolitik von TILT mit zu bestimmen und sich an der Wahl der Geschäftsführer zu beteiligen. Den Mitgliedern steht die Möglichkeit offen, für jedes Jahr ihrer Zugehörigkeit einen zusätzlichen Stimmanteil bis zu einem Maximum von fünf Anteilen zu erwerben. Diese Regel wird damit begründet, daß das Wissen und die Verpflichtung gegenüber TILT der Mitglieder, die bereits länger dabei sind, wesentlich größer ist, aber bis jetzt hat das noch niemand gemacht. Wenn ein Mitglied investieren möchte, kann es wählen zwischen dem Kauf normaler TILT-Anteile oder einer Anleihe. Die normalen Anteile kosten jeweils 100 Pfund, enthalten kein Stimmrecht und berechtigen den Eigner zu einer Dividende, falls die Gewinne vom Aufsichtsrat so beurteilt werden, daß es zu einer Ausschüttung kommen kann. "Die Mitglieder akzeptieren, daß uns nicht daran gelegen ist, ein auf Profit ausgerichteter riesiger Konzern zu werden", kommentiert Beeson diesen Schritt.

Die Zinsen, die für die Anleihen bezahlt werden, werden jedes Jahr neu festgesetzt und variieren nach der Höhe des Betrages und nach der Laufzeit. Diese Zinssätze variieren je nach der Mindestleihrate (MLR) der Bank von England. So erhält beispielsweise jemand, der den Mindestbetrag von 100 Pfund für eine Mindestlaufzeit von sechs Monaten als Anleihe anlegt, MLR minus 6%, während jemand, der über 5.000 Pfund mit einer Laufzeit von fünf Jahren einzahlen würde, was bisher noch niemand getan hat, MLR abzüglich 2,75% bekäme. "Im Augenblick verleihen wir zu 6,75% über MLR, was wesentlich günstiger ist als ein Privatkredit von der Bank – einmal vorausgesetzt, unsere Kreditnehmer würden einen solchen Bankkredit tatsächlich bekommen, was normalerweise nicht der Fall ist", sagte Beeson, als MLR bei 5,25% lag. "Die Inhaber von Anleihen erhalten einen durchschnittlichen Zinssatz von 2 bis 3%, weil die meisten ihrer Einlagen relativ geringfügig sind und kurzfristig verliehen werden und unsere administrativen Kosten daher recht hoch sind. TILT kann nicht dazu dienen, leicht an billiges Geld zu kommen, denn wir können nur mit einer vorsichtigen Geschäftspolitik überleben. Jedes Mitglied hat die Möglichkeit, dem Ausschuß zur Prüfung der Kreditanträge beizutreten, der Projekte nach ihrem Beitrag zur Entwicklung der Region auswählt. Es werden jedoch nur Vorhaben unterstützt, bei denen klar ersichtlich ist, daß sie finanziell abgesichert sind, und alle Kreditvergaben hängen davon ab, ob der Bewerber Bürgen vorweisen kann."

Mark Beeson gab zu, daß ein oder zwei der geförderten Projekte in Schwierigkeiten gerieten, obwohl TILT ungewöhnlich viel Zeit und äußerste Sorgfalt auf die Prüfung der Kreditanträge verwendet. "In solchen Fällen stellen wir die Rückzahlungen für ein oder zwei Monate zurück, aber wir bleiben mit den Unternehmen in Verbindung, und zwar in wöchentlichem Rhythmus, machen ihnen Mut, und sie haben auch überlebt. Ein erfolgreiches Kreditwesen kann nur in Zusammenarbeit mit den jeweiligen Unternehmen und denen, die dahinter stehen, funktionieren. Wir helfen zukünftigen Kreditnehmern relativ häufig, ihre Planungen vorzubereiten, und manchmal hängt unsere Kreditzusage davon ab, ob sie technische Hilfe und Ratschläge externer Führungskräfte in Anspruch nehmen. Die Erfahrung ähnlich arbeitender Einrichtungen beweist, daß bei einer engen Zusammenarbeit zwischen Kreditgebern und -nehmern Zahlungsausfälle so gut wie nicht vorkommen."

Die Weiterarbeit von TILT war dennoch nur möglich durch den freiwilligen und unbezahlten Einsatz seiner Führungsriege. "Wir haben vier oder fünf unserer Projekte dahingehend unterstützt, daß sie weiterarbeiten konnten und in einigen Fällen auch erfolgreich waren", meinte Beeson. "Das vermittelt uns das Gefühl, etwas erreicht zu haben. Wir sind auch die erste Organisation dieser Art in Großbritannien, wir haben ein Modell vorgelegt, und ich frage mich, warum es anderswo nicht ebenfalls angewendet werden sollte." Er stimmt aber zu, daß es besser wäre, wenn TILT mehr Kapital hätte. "Dann könnten wir einen Hauptamtlichen finanzieren, denn im Augenblick nimmt das Unternehmen doch viel Zeit der Geschäftsführer in Anspruch."

Mitte 1995 berichtete Beeson, daß er glaube, TILT würde nun stetig expandieren. "Wenn so ein Projekt erst einmal anläuft, gibt es eine Welle der Hilfsbereitschaft und Begeisterung, aber die dauert nicht lange. Dann folgt eine schwierige Zeit, in der man potentiellen Investoren beweisen muß, daß man das Zeug zum Überleben hat. Das haben wir jetzt gerade hinter uns, und wir haben weitere Einzahlungsangebote und Kreditanfragen. Wir haben gerade eine Einzahlung über 2.500 Pfund mit einer Laufzeit von viereinhalb Jahren erhalten – unsere größte und langfristigste überhaupt –, was ein gutes Zeichen ist. Wir müßten etwa 10.000 Pfund zu unserer Verfügung haben, und ich hoffe, daß wir das innerhalb der nächsten zwei Jahre erreichen. Auf diesem Niveau könnten wir ohne Verluste abschließen und auf unbestimmte Zeit weitermachen. Momentan machen wir nach Abzug aller unserer Unkosten, obwohl die Geschäftsführer für ihre investierte Zeit nichts bezahlt bekommen, einen Verlust zwischen 50 und 100 Pfund pro Jahr, was aus unseren Kapitaleinlagen finanziert wird. Das ist mit Sicherheit nicht nachhaltig." Dieses Ziel konnte bis Mai 1998 erreicht werden. Der neue Geschäftsführer von TILT hoffte zu dieser Zeit, mit Hilfe einiger neuer Einlagen, die Tätigkeit des Fonds auf ganz Devon und Cornwall ausdehnen zu können.

Beeson ist nicht der einzige, der die Meinung vertritt, daß das TILT-Modell auch anderswo anwendbar ist. Andy Langford übernahm es fast gänzlich, als er 1994 "Shared Visions" gründete, um nachhaltigen Projekten im landwirtschaftlichen Sektor Kleinkredite zu ermöglichen. Shared Visions unterscheidet sich von TILT in einem entscheidenden Punkt. TILT setzt seine Akzente auf lokaler Ebene, und es tangiert alle Schichten und Interessen, die eine Gemeinde ausmachen. Mercury Provident und Shared Visions arbeiten dagegen landesweit und sind auf der Suche nach Gruppen mit einem bestimmten, speziellen Interesse. Bevor Langford TILT verließ, war er zu der Überzeugung gelangt, daß TILT geographisch nicht flexibel genug war, um das zu unterstützen, was er im ökologischen Landbau erreichen wollte.

Die Mercury/Triodos Bank

Hätte TILT irgendwelche Vorteile gehabt, wenn es so arbeiten würde wie Mercury? Deren Gründer hatten Mercury als einen Versicherungsverein auf Gegenseitigkeit eintragen lassen – "als eine Art Sparklub mit Investmentfonds ... im letzten Jahrhundert für Kleinanleger erdacht", wie Mercury in einer seiner Broschüren schrieb. Alle Einzahlungen in derartige Gesellschaften sind vor dem Gesetz nichts anderes als gemeinschaftliche Investitionen, die, im Gegensatz zum Stammkapital einer GmbH, bei entsprechender Liquidität zurückgezahlt werden können. Jeder, der in eine Gesellschaft wie Mercury investiert, wird automatisch Anteilseigner, und alle Investitionen sind mit einem gewissen Risiko behaftet. Es gibt keine Rückversicherung wie bei einer Bank, doch haben die Gesellschaften zwei Typen von Anteilen. Die Hauptlast des Risikos wird von den Mitgliedschaftsanteilen getragen, auf die es keine Zinsen gibt und von denen die Mitglieder ein entsprechendes Minimum kaufen müssen. Zinsen müssen wie bei einer Kreditgenossenschaft strenggenommen als Dividende betrachtet werden und werden nur auf Anteile des zweiten Typs gezahlt, also auf normale Einlagen. Die Tatsache, daß Gesellschaften wie Mercury keine Zinsen auf ihre Mitgliedschaftsanteile, ihr Risikokapital, zahlen können, schränkt sie wohl mehr ein als die Rechtsform der GmbH, die TILT für sich wählte, da TILT zumindet die Hoffnung auf zukünftige Dividenden als Anreiz für den Kauf von Mitgliedsanteilen bieten kann.

Mercury selbst beendete 1986 seine Tätigkeit in der Rechtsform als Versicherungsverein auf Gegenseitigkeit wegen der Schwierigkeiten, die man beim Verkauf von genügend risikobehafteten, zinslosen Mitgliedschaftsanteilen hatte, um dem streng verbindlichen Verhältnis zwischen Eigenkapital und der Summe von Kreditgewährungen zu entsprechen, das von der Bank von England festgelegt wurde, als die Kreditsumme sprunghaft anstieg. Man wollte eine Aktiengesellschaft und eine voll geschäftsfähige Bank werden; diese Möglichkeit stünde Mercury und ähnlichen Körperschaften heute nicht mehr offen. "Dieser Weg war nur deshalb möglich, weil wir die Lizenz zur Verwaltung von Sparguthaben – was eigentlich gleichbedeutend mit einer Bank ist – kurz vor der zweiten Bankenkrise in den frühen siebziger Jahren bekamen, kurz bevor wesentlich restriktivere Bestimmungen eingeführt wurden", sagte Glen Saunders, ein Direktor von Mercury.[17]

Mercury wandelte die Mitgliedschaftsanteile des Versicherungsvereins in Aktien der neuen Aktiengesellschaft um, nahm aber in seinen Gesellschaftsvertrag die Bestimmung auf, daß jeder Anteilseigner nur eine Stimme hat, unabhängig davon, wieviele Anteile jemand hält. Außerdem wurde festgelegt, daß keine Dividenden gezahlt werden sollten. Diese Umwandlung bedeutete jedoch, daß eine Ausgabe normaler Aktien möglich wurde. Sie werden, wie die Mitgliedschaftsanteile, auf das von der Bank von England geforderte Risikokapital aufgerechnet, enthalten aber keine Stimmrechte, und die Käufer können in einem gewissen Rahmen wählen, in welcher Höhe die Einlagen verzinst werden sollen. Die neuen Anteile haben Mercurys Risikokapital erhöht, können aber

---

17 Interviews im Herbst 1995 und im Mai 1998.

gerade noch mit dem rapiden Wachstum seiner Darlehen Schritt halten, die von 1 Mio. Pfund im Jahre 1985 auf 2 Mio. Pfund bis zum Frühjahr 1988 und auf 4 Mio. Pfund am Ende des Jahres 1992 angestiegen sind. Was mögliche Käufer abschrecken kann, ist die Tatsache, daß die Aktien nicht ohne weiteres verkauft werden können: Mercury verpflichtet sich zwar, einen Interessenten zu finden, warnt aber davor, daß "der Wiederverkauf einige Zeit dauern kann".

Um von Mercury als kreditwürdig anerkannt zu werden, muß ein Kreditantrag sich nicht nur in finanzieller Hinsicht als wirtschaftlich erweisen, sondern es muß obendrein ersichtlich sein, daß zusätzlich durch das Projekt ein beträchtlicher "Mehrwert" für die Gesellschaft oder die Umwelt entsteht. In manchen Fällen werden von den Projektträgern persönliche Garantien verlangt, die den Kredit decken, wenn das Projekt fehlschlägt. "Die Bank akzeptiert auch andere Formen zusätzlicher Sicherheit, wir bevorzugen aber Bürgschaften, vorausgesetzt, sie sind weit gestreut, damit die Bürgen im Falle uneinbringlicher Außenstände nicht in erhebliche Schwierigkeiten geraten", sagte Saunders.

Während TILT zuerst über seine Starteinlagen verfügte und dann nach kreditwürdigen Projekten Ausschau hielt, handhabte Mercury das Ganze genau umgekehrt und genehmigte Projekte schon vor der Geldbeschaffung. Das schien sehr gut zu funktionieren, da man immer über mehr an Einlagen verfügte als man Geldmittel benötigte, um Kredite an genehmigte Projekte auszuzahlen – und zwar in dem Maße, daß man Ende 1992 3,9 Mio. Pfund in unterschiedlichen liquiden Vermögenswerten besaß, ungefähr 200.000 Pfund über den Darlehensaußenständen. Dieses Verhältnis war nach Saunders' Meinung in Anbetracht der fundamentalen Ziele von Mercury zu hoch, und die Bank ging daran, es zu verringern. Zwei Faktoren hatten zu dieser Schieflage geführt: Zum einen Mercurys schnelles Wachstum, da Einlagen schneller eingenommen als Kreditanträge geprüft und vergeben werden können, zum anderen die Notwendigkeit, große Summen bereitzuhalten, um den Kontoinhabern zu ermöglichen, ihr Kapital, wann immer sie wollen, zu entnehmen. Einige Einlagen können vertraglich sogar mit einem Tag Kündigungsfrist aufgelöst werden. "Wir versuchen, unseren Kontoinhabern die Konsequenzen einer kurzen Kündigungsfrist verständlich zu machen, und erklären ihnen, daß langfristige Verträge eine effektivere Wahrung unserer und ihrer Interessen ermöglichen", sagte Saunders 1994. Das Liquiditätsverhältnis konnte danach tatsächlich verbessert werden.

Anleger bei Mercury können ihr Geld zielgerichtet einsetzen, indem sie sowohl die Aktivität bestimmen, für die sie es arbeiten lassen wollen, als auch – in gewissen Grenzen – den Zinssatz, den sie gerne dafür haben möchten. Mercury rechnet dann seinen festen Dienstleistungsaufschlag – üblicherweise 4% – zu dem Zinssatz des Kunden hinzu, und mit diesem Betrag wird der Kreditnehmer belastet. Mitte 1994 wurden die Kontoinhaber eingeladen, einen Zinssatz zwischen 0 und 2,5% festzusetzen. Die Mindesteinlage bestand lediglich in einem Betrag von 10 Pfund für mindestens eine Woche mit einer Kündigungsfrist von nur einem Tag. Bei Einzahlungen mit einer festen Laufzeit wurden höhere Zinsen geboten; sie reichten von 2,5% auf 500 Pfund für einen Monat bis zu 5% auf 50.000 Pfund für ein halbes Jahr; dann jedoch konnte man nicht wählen, wofür das Geld eingesetzt werden sollte. Einzahlungen bei Mercury sind durch den "Feuerwehrfonds" der Bank of England abgedeckt, was gewährleistet, daß 75% der Einlagen bis zu 20.000 Pfund – das heißt, ein Maximum von 15.000 Pfund – bei einem Konkurs der Bank erstattet würden.

Potentielle Kontoinhaber legen ihre Ersparnisse zielorientiert an, indem sie aus einer Liste von Projekten auswählen können, die ihre Darlehen aus nicht oder nur nach dem Sektor zielgerichteten Kapitalmitteln schon erhalten haben. Wenn beispielsweise jemand sagt, er möchte ein Darlehen an die "Henry Doubleday Research Association"[18] oder an die "Glasgow Steiner School" vergeben – beide waren unter den 110 Projekten der Mercury-Liste im Sommer 1994 –, würde das Geld dort eingesetzt, und die nicht-zielgerichteten Kapitalmittel würden zu anderweitigem Gebrauch freigegeben. Sicher besteht immer die Möglichkeit, daß bekannten Einrichtungen zu viel Geld angeboten wird, und Mercury verweist darauf, daß "wir Ihr Geld nicht immer genau den Projekten zur Verfügung stellen können, die Sie ausgewählt haben". Wenn ein Vorhaben, für das sich ein Anleger entschieden hat, in Schwierigkeiten gerät, wird er dadurch keinen Nachteil haben: Sämtliche Verluste werden aus Mercurys Rücklagen beglichen. "Wir hatten in zwanzig Jahren lediglich drei uneinbringliche Außenstände", sagte Saunders. "Das letzte Mal waren es nur 75 Pfund. Sicher sind einige Projekte gescheitert, aber wir haben unser Geld zurückbekommen. Die Leute glauben oft, daß die Projekte, die wir unterstützen, riskant wären, aber in Wahrheit sind sie in der Regel stabiler als rein kommerzielle Projekte."

Mercury entstand 1974; die sieben Vorstandsmitglieder waren alle von der Arbeit des österreichischen Anthroposophen Rudolf Steiner beeinflußt und Mitglieder der von ihm gegründeten Anthroposophischen Gesellschaft. Nur einer hatte überhaupt Erfahrung im Bankwesen, die anderen waren ein Wirtschaftsjournalist, ein Geschäftsführer eines Kleinbetriebs, ein Landwirt, ein Buchhalter und zwei Lehrer. Am Anfang ging es sehr langsam voran, erst 1976 vergab man das erste Darlehen – für einen Kuhstall. "Dann ging es plötzlich ruck-zuck", erzählte Saunders. "Man mußte eine Sekretärin anstellen, und die Mitglieder des Ausschusses zur Prüfung von Kreditanträgen verbrachten fast jeden Samstag vormittag damit, mit Antragstellern zu sprechen und die weitere Vorgehensweise zu erarbeiten. Es gab jedoch noch kein Büro und auch keinen Telefonanschluß, unter dem sie erreichbar gewesen wären. Keiner von ihnen erhielt regelmäßige Vergütungen, und sie berechneten auch nur hin und wieder etwas für ihren Zeitaufwand. Aber das Geld kam schnell genug: Jede Anleihe, für die sie damals Kapital gesucht hatten, war überzeichnet."

Trotz des Erfolgs blieb Mercury kleiner, als die Mitglieder des Vorstandes es gerne gesehen hätten. Dies führte Mitte 1995 zur Fusion mit einer ähnlich arbeitenden niederländischen Bank, Triodos, und auch zur Übernahme von deren Namen. "Wir können den Bedürfnissen vieler interessanter Projekte im Sozial- und Umweltschutzbereich nicht gerecht werden", sagte Saunders einige Monate vor dem Zusammenschluß. "Wenn wir uns nicht einem überhöhten Risiko aussetzen wollen, liegt unser Höchstbetrag für einen einzelnen Kredit bei 140.000 Pfund, und ein kleines Projekt im sozialen Wohnungsbau benötigt schon mindestens 250.000 Pfund. Wir müssen unsere Bücher immer durch eine gute Mischung größerer Kredite mit den vielen Kleinkrediten ausbalancieren."

---

18 Siehe hierzu Kapitel 6.

Für Mercury/Triodos liegt diese kritische Höchstgrenze für einen Einzelkredit heute bei 1,25 Mio. Pfund, und in den letzten beiden Jahren hat sich die Bank besonders intensiv bei der Finanzierung von Umweltprojekten engagiert. "Friends of the Earth" in Großbritannien und Mercury/Triodos gingen eine Partnerschaft ein, in deren Rahmen die Bank einen speziellen Fonds einrichtete und der Umweltverband bei seinen Mitgliedern dafür warb, Ersparnisse in diesen Fonds einzuzahlen.[19] "Friends of the Earth" ging mit gutem Beispiel und einer Starteinlage von 200.000 Pfund voran; mit den Geldern werden ausschließlich Projekte im Bereich alternativer Energien finanziert. Auch Triodos war in den Niederlanden ursprünglich eine anthroposophische Gründung.

Vor der Fusion waren verschiedene Gruppen an Mercury herangetreten, die ähnlich arbeiten wollten, ihre Aktivitäten aber auf bestimmte Regionen konzentrieren wollen. "Wir unterstützen die Idee, den Geldkreislauf zu regionalisieren, aber mit Vorbehalten", meinte Saunders, "weil es in einem Umlaufgebiet, das zu sehr eingeschränkt ist, zu Schwierigkeiten kommen kann. Kleine lokale Fonds können nur schwer das erforderliche Kapital beschaffen, außer für Kleinstbetriebe, und sie verfügen auch oft nur über eine geringe Liquidität. Die Gefahr des Zusammenbruchs eines derartigen lokalen Geldkreislaufs ist ziemlich groß. Im Augenblick versuchen wir mit und durch Triodos ein Modell zu erarbeiten – zum Beispiel dadurch, daß Geldgeber Projekte zielgerichtet in ihrer Region auswählen können –, mit dem die Vorteile des lokalen Kreislaufs ohne diese Nachteile zum Tragen kommen können."

Zwei deutsche Varianten: die "GLS Gemeinschaftsbank" und die "Öko-Bank"

Auch in Deutschland gibt es Banken, die sich nicht die traditionelle Maximierung des "shareholder value" – also des Wertes für die Anteilseigner – zum bestimmenden Geschäftsprinzip erwählt haben. Auch bei diesen Banken stehen bei der Vergabe von Investitionskrediten ethische Kriterien im Vordergrund. Dabei haben sowohl die GLS-Bank als auch die Öko-Bank neue Wege beschritten, was die Verbindung zwischen Einzahlern und Darlehensnehmern betrifft. Dazu gehören etwa die Vermittlung von lokalen Interessengemeinschaften zwischen Kreditnehmern und -gebern oder die Gewährung zinsloser Kredite gegen die Gewährung anderer Leistungen.

"Das Ziel des Zusammenschlusses ist gegenseitige Hilfe, nicht die Gewinnerzielung für das einzelne Mitglied oder für die Genossenschaft. Wer Geld bei dieser Bank einlegt, tut dies in erster Linie mit Rücksicht auf den Geldbedarf anderer Mitglieder und um im volkswirtschaftlichen Interesse einen Ausgleich des Gesamtetats aller Mitglieder zu erreichen." So steht es in der Satzung der ebenfalls von anthroposophischen Kreisen gegründeten GLS-Bank.[20] Daher entwickelt die "Gemeinschaftsbank für Leihen und Schenken" (GLS) seit über zwanzig Jahren neue Finanzierungsinstrumente: Die Bilanzsumme der Bank

19 Nähere Informationen siehe hierzu im Internet unter http://www.foe.co.uk:80/pubsinfo/infoteam/pressrel/1996/1996062100121.html.

20 GLS-Satzung, § 2, Abs. 1.

betrug 1996 218,3 Mio. DM und das Kundenkreditvolumen 105,6 Mio DM, wobei für 50,3% dieser Kredite – rund 53,1 Mio DM – nur eine Kostendeckungsumlage an Stelle von Zinsen berechnet wurde. Diese Kostendeckungsumlage ergibt sich am Ende des Jahres aus der Differenz von Aufwendungen und Erträgen, 1996 lag sie bei 4,5%. Die Höhe der Einlagen belief sich auf 198 Mio. DM, wovon 106,7 Mio. DM Spareinlagen waren. Von diesen wurden ungefähr 18,5 Mio. DM zinslos angelegt, weitere 9,3 Mio. DM unter dem angebotenen Höchstsatz verzinst. Dadurch hält die Bank die Kostendeckungsumlage niedrig, die gemeinnützigen Kreditnehmern berechnet wird.

"Die Gemeinschaftsbank versucht, neben den klassischen Kreditformen vor allem Kreditinstrumente zu entwickeln und anzubieten, die die beteiligten Menschen konkret in die finanzielle Verantwortung für das geplante Vorhaben mit einbinden. Sie sucht damit die Sicherheit eines Kredites mehr in den Menschen als in äußeren Sachwerten."[21] Wie zum Beispiel bei der Montessori-Schule in Heidelberg: 1,3 Mio. DM brauchte der Montessori-Verein 1996/97, um Kauf und Umbau eines Hauses zu finanzieren – am Anfang gab es für dieses Projekt fast kein Geld. In enger Zusammenarbeit mit der Gemeinschaftsbank entwickelte der Verein ein Finanzierungskonzept, das sich unter anderem auf zwei besondere Kreditinstrumente der Bank stützte: 55 Menschen waren bereit, Einzelbürgschaften zwischen 1.000 DM und 5.000 DM zu übernehmen, um einen sogenannten Bürgschaftskredit von insgesamt 200.000 DM abzusichern. Auch die GLS-Bank arbeitet in der Regel nur mit niedrigen Bürgschaftsbeträgen; 5.000 DM sind die Grenze, damit kein zu hohes Risiko für den Bürgen entsteht. Er soll vielmehr persönliche Verantwortung für die Initiative übernehmen, sie durch sein Vertrauen mittragen und ihr Umfeld aktiv mitgestalten. Außerdem fanden sich für die Montessori-Schule 25 Menschen in zwei Leih- und Schenkgemeinschaften zusammen, um der Intiative 82.000 DM zur Verfügung zu stellen. Der Hintergrund: Gemeinnützige Institutionen finanzieren sich häufig aus Spenden ihrer Mitglieder und Förderer. Dabei fallen oft nur kleinere Beträge an – zu wenig, wenn für ein Bauvorhaben in kurzer Zeit große Summen nötig sind. Eine Leih- und Schenkgemeinschaft finanziert solche Spenden vor, indem jedes Mitglied persönlich einen Kredit bei der Gemeinschaftsbank aufnimmt, und zwar in Höhe der von ihm zugesagten Spende. Die Summe der Kredite geht sofort an die gemeinnützige Institution, Tilgung und Kostendeckungsumlage übernehmen die Mitglieder der Leih- und Schenkgemeinschaft.

Neben wirtschaftlichen Kriterien treten soziale, kulturelle und ökologische Aspekte in den Vordergrund, wenn die Gemeinschaftsbank Kredite vergibt: Nicht der Profit als Selbstzweck ist die Richtschnur im Kreditgeschäft, sondern die Idee, Geld als sinnvolles Medium zu nutzen, um soziale Prozesse in Gang zu setzen. Dabei ist auch hier wichtig, da§ Menschen auf der Einlegerseite bewußt auf "müheloses Einkommen" durch Zinsen verzichten, wodurch die Bank auf der Kreditseite neue Spielräume gewinnt. Mit dieser wirtschaftlichen Konzeption leistet die Gemeinschaftsbank einen wertvollen Beitrag, zinsbedingten Umverteilungsprozessen in dieser Gesellschaft entgegenzuwirken und die Kapitalausstattung zukunftsfähiger Initiativen zu verbessern.

---

21 GLS-Broschüre "Finanzierungsmöglichkeiten".

Auch die "Ökobank" in Frankfurt fördert ökologisch und sozial sinnvolle Projekte durch kostengünstige Kredite.[22] Auch hier verzichten Einleger teilweise auf Guthabenzinsen. Über Regionalgruppen haben die Kunden und Anteilseigner der Bank weitgehende Möglichkeiten, an der Bestimmung der Geschäftspolitik zu partizipieren. Eine regelmäßige Veröffentlichung stellt neue Projekte vor und lädt zur Teilnahme an Richtlinien-Entscheidungen ein.

Der Aston Reinvestment Trust

Wegen der vielen Hürden, die genommen werden müssen, bevor die staatlichen Aufsichtsbehörden eine Eintragung als Bank genehmigen, gibt es in Deutschland unseres Wissens derzeit keine Initiative, die – nach der erfolgreichen Gründung von "Öko-Bank" und "Umwelt-Bank" – eine weitere Geschäftsbank mit alternativen Zielsetzungen aufbauen möchte. Auch in Großbritannien gibt es augenblicklich nur einen Verband, der sich als voll geschäftsfähige Bank zur Förderung lokaler Ökonomien zu etablieren versucht. Es handelt sich hierbei um den "Aston Reinvestment Trust", dessen Gründung von "Birmingham Settlement", ein Wohltätigkeitsverband, der sich für eine Verbesserung der Lebens- und Arbeitsbedingungen in armen Stadtteilen Birminghams einsetzt, betrieben wurde. "Wir haben unser Projekt in Anlehnung an die 'community development loan funds' in den USA entwickelt. Es gibt etwa fünfzig davon, und ihre Verlustrate liegt lediglich bei 1%", sagte Pat Conaty, der Leiter der Projektentwicklung.[23] "Wir haben zwei Firmen gegründet, einmal 'Aston Reinvestment Assurance', ein Versicherungsunternehmen, und 'Aston Reinvestment Company', eine Investmentfirma, und jede übernimmt die Haftung der anderen. Eine erste größere Kampagne im Jahr 1994, bei der man sich zum Ziel gesetzt hatte, 3,5 Mio. Pfund von Kirchen, Stiftungen und anderen Verbänden zu bekommen, die ihre Investitionen nach ethischen Überlegungen tätigen, war nicht besonders erfolgreich. Der Prozeß der Gründung konnte zwar vorangetrieben, der Trust offiziell eingerichtet werden, doch wurden die nächsten beiden Jahre mit vielen Überlegungen zugebracht, wie man die Öffentlichkeitsarbeit und die Attraktivität der Sache für potentielle Anleger verstärken könnte. Mitte 1997 hat man sich zu einem neuen Anlauf entschlossen; am 27. Juni 1997 wurde eine große Kampagne mit dem Ziel gestartet, innerhalb eines Jahres 750.000 Pfund an Einlagen einzuwerben. Im Mai 1998 waren 630.000 Pfund erreicht, die unter anderem von vier Banken, einem Wasserwerk, einem metallverarbeitenden Unterneh-

---

22 Vgl. Öko-Bank, Hauszeitschrift "Ökorrespondenz", bis März 1998 31 Nummern; eine weitere, neue Gründung ist die UmweltBank; Vgl. hier "Neue Perspektiven" (Gesamtkatalog der Bank 1998) und "Bank und Umwelt" Newsletter, bis März 1998 14 Hefte. Zusätzliche Informationen vgl. "Small Ideas which are Changing Our Way of Banking", in: New Economics Newsletter, Februar 1997, 6ff.; Madörin, Mascha (1998): "Hochkonjunktur für alternative und kleine Banken", in: Finanzplatz-Informationen der Aktion Finanzplatz Schweiz, Heft 1/98 (Februar 1998), 4; Ziegelmeyer, Michael/Stark, Marius (1998): "Wie sozial ist Ihre Bank?", in: Sozialcourage – Magazin für soziales Handeln, Heft 1/1998.

23 Interviews im Spätjahr 1994 und im Mai 1998.

men, einer Lebensversicherung und verschiedenen öffentlichen Einrichtungen kamen. Kredite werden vorrangig an Projekte gegeben, die keine Kredite von traditionellen Banken bekommen, wenn sie den ethischen Vergaberichtlinien des Trusts entsprechen.

Radical Routes und Industrial Common Ownership Finance

Dagegen haben sich mindesten drei britische Gruppen entschieden, die Investmentfonds nach ethischen Prinzipien betreiben, die Zulassung als Bank nicht anzustreben; statt dessen haben sie sich als Versicherungsvereine eintragen lassen. Ihr Vorläufer war "Shared Interest" und entstand im April 1990 nach einer Idee von Traidcraft, einem alternativen Handelsverband in Newcastle; Traidcraft wollte eine Institution gründen, die Kredite hauptsächlich an Produzentengruppen in der Dritten Welt vergibt, obwohl auch Bedürftige anderswo nicht ausgeschlossen werden sollten. Traidcraft vergab damals schon Darlehen an Genossenschaften und ähnliche Einrichtungen in Übersee als Produktionshilfe für deren Güter, die dann durch den Traidcraft-Katalog zum Verkauf angeboten wurden.

Der ursprüngliche Plan war der, eine der herkömmlichen Bankgesellschaften dafür zu gewinnen, Anlegerkonten anzubieten, bei denen eine Investition nach ethischen Gesichtspunkten gewährleistet werden sollte. 75% der Einlagen aus diesen Konten sollten in dem neuen Fonds angelegt und 25% auf den Geldmärkten plaziert werden, um die Liquidität zu gewährleisten. Vier Banken zogen diesen Vorschlag erst in Betracht, verwarfen ihn aber schließlich, da sie der Meinung waren, für alle Eventualitäten, die das Geld ihrer Kunden betreffen könnten, allein verantwortlich sein zu müssen. Die Möglichkeit, Geld durch Verkäufe von Anteilen einer Investmentfirma zu bekommen, wurde auch erwogen, aber ebenfalls abgelehnt, da man nicht glaubte, den erforderlichen Betrag rasch genug auf diesem Weg zu erhalten. Daraufhin schlug Chris Ruck, ein ehemaliger leitender Angestellter einer Genossenschaftsbank, vor, einen der bereits erwähnten Versicherungsvereine zu gründen.

Dieser Vorschlag wurde angenommen. Für die Klärung rechtlicher Probleme beauftragte man Malcolm Lynch, einen Anwalt aus Leeds, der später bei zwei ähnlichen Projekten beteiligt war: Eines davon ist "Radical Routes Ltd", eine Genossenschaft von Genossenschaften in Birmingham, die in den ersten zehn Jahres ihres Bestehens bis zum Frühjahr 1998 über 400.000 Pfund von Investoren erhalten hatte, um ihre vierzig Mitgliedsgenossenschaften mit Darlehen zu versorgen, die diesen von Banken verweigert worden waren. Mit diesen Darlehen konnten diese Genossenschaften unter anderem Grundstücke im Wert von über einer Million Pfund erwerben. Bei dem anderen Projekt handelte es sich um "ICOF Community Capital", 1994 von einem bereits bestehenden Versicherungsverein namens "Industrial Common Ownership Finance Ltd" (ICOF) gegründet mit dem Ziel, Darlehen an alternative, lokale Unternehmen zu vergeben.

ICOF selbst wurde schon 1973 mit der Intention gegründet, Gelder für Arbeitergenossenschaften bereitzustellen. Wie bei Mercury stand auch ICOF vor dem Problem, daß zu wenig Leute bereit waren, zinslose Mitgliedsanteile zu kaufen, um eine Expansion zu ermöglichen. Um diese Schwierigkeit zu überwinden, gründete man 1987 eine Aktiengesellschaft, die 560.000 Pfund durch den Verkauf von nicht-stimmberechtigten Vorzugsaktien beschaffen konnte. Die Kosten der Emission waren aber ziemlich hoch gewesen – 50.000 Pfund –, und da die Aktien 1997 zurückgezahlt werden mußten, begann ICOF schon drei Jahre vorher, Rückstellungen zu bilden, um diese Transaktion durchführen zu können, was wiederum das Darlehensvolumen verringerte. Man kam daher zu dem Ergebnis, diesen Weg nicht wieder einzuschlagen.

"Soziale Einrichtungen und gemeinwesenorientierte Unternehmen hatten es schon immer schwerer, an Geld von herkömmlichen Banken heranzukommen", liest man in einem Prospekt der ICOF Community Capital.[24] "Traditionell ausgerichtete institutionelle Anleger reagieren mit Skepsis auf Organisationen, die sich gegen die Anhäufung von Reichtum bei einzelnen wenden und gemeinsamen Besitz und partizipative demokratische Strukturen fördern ... Wir anerkennen, daß [der] Grad der finanziellen Rentabilität gemeinwesenorientierter Betriebe durch ihren sozialen Nutzen oder ihre Umweltverträglichkeit eingeschränkt sein kann, und wir erwarten von unseren Investoren, daß sie diese Meinung teilen. Wir sehen Geld als ein Mittel an, um Investitionen zu tätigen, und obwohl keine Garantie darauf gegeben werden kann, erwarten wir doch Ergebnisse, die es ermöglichen, Zinsen zu zahlen. Ziel ist es, Zinsen in Höhe der Inflationsrate zu leisten. Wir hoffen, daß der Geldwert Ihrer Einlage stabil bleibt, er kann sich aber auch verringern." Die Mindesteinlage bei ICOF Community Capital beträgt 250 Pfund, das Maximum beträgt 20.000 Pfund. Abhebungen können normalerweise mit sechsmonatiger Kündigungsfrist getätigt werden. Darüber hinaus können die Treuhänder von ICOF die Möglichkeit von Abhebungen zeitweise sogar aussetzen.

Im Jahr 1995, dem ersten Jahr seines Bestehens, konnte ICOF Community Capital trotz dieser restriktiven Bedingungen 460.000 Pfund an Einlagen einwerben; davon wurden 250.000 Pfund wieder als Darlehen vergeben. Bis zum Frühjahr 1998 gab es keine uneinbringlichen Kredite; für Anfang 1999 ist eine größere Kampagne geplant, mit deren Hilfe man die Summe der Einlagen verdoppeln will.[25] Darüber hinaus plant ICOF Community Capital – und dies ist besonders vielversprechend –, vierzig lokale Darlehensfonds einzurichten, um auf diese Weise das Konzept einer lokalen, gemeinwesenorientierten Kreditwirtschaft auf ganz Großbritannien auszudehnen.

Drei Viertel der Anleger von ICOF verzichteten auf ihre Zinszahlungen und ermöglichten so die Einrichtung eines Sicherheitsfonds zum Ausgleich möglicher Darlehensverluste. Dies erhöhte die Sicherheit der Einlagen beträchtlich.

---

24 Im Internet siehe unter: http://www.icof.co.uk/share/index.html; weitere Informationen vgl. ICOF Community Capital Brief Info, im Internet unter: http://www.lightlink.com/cdb-l/archives/12.94-3.96/0335.html.

25 Interview mit Martin Hockley, dem Direktor von ICOF Community Capital, im Mai 1998.

Kredite für Arme: Die Grameen Bank und das Women's Self Employment Project in Chikago

Die Mischung aus gegenseitiger Unterstützung und gegenseitiger Kontrolle kann bewirken, daß es sehr viel sicherer sein kann, Kredite an eine Gruppe von Menschen oder Unternehmen und nicht an einzelne Personen zu geben - selbst wenn eine solche Gruppe erst ins Leben gerufen werden muß. Das zumindest zeigt die Erfahrung des Women's Self Employment Project (WSEP) in Chikago, das im Jahre 1986 mit Unterstützung durch eine Stiftung von drei Sozialarbeiterinnen ins Leben gerufen wurde. Das Ziel war, alleinerziehenden Müttern, die Sozialhilfe bezogen und keinen Zugang zu Krediten hatten, zu helfen, ihre Armut durch den Sprung in die Selbständigkeit zu überwinden. "52 Prozent der Haushalte alleinerziehender Mütter haben ein Einkommen, das unter der Armutsgrenze liegt", sagte Connie Evans, die das Projekt heute leitet.[26] 1992 betonte ein Bericht einer karitativen Organisation, die mögliche Ziele einer Stadtentwicklung von Chikago untersuchte, daß es buchstäblich keine Angebote von Kleinkrediten und Krediten für Unternehmensgründungen *unter* 10.000 Dollar gab.[27] "Das bedeutete", sagte Connie Evans, "daß die Chance der Frauen, die wir betreuten, einen Kredit zu bekommen, praktisch gleich null war."

WSEP verwendet eine Methode der Vergabe von Darlehen, die von Mohammed Yunus, einem ehemaligen Ökonomie-Professor aus Bangla Desh entwickelt worden ist. Yunus begann mit seinen Untersuchungen nach der Hungersnot in seinem Land im Jahre 1974 und versuchte herauszufinden, warum die Menschen, die im herrschenden Wirtschaftssystem während dieser Krise verelendeten, auch in "besseren Zeiten" nicht mehr in den Wirtschaftskreislauf integriert werden konnten. Er lernte eine Frau kennen, die Bambus-Stühle herstellte und von einem Ladeninhaber dafür mit einem lächerlichen Betrag entlohnt wurde. Sie hätte sehr viel mehr verdienen können, wenn sie die Stühle selbst verkauft hätte, aber sie hatte niemals genug auf die Seite legen können, um das Material für ihre Produkte im Voraus kaufen zu können. Als er auf dieses Problem einmal aufmerksam geworden war, machte Yunus innerhalb weniger Tage die Bekanntschaft von 41 anderen Menschen mit dem gleichen Schicksal. Als er zusammenrechnete, was man *insgesamt* brauchen würde, um alle diese Menschen mit dem Anfangskapital auszustatten, das sie für den Beginn eines selbständigen Arbeitens benötigen würden, kam er auf die kaum glaubliche Summe von unter 400 DM.

Yunus' erster Impuls war, das Geld den Menschen aus seiner eigenen Tasche zu geben. Aber er erkannte sofort, daß dies zwar den Betroffenen geholfen hätte, aber nicht den Millionen Menschen, die sich in einer ähnlichen Lage befinden: Das System der Kreditwirtschaft an sich mußte reagieren. Doch als er mit "seinen" Tagelöhnern und Kleinhandwerkern zu einer Bank ging, um Kreditanträge zu stellen, bekam er die Auskunft, daß diese Menschen nicht kreditwürdig seien. Aber da er persönliche Bürgschaften übernahm, wurden die

26 Interview im Sommer 1995.
27 Vgl. United Way of Chikago (Hrsg.) (1992): Progress Report.

Kleinkredite schließlich doch gewährt. Damit aber war die Idee der Grameen Bank geboren.

Nach über einer Million ausgezahlter Kleinkredite und mit einer Rückzahlungsquote von über 98% hat Yunus gezeigt, daß die Geschäftspolitik der konventionellen Banken falsch ist. Mittlerweile hat die Grameen Bank über 1.000 Zweigstellen und arbeitet in mehr als 32.500 Dörfern, darunter die Hälfte in Bangla Desh.[28] So hat die Grameen Bank beispielsweise gerade ein weltweit einzigartiges innovatives Telephonnetz gefördert: In den nächsten vier Jahren werden sogenannten "Telephone-Ladies" 60.000 Handys auf Kreditbasis zur Verfügung gestellt. Die Frauen gehen damit von Haus zu Haus, damit die Menschen telephonieren können. Die Bewohner von 68.000 Dörfern sparen damit den Bustransfer in die Stadt zu einer öffentlichen Telephonzelle, und die "Telephone-Ladies" bezahlen mit den eingenommenen Kommissionen den Kredit zurück. "Die Brüder Wright haben gezeigt, daß die Menschen fliegen können", sagte Yunus: "Die Grameen Bank hat bewiesen, daß die Armen mit Geld umgehen können. Unsere Finanzstatistik zeigt, daß die Armen kreditwürdiger sind als die Reichen."

Das Geheimnis von Grameen ist die Einrichtung von Schuldner-Zirkeln. In Chikago müssen sich die Frauen, die einen Kredit aufnehmen wollen, in Gruppen zu Fünf zusammen tun; diese Fünf dürfen miteinander nicht verwandt sein und sie dürfen auch nicht im selben Unternehmen arbeiten. Zunächst müssen sie zusammen Fortbildungskurse besuchen; das kann zwischen sechs und zehn Wochen dauern. In dieser Zeit lernen sie sich und ihre jeweiligen Fähigkeiten besser kennen, sie erwerben Kenntnisse, wie man ein kleines Unternehmen führt, und sie erfahren alles über die Funktionsweise von WSEP. In dieser Zeit eröffnen sie auch ein kostenfreies Giro-Konto bei einer Bank, mit der WSEP die Konditionen ihrer Teilnehmerinnen ausgehandelt hat. Wenn die Gruppe diesen ersten Schritt getan hat, wird sie als Schuldner-Zirkel mit einem eigenen Namen bei WSEP registriert und wählt zwei ihrer Mitglieder aus, die die ersten Darlehen erhalten. Diese Darlehen dürfen nicht über 1.500 US-Dollar liegen und müssen innerhalb eines Jahres zurückgezahlt werden.

Der Zirkel trifft sich jede zweite Woche für etwa drei Stunden, um untereinander alle Entwicklungen der Unternehmen und auftretende Probleme zu besprechen. Die Treffen sind so organisiert, daß im Anschluß daran jeweils vier oder fünf derartige Zirkel gemeinsam alle Fragen diskutieren können, die von einem übergeordneten Interesse sind. Aus diesen Treffen sind schon häufig Projekte entstanden, die zur Wiederbelebung der sozialen Infrastruktur der Stadtviertel beigetragen haben, in denen die Frauen leben; es überrascht nicht, daß die meisten von ihnen in Problemgebieten mit hoher Kriminalität wohnen.

Die Rückzahlungen der beiden ersten Kredite beginnen zwei Wochen, nachdem die Kredite gewährt wurden; sie erfolgen in vierzehntägigem Turnus. Wenn die ersten drei Raten pünktlich gezahlt wurden, können die nächsten bei-

---

28 Vgl. Khandker, Shahid/Khalily, Baqui/Khan, Zahed (1994): Is Grameen Bank Sustainable? Washington: World Bank; im Internet unter http://www.worldbank.org:80/html/hcovp/phnflash/hcwp/hrwp015.html. Weitergehende Informationen im Internet unter http://www.soc.titech.ac.jp/titsoc/higuchi-lab/icm/grameen-info.html.

den Mitglieder des Zirkels ihre Kredite bekommen. Wenn alle Zahlungsverpflichtungen der Gruppe erfüllt werden, erhält das letzte Mitglied seinen Kredit sechs Wochen später. Dieses System der gegenseitigen Bürgschaften und der regelmäßige Austausch über Probleme garantiert die hohe Zahlungsmoral bei WSEP. Bis 1995, so schätzt Connie Evans, hat WSEP etwa 600 Frauen zur Selbständigkeit verholfen; jedes Jahr werden zwischen 100 und 125 neue Kredite vergeben, und die Rückzahlungsquote liegt derzeit bei 97%.

Wenn der erste Kredit erfolgreich getilgt worden ist, kann ein Mitglied von WSEP einen weiteren Kredit beantragen – diesmal in Höhe von bis zu 3.500 US-Dollar. Danach wird jedes Mal nach einer kompletten Tilgung das Kreditlimit um weitere 2.000 US-Dollar erhöht, bis das oberste Limit von 10.000 Dollar erreicht ist. Die meisten der höheren Kredite werden noch zusätzlich durch andere, wenn auch zum Teil ungewöhnliche Sicherheiten verbürgt: Eine Kreditnehmerin hatte ihre Speisezimmer-Einrichtung als Sicherheit angegeben, eine andere Gemälde und andere Kunstgegenstände – wobei es durchaus schon vorgekommen ist, daß solche Sicherheiten dann auch verkauft werden mußten, um den Kredit bedienen zu können. Eine Besonderheit von WSEP sind maßgeschneiderte kurzfristige Kredite über 30, 60 oder 90 Tage oder Kredite, die nur dann in Anspruch genommen werden, wenn Wareneinkaufs- oder Rechnungen für Rohmaterialien bezahlt werden müssen.

Connie Evans ist davon überzeugt, daß WSEP wertvolle Arbeit leistet: "Die Arbeitgeber in den Stadtteilen, in denen wir tätig sind, sind meist Großunternehmen, Fast-Food- oder Einzelhandelsketten. Sie bieten den Frauen nur schlecht bezahlte Jobs, bei denen sie sich überhaupt nicht weiter qualifizieren können. Die Selbständigkeit kann einen Ausweg aus dem Teufelskreis zwischen schlechten Jobs, schlechter Bezahlungen und Armut bieten. Die Frauen können ihren Kindern so auch positive Modelle für deren Leben vorleben; das steigert ihr Selbstbewußtsein und erhöht die Lebensqualität. Auf diese Weise bleiben die ökonomischen Ressourcen auch in der Gegend. Die Gewinne werden so nicht in anderen Regionen oder Ländern investiert."

Mohammed Yunus dagegen geht einen Schritt weiter: Er ist der Ansicht, daß die Arbeit vom Eigentum an den Produktionsmitteln nicht getrennt werden sollte. "Wir müssen die Erkenntnis in die Köpfe aller Menschen bringen, daß jeder Mensch seinen eigenen Arbeitsplatz schaffen kann", schrieb er im Jahre 1994: "Je mehr wir dahin kommen, daß die Menschen mit ihren eigenen Produktionsmitteln arbeiten, desto eher können wir die Katastrophen der kapitalistischen Entwicklung vermeiden."[29]

29 Yunus, Mohammed (1994): Grameen Dialogue (Newsletter der Grameen Bank). Im Internet vgl. http://news.citechco.net/grameen/bank/. Vgl. auch Yunus, Mohammed (1995): Grameen Bank - Experiences and Reflections. Chittagong: Grameen Bank. Im Internet unter http://www.soc.titech.ac.jp/icm/ findet sich eine reichhaltige Bibliothek zu allen Fragen der Organisation von Kleinkrediten.

Die Ecumenical Development Cooperative Society - ein Nord-Süd-Modell für lokale Projektfinanzierung

Mittlerweile gibt es auch alternative Finanzinstitutionen, die eine Art von "Mikro-Gegengewicht" zur etablierten Entwicklungsfinanzierung bieten. Die "Ecumenical Development Cooperative Society" ist eine weltweit arbeitende Kreditgenossenschaft, die ihren Sitz in Amersfoort in Holland hat. Der Ökumenische Rat der Kirchen gründete die Organisation 1975, um eine "Gratwanderung" zu beginnen "zwischen fairer Starthilfe für kleine ... Wirtschaftspartner im armen Teil der Welt ... und Werterhaltung des Gläubiger-Kapitals".[30] Ende 1996 verwaltete die EDCS ein Anteilskapital in Höhe von 150 Mio. DM und arbeitete mit 240 Geschäftspartnern in 60 Ländern zusammen. Darunter waren Unternehmen, die sich in der Stadtentwicklung, alternativem Handel, Landwirtschaft oder dem Umweltschutz engagieren. Mitglieder sind bei der EDCS kirchliche Institutionen in der ganzen Welt – und 30 sogenannte Förderkreise mit 18.000 Mitgliedern. Acht davon gibt es allein in Deutschland, wo sich 8.000 Einzelpersonen, kirchliche Organisationen, Gruppen und Vereine zusammengeschlossen haben. Sie sind mit etwa 62,5 Mio. DM an der Kreditgenossenschaft beteiligt.

Der "EDCS-Förderkreis Berlin e.V." kam 1996 auf über 3 Mio. DM Anlagekapital. "Investieren in Gerechtigkeit". Mit diesem Motto wirbt dieser Kreis um Menschen, die ihr Geld unter ethischen Gesichtspunkten anlegen wollen, bei Verzicht auf eine maximale Rendite.[31] So wurden in den letzten Jahren 419 Berliner Mitglied im Förderkreis und kauften zusammen 8.378 Anteile. Einer davon kostet 450 DM, wobei es sich nicht um Spareinlagen handelt, sondern um Genossenschaftsanteile. Daher schüttet die EDCS zum Jahresende eine kleine Dividende aus, die sich am Geschäftsergebnis orientiert; zur Zeit sind es 2% je Anteil. In Berlin verwenden die Mitglieder ihre Dividende unterschiedlich: 20% spenden das Geld, 57% investieren in Form einer Thesaurierung in neue Anteile und der Rest läßt sie sich ausbezahlen. Einige Mitglieder betrachten die Dividende als "gerecht geteilten Gewinn aus gemeinsamem Wirtschaften mit den Kreditnehmern". Aber es besteht auch eine große Offenheit, das Geld völlig zinsfrei auszuleihen. Das gibt der EDCS die Möglichkeit, Kredite zu fairen Konditionen zu vergeben: "Im Unterschied zu ausschließlich profitorientierten Geldanlagen sollen in erster Linie soziale und ökologische Gewinne erzielt werden, von denen die Gemeinschaft profitiert".[32] So liegt in der Regel der Zinssatz bei 9%, ein bis zwei Jahre bleiben tilgungsfrei, und die Laufzeit der Kredite liegt je nach Unternehmen zwischen fünf und zehn Jahren. Rückzahlungsraten können ausgesetzt, die Zinszahlungen bei wirtschaftlicher Not verringert werden. Wechselkursrisiken trägt ein "Sonderfonds für Wechselkursverluste", für zu

---

30 Vgl. die Informationsbroschüre von EDCS; vgl. auch: "Bei dieser Bank erhalten auch Habenichtse einen Kredit", in: Frankfurter Rundschau vom 2./3. 10. 1997; Zeitschrift "Eine Welt", Heft Nr. 1 (Februar) 1998. Vgl. auch Teichert, Volker/Diefenbacher, Hans, Gramm, Rolf u.a. (1998): Handlungsspielräume für eine kommunale Wirtschaftspolitik. Heidelberg: FEST.

31 Informationen von EDCS-Förderkreis Berlin e. V., Geschäftsführer Siegwart Kriebel.

32 Vgl. ECDS-Informationsbroschüre, op.cit., 20.

erwartende Ausfälle bildet die EDCS entsprechende Rücklagen, die von Schuldnern und Gläubigern gemeinsam finanziert werden. Um für diese Idee der internationalen, finanziellen Kooperation zu werben, schaltet der Berliner Förderkreis Anzeigen, lädt zu Informationsveranstaltungen ein oder organisiert "Themengottesdienste", bei denen die Predigt um Geld und Zinsen kreist. Besuch kam auch schon aus Afrika: Mariam Dao-Gabala aus Abidjan/Elfenbeinküste sprach auf einer Mitgliederversammlung über EDCS-Projekte in ihrer Heimat. So fließt unter anderem auch Berliner Geld in die Vermarktungsgenossenschaft "Coopérative de Commercialisation de Produits Vivriers", in der Frauen sich organisieren, um 100 Arbeitsplätze im Lebensmitteleinzelhandel zu sichern. 300.000 Francs bewilligte die EDCS. Dies ist ein Beispiel von vielen, wie finanzielle Kooperation zu fairen Konditionen aussehen kann.

Die Arbeit von EDCS mobilisiert auf der einen Seite Kapital für dringend notwendige Investitionen, denen auf Grund mangelnder "Bonität" im konventionellen Bankensystem jeder Kredit verweigert wird. Dieses Geld fließt in Projekte, die beim Aufbau gesunder, lokaler Wirtschaftsstrukturen helfen, und dabei nicht bedroht sind, in die Verschuldungsspirale der kommerziellen Kreditwirtschaft abzugleiten. Auf der anderen Seite gibt es für die Gläubiger ein hohes Maß an Transparenz, in welcher Weise ihr angelegtes Geld verwendet wird. Eine Beteiligung an der Kreditgenossenschaft erfüllt alle Kriterien, die an ein sogenanntes "ethisches Investment" gestellt werden können.

Gemeinwesenorientierte Kreditwirtschaft und das Zinsproblem

Eine gesetzliche Basis, die es im Rahmen einer gemeinwesenorientierten Ökonomie ermöglicht, lokale Finanzinstitutionen zu gründen, besteht also: Zwar unterscheiden sich die Bestimmungen teilweise erheblich, doch dürften die Hindernisse in keinem Land Europas völlig unüberwindlich sein. All die beschriebenen Unternehmen sind jedoch ziemlich klein und verfügen nur über ein relativ geringes Kreditvolumen – das gilt auch für die beschriebenen "alternativen" Banken, wenn man sie mit den traditionellen Großbanken wie Dresdner Bank, Deutsche Bank oder Commerzbank vergleicht. Selbst Mercury, das bekannteste britische Beispiel, hatte vor seiner Fusion begrenztere Mittel als jede der zwanzig größten Kreditgenossenschaften in Irland. Darüber hinaus setzen alle, außer TILT und Aston Reinvestment Trust, ihre Akzente eher auf nationale als auf lokale Aktivitäten. Und die Gefahr einer Bedrohung des ganzen Unterfangens durch uneinbringbare Außenstände ist bei der geringen Größe fast immer vorhanden, wenn auch bei den geschilderten Beispielen dieses Problem im Vergleich zu anderen Banken bisher in weit unterdurchschnittlichem Maße präsent war.[33] Folgen diese Unternehmen etwa doch einem falschen Ansatz?

---

33 So ergab eine Bilanz im Mai 1998, daß bei der altehrwürdigen Stadtsparkasse in Mannheim ein Gesamtschaden von knapp einer Milliarde DM entstanden war, der ein groß angelegtes Sanierungskonzept erforderlich macht. Allein 1997 müssen insgesamt 455 Mio. DM an "Wertberichtigungen auf drohende oder schon eingetretene Leistungsstörungen bei der "Kreditbedienung" vorgenommen werden. Sogenannter "Gewährträger"

Und schließlich das Zinsproblem: Obwohl einige Anleger von Mercury und Community Capital sich bereit erklärt haben, nur wenig oder gar keine Zinsen zu erhalten, weil sie die Ziele der Unternehmen, die ihr Geld als Kredit bekommen, unterstützen, fällt es doch offensichtlich schwer, in ausreichender Weise Gelder zu erhalten, die unter dem Niveau der internationalen Finanzmärkte verzinst werden können, weil ihre Besitzer auf diese Weise einen Beitrag leisten wollen, um der Konkurrenz multinationaler Großunternehmen durch gezielte Förderung lokaler Ökonomien Stand zu halten. Aber selbst wenn Zinsen gezahlt werden können: Was wäre ein angemessener Zinssatz, den man von einem lokalen Unternehmen verlangen könnte? Sollten überhaupt Zinsen gezahlt werden?

Wirtschaftswissenschaftler rechtfertigen die Berechnung von Zinsen mit dem Argument, daß Menschen belohnt werden müssen, wenn sie all ihr Geld nicht sofort nach Erhalt wieder ausgeben und anderen ermöglichen, es statt dessen für eine gewisse Zeit für ihre Interessen und Zwecke zu nutzen. Diese Argumentation ist nicht ganz richtig, denn die meisten Menschen würden auch ohne die Aussicht auf Zinsen weiterhin sparen, weil jedermann finanziell abgesichert sein und für schlechte Zeiten gerne etwas auf die Seite legen möchte. Darüber hinaus wird jeder einmal älter und möchte für seinen Ruhestand etwas gespart haben. Die Menschen sollten also nicht für das Sparen *an sich* bezahlt werden, sondern dafür, daß sie *andere* ihre Ersparnisse nutzen lassen, anstatt sie unter ihren Matratzen zu verstecken. Außerdem besteht ja ein reales Risiko, daß sie ihr Geld, das sie verliehen haben, nicht zurückerstattet bekommen. Und wenn ein Kreditnehmer finanziellen Nutzen vom Geld anderer hat, ist es nur recht und billig, daß ein Teil des Gewinns dem Sparer zufließen sollte, der das ermöglicht hat.

Dann ist da noch die Frage der Inflation. Solange bei hoher Inflation dennoch gespart wird – offenkundig muß ein höherer Anteil des Einkommens gespart werden, um den realen Wert des Sicherheitspolsters zu erhalten –, wird so viel wie möglich von dem Ersparten in Vermögenswerten wie Land oder Antiquitäten angelegt, von denen man annimmt, daß sie im Vergleich zu anderen Gütern oder Dienstleistungen ihren Wert bewahren und bei einem späterem Verkauf wieder in Bargeld zurückverwandelt werden können. Wenn jemand den Wert seines Geldes also dadurch erhalten will, daß andere es nutzen, muß er vom Darlehensnehmer zumindest für den eventuellen Verlust der Kaufkraft entschädigt werden.

Zusammenfassend kann man sagen, daß ein fairer Zinssatz drei Dinge bewirkt: Er entlohnt den Kreditgeber für das eingegangene Risiko, er entschädigt für einen eventuellen Verlust bezüglich der Kaufkraft des Geldes und er teilt zwischen Kreditnehmer und -geber die Gewinne auf. Praktisch können der erste und der dritte Punkt zusammengefaßt werden; das Versprechen eines möglichen

---

der Stadtsparkasse ist die Stadt Mannheim – und damit letztlich der Steuerzahler, der im Jahre 1998 einen unverzinslichen und verlorenen Kapitalzuschuß in Höhe von 50 Mio. DM aufbringen wird (vgl. Brender, Frieder (1998): "Sanierungskonzept Sparkasse", in: Grüne Liane [Mannheim] vom Mai 1998). – Ob man den Konzepten alternativer gemeinwesenorientierter Finanzinstitutionen in Zukunft eine Chance geben würde?

Gewinnanteils in Form von Zinsen sollte das Risiko abdecken, das bei Darlehensgewährung auf jeden Fall entsteht.

Zinsen: verbieten oder niedrig halten?

Trotz dieser Rechtfertigungen verbot die katholische Kirche bis in die dreißiger Jahre des 19. Jahrhunderts die Berechnung von Zinsen; der Islam lehnt Zinsen heute noch ab.[34] So haben tatsächlich nach wie vor viele Gelehrte verschiedener Religionen schwerwiegende Bedenken gegen die Zinswirtschaft. John Maynard Keynes diskutiert zum Beispiel in seiner "Allgemeinen Theorie" eine große Zahl von Gründen, die gegen eine Zinswirtschaft sprechen; im Verlauf dieser Argumentation gelangt er zu einer Schlußfolgerung, die heute, fast sechzig Jahre nach Erscheinen des Werkes, erneut von höchster Aktualität ist:[35]

"Die Schärfe und die Besonderheit unseres gegenwärtigen Problems erwächst daher aus der Möglichkeit, daß der durchschnittliche Zinsfuß, der ein vernünftiges Durchschnittsniveau unserer Beschäftigung gestattet, den Vermögensbesitzern so unannehmbar ist, daß er nicht ohne weiteres lediglich durch die Handhabung der Geldmenge festgesetzt werden kann."

Ein solch niedriger Zinssatz wäre mit den Interessen der Besitzer von Geldkapital unvereinbar, denn, so Keynes drei Kapitel weiter,[36]

" ... würde er doch den sanften Tod des Rentners [i.e., des Menschen, der von den Erträgen seines Geldvermögens lebt; H.D.] bedeuten, und folglich den sanften Tod der sich steigernden Unterdrückungsmacht des Kapitalisten, den Knappheitswert des Kapitals auszubeuten."

Kapitalzinsen, so führt Keynes im weiteren aus, seien heute jedoch keine Belohnung mehr für ein wirkliches Opfer, denn im Gegensatz zur Knappheit von Boden gebe es im fortgeschrittenen Industriezeitalter an sich keinen Grund mehr für eine Knappheit des Kapitals.

Das wissenschaftliche Unbehagen von Ökonomen gegenüber Zinsen geht jedoch noch viel weiter zurück: Es muß überdies sorgfältig von den weitergehenden moralischen, theologischen und sozialen Einwänden gegen die Ausbeutung einer notleidenden Bevölkerung durch Zinswucher unterschieden werden und wurzelt in der Zeit, als Gold als Währung verwendet wurde. Da Gold sich selbst nicht vermehrt und durch Arbeit nicht vermehrt werden kann, und da außerdem nur sehr wenig aus den Minen gefördert werden konnte, fragten sich die Leute, woher dann das zusätzliche Gold kommen sollte, um die Zinsen zu zahlen, wenn beides, Kapital *und* Zinsen, am Ende des Jahres fällig sein sollte. Offensichtlich konnte der Kreditnehmer nur mehr Gold erwerben, wenn jemand anders weniger hatte, und so bedeutete das Verleihen von Geld zu einem bestimmten Zinssatz, daß entweder der Kreditnehmer verarmte oder daß dieser wiederum jemand anderen ärmer machen mußte. Und da weder das eine noch

---

34 Zur Geschichte von Zinsen, Wucher und der Frage gerechter Preise vgl. auch Kap. 7.

35 Keynes, John M. (1936): Allgemeine Theorie der Beschäftigung, des Zinses und des Geldes. Deutsche Ausg. Berlin: Duncker und Humblot 1936, 261.

36 Ibid., 317.

das andere sozial erstrebenswert war, wurde jede Art der Geldverleihung, gleichgültig zu welch niedrigem Zinssatz, weiterhin moralisch verurteilt. Im Mittelalter war zunächst sogar jeder Zinssatz als Wucher bezeichnet worden. Doch schon im 14. Jahrhundert begannen einzelne scholastische Gelehrte, die Frage zu erörtern, ob es – ähnlich wie gerechte Preise – auch so etwas wie einen gerechtfertigten Zinssatz geben könnte.[37]

Zinsen und Wachstum

Obwohl wir heutzutage Papiergeld verwenden, existiert nach wie vor das Problem, aus welchen Formen der Wertschöpfung Zinszahlungen eigentlich kommen. Fast alles Geld, das sich im Umlauf befindet, beruht im Grunde faktisch auf Darlehen. Das heißt, daß Geld, welches Zinszahlungen abdecken soll, nur von Kreditnehmern erworben werden kann, wenn andere Kreditnehmer entsprechend mehr geliehen haben. Darüber hinaus bedeutet die Notwendigkeit, für diese zusätzlichen Darlehen ebenfalls Zinsen zahlen zu müssen, daß die Wirtschaft weiter wachsen muß, wenn der Anteil der Zinszahlungen im globalen Bruttosozialprodukt nicht weiter ansteigen soll. Das wiederum erklärt, warum das kapitalistische Wirtschaftssystem nicht nachhaltig ist, denn es ist abhängig von Krediten, die – ohne Verarmung der Kreditnehmer – mit Zins und Zinseszins nur zurückgezahlt werden können, wenn das Wirtschaftswachstum entsprechend weiter fortschreitet. Wenn das Wachstum zum Erliegen kommt, sehen sich immer mehr Kreditnehmer verpflichtet, Darlehen zu bedienen, die ihnen keinen positiven Ertrag gebracht haben. Ihre Profite sinken, sie verringern ihre Kreditnachfrage und ihre Investitionen im folgenden Jahr, was wiederum viele der Menschen arbeitslos macht, die vielleicht die Fabriken, Einkaufszentren und Bürogebäude in Schwung gehalten hätten, von deren Angebot und Nachfrage sie sonst auch hätten profitieren können. So verringert sich natürlich die Gesamtnachfrage, und solange Regierungen nicht durch Kreditaufnahme ihrerseits versuchen, das Ruder herumzureißen, wird es zu einer Rezession kommen.

Kurz gesagt: Weil Kreditnehmer Zinsen zahlen müssen, bleibt den Regierungen kaum etwas anderes übrig, als weiteres Wirtschaftswachstum zuzulassen, trotz der Schäden, die die damit verbundenen Folgewirkungen der Umwelt, den Gemeinden und der sozialen Ordnung zufügen. Folglich ist es weder auf nationaler noch auf kommunaler Ebene möglich, zu einer nachhaltigen Lebensweise zu gelangen, ohne ein Wirtschaftssystem zu entwickeln, das so weit wie möglich Zinsen vermeidet.

Nun hat der Islam, wie bereits erwähnt, bis zum heutigen Tage seine ablehnende Haltung zur Zinswirtschaft beibehalten. Zwar hat die islamische Wirtschaftsethik im Zusammenhang mit dem Erstarken der islamischen Bewegungen in jüngster Zeit eine besondere Bedeutung gewonnen. Religiöse Vorgaben haben für die islamische Wirtschaftslehre eine zentrale Bedeutung: Wirt-

37 Vgl. Diefenbacher, Hans: Gerechtigkeit und Nachhaltigkeit in der Ökonomie. Kap. 2 [erscheint 1999].

schaften ist ein Teil des Gottesdienstes und sollte deswegen von der Scharia, dem islamischen Gesetz, geleitet sein. Zwar lassen sich durchaus Versuche beschreiben, einen islamischen Sozialismus als "dritten Weg" zwischen Kapitalismus und Kommunismus zu gestalten, doch sind auch Konflikte um die Auslegung beziehungsweise die heutige Anwendbarkeit des Zinsverbotes in der Differenz zwischen islamischer Wirtschaftstheorie und der Wirtschaftspraxis in den islamischen Ländern nachzuzeichnen.[38] All dies würde die Zielsetzung des vorliegenden Bandes jedoch überschreiten, denn es muß auch festgehalten werden, daß der Islam bislang keine Impulse zu einer zinsfreien Wirtschaft geben konnte, die in den westlichen Ländern außerhalb der islamischen Welt aufgenommen und fortgeführt worden wären.

Auf der anderen Seite gibt es jedoch auch in Europa eine ganze Reihe von Banken und bankähnlichen Organisationen, die ohne Zinsen oder mit Zinssätzen arbeiten, die ganz erheblich unter den jeweiligen Zinssätzen der Geldmärkte liegen.

Die Arbeiterbank in Mondragón

Das beste Beispiel dafür, was eine kommunale Bank erreichen und wie sie mit der Zinsfrage umgehen kann, ist wohl die baskische Arbeiterbank "Lankide Aurrezkia". Die Entstehungsgeschichte und Arbeitsweise dieser Bank ist von den Mondragón-Genossenschaften nicht zu trennen, die mittlerweile 21.000 Leute in der gleichen Gegend beschäftigen und bei deren Expansion die Bank eine entscheidende Rolle spielte.

Die Bank und die Genossenschaften verdanken ihre Existenz einem Priester namens José Maria Arizmendiarrieta, der 1941 im Alter von 26 Jahren in Mondragón, einer Ansiedelung der Stahlindustrie mit 8.500 Einwohnern, mit jungen Leuten arbeiten sollte. Er hinterließ aber so wenig Eindruck, daß einige Gemeindemitglieder den Bischof sogar ersuchten, ihn wieder abzuberufen. "Er sprach monoton, umständlich, wiederholte sich ständig und war schwer zu verstehen. Selbst Ablesen konnte er nicht so recht", schrieb ein ihm nahestehender Kollege 45 Jahre später.[39]

Eine von Pater Arizmendiarrietas Aufgaben bestand darin, Religion in einer Schule zu unterrichten, die die Stahlwerke für ihre Auszubildenden unter-

---

38 Vgl. dazu unter anderem Nienhaus, Volker (1982): Islam und moderne Wirtschaft. Probleme und Perspektiven, Graz/Wien/Köln; Ghaussy, A. Ghanie (1986): Das Wirtschaftsdenken im Islam. Von der orthodoxen Lehre bis zu den heutigen Ordnungsvorstellungen, Bern/Stuttgart; Tworuschka, Monika (1986): "Islam", in: Klöcker, Michael/Tworuschka, Udo (Hg.): Ethik der Religionen. Lehre und Leben Bd. 4: Besitz und Armut, München/Göttingen, 67 – 91. In "Short Circuit", 155ff. findet sich eine ausführlichere Darstellung der islamischen Zinsverbotslehre.

39 Jésus Larranaga, einer seiner Studenten, zitiert bei: Morris, David (1992): The Mondragón System: Co-operation at Work. Washington: Institute for Local Self-Reliance, 11; vgl. auch Long, Mike (1996): The Mondragón Co-operative Federation – A Model for our Times? im Internet unter http://www.spunk.org/texts/labor/sp001411.txt; weitere Informationen zu Mondragón finden sich bei Freedom Press, im Internet unter: http://www.lglobal.com/TAO/Freedom.

hielt. Es war die einzige weiterführende Schule überhaupt in Mondragón, und die Anmeldungen überstiegen bei weitem ihre Kapazität. Pater Arizmendiarrieta bat das Stahlunternehmen, die Schule zu vergrößern, und bot sich an, bei der Beschaffung der erforderlichen Geldmittel behilflich zu sein. Die Firma lehnte jedoch ab, und so entschloß sich der Priester, ein eigenes Polytechnikum zu gründen. Er ließ an den Straßenecken briefkastenähnliche Behältnisse aufstellen, in welche die Leute dann ihre Arbeitsangebote für den Bau des Gebäudes oder Geld einwerfen konnten; als die Kästen geöffnet wurden, stellte man fest, daß ein Viertel aller Haushalte der Stadt konkrete Hilfe angeboten hatten.

Die Schule eröffnete im Dezember 1943 mit zwanzig Schülern, und jedes Jahr kam die nächsthöhere Klassenstufe dazu. Im Jahre 1952 zählte man 170 Studenten, und elf Schüler des ersten Jahrgangs hatten gerade ein externes Ingenieursdiplom an der Universität von Saragossa abgelegt. Diese Studenten – die ersten Arbeiterkinder Mondragóns, die jemals ein Universitätsexamen ablegten – hatten sich mit Pater Arizmendiarrieta jede Woche getroffen. In diesen Begegnungen entwickelte er seine weiteren Pläne. Er setzte sich jedoch auch mit sehr vielen anderen Gruppen zusammen; 1956 schätzte man, daß er, seit Beginn seiner Arbeit in der Gemeinde, zusätzlich zu seinem Unterricht im Schnitt zwei bis drei Studienseminare pro Woche und insgesamt 1.500 Diskussionen kleiner Gruppen geleitet hatte.

Fünf seiner elf Schüler arbeiteten dann bei dem Stahlunternehmen. Als das Unternehmen sich entschloß, sein Eigenkapital durch den Verkauf von weiteren Anteilen zu erhöhen, beantragten diese fünf bei der Geschäftsleitung, daß das Unternehmen den Arbeitern ermöglichen sollte, bevorzugt Anteile zu erwerben. Das wurde jedoch abgelehnt, und andere Menschen versuchten, die fünf davon zu überzeugen, daß es nicht möglich sei, dieses einzelne kapitalistische Unternehmen von innen heraus zu demokratisieren. Als Antwort darauf gründeten sie ihre eigene Firma und machten sich daran, Geld von Freunden zu beschaffen. Sie konnten allein mit Hilfe ihrer Überzeugungskraft schließlich von ungefähr 100 Leuten 11 Mio. Peseten auftreiben. Dies entsprach einem damaligen Gegenwert von etwa 1,2 Mio. DM – eine enorme Summe für eine Gemeinde der Arbeiterklasse –, und sie kauften 1955 damit eine bankrotte Fabrik in Gazteiz in Vitoria, die Paraffinöfen hergestellt hatte. Der Betrieb wurde nach Mondragón verlegt und nahm 1956 seine Arbeit mit 24 Mitarbeitern unter dem Namen "Ulgor" auf, was eine Kombination der Anfangsbuchstaben der fünf Männer war. Ulgor baute einen in England hergestellten Ofen nach, den die Gruppe in Frankreich gekauft und demontiert hatte; erst einige Zeit später legalisierte Ulgor sein Vorgehen durch den Kauf der spanischen Rechte.

Die Nachfrage nach Öfen und Herden war groß. Ulgor begann bald mit eigenen Enwürfen und kaufte eine Gießerei in der Stadt, um alle Teile selbst herstellen zu können. Einige Monate später nahm der Betrieb eine Reihe von Elektrogeräten in seine Produktion mit auf und, nach Inbetriebnahme einer zweiten Fabrik, noch Gasherde unter dem Markenzeichen Fagor. Bis Ende 1958 hatte Ulgor 149 Genossenschaftsmitarbeiter, und der Erfolg veranlaßte andere Menschen, weitere Genossenschaften zu gründen und sich in Mondragón und in der näheren Umgebung niederzulassen.

Zu dieser Zeit schlug Pater Arizmendiarrieta seinen ehemaligen Studenten vor, eine Bank zu gründen, um so an Ersparnisse der Menschen in der Region zur Finanzierung der Erweiterung der Genossenschaften gelangen zu können. "Zuerst waren wir ziemlich verärgert und haben ihn buchstäblich fortgejagt", berichtete später einer der Mitbegründer von Ulgor. "Wir sagten ihm: Gestern waren wir Handwerker, Vorarbeiter und Ingenieure. Heute lernen wir, Manager und Führungskräfte zu sein. Morgen sollen wir Banker werden. Das ist unmöglich." Der Priester aber machte sich unverdrossen daran, die Geschäftsbedingungen und Statuten einer Bank zu entwerfen, dachte sich die Protokolle einer fiktiven Gründungsversammlung aus und fälschte sogar die Unterschriften zweier seiner Schüler. Und siehe da: die Lankide-Aurrezkia-Bank war als Genossenschaft mit einer Leitung gegründet, die aus gewählten Vertretern ihrer eigenen Mitarbeiter und Vertretern ihrer Mitgliedsgenossenschaften bestand. Sie wurde im Juli 1959 von den spanischen Behörden anerkannt und eröffnete zwei Zweigstellen, eine in Mondragón und eine Eloffi, ein Ort, der damals in einer anderen Provinz lag, so daß man im Falle, hätte eine Provinz die Lizenz der Bank aufkündigen und sie schließen wollen, doch noch hätte weitermachen können. Von der potentiellen Bedeutung der Bank mittlerweile überzeugt, traten vier der Gründer von Ulgor dem Leitungsgremium der Bank bei, einer als Präsident, einer als Hauptgeschäftsführer. Der fünfte Gründer hatte Ulgor damals bereits verlassen, um sein eigenes Unternehmen zu führen.

In vielerlei Hinsicht entsprach und entspricht Lankide Aurrezkia einer Holding, da jede Genossenschaft mit der Arbeiterbank einen Gesellschaftsvertrag unterzeichnete, der die Arbeitsweise der Genossenschaft genau festlegte. So waren beispielsweise die Gehälter, die von den Mitgliedsgenossenschaften gezahlt wurden, an die in der Bank gezahlten Gehälter durch eine Klausel gebunden, die vereinbarte, daß ihre Mindestlöhne nicht mehr als 10% über oder unter den Mindestlöhnen der Bank liegen dürfen. Das höchste Gehalt sollte nicht mehr als das Dreifache des Mindestlohns betragen. Jede Genossenschaft mußte der Bank jeden Monat ihre Finanzunterlagen, jedes Jahr ihre Bilanzen und die Einzelheiten künftiger Vorhaben vorlegen und wurde alle vier Jahre einer detaillierten Veranlagung und Rechnungsprüfung unterzogen.

Selbstverständlich mußten alle Gelder der Genossenschaftsmitglieder bei Lankide Aurrezkia eingezahlt werden, und der Gesellschaftsvertrag legte auch die Maximal- und die Minimalbeträge fest, die alle Beitrittswilligen als Genossenschaftsanteil beizusteuern hatten: Das waren nicht weniger als 80% und nicht mehr als 120% des Wertes eines Genossenschaftsanteils der Bank, was zu dem Zeitpunkt einem Jahresgehalt in der Mindestlohngruppe entsprach. Neue Genossenschaftsmitglieder konnten die erforderliche Summe zinslos leihen und von ihren Gehältern bis zur endgültigen Rückzahlung abziehen lassen. Da das Mindestgehalt in Mondragón meist über dem herkömmlicher Unternehmen lag, war die Belastung erträglich. Ein festes Prinzip der Genossenschaften war jedoch, daß Mitglieder immer ihr eigenes Kapital einsetzen mußten.

Schließlich legte der Gesellschaftsvertrag die Gewinnaufteilung der Genossenschaft fest. 10% mußten, nach spanischem Gesetz, der Wohlfahrt zugute kommen, mindestens 20% waren für Rücklagen der jeweiligen Genossenschaft vorgesehen, der Restbetrag sollte den Mitarbeitern zugeteilt und auf Einzelkonten angelegt werden, die nur zu Beginn des Ruhestandes eines Mitarbeiters ganz aufgelöst werden konnten; jeder, der vorher ausschied oder entlassen wurde, lief Gefahr, bis zu 30% von diesem Konto abgezogen zu bekommen. Im ersten Geschäftsjahr, 1960, konnten die Arbeitnehmer 10% der Gewinne ihrer Genossenschaft in bar abheben, zwischen 1962 und 1965 erhöhte sich dieser Anteil auf 30%, das war mehr als ein Monatsgehalt. Danach wurden die Barzahlungen jedoch abgeschafft, und der einzige Zusatzverdienst zu ihrem Gehalt besteht für die Genossenschaftsmitglieder jetzt in Zinszahlungen bis maximal 6% auf alle ihre bei der Genossenschaft angelegten Geldbeträge. Diese Auszahlungsvorschrift bedeutet, daß die Unternehmen tatsächlich über 90% ihrer Nettogewinne bewirtschaften. Das einzelne Kapitalkonto kann als langfristige Niedrigzinsanleihe an ein Unternehmen betrachtet werden, das unter Umständen nicht über die entsprechende Bonität verfügt, um anderweitig Kredite aufnehmen zu können.[40]

Was brachte den Genossenschaften eine solch restriktive Vertragsvereinbarung mit der Bank? Im wesentlichen hatten sie zwei große Vorteile: Der erste war und ist, daß günstige Kredite gegeben werden konnten. Nach Angaben von Morris besteht etwa die Hälfte des Kapitals der Mitgliedsgenossenschaften aus Darlehen von Lankide Aurrezkia, wofür die Zinsen manchmal bis zu 5% niedriger sind als der gängige Zinssatz. Das ist deshalb möglich, weil die Spitzengehälter bei der Bank, zumindest bis vor kurzem, deutlich niedriger als bei herkömmlichen Banken waren und weil die Bank automatisch Zugriff auf die Überschüsse ihrer Mitgliedsgenossenschaften hat. Die Bank ist in der Tat die einzige Kapitalquelle, die den Genossenschaften neben den Ersparnissen ihrer jeweils eigenen Mitglieder zur Verfügung steht.

Der andere Vorteil dieser Vereinbarung ist die erstklassige Beratung und Betreuung von der Beratungsabteilung der Bank, die sich auf viele Bereiche erstreckt. Dies beinhaltet Marketing, Export, Produktionstechnik, gewerblich genutzte Gebäude, Personal- und Rechtsfragen sowie Rechnungsprüfung und Controlling. In Extremsituationen beschränkt sich die Bank allerdings nicht nur auf ihre Beraterfunktion. Während der Rezession in den frühen achtziger Jahren, als die Mondragón-Genossenschaften allesamt über drei Jahre hinweg Verluste machten, intervenierte die Bank so weit, daß sie Führungskräfte entließ, Produktlinien änderte, das Lohnniveau senkte, Mitgliedsgenossenschaften zusammenlegte und Mitarbeiter austauschte. Erst als das Ergebnis zufriedenstellend war, bot die Bank wieder günstige Kredite an. Allein 1983 durchliefen 34 der hundert Genossenschaften diese Art von Verfahren, was sich als höchst erfolgreich erwies – so haben in ihrer ganzen Geschichte tatsächlich nur drei Mondragón-Genossenschaften jemals geschlossen, zwei davon unter speziellen Umständen. Herkömmliche Betriebe im Baskenland haben die Wirtschaftsflaute

---

40 Morris, David, op.cit., 14; vgl. auch: Morris, David (1992): The Mondragón Cooperative Corporation, Washington: Institute for Local Self-Reliance; Morrison, Roy (1991): We Build the Road as We Travel, Philadelphia: New Society Publishers. Zur Geschäftspolitik der Genossenschaften vgl. auch Harrison, Amy/McKay, Fiona (1997): The Mondragón Co-operative System – Greening your Business, Bringing Your Values to Work. London: National Green Pages; im Internet unter: http://www.soulzone.com:80/commerce/news/#Mondragón. Vgl. zusätzlich im Internet: http://iisd1.iisd.ca/50comm/commdb/desc/d13.htm.

nicht so gut überstanden; zwischen 1975 und 1983 büßte die Region ein Fünftel ihrer Industriearbeitsplätze ein.

Es gelang der Bank von Anfang an, private Ersparnisse als Einlagen zu bekommen; bis 1966 waren 21.653 Konten eingerichtet worden. "Sparbuch oder Koffer" lautete Pater Arizmendiarrietas Wahlspruch – spare oder wandere aus. Bis 1987 hatte die Bank über 600.000 Anleger und Aktiva in Höhe von rund 6 Mrd. DM. Anfänglich kamen jedoch die meisten Gelder von den Genossenschaften, hauptsächlich von Ulgor, und 75% der Darlehen flossen in andere Genossenschaften zurück, um deren Expansion zu finanzieren. Die Statuten der Bank verhinderten von Anfang an, daß Geld an andere Institutionen als an Mitgliedsgenossenschaften verliehen wurde.

Die Arbeitsweise der Bank wird am ehesten transparent, wenn man ihre Rolle und Funktion bei der Entstehung einer neuen Genossenschaft beschreibt. Wenn eine Gruppe mit einem eigenen Vorschlag oder einem bestehenden aus einer Projektliste der Bank an sie herantritt, wird das Gehalt des Gruppenmitgliedes bezahlt, das am ehesten dazu geeignet scheint, Leiter der neuen Genossenschaft zu werden. Zusammen mit den Mitarbeitern der Bank muß er eine Durchführbarkeitsstudie erarbeiten, und es wird ein "Pate" ernannt, dessen Aufgabe darin besteht, das Projekt durch seine Anfänge hindurch zu begleiten. Wenn die Studie das Projekt als erfolgversprechend ausweist, wird die Bank 60% des erforderlichen Kapitals als Darlehen gewähren. 20% werden durch einen günstigen und langfristigen Kredit der spanischen Regierung übernommen, der in der Regel über zehn Jahre läuft und mit 3% verzinst werden muß. Die restlichen 20% des erforderlichen Kapitals müssen von den Mitgliedern der Gruppe selbst aufgebracht werden. 70% jeglicher Verluste des Projekts innerhalb der ersten zwei Jahre werden in eine zusätzliche Anleihe von der Bank umgewandelt, und diese muß innerhalb der nächsten sieben Jahre zurückgezahlt werden. Der Pate wird Vorstandsmitglied der neu gegründeten Genossenschaft.

Der große Vorteil dieses Verfahrens ist, daß jede Durchführbarkeitsstudie die Fachkenntnisse der künftigen Genossenschaftsmitglieder erhöht und auch die Bank mit Informationen versorgt, die für zukünftige Projekte von großem Wert sein können. Der Vorteil für die frischgebackenen Genossenschafter liegt in der Hilfe und in den Ratschlägen von einem Team, das schon früher Neugründungen betreut hat und daher in der Lage sein sollte, sie vor kostenintensiven Fehlern zu bewahren. Es wird geschätzt, daß der Wert des Beitrags, den die Bank mit ihren beraterischen Diensten leistet, dem des Kapitals, das sie verleiht, fast ebenbürtig ist.

Diese Art der Begleitung unterscheidet sich sehr stark von der sonst üblichen Praxis. Oft werden Kleinunternehmen allein von Leuten gegründet, die das noch nie vorher gemacht haben. Wer einschlägige Erfahrungen hat und vielleicht einmal einen Mißerfolg verbuchen mußte, wird in der Regel sogar benachteiligt, denn dann wird ein Darlehen voraussichtlich mit der Begründung verweigert, daß ja schon einmal schlechte Leistungen erzielt worden seien. Es ist daher kaum verwunderlich, daß – nach statistischen Berechnungen der Barclays Bank – beispielsweise in Großbritannien nur 40% der Firmengründungen nach den ersten drei Jahren noch im Geschäft sind. In Deutschland geben nach einer Statistik der "Creditreform" innerhalb der ersten fünf Jahre 67% der Neugründungen im Gastgewerbe wieder auf. Aber auch in den sogenannten Zukunftsbranchen sieht es nicht besser aus: 51% der Computerfirmen und 53% der Unternehmensberatungen melden in diesem Zeitraum Konkurs an.[41]

Da die Mondragón-Bank an der Führung ihrer Mitglieds-Genossenschaften aktiv beteiligt ist und mit den Mitarbeitern die Risiken teilt, und da die Zinsen, die sie den Genossenschaften berechnet – zumindest bisher –, weitgehend unabhängig vom nationalen Geldmarkt waren, sollte man die Zinsen für Darlehen in diesem System eher als Kombination aus einem Entgelt für Dienstleistungen der verschiedensten Art und als Beteiligung der Bank am Gewinn einer Genossenschaft betrachten und nicht als reine Zinszahlungen, wie das normalerweise gesehen wird. Zinsen repräsentieren für eine Mondragón-Genossenschaft ein finanzielles Ziel für die Entwicklung des Unternehmens, nicht eine absolute Zahlungsverpflichtung. Wenn eine Genossenschaft sie nicht zahlen kann, würde die Bank sie aus diesem Grund niemals zum Offenbarungseid zwingen. In diesem Fall würde die kränkelnde Genossenschaft eher reorganisiert und, wenn notwendig, refinanziert und somit der finanzielle Druck zwischen Bank und Genossenschaft aufgeteilt werden.

Das Mondragón-System kommt daher dem Ideal einer Risiko- und Gewinngemeinschaft und einer zinsfreien Wirtschaft ziemlich nahe, obwohl das Konzept der Berechnung von Zinsen an sich immer noch allgegenwärtig ist. Die einzelnen Genossenschaften wirtschaften überdies nicht nur gegenüber der Bank, sondern im Grunde insgesamt außerhalb der Zinswirtschaft, da die Zinsen, die sie ihren Mitgliedern für die Nutzung ihres Genossenschaftsanteils und der in der Genossenschaft verbleibenden Gewinnanteile zahlen, vom Betriebsergebnis der Genossenschaft im jeweiligen Geschäftsjahr abhängt: Somit ähneln auch diese Zahlungen eher einer Dividende. Die einzige Garantie, die die Genossenschaft ihren Mitgliedern hinsichtlich ihrer Kapitalanteile im Unternehmen gibt, ist die, daß deren Wert jedes Jahr so vermehrt wird, daß die Inflationsrate ausgeglichen wird. Da die Mitglieder einer Genossenschaft gegenseitig für sich bürgen, müssen sie die Lösung dieses Problems auch jeweils selbst finden: Notfalls nehmen sie geringere Gehälter in Kauf, falls ihre Genossenschaft keine angemessenen Gewinne macht, um diesen Inflationsausgleich des Grundkapitals realisieren zu können.

Ein ebenso wertvolles Charakteristikum des Mondragón-Systems besteht darin, daß seine Investoren gleichzeitig auch die Mitarbeiter und die Bewohner der Region sind. Daher sind sie nicht einzig und allein an den Zinsen interessiert, die sie auf ihr Kapital erhalten, sondern an der gesamten Bandbreite des sozialen und wirtschaftlichen Nutzens eines Projekts. Dadurch konnten heftige Konflikte zwischen den Interessen der Investoren und denen der Region verhindert werden. Daher scheint Lankide Aurrezkia ein besonders gutes Modell für regionale Finanzierung unternehmerischer Aktivitäten zu sein – trotz der Tatsache, daß das Mondragón-Experiment leider in jüngster Zeit eine zum Teil problematische Entwicklung nimmt, wie wir im letzten Kapitel noch sehen werden.

---

41 Vgl. "Schuldnerberatung warnt vor übereilter Existenzgründung", in: Grüne Liane [Mannheim], Mai 1998, 21.

South Shore – Wie eine Bank eine Gemeinde verändern kann

"In Wohngegenden, die verarmen, fließt das Kapital aus der Region; Menschen renovieren ihre Wohnungen nicht mehr, und Hausbesitzer vernachlässigen die Instandsetzung ihrer Gebäude; Grundstückspreise sinken; Ladenbesitzer investieren nicht mehr in ihre Geschäfte und schließen oder ziehen weg; und die Einwohner der Nachbarschaft verlieren ihren Glauben an die Zukunft und hören auf, Mühe auf ihre Ausbildung und auf die Entwicklung beruflich verwertbarer Fertigkeiten anzuwenden, und geraten in die Arbeitslosigkeit", so Milton Davis, Vorsitzender der Bank, die für das vielleicht weltbeste Beispiel verantwortlich ist, wie ein Kreditinstitut handeln kann, um eine vom Verfall bedrohte Gemeinde zu retten, vor einem Senatsausschuß der Vereinigten Staaten 1993. "Solche Wohngegenden neu zu beleben, kann nur auf Grundlage der Erkenntnis geschehen, daß der Abfluß von Anlagekapital für sich selbst ein Marktphänomen ist und folglich nur durch eine grundlegende Wiederbelebung der Märkte in der Umgebung rückgängig zu machen ist. Eine dauerhafte, sich selbst stützende Wiederbelebung einer lokalen Ökonomie ergibt sich nur in einem Klima, in dem sich private Investoren, innerhalb und außerhalb dieser Region, sicher sind, daß sich ihre Investitionen auszahlen und zum Erfolg führen, wenn sich gesunde Wirtschaftskreisläufe wieder neu etabliert haben."

In den vierziger und fünfziger Jahren wurde der South Shore District von Chicago wegen seiner Lage am Michigansee, gerade südlich des Hauptgeschäftsviertels, als eines der freundlichsten und angenehmsten Wohngebiete der Stadt angesehen. Bis 1960 lebten dort überwiegend weiße Angehörige der Mittelschicht; zehn Jahre später waren viele der Weißen in die Vororte gezogen, und South Shore hatte zu 70% eine farbige Bevölkerung – eine bemerkenswerte demographische Umstellung in solch einem kurzen Zeitraum. Die meisten Banken dieser Gegend zogen mit den Weißen fort, und 1973 versorgten dort nur noch drei Banken 78.000 Menschen. Zwei von ihnen waren schlecht geführt und lagen an der Peripherie von South Shore; sie wurden später sogar durch die staatliche Aufsichtsbehörde geschlossen. Die dritte, die South Shore Bank, hatte ihr Geschäftskapital vergrößert, um eine offizielle Genehmigung zur Eröffnung einer Geschäftsstelle im Zentrum Chicagos zu bekommen, und wäre diese Genehmigung bewilligt worden, hätte das unweigerlich den Niedergang ihrer South-Shore-Filiale bedeutet. Die Bank hatte bereits ihre Kreditaktivitäten woandershin umgeleitet: Von den 33 Mio. US-Dollar, die sie von den Bewohnern von South Shore als Einzahlungen bekommen hatte, wurden lediglich 120.000 US-Dollar in Form von Darlehen an die Kunden in dieser Gegend zurückgegeben; die Bank befürchtete, daß South Shore zu einem Slum verkommen würde.

Im Grunde genommen hatten Chicagos Banken eine sich selbst erfüllende Prophezeiung gemacht: Weil sie erwarteten, daß South Shore verfallen würde, weigerten sie sich, in dieser Region Kredite zu gewähren, wodurch sie im Grunde besiegelten, daß der vorhergesagte Niedergang auch wirklich eintrat. Es kam aber doch nicht dazu, weil sich eine Art von Wunder ereignete. Die South Shore Bank wurde von einer Firma gekauft, die von einem Team junger, idealistischer Bankiers aufgebaut wurde – ein Satz, der wie ein Widerspruch in sich klingt. Die Gruppe hatte gemeinsam bei einer anderen Chicagoer Bank gearbeitet, der Hyde Park Bank and Trust. Ihr Chef war der 36 Jahre alte Ronald Grzywinski, der frühere Präsident zweier Banken, einschließlich der Hyde Park. "Unter dem Druck von Adlai Stevenson, einem früheren Präsidentschaftskandidaten der Demokraten, hatte der Finanzminister des Staates Illinois eine langfristige Einlage von einer Million US-Dollar bei der Hyde Park Bank getätigt, mit der Auflage, daß sie als Darlehen für Minderheiten verwendet würde", sagte Grzywinski. "Ich war Präsident und Miteigentümer der Bank zu dieser Zeit, und die Nachfrage nach derartigen Darlehen war sehr groß. Deshalb genehmigte der Aufsichtsrat der Hyde Park Bank im Februar 1968 die ständige Einrichtung einer Abteilung, um diese Art von Geschäft abzuwickeln." Milton Davis, Mary Houghton und James Fletcher wurden eingestellt, um in dieser Abteilung zu arbeiten; alle drei zogen später nach South Shore. 1969 verließ Grzywinski Hyde Park, um am Adlai Stevenson Institute for International Affairs zu forschen, wo er 1971 begann, hauptberuflich an den Plänen zu arbeiten, die schließlich zu der Übernahme von South Shore im August 1973 geführt haben.

"Als erstes schlossen wir die Kantine der leitenden Angestellten, so daß alle Mitarbeiter im gleichen Raum zu Mittag essen mußten. Danach riefen wir alle Kreditsachbearbeiter zusammen und sagten ihnen, daß sie, obwohl wir dachten, daß sie ihre Arbeit sehr gut machen, Kreditanträge aus South Shore nicht ohne ausdrückliche Zustimmung von Mary Houghton oder mir ablehnen durften. Die Bank war gewinnbringend, aber ihr bisheriges Management hatte einfach die Veränderungen, die sich in der Region ereigneten, nicht verstanden. Beispielsweise hatte die Bank jeden Nachmittag sehr früh geschlossen, so daß berufstätige Menschen sie nicht nutzen konnten. Wir haben auch sämtliche ehrenamtliche Organisationen in der Region aufgesucht, um von ihnen zu lernen."

Als unmittelbare Folge der Übernahme waren für die Kunden zum ersten Mal seit Jahren Hypotheken für den Kauf besserer Einfamilienhäuser erhältlich. Früher hatte praktisch jedes Kreditinstitut der Stadt die Finanzierung von Hypotheken in South Shore verweigert, weil man mit einem weiteren Rückgang der Immobilienpreise dort gerechnet hatte. "Es dauerte aber vier Jahre, bevor wir in der Lage waren, Darlehen für den Kauf und die Sanierung von Wohneinheiten in Wohnblöcken zu vergeben; anderen Banken war auch dieses Geschäft zu risikobehaftet", sagt Grzywinski. "Es kam zu dieser Verzögerung, weil wir nicht das Kapital hatten, um die Fonds einzurichten, mit deren Hilfe wir jetzt diese Aufgabe übernehmen."

Malcolm Bush vom "Woodstock Institute" in Chicago, das kommunale Finanzierungsmodelle untersucht hat, berichtete, daß sich die South Bank, nachdem sie sich erst einmal in der Lage fühlte, Darlehen für Wohnblöcke zu vergeben, auf mehrere nahe beieinander liegende Blöcke in einem Teil von South Shore konzentrierte, in dem der Bedarf an Renovierung am offensichtlichsten war. Auf diese Weise sollte die Einstellung der Bewohner gegenüber ihrer Region verändert werden. Bis Ende 1993 hatte die Bank die Renovierung von mehr als 9.000 Wohnungen finanziert, das ist mehr als ein Drittel aller Wohnungen des gesamten Stadtteils. Tatsächlich führt Grzywinski den Erfolg, den die Bank mit dieser Art von Darlehensvergabe hat, auf das Ausmaß zurück, in dem sie getätigt wurde: Andere Banken hätten anderswo deswegen Fehlschläge erlitten, weil sie nicht genügend Darlehen vergeben hätten, um einen Unterschied in der Einstellung der Bevölkerung in den Gegenden herbeizuführen, in denen die von ihnen finanzierten Renovierungen stattgefunden haben.

Die typische Arbeitsweise von South Shore heute ist, daß eines ihrer Tochterunternehmen, die City Lands Corporation, zuerst eine Wohnraumsanierung in großem Rahmen beantragt, für die in der Regel staatliche Subventionen gezahlt werden. Dies ermöglicht Dutzenden einzelner Hausbesitzer, in derselben Gegend Sanierungen in kleinerem Maßstab durchzuführen, wobei jede Investition den Ertrag jeder anderen Investition verstärkt. Grzywinski gibt zu, daß andere Banken South Shore kritisiert haben, weil sich alle ihre Darlehen nur auf einen Stadtteil konzentriert haben. Dieses Risiko sei zu groß. "Wir haben einige unserer Kreditplafonds an 'Equitable' und an 'Metropolitan Life' – das sind große Lebensversicherungsgesellschaften – verkauft, nur um sicherzustellen, daß wir liquide sein können, wenn es darauf ankommt, so daß diese Kritik jetzt gegenstandslos geworden ist. Unser größter Erfolg besteht darin, daß andere Banken jetzt auch in dieser Gegend investieren, wodurch sie zeigen, daß der Markt wieder zu arbeiten begonnen hat."

South Shore muß jährlich nur etwa ein Zwanzigstel seiner Kredite abschreiben. Dieser Erfolg ist mehreren Faktoren zuzuschreiben. Vor allem operiert die Bank ausschließlich in einem Gebiet, das sie sehr genau kennt. Sie hilft ihren Kreditnehmern mit Ratschlägen und vermittelt sanierungsbedürftige Gebäude, die ihren Fertigkeiten und finanziellen Ressourcen entsprechen. Leroy Jones, ein Klempner, und seine Frau Josephine sagten, daß sie gelernt haben, Gebäude erfolgreich zu renovieren, weil sie sich alle vierzehn Tage mit anderen Hausbesitzern zu einem von der Bank organisierten Frühstück getroffen haben. Heute besitzen sie fünf Gebäude, die alle von der South Shore Bank mitfinanziert wurden. Ihr erstes Gebäude wurde von einer anderen Bank finanziert. "Wissen Sie, ich glaube nicht, daß die Leute jener Bank jemals vorbeigekommen sind", sagte Frau Jones. South Shore dagegen hält einen sehr engen Kontakt: "Mr. Bringley, der Vizepräsident von South Shore, der für die Kredite verantwortlich ist, sagt immer: 'Ich bin an ihrem Haus vorbeigefahren. Wie ich sehe, haben Sie noch einen Baum gepflanzt.'"

Ronald Grzywinski sagte, daß erst acht bis neun Jahre nach der Übernahme die Bank selbst sicher sein konnte, daß die angewandten Methoden auch wirklich funktionierten. 1983 warf die Bank wieder Gewinne ab; seitdem gab es kein Jahr mit roten Zahlen. 1992 belief sich ihr Nettogewinn auf 2,2 Mio. US-Dollar bei einer Einlagenhöhe von 229,1 Mio. US-Dollar, von denen 161 Mio. US-Dollar als Darlehen im Umlauf waren. 0,4% der Darlehen mußten abgeschrieben werden, eine Zahl, um die sie viele Banken beneiden würden. Während dieses Jahres flossen 41 Mio. US-Dollar an Kreditmitteln in diese Gegend von Chicago, von denen mittlerweile das meiste von Sparern außerhalb des Einzugsgebietes der Bank eingezahlt wurde – von Menschen, die von der Arbeit der Bank begeistert waren. "Wir haben Kontoinhaber in jedem amerikanischen Staat und in 17 weiteren Ländern," erzählte Milton Davis 1993 in der BBC-Hörfunksendung "The Financial World Tonight".

Es überrascht nicht, daß diese Investitionen die sozialen Probleme von South Shore nicht lösen konnten, obwohl sie sie sicherlich gelindert haben. "South Shore war eine mittelständische Wohngegend, bevor die Weißen sie verließen, und sie ist es immer noch", sagt Ronald Grzywinski. "Die anderen Kennzahlen über die Zusammensetzung der Wohnbevölkerung haben sich überraschend wenig verändert. 17 bis 20% der Bevölkerung leben unterhalb der Armutsgrenze, und 50% können als besserverdienend betrachtet werden. Die Masse der Arbeiter verdient zwischen 15.000 und 25.000 US-Dollar. Wir haben natürlich Sozialhilfeempfänger und sehr viele alleinerziehende Mütter. In letzter Zeit ist die Zahl der Straftaten wieder gestiegen, größtenteils weil wir zu wenig Arbeitsplätze für junge, alleinstehende, männliche Berufsanfänger haben … Crack, Kokain und die lächerliche Einstellung, die wir in diesem Land gegenüber Waffen haben, machen die Sache auch nicht gerade besser." Milton Davis sagte der BBC: "Der fehlende Baustein sind Arbeitsplätze. Dafür brauchen wir Hilfe."

Vier Jahre nachdem South Shore übernommen wurde, verabschiedete der amerikanische Kongreß den "Community Reinvestment Act", der Banken dazu bewegen soll, die Einlagen, die sie aus ihren Einzugsgebieten erhalten, auch wieder dort anzulegen. Da Banken, die dieser Geschäftspolitik nicht nachkommen, Auflagen der Aufsichtsbehörde gewärtigen müssen, adaptieren viele Banken in steigendem Maße die Geschäftspolitik von South Shore und eröffnen Zweigstellen neu in Gegenden, die sie 25 Jahre zuvor verlassen haben. "Neulich hörte ich einen Banker aus Milwaukee sich darüber beschweren, daß er in einer Gegend mit geringem Einkommen Darlehen angeboten hatte, aber nur sehr wenige Kreditnehmer welche aufgenommen haben", erzählte Grzywinski. "Meine Meinung ist, daß er sich nicht genug angestrengt hat. Man kann nicht anfangen, unsere Art von Geschäft zu machen, indem man Broschüren druckt und Werbeminuten im Fernsehen kauft. Es ist viel komplizierter als das." Malcolm Bush kommentiert: "South Shore hat gemerkt, daß man sehr nah an den Kunden sein muß, und daß man jede einzelne Straße der Gegend kennen muß."

Derzeit gibt es in den USA nur drei weitere Banken mit dem Schwerpunkt auf geographisch begrenzte Entwicklungsfinanzierung, obwohl Präsident Clinton South Shore während seines Wahlkampfs 1992 als die "wichtigste Bank in Amerika" bezeichnet und gesagt hatte, daß er einige hundert mehr dieser Art haben wollte. Dies war nicht nur Wahlkampfrhetorik: Während Clintons Zeit als Gouverneur von Arkansas errichtete South Shore auf seine Bitte die "Southern Development Bancorporation". Grzywinski ist Vorsitzender des Aufsichtsrates. Southern arbeitet in den kleinen Städten im Süden des Staates, wo die Bank ihre Aufgabe darin sieht, "finanzielle Dienstleistungen und Informationsangebote an die Unternehmen der Region zu richten, so daß die Bürger eine lebendige und vielfältige Wirtschaft unabhängig von den großen, entfernten Aktiengesellschaften aufbauen können". Die zwei anderen Entwicklungsbanken sind die "Community Capital Bank" in New York und die "Self Help Credit Union" in North Carolina.

"Das wichtigste Charakteristikum dieser Banken ist ihr selbst gewähltes Ziel, für die wirtschaftliche Entwicklung einer Gemeinde und ihrer Bürger zu arbeiten", sagt Kate Tholin, Malcom Bushs Kollegin am Woodstock-Institut.

"Sie konzentrieren sich auf eine bestimmte geographische Region, benutzen Kredite als Werkzeug zu deren Neubelebung, sorgen für technische Unterstützung und Fortbildung ihrer Kunden und arbeiten in Partnerschaften mit anderen kommunalen Organisationen."

Könnte das South-Shore-Modell außerhalb der USA angewandt werden? Man muß sehen, daß South Shore zwanzig Jahre benötigt hat, um seine Glaubwürdigkeit zu etablieren, und daß jede Bank, die in ähnlichem Maßstab arbeiten möchte, ungefähr 30 Mio. DM Geschäftskapital benötigen würde. Eine geringere Kapitalausstattung wäre nicht ausreichend, um die Wahrnehmung in der Öffentlichkeit über die Entwicklung in dem Zielgebiet der Bank zu ändern, und wäre damit zu schmal, um noch andere Investoren anzulocken.

Grzywinski zieht es vor, nicht darüber zu reden, warum South Shore für mehr als 15 Jahre in Amerika die einzige Bank dieser Art war und warum er und seine Kollegen die einzigen Banker waren, die auf ein solch dringendes soziales Bedürfnis so rückhaltlos geantwortet haben. "Fragen darüber zu beantworten, warum wir es gemacht haben, könnte ein Leben lang dauern. Bei mir selbst war es eine Kombination aus Langeweile – ich hatte zwei führende Jobs im Bankgeschäft, als ich noch sehr jung war, und hatte sehr schnell sehr viel Geld verdient – und dem Gefühl, daß ich selbst dafür sorgen mußte, mein Talent für etwas zu gebrauchen, das mir wirklich etwas wert war. Ich wollte die Herausforderung in einem Job, von dem ich wußte, daß ich ihn gut beherrsche." Heute, über 25 Jahre nach der Gründung, arbeiten Ronald Grzywinski, Mary Houghton und andere Mitarbeiter der ersten Stunde nach wie vor in der Bank. Bis heute haben sie über 400 Mio. US-Dollar an Krediten an über 11.000 Einzelpersonen und kleine Betriebe in diesem Stadtviertel gegeben. Diese Zahlen sprechen für sich: Eine lokale Bank ist eine Langzeit-Aufgabe, die an sehr vielen Orten ihre Existenzberechtigung hätte – selbst wenn South Shore nicht als Blaupause in allen Punkten übertragen werden könnte.

Bausparkassen und Baugenossenschaften – zurück zu den Ursprüngen

Das "Recycling" von Ersparnissen in die Region muß aber nicht ausschließlich über Banken oder andere spezialisierte Finanzinstitutionen geschehen. Es gibt eine ganze Reihe von Möglichkeiten, spezielle Dienstleistungen zur Bewältigung größerer Vorhaben lokal oder regional begrenzt zu organisieren – eine der wichtigsten davon sind Bausparkassen beziehungsweise Wohnungsbaugenossenschaften.[42] Auch in diesem Bereich hat ein sehr starker Konzentrationsprozeß stattgefunden, der sich zum Teil noch immer fortsetzt: Im Jahre 1900 gab es in Großbritannien 2.286 Bausparkassen und Baugenossenschaften, die fast alle in einem regional sehr begrenzten Gebiet operierten. Ende 1995 gab es nur noch

42 Eine zweite wichtige Dienstleistung dieser Art können Versicherungsgesellschaften sein, die vom Ursprung ebenfalls häufig regional stark begrenzt organisiert waren, was zum Teil noch an der Namensgebung erkennbar ist. In Short Circuit, 169, wird von einem Beispiel aus den Niederlanden berichtet, wo es bis heute über 500 lokal operierende Gebäude- und Hausratsversicherungen gibt, die einer eigenen Rückversicherungsgesellschaft angeschlossen sind.

79 dieser Einrichtungen; die größten sieben waren alle in ganz Großbritannien oder sogar international tätig und vereinigten 86% des Umsatzes auf sich. Wieviele der 69 kleineren Unternehmen die nächsten Jahre überstehen und nicht von den größeren übernommen werden, ist unklar.

Dieser Konzentrationsprozeß ist nicht unvermeidlich. Zum einen könnten Menschen wieder einer Bausparkasse in ihrer Region beitreten und damit kleinere Kassen stärken; das würde den Trend aber vermutlich nur verlangsamen und nicht umkehren. Zu letzterem wären Neugründungen nötig, was die Europäische Union mit der Festlegung einer Mindestkapitalisierung von einer Mio. ECU – derzeit etwa 1,92 Mio. DM – erschwert hat. Noch 1981 ist die Ecology Building Society in Großbritannien nach einer Ökologie-Tagung von zehn Menschen mit einer Einlage von jeweils 500 Pfund gegründet worden; dies ist heute nicht mehr möglich.

Um einen Ausweg zu finden, mag es lohnend erscheinen, sich einmal alte Formen von Bausparkassen und Wohnungsbaugenossenschaften genauer anzusehen. In Großbritannien ist die älteste Einrichtung, über die Unterlagen erhalten geblieben sind, in Birmingham in einem Gasthaus, dem Golden Cross Inn, von Arbeitern gegründet worden. Andere Kassen folgten in den schnell wachsenden Industriestädten in der Mitte und im Norden Englands. Alle diese Genossenschaften lösten sich wieder auf, wenn der Zweck der Vereinigung erreicht war und alle ihre zwanzig bis dreißig Mitglieder in den Häusern wohnten, die sie selbst mit ihrer Genossenschaft gebaut hatten.[43] Es gab einen festgesetzten Monatsbeitrag, und wann immer genug Geld zusammengekommen war, bauten die Mitglieder zusammen ein Haus. Wer einziehen durfte, bestimmte das Los, oder es wurden Gebote abgegeben; in diesem Fall bildete die Summe des Meistbietenden den Grundstock für das nächste Haus.

Die ursprüngliche Form dieser Baugenossenschaften standen völlig außerhalb der Zinswirtschaft. Relativ bald jedoch wurde es üblich, daß diese Einrichtungen auch Darlehen von Nicht-Mitgliedern aufnahmen, die dann natürlich über die Erhebung von Sonder-Monatsbeiträgen verzinst werden mußten. Für die Mitglieder lohnte sich das jedoch, denn die zusätzlichen Zinszahlungen waren niedriger als die Ersparnisse, die realisiert werden konnten, weil die Häuser nun schneller gebaut werden und die Mitglieder daher früher in ihre Häuser ziehen konnten und keine Miete mehr zu zahlen brauchten.

Das Hauptproblem der sich wieder auflösenden Gesellschaften bestand darin, daß sie nach ihrer Gründung keine neuen Mitglieder mehr aufnehmen konnten – es sei denn, diese waren in der Lage, einen Eintrittsbeitrag in der Höhe all der Monatsbeiträge zu leisten, die die Gründungsmitglieder bereits gezahlt hatten. Im Jahre 1845 wurde aus diesem Grunde die erste "ständige" Bausparkasse gegründet. Wer also gerade kein Haus bauen wollte oder noch nicht wußte, wann er dies tun wollte, konnte trotzdem einer der ständigen Bausparkassen beitreten und seine Ersparnisse dort anlegen. Das Geld stand damit den

---

43 Vgl. Boddy, Martin (1986): The Building Societies. London: Macmillan; über die Anfänge der britischen Genossenschaften unterrichtet McKillop, Donald/Ferguson, Charles (1993): Building Societies: Structure, Performance and Change. London: Graham and Trotman.

Menschen zur Verfügung, die gerade bauen wollten, und die Sparer konnten es nach einem vorher festgesetzten Plan wieder abrufen; gleichzeitig erwarben sie mit ihrer Einzahlung das Recht, beim Abruf ihrer Ersparnisse ein billiges Darlehen zum Bau ihres eigenen Hauses in Anspruch zu nehmen. So funktionieren Bausparkassen in Grunde bis heute – allerdings, wie bereits erwähnt, mit einer Mindestkapitalausstattung in beträchtlicher Höhe.

Auch in Deutschland gab es bis in die Weimarer Republik zahlreiche Wohnungsbaugenossenschaften, die Elemente der "sich selbst auflösenden" und der "ständigen" Bausparkassen kombinierten. So wurden bei der Mannheimer Gartenbau-Genossenschaft Häuser mit Arbeitsleistung der – damals oft arbeitslosen – Mitglieder errichtet; die Genossenschaft behielt jedoch das Eigentum der Grundstücke bei sich und vergab diese in Erbpacht an die Mitglieder; auf diese Weise wurde auch Kleingartengelände angekauft, parzelliert und an Genossenschafts-Mitglieder vergeben. Durch diese Art der "Sozialisierung" des Bodens wurden die Preise für die Mitglieder bedeutend günstiger, und die Genossenschaft behält, sofern ein Mitglied das Nutzungsrecht aufgibt oder die Pacht im Erbfall nicht in Anspruch genommen wird, das Recht auf die Weitervergabe der Häuser, Wohnungen und Gärten.

Diese oder die ältere Form der "sich selbst auflösenden" Genossenschaft könnte durchaus revitalisiert werden, um eine gemeinwesenorientierte Ökonomie zu stärken. Die Mindestkapitalisierungsvorschrift für Bausparkassen könnte dann vermieden werden, wenn die eingezahlten Beträge der Mitglieder nicht als Sparguthaben, sondern als Anteile behandelt werden könnten. Diese Anteile würden dann nicht verzinst und könnten auch nur dann wieder ausgezahlt werden, wenn ein neues Mitglied gefunden würde, das diese Anteile übernehmen würde. Es wäre jedoch durchaus möglich, mit einer Vielfalt phantasievoller Regelungen die beiden älteren Organisationsformen sowohl an heutige gesetzliche Bestimmungen wie auch an die vielleicht lokal sehr unterschiedlichen Bedürfnisse anzupassen.

Die Wohnungs- und Siedlungsgenossenschaft Ökodorf eG Groß Chüden

Aus der Alternativbewegung entstanden in den letzten drei Jahrzehnten neue Ansätze, Leben und Arbeiten in eigenen Siedlungen im Zusammenhang miteinander ganzheitlich und ökologisch verträglich neu zu gestalten. Der traditionelle egalitäre Anspruch der ursprünglichen Kommune-Bewegungen wurde dabei immer stärker mit ökologischen Fragestellungen angereichert.

Die "Wohnungs- und Siedlungsgenossenschaft Ökodorf eG" betreibt in der 200-Seelen-Gemeinde Groß Chüden in Sachsen-Anhalt, sechs Kilometer östlich der Kreisstadt Salzwedel, ein "Ökodorf-Projektzentrum",[44] das nach

---

44 Vgl. Bundesstiftung Umwelt/Deutsches Institut für Urbanistik (Hrsg.) (1996): TAT-Orte 1996, Berlin: DIFU, in Internet unter: http://www.difu.de/publikationen/difuberichte/3_96/artikel06.shtml; Gespräch mit Dietrich Halbach vom Genossenschaftsvorstand. Einen Überblick über europäische Projekte mit 350 Adressen gibt als Projekteverzeichnis: Eurotopia – Leben in Gemeinschaft, Niedertaufkirchen: eurotopia-Verlag, 1997.

Vorstellung der Betreiber eine "ökologische Keimzelle" im strukturschwachen Altmarkkreis sein soll. Die Genossenschaft erwarb Ende 1993 einen ehemals als LPG-Hof genutzten alten Fachwerkhof mit 4,3 Hektar Land. Dort betreibt sie ein Seminarzentrum, Handwerksbetriebe und Wohnungen. Die Tätigkeiten des Projektzentrums umfassen:

- die ökologische Siedlungsplanung,
- die Durchführung von Seminaren zu verschiedenen ökologischen Themen,
- Selbstversorgung durch ökologischen Gartenbau sowie
- den Bau von Solaranlage und Pflanzenkläranlage sowie eines experimentell errichteten Lehm-Fachwerkgebäudes.

Dieter Halbach vom Genossenschaftsvorstand erklärt: "Hier versuchen wir mit einer wachsenden Zahl von Mitarbeitern und Seminargästen, alle Bereiche einer nachhaltigen Lebensweise praktisch zu erproben und in unsere weiteren Planungen einzuarbeiten. Dabei wollen wir die notwendige Entwicklung zukunftsorientierter Modelle mit praktischen Lösungsansätzen für die Gemeinde und die von Arbeitslosigkeit und Strukturschwäche betroffene Region verbinden."

Mitte 1997 lebten und arbeiteten etwa sechzig Personen im Umfeld des Projektzentrums. Alle Entscheidungen werden im Konsens getroffen. Dezentrale Verantwortungsbereiche und große Entscheidungsspielräume der einzelnen werden als Grundlage des Gemeinschaftslebens bezeichnet. Bereits in der ersten Phase des Projekts ist eine Reihe eigener Betriebe entstanden: eine Tischlerei, ein Buchführungsbüro, ein Lehmbaubetrieb, ein Gärtnerhof, ein Marktstand und andere selbständige Tätigkeiten. Aus dem Projekt heraus entstanden ist auch eine "Freie Schule Altmark", die im Örtchen Depekolk einen Kindergarten und eine staatlich genehmigte Grundschule mit 36 Kindern betreibt. Der "Freundeskreis Ökologisches Dorf e.V.", ein bundesweiter gemeinnütziger Verein mit fast 250 Mitgliedern, bietet ein Seminarprogramm zum Kennenlernen des Projekts an. Der Verein beschäftigt derzeit acht Mitarbeiter. Neben einem Bildungsreferenten sind fünf Arbeitsplätze über Arbeitsbeschaffungsmaßnahmen finanziert; zwei Mitarbeiter leisten ein Freiwilliges Ökologisches Jahr.

Seit März 1997 ist die Genossenschaft im Besitz eines Grundstücks von 21 Hektar im nahegelegenen Poppau. Hier wird die sozialökologische Modellsiedlung endgültig entstehen. Der Grundbesitz ist gemeinsam organisiert durch die "Wohnungs- und Siedlungsgenossenschaft Ökodorf eG", die auch Besitzerin des Geländes in Poppau und Trägerin der Ökodorf-Realisierung ist. Die einzelnen Mitglieder des Projekts sind für ihre Finanzierung selbst verantwortlich, es gibt aber zahlreiche Ebenen der gemeinsamen Ökonomie: In eine gemeinsame Haushaltskasse zahlen alle Erwachsenen ein, Kinder sind frei.

Das "Ökodorf-Projektzentrum" wird als Modell für ökologische Siedlungen, nachhaltige Lebensweisen und andere Umweltthemen von zahlreichen Menschen aus der Region und dem gesamten Bundesgebiet besucht. In den zwei Jahren ihres Bestehens hat die Initiative mit ökologischer Bildungsarbeit bereits wichtige Impulse in die strukturschwache Region der Altmark gegeben. Ein Genossenschaftsmitglied wurde in den Gemeinderat von Groß Chüden gewählt.

Durch zahlreiche Kooperationen in der Region und mit Institutionen im gesamten Bundesgebiet werden ökologische Erfahrungen gebündelt und an Interessenten weitergegeben.

Die Projektaktivitäten dienen gleichzeitig der Vorbereitung und Erprobung einer zukünftigen sozial-ökologischen Modellsiedlung, deren Errichtung die Genossenschaft in Poppau in der Altmark plant. In dieser Siedlung sollen etwa 300 Menschen bei weitgehender Selbstverantwortung und Selbstversorgung leben und arbeiten. Gebäude und alle Einrichtungen zur Ver- und Entsorgung möchten die zukünftigen Bewohnerinnen und Bewohner unter konsequent ökologischen Gesichtspunkten erstellen. Innerhalb der Siedlung soll es keinen Autoverkehr geben, siedlungsinterne Wege sollen nicht versiegelt werden. Die Siedlung soll in die Region eingebunden sein. Etliche Siedlungsentwürfe wurden von Architekten, Landschaftsplanern und künftigen Bewohnerinnen und Bewohnern bereits ausgearbeitet. Für ihre Arbeit und für den ganzheitlichen Ansatz wurde das Projekt 1996 mit dem "TATORTE – Gemeinden im ökologischen Wettbewerb"-Preis der Deutschen Bundesstiftung Umwelt und des deutschen Instituts für Urbanistik ausgezeichnet.

Ökodorfprojekte haben einen sehr starken Bezug zur Entwicklung einer lokalen gemeinwesenorientierten Ökonomie. Die bewußte Auseinandersetzung mit Aspekten der Genügsamkeit steht hier im Vordergrund, weil es den Teilnehmerinnen und Teilnehmern um insgesamt veränderte Lebensweisen und Werte geht. Die Projekte haben zumeist stark experimentellen Charakter, nach eigenem Anspruch sollen nicht fertige Konzepte verwirklicht, sondern Erfahrungen beim Umsteuern in eine verträglichere Lebensweise gesammelt werden. Der andere Umgang mit Finanzen und Finanzierungsmodellen kann auch hier Modellcharakter haben – wenngleich die Übertragungsmöglichkeit auf andere Projekte im Einzelfall sehr genau geprüft werden muß.

Schritte zu einem eigenständigen Bankwesen

Wie sollte also eine Gemeinde oder eine Region vorgehen, um ihre eigenen Finanzinstitutionen zu schaffen? Der erste Schritt besteht eindeutig in der Gründung einer Einrichtung, die die Funktion einer Kreditgenossenschaft übernehmen kann. Damit können den Menschen in der Region Kredite zum Kauf von langlebigen Konsumgütern oder zur Instandsetzung von Häusern eingeräumt werden, ohne daß sie dabei die Zahlung von Zinsen und Dienstleistungsgebühren an Empfänger außerhalb der Region in Kauf nehmen müssen. Die einzige Frage, die in der Gemeinde im Vorfeld geklärt werden sollte, ist die Frage der Verzinsung. Die meisten Dinge, die die Mitglieder einer Kreditgenossenschaft mit ihren Darlehen anschaffen, bringen Jahr um Jahr einen Nutzen – Gefrierschränke und Gewächshäuser beispielsweise. Von daher ist es vollkommen in Ordnung, wenn sie für diesen Nutzen zusätzlich zur Darlehensrückzahlung einen Obulus leisten. Zinsen für Kredite zur Finanzierung langlebiger Konsumgüter sind auf einem niedrigen Niveau akzeptabel, so lange sie in der Gemeinde oder der Region verbleiben. Bei Darlehen für Investitionen stellt sich das Problem, wie am Beispiel der Mondragón-Genossenschaften deutlich wurde, jedoch anders.

Wenn eine Kreditgenossenschaft gut läuft und ihre Leiter das Gefühl haben, weitere Schritte unternehmen zu können, ohne ihre Existenz dabei zu gefährden, sollten sie einen Versicherungsverein auf Gegenseitigkeit oder eine Baugenossenschaft gründen, um die Ersparnisse, die noch außerhalb der Gemeinde oder der Region investiert werden, am Ort anlegen zu können. Aber obwohl auch Kreditgenossenschaften kleineren Unternehmen am Ort Geschäftsräume zur Miete anbieten können, sollten sie nicht versuchen, Geschäftskredite ohne jede weiteren Dienstleistungen bereitzustellen, weil sich die üblichen Geschäftspraktiken einer herkömmlichen Bank als völlig unzureichend zur Finanzierung lokaler Unternehmen erwiesen haben, denn: Was ist deren Politik? Einem potentiellen Kreditnehmer geben sie in der Regel die Auskunft: "Sie kennen Ihr Geschäft – oder zumindest sollten sie so tun als ob, wenn Sie einen Kredit wollen. Jedenfalls ist es nicht unsere Aufgabe, jemanden zu beraten. Wenn Sie das möchten, suchen Sie einen Berater auf. Wir können keinesfalls das Risiko eingehen, Ihnen auch nur annähernd vorzuschlagen, was Sie tun sollten, denn, wenn es schiefgeht, könnten wir belangt oder die Kreditvereinbarung von einem Gericht gekündigt werden. Wir wollen von Ihnen lediglich rechtzeitig unsere Zinsen- und Kapitalrückzahlungen, wie hoch der Markt die Zinsen auch steigen läßt und was immer mit der Welt- oder Volkswirtschaft passiert. Und vergessen Sie nicht, wenn Sie zu sehr in Verzug geraten, werden wir uns sofort ihrer zusätzlichen Sicherheiten bemächtigen, für die Sie unterschrieben haben, und Ihre persönlichen Garantien einlösen."

Im Rahmen einer gemeinwesenorientierten Ökonomie sollte man mit einem Nachbarn so nicht umgehen. Wenn er oder sie Ersparnisse aus einer Gemeinde für ein Unternehmen einsetzen will, muß die Gemeinde so sicher wie nur irgend möglich gehen, daß das Unternehmen gut durchdacht ist und die dafür notwendigen Kenntnisse und Fertigkeiten vorhanden sind. Es ist auch nicht sinnvoll, daß sich die Anteilnahme der Geldgeber in einer Durchführbarkeitsstudie erschöpft. Selbst TILT, das ja ziemlich klein ist, vertritt die Ansicht, daß man Klienten regelmäßig mit Rat und Tat zur Seite stehen muß, wenn man sein Kapital schützen will, selbst wenn die Projekte vorher einer sorgfältigen Prüfung unterzogen wurden. Und wenn wirklich etwas schiefgeht, muß eine lokale Finanzierungsinstitution das verbriefte Recht haben, sich, wie in Mondragón, an der Konzeption der Sanierungsmaßnahmen zu beteiligen. Die Ernennung eines Konkursverwalters ist keine Lösung, denn dessen Hauptaufgabe ist es, die Schulden bei der Institution zu begleichen, die ihn bestellt hat, was nicht unbedingt dazu führt, daß alles Erdenkliche getan wird, um die Arbeitsplätze zu erhalten. Konkursverwalter kommen dazu fast immer zu spät.

Jede Gemeinde braucht daher eine gemeinsame Finanzierungsinstitution mit einer Gruppe von entsprechend fähigen Leuten zur Prüfung und Hilfestellung für die Unternehmen, in die investiert wird. Ob eine lokale Bank oder ein Versicherungsverein, eine Kreditgenossenschaft oder eine andere Form der Organisation gewählt wird, ist fast zweitrangig. Ein Team von fähigen Leuten zusammenzustellen, ist zunächst wichtiger als die Suche nach Kapital. Diese alternative Bank sollte sich eher als Beteiligungsunternehmen betrachten, das sich die Leitung, die Gewinne und die Verluste mit den Gruppen und Einzelpersonen teilt, mit denen sie zusammenarbeitet, und nicht in erster Linie als Gläubiger, der bei auftauchenden Problemen einen Rückzieher macht, auf festen Zinssätzen beharrt, damit droht, die Sicherheiten in Anspruch zu nehmen und das Projekt auflöst, wenn es einmal seinen Zahlungsverpflichtungen nicht nachkommen kann. Im Gegensatz zu den konventionellen Beteiligungsunternehmen sollte die alternative Bank sich um die soziale und ökologische Rendite eines Projektes ebenso kümmern wie um dessen finanziellen Erfolg. Nur wenn genügend solcher alternativer Banken vorhanden sind, in die die Menschen das Vertrauen haben, auch ihre Ersparnisse zu ihrer Altersvorsorge zu investieren, wird es möglich sein, daß eigenständige lokale Ökonomien wirklich wieder neu entstehen.

5. Energie hält die Welt in Atem

Die Gewährleistung einer angemessenen Energieversorgung aus lokalen Ressourcen ist grundlegend für eine größere Selbständigkeit. Glücklicherweise sind die meisten Kommunen in der Lage, eine entsprechende Energieversorgung zu entwickeln.

Die Abhängigkeit von Energie

Ähnlich wie der menschliche Körper sich an die regelmäßige Einnahme "harter Drogen" gewöhnt und sein Organismus bis zu einem solchen Grad von ihnen abhängig wird, daß der Drogenkonsument im Falle eines plötzlichen Entzuges in eine akute Leidensphase gerät, so verändert auch der Gebrauch "harter" fossiler Energie den ökonomischen Stoffwechsel. Diese Abhängigkeit ist so stark, daß eine Gemeinde oder ein Land während einer Energiekrise bereit ist, nahezu die gesamte Produktion zu exportieren, um den täglichen "Schuß" zu finanzieren. Selbst unter normalen Bedingungen wenden Gemeinden in einem Industrieland bis zu einem Fünftel der Einkommen, die ihnen von außen zufließen, für den Kauf von Energie auf.[1] Diese Ausgaben bedeuten nicht nur einen beständigen Abfluß von Ressourcen, sondern binden die Kommune auch an die unvorhersehbaren Wendungen der Weltwirtschaft. Jede Gemeinde, die eine größere Selbständigkeit anstrebt, muß konsequenterweise ab einer gewissen Stufe ihre Aufmerksamkeit darauf richten, die Abhängigkeit von jeglichen Energie-Importen, ob von fossilen oder von erneuerbaren, allmählich zu reduzieren.

Stabile, nachhaltig wirtschaftende Gemeinden können ihre Ökonomie nicht auf importierten Energieressourcen aufbauen. Dagegen sprechen vor allem drei Gründe. Erstens ist der Verbrauch einer nennenswerten Menge fossiler Energie – und die importierte Energie ist überwiegend fossilen Ursprungs – per se nicht nachhaltig, denn dies kann nicht über Jahrtausende hinweg fortgeführt werden, ohne daß die Ressourcenbasis aufgebraucht wird und schädliche Nebenwirkungen auf die natürliche Umwelt entstehen. Selbst optimistische Schätzungen gehen davon aus, daß bei anhaltendem Einsatz fossiler Energie mit der derzeitigen Verbrauchsrate – und dies ist wiederum eine optimistische Annahme, wenn man bedenkt, daß die Weltbevölkerung sich in den nächsten fünfzig Jahren möglicherweise verdoppeln wird und der durchschnittliche Energieverbrauch pro Kopf tendenziell weiter zunimmt – die weltweit bekannten Kohlereserven in 232 Jahren erschöpft sein werden, die Gasreserven in 62 Jahren und die Erdölreserven in 41 Jahren.[2] Wenngleich man vernünftigerweise davon ausgehen kann, daß auch künftig neue Lagerstätten entdeckt und deren Ausbeutung verbessert werden kann, ist es unsinnig zu glauben, daß eine ausreichende Versorgung mit diesen drei Energieträgern über Jahrhunderte oder gar Jahrtausende gewährleistet sein könnte, was jedoch eine notwendige Bedingung für jede

---

1 Vgl. Hawken, Paul (1993): The Ecology of Commerce. New York: Harper Collins.

2 ESSO AG (Hrsg.) (1997): Oeldorado '97 – Reserven, Förderung, Verbrauch. Hamburg: Selbstverlag.

sinnvolle Definition von Nachhaltigkeit darstellt. Aber selbst wenn die Versorgung mit fossilen Energieträgern unbegrenzt wäre – die Kapazität von Pflanzen und der Ozeane, das bei der Verbrennung freiwerdende Kohlendioxid zu absorbieren, ist es nicht, und der Brennstoffverbrauch kann unter keinen Umständen auf dem derzeitigen Niveau fortgesetzt werden, ohne schwerste Schädigungen und möglicherweise katastrophale Veränderungen des Weltklimas hervorzurufen.

Zukunftsfähige Atomenergie?

Trügerisch wirkt in diesem Zusammenhang das Bestreben der Energiekonzerne, die Atomenergie als klimafreundliche, und damit "zukunftsfähige", Alternative anzupreisen. Dagegen stellt das Umweltbundesamt (UBA) in einer 1997 erschienenen Studie eindeutig fest, "daß auch die Kernenergienutzung nicht den Handlungsmaximen einer nachhaltigen Entwicklung entspricht"[3]. Neben den sicherheitstechnischen Risiken, die die Diskussion zwischen Atomkraftgegnern und -befürwortern seit Jahrzehnten dominieren, verweist das UBA vor allem auf zwei Aspekte: Erstens sei auch das Uran ein endlicher Rohstoff, dessen Nutzung bei dem derzeitigen Verbrauchsniveau, selbst bei Durchführung der insbesondere in Deutschland heftig umstrittenen Wiederaufbereitung, "auf wenige hundert Jahre beschränkt" sei. Zweitens erstrecke sich der Zeithorizont für die Endlagerung der radioaktiven Abfälle über "mehr als 10.000 Jahre", das heißt der Handlungsspielraum der Menschen wird durch die gegenwärtige Kernenergienutzung für eine extrem lange Zeit zwangsläufig eingeengt. Darüber hinaus stellen die Autoren der Studie fest, daß zur Erreichung des Klimaschutzziels die Kernenergie auf Dauer nicht notwendig sei. Vielmehr würden durch ihren Ausbau "die angebotsorientierten Strukturen stabilisiert, die ein Haupthemmnis für die zur Erreichung des Klimaschutzziels unabdingbare Effizienzverbesserung darstellen"[4]. Eine wirkliche "Alternative" ist dieser nicht-erneuerbare Energieträger vor allem aber auch deshalb nicht, weil sein Einsatz die großen Stromkonzerne stärkt und sich dadurch die Abhängigkeit der Gemeinden erhöht.

Zur Verläßlichkeit von Energieimporten

Der zweite Grund für eine Gemeinde, Selbständigkeit im Energiebereich anzustreben, besteht in der mangelnden Verläßlichkeit von Energieimporten. Die westeuropäischen Erdölreserven werden bei den derzeitigen Förderquoten im Jahre 2005 erschöpft sein. Die derzeitige Struktur des Energieverbrauchs macht die meisten Länder Westeuropas zu einem guten Teil von der Stabilität im Nahen Osten abhängig, wo über 66% der bekannten Welt-Erdölreserven lagern.[5] Seit

---

3 Umweltbundesamt (Hrsg.) (1997): Nachhaltiges Deutschland. Wege zu einer umweltgerechten Entwicklung. Berlin: E. Schmidt.

4 Ibid., 61.

5 Vgl. ESSO AG (1997), op.cit., 2.

1950 gingen von dieser Region fünf massive Störungen der Erdölversorgung aus: Das waren die Suez-Krise (1956), der Jom-Kippur-Krieg (1973), die Iranische Revolution (1979), der Iran/Irak-Krieg (1980-1988) sowie die Invasion des Irak in Kuweit und der anschließende zweite Golfkrieg (1990-1991).

Die Versorgung mit Erdgas ist noch unsicherer als die mit Erdöl, wenngleich der Optimismus, den einige Stromkonzerne bei der Umstellung auf diesen Energieträger in jüngster Zeit an den Tag legten, eine andere Schlußfolgerung nahelegen sollte. Es wird erwartet, daß die westeuropäischen Erdgasreserven mindestens ebenso schnell erschöpft sein werden, denn der Verbrauch ist in den letzten Jahren in Westeuropa besonders stark angestiegen: zwischen 1990 und 1996 um fast 40%.[6] In Deutschland betrug der Erdgasanteil am Primärenergieverbrauch im Jahre 1996 ungefähr 22%. Prognosen gehen davon aus, daß sich dieser Anteil künftig in der Größenordnung von etwa einem Viertel bewegen wird. In den Bereichen Haushalt und Gewerbe wird dagegen mit höheren Zuwachsraten gerechnet.[7] Damit wird man zwangsläufig auf große Importmengen angewiesen sein. Diese Importe aus Rußland und dem Nahen Osten werden über Pipeline erfolgen, da der Transport von flüssigem Erdgas mit Schiffen sehr teuer ist. Damit aber wird Westeuropa dem Risiko ausgesetzt sein, daß es durch soziale Unruhen, lokale militärische Konflikte und internationale Kontroversen mit den Ländern entlang der Pipelines von seiner Versorgung abgeschnitten würde.

Das dritte Argument, das dafür spricht, künftig den Import von Brennstoffen so weit wie möglich abzubauen, ist in der Unberechenbarkeit und den starken Schwankungen der Energiepreise zu sehen. Besonders einschneidend gestalteten sich die Preisveränderungen in den siebziger Jahren, als sich sowohl 1973 als auch ein zweites Mal 1979 die Preise für Rohöl in etwa jeweils verdoppelten. Da Erdöl vielfach relativ leicht substituiert werden kann, hat jede größere Preisänderung auch die Preise der anderen Energieträger beeinflußt, selbst bei solchen Energieformen, die bezüglich ihrer Gewinnung und Nutzung eine vergleichsweise starke Ortsgebundenheit aufweisen. In Neu-England beispielsweise wird der Preis von und die Versorgung mit heimischem Brennholz unmittelbar durch den Preis für importiertes Öl bestimmt, weil die Menschen beim Heizen ihrer Häuser im Winter auf Öl umstellen, sobald dies billiger ist.[8]

Jedesmal, wenn sich die Energiepreise signifikant ändern, ändert sich das gesamte Preisgefüge der Wirtschaft. Dies hängt damit zusammen, daß jedes Produkt für seine Herstellung und Vermarktung eine unterschiedlich große Energiemenge benötigt und daher eine jeweils spezifische Preisanpassung nach oben oder unten erforderlich ist. Durch eine Veränderung der Energiepreise werden daher jeweils bestimmte Güter und Dienstleistungen in der Relation zu anderen billiger und daher von den Konsumenten stärker nachgefragt, andere wiederum werden teurer, und ihr Konsum geht zurück. Dadurch ändert sich die

6 Ibid., 6.
7 Ruhrgas AG (Hrsg.) (1997): Grundzüge der Erdgaswirtschaft. Im Internet unter http://www.ruhrgas.de:80/deutsch/gaswirt/gaswirt.htm, Kap. 1 und 9.
8 Vgl. dazu auch Biewald, Bruce u.a. (1995): Societal Benefits of Energy Efficiency in New England. Im Internet unter http://www.tellus.org/npfdsm.html, hier Kapitel 2.9: The Cost of Relying Upon Imported Oil.

Zusammensetzung der Wertschöpfung einer Volkswirtschaft vollständig: Während einige Bereiche expandieren, verlieren andere an Boden. Dies kann auch eine Verschwendung von Ressourcen bedeuten, wenn Maschinen verschrottet und Fabriken abgerissen werden, bevor sie das Ende ihrer technischen Nutzungsdauer erreicht haben.

Eine Veränderung des Energiepreisniveaus macht auch neue Herstellungsmethoden rentabel. Wenn der Ölpreis sinkt, fallen zum Beispiel die Transportkosten im Vergleich zu anderen Kosten, da es sich hier um einen relativ energieintensiven Bereich handelt. Dadurch wird es profitabel, größere Mengen zu produzieren und zusätzliche Energie für den Transport des zusätzlichen Outputs über ein größeres Gebiet zu verwenden. Kleine Produzenten, die ihre Waren nur an einem Ort anbieten, werden so aus dem Markt gedrängt, und selbst bei wieder steigenden Energiepreisen ist – wenn überhaupt – erst nach langer Zeit damit zu rechnen, daß sie ihre Unternehmungen wieder neu beginnen oder andere an ihre Stelle treten. Wir sehen also, warum ein steigender Energieverbrauch so süchtig macht: Er setzt einen nahezu unumkehrbaren Prozeß in Gang, und es ist daher für ein Wirtschaftssystem – unabhängig von der weiteren Entwicklung der Energiepreise – sehr schwierig, wieder auf ein niedrigeres Niveau zurückzukehren.

Lokale Energieerzeugung

Keine stabile, nachhaltig wirtschaftende Gemeinde kann daher ohne eine sichere, nachhaltige Energieversorgung zu stabilen Preisen existieren – und der einzige Weg, der Versorgungssicherheit und Preisstabilität garantieren kann, besteht darin, so weit wie möglich auf Energiequellen zurückzugreifen, die sich innerhalb der Grenzen und unter der Kontrolle der Gemeinde befinden. Doch ist Selbständigkeit im Energiesektor für die meisten Gemeinden technisch überhaupt möglich? Und wenn ja, bringt dies nicht schwerwiegende Kostennachteile mit sich? Wenn dem so wäre, würde dies offenkundig die Anstrengungen der Gemeinde erschweren, entsprechend der in Kapitel 2 empfohlenen Strategie so viele der benötigten Güter und Dienstleistungen wie nur möglich zu konkurrenzfähigen Preisen selbst zu produzieren. Tatsächlich führen jedoch leicht höhere heimische Energiepreise in der Regel zu keinem Wettbewerbsnachteil, da die in einer lokalen Ökonomie eingesetzten Produktionsverfahren im allgemeinen weniger Energieeinsatz erfordern als die im industriellen System verwendeten Techniken.

Außerdem ist Elektrizität, auf deren Preis wir in diesem Kapitel besonders eingehen, eine qualitativ sehr hochwertige Energieform und sollte daher nur zu bestimmten Zwecken verwendet werden, etwa für Beleuchtung, Mikrowellenherde, elektronische Geräte, Motoren und bei Verfahren mit äußerst konzentriertem Energieeinsatz, wie beispielsweise beim Schweißen. Wenn dezentral in der Gemeinde erzeugte Elektrizität pro Einheit um einige Pfennige teurer ist als von außen eingeführte, wird dies das allgemeine Kostenniveau dort nur geringfügig verändern, vorausgesetzt, der Einsatz von Strom wird auf die genannten Verwendungen beschränkt. Auf keinen Fall sollte man Strom – gleichgültig, ob man ihn in das Netz einspeist oder welchen daraus bezieht – für die Raumheizung oder die Warmwasserbereitung einsetzen. Angesichts der Energieverluste, die bei der auf fossile Energie gestützten Stromerzeugung auftreten, sei dies, so hat der amerikanische Energieexperte Amory Lovins einmal gesagt, als würde man Butter nicht mit dem Messer, sondern mit einer Motorsäge schneiden.

Zur Kalkulation der Kosten lokaler Energieerzeugung

Doch was verstehen wir überhaupt unter den "Kosten" einer wirtschaftlichen Aktivität innerhalb einer lokalen Ökonomie? Ein Aspekt ist offensichtlich die Menge des Geldes, das außerhalb der Gemeinde aufgebracht und damit verdient werden muß, um die betreffende Aktivität fortsetzen zu können. Wird der Strom über das nationale Netz bereitgestellt, so fließen – abgesehen von den Löhnen für ortsansässige Arbeiter der Stromkonzerne, den Mieten, Dividenden und den Zahlungen an Unternehmen vor Ort, die die Elektrizitätswerke in der jeweiligen Region begleichen – 100% des von den Verbrauchern zu zahlenden Strompreises aus der Region ab. Bei lokal erzeugtem Strom aus erneuerbaren Energiequellen führen nach der Errichtung der Anlage nur noch Zahlungen für jene Ersatzteile, die zu kompliziert sind, um sie vor Ort selbst herzustellen, zu unvermeidbaren Mittelabflüssen in nationaler Währung. Zinszahlungen sind fast immer ein wichtiger Bestandteil der Kosten für die Stromerzeugung, auch wenn dafür erneuerbare Energiequellen verwendet werden. Zinsen, Mieten und Löhne könnten und sollten ausschließlich an Menschen gehen, die in der jeweiligen Region wohnen. Die in nationalem Geld zu zahlenden Kosten für lokal erzeugte erneuerbare Energie können daher sehr gering gehalten werden.

Um einen ersten Anhaltspunkt zu bekommen, in welchem Verhältnis sich die Kosten auf Zahlungen in Landeswährung und in lokalen Währungen aufteilen lassen, ist es sinnvoll, beide Kostenkomponenten noch einmal in Investitions- und Betriebskosten zu unterscheiden. Damit entsteht aber das Problem, wie man Projekte anhand der sich so ergebenden vier verschiedenen Kostenkennzahlen vergleichen kann.

Zunächst kann man einmal der Frage nachgehen, ob es sinnvoller ist, einen bestimmten Betrag in Landeswährung zu investieren, um damit die Betriebskosten – ebenfalls in Landeswährung – zu senken. Auf diese Frage gibt es eine Antwort der klassischen Kostenrechnung: Die entscheidende Variable ist der Zinssatz, denn wenn der Zinsertrag der Bank höher ist als die Kostenersparnis durch die Absenkung der laufenden Kosten, wird die Investition unterbleiben. Kalkulationsgrundlage ist damit der heute bekannte langfristige Zinssatz oder – bei risikofreudigeren Investitionen – die erwartete Entwicklung der Zinssätze.

Völlig anders stellt sich jedoch diese Frage, wenn diese Kosten ganz oder zum Teil in lokaler Währung aufgebracht werden können, denn hier gibt es keine Zinsen. Was letztendlich in dieser Währung entlohnt werden kann, ist Arbeitskraft, so daß die entscheidende Frage nun darin besteht, ob es in der Gemeinde Menschen gibt, die ihre Arbeitskraft für dieses Projekt einsetzen können und wollen. Solange es also Arbeitslosigkeit in der Gemeinde gibt, ist es immer sinnvoll, zusätzliche Arbeitskraft beim Bau der Anlage zu investieren, wenn damit zukünftige Betriebskosten abgesenkt werden können – denn menschliche Arbeitskraft kann, im Gegensatz zu Geld, nicht "gelagert" werden, und schon gar nicht "vermehrt" sie sich durch Nichtstun. Wenn Menschen arbeiten möchten, aber keine Arbeitsmöglichkeit finden, ist dies immer eine Vergeudung von Ressourcen – und kein "Sparen" für die Zukunft.

Die zweite wichtige Frage möchten wir auch zunächst wieder in der konventionellen Form stellen: Nach welchen Kriterien soll entschieden werden, ob ein bestimmter Betrag in Landeswährung für das Energieprojekt in der Gemeinde oder für ein beliebiges Projekt irgendwo auf der Welt eingesetzt wird? Auch hier gibt es wieder eine eindeutige Antwort der klassischen Kostenrechnung: Maßgeblich sind die auf die Gegenwart abdiskontierten Erträge dieser Investition in dem gesamten Zeitraum, in dem diese Gewinne abwirft – und zwar ausschließlich in Geldeinheiten gerechnet. Anders wiederum sieht die Rechnung aus, wenn zusätzlich in einer lokalen Währung gewirtschaftet werden kann: Eine Gemeinde sollte ihre lokale Ökonomie nicht nur unter dem Gesichtspunkt der Gewinnerwartung in Geldeinheiten, sondern unter wesentlich mehr Aspekten betrachten, die zu einem langfristig stabilen Umfeld mit hoher Lebensqualität beitragen: Dazu gehören die ökologische Nachhaltigkeit des Wirtschaftens, die Sicherheit der Versorgung mit Gütern und Dienstleistungen zu stabilen Preisen, langfristig sichere Arbeitsplätze mit zufriedenstellenden Tätigkeiten und vieles andere mehr.[9] Je höher diese Aspekte in einer Kosten-Nutzen-Rechnung der Bewohner dieser Gemeinde bewertet werden, desto eher werden diese auch bereit sein, in lokale Projekte zu investieren, deren Erfolg ihnen direkt zugute kommt. Diese Bereitschaft kann bereits dann vorhanden sein, wenn das gesamte Projekt in Landeswährung kalkuliert werden muß. Wenn darüber hinaus jedoch zumindest ein Teil in lokaler Währung abgerechnet werden kann, wird dieser Umstand die Kalkulation noch einmal zugunsten der lokalen Wirtschaft verschieben, denn dadurch kann sichergestellt werden, daß ein zunehmender Teil des Geldkreislaufes auch in der jeweiligen Gemeinde verbleibt.

Lokale Investitionsvorhaben sollten daher so viel Arbeit und andere Inputs wie nur möglich von den Menschen beziehen, die bereit sind, die Vergütung in lokaler Währung anzunehmen. Diese Kosten sollten nicht in Landeswährung umgerechnet werden – es ist nicht sinnvoll, für Kalkulationszwecke einen Wechselkurs aufzustellen, wenn es diesen in der Realität nicht gibt. Kosten in lokaler Währung sollten nur dann in Landeswährung ausgedrückt werden, wenn ihnen Ressourcen gegenüberstehen, die bei einer anderen Form der Verwendung einen ähnlich sicheren Gewinn in Landeswährung erzielt hätten. Bei der Tätigkeit von Menschen, die sonst arbeitslos gewesen wären, ist dies aber nicht der Fall, denn es ist ihnen ja nicht gelungen, ihre Arbeitskraft gegen Landeswährung zu "verkaufen". Im Grunde ist dies auch nicht der Fall, wenn sich ein Unternehmen als Teil der internationalen Wirtschaft einer Ertragsunsicherheit aufgrund des globalen Wettbewerbs gegenübersieht, die kein Problem wäre,

9 Vgl. dazu Kapitel 2.

wenn es gelingt, langfristige Lieferbeziehungen zu Kunden in der Region aufzubauen, die über die lokale Währung verrechnet werden.[10]

Was bedeuten diese allgemeinen Überlegungen nun für Energieprojekte im besonderen? Nun – zunächst sollten Projekte auf der Basis einer Kalkulation der Investionskosten verglichen werden, die pro installiertem Kilowatt unvermeidlich in Landeswährung anfallen. Ebenso sollten die unvermeidlichen Kosten in Landeswährung berechnet werden, die pro erzeugter Kilowattstunde an Betriebskosten anfallen. Auf diese Weise können jene Projekte aus dem Rennen geworfen werden, deren Geldbedarf in Landeswährung am höchsten ist. Unter den verbleibenden Projekten sollten jene den Vorzug erhalten, für deren Bau und laufenden Betrieb genügend Arbeitskraft zur Verfügung steht. Von einer Gesamtkalkulation der Kosten in beiden Währungen mit Hilfe eines hypothetischen Wechselkurses ist jedoch abzuraten.

Beispiele gemischter Kalkulationen

Soweit wir wissen, gibt es bislang nur einen Versuch, die Kosten von Energieanlagen auf diese Weise zu kalkulieren.[11] Die Kapitalkosten pro Kilowatt installierter Kapazität lagen bei Wasserkraftwerken bei 1.250 DM für Turbine und Generator. Zusätzlich müssen – je nach Gelände – zwischen 80 und 180% dieses Betrages für Bauarbeiten ausgegeben werden: Diese Tätigkeiten könnten aber im lokalen Geldkreislauf abgewickelt werden. Bei Windkraft müssen pro Kilowatt installierter Kapazität 190 DM für den Turm und die Turbine ausgegeben werden, der Aufwand für Bauarbeiten beträgt nur ca. 20% dieser Kosten. Ein mit Holzschnitzeln betriebenes Kraftwerk benötigt nur 200 DM pro installiertem Kilowatt, jedoch das Zweieinhalbfache dieser Kosten in lokaler Währung, davon die Hälfte für die Installation und die andere Hälfte für die Bepflanzung des Waldstücks, das den Rohstoff liefern soll. Eine Biogasanlage schließlich erfordert rund 750 DM pro installiertem Kilowatt und noch einmal rund das Eineinhalbfache für die erforderlichen Bau- und Installationsarbeiten in lokaler Währung.

Die Betriebskosten, die notwendigerweise in Landeswährung anfallen, sind bei allen diesen Anlagen erstaunlich ähnlich. Am günstigsten ist die Bilanz bei der Wasserkraft: Hier sind es 0,92 dpf pro produzierter Kilowattstunde (kWh), mit der der Ersatzteilbedarf zu Buche schlägt. Bei der Windenergie sind es 1,26 dpf/kWh, bei der Biogasanlage 1,15 dpf/kWh. Das mit Holz betriebene Kraftwerk schlägt mit 2,3 dpf/kWh zu Buche, was die extrem niedrigen Investitionskosten über die Zeit dann neutralisiert. Die Höhe der Betriebskosten, die in lokaler Währung verrechnet werden könnten, sind dagegen recht unterschiedlich: Bei Wasserkraft 1,38 dpf/kWh und bei Windkraft 1,84 dpf/kWh für War-

---

10 Beispiele für derartige Projekte werden wir vor allem in Kapitel 6 schildern.

11 Dabei wird angenommen, daß die Wasser- und die Windkraftanlage 2600 Stunden und das mit Holz betriebene Kraftwerk 1500 Stunden im Jahr in Betrieb ist; letzteres könnte auch länger in Betrieb sein, nur müßte dann mehr Holz zur Verfügung stehen, als mit den Anfangs-Investitionskosten bereitgestellt werden kann. Die Biogasanlage ist 350 Tage im Jahr in Betrieb und verarbeitet 60 Tonnen Biomasse am Tag.

tungsarbeiten, bei dem mit Holz betriebenen Kraftwerk 8,5 dpf/kWh für das Sägen und das Transportieren des Holzes und für den Betrieb und die Wartung der Anlage, bei der Biogasanlage – je nach den Entfernungen, über die der Rohstoff für die Anlage transportiert werden muß, zwischen 7 und 14 dpf/kWh.

Diese Beispiele zeigen, daß lokal erzeugte Energie für den Verbraucher billig sein wird, da die lokal entstehenden Kosten erheblich sein können, doch es besteht, wie gesagt, keine Notwendigkeit, diese Kosten in nationaler Währung zu zahlen. So könnten die Betreiber einer Windkraftanlage beispielsweise eigene, auf Kilowattstunden lautende Geldscheine ausstellen, um damit ihre Angestellten zu bezahlen und um die Zinszahlungen an jene Ortsansässigen zu begleichen, die durch die Investition ihrer Ersparnisse in nationaler Währung den Bau der Anlage ermöglicht haben.[12] Würden die Betreiber der Anlage ihre "Strom"-Geldscheine wiederum für die Bezahlung der von ihnen gelieferten Energie akzeptieren, wären alle Einwohnerinnen und Einwohner dieser Gemeinde mit diesem Zahlungsmittel zufrieden, egal, ob sie damit nun ihre Stromrechnung bezahlen, oder die Scheine für ihren Einkauf in den Geschäften am Ort ausgeben würden.

Opportunitätskosten – lokal oder international?

Eine Betrachtungsweise, nach der die Kosten für lokal erzeugte Energie über den Ausgaben für Energie liegen können, die außerhalb der Gemeinde erzeugt und von ihr mit Landeswährung gekauft wird, beruht auf der ökonomischen Theorie der Opportunitätskosten. Danach sind die Kosten einer bestimmten wirtschaftlichen Aktivität nicht in dem Geldbetrag zu sehen, der dafür investiert werden muß, sondern in dem entgangenen Nutzen der nächstbesten Alternative, die mit eben diesem Geldbetrag hätte realisiert werden können. Darunter kann im vorliegenden Fall der Geldwert jener Alternativen verstanden werden, auf die eine Gemeinde verzichten muß, um sich eine eigene Energiequelle zu erschließen. So könnte es zum Beispiel sein, daß ein Landwirt, der Weidenbäume für die Brennholzgewinnung anpflanzt, mit dem Anbau eines anderen Produktes möglicherweise mehr verdienen würde, oder daß das für den Bau einer Windkraftanlage eingesetzte Kapital eine größere Rendite erbringen würde, wenn es für etwas anderes investiert worden wäre. Wenn sich die Opportunitätskostenkalkulation auf die Güter und Dienstleistungen richtet, die mit den entsprechenden Ressourcen innerhalb der jeweiligen Gemeinde und zur Befriedigung von Bedürfnissen ihrer Bewohnerinnen und Bewohner erstellt werden können, werden die Kommunen mit diesem Problem jedoch selten konfrontiert werden, da keine Gemeinde existieren kann, ohne die Versorgung mit Energie in irgendeiner Form zu gewährleisten, und weil ein profitabler Einsatz des Faktors Arbeit nur dann möglich wird, wenn die Gemeinschaft Vollbeschäftigung erreicht hat.

Selbst wenn die Mitglieder der Gemeinschaft die Renditen innerhalb ihrer Kommune mit den Investitionsmöglichkeiten in der übrigen Wirtschaft vergleichen, werden ihnen gut organisierte lokale Energieprojekte als attraktive

12 Entsprechende Finanzierungsverfahren wurden in Kapitel 4 im Detail vorgestellt.

Anlageform für ihre Ersparnisse erscheinen, da die Zinssätze bei gewöhnlichen Banken, Renten-Fonds und Bausparkassen für Kleinanleger in der Regel recht niedrig sind. Vor allem muß den Sparern bewußt sein, daß Investitionen in Unternehmungen, die als Teil der internationalen Wirtschaft operieren, einem hohen Risiko ausgesetzt sind, da ihr Ertrag durch nicht beeinflußbare Konjunkturschwankungen im Weltwirtschaftssystem beeinträchtigt werden kann. Dagegen gehören Investitionen in die lokale Energieversorgung zu den sichersten Geldanlagen, die überhaupt getätigt werden können. Trotzdem werden sich die Menschen in einer Situation, in der dennoch nennenswerte Opportunitätskosten auftreten, entscheiden müssen, welche Prioritäten sie setzen möchten: Sind die kurzfristig erzielbaren höheren Gewinne aus der externen Wirtschaft höher zu bewerten als eine langfristige Sicherheit der Energieversorgung zu stabilen Preisen in der Gemeinde, in der man wohnt?

Etwas, das die Entscheidung zugunsten der Investitionen in lokale Energiequellen eher erleichtern sollte, ist die Tatsache, daß die Preise für fossile Energieträger auf dem Weltmarkt mit hoher Wahrscheinlichkeit und in nicht allzuferner Zukunft steigen werden, wenngleich der Preis für ein Barrel Rohöl Anfang 1994 bei nur 14 US-Dollar lag, was, gemessen in Kaufkraftparitäten, in etwa dem Niveau der Jahre zwischen 1930 und 1970 entspricht. Anfang 1998 lag der Preis wieder zwischen 16 und 17 US-Dollar, und den Bemühungen der OPEC, den Preis auf 21 US-Dollar anzuheben, war noch immer kein Erfolg beschieden.[13] Wie "sensibel" der Preis auf diesem Markt reagiert, zeigt allerdings ein Vorfall aus dem Sommer 1997, als der Preis um 25 Cents auf unter 18 US-Dollar rutschte, nur weil die Bundesregierung – auf ihrer verzweifelten Suche, das Budget-Defizit zu bekämpfen – angekündigt hatte, innerhalb eines Jahres strategische Ölreserven im Wert von 230 Mio. US-Dollar zu verkaufen; dieses Öl war nach der Ölkrise 1973/74 eingelagert worden.[14] Doch im Grunde genommen ist dieser niedrige Preis ein Teil des Problems: Da die Ölmärkte aufgrund der anhaltenden Rezession in der Weltwirtschaft sowie der vermehrten Anstrengungen zur Steigerung der Energie-Effizienz in den Jahren seit 1982 die meiste Zeit keinen spürbaren Nachfragedruck aufwiesen, wurde nur sehr wenig Kapital in die Erkundung und Erschließung neuer Ölfelder investiert, so daß jetzt kaum Kapazitäten vorhanden sind, um auch nur geringe Zunahmen in der Nachfrage schnell zu befriedigen. Wenn die Preise steigen, werden die höheren Kosten für fossile Energie schnell die Kosten übersteigen, die die Gemeinden in Landeswährung für die Entwicklung lokaler erneuerbarer Energieressourcen

---

13 Zwar war 1996 das Preisniveau mit 20,20 US-Dollar diesem Ziel schon einmal sehr nahegekommen, aber trotz des wirtschaftlichen Niedergangs der Sowjetunion und des internationalen Irak-Boykotts haben die übrigen Förderländer derzeit offenkundig immer noch reichlich freie Kapazität, so daß schon Mitte 1997 der Preis wieder auf 17 US-Dollar pro Barrel abgesunken war; vgl. "Ölwelt 1996", in: Die Zeit vom 20. Juni 1997. Dennoch können die seit Mitte 1996 beobachteten größeren Preisausschläge auch Vorboten für eine Trendwende sein; vgl. "Steigende Ölpreise nicht auszuschließen", in: Süddeutsche Zeitung vom 11. September 1997.

14 Vgl. "German crude sale plan knocks oil price", in: Silicon Investor vom 11. Juli 1997, im Internet unter http://www.techstocks.com/~wsapi/investor/s-10229/reply-4035; Notierungen der internationalen Warenmärkte finden sich fortlaufend u.a. in der Frankfurter Allgemeinen Zeitung.

heute aufbringen müßten. Es ist daher sinnvoll, jene Formen erneuerbarer Energie möglichst rasch auszubauen, bei denen die Technologien bereits soweit entwickelt sind, daß mit einer weiteren spürbaren Senkung der Kapitalkosten mittelfristig nicht mehr zu rechnen ist. Windkraftanlagen, kleine Wasserkraftwerke und verschiedene Verfahren der Energiegewinnung aus Biomasse, die auf der Verwendung von Pflanzenmaterial beruhen, sind dieser Kategorie zuzurechnen. Bei anderen Energiequellen – etwa der Photovoltaik – ist im nächsten Jahrzehnt noch mit einer erheblichen Reduktion der Produktionskosten zu rechnen, so daß es besser ist, mit dem Einstieg in diese Techniken noch etwas abzuwarten.

Dennoch hat die oben zitierte Kalkulation gezeigt, daß einige Formen der Stromgewinnung aus erneuerbaren Energien – selbst wenn alle Kosten in der nationalen Währung berechnet würden – im Vergleich mit Erdgas, Erdöl und Kohle bereits heute vollkommen konkurrenzfähig sind, obwohl fossile Energieträger stark subventioniert werden, da sich die Kosten für die von ihnen verursachten Umweltschäden in den Rohstoffpreisen, die die Elektrizitätswerke zahlen, nur unzureichend widerspiegeln.

Lokale Potentiale für erneuerbare Energie: Beispiel Hatherleigh

Keine einzige Kommune ist ohne jegliche Quelle an erneuerbarer Energie, die sie erschließen könnte – mehr noch: Nur sehr wenige Gemeinden werden feststellen, daß sie lediglich über eine einzige derartige Quelle verfügen. Die meisten Gemeinden haben mehrere, so wie Hatherleigh, ein kleines Marktstädtchen in der Nähe von Okehampton in Devon, dessen Bestandsaufnahme in Sachen Energie 1993 mit Fördermitteln der britischen Regierung und der EU unterstützt wurde.[15] Das Ergebnis überrascht nach dem bisher Gesagten kaum: Die Stadt könnte problemlos ihren gesamten Strom- und Heizungsbedarf mit erneuerbarer Energie decken, vorausgesetzt, daß einige dieser Ressourcen erschlossen würden und die Verbraucher bereit wären, einen etwas höheren Energiepreis zu bezahlen.

Die reichhaltigste erneuerbare Energiequelle der Region ist die Sonneneinstrahlung, die auf die Dächer und Hauswände fällt. Doch davon hätte sich nur ein sehr geringer Teil nutzbar machen lassen, da das Anbringen von Solarkollektoren und Photovoltaik-Anlagen auf den Gebäuden mit dem historischen Stadtbild kollidieren würde, denn sehr viele Gebäude stehen unter Denkmalschutz. Die Tatsache, daß zahlreiche Gebäude nicht verändert werden dürfen, bedeutet auch, daß nur ein geringer Spielraum für die passive Nutzung der Solarenergie besteht. Denn diese setzt voraus, Gebäude so zu planen und zu bauen beziehungsweise umzubauen, daß die Sonnenstrahlen in einer Weise genutzt werden, die den Bedarf für künstliche Beheizung und Beleuchtung reduziert.

Das Potential der zweitgrößten Ressource, der Windenergie, wurde in der Studie ebenfalls als sehr gering eingestuft, da die durchschnittliche Windgeschwindigkeit unter 6,5 Meter pro Sekunde liegt, was derzeit als Untergrenze

15 Vgl. O'Rourke, Terence (1995): Hatherleigh Community Renewable Energy Study. Bournemouth: Selbstverlag.

für eine wirtschaftlich sinnvolle Nutzung angesehen wird, wenn hohe Zinssätze an auswärtige Investoren gezahlt werden müssen. Wie wir jedoch ausgeführt haben, könnte dieser Schwellenwert herabgesetzt werden, wenn lokale Ersparnisse zur Finanzierung eines Windenergieprojektes eingesetzt werden können, denn für lokale Investoren könnten auch geringere Zinssätze noch attraktiv sein, und die Zinszahlungen wären in der Region geblieben. "Die Tatsache, daß die lokale Erschließung erneuerbarer Energiequellen dazu beitragen kann, den Wohlstand einer Region auch dort zu halten, ist ein potentiell bedeutungsvoller indirekter Nutzen derartiger Projekte und legitimiert aus sich heraus weitere Forschungen", heißt es in dem Bericht.[16]

Durch die Beteiligung der Bürgerinnen und Bürger der Stadt an einem solchen Investitionsvorhaben hätte sich vielleicht auch ein weiteres Problem der Windenergie in Hatherleigh überwinden lassen: die ästhetischen Beeinträchtigungen durch eine Windkraftanlage.[17] Die windreichste Gegend der Stadt ist der "Moor", eine markante Hügelkette im Osten, und es würden zweifelsohne Einwände erhoben, wenn ein auswärtiges Unternehmen jemals vorschlüge, dort Windräder aufzustellen. Die Reaktion fiele möglicherweise anders aus, wenn ein Unternehmen der Gemeinde denselben Vorschlag machte, doch da ein solches nicht in Sicht war, wurde in der Untersuchung die Ansicht vertreten, daß die Nutzung der Windenergie in Hatherleigh auf kleine Turbinen beschränkt werden sollte, die auf isoliert liegenden Bauernhöfen Energie für deren Eigenbedarf erzeugen könnten.

Der Wasserkraft wurde ebenfalls nur ein sehr geringes Potential zugeschrieben. Die Studie kommt zu dem Ergebnis, daß ohne sehr viel freiwillige Arbeit nur Anlagen bei bestehenden Mühlen und Wehren, die im 19. Jahrhundert und teilweise noch früher errichtet wurden, ein ausreichendes Energiepotential bieten würden, und selbst an diesen Standorten – es gibt davon sechs, mit einer Gesamtkapazität von 230 kW – wären die Projekte wahrscheinlich nicht kostendeckend.[18]

Woher könnte also Hatherleigh seine Energie bekommen? Die Antwort ist: Aus der Landwirtschaft, dem Einschlag von speziell angepflanzten Bäumen – Weiden – in Kombination mit der Erzeugung von Biogas aus Gülle, Klärschlamm und Schlachthofabfällen. Der Bericht stellt fest, daß die Umwandlung von einem Zehntel der 7.944 Hektar Ackerland in Wald etwa 8.400 Tonnen getrockneter Holzschnitzel pro Jahr erbringen würde. Dies wäre mehr als genug, um ein Kraftwerk zu beheizen, das 9.600 MWh/Jahr produzieren würde – das entspricht dem gesamten Strombedarf der Stadt – und das gleichzeitig eine

16 O'Rourke (1995), op.cit., 79.

17 Gerade zu diesem Problem gab es in Deutschland 1997 eine zunehmend heftiger werdende Kontroverse: vgl. Binswanger, Hans Christoph (1997): "Die verlorene Unschuld der Windenergie", in: Blätter für deutsche und internationale Politik, 42. Jg., Heft 10, 1272 – 1275; als Entgegnung dazu Winter, Carl-Jochen (1997): "Keine nachfossile Zivilisation ohne die Nutzung der Windkraft" und Scheer, Hermann (1997): "Konflikte zwischen traditionellem Umweltschutz und ökologischer Wirtschaftsperspektive", beide Beiträge in: Blätter für deutsche und internationale Politik, 42. Jg., Heft 12, 1496 – 1498 und 1499 – 1503.

18 O'Rourke (1995), op.cit., 18.

beachtliche Menge an Warmwasser für die Beheizung von Werkstätten, Gewächshäusern, Wohnungen und Büros liefern könnte. Selbst wenn die Energie des Heizwassers kostenlos verteilt und nicht verkauft würde, würde der Strompreis auf etwa 23 dpf/kWh veranschlagt. Strom aus Biogasanlagen wäre teurer – 37 dpf/kWh und mehr –, es sei denn, es würde eine Verwendung für das Warmwasser gefunden und ein Zuschuß dafür gewährt, daß in der Anlage Materialien verwertet werden, die andernfalls als Problemabfall betrachtet und teilweise kostspielig entsorgt werden müssen.

Die Berater betonen, daß Hatherleigh mit seinem Reichtum an erneuerbaren Energiequellen keine Ausnahme darstellt. "Eine vergleichbare Menge und Vielfalt an zugänglichen Ressourcen ließe sich auf dem Gebiet vieler ländlicher Gemeinden finden. Diese Schlußfolgerung läßt sich nicht nur für West Devon und andere Teile des Westens von Großbritannien ziehen, sondern auch für andere Gebiete der Europäischen Union."[19] Zwei weitere Ergebnisse der Hatherleigh-Studie lassen sich ebenfalls auf andere Regionen Europas übertragen. Das ist zum einen die Erkenntnis, daß die Möglichkeiten für eine großangelegte, zentralisierte, kommerzielle Entwicklung erneuerbarer Energiequellen begrenzt ist und daß die verfügbaren Ressourcen am besten auf lokaler Ebene entwickelt werden können. Zum anderen können erneuerbare Energiequellen eine große Bedeutung für die Wiederbelebung des ländlichen Raumes haben. Eine vermehrte Anstrengung zur Erschließung erneuerbarer Energiequellen könnte ganz erheblich zu den Bestrebungen der Europäischen Union beitragen, dem Ziel der nachhaltigen Entwicklung näher zu kommen, die ländliche Wirtschaft zu diversifizieren und die Effektivität der Gemeinsamen Agrarpolitik zu steigern.

Potentialentwicklung in langfristiger Sicht

Es besteht kein Zweifel, daß das langfristige Potential der erneuerbaren Energien insgesamt beträchtlich ist. "Im Prinzip können erneuerbare Energieträger den gesamten Energiebedarf selbst von fortgeschrittenen Industrienationen decken, sofern es ernsthafte Bemühungen zur Energieeinsparung gibt", schrieb Dave Elliott vom Network for Alternative Technology and Technology Assessment (NATTA) der Open University.[20] Dies steht natürlich in einem krassen Gegensatz zur heutigen Realität: 1994 und 1995 haben erneuerbare Energien mit nur rund 3% einen äußerst geringen Anteil am Primärenergieverbrauch der Bundesrepublik Deutschland – der zwar seit Jahren rückläufig ist, derzeit aber immer noch rund 10% über dem Niveau von 1970 liegt. Der Abwärtstrend hat sich in den letzten Jahren auch wieder abgeschwächt. Erneuerbare Energien werden in Deutschland überwiegend zur Stromerzeugung genutzt; 1994 wurden 4,7% der öffentlichen Elektrizitätsversorgung aus regenerativen Quellen gespeist, in erster Linie aus Wasserkraft, danach folgen die Müllverbrennung, die Windenergie und die Erzeugung von Strom aus Biomasse, insbesondere durch die Verbren-

---

19 Ibid.

20 Elliott, Dave (1995): Towards a Renewable Energy Strategy for the UK. Milton Keynes: Network for Alternative Technology and Technology Assessment.

nung von Holz sowie von Deponie- und Klärgas.[21] Dennoch: Ehrgeizige Szenarien – wie sie etwa in einer für Greenpeace erarbeiteten Studie des Stockholm Environment Institute vorgestellt wurden[22] – schätzen unter der Annahme einer zielgerichteten Energiepolitik den Anteil der erneuerbaren Energie für Westeuropa bis zum Jahr 2030 auf 62%, mit einem Anstieg auf 100% bis zum Jahre 2100.

Um dem Widerspruch zwischen den Möglichkeiten und der Realität heute nachzugehen, wollen wir die einzelnen erneuerbaren Energiequellen genauer betrachten, die für die Erschließung auf kommunaler Ebene in Europa am besten geeignet erscheinen. Auf diese Weise wird deutlich, wie möglicherweise lokale Handlungsspielräume erarbeitet und genutzt werden können.

Wasserkraftpotentiale

In den zurückliegenden zwanzig Jahren ist Strom aus kleinen Wasserkraftwerken – das heißt aus Anlagen unter 5 MW – preislich im Vergleich zur Stromerzeugung aus Kraftwerken, die mit fossiler Energie betrieben werden, vollkommen konkurrenzfähig geworden, selbst wenn man herkömmliche Kalkulationsverfahren ohne Berücksichtigung lokaler Währungen zugrunde legt. Und obwohl in jüngster Zeit zahlreiche Projekte in diesem Bereich durchgeführt wurden, gibt es hier noch einen beträchtlichen Spielraum.

In der Vergangenheit gab es in Großbritannien und Irland an über 20.000 Standorten Wasserräder, von denen heute aber nur noch sehr wenige in Betrieb sind. In Irland gab es zum Beispiel einmal 1800 Wassermühlen. Anfang der achtziger Jahre machte sich ein Expertenteam daran, durch eine Analyse von kleinräumigen topographischen Karten sowohl alte als auch mögliche neue Standorte für die Entwicklung der Wasserkraft ausfindig zu machen. Sie fanden heraus, daß von den 3500 Standorten, die sie für eine Erkundung vor Ort in Betracht gezogen hatten, nur noch 85 für die Stromerzeugung genutzt wurden. Ein 1985 veröffentlichter Bericht gibt die Bewertung der Experten zu Gefälle, Abflußrate und Energiepotential der Betriebsstandorte wieder und enthält zudem detaillierte Informationen zu den 483 besten der bislang ungenutzten Standorte.[23]

Der Studie zufolge könnte eine Gesamtkapazität von 38 MW installiert werden, eine Größenordnung, die auch Fiacc Ó Brolcháin, Geschäftsführer der Irish Hydro-Power Association, für realistisch hält. Derzeit werden in Irland Wasserkraftwerke mit einer Kapazität von insgesamt 512 MW betrieben; damit werden etwa 5% des Stroms durch Wasserkraftwerke erzeugt. Ó Brolcháin stimmt allerdings mit der Wahl der Standorte nicht überein: Der Bericht erwähne Orte, die man besser nicht aufgenommen hätte, aber es gebe noch viel mehr, die

21 Siehe Umweltbundesamt (Hrsg.) (1997): Daten zur Umwelt 1997. Berlin: Erich Schmidt Verlag, 54ff.

22 Stockholm Environment Institute (Hrsg.) (1993): Towards a Fossil-Free Energy Future. London: Greenpeace International.

23 Department of Energy (1985): Small-Scale Hydro-Electric Potential for Ireland. Dublin: Selbstverlag.

noch in den Bericht hineingehörten. Diese Einschätzung wird durch die eigene persönliche Erfahrung gestützt. So gab es früher in Cloona, Westport, im Umkreis von einer Meile fünf Wassermühlen, von denen aber keine einzige in dem Bericht erwähnt wird. Drei dieser Mühlen stehen in einem kleinen Tal nahe beieinander. Das für ihren Betrieb benötigte Wasser wurde seinerzeit von einem nahegelegenen Fluß abgezweigt und über einen Kanal herangeführt. Wenn dieser Kanal wieder geöffnet und eine moderne Hochdruckturbine installiert würde, so könnten hier, nach einer ersten Einschätzung eines Wasserbau-Ingenieurs, 250 kW erzeugt werden.

Auch in der Bundesrepublik Deutschland ließe sich die Wasserkraft in erheblichem Maße ausbauen. Dabei muß der mögliche Neubau von Wasserkraftanlagen ebenso bedacht werden wie die Modernisierung und der Ausbau bestehender älterer Anlagen wie auch die Reaktivierung stillgelegter Standorte. Eine im Jahr 1995 vorgelegte Studie hielt eine Erweiterung der Stromerzeugung durch Wasserkraft allein innerhalb von Baden-Württemberg um ein Regelarbeitsvermögen von ca. 1200 GW/a – das sind etwa 220 MW – innerhalb von zehn Jahren für möglich;[24] im Jahre 1992 waren in Baden-Württemberg insgesamt 4.593 GW/a, darunter 670 GW/a aus Kleinwasserkraftanlagen, installiert. Bei dieser Ausbauprognose wurden Kleinwasserkraftwerke und Mühlen mit einer Leistung von weniger als 100 kW gar nicht berücksichtigt, da – nach herkömmlicher Kalkulation! – ihre Wirtschaftlichkeit aufgrund der hohen Anfangsinvestitionen häufig in Frage gestellt ist.

Wasserkraft-Standortkriterien und Techniken

Die wichtigsten Kriterien für einen guten Standort sind die Abflußmenge des Wassers, seine Verfügbarkeit über das Jahr hinweg und die Fallhöhe. Ein einziger Kubikmeter Wasser, der bei einem Meter Fallhöhe eine Turbine innerhalb einer Sekunde durchfließt, würde bei einem Wirkungsgrad von 100% 9,8 kW Strom erzeugen. In der Praxis kann das natürlich niemals der Fall sein. Trotz vergleichbar hoher Wirkungsgrade von Nieder- und Hochdruckanlagen sind die Kosten je kW bei Anlagen für niedrigere Fallhöhen größer als bei Hochdruckturbinen, wie zum Beispiel der Pelton-Turbine. Beim Pelton-Modell wird das Wasser mit hohem Druck von einer Düse auf Schalen gelenkt, die sich auf einem Laufrad befinden, das die Energie des Wassers über eine Welle an einen Generator weitergibt.[25] Bei Niederdruckanlagen, wie beispielsweise der Kaplan-Turbine, in denen das durchströmende Wasser ein Schaufelrad antreibt, muß wegen der geringeren Fallhöhe mehr Wasser eingesetzt werden, um eine

---

24 Schade, Diethard (Hrsg.) (1995): Energiebedarf – Energiebereitstellung – Energienutzung. Berlin u.a.: Springer, 139f.

25 Um eine Vorstellung von einer nicht untypischen Größenordnung zu bekommen: Zum Beispiel hat die Pelton Company in San Francisco eine Turbine für ein kalifornisches Kraftwerk erstellt, die von 1928 bis 1987 ununterbrochen in Betrieb war und bei 257 Umdrehungen in der Minute und einer Leistung von 18.000 PS Elektrizität für 16.000 Haushalte produzierte. Genaue Angaben im Internet unter http://www.coolspots.com/spots/nev/page209601.html

bestimmte Menge Strom zu erzeugen, was wiederum bedeutet, daß diese Anlagen größer und damit auch teurer sind.[26] Sie müssen zudem sehr präzise an den Standort und insbesondere an die Wassergeschwindigkeit angepaßt werden, damit es nicht zur Bildung von Turbulenzen kommt, wodurch ein Teil der ohnehin geringen Energie des Wassers verschwendet würde. Es liegt auf der Hand, daß sich keine allgemeingültigen Kriterien dafür aufstellen lassen, für welchen Anlagentyp man sich entscheiden sollte, denn dies hängt vom jeweiligen Standort ab.

Das traditionelle oberschlächtige Mühlrad ist erstaunlich effektiv und kann bis zu 70% der Energie des Wassers aufnehmen, aber es ist wegen seiner geringen Drehgeschwindigkeit zum Antrieb von Stromgeneratoren ungeeignet. Mit einem Getriebe läßt sich die Drehgeschwindigkeit zwar erhöhen, doch sind damit wiederum Energieverluste verbunden. Man könnte zwar versuchen, daß Wasserrad schneller laufen zu lassen, doch wird dann das Wasser durch die Zentrifugalkraft aus den Zellen geschleudert, was ebenfalls zu Ineffizienz führt.

Die Wasserkraft wird erst seit den achtziger Jahren des 19. Jahrhunderts zur Stromerzeugung eingesetzt, und man konzentrierte sich sehr bald auf die Entwicklung von Großanlagen. In der Zeit von 1930 bis zur Ölkrise 1973 gab es im Bereich der Kleinanlagen keine nennenswerte technologische Weiterentwicklung, da der Markt für Kleinkraftwerke in den Industrieländern zusammengebrochen war – den möglichen Nachfragern erschien es billiger und einfacher, ihren Strom aus dem öffentlichen Netz zu beziehen. Viele Hersteller gaben entweder ganz auf oder begannen mit der Produktion von Pumpen. Aber auch bereits vor 1930 waren kleine Turbinensysteme im Vergleich zu großen Anlagen wegen der hohen Kosten für verläßliche Wechselstrom-Reglersysteme unverhältnismäßig teuer. Die Reglersysteme für eine 15-20-kW-Turbine waren damals oftmals teurer als die gesamte übrige Anlage und verbrauchten beispielsweise bei einem 10-kW-Kraftwerk selbst ca. 10% des gewonnenen Stroms. Gleichstromregler waren zwar einfacher und billiger, doch ließ sich dieser Strom kaum nutzen, da auch damals schon die meisten elektrischen Geräte für Wechselstrom konzipiert waren.[27]

Diese Situation hat sich erst in den letzten zwanzig Jahren grundlegend verändert, und es gibt heute selbst für die kleinsten Kraftwerke elektronische Steuerungssysteme zu vernünftigen Preisen. Bei den kleinen Niederdruckturbi-

---

26 Das Rheinkraftwerk Säckingen nutzt das natürliche Gefälle des Rheines auf einer Flußlänge von 9,4 km. Die Stauhaltung zwischen der oberen Konzessionsgrenze und dem Laufkraftwerk beinhaltet eine Wassermenge von ca 1,5 Mio. m^3 und dient gleichzeizitg als Unterwasserbecken für das Kavernenkraftwerk Säckingen (Pumpspeicherwerk). Die Anlage wurde zwischen 1961 und 1966 mit einem Herstellungsaufwand von 248,4 Mio. DM erbaut. Im Kraftwerk sind 4 Kaplan-Turbinen der Firma Escher-Wyss installiert, die bei einem Gewicht von 100 t, einer Nennleistung von 18.400 kW und 60 Umdrehungen pro Minute (Nenndrehzahl) eine mittlere Stromerzeugung von 475 Mio. kWh pro Jahr liefern. Genaue Angaben im Internet unter http://www.rksag.de/index.htm.

27 Vgl. hierzu ausführlich Fraenkel, P./Paish, O. u.a. (1991): Micro-Hydro Power: a Guide for Development Workers. London: Intermediate Technology Publications – eine der umfassendsten Publikationen über Kleinwasserkraftanlagen. Als Handbuch zur Beurteilung potentieller Standorte eignet sich auch Department of Energy (Hrsg.) (o.J.): The Development of Small Scale Hydro Power Schemes, 2 Bde, Dublin: Selbstverlag.

nen – an den meisten Standorten läßt sich wegen des geringen Gefälles nur dieser Typ einsetzen – wurden auch bezüglich der Standardisierung Fortschritte erzielt; das gilt auch bezüglich der Anforderungen an das Turbinenhaus und für die Zuleitung des Wassers.

Die Polyturbine

Ein Dubliner Ingenieurbüro hat beispielsweise die sogenannte Polyturbine entwickelt, die sich für Standorte mit einem Gefälle von 1,5 m bis 5 m eignet.[28] Der Vorteil dieser Maschine, die von dem Schweden Evald Holmen konzipiert wurde, besteht darin, daß der Bauunternehmer bei der Errichtung des Turbinenhauses und der Kanalzu- und ableitungen für die Betonbauten nur sehr wenige Verschalungsarbeiten ausführen muß. Statt dessen werden die korrekten Formen in der Fabrik in Fiberglas gearbeitet, am Standort nur noch in die richtige Position gebracht und zur Befestigung und Verstärkung mit Beton umgossen. Dadurch lassen sich die Baukosten erheblich senken. Außerdem fließt das Wasser so statt an den rauhen Betonwänden an der glatten Fiberglasoberfläche des Kanals und der Turbinenkammer entlang, wodurch die Reibung reduziert wird.

Die Polyturbine wird nur in einer Größe hergestellt und ist – wie ähnliche Systeme verschiedener anderer Hersteller auch – modular einsetzbar, das heißt, es können verschiedene Einzelturbinen zu einer größeren Anlage zusammengesetzt werden. Die Standardgröße ist für ein bis drei Kubikmeter Wasser pro Sekunde ausgelegt; sofern nun an einem Standort mehr Wasser zur Verfügung steht, kann das Grundmodell um die entsprechende Anzahl weiterer Turbinen erweitert werden. Der Ausgleich des von Standort zu Standort unterschiedlichen Gefälles erfolgt durch Einbau von zusätzlichen Kammern in den Zuleitungskanal. Mit dieser flexiblen Modularbauweise lassen sich gut abgestimmte Anlagen zusammenstellen, deren Erweiterung zudem sehr günstig ist. So liefert die Standardturbine inklusive Generator bei einem Standort mit 1,5 m Gefälle und einem Abfluß von 2,5 Kubikmeter pro Sekunde 25 kW und kostet etwa 70.000 DM. Der Ausbau für einen Standort mit 5 m Gefälle kostet bei gleicher Abflußmenge nur etwa 20.000 DM mehr, wobei die Anlage dann insgesamt 114 kW liefert. Die Installationskosten sinken also von 2.760 DM auf 770 DM pro kW.

Kostenkalkulationen

Bei einem kleinen Wasserkraftwerk kann man von Installationskosten von etwa 2.300 DM je kW im Schnitt ausgehen, wenngleich diese Kosten und der tatsächliche jährliche Ertrag pro installiertem kW Kraftwerkskapazität von Standort

---

28 Beschreibungen der Turbine über Polyturbine Ltd. (Adresse: Unit 16, IDA Enterprise Centre, 111 Pearse Street, Dublin 2, Irland). Die Turbine kann näherungsweise als modifizierte Kaplan-Turbine beschrieben werden; die Blätter der Turbine lassen sich während des Betriebes nicht justieren; sie hat daher einen etwas geringeren Wirkungsgrad, die Kosten für die Turbine liegen jedoch beträchtlich niedriger.

zu Standort sehr unterschiedlich sind. Diese Kostenschätzung liegt um das Eineinhalb- bis Dreifache unter den Angaben der bereits zitierten baden-württembergischen Studie,[29] die jedoch wiederum von etwas niedrigeren Betriebskosten ausgeht: Hier wird mit jährlichen laufenden Kosten von zwischen 8 und 14% der Installationskosten gerechnet. Dabei muß berücksichtigt werden, daß der jeweils notwendige Arbeitsaufwand für den Bau eines Kraftwerks ebenso variiert wie die Anzahl der Betriebsstunden, an denen genügend Wasser für die Stromerzeugung zur Verfügung steht. So war es früher üblich, bei den Wassermühlen Teiche anzulegen, um die jahreszeitlichen Schwankungen des Wasserangebots ausgleichen zu können: Diese Mühlteiche erlaubten es, die Energie des Wasserzuflusses von 24 Stunden innerhalb von sieben bis acht Stunden zu nutzen. Dennoch kommt die Baden-Württembergische Studie zu dem Schluß, daß "trotz der unter volkswirtschaftlichem Blickwinkel guten Wirtschaftlichkeit der meisten Wasserkraftanlagen" die Modernisierung oder Neuerrichtung vieler Anlagen "häufig nicht zu vertreten" sei – denn der Betreiber, der die Anlage finanzieren müsse, sei ja gezwungen, auf "kurze Amortisationszeiten" zu achten (sic!).[30] Um diesen volkswirtschaftlichen Widersinn wenigstens abzumildern – in der zitierten Studie wird er nicht hinterfragt –, vergibt das Land Baden-Württemberg bei Neubau und leistungserhöhendem Zubau von Wassserkraftwerken ab Juli 1993 einen Zuschuß zwischen 1.000 und 2.000 DM/kW, höchstens jedoch von 20% der zuwendungsfähigen Kosten. Langfristige oder gar alternative "lokale" Finanzierungsmodelle, die wir hier vorgeschlagen haben, könnten der Langlebigkeit von Wasserkraftwerken unter Umständen besser gerecht werden: Die Lebensdauer von Wasserkraftanlagen liegt bei weit über fünfzig Jahren – viele Anlagen aus den zwanziger Jahren sind heute noch in Betrieb. Die Wasserkraftwerke AG Vorarlberg in Österreich hat zum Beispiel sechs Laufkraftwerke mit Leistungen zwischen 45 und 1.560 kW – in Summe 2.500 kW – in Betrieb, die im Jahresdurchschnitt 13,6 Mio. kWh erzeugen.[31] Der älteste in Betrieb befindliche Maschinensatz in Ebensand/Dornbirn stammt aus dem Jahre 1899. Turbinen und Generatoren haben nur wenige, kostengünstige Verschleißteile.

Zum Beispiel: Ballinrobe

Séamus Langan, ein Gastwirt, der 1995 zwei Polyturbinen neben einer alten Mühle in Ballinrobe, County Mayo, installiert hat, wollte uns zwar nicht sagen, was ihn dies gekostet hat, aber er berichtete, daß die Arbeiten wesentlich leichter vonstatten gingen als ursprünglich erwartet: Er hatte nämlich befürchtet, daß die Bauarbeiter auf harten Kalkstein stoßen würden. Selbst wenn er bereit gewesen wäre, seine Kosten offenzulegen, wäre das für andere nicht besonders aussagekräftig, da die größte Arbeit, die sein Projekt auch überhaupt erst ermöglichte, in

---

29 Siehe Schade (Hrsg.) (1995), op.cit., 141.
30 Ibid., 143.
31 Angaben von den Vorarlberger Kraftwerken AG, im Internet unter http://www.trubadix.tele.net/VKW/welcome.html.

der Ausgrabung eines Mühlstroms bestand, der vor etwa 150 Jahren als Entlastungsprojekt zu Zeiten der Großen Hungersnot entstanden war. Trotzdem ist seine Geschichte interessant.

Langan war ein kleiner Landwirt gewesen, bis er Anfang der siebziger Jahre die Gastwirtschaft in Ballinrobe kaufte. Er hatte noch immer einige Felder, von denen sich eines zwischen dem Robe River und dem alten Mühlenkanal erstreckte, ohne daß er sich der dadurch gegebenen Möglichkeiten zur Nutzung der Wasserkraft bewußt gewesen wäre. Dies änderte sich erst Ende der siebziger Jahre, als ihn ein englischer Ingenieur, der von seiner Firma mit einem schließlich fehlgeschlagenen Projekt zur Entwicklung irischer Windturbinen beauftragt war, auf das Potential seines Anwesens aufmerksam machte.

Langan konnte zunächst aber noch nichts unternehmen, da er die Wasserrechte nicht besaß, denn diese gehörten noch immer zu der Mühle, die unbewohnt und verfallen im nächsten Feld stand; eine Wand war bereits vor vielen Jahren niedergerissen worden, als Arbeiter Maschinen entnommen hatten. Doch eines Tages stand die Mühle zum Verkauf, und Langan kaufte sie. Danach mußte er von vier verschiedenen Behörden Genehmigungen einholen, um die Pläne umsetzen zu können, die für ihn von Colm Walsh vom University College in Galway erstellt worden waren; an diesem College war seinerzeit der Prototyp der Polyturbine installiert worden.

Die erste Stelle, die er aufsuchte, war das Fischereiamt des Landkreises, das ihm half, seine Pläne so abzuändern, daß die Fische im Robe River durch das Projekt nicht beeinträchtigt würden. "Zu bestimmten Zeiten im Jahr ist der Sauerstoffgehalt des Flusses niedrig, und daher werden die Fische von den Verwirbelungen angezogen, die das Wasser hinter der Turbine beim Wiedereintritt in den Fluß erzeugt", erklärte Langans Sohn Barry bei einem Rundgang. "Wenn sich die Fische zu weit vorwagen, werden sie getötet, daher mußten wir Schutzwände einbauen, um sie abhalten zu können. Diese setzen wir jedoch nur ein, wenn wenig Wasser da ist, ansonsten lassen wir sie weg, da sie zu einem Rückstau führen, der den Abfluß aus der Turbine behindert und somit den Wirkungsgrad der Anlage verringert." Weitere Bedingungen des Fischereiamtes waren, daß auch bei der Zuleitung vor der Turbine Wände zum Schutz der Fische angebracht wurden und daß ein Teil des Wassers aus dem neuen Kanal durch den alten Mühlenkanal fließen sollte, so daß die Fische passieren können.

Die nächsten Verhandlungen mußten mit dem für die Entwässerung zuständigen Bauamt geführt werden, das sicherstellen wollte, daß die vorgesehenen Arbeiten am Fluß nicht zu Überschwemmungen führen; hier gab es jedoch keine Probleme. Nur der letzte Schritt, bevor Langan beim Mayo County Council den eigentlichen Bauantrag stellen konnte, war ziemlich langwierig, denn er mußte das zuständige Energieversorgungsunternehmen dazu überreden, den Strom, den er erzeugen wollte, in das öffentliche Netz einzuspeisen – und das ausgerechnet zu einer Zeit, in der der Konzern durch die Inbetriebnahme eines neuen kohlebefeuerten Kraftwerks bei Moneypoint ohnehin über beträchtliche Überkapazitäten verfügte. "Die Leute dort waren wirklich sehr nett, aber sie hatten einfach kein Interesse", sagte Langan. Doch irgendwann kam es dann doch zum Vertragsabschluß, und somit war sichergestellt, daß er, mit der dokumentarisch belegten Zustimmung der beiden Ämter und des Energiekonzerns ausgestattet, die Baugenehmigung erhalten würde, die dann auch im Jahr 1987 ohne weitere Probleme erteilt wurde. "Heute wäre es möglicherweise schwieriger, eine Baugenehmigung zu erhalten", sagt Langan, "denn die Fischer hier in der Gegend sind mittlerweile wesentlich kämpferischer geworden, weil sie sich wegen der Zustände der Flüsse Sorgen machen."

Die Bauarbeiten begannen erst 1992, und das auch nur, um die für fünf Jahre gültige Baugenehmigung nicht verfallen zu lassen. Langan erklärt die Verzögerung damit, daß er über einen Zuschuß aus dem "THERMIE"-Programm der EU[32] für das Projekt verhandelt habe, der letztlich aber nicht gewährt wurde. "Ich glaube, das Geld ist statt dessen in die Windanlage im Norden von Mayo geflossen", sagt er. Den Einbau der Turbinen, die eine Gesamtkapazität von 100 kW haben, zögerte Langan dann um weitere drei Jahre in der Hoffnung hinaus, einen Zuschuß aus einem vom Energieminister im Oktober 1993 vorgestellten Förderprojekt zu erhalten, wonach das Energieversorgungsunternehmen 75 MW Strom aus erneuerbaren Energiequellen kaufen sollte. Letztlich hat jedoch weder Langan noch irgendjemand sonst einen entsprechenden Zuschuß erhalten, aber Langan bekam einen Abnahmevertrag mit einer Laufzeit von 15 Jahren angeboten, worauf die Turbinen Anfang 1996 in Betrieb genommen wurden.

Kleine Wasserkraftanlagen und EVUs

Es bleibt abzuwarten, ob auch die Energieversorgungsunternehmen einmal erkennen werden, daß ein dezentral gespeistes Netz für sie wertvoller sein kann als die zentralisierte Versorgung über das nationale Netz, da sie zum einen die Kapitalkosten für den Ausbau der Überlandleitungen in ein dezentral versorgtes Gebiet sparen können und zudem die Transportverluste geringer ausfallen.

Somit sollte es für eine Wind- oder Wasserkraftkooperative prinzipiell nicht ausgeschlossen sein, ihre Mitglieder über das bestehende Verteilernetz mit eigenem Strom zu versorgen und ihnen dies, abgesehen von den Durchleitungsgebühren für das EVU, in der eigenen, auf Energieeinheiten beruhenden Währung in Rechnung zu stellen.

Kleine Wasserkraftwerke sind eine vorzügliche Quelle erneuerbarer Energie: Richtig ausgeführt, sollte von ihnen keine Beeinträchtigung der Umwelt ausgehen, und eine Anlage kann fünfzig Jahre laufen, ehe es einer größeren Überholung bedarf. Das einzige Problem besteht darin, daß die meisten Kommunen über nicht genügend Standorte verfügen, um mehr als nur einen kleinen Teil ihres Energiebedarfs auf diesem Wege zu decken.

---

32 Das THERMIE-Programm zur Förderung von Demonstrationsanlagen ist Ende 1994 ausgelaufen und wurde mit dem F&E-Programm JOULE II zu dem Energieförderprogramm CEET (Clean and Efficient Energy Technologies) zusammengefaßt.

Windenergie – Technik und Standortwahl

Die schwierigste Entscheidung, die bei einem Windenergieprojekt getroffen werden muß, ist die Auswahl des Standortes. Eine gute Lage zeichnet sich durch eine hohe durchschnittliche Windgeschwindigkeit aus, da davon der Jahresenergieertrag der Turbine abhängt. Da die Leistung proportional zum Quadrat der Windgeschwindigkeit ist, bedeutet ein Unterschied in der durchschnittlichen Windgeschwindigkeit von fünf auf sechs Metern pro Sekunde eine Veränderung des Ertrages von etwa 72%.

Moderne Windturbinen sind so konstruiert, daß sie die Stromerzeugung bei einer Windgeschwindigkeit um die 4 m/s aufnehmen. Wie bereits gesagt, die Grenze der Wirtschaftlichkeit wird – bei konventionellen Kalkulationsverfahren – derzeit bei einer durchschnittlichen Windgeschwindigkeit von 5 m/s gesehen. Je höher die Windgeschwindigkeit, desto höher ist auch die Stromproduktion – bis zu einer Geschwindigkeit von etwa 12 bis 13 m/s, bei der die meisten Turbinen abgebremst werden, um die Komponenten der Anlage keinen größeren Kräften auszusetzen: Die zusätzliche Stromerzeugung würde sich im Vergleich zu den zusätzlichen Investitionskosten nicht rechnen. Bei Windgeschwindigkeiten über 25 m/s werden die Turbinen in der Regel stillgelegt. Bei der Konstruktion der Rotorblätter, der Aufhängung und der Bremsvorrichtung scheinen technische Fortschritte noch immer möglich zu sein.

Darüber hinaus ist eine gute Anschlußmöglichkeit an das Stromnetz von besonderer Bedeutung. So entschied man sich beim Bau des ersten Windparks in Irland 1991 trotz der höheren Windgeschwindigkeit eines möglichen Küstenstandortes für einen Binnenstandort in der Nähe des mit Torf beheizten Kraftwerks Bellacorick, County Mayo, da dies wesentlich geringere Kosten für den Anschluß an das Leitungsnetz bedeutete. Eine Turbine, wie sie beispielsweise für eine Gruppe von Nachbarn in Frage käme, muß mindestens an eine 10 kVA-Leitung – die man etwa bei der Versorgung eines großen Bauernhofes oder einer kleineren Fabrik verwendet – angeschlossen werden, wenn der Strom nicht nur von den Eigentümern der Windkraftanlage genutzt, sondern Überschüsse auch durch Einspeisung in das Netz verkauft werden sollen.

Gute Standorte sollten zudem über eine befestigte Straße erreichbar sein, um eine problemlose Anfahrt des für die Aufstellung von Turm und Turbine benötigten Krans zu ermöglichen. Eine sanfte Topographie ist ebenfalls wünschenswert, weil beispielsweise ein Taleinschnitt oder schon ein zweistöckiges Haus zu unvorhersehbaren Turbulenzen führen kann. Einige der Turbinen in Bellacorick stehen dicht neben einer Kiefernschonung und produzieren weniger Strom, wenn der Wind aus dieser Richtung weht. Da diese Verluste zunehmen werden, wenn die Bäume größer werden, ist bereits abzusehen, daß die Windparkbetreiber die Bäume kaufen und fällen werden.

Die Standorte sollten auch so gewählt werden, daß weder die Planungsbehörden noch die Nachbarn sich gestört fühlen, denn mangelnde Sensibilität bei der Standortwahl in Verbindung mit schlechter Anlagenqualität haben die Windkraftanlagen vielerorts bereits in Verruf gebracht. Ein besonders unglückliches Beispiel ist der 70 Mio. DM teure Windpark bei Llandinam in Wales mit 103 Turbinen japanischer Bauart, deren ungeheurer Lärm eine extreme Belästigung darstellt. Aber eigentlich sollte es bei Windturbinen zu keiner störenden Geräuschentwicklung kommen, sofern die verwendeten Rotorblätter und das Getriebe technisch ausgereift sind. Der Geräuschpegel moderner dänischer Turbinen liegt in 350 m Entfernung bei weniger als 45 dB(A), das ist nur etwas mehr als der Pegel der Hintergrundgeräusche auf dem Land bei Nacht. In einer Entfernung über 200 Metern wird das Geräusch in der Regel von anderen, vom Wind erzeugten Geräuschen überlagert, etwa vom Rauschen von Blättern. Als störend werden vor allem aerodynamische Geräusche der Rotorblätter empfunden, die sich jedoch durch moderne Konstruktionen fast völlig vermeiden lassen – so jedenfalls Angaben von Herstellern.[33] Wenn jemand eine Turbine sehr nahe bei einem Wohnhaus aufstellen möchte, gibt es darüber hinaus noch besonders leise Spezialmodelle. Bei mäßigem Wind kann man sich direkt unter eines der 21 Windräder in Bellacorick stellen und sich trotzdem mit normaler Lautstärke unterhalten, während bei stärkerem Wind der Lärm des Windes den der Turbinen überlagert.

Windparks

Die einzige ernst zu nehmende Umweltbeeinträchtigung durch Windräder ist von ästhetischer Natur. Ob in Dänemark, in Teilen Schleswig-Holsteins oder im Westerwald: Die Landschaft ist gespickt mit einzelnen und mit kleinen Gruppen von zwei oder drei Windrädern, die häufig von den Mitgliedern einer "Wind-Gilde" errichtet wurden, die in der Regel direkt daneben wohnen. Viele Menschen sehen dies aber durchaus als eine akzeptable Ergänzung der Landschaft an; das einzig Irritierende ist die Bewegung der Rotoren, die in einer ansonsten unbewegten Landschaft rasch ins Auge fällt. Bei Windparks scheiden sich die Geister schon eher – den einen sind sie gleichfalls akzeptabel, da sie ein ansonsten eher ödes Landschaftsbild ebenso bereichern wie zum Beispiel Yacht-Häfen oder andere, von Menschen geschaffene Strukturen. Anderen gilt die Errichtung von Windparks als ein weiteres Beispiel für eine verfehlte Großtechnologie – nur eben mit einem ökologischen Mäntelchen. Daß eine der ersten deutschen Großanlagen der Windkraftnutzung auf den Namen "GROWIAN" – große Windkraftanlage – getauft wurde, war eben nicht nur ein Ausdruck erstaunlicher strategischer Unbeholfenheit.[34]

Im Grunde stellt sich bei den großen Windparks wie bei dem Llandinam-Projekt, das Strom für 21.000 Haushalte liefert, oder bei der Anlage südwestlich von Husum die Frage erst gar nicht, ob die Windräder zu einem Teil der Landschaft werden: Sie *sind* die Landschaft, einfach weil es dort so viele davon gibt. Und weil Dutzende, manchmal Hunderte von Rotorblättern sich beständig in den Himmel erheben und diese auch noch fortlaufend ihre Stellung zueinander ändern, entsteht insgesamt ein reichlich chaotischer Anblick, während die

---

33 Vgl. die "häufig gestellten Fragen zur Windenergie" der Danish Wind Turbine Manufacturers Association, im Internet unter http://www.windpower.dk:80/faqs.htm. Ausführliche Informationen bietet auch die Arbeitsgruppe Windkraftanlagen der TU Berlin, im Internet unter http://keynes.fb12.tu-berlin.de/luftraum/konst/windkraft.html.

34 Technische Angaben im Internet unter http://129.69.67.105/~doerner/GROWIAN.html.

Augen zwanghaft nach sich wiederholenden Mustern suchen. In seiner Eröffnungsrede anläßlich der Konferenz der British Wind Energy Association im Jahr 1993 sprach Michael Jefferson, Direktor der British Energy Association, bezüglich des Llandinam-Projektes von einer "damit verbundenen nicht hinnehmbaren visuellen Störung",[35] obwohl er die Akzeptanz von zehn anderen Windparks als sehr hoch einstufte. Hans Christoph Binswanger hingegen hält die von Planungsbehörden oft gehörte Behauptung, man könne "Windnutzungsgebiete festlegen, bei denen keine Probleme mit dem Landschaftsschutz auftreten", für eine reine Selbsttäuschung, mit der die Ausdehnung der "Sichtimmission" auf weite Teile des Landes in keiner Weise gerechtfertigt werden könne.[36]

Im Jahr 1992 ging Bridget Gubbins, eine der führenden Aktivistinnen in der Auseinandersetzung um den möglichen Bau eines Atomreaktors an der Küste von Northumberland, im Rahmen eines Churchill-Stipendiums nach Dänemark und in die Niederlande, um herauszufinden, was Menschen, die in der Nähe von Windrädern wohnten, über diese Anlagen dachten.[37] Natürlich waren die Meinungen sehr unterschiedlich; während die einen von den Windrädern begeistert waren, wurden sie von anderen gehaßt. Zu der ästhetischen Belästigung und der Beeinträchtigung durch Geräusche, die unterschiedlich empfunden, technisch aber weiter verringert werden können, tritt der sogenannte Disko-Effekt, wie das Zerhacken des Sonnenlichts durch die Rotorbewegung bezeichnet wird. Will man diese Störung vermeiden, kann man nur darauf verzichten, Windturbinen zwischen Häusern oder Siedlungen und der Hauptsonnenrichtung aufzustellen. Die Gefahr, die Windanlagen für Vögel darstellen, scheint jedoch in den letzten Jahren eher überschätzt worden zu sein.

Die genannten Probleme führen uns zu dem Schluß, daß große Windparks nur dort errichtet werden sollten, wo sie keinen Eingriff in eine besonders reizvolle Landschaft darstellen. Ihr Bau könnte sogar nötigenfalls auf Plattformen im Meer und auf Inseln beschränkt werden, wobei die größere Windgeschwindigkeit die höheren Kosten für den Bau, den Zugang und die Anbindung ans Netz kompensieren würde. Geeignete Standorte auf dem Festland, insbesondere in der Nähe von Häusern, sollten für Windkraftanlagen vorbehalten sein, die Kooperativen oder die Bewohner dieser Häuser am Ort betreiben. So verfährt man in Dänemark, wo die örtlichen Planungsämter die Gemarkungen, für die sie jeweils verantwortlich sind, in drei Zonen einteilen. Zone 1 umfaßt besonders sensible Gebiete, in denen keine Windturbinen zugelassen werden; in Zone 2, wozu generell Grundstücke in der Nähe von Häusern gerechnet werden, dürfen einzelne oder kleinere Gruppen von Turbinen errichtet werden, wenn sie von den unmittelbaren Anwohnern betrieben werden; die Errichtung kommerzieller Windparks ist auf die Zone 3 beschränkt.

---

35 Unveröffentl. Manuskript.

36 Binswanger, Hans Ch. (1997), op.cit., 1273.

37 Gubbins, Bridget (1994): Living with Wind Farms in Denmark and the Netherlands. Morpeth: North Energy Association.

Windmessungen

Wie müssen nun aber jene Menschen vorgehen, die in der Nähe ihrer Häuser einen geeigneten Standort vermuten? "Ich verbringe sehr viel Zeit damit, den Leuten Projekte wieder auszureden", sagt Brian Hurley,[38] ein Windenergieberater, der am Bolton Street College of Technology in Dublin lehrt. "Die Lagen sind in der Regel nicht so windreich wie man denkt. Wer Geld sparen und einige Voruntersuchungen selbst durchführen will, sollte sich sein Gelände auf einer Windkarte für die betreffende Gegend anschauen."

Die EU hat einen Windatlas für Europa erarbeiten lassen, der allerdings sehr grobschlächtig ist.[39] Für die Bundesrepublik Deutschland gibt es dagegen mittlerweile sehr brauchbare Windatlanten, die auf Bundesländer-Ebene verfügbar sind.[40] Hurley rät dazu, drei oder vier Stellen auszuwählen, die man dann dem Berater zeigen kann. "Ich teile die Standorte normalerweise nach vier Kriterien ein", sagt er. "Das wichtigste ist natürlich die Windgeschwindigkeit. Das zweite ist die Zugänglichkeit und die generelle Eignung des Grundstücks. Der dritte Faktor ist die Entfernung zum öffentlichen Stromnetz, und viertens die Wahrscheinlichkeit, eine Baugenehmigung zu bekommen."

Nachdem der beste potentielle Standort ausgewählt wurde, besteht der nächste Schritt darin, genau an der für das Windrad vorgesehenen Stelle einen Instrumentenmast aufzustellen, der auf der Höhe der Rotornabe ein Jahr lang Geschwindigkeit und Richtung des Windes mißt. "Die Durchführung von Windmessungen zeichnet ein sorgfältig durchgeführtes Projekt aus", meint Hurley. "Es ist genau wie bei der Suche nach Erdöl oder Erdgas: Anhand von Karten und Daten, die andere Leute zusammengetragen haben, suchst du dir die beste Stelle aus, aber ob man dann dort tatsächlich etwas Nennenswertes findet, weißt du erst, nachdem du eine Probebohrung durchgeführt, oder eben – bei der Windenergie – einen Testmasten aufgestellt hast. Und dabei kann es ganz schöne Überraschungen geben."

---

38 Für Irland: Hurley, Brian/Staudt, Larry (1988): Identification of Wind-Energy Rich Sites Best Suited for Wind Farm Development. Dublin: Department for Energy.

39 Moderne Windturbinen sind so konstruiert, daß sie die Stromerzeugung bei einer Windgeschwindigkeit um die 4 m/s aufnehmen. Wie bereits gesagt, die Grenze der Wirtschaftlichkeit wird – bei konventionellen Kalkulationsverfahren – derzeit bei einer durchschnittlichen Windgeschwindigkeit von 5 m/s gesehen. Je höher die Windgeschwindigkeit, desto höher ist auch die Stromproduktion – bis zu einer Geschwindigkeit von etwa 12 bis 13 m/s, bei der die meisten Turbinen abgebremst werden, um die Komponenten der Anlage keinen größeren Kräften auszusetzen: Die zusätzliche Stromerzeugung würde sich im Vergleich zu den zusätzlichen Investitionskosten nicht rechnen. Bei Windgeschwindigkeiten über 25 m/s werden die Turbinen in der Regel stillgelegt. Bei der Konstruktion der Rotorblätter, der Aufhängung und der Bremsvorrichtung scheinen technische Fortschritte noch immer möglich zu sein.

40 Für Baden-Württemberg vgl. z.B. den Solar- und Windenergieatlas der Landesanstalt für Umweltschutz; Informationen dazu finden sich im Internet unter http://www.uis-extern.um.bwl.de/lfu/abt2/sw_atlas/windatl.htm; für Bayern siehe auch im Internet http://www.stmwvt.bayern.de/Infos/Presse/1997/09/97202.html. In Österreich bietet die Höhere Technische Bundeslehranstalt Salzburg Informationen zur Windmessung; vgl. im Internet unter http://www.htl.fh-sbg.ac.at/maschbau/sprojekt/windkraf/wind.html.

Diese Tests kosten relativ viel Geld, und selbst wenn die Gruppe der Instrumentenmast selbst aufstellt, wird man dafür zwischen 2.500 DM und 5.000 DM veranschlagen müssen. Die Instrumente kosten noch einmal zwischen 3.000 DM und 5.000 DM. Hurley bemerkt dazu aber: "Ich rate den Leuten immer davon ab, sich gebrauchte Instrumente zu kaufen. Das hat zum einen psychologische Gründe – denn das wäre, als würde man ihrem Projekt von vornherein keine ordentlichen Voruntersuchungen zubilligen –, und zum anderen haben neue Geräte eine zwölfmonatige Garantie. Wenn man einen Reparaturdienst hinaus aufs Feld kommen lassen muß, um Second-hand-Geräte wieder in Gang zu bringen, kann das genausoviel kosten, wie man vorher gespart hat. Außerdem verliert man auch die Daten in der Zeit, in der der Mast außer Betrieb ist. In jedem Fall sollte die Gruppe die Instrumente regelmäßig überprüfen, um sicherzustellen, daß sie funktionieren, und sie sollten 100 DM im Monat für die Auswertung der gewonnenen Daten durch den Berater einplanen."

Aber auch eine einjährige Messung ist noch keine Garantie für einen guten Standort. "Jeder Landwirt und jeder Fischer weiß, wie stark das Wetter eines bestimmten Jahres vom langfristigen Mittel abweichen kann", sagt Hurley. "Doch immerhin weiß man bei der Windkraftnutzung, daß die Abweichung der gemessenen Daten nicht mehr als 15 bis 20% beträgt. Von einer einjährigen Wasserstandsmessung in einem Fluß kann man solche Rückschlüsse bei der Planung für ein Wasserkraftwerk nicht ableiten." Der nächste Schritt, den der Berater nun normalerweise durchführen sollte, wäre ein Vergleich der eigenen Winddaten mit denen, die die nächstgelegene Wetterstation im selben Zeitraum erhoben hat, um eine Vorstellung davon zu bekommen, wie sich die Daten des Testjahres zu denen eines Durchschnittsjahres verhalten. Die am Standort erhobenen Daten können nun zusammen mit den Angaben der Wetterstation an die in Betracht gezogenen Turbinenhersteller geschickt werden, damit diese ein Angebot für eine entsprechende Anlage machen können.

Welche Turbine?

Wenn ein geeigneter Standort ausfindig gemacht und getestet worden ist, kann man entscheiden, welches Fabrikat und welches Modell gekauft werden soll. Im Prinzip ist die Windtechnologie mittlerweile ausgereift. Das typische dänische Konzept einer dreiblättrigen, auf eine mittlere Windgeschwindigkeit ausgelegten Turbine basiert auf ausgetesteten Konstruktionsmerkmalen. Im Lauf der Jahre wurde die Konzeption soweit verbessert, daß nach der Installation die technisch bedingten Ausfalltage weniger als 1% ausmachen.[41] Natürlich ist die technische Entwicklungsarbeit nicht abgeschlossen; verbesserte Werkstoffe, Veränderungen in der Gestalt der Rotorblätter und anderes mehr sollen zukünftige Anlagen noch effizienter machen. Es gibt Windturbinen, bei denen die Rotorblätter beweglich montiert sind und bei einem Sturm parallel zur Windrichtung gestellt werden können, was die Belastung für Mast und Turbine reduziert. Einige Un-

41 Technische Angaben eines etablierten dänischen Herstellers – Vestas – finden sich im Internet unter http://www.vestas.dk.

ternehmen haben Leichtbaumodelle entwickelt, die nur zwischen der Hälfte und einem Drittel des Gewichts der dänischen Standardausführungen haben, dafür jedoch – noch – störanfälliger sind. Auch hinsichtlich der Größe der Anlagen wird weiter experimentiert. Aber die Technik hat einen Stand erreicht, daß sich Gruppen, die sich eine Windkraftanlage kaufen möchten, keine Sorgen hinsichtlich der Technik machen müssen, sondern entscheidend ist die wirtschaftliche Seriosität des Herstellers. "Die Beziehung zwischen einem Windanlagenbetreiber und einem Windanlagenhersteller ist nicht auf die einmalige Kaufentscheidung beschränkt, sondern sie gleicht eher einer zwanzigjährigen Ehe", sagt Tom Pedersen, Mitarbeiter von Vestas, einem dänischen Windturbinenhersteller:[42] "Das wichtigste, worüber sich die Betreiber Gewißheit verschaffen müssen, ist die Frage, ob der Hersteller finanziell stark genug ist, um alle Garantieleistungen erfüllen zu können, und ob er in der Lage ist, die Ersatzteilversorgung über viele Jahre hinweg sicherzustellen."

Mit anderen Worten: Die Nutzung des Windes zur Stromgewinnung ist heute nicht mehr mit dem Einsatz einer unwägbaren oder unausgereiften Technik verbunden. Vielmehr läßt sich Strom so zu geringeren finanziellen und ökologischen Kosten produzieren als bei jeder anderen erneuerbaren Energiequelle – abgesehen von kleinen Wasserkraftwerken. Die Kosten der Windkraft sind denen eines neuen kohlebefeuerten Kraftwerks durchaus vergleichbar, wenn man bei dem Kohlestrom eine kombinierte CO_2-/Energiesteuer, wie sie etwa die EU-Kommission vorgeschlagen hat, mit einrechnet. Wenn die prognostizierten Senkungen bei den Produktions- und Wartungskosten eintreffen, wird der Wind in einigen Jahren nach Erdgas die billigste Quelle für die Stromerzeugung sein.

Finanzierung

Der dritte Schritt in einem Windenergieprojekt ist die Finanzierung, die in den übrigen Ländern Europas ein wesentlich größeres Problem darstellt als in Dänemark, wo gemeinschaftlich betriebene Windkraftanlagen mittlerweile so verbreitet sind, daß sich deren Mitglieder ohne weiteres ihren gesamten Investitionsanteil von der örtlichen Bank leihen können. Sie müssen sich als Gegenleistung dafür lediglich in einem Standardvertrag dazu verpflichten, ihren Gewinnanteil aus dem Stromverkauf zur Bedienung dieses Kredits direkt an die Bank abzuführen – zusätzliche Sicherheiten werden in der Regel nicht verlangt, die Bank wird möglicherweise lediglich noch Einzelheiten über das vorgesehene Turbinenmodell und den Abschluß einer Versicherung fordern.

Die Mitgliedschaft in einer solchen "Windgilde" ist auf die Einwohner der Gemeinde, in der die Windkraftanlage errichtet werden soll, und auf die der unmittelbar angrenzenden Gemeinden beschränkt. Die Mitglieder müssen nicht zwangsläufig alle den gleichen Betrag investieren, aber der Gesamtanteil einer Familie an den Investitionen und damit auch an den Gewinnen ist auf das 1,5-fache ihres durchschnittlichen jährlichen Stromverbrauches begrenzt, wobei hier eine Obergrenze von 9.000 kWh gesetzt wird. Dieses Limit wurde eingeführt,

42 Bei einer Veranstaltung in Dublin im Frühjahr 1994.

weil bis zu dieser Grenze die sich aus dem Stromverkauf ergebenden Einkünfte eines Mitglieds vollständig von der Einkommenssteuer befreit sind. Gleichwohl gilt für die Abstimmungen in den "Gilden" das traditionelle genossenschaftliche Prinzip – "ein Mitglied, eine Stimme" – unabhängig von der Größe der jeweiligen Anteile.

Eine "Windgilde" in Vederso besitzt zum Beispiel drei Vestas-Turbinen à 75 kW. Die Genossenschaft war im Jahre 1986 gegründet worden. Ein Anteil hat den Wert von 3.400 dänischen Kronen – rund 900 DM –, und die meisten Leute nahmen bei der örtlichen Bank einen Kredit auf, um ihren Anteil an den Investitionskosten von insgesamt etwa 11.500 DM aufbringen zu können; dieser Kredit mußte innerhalb von zehn Jahren zurückgezahlt werden. Viele Mitglieder beteiligen sich aus Freude an der Sache an sich – und weil sie auch ein wenig Geld damit verdienen können: Geld von "ihrem" Wind. Unter den Mitgliedern sind ein Schuldirektor, ein Pförtner, ein Klempner, also sehr unterschiedliche Leute. Wenn die Zahlungen für den Stromverbrauch eingehen, rechnet die örtliche Sparkasse aus, wieviel Geld jedes Mitglied erhält, und schreibt dies auf deren Konten gut. Es ist dieselbe Bank, die auch das Geld für die Kredite gegeben hat. Nachdem der Kredit einmal abbezahlt ist, brauchen die Mitglieder fast nichts mehr für ihren Strom zu bezahlen.[43]

Dennoch: Obwohl funktionierende Vorbilder zur Finanzierung von Windkraftanlagen in Europa existieren, tun sich vielerorts Banken und andere Kapitalgeber noch schwer, kleine Gemeinschaftsprojekte zu finanzieren, insbesondere wenn sie auch noch in einer Art und Weise organisiert sind, die einer Genossenschaft nahekommt.[44] Für eine gewisse Rechtssicherheit, die sich gerade auch auf neue Investitionsvorhaben positiv auswirkt, haben in jüngster Zeit die Bestimmungen des Stromeinspeisungsgesetzes gesorgt. Danach müssen die zur Abnahme verpflichteten Netzbetreiber ab Jahresbeginn 1998 für Strom aus Wind- und Sonnenenergie 16,79 dpf/kWh zahlen; 1997 waren es noch 17,15 dpf/kWh gewesen. Die Höhe der jeweiligen Vergütung richtet sich nach den durchschnittlichen Erlösen, welche die Stromversorger bei der Belieferung aller sogenannter "Letztverbraucher" im vorletzten Jahr hatten erzielen können. Für 1998 ist also das Jahr 1996 maßgeblich, das den Stromversorgern nach Angaben des Statistischen Bundesamtes durchschnittlich 18,65 dpf/kWh beschert hat; 90% dieses Betrages gibt es für Strom aus Sonnen- und Windenergie.[45] Die von den Energieversorgungsunternehmen provozierten permanenten Diskussionen um das Stromeinspeisungsgesetz haben die Investitionsbereitschaft für

---

43 Vgl. Gubbins, Bridget (1992): Living with Wind Farms in Denmark and the Netherlands. Morpeth: North Energy Association.

44 In "Short Circuit" findet sich auf S. 210 ff. ein kurzer Bericht über einen britischen Windenergie-Investment-Fund der Mercury Provident Bank und über die Energiekooperative im irischen Inishowen.

45 80% für Elektrizität aus Biomasse und kleineren Wasserkraftanlagen bis 500 Kilowatt Leistung, 65% für Strom aus Wasserkraftwerken bis 5 Megawatt; vgl. "Neue Vergütung für Stromeinspeisung", in: Stromthemen, 15. Jg., Heft 1, 1998, 1.

Windenergieanlagen in letzter Zeit nicht gerade gestärkt, zumal in fast allen Bundesländern die Fördermaßnahmen weiter verringert wurden.[46]

Trotz dieser wenig günstigen Rahmenbedingungen wäre auch in Deutschland an vielen Orten die Gründung einer Kooperative zum Betrieb einer Windkraftanlage durchaus möglich. Anlagengrößen von 500 bis 600 kW erfordern mittlerweile Investitionssummen von über 1 Mio. DM, was es für die meisten Menschen unmöglich macht, eine solche Anlage als "Einzelbetreiber" zu errichten. Vom Plan der Errichtung einer Anlage bis zu dem Zeitpunkt, an dem sie dann tatsächlich Strom liefert, kann es zudem ein sehr mühevoller Weg sein. So hatten einige Bewohner im Wendland die Idee, das alternative Tagungshaus in Meuchefitz mit eigenproduziertem Strom aus Wind zu versorgen. Ein Windgutachten zeigt jedoch, daß dies in Dorfnähe nicht rentabel sein würde. Aussichtsreicher war eine größere Gemeinschaftsanlage: 600 kW Leistung, 1,2 Mio. DM Baukosten – einige Kilometer entfernt, für die dann eine eigene Betreibergesellschaft in Form einer GmbH & Co. KG gegründet wurde. Das benötigte Eigenkapital aufzubringen erwies sich als problemlos, doch zog sich das Genehmigungsverfahren, insbesondere wegen baurechtlicher Unklarheiten, über vier Jahre hin. 68 Mitglieder der Betreibergesellschaft konnten am 8. Mai 1996 dann doch – in unmittelbarer Nähe der Proteste gegen die Castortransporte nach Gorleben – feiern, daß ihre Anlage ans Netz ging, und noch im Dezember desselben Jahres konnten 112 neue Mitglieder der Gesellschaft zwei weitere Anlagen, die direkt neben der ersten aufgestellt wurden, in Betrieb nehmen. Im Jahresmittel können die drei Turbinen den Strombedarf von 780 Haushalten abdecken; die Nachfrage von potentiellen Investoren vor Ort ist ungebrochen.[47]

Durch die Produktion und den Betrieb von Windkraftanlagen sind in Deutschland bis zum Jahre 1996 insgesamt 5000 bis 10.000 Arbeitsplätze entstanden. 1996 errichteten die Windmüller in Deutschland 804 neue Windkraftanlagen mit einer Leistung von 426 MW. Im Vergleich zu 1995 sank die neu installierte Leistung um 15,6%; dabei wurden 201 Anlagen weniger errichtet. Bis zum 31. 12. 1996 gab es in Deutschland 4.324 Windkraftanlagen mit einer Gesamtleistung von 1.545 MW. Spitzenreiter ist Schleswig-Holstein mit 1.351 Windkraftanlagen, gefolgt von Niedersachsen mit 1.269 Anlagen.

Die Windenergie kostet die Stromversorger pro Kilowattstunde nur noch etwa einen Pfennig mehr als Strom aus anderen Quellen. Bezogen auf eine 500- bis 600-kW-Anlage, eine Nutzungsdauer von zehn Jahren und auf Küstenlagen, konnte man Ende 1997 von Kosten in Höhe von 0,16 DM/kWh ausgehen. Im Mittelgebirge betragen die Kosten statt dessen 0,22 DM/kWh, im Binnenland 0,25 DM/kWh. Bei zwanzigjähriger Nutzung sinken die Kosten im Durchschnitt um 0,05 DM/kWh.

Mittelfristig wird eine Abnahme der Kosten um 30 bis 40% erwartet, wobei die Wirtschaftlichkeits- und Kostenentwicklungen vom technischen Fortschritt, insbesondere aber von den energiepolitischen Rahmenbedingungen ab-

---

46 Vgl. Deutsches Windenergie-Institut (Hrsg.) (1997): Förderung der Windenergie. Wilhelmshaven (auf Diskette); Übersicht im "Schwerpunkt Windenergie" der Zeitschrift ö-punkte, Startausgabe, November 1997, 8f.

47 Schaarschmidt, Dieter (1997): "Wie ein Bürgerwindprojekt im Wendland entsteht", in: ö-punkte, op.cit., 14.

hängen: Regelungen der Stromeinspeisung oder der Energiesteuer allgemein sind hier von entscheidender Bedeutung.

Biomasse

Das Windenergiepotential ist nur in manchen Gegenden außergewöhnlich hoch, und die meisten Regionen oder Gemeinden werden möglicherweise zu dem Schluß kommen, daß für sie Biomasse die vielversprechendste erneuerbare Energiequelle ist; das Beispiel von Hatherleigh haben wir weiter oben bereits beschrieben. Sinnvollerweise sollte man zunächst einmal nach Möglichkeiten suchen, wie sich die vorhandenen "Abfälle" aus der Land- und Forstwirtschaft für die Energiegewinnung nutzen lassen. Erst in einem zweiten Schritt sollte man dann möglicherweise der Frage nachgehen, ob darüber hinaus Pflanzen speziell für die Energiegewinnung angebaut werden sollten. In vielen Ländern sind die Abfälle aus der Forstwirtschaft und aus Sägewerken sowie Dung und Stroh die am häufigsten anfallenden pflanzlichen Abfälle mit hohem Energiegehalt, während Weiden und Pappeln zu den bevorzugten eigens angebauten Energiepflanzen zählen.

Stroh

Es ist zu bezweifeln, ob in einer ökologisch orientierten Landwirtschaft, die auf einer Verbindung von Ackerbau und Weidewirtschaft beruht, überhaupt nennenswerte Mengen Stroh für die energetische Nutzung anfallen. Denn das Stroh wird hier zunächst zur Fütterung und als Einstreu für die Tiere genutzt, bevor es in einer Biogasanlage kompostiert wird. Bereits heute ist es für organisch wirtschaftende Landwirte außerhalb der großen Getreideanbau-Regionen schwierig beziehungsweise teuer, ausreichend Stroh für ihren Betrieb zu bekommen.

Dagegen bleiben in den auf Getreideanbau spezialisierten Regionen Europas unter den gegenwärtigen Bedingungen einer nicht-nachhaltigen Landwirtschaft je vier Tonnen geerntetes Getreide zwei Tonnen Stroh übrig, was dem Energiegehalt von einer Tonne Kohle entspricht. Allein in der Getreideregion im Osten Englands fallen jährlich etwa 12 Mio. Tonnen Stroh an, wovon nur die Hälfte als Viehfutter und Einstreu genutzt wird; folglich gibt es hier also einen Überschuß von rund 6 Mio. Tonnen Stroh. Obwohl die darin gebundene Energiemenge etwa 1% des gesamten Energiebedarfs von Großbritannien ausmacht, wurde das Stroh bis zu der erst in jüngster Zeit durchgeführten Gesetzesänderung einfach auf den Feldern verbrannt. Neben der Verschwendung von Energie führte diese Praxis auch zu einer erheblichen Rauchbelästigung und zu großen Schäden an Bäumen und Hecken. Die großen Energieversorgungsunternehmen haben an einer sinnvollen energetischen Nutzung jedoch kaum Interesse, da selbst zu Ballen gepreßtes Stroh noch immer recht sperrig ist und daher die Transportkosten relativ hoch ausfallen. Wenn man Stroh also als Energiequelle nutzen will, so muß dies folglich auf der lokalen Ebene geschehen.

In jedem Fall ist für das Verbrennen von Stroh ein spezieller Heizkessel erforderlich, denn wie auch bei anderen Formen der Biomasse verwandeln sich beim Erhitzen 70% des Strohs in Gas, während das übrigbleibende Gemisch aus Asche und Verkohltem nur dann weiter verbrannt werden kann, wenn zusätzlicher Sauerstoff zugeführt wird. Aufgrund dieser Eigenschaft ist die Verbrennung in besonderen Öfen sinnvoll, auf die wir später noch eingehen werden. Trotzdem konzentrierte sich die Forschung auf Verwendungstechniken, bei denen Stroh als Ersatz für Kohle in herkömmlichen Heizkesseln eingesetzt werden kann. Hierbei wurden zwei unterschiedliche Ansätze entwickelt: Beim ersten Verfahren wird das Stroh gehäckselt und auf die brennende Kohle geblasen, bei der zweiten Methode wird es zu "Briketts" gepreßt und kann dann über die gewöhnlichen Beschickungssysteme zugeführt werden und die Kohle unmittelbar ersetzen. Dieses zweite Verfahren könnte zu einer "Ausweitung des Einsatzes von Stroh als Brennstoff bei Industriebetrieben im ländlichen Raum und auch bei der häuslichen Verbrennung führen", heißt es in einem offiziellen Bericht.[48]

Auch in Großbritannien gibt es bereits mehrere wirtschaftlich erfolgreiche Beispiele für die energetische Nutzung von Stroh. In Birmingham setzen das Queen Elizabeth Hospital und das General Hospital Häckselstroh in ihren Heizkesseln ein, wodurch der Kohleverbrauch der beiden Krankenhäuser halbiert werden konnte. In der Heizanlage von Woburn Abbey werden jährlich 400 Tonnen Strohballen für die Beheizung der Hauptgebäude verfeuert, und die Firma Needham Chalks in Ipswich setzt jährlich 2.000 Tonnen Stroh für das Brennen von bis zu 45 Tonnen Kalk pro Stunde ein.[49]

Doch wie auch in anderen Bereichen der erneuerbaren Energien sind es wiederum die Dänen, die gezeigt haben, was sich tatsächlich erreichen läßt: Mittlerweile verfügen über 12.000 landwirtschaftliche Betriebe in Dänemark über eine Strohverbrennungsanlage. Das erste strohbefeuerte Fernwärmenetz wurde bereits 1979 gebaut – vierzehn Jahre später gab es im ganzen Land davon bereits sechzig. Viele dieser Anlagen wurden an Standorten errichtet, an denen es zuvor keine Fernwärmenetze gegeben hatte; daher mußten dort gleichzeitig auch Rohre für die Verteilung der Wärme zu den Haushalten verlegt werden. Trotzdem zeigt man sich mit den Ergebnissen dieser Projekte zufrieden: "Selbst Anlagen mit lediglich 200 MJ/s, was der Versorgung von etwa 200 Einfamilien-Haushalten entspricht, arbeiten wirtschaftlich", berichtete Dr. Jørgen Boldt von der Dänischen Energieagentur schon im Jahre 1993 auf einer Konferenz in Helsinki:[50] "Die Anlagen sind zuverlässig, sie sind bezüglich ihrer Effizienz mit kohlebefeuerten Anlagen vergleichbar, belasten die Umwelt jedoch weniger. Und sie sind zudem unter ökonomischen Aspekten wettbewerbsfähig. Die Kosten für die Anfangsinvestition und für die Wartung im laufenden Betrieb sind zwar höher als bei ölbefeuerten Anlagen, aber dafür sind die Brennstoffkosten

48 Martindale, Larry P. (1991): The Potential for Straw as a Fuel in the UK. Harwell: Energy Technology Support Unit (ETSU); die ETSU ist eine Einrichtung des britischen Department of Trade and Industry.

49 ETSU (Hrsg.) (1991): Straw as Fuel: Current Developments in the UK. Harwell: ETSU Technology Summary Nr. 73.

50 Boldt, Jørgen (1993): Bioenergy in Denmark. Kopenhagen: Danish Energy Agency.

geringer – selbst wenn man die Auswirkungen der Energiesteuer nicht berücksichtigt."[51] Nach Angaben von Jørgen Boldt führte der kombinierte Effekt aus Energiesteuer und staatlichen Zuschüssen für Investitionen in Projekte mit erneuerbarer Energie dazu, daß der Einsatz von Stroh für den Betrieb der Fernwärmenetze um 20% billiger wurde als die Verwendung von Erdöl. Diese Zuschüsse werden seit 1976 gewährt und können bis zu 50% der Investitionskosten ausmachen. Ziel dieser Politik ist es, die Förderung immer nur so lange durchzuführen, bis eine neue Technik ausgereift ist. So wurden Windkraftanlagen anfänglich mit 30% gefördert, später nur noch mit 10%, und mittlerweile werden hierfür keine Zuschüsse mehr vergeben. Noch im Jahr 1992 wurde zwar "nur" ein Fünftel des überschüssigen Strohs in Dänemark als Brennstoff genutzt, doch wenn diese Quelle vollständig erschlossen sein wird, werden daraus 7% des dänischen Energiebedarfs gedeckt werden können.

Forstwirtschaftliche Abfälle

Etwa ein Drittel der gesamten überirdischen Masse eines gefällten Nadelbaums erreicht die Sägemühle erst gar nicht, sondern wird im Wald liegengelassen und verrottet. Diese Reste können ebenso als Brennmaterial genutzt werden wie die jungen Bäumchen, die als "Nebenprodukt" der modernen forstwirtschaftlichen Erntemethoden anfallen, aber für die Weiterverarbeitung noch zu klein sind. In Schweden läßt man beide Arten von "Holzabfällen" einfach an Ort und Stelle über die Sommermonate zum Trocknen liegen, bevor sie dann im Wald kleingehackt und zum weiteren Trocknen in überdachte Lager gebracht werden. Danach können sie dann genauso behandelt werden wie die Holzschnitzel aus den speziell dafür angelegten Plantagen, worauf wir noch näher eingehen werden.

Von den Gemeinden, die diese Energiequelle nutzen wollen, sind dabei zwei Aspekte zu beachten. Erstens sind Holzschnitzel ebenso wie Stroh voluminös, vom Transport daher aufwendig und sollten deshalb in der Nähe des Waldes verfeuert werden. Der zweite Aspekt ist, daß die Holzstämme im wesentlichen nur aus Wasser und Kohlendioxyd bestehen, während die Mineralstoffe, die der Baum während seines Lebens dem Boden entzogen hat, vor allem in den Blättern und jungen Ästen enthalten sind, weshalb sich der Humus aus den Blättern ja auch so gut für die Düngung im Garten eignet. Wenn nun die Blätter und Zweige ebenfalls mit abtransportiert werden, verliert der Waldboden folglich wichtige Nährstoffe und damit allmählich seine Fruchtbarkeit, sofern diese Nährstoffe nicht ersetzt oder wieder eingebracht werden. Mit anderen Worten, die Nutzung der Forstabfälle ist nur dann nachhaltig, wenn die Asche wieder in den Wald zurückgebracht wird. Aber dieses Problem des Nährstoffentzugs gilt prinzipiell für jede Form der auf Biomasse beruhenden Energiegewinnung.

---

51 Die dänische Regierung hat eine Steuer auf Erdöl eingeführt, um damit einen Teil der Schäden abzudecken, die durch dessen Verbrennung verursacht werden. Der Betrag dieser Steuer je Liter Erdöl ist variabel: Er steigt, wenn der Weltmarktpreis für Erdöl fällt, und geht zurück, wenn der Erdölpreis steigt. Dadurch bleibt der Preis für die Konsumenten weitgehend konstant.

Tierdung

Es mag überraschen, daß eine Kuh dem von ihr gefressenen Gras nur 10 bis 15% der Energie entnimmt; der Rest wird wieder ausgeschieden und landet in dem von der Kuh erzeugten Dung. Diese Tatsache erklärt auch, warum die Gülle – die Mischung aus Dung und Urin, die in Gülletanks oder -gruben oft neben den Ställen gesammelt wird – einen so hohen Schaden anrichten kann, wenn sie in einen Fluß, einen Bach oder gar in ein stehendes Gewässer gelangt. Ihr hoher Energiegehalt führt dazu, daß dem Wasser bei der Zersetzung der Gülle sehr viel Sauerstoff entzogen wird und daher nicht mehr genug für die Fische übrig bleibt, die dann sozusagen ersticken.

"Ein Rinderstall mittlerer Größe produziert ca. 33 Tonnen Fleisch pro Jahr – und 3.000 Tonnen Gülle", sagt Les Gornall, der in Zusammenarbeit mit der University of Ulster in Coleraine, County Derry, seit 1978 an Verfahren arbeitet, mit denen der Gülle die Energie entzogen werden kann. "Das darin enthaltene Methan ist mindestens ebensoviel wert wie das Fleisch. Hinzu kommen noch 300 Tonnen Faserstoffe – fast ausschließlich Kohlenstoff –, die genauso gut sind wie 300 Tonnen besten Anthrazits. Doch derzeit konzentrieren sich die Landwirte nur auf die zwei LKW-Ladungen Fleisch und werfen die dreißig LKW-Ladungen Kohle einfach weg."

Gornall machte sich daran, ein System zu entwickeln, das es erlauben würde, Gülle unter Ausschluß von Sauerstoff zu vergären, wobei ein methanreiches Gas entstehen sollte, das als Brennstoff eingesetzt werden könnte. Das war natürlich nichts Neues: Der italienische Physiker Alessandro Volta hatte bereits 1776 nachgewiesen, daß beim Verrotten von pflanzlichem Material Methan entsteht, und zu der Zeit, als Gornall seine Arbeit aufnahm, gab es dazu in Indien und China bereits großangelegte Programme. In Zehntausenden von Dörfern wurden Faultürme gebaut, um in diesen Tanks aus den organischen Abfällen von Menschen, Tieren und Pflanzen Gas zu produzieren, das sich zum Kochen verwenden ließ. Aber das waren Länder, in denen einerseits die Lohnkosten niedrig waren und andererseits relativ hohe Temperaturen zu rasch ablaufenden Vergärungsprozessen beitrugen. Worauf es Gornall und einer Reihe anderer Forscher in Europa ankam, war die Entwicklung von Biogasanlagen, die verläßlich und billig genug sein sollten, um für einzelne Landwirte in Ländern mit gemäßigtem Klima und hohen Lohnkosten interessant zu sein.

Seinen ersten großen Erfolg hatte Gornall im Jahr 1984: Von den Zisterzienser-Mönchen der Bethlehem Abbey in Portglenone im County Antrim erhielt er den Auftrag zum Bau einer Biogasanlage, mit der die Gülle von dreihundert Rindern genutzt werden sollte. Mit dem Biogas wurde die zentrale Heizungsanlage der Abtei betrieben, die festen Reststoffe wurden kompostiert und an Gartenbauer verkauft, die übrigbleibende Flüssigkeit auf den Wiesen und Feldern der Abtei versprüht. So wurde den Böden der größte Teil der Nährstoffe wieder zugeführt, weshalb auf den Einsatz von Kunstdünger verzichtet und die organische Wirtschaftsweise der Mönche erhalten werden konnte. Aus einem "Abfallproblem" wurde so ein lukratives Geschäft, das den Mönchen jährlich 150.000 DM einbringt – und die Biogasanlage läuft noch immer ohne Probleme.

Biogasanlagen in Dänemark

Auch in Dänemark arbeitete man zur gleichen Zeit an der Entwicklung von Biogasanlagen für den Einsatz in landwirtschaftlichen Betrieben, doch die Erfahrungen mit den auf etwas mehr als vierzig Bauernhöfen eingesetzten Anlagen waren enttäuschend. Zwar lag dies teilweise auch daran, daß die Biogasanlagen noch nicht ausgereift waren, doch der Hauptgrund war, daß die Landwirte die Wartung der Anlagen vernachlässigten: Sie hatten offenbar stets das Gefühl, andere, wichtigere Dinge erledigen zu müssen. Dies hatte zur Folge, daß drei Viertel der errichteten Anlagen schon sehr bald komplett ausfielen. Daher wurden die staatlichen Anstrengungen schon bald auf die Entwicklung größerer Anlagen konzentriert. Diese sollten von mehreren Bauernhöfen mit Gülle beliefert und von einer festangestellten Arbeitskraft überwacht und gewartet werden. Diese größeren Biogasanlagen brachten darüber hinaus weitere Vorteile mit sich: Die Investitionskosten pro angeschlossenem Betrieb fielen geringer aus, und die Anlagen konnten auch besser an ständig steigende Umweltstandards angepaßt werden. Die erste dieser Anlagen wurde 1984 in Vester Hjermitslev, im äußersten Nordwesten Dänemarks, gebaut. Zehn Jahre später waren bereits fünfzehn große Biogasanlagen in Betrieb und weitere fünf im Bau beziehungsweise in der Planung. Trotzdem wurden in Dänemark zu diesem Zeitpunkt nur 3% des Biogaspotentials genutzt, und von den ersten neun Anlagen arbeitete nur eine einzige kostendeckend. Dennoch wurde diese Technik von der Danish Energy Agency in einem Bericht aus dem Jahr 1992 insgesamt positiv bewertet: Wenn die Erfahrungen aus den bestehenden Systemen bei der Konzeption von neuen Anlagen berücksichtigt würden, sei auch ohne staatliche Zuschüsse ein wirtschaftlicher Betrieb möglich, sofern die Besteuerung von fossiler Energie in Dänemark beibehalten würde.[52]

Wie es scheint, trifft diese Prognose auf die im Mai 1994 in Betrieb genommene Biogasanlage in Hashøj, südwestlich von Kopenhagen, zu. Im Vergleich zu den Vorläufermodellen kann hier aus der gleichen Menge Gülle deutlich mehr Gas gewonnen werden, obwohl die Investitionskosten wesentlich niedriger waren. Das Bemerkenswerte an dieser Geschichte ist, daß sie in vielen anderen Ländern sicherlich anders verlaufen wäre. Vor dem Hintergrund der anfänglich recht bescheidenen Ergebnisse hätten die Kritiker dort bestenfalls einen Ortstermin durchgeführt, das Vorhaben als Fehlschlag eingestuft und zu den Akten gelegt. Die Dänen dagegen haben aus ihren Erfahrungen gelernt und mittlerweile bereits fünf Entwicklungsstufen bezüglich Konzeption, Bau und Testbetrieb von Biogasanlagen durchlaufen.

---

52 Danish Energy Agency (Hrsg.) (1992): Update on Centralized Biogas Plants. København: DEA.

Zum Beispiel: Mary O'Donnell

Bis Mitte der neunziger Jahre gab es beispielsweise weder in Irland noch in Großbritannien vergleichbar große, von Kooperativen betriebene Biogasanlagen, doch dies könnte sich bereits im Laufe des Jahres 1998 ändern, sofern die Bemühungen von Mary O'Donnell Früchte tragen.[53] O'Donnell war eine der Mitbegründerinnen von Earthwatch, dem irischen Ableger von Friends of the Earth. Im Jahr 1991 verließ sie die Organisation wieder und war auf der Suche nach einem stärker praxisorientierten – vorzugsweise umweltpolitischen – Betätigungsfeld, das im westlichen Cork, wo sie lebte, vor allem neue Arbeitsplätze schaffen sollte. Daraus entstand die Überlegung, zusammen mit ihrem Mann Jim und mit Jerry O'Sullivan eine Fabrik für den Bau von Methangewinnungsanlagen zu gründen. Jerry O'Sullivan war Manager des West Cork Institute for Rural Development, ihr Mann Jim war der Vorsitzende dieses Institutes und betrieb außerdem eine Möbelschreinerei. Die Anlagen ihrer neuen Firma sollten für den Einsatz in landwirtschaftlichen Betrieben konzipiert sein und auf einer Technik beruhen, die von Professor Martin Newell vom University College in Galway entwickelt worden war.

Doch noch ehe die Pläne konkreter wurden, erhielt das Projekt eine neue Richtung. Der Auslöser hierfür war eine Umweltkonferenz, die Mary O'Donnell in ihrem Heimatort Skibbereen mitorganisiert hatte. "Es war eine von diesen Diskussionen, die sich um drei Uhr in der Frühe auf der Straße abspielen, nachdem der letzte Pub zugemacht hat", erzählte sie. "Ich war mit Richard Byrne von der dänischen Firma Krüger-Bigadan, einem der führenden Entwickler von Biogasanlagen, und mit dem damaligen Umweltbeauftragten des Cork County Council, Iain MacLean, unterwegs, der jetzt an der Spitze der Environmental Protection Agency steht. 'Vergiß diese Kleinanlagen, Mary', sagte Richard und erzählte mir von den Problemen, die in Dänemark aufgetreten waren. 'Du mußt auf zentrale Biogasanlagen setzen.'"

Und genau das tat sie dann auch. Sie rief den Leiter der Industrial Development Authority (IDA), Kieran McGowan, an, den sie noch aus seiner Zeit als Mitarbeiter des Crafts Council of Ireland kannte, und vereinbarte mit ihm einen Termin. Bei dem Treffen erzählte sie ihm von ihren Plänen, Abfall in eine Ressource zu verwandeln. McGowan fragte sie, warum denn diese Anlagen nicht schon längst im Gebrauch wären, und sagte ihr, nachdem sie ihm die Situation erklärt hatte, einen Zuschuß in Höhe von 15.000 Pfund – knapp 40.000 DM – für eine Machbarkeitsstudie zu. Drei Jahre später konnten durch diese Studie das Cork County Council und die Bauernkooperative Drinagh davon überzeugt werden, weitere 70.000 DM bereitzustellen, um die für die Konstruktionsphase notwendigen technischen Berater bezahlen zu können.

"Wir haben die potentiellen Abfallquellen erfaßt, die im Umkreis von zehn Kilometern um den geplanten Standort herum liegen", erzählte Mary O'Donnell. "Es gibt dort sechzig Schweineaufzucht- und Milchviehbetriebe, und von einem Schlachthof bekommen wir die dort anfallenden, für die Anlage geeigneten Abfälle. Etwa 80% des Materials in unserem Faulturm wird Gülle sein;

53 Mehrere Gespräche mit Mary O'Donnell, zuletzt im Juni 1998.

der Rest wird sich zusammensetzen aus organischen Haushaltsabfällen, den Abfällen einer Käserei und Klärschlamm – der ist für die Gasentwicklung besonders gut. Der zuständige Bezirksverwalter hat uns versprochen, den Bau von Kläranlagen in den kleinen Orten des Gebietes voranzutreiben, so daß wir den dort anfallenden Klärschlamm bekommen können. Wir haben schon mit einer ähnlichen Bestandsanalysen für eine weitere Biogasanlage für den Norden des Bezirks begonnen, und danach werden wir uns auch dem Osten zuwenden."

Nach den Plänen von Mary O'Donnell soll mit dem gewonnenen Biogas ein Stromgenerator angetrieben und die dabei anfallende Wärme in Gewächshäusern genutzt werden. Ein Teil der bei dem Gärprozeß übrigbleibenden Feststoffe soll kompostiert und an Gärtner verkauft werden, den Rest will sie mit Holzschnitzel vermischt zu Briketts pressen und als Brennmaterial an Haushalte verkaufen. Die im Faulturm zurückbleibende Flüssigkeit soll, wie bei der Anlage in Bethlehem Abbey, wieder auf den Felder und Wiesen der Landwirte ausgebracht werden.

"Das Ausbringen der ausgefaulten Gülle aus dem Faulturm ist für die Landwirte wesentlich besser als das direkte Verteilen der frischen Gülle, weil sie keine Feststoffe mehr enthält und daher auf dem gesamten Land, also auch auf dem Weideland, versprüht werden kann", sagt Mary O'Donnell. Zudem können die Nährstoffe, insbesondere das Nitrat, besser von den Pflanzen aufgenommen werden, was die Ausgaben der Landwirte für künstlichen Nitratdünger um mehr als die Hälfte reduzieren kann. Die Gefahr einer Schädigung der Umwelt geht ebenfalls erheblich zurück. Denn oft müssen die Landwirte ihre Gülle auch bei Regenwetter ausbringen, wenn ihre Güllegruben voll sind. Die Gülle wird dann aber sofort ausgewaschen und gelangt so in die Flüsse, was dort zu einer erheblichen Belastung führen kann. Wenn es in der Nähe jedoch einen Faulturm gibt, in dem die Gülle gesammelt und verarbeitet werden kann, können die Landwirte über Ausbringungszeitpunkt und -ort frei entscheiden.

"Der größte Vorteil der ausgefaulten Flüssigkeit ist, daß sie im Gegensatz zur Gülle weder Grassamen noch Krankheitserreger enthält und die Verbreitung von Darmbakterien sehr viel geringer ist. Studien über entsprechende Agrarbetriebe zeigen, daß deren Tierarztrechnungen deutlich niedriger ausfallen", so O'Donnell. Weitere Studien belegen eine Verbesserung der Milcherträge, eine Zunahme der Fruchtbarkeit und eine längere Weidezeit. Getreide, das mit ausgefaulter Gülle gedüngt wird, ist wegen seiner besseren Standfestigkeit weniger anfällig für das von Landwirten gefürchtete, durch heftigen Regen kurz vor der Ernte häufig verursachte Umlegen der Halme, das zu erheblichen Ernteausfällen führen kann.

Zu besonderem Dank für die erhaltene Unterstützung fühlt sich Mary O'Donnell gegenüber der Danish Energy Agency und dem dänischen Institut für Agrarökonomie verpflichtet, das regelmäßig Berichte über technologische Neuheiten veröffentlicht und Mary O'Donnell sehr ausführlich beraten hat. Dieses Biogasprojekt könnte sehr leicht an anderen Standorten wiederholt werden; Mary O'Donnell selbst arbeitet zusammen mit Les Gornall auch bereits an Vorschlägen für eine Anlage in Castlederg im County Tyrone. Dabei geht es um den Bau eines mit Biogas betriebenen 1 MW-Kraftwerkes, das seine Gülle von zwei großen Farmen mit insgesamt 3.000 Rindern erhalten soll. Darüber hinaus sollen sich nach den Vorstellungen von O'Donnell und Gornall auch kleinere Betriebe an dem Projekt beteiligen. Zu der geplanten Anlage im westlichen Cork bemerkte O'Donnell: "Ich wußte von Beginn an, daß es ein Fünf-Jahres-Projekt sein würde. Bislang ist es nur ein Haufen Papier, aber es bleiben ja auch noch zwei Jahre."

Biogasanlagen in Deutschland

Auch Deutschland gehört eher zu den Spätstartern in Sachen Biomasse-Nutzung. Sechs bis 13% des bundesdeutschen Energiebedarfs könnten aus Biomasse gewonnen werden, so eine neuere Studie des Büros für Technikfolgenabschätzung des Deutschen Bundestags (TAB).[54] Mittlerweile gibt es in der Bundesrepublik zwar gut 300 Biogasanlagen, aber überwiegend wurden sie erst in den letzten drei Jahren installiert – und der Fachverband Biogas in Kirchberg an der Jagst schätzt, daß bis zu 220.000 Anlagen in Deutschland möglich wären. Die dänische Erfahrung wird von deutschen Fachleuten geteilt: In kleinen Selbstbau-Anlagen stecke zwar oft sehr viel Idealismus, so Karl Kempkens von der Landwirtschaftskammer Rheinland in Bonn, doch verderbe die Störanfälligkeit oft die Freude an der Technik: Bereits nach einem Jahr amortisiere sich in der Regel der höhere Preis für ein besseres, eigens für Biogasanlagen entwikkeltes Aggregat.[55]

Anbau von Energiepflanzen

Die Vorteile der Nutzung von Abfällen wie Gülle und überschüssigem Stroh für die Raumheizung oder die Stromerzeugung sind offenkundig. Es stellt sich darüber hinaus jedoch die Frage, ob es gleichfalls sinnvoll sein kann, für diese Verwendungszwecke eigens spezielle Pflanzen wie Raps oder Weiden anzubauen. Die industrialisierte Landwirtschaft ist mittlerweile so energieintensiv und die an die Marktteilnehmer ausgehenden Preissignale sind durch die vielfältigen Subventionen so verzerrt, daß die Gefahr besteht, daß es aufgrund dieser Fehlentwicklungen ökonomisch sinnvoll sein könnte, mehr fossile Energie in den Anbau von Energiepflanzen zu stecken, als man nachher daraus wieder gewinnen kann.

54 Zit. bei Pott, Fromut (1998): "Das Hightech Holzfeuer – Biomasse kann rund 10 Prozent des Energieverbrauchs in Deutschland liefern", in: Frankfurter Rundschau vom 3. 2. 1998.

55 Ibid.

Rapsöl

Daß diese paradoxe Situation tatsächlich relativ leicht eintreten kann, zeigt das Beispiel von Rapsöl: Trotz des sehr schlechten Verhältnisses von Energieinput und -output wurde der Raps zum Mittelpunkt zahlreicher Demonstrationsprojekte, die zeigen sollten, daß Rapsdiesel ein geeigneter Ersatzstoff für herkömmlichen Diesel sein kann. Beispiele für solche Projekte sind die in mehreren Städten versuchsweise eingesetzten Busse und LKWs, die mit Rapsdiesel angetrieben werden. Betrachtet man dagegen die Ergebnisse einer 1992 für ETSU angefertigten Studie, ergibt diese Form der Energiegewinnung und -nutzung jedoch kaum Sinn.[56] Denn wenn der Raps nur für die Weiterverarbeitung zu Biodiesel angebaut wird, erhält man aus der Ernte lediglich 35% mehr Energie, als der Landwirt vorher hineingesteckt hat. Wenn auch die übrigen Pflanzenteile für die Energiegewinnung genutzt werden, läßt sich diese Rate natürlich steigern, doch ist auch dann die Gesamtbilanz dieser Pflanzenart vergleichsweise dürftig. Eine in Irland im Jahre 1990 durchgeführte Studie kam zu dem Ergebnis, daß für die Gewinnung von einem Liter Öl aus Raps mehr Energie notwendig ist als bei allen anderen untersuchten Pflanzenarten. So ergaben sich beispielsweise bei der Gewinnung von Ethylalkohol aus Zuckerrüben sowohl unter energetischen als auch ökonomischen Aspekten wesentlich bessere Ergebnisse, da die bei diesem Prozeß anfallenden Nebenprodukte sehr hochwertig waren.[57] Einer Studie des Umweltbundesamts zu Folge reduzieren sich die Treibhausgas-Emissionen von Fahrzeugen durch den Einsatz von Biodiesel nur um 25%. Diesem positiven Effekt stünden zudem die negativen Auswirkungen auf den Boden und die Umwelt insgesamt entgegen, die durch die beim Rapsanbau eingesetzten Chemikalien entstünden.[58]

Doch trotz des insgesamt unbefriedigenden Potentials haben die Regierungen unter dem Druck der Agrarlobby umfangreiche Mittel bereitgestellt, um die Produktion von und den Handel mit Rapsöl wirtschaftlich attraktiv zu machen. Rapsöl war im Vergleich zu Dieselkraftstoff schon im Jahre 1991 wettbewerbsfähig, vorausgesetzt, die Zuschüsse der EU für das Mahlen der Samen stehen zur Verfügung.[59] Die Zuschüsse machen danach 70% der Produktionskosten der Rapssamen aus, und der Verkauf der festen Rückstände, die beim Mahlen übrig bleiben, bringt den Landwirten noch einmal einen Betrag in Höhe von 45% der Kosten ein. Daher konnten die Landwirte schon damals das Rapsöl für ungefähr 30 dpf pro Liter verkaufen, was die Extraktionskosten deckte und dem damaligen Nettopreis für Dieselöl ohne Steuern und Zölle entsprach.

---

56 Culshaw, Faith/Butler, Clare (1992): A Review of Biodiesel as a Transport Fuel [ETSU-R-71]. London: HMSO.

57 Dunne, W. (1990): Liquid Fuels from Conventional Agricultural Crops. Dublin: Teagasc.

58 Umweltbundesamt (Hrsg.) (1995): Oköbilanz Rapsöl. Berlin: UBA.

59 Thomas, J. (1991): Fuel Oil Seed Rape. Dublin: Teagasc.

Pappeln und Weiden

Jedoch führt die Anpflanzung von schnellwachsenden Bäumen wie zum Beispiel Pappeln und Weiden zu einem deutlich besseren Verhältnis zwischen der eingesetzten fossilen und der gewonnenen erneuerbaren Energiemenge. Nach Angaben von Caroline Foster von der Energy Technology Support Unit läßt sich durch diese Art des Holzanbaus, bei der die Bäume relativ schnell geschlagen werden, dreißigmal mehr Energie in Form von Holzschnitzeln gewinnen, als man während der Produktion einsetzen muß.[60] Doch hierbei hängt natürlich sehr viel davon ab, wie gut die Bäume wachsen und wie der Wald bewirtschaftet wird, so daß gewöhnlich ein Verhältnis von 1:20 wohl eher zutrifft. Allerdings ist in Fosters Analyse nicht nur die direkt eingesetzte Energie gerechnet, die für das Einzäunen und das Pflügen des Bodens, das Pflanzen der Bäume, für die Unkrautbekämpfung und den Schutz vor Pilzbefall durch Fungizide, für das Fällen und Zerkleinern der Bäume sowie für das Trocknen und den Transport der Holzschnitzel aufgewendet werden muß. Darüber hinaus wurden aber auch Anteile für die indirekt eingesetzte Energie miteinbezogen, die sich beispielsweise aus der Herstellung der Trocknungsanlage, des Traktors und der sonstigen Ausstattung ergeben.

Die in den Holzschnitzeln enthaltene Energie läßt sich leider nicht vollständig nutzbar machen. Der effizienteste Weg besteht darin, das Holz in einer eigens konstruierten Brennkammer in Gas zu verwandeln. Dabei wird ein Teil der Holzschnitzel verbrannt, um dadurch das übrige Holz zu erhitzen und dessen flüchtige Bestandteile in einen gasförmigen Zustand zu überführen. Dieses Gas läßt sich dann in einem Motor verbrennen, der wiederum einen Stromgenerator antreibt. Durch dieses Verfahren lassen sich etwa 60% der Energie des Holzes nutzen – davon ein Drittel in Form von Strom und zwei Drittel in Form von Wärme. Für die Gesamtbilanz bedeutet das mit anderen Worten: Durch den Einsatz einer Einheit hochwertiger Energie – hier: der benötigte Dieselkraftstoff für das Anpflanzen der Bäume und deren Weiterverarbeitung bis zu ihrer Umwandlung in der Vergaserkammer – erhält man vier Einheiten der höherwertigen Energieform Elektrizität und acht Einheiten der relativ niederwertigen Energie Wärme, die für die Raumheizung eingesetzt werden kann.

Die Anpflanzung von Bäumen für die Holzschnitzelproduktion ist daher nur sinnvoll, wenn die gesamte Wärme genutzt wird. Diese Tatsache war Malcolm Dawson wohl bekannt, denn er hat sich sehr intensiv – und möglicherweise länger als jeder andere in Irland und Großbritannien – mit der Anpflanzung von Weiden und deren Umwandlung in nutzbare Energie beschäftigt.[61] Dawson arbeitet am Horticultural Centre in Loughgall, County Armagh, wo bereits seit 1974 entsprechende Versuche durchgeführt werden. Bei dem von ihm entwickelten Verfahren werden schnell wachsende Weiden als kleine Setzlinge auf einem umgepflügten, mit Unkrautvernichtungsmitteln behandelten Feld im Abstand von einem Meter in Reihen, die einen halben Meter Zwischen-

---

60 Foster, Caroline (1993): "The carbon and energy budgets of energy crops", in: Energy Conservation Management, Vol. 34, Heft 9 – 11, 897 – 904.

61 Gespräch mit Malcolm Dawson im Dezember 1995.

raum haben, gepflanzt. Rasch schlagen die Setzlinge Wurzeln und beginnen zu wachsen. Nach drei Jahren werden die dünnen Stämme von einer speziellen Erntemaschine abgeschnitten und gebündelt, während die Baumstümpfe im Boden bleiben und für die nächste Ernte sorgen. Die Bündel mit den Weidenruten bestehen zu 50% aus Wasser und werden daher zunächst drei Monate im Freien getrocknet, bevor sie zum Häckseln auf einen überdachten Lagerplatz gebracht werden. Hier geht die Trocknung – unter Verwendung der Abwärme des Generatormotors aus der letzten Prozeßstufe – weiter, bis der Feuchtigkeitsgehalt unter 15% sinkt und die Holzschnitzel nun in Gas umgewandelt werden können. Im Durchschnitt produziert ein Hektar Weiden jährlich eine Energiemenge, die sechs Tonnen Erdöl entspricht. Die höchsten Erträge lassen sich erzielen, wenn verschiedene Weidenarten zusammen angepflanzt werden, da dies einen besseren Schutz gegen Schädlings- und Pilzbefall gewährleistet und jede Sorte auch leicht unterschiedliche Anforderungen an den Boden stellt.

Dawson verweist darauf, daß es allein in Nordirland 200.000 Hektar schlechtes Weideland gebe, die für den Anbau von Weiden bestens geeignet wären. Nach seiner Einschätzung sollten sich Landwirte dort zu Kooperativen zusammenschließen, um sowohl Strom als auch Wärme für die umliegenden Schulen, Krankenhäuser und Fabriken zu produzieren. "Zwei Drittel der Energie des Weidenholzes wird in Form von Wärme freigesetzt, also braucht man dafür auch eine Verwendung, um das Unterfangen sinnvoll durchführen zu können. Man sollte die Sache außerdem so planen, daß man den selbst erzeugten Strom für Dinge einsetzen kann, für die man zuvor Strom zu Endverbraucherpreisen kaufen mußte, anstatt den eigenen Strom einfach nur in das Stromnetz einzuspeisen." Dawson hält es daher für sinnvoll, wenn die Kooperativen den Brennkessel und den Generator auf dem Anwesen eines (Groß-)Kunden errichten und die Anlage dann im Auftrag betreiben: "Die Landwirte werden nur dann den maximalen Gewinn aus der Sache erzielen, wenn sie alles aus einer Hand anbieten können. Die Weiden müssen gemeinschaftlich angebaut werden, denn die Bauernhöfe hier in der Gegend sind nicht groß genug, um eine Verbrennungsanlage allein beliefern zu können, und außerdem ist es sinnvoll, die Erntemaschinen in mehr als nur einem Betrieb einzusetzen."

Dawson betrieb in Loughgall selbst über mehrere Jahre eine 100-kW-Gasturbine mit Generator, mit der er eine Landwirtschaftsschule und einige Gewächshäuser mit Strom und Wärme versorgte. Seiner Meinung nach ist die Technik mittlerweile soweit ausgereift, daß sie von einer entsprechenden Institution in einem Demonstrationsprojekt erprobt und weiterentwickelt werden sollte. Bestärkt fühlt er sich in seiner Haltung auch durch die guten Erfahrungen, die man mit der Verwendung der Holzschnitzel für die Strom- und Wärmeproduktion in zahlreichen schwedischen Gemeinden gemacht hat, wo die Wärme über ein Netz an die einzelnen Haushalte abgegeben wird. Wenn man sich einmal Dawsons Anlage angesehen hat und sich die vergleichsweise einfache, aber zuverlässige Technik vorführen läßt, dann kann man ihm nur zustimmen. Jeder fähige Schlosser sollte in der Lage sein, so eine Anlage zu bauen.

Wegen der hohen Zuschüsse für die Aufzucht von Kühen und Schafen haben jedoch bedauerlicherweise nur sehr wenige Landwirte mit geeignetem Land ein Interesse an einer Umstellung auf die Produktion von Holzschnitzel.

"Sie bekommen von der EU direkte Beihilfen in Höhe von fast 720 DM pro Hektar. Wenn wir für den Anbau schnell wachsender Hölzer solch hohe Zuschüsse bekämen, würden wir über allen Wolken schweben", sagt Dawson. Daher werden die Bäume für das von ihm angestrebte Demonstrationsprojekt wahrscheinlich von Landbesitzern angebaut werden, die selbst keine Landwirte sind. Seit Oktober 1997 gibt es in Derry eine derartige kommerzielle 100-KW-Anlage; die Elektrizität geht ins allgemeine Netz, mit der Wärme werden zwei große Häuser versorgt.

Während Malcolm Dawson die Verwendbarkeit von Weiden für die Holzschnitzelproduktion getestet hat, probierte es Mike Bulfin an der landwirtschaftlichen Versuchsstation Kinsealy im County Dublin mit Pappeln. An anderen Orten wird mit Erlen und Eschen experimentiert. Daneben wurde der Einsatz von relativ kleinen Vergaseranlagen getestet, darunter auch von Ben Warren vom Mechanical Engineering Department der Bristol University, der an der Long Ashton Research Station außerhalb von Bristol eine 30-kW-Anlage betreibt.

Seine Anlage ist kleiner als die von Dawson, und Warren ist der Meinung, sie sei für den Einsatz auf Bauernhöfen ab einer Größe von 50 Hektar geeignet. Doch was soll ein landwirtschaftlicher Betrieb mit der Wärme machen? Sie etwa in Treibhäusern einsetzen? "Nun, es gibt hier in Long Ashton eine ganze Reihe von Gewächshäusern, und unsere Anlage produziert mehr als genug Wärme, um sie zu versorgen", sagt Warren. Als Teil seiner Doktorarbeit hat Warren eine sehr genaue Berechnung der Energie-Input/Elektrizitäts-Output-Rate durchgeführt und kommt zu einem ähnlichen Ergebnis wie Caroline Foster: "Ich denke, die Rate liegt bei etwa 1:4", sagt er.[62]

Blockheizkraftwerke und erneuerbare Energie

An dieser Stelle muß auf drei Aspekte dieser Technologie hingewiesen werden. Als erstes ist anzumerken, daß Dawsons Verfahren zur Produktion von Holzschnitzeln eine fast industrielle Technik ist und daß sich das Verhältnis von Energie-Input zu Energie-Output verbessern würde, wenn von außen bezogene Inputs wie Unkrautvernichtungsmittel und Traktoren durch lokal erzeugte Inputs wie menschliche Arbeitskraft oder Pferde ersetzt würden. Zweitens ist es unsinnig, in einer Region fossile Brennstoffe, Land und Arbeit für die Produktion von Holzschnitzeln einzusetzen, während in anderen Regionen Stroh oder dünne Stämme und Geäst als "Abfall" anfallen – es sei denn, man verfolgt ausdrücklich das Ziel, eine Gemeinde von Energieimporten unabhängig zu machen. Als dritter Punkt bleibt festzuhalten, daß in der Tat die anfallende Wärme sinnvoll genutzt werden muß. Dies wird nahezu zwangsläufig den Aufbau von Nah- und Fernwärmenetzen bedeuten, um die bestehenden Haushalte mit Heizwärme versorgen zu können, was in den Niederlanden sowie in Dänemark und auch in Deutschland bereits in beträchtlichem Maß geschieht. In Dänemark wurden beispielsweise bei sieben der ersten neun großen Biogasanlagen Rohrleitungssy-

62 Gespräch mit Ben Warren im November 1995.

steme für den Warmwassertransport zu den nahegelegen Dörfern verlegt. Doch biomassebefeuerte Nahwärmenetze haben sich in Europa wahrscheinlich am erfolgreichsten in Österreich bewährt. Die erste Anlage wurde 1979 von dem Betreiber eines Sägewerkes in Feldbach errichtet. Allein im Jahr 1993 wurden dort 36 Anlagen installiert, davon 22 durch Bauernkooperativen, 10 von privaten Firmen und jeweils zwei von Energieversorgungsunternehmen und Kommunen. Von den über 200 Systemen, die Ende 1994 in Betrieb waren, befanden sich viele in relativ kleinen Ortschaften.

"Dörfer mit Biomasse-Heizanlagen haben meist zwischen 500 und 3.000 Einwohner und einen überwiegend ländlichen Charakter", heißt es in einem wichtigen von der EU finanzierten Bericht[63], der an Beispielen aus vier Ländern untersucht, welche Faktoren die Umsetzung von Technologien zur Nutzung von erneuerbaren Energien beeinflussen. Weiter heißt es darin: "Folglich variiert die Größe der Biomasse-Heizanlagen zwischen einigen Hundert kW und bis zu 8 MW, und die Länge der dazu gehörenden Netze zwischen 100 m und 21 km. Knapp zwei Drittel der Anlagen haben eine Kapazität von weniger als 1.500 kW."

Während die ersten Anlagen vornehmlich im Bereich der Holzindustrie entstanden, traten in den achtziger Jahren landwirtschaftliche Genossenschaften zunehmend als Betreiber auf. Denn vor dem Hintergrund des Preisverfalls für Schnittholz und Holz für die Papierherstellung drängten jene Bauern, für die der Holzverkauf aus ihren oft nur wenige Hektar großen Wäldern eine wichtige Einnahmequelle darstellte, ihre Genossenschaften dazu, in den neuen Markt der Fernwärmenetze einzusteigen. Dies traf vor allem auf einige Regionen in Österreich zu, in denen Tourismus und Industrie nur geringe wirtschaftliche Perspektiven boten. In diesen Gebieten übten die Landwirte besonders großen Druck auf ihre politischen Vertreter aus, und sie konnten diese dazu bewegen, den Genossenschaften Zuschüsse und verbilligte Kredite in Höhe von jeweils 35% der Investitionskosten zur Verfügung zu stellen. Ein großer Teil der restlichen Kosten für die Anlagen wurde über die Anschlußgebühren von den Eigentümern der Häuser erhoben, die dann mit Wärme beliefert wurden.

Doch trotz der Zuschüsse und der Unterstützung durch die Landwirte gelang es einigen österreichischen Genossenschaften in ihren Dörfern nicht, ein Fernwärmenetz aufzubauen, da viele Bewohner entweder dieser neuen Technologie mißtrauten oder den Bau des notwendigen Schornsteins und den durch den Betrieb der Anlage verursachten Verkehr ablehnten. In der Regel zeichneten sich die Dörfer, in denen solche Anlagen gebaut wurden, dadurch aus, daß es dort bereits zuvor zahlreiche Gemeinschaftsaktivitäten gab. Dort, wo eine Genossenschaft beim Bau einer Anlage einer starken Opposition in der Bevölkerung gegenüberstand, waren die finanziellen Ergebnisse häufig unbefriedigend, weil hier ein großer Teil der Bewohner einen Netzanschluß ablehnte und man deshalb ein längeres Netz verlegen mußte, um die erzeugte Wärme absetzen zu können.

---

63 Danielen, Oluf/Hackstock, Rober/Koukios, Emmanuel/Rakos, Christian (1995): Pathways from Small-Scale Experiments to Sustainable Regional Development. [Express Path Summary Report EV5V-CT92-0086]. Brüssel: EU-Kommission. Die hier untersuchten Technologien beziehen sich auf die Biomasse (Österreich, Dänemark, Griechenland), die Windenergie (Dänemark) und Solarwärme (Österreich und Griechenland).

"Wir stellten fest, daß es in allen von uns besuchten Dörfern [mit einer entsprechenden Heizanlage] eine Vielzahl von Vereinen gab, in denen die Dorfbewohner gemeinsamen Hobies wie Musik, Sport, Organisation von Dorfveranstaltungen oder dem Pflanzen von Bäumen und Blumen in den Dorfstraßen nachgingen. Gemeinsame Feste und eine gute Kommunikation innerhalb des Dorfes waren ein weiteres Charakteristikum", heißt es in dem bereits zitierten Bericht.[64]

Doch Gemeinschaftssinn allein genügt nicht, sondern es bedarf auch einer gehörigen Portion Idealismus, sowohl auf seiten der Gründer einer Anlage als auch auf seiten ihrer Kunden. "Biomasse-Heizanlagen sind weder für den Betreiber ein besonders gutes Geschäft noch für den Kunden ein billiger Weg zum Heizen", so der Bericht, in dem folgerichtig dann die Frage gestellt wird: "Worin besteht für die Menschen vor Ort die Motivation, so ein Projekt umzusetzen?"[65] In achtzig Dörfern durchgeführte Interviews zeigten, daß sich viele Initiatoren Sorgen um den Zustand der Umwelt machten, die Bewirtschaftung der Wälder verbessern wollten und in ihrer Anlage einen wichtigen Beitrag zu einer eigenständigen Regionalentwicklung sahen. Die Kunden beteiligten sich an dem Projekt, weil sie ebenfalls einen Beitrag zum Umweltschutz leisten wollten und weil sie die einheimischen Landwirte und die Entwicklung ihrer Region unterstützen wollten; darüber hinaus schätzten sie die Zeit- und die Arbeitsersparnis, die ihnen die zentral gesteuerte Wärmeversorgung einbrachte.

Obwohl eine Untersuchung in Deutschland ergeben hat, daß bei einer neugebauten Wohnanlage die Investitionskosten für ein zentrales Wärmenetz niedriger sind als für den Einbau dezentraler Gasheizungen in jeder Wohneinheit[66], sind die Menschen häufig zu individualistisch, um diese Form der Wärmeversorgung anzunehmen. Dies hat beispielsweise zur Folge, daß zwei im Jahr 1996 in Großbritannien vom regionalen Elektrizitätswerk South Western Electricity Board (SWEB) in Eye in Suffolk und in der Nähe von Cricklade in Wiltshire gebaute 5,5 MW Holzschnitzel-Kraftwerke über die Hälfte ihrer Energie verschwenden. "Einen Teil der Wärme werden wir einsetzen, um die Holzschnitzel zu trocknen, bevor sie verbrannt werden, und wir werden uns nach weiteren Verwendungsmöglichkeiten umsehen. Wegen der Verfügbarkeit von Erdgas ist es in Großbritannien nicht wirtschaftlich, die Wärme in die Haushalte zu leiten", sagte eine Sprecherin der SWEB:[67] "Bis vor kurzem wurden wir durch die Auflagen der Regierung bezüglich nicht-fossiler Energie bestraft, wenn wir die Abwärme überhaupt für etwas nutzten."

Das Holz für die Schnitzel wird von Landwirten angebaut, mit denen Verträge diesbezüglich geschlossen wurden; daneben werden Abfälle aus der Forstwirtschaft verwendet, soweit diese verfügbar sind. Stroh wird dagegen nicht verbrannt, obwohl Eye im Herzen eines Getreideanbaugebietes liegt. "Dies würde spezielle Vorkehrungen am Heizkessel erfordern, und die Versorgung könnte unregelmäßig sein, weil es nicht unter Vertrag angebaut und von der Nachfrage eines anderen Industriezweiges abhängen würde", erklärte die Spre-

---

64 Ibid., 60.

65 Ibid.

66 Zit. bei Olivier, David (1991): "Continental efficiency", in: Building Services, No. 3, 1991.

67 Interview am 21. Dezember 1995.

cherin. Im Jahre 1993 veröffentlichte SWEB einen Bericht über die Zukunft erneuerbarer Energieträger in seinem Versorgungsgebiet, das von Avon, Somerset, Devon und Cornwall bis zu den Isles of Scilly reicht. Die Studie kam zu dem Ergebnis, daß bis zum Jahre 2000 zwischen 6 und 12% des damaligen Stromverbrauches durch erneuerbare Energieträger abgedeckt und daß längerfristig gar das Zweieinhalbfache des gegenwärtigen Verbrauches auf diese Weise zur Verfügung gestellt werden könnte.[68] Obwohl sich SWEB damit selbst als einer der führenden Akteure im Bereich der erneuerbaren Energie anpreist, hebt sich die Konzeption dieser Anlagen nicht sonderlich von der überkommenen Haltung der großen Energiekonzerne ab, die häufig nach folgendem Motto verfahren: "Laßt uns lieber einige große Anlagen in der Nähe der Kohlengruben betreiben und uns bloß nicht mit vielen kleinen, dezentralen Anlagen herumschlagen, die in der Nähe von Wohngebieten stehen und bei denen man am Ende auch noch die Abwärme nutzen könnte."

Insgesamt sind die Potentiale der Energiegewinnung durch den Anbau von Hölzern jedoch als sehr begrenzt einzustufen, da Weiden und Pappeln nur etwa 2% der auf sie einstrahlenden Sonnenenergie für den Aufbau von Holz umwandeln können. Wenn in den nachfolgenden Prozessen die Wärmeenergie ungenutzt bleibt, stehen letztlich nur 0,4% der Sonnenenergie in Form von Strom zur Verfügung. Vergleicht man dies mit der Umwandlungsrate von 18% der Sonnenenergie durch kommerzielle Photovoltaik-Zellen und der in Laborversuchen bereits erreichten Rate von 28%, wird deutlich, wie mager die Ergebnisse sind, wenn man die Sonnenenergie durch speziell dafür angebaute Pflanzen nutzbar machen will.

Moderne Photovoltaik-Zellen produzieren bereits in den ersten zwei bis drei Jahren ihres Betriebes die gleiche Menge an Energie, die zu ihrer Herstellung eingesetzt wurde. Derzeit gehen sowohl der Energiebedarf als auch die Herstellungskosten deutlich zurück, weil die Produktionsverfahren ständig verbessert werden. Immer wieder gibt es auch Meldungen, nach denen ein entscheidender Durchbruch im Blick auf Energie-Effizienz oder Kosten pro Watt Kapazität in absehbarer Zukunft nicht ausgeschlossen werden kann.[69] Eine solche Verminderung der Kosten könnte möglicherweise das Aus für den speziellen Anbau von Holz zur Stromgewinnung bedeuten. Da die Gefahr nicht ausgeschlossen werden könnte, daß der Anbau von Holz zu diesem Zweck – sofern er einmal in großem Stil betrieben werden müßte – dann wiederum auch in Konkurrenz zum Anbau von Nahrungsmitteln treten und auf diese Weise zu Lasten der armen Landbevölkerung gehen könnte, wären wir nicht unzufrieden, sollte es sich herausstellen, daß es sich hier um eine Technologie zur Verwertung von Abfällen oder um eine Übergangstechnologie handeln würde.

Dennoch: Für größere Holzverarbeitungsbetriebe und genügend ganzjährige Abnahme von Wärme kann die Krafterzeugung aus Holzenergie interessant sein. Bei Dampfturbinen sind erprobte Systeme im Megawattbereich vorhanden;

---

68 SWEB/ETSU (Hrsg.) (1993): Renewable Sources of Energy in the SWEB Area: Future Prospects [ETSU resource study 287]. Harwell: ETSU.

69 Vgl. "PV Breakthrough in Australia", in: Renew, Nr. 91, 9; "Solar Breakthrough", in: Renew Nr. 92, 19; Coghlan, Andrew (1994): "Roll on Cheap Energy", in: New Scientist v. 20. 8. 1994, 21.

Pilotanlagen mit kleineren Turbinen sind in der Erprobung. Eine schon in der Vergangenheit ausgereifte Technik sind Dampfmaschinen (Dampflokomotiven); aufgrund ihres relativ niedrigen Wirkungsgrades werden sie heute kaum noch angewandt. Einige Pilotanlagen zur Holzvergasung sind in Betrieb. Wenn eine Sägerei fossile Energieträger – Heizöl oder Gas – für die Heizung einsetzt, ist die Rentabilität einer Kraft-Wärme-Kopplung zu prüfen. Der hohe Wärmebedarf für die Holztrocknung gibt eine gute Grundlast für die anfallende Abwärme von Blockheizkraftwerken.

Das Potential erneuerbarer Energie – Ausblick

In einer gemeinwesenorientierten Wirtschaft wird in Zukunft – möglicherweise – das System der Stromproduktion und der Stromversorgung dadurch geprägt sein, daß die Kunden das nationale oder internationale Stromnetz weniger als Quelle für ihre Versorgung, sondern vor allem als eine Art Batterie nutzen. Viele Haushalte werden ihren eigenen Strom produzieren – zum Beispiel durch eine Kombination aus Photovoltaik-Panels auf dem Dach und aus biogasbetriebenen Generatoren, durch kleine Wasserkraftwerke oder durch gemeinschaftlich betriebene Windenergieanlagen. Wann immer sie mehr produzieren als sie verbrauchen, werden sie den Überschuß "ansparen", indem sie ihn ins Netz einspeisen; wenn sie dagegen mehr Energie benötigen als sie selbst produzieren, können sie den zusätzlichen Strom von den Stromkonzernen beziehen. Die Stromzähler der "Verbraucher" werden somit in beide Richtungen laufen, und der Stromtarif wird bei der Einspeisung in das Netz ebenso in Abhängigkeit von der Tages- und Jahreszeit schwanken wie bei der Entnahme.

Biogas könnte über eine Gasleitung von einem Faulturm in der Nachbarschaft herangeführt werden; die Abwärme eines Biogasgenerators könnte für die Beheizung des Hauses genutzt werden. Diese Technik könnte für ländliche Gebiete mit lockerer Bebauung besser geeignet sein als das in Dänemark verfolgte Konzept mit zentralen Biogasanlagen und großen Generatoren, deren Abwärme über kilometerlange Netze durch isolierte Rohre zu den Haushalten geleitet werden muß. Es gibt bereits kleine BHKWs für Einfamilienhäuser, aber diese Anlagen für den Betrieb mit Biogas müssen noch weiterentwickelt werden.

Am University College in Cork hat Professor Gerry Wrixon ein kombiniertes System zur Stromerzeugung entwickelt, das in der Zukunft eine weite Verbreitung erfahren könnte. Es besteht aus einem Windkraftgenerator und einer Reihe von PV-Zellen, die an einen biogasbetriebenen Motor angeschlossen sind. "Sie werden feststellen", erklärt Wrixon bei einer Präsentation, "daß es in der Regel bewölkt ist, wenn der Wind weht, und wir dann nicht viel Strom durch die Photovoltaik-Anlage erhalten. Andererseits weht bei sonnigem Wetter häufig nur ein schwacher Wind. Die beiden Systeme, Wind und Photovoltaik, ergänzen sich sehr gut. Indessen haben wir für die Zeiten, in denen weder der Wind weht noch die Sonne scheint, den Biogasmotor. Wenn man seinen eigenen Faulturm hat, bedeutet das, daß man das Gas für die Zeit aufheben kann, in der man auf keine andere Weise Strom erzeugen kann."[70] Ähnliche Ansätze gibt es seit längerem auch in Deutschland. So betreibt die Schleswag auf der Insel Pellworm ein Hybrid-Kraftwerk mit einer Leistung von 400 kW aus Windkraft und 600 kWp aus Photovoltaik; der Beginn dieses Projektes reicht in das Jahr 1983 zurück.[71]

Neben diesen Veränderungen bei den Möglichkeiten der dezentralen Stromproduktion würde sich in einer gemeinwesenorientierten Wirtschaft, wie bereits angedeutet, auch die Funktion des Stromnetzes grundlegend verändern. Das Stromnetz wäre ein allgemeines Transportsystem für Elektrizität und nicht länger nur der Verteilungsarm der gebietsmonopolistisch organisierten Stromkonzerne. Daher werden lokale Stromproduzenten ihren Strom über das bestehende Netz an ihre Kunden schicken können statt ihn wie bislang an den Staat oder private Monopolisten verkaufen zu müssen. Erste Ansätze hierzu gibt es bereits, und die Deregulierung auf den Strommärkten der EU könnte unter Umständen auch für weitere derartige Projekte genutzt werden.

Diese Veränderungen bei der Produktion und der Verteilung von Strom werden wahrscheinlich kommen – unabhängig davon, ob Gemeinden das Ziel einer größeren wirtschaftlichen Selbständigkeit verfolgen oder nicht. Bei einem Treffen von über 200 Spitzenmanagern von zahlreichen der weltweit führenden Stromkonzerne Anfang 1995 in Arizona war eines der beherrschenden Themen die Frage, wie die Deregulierung und der technologische Wandel die Gestalt dieses Industriezweiges verändern werden. "Neue Technologien der Stromerzeugung sind dabei, die Vorstellung zu untergraben, die die meisten Menschen noch immer haben: daß nämlich riesige Kraftwerke die einzige Möglichkeit darstellen, Strom effizient zu produzieren", schrieb David Lascelles in seinem Bericht über dieses Treffen:[72] "In der Zukunft werden die Kunden von kleinen unabhängigen Kraftwerken beliefert, wie sie heute bereits entstehen und die häufig Menschen gehören, die in diesem Geschäft neu sind. Dies könnte sogar zu Miniaturgeneratoren führen, die jeden Haushalt in die Lage versetzen, seinen eigenen Strom zu produzieren und den Überschuß zurück in das Netz einzuspeisen." Falls Lascelles recht hat, gibt es zwei entscheidende Fragen: Werden lokal erzeugte erneuerbare Energiequellen für den Betrieb dieser kleinen Stromgeneratoren eingesetzt und das notwendige Kapital aus lokalen Ersparnissen bereitgestellt werden, um die Anlagen zu bauen? Nur wenn die Gemeinden und Regionen sich für ihre eigene gemeinwesenorientierte Ökonomie einsetzen, werden beide Fragen mit "Ja" beantwortet werden können.

Energiesparen

Die überwiegende Zahl der Gemeinden und Regionen wird feststellen, daß es einfacher und billiger ist, weniger Energie zu verbrauchen, als den gesamten

70 Bei einer Konferenz in Skibbereen, Co. Cork, im Sptember 1995.

71 Informationen und genaue technische Daten im Internet unter http://www.sh-tourist.de/omnibus/sightsee/umweltpa/hybridkr/umwehybr.htm.

72 Lascelles, David (1995): "More than one way to go", in: Financial Times v. 15. 3. 1995.

derzeitigen Bedarf durch erneuerbare Energiequellen zu decken. In den meisten Fällen werden sie zudem erkennen, daß sie gerade in den Bereichen die größten Einsparungen erzielen können, in denen sie am meisten verbrauchen.

Einsparungen im Verkehrsbereich

In den Industrieländern kommt daher dem Transportsektor bei den Einsparpotentialen eine besondere Bedeutung zu. In Deutschland entfielen im Jahr 1995 nach Angaben des Bundeswirtschaftsministeriums (BMWi) 28,1% des gesamten Endenergieverbrauchs auf den Bereich Verkehr, und dies bei kontinuierlich steigender Tendenz; 1973 lag der Anteil noch bei 16,6%. Weitere 29,4% der Energie wurden von den privaten Haushalten verbraucht, 26,9% von der Industrie, wobei deren Anteil 1973 noch bei 40,2% lag.[73] In Großbritannien entfallen nach herkömmlichen Berechnungen 33% des Energieverbrachs auf den Verkehr und jeweils 27% auf die Haushalte und die Industrie, in den USA nimmt der Verkehrsbereich 31% des Energieverbrauchs in Anspruch, in Irland sind es dagegen "nur" 20%. Doch diese konventionellen Statistiken geben die tatsächlichen Relationen nur unzureichend wieder, da viele für ein modernes Verkehrssystem notwendigen Vorleistungen Energie erfordern, wie der Bau von Hafenanlagen, Flughäfen, Straßen, Parkhäusern und der sonstigen Infrastruktur dem Industriesektor zugerechnet werden. Auch die Energie, die für die Produktion von Autos, Flugzeugen, Schiffen und Zügen und für die dazu wiederum benötigten Industrieanlagen eingesetzt wird, wird nach dem gleichen Muster berechnet. Berücksichtigt man nun noch, daß auch für andere Verwendungen wie beispielsweise die Beleuchtung von Straßen oder für Transportverpackungen Energie eingesetzt wird, ist leicht nachvollziehbar, warum eine spanische Studie zu dem Schluß kommt, über die Hälfte des Verbrauchs an fossiler Energie entfalle in Spanien direkt oder indirekt auf den Verkehrssektor.[74] Dies zeigt andererseits sehr deutlich, welche Einsparpotentiale der Transportsektor beim Verbrauch von fossiler Energie bietet.

Die für den Transport eingesetzte Energiemenge hat in den Industriestaaten in den letzten vierzig Jahren drastisch zugenommen – aber dafür ist nicht ursächlich, daß mehr Güter konsumiert werden, sondern weil im Zuge der zunehmenden Konzentration und Spezialisierung in der Produktion gewichtsmäßig in etwa die gleiche Menge an Gütern über immer weitere Entfernungen transportiert wird. Das gleiche trifft auch auf den Personenverkehr zu: "Menschen führen heute im Durchschnitt pro Tag nicht mehr Mobilitätsaktivitäten durch als vor zwanzig Jahren (im Mittel etwa 2), aber sie legen zwischen ihren einzelnen Zielen weitere Wege zurück."[75] In Großbritannien haben die jährlich zurückgelegten Tonnenkilometer von 1952 bis 1992 um 150% zugenommen, obwohl die

---

73 Vgl. Bundesministerium für Wirtschaft (Hrsg.) (1996): Energiedaten '96. Bonn: BMWi; siehe auch: Umweltbundesamt (Hrsg.) (1997): Nachhaltiges Deutschland. Wege zu einer umweltgerechten Entwicklung. Berlin: E. Schmidt Verlag.

74 Estevan, Antonio/Sanz, Alfonso (1995): Hacia la Reconversión Ecologica del Transporte en España. Madrid: Centro de Investigación para la Paz.

75 Ibid., 82.

Produktion von Kohle, Stahl und anderer schwerer Güter zurückging. Dieser Trend, Güter über immer längere Strecken zu transportieren, ließe sich offenkundig abbremsen oder sogar umkehren, wenn die Gemeinden anfangen würden, sich zu einem höheren Grad selbst zu versorgen.

Zum Beispiel: Joghurt

Besonders eindrucksvoll hat diese Zusammenhänge eine Studie von Stefanie Böge verdeutlicht.[76] Ein besonders einfaches Produkt – ein Becher Erdbeer-Joghurt, der in jedem Haushalt aus Milch und, natürlich nur zu bestimmten Jahreszeiten, aus Früchten der Region hergestellt werden könnte – wurde daraufhin untersucht, welche Strecken die Bestandteile des im industriellen System gefertigten Konsumartikels zurückgelegt hatten, bis dieser im Regal des Supermarkts gelandet war. Am Ende errechnete sich die Transportleistung insgesamt auf unglaubliche 3.494 Kilometer. Das lag nun nicht daran, daß die Hauptbestandteile des Produkts über weite Strecken zur Molkerei nach Stuttgart transportiert worden wären. Die Milch, aus der der Inhalt des Bechers zu 78,9% bestand, kam aus der Umgebung, wie auch der Zucker. Die Erdbeeren trugen schon mehr zum Transportaufwand bei, denn sie wurden in Polen angebaut, der billigeren Arbeitskraft wegen, und in Aachen weiterverarbeitet. Besonders ins Gewicht fiel jedoch das Verpackungsmaterial: Der Glasbehälter für das Joghurt kam zwar nur aus einer Fabrik in Neuberg, 170 Kilometer von Stuttgart entfernt. Doch wurde Quarzsand zur Herstellung der Glasbehälter aus Köln geliefert, der Klebstoff für das Etikett von Düsseldorf, für den Karton von Lünewborg, Plastikgranulat aus der Schweiz, Aluminium von Weiden in der Oberpfalz, Papier von Österreich und so weiter. Böge zeigte, daß der gesamte Transportaufwand über ein Drittel verringert werden könnte, wenn recyclierbare Standardgläser für das Joghurt verwendet würden, die nicht zur Herstellerfirma zurückgeliefert werden müßten, sondern von anderen Firmen mit anderen Produkten wiederbefüllt werden könnten. Eine wesentliche Rolle spielt auch die Art der Umverpackung: Erhebliche Ersparnisse ließen sich erzielen, würden nicht jedesmal neue Pappkartons zum Versand der Joghurt-Gläser verwendet, sondern wiederum standardisierte Kleinpaletten.

Die sozialen Kosten des Straßenverkehrs

Im gegenwärtigen Wirtschaftssystem wird dagegen das Transportsystem mit der geringsten Energieeffizienz, der Gütertransport auf der Straße, massiv subventioniert. Dies hat dazu geführt, das der LKW-Verkehr in den vergangenen Jahrzehnten expandierte – sowohl auf Kosten der Binnen- und Küstenschiffahrt als auch auf Kosten der Eisenbahn, die für die gleiche Transportleistung nur ein

76 Böge, Stefanie (1992): Die Ausirkungen des Straßengüterverkehrs auf den Raum: Die Erfassung und Bewertung von Transportvorgängen in einem Produktlebenszyklus. Univ. Dortmund: Dipl.Arbeit.

Viertel der Energie eines LKWs benötigt. Dieter Teufel hat im Jahr 1989 eine Studie vorgelegt, in der die sozialen Kosten des Straßengüterverkehrs untersucht werden. Darin wird nahegelegt, daß die Steuer auf Dieselkraftstoff in Deutschland soweit angehoben werden müßte, bis der Preis für Diesel auf das Fünffache seines derzeitigen Niveaus ansteigt, um die Bürger mit diesen Mehreinnahmen für die von den LKWs verursachten gesundheitlichen, sozialen und ökologischen Beeinträchtigungen entschädigen zu können. Im einzelnen stellt sich die Berechnung von Teufel folgendermaßen dar:[77]

Steuereinnahmen	6,724 Mio.
Kosten:	
- Ausgaben für den Straßenbau	8,730 Mio.
- durch Unfälle verursachte Kosten	5,030 Mio.
- Unfallfolgeschäden	2,600 Mio.
- Luftverschmutzung	6,350 Mio.
- durch Lärm verursachte Kosten (private Haushalte)	9,850 Mio.
- weitere durch Lärm verursachte Kosten	2,500 Mio.
- Folgekosten von Staus	2,000 Mio.
- Wasserverschmutzung durch giftige Güter	3,800 Mio.
- Wasserverschmutzung durch Streusalz	2,800 Mio.
- Gesundheitliche Schäden bei den LKW-Fahrern	1,100 Mio.
- Sonstiges	1,200 Mio
Gesamtkosten	46,000 Mio.
Öffentliche Subventionen an den Straßengüterverkehr	39,300 Mio.

Da Teufel nur die sozialen Kosten des Transports von Gütern mit dem LKW berücksichtigt hat, und nicht die Gesamtkosten dieses Transportsystems, sind sowohl die beachtlichen finanziellen und ökologischen Kosten der Beseitigung von Transportverpackungen als auch die durch ihre Produktion verursachten ökologischen Kosten in seinen Berechnungen nicht enthalten. Doch gleichwohl sind auch diese Kosten dem Transportsektor zuzuschreiben, da viele Güter ohne Verpackungen nicht sicher über längere Entfernungen hinweg transportiert werden können.

Wenn man sich das Transportwesen noch genauer anschaut, erkennt man immer neue Formen der Subventionierung. Da sich die meisten aber nicht in verläßlichen Zahlen ausdrücken lassen, bleibt das tatsächliche Ausmaß unbekannt. Nach Angaben des Umweltbundesamtes beliefen sich allein die bewertbaren externen Kosten des Straßenverkehrs im Jahre 1996 insgesamt auf 133 Mrd. DM pro Jahr, denen Einnahmen aus verkehrsbezogenen Steuern von etwas mehr als 70 Mrd. DM gegenüberstehen; von diesen Einnahmen müßten jedoch über 7 Mrd. DM für Erstattung der Kilometerpauschale und für Steuer-

77 Teufel, Dieter (1989): Gesellschaftliche Kosten des Straßengüterverkehrs: Kostendekkungsgrad im Jahr 1987 und Vorschläge zur Realisierung des Verursacherprinzips [UPI-Bericht Nr. 14]. Heidelberg: Umwelt- und Prognose-Institut.

ausfälle aufgrund privat genutzter Firmenfahrzeuge abgezogen werden, so daß die quantifizierbaren Kosten des Straßenverkehrs nicht einmal zur Hälfte gedeckt würden.[78] Das einzige, was wir mit Gewißheit sagen können, ist, daß es sich um riesige Subventionen handelt, und daß die kleinen, auf den lokalen Markt angewiesenen Hersteller im Wettbewerb mit den großen, außerhalb der jeweiligen Region angesiedelten Unternehmen in einer wesentlich günstigeren Position wären, wenn diese Subventionen eingestellt würden. Fest steht auch, daß Güter wieder verstärkt mit weniger energieintensiven und weniger umweltschädlichen Transportmitteln wie der Eisenbahn oder Binnen- und Seeschiffen befördert würden.

Reduktion des motorisierten Individualverkehrs – eine Notwendigkeit

Außer der Sperrung bestimmter Straßen für den Schwerlastverkehr können Gemeinden auf der lokalen Ebene den Güterfernverkehr nur wenig beeinflussen. Doch in einem anderen Verkehrssektor, der privaten Pkw-Nutzung, können sie sehr viel mehr unternehmen, um den Energieverbrauch zu senken. Der Autoverkehr, und damit auch die dadurch verbrauchte Energiemenge, hat seit Ende des Zweiten Weltkrieges dramatisch zugenommen. In Großbritannien hat sich die Zahl der gefahrenen Kilometer von 1952 bis 1992 verzehnfacht, in der alten Bundesrepublik nahmen die Personenkilometer von 161,7 Mrd. km im Jahr 1960 auf 593,8 Mrd. km im Jahr 1990 zu, für das wiedervereinigte Deutschland wurden 1992 bereits 714,3 Mrd. km berechnet. Der Anteil des Individualverkehrs am gesamten Personenverkehr lag damit bei 81%, die Gesamtfahrleistung – die von Pkws insgesamt zurückgelegte Strecke – belief sich 1992 auf 471 Mrd. Kilometer.[79] Über die Hälfte aller Fahrten geht über Distanzen von einer Länge unter 5 Kilometer. Der zunehmende Autoverkehr führte dabei zu immer neuem Autoverkehr, da der Straßenverkehr für Fußgänger und Radfahrer immer unangenehmer und unsicherer wurde und die Intervallzeiten des ÖPNV immer größer, die Reisezeiten dadurch immer länger wurden: "Als Folge differenziert sich die Gesellschaft in mobile und immobile Gruppen."[80]

Viele Straßen sind in den vergangenen zwanzig Jahren so gefährlich geworden, daß es für nicht wenige Eltern mittlerweile selbstverständlich ist, ihre Kinder in die Schule zu fahren, obwohl die Entfernung von den Kindern durchaus auch zu Fuß zu bewältigen wäre. Die Bewohner ländlicher Regionen sind, da es dort nur selten entwickelte Systeme des Öffentlichen Personen-Nahverkehrs (ÖPNV) gibt, am meisten auf das Auto angewiesen – und dort ist auch die Veränderung am augenfälligsten: Die Pferde der Urgroßväter wurden von erneuerbarer Energie angetrieben, die sie unter den Bäumen einer Obstwiese fanden, und sie zogen einen Einspänner, der im nahegelegenen Marktstädtchen hergestellt worden war. Die Autos von heute sind dagegen der Inbegriff eines

---

78 Vgl. Umweltbundesamt (Hrsg.) (1997), op.cit., 84f.

79 Vgl. Statistisches Bundesamt (Hrsg.) (1994): Datenreport 1994. Bonn: Bundeszentrale für politische Bildung. Einbezogen werden hier PKW, Kombi, Mopeds und Motorräder.

80 Umweltbundesamt (Hrsg.) (1997), op.cit., 83.

Produktes des globalen industriellen Systems. Und sie fesseln die Menschen an dieses System durch ihren ständigen Hunger nach nationaler Währung, mit der diese sie kaufen, versichern, versteuern, reparieren und betanken müssen.

Jede Gemeinde, die ihren Beitrag zum Aufbau einer gemeinwesenorientierten Wirtschaft leisten will, muß nach Wegen suchen, die Abhängigkeit ihrer Mitglieder vom Auto zu reduzieren und ihnen gleichwohl ein gutes Leben zu ermöglichen. Dies bedeutet wesentlich mehr als nur die Erhaltung oder die Verbesserung des öffentlichen Verkehrsangebotes. Eine größere räumliche Nähe von Wohnen und Arbeiten muß wieder möglich werden. Lokale Lieferdienste müssen geschaffen, die kleinen Läden in den Dörfern und der Stadt müssen erhalten und mobile Geschäfte-auf-Rädern wieder belebt werden. Die Straßen müssen für Fußgänger und Radfahrer wieder sicherer und Car-sharing-Stationen eingerichtet werden. Autobesitzer sollten ihren Mitmenschen für längere Reisen Mitfahrgelegenheiten anbieten, was möglichst effizient und sicher organisiert werden muß.

Mitfahrzentralen

Ein gutes Beispiel hierfür sind die Mitfahrzentralen, von denen man in Deutschland in jeder größeren Stadt welche im Telefonbuch findet. Wenn man als Autofahrer eine Reise plant, kann man dort ein paar Tage vorher anrufen und seinen Zielort, Datum und Uhrzeit der Abfahrt sowie die Zahl der Mitfahrer mitteilen, die man gerne mitnehmen möchte. Von der Mitfahrzentrale wird neben dem Namen, der Adresse und der Telefonnummer des Fahrers auch das Kennzeichen des Fahrzeugs registriert. Für den anbietenden Autobesitzer ist dieser Service kostenlos. Wer eine Mitfahrgelegenheit sucht, kann in der Zentrale anrufen und sich nach dem Angebot erkundigen. Hat man etwas Entsprechendes gefunden, muß man im Büro eine Gebühr bezahlen, die je nach Entfernung in der Regel zwischen fünf und fünfzehn Mark beträgt, um die Telefonnummer des Anbieters zu bekommen. Dies ist wesentlich sicherer als das Reisen per Anhalter. Die Zentrale vermittelt die Autonummer und rät ihren Kunden, nicht einzusteigen, falls jemand in einem anderen Fahrzeug zu dem Treffpunkt kommt. Eine Reihe von Mitfahrzentralen berücksichtigt auch Wünsche nach Fahrgemeinschaften nur von Frauen; andere Mitfahrzentralen vermitteln Fahrgelegenheiten nur dann, wenn die betreffenden Fahrer und die Mitreisenden Mitglieder der Zentrale werden und dort einen Jahresbeitrag entrichten.

In den Regeln der Zentralen ist festgelegt, daß das Fahrzeug entsprechend versichert sein muß und die Fahrer bereit sein müssen, ihre Mitreisenden an einer Bushaltestelle oder einem Bahnhof abzusetzen, damit diese ihre Reise fortsetzen können. Der Fahrpreis wird direkt an den Fahrer bezahlt und kann mit diesem frei ausgehandelt werden. Die Mitfahrzentrale legt jedoch vorher eine Obergrenze für die zurückzulegende Strecke fest, die im allgemeinen etwa doppelt so hoch ist wie die Gebühr, die an die Zentrale gezahlt werden muß. Die Computer vieler Agenturen sind mittlerweile miteinander vernetzt, um auch überregional zu einem besseren Ausgleich von Angebot und Nachfrage zu kommen.

Mitfahrzentralen eignen sich nur für längere Strecken. Aber für über die Hälfte der Fahrten, die Kurzstrecken, ist – wenn das Gelände nicht sehr hügelig ist – das Fahrrad sowieso die beste Lösung. Die Stadt in Europa, der es am besten gelungen ist, die Menschen zum Umsteigen auf das Fahrrad zu bewegen, ist das niederländische Groningen, wo als Folge der städtischen Verkehrspolitik 50% aller Fahrten auf zwei Rädern zurückgelegt werden.[81] "Wir bemühen uns um einen Ausgleich zwischen Erreichbarkeit und Lebensqualität, indem wir Fahrräder und öffentliche Transportmittel bevorzugen", sagt Marcel Bloemkolk vom Amt für Stadtplanung, Verkehr und Wirtschaft. "Wir versuchen, die Nutzung des Autos auf ein Minimum zu beschränken." Das ist keine leichte Aufgabe für eine Stadt mit 170.000 Einwohnern, die als regionales Zentrum des gesamten Nordens der Niederlande dient und in die täglich 30.000 Pendler mit dem Auto zur Arbeit fahren.

Der erste Schritt wurde 1979 unternommen, als der Stadtrat bestimmte Straßen einfach für den Autoverkehr sperrte und dort nur noch Lieferfahrzeuge, Busse und Fahrräder zugelassen waren – ohne die Bevölkerung auf angemessene Weise zu konsultieren, wie Bloemkolk sagt: "Das war nicht die Art, in der wir heutzutage vorgehen würden." Durch die Sperrung der Straßen wurde der Innenstadtbereich, der einen Durchmesser von etwa einem Kilometer hat, in vier Sektoren zerschnitten, und man konnte von einem Sektor in einen anderen nur gelangen, wenn man über den inneren Ring fuhr. Dies führte zu einem Aufschrei der Autofahrer und des Einzelhandels. "Die Angelegenheit wurde dadurch stark politisiert, was nicht gerade hilfreich war, und die Einzelhändler verschlechterten ihre Situation zusätzlich dadurch, daß sie Anzeigen in den Zeitungen schalteten, die den Eindruck erweckten, die Innenstadt sei mit Stacheldraht umzäunt. Das muß sie sehr viel Umsatz gekostet haben", so Bloemkolk.

"Am Anfang war es schrecklich", erzählt Wilma Naaijer, deren Vater das Geschäft 't Binnehuis betreibt.[82] "Die Leute haben sich in dem Einbahnstraßensystem verfahren und konnten nur für zwei Stunden parken. Wir haben an Umsatz eingebüßt, und die Geschäfte in den umliegenden Orten haben in Anzeigen damit geworben, daß es bei ihnen keine Parkplatzprobleme gäbe."

Andererseits gab es auch Verbesserungen: Mehrere Straßen wurden in Fußgängerzonen umgewandelt oder verkleinert und der Marktplatz, der zuvor nicht viel mehr als ein Verkehrskreisel gewesen war, wurde wieder zu einem Platz des öffentlichen Lebens. "Nach dem Plan von 1979 konnte sich der öffentliche Verkehr, einschließlich Taxis, Radfahrer und Fußgänger, zwischen den Sektoren frei bewegen", erzählt Bloemkolk. "Die Einnahmen der Einzelhändler gingen zurück, bis sich die Leute an das neue System gewöhnt hatten.

---

81 Interview im November 1995; vgl. European Federation for Transport and Environment (EFTE) (Hrsg.) (1994): Greening Urban Transport: European Examples of Pedestrian and Cycling Policy. Bruxelles: EFTE. Dieser Bericht bezeichnet Groningen als Rekordhalter im Fahrradverkehr; er enthält auch Erfahrungsberichte aus 17 anderen europäischen Städten.

82 Interview im November 1995.

Einige Geschäfte mußten abwandern, doch das wäre in manchen Fällen sowieso passiert."

Der Stadtrat von Groningen ist zur Zeit dabei, die letzten Parkplätze in der Innenstadt abzuschaffen; "Es gibt zwar nur noch ganz wenige, aber einige Leute fahren lange herum, um doch noch einen zu finden", sagt Bloemkolk. Dafür können die Autofahrer ihren Wagen jenseits des inneren Rings für einen Gulden je halbe Stunde – knapp eine Mark – parken und ins Zentrum laufen. Oder man parkt gebührenfrei am äußeren Ring und nimmt einen der regelmäßig verkehrenden und ebenfalls kostenlosen Busse in Richtung Stadtzentrum; die Kosten für diesen Busservice werden durch die Parkgebühren gedeckt, die am inneren Ring eingenommen werden.

Da mittlerweile fast alle zu Fuß, mit dem Fahrrad oder dem Bus in die Innenstadt kommen, haben die Stadtplaner auch bei der Entwicklung des Einzelhandels viel größere Spielräume. "Die Geschäfte waren früher zu stark konzentriert," sagt Bloemkolk. "Sie wollten alle direkt nebeneinander liegen. Jetzt können wir ihnen gute Standorte in attraktiven Straßen anbieten, die zuvor ein heruntergekommenes Erscheinungsbild hatten. Man kann mit einer Straße viel mehr anfangen, wenn es dort keine Autos gibt." Inhaber von großen Geschäften wie IKEA, die glauben, auf einen Parkplatz in unmittelbarer Nähe angewiesen zu sein, damit ihre Kunden auch sperrige Produkte abtransportieren können, werden am inneren Ring angesiedelt und dürfen dort ihre eigene kleine Tiefgarage bauen, für die die Kunden dann bezahlen müssen.

Während die Beschränkung des Autoverkehrs mit Sicherheit zu einem Rückgang der Unfallzahlen geführt hat und Groningen insgesamt an Attraktivität gewonnen hat, läßt sich kaum feststellen, wieviel Energie dadurch eingespart werden konnte. Nach Untersuchungen der Stadtverwaltung ist der Autoverkehr um 15% geringer, der Fahrradverkehr um 10 bis 15% höher als in anderen niederländischen Städten mit vergleichbarer Größe, obwohl auch dort im Vergleich zu Städten in anderen europäischen Ländern bereits sehr viel für Fahrradfahrer getan wird. Dagegen zielt in Groningen die Strategie von Stadtverwaltung und Einzelhandel, die mittlerweile sehr eng zusammenarbeiten, darauf ab, mit der neu gewonnenen Attraktivität des Stadtzentrums immer mehr Kunden von außerhalb anzulocken – und diese reisen aus immer größeren Entfernungen überwiegend mit dem Auto an. "Die Geschäftsinhaber fordern mehr Fußgängerzonen, und wir glauben, daß es genügend Platz für weitere 20.000 bis 40.000 qm Verkaufsfläche gibt, zusätzlich zu den 80.000 bis 90.000 qm, die wir gegenwärtig haben", so Bloemkolk: "Wir müssen Groningen wettbewerbsfähig halten – selbst von Deutschland reisen mittlerweile Kunden an."

Wenngleich die Motive für eine Verkehrsberuhigung also sehr unterschiedlicher Natur sein können, können andere Gemeinden sehr viel von Groningen lernen, wenn es darum geht, die Menschen zum Umsteigen vom Auto auf Fahrrad und ÖPNV zu überzeugen.[83] "Wenn man den Gebrauch von

---

83 Das Amt für Öffentlichkeitsarbeit der Stadtverwaltung in Groningen hält auch englischsprachiges Informationsmaterial bereit – so etwa die Broschüre "Hand of Heart – A New City Centre for Groningen" oder "An Integrated Town Planning and Traffic Policy" (1992).

Fahrrädern fördern will, dann muß man schnell, bequem und sicher radfahren können", sagt Bloemkolk, der selbst Mitglied in der Dutch Cyclists' Union ist. "Wir haben deshalb eine große Zahl spezieller Einrichtungen für Fahrräder geschaffen. Die wichtigste ist ein zusammenhängendes Netz von Radwegen neben den Hauptstraßen und entlang der Straßen mit wenig Autoverkehr. Es ist sehr wichtig, daß so ein Netz so feinmaschig wie möglich ist, um die Entfernungen und die Fahrzeit zu verkürzen, weshalb wir Brücken und Unterführungen gebaut haben, die nur von Fußgängern und Radfahrern benutzt werden dürfen. Radfahrer können fast alle Einbahnstraßen in beide Richtungen benutzen. An den Ampeln haben wir für sie vor den Autos Wartezonen eingerichtet, und sie dürfen auch bei Rot rechts abbiegen. In der Innenstadt wurden Fahrradständer aufgestellt und an Busstationen und Bahnhöfen bewachte Fahrradunterstände eröffnet, einige mit Schließfächern, Toiletten und Telefonen. Wir haben außerdem noch eine Kampagne gegen Fahrraddiebstahl gestartet."

Zur Stärkung des Öffentlichen Verkehrs wurde nach Bloemkolks Angaben von der Stadtplanung das Ziel verfolgt, neue Gebäude, in denen viele Menschen arbeiten werden, in der Nähe bestehender Bus- oder Eisenbahnlinien anzusiedeln. Darüber hinaus gab es Bestrebungen, die verschiedenen Öffentlichen Verkehrssysteme besser miteinander zu verbinden. "Der ÖPNV muß ein Netzwerk bilden, von der Eisenbahn für längere Strecken bis hin zu den Stadtbussen und Taxis für den Verkehr innerhalb der Stadt. Verspätungen müssen so selten wie möglich sein. Wir haben gesonderte Busspuren und spezielle Ampeln, die durch einen Sender im Bus umgeschaltet werden können." Die Busse, die das Zentrum durchqueren, dürfen dort jedoch nicht schneller als 15 km/h fahren, wodurch die Sicherheit der Fußgänger erhöht werden soll. Es ist geplant, auf diesen Strecken die jetzigen Dieselfahrzeuge durch Busse mit Hybridantrieb zu ersetzen. Die neuen Busse sollen im Zentrumsbereich über Batterien von einem Elektromotor und außerhalb mit Flüssiggas angetrieben werden.

Zum Beispiel: Davis

Eine andere Stadt mit großen Erfolgen bei der Förderung des Radverkehrs ist Davis in Kalifornien, wo etwa ein Viertel aller Fahrten mit dem Fahrrad gemacht werden. Die fahrradfreundliche Politik geht hier zurück bis in die Mitte der sechziger Jahre, als die Studentenzahlen des in Davis angesiedelten Teils der University of California sprunghaft anstiegen, mit der Folge, daß die Fahrräder auf den Straßen in der Überzahl waren, obwohl man diese in erster Linie für Autos konzipiert hatte. Während der Kommunalwahlen im Jahre 1966 wurden die "Radwege" zu dem bestimmenden Wahlkampfthema, und gewählt wurden mehrheitlich jene Kandidaten, die sich für deren Einrichtung ausgesprochen hatten. Heute hat die Stadt mit ihren 50.000 Einwohnern, davon ein Drittel Studenten, fast 60 Kilometer Radwege, die neben der Straße verlaufen, und weitere 47 Kilometer reine, getrennt verlaufende Radwege. Zudem gibt es derzeit ein ehrgeiziges Programm für den weiteren Ausbau dieses Netzes.

Doch in dem sehr freundlichen und schattigen Zentrum der Stadt ist es beinahe beängstigend ruhig, und die Einzelhändler haben jede Menge Zeit, um ihren Kummer zum Ausdruck zu bringen. Die Stadtplaner in der Verwaltung machen sich ebenfalls Sorgen: Ihre Untersuchungen zeigen, daß die Anzahl der mit dem Fahrrad zurückgelegten Fahrten zwar nicht zurückgeht, aber auch nicht zunimmt, obwohl die Bevölkerung der Stadt von Jahr zu Jahr wächst. Damit sinkt der Anteil des Radverkehrs am gesamten Verkehrsaufkommen prozentual stetig. Die Ursache hierfür liegt in einer Veränderung der Einzelhandelsstruktur: Nach der Schließung eines großen, in der Innenstadt gelegenen Kaufhauses 1986 wurde jenseits der Stadtgrenzen ein großes Einkaufszentrum eröffnet. Seit sich die Leute an den Einkauf auf der grünen Wiese gewöhnt haben, sind die Umsatzsteuereinnahmen der Stadt dramatisch zurückgegangen und liegen heute nur noch bei einem Drittel oder der Hälfte der Einnahmen vergleichbarer Städte. Die Menschen brauchen schlichtweg ein Auto, um zu dem Einkaufszentrum zu gelangen. Marcel Bloemkolk kommt bei der Einschätzung der Erfahrungen aus Davis zu einem ähnlichen Fazit: "Es ist wichtig, die Kompaktheit der Innenstadt zu bewahren. Groningen würde auch kein riesiges Einkaufszentrum an seinen Stadtgrenzen haben wollen."

Einsparpotentiale im Haushalt

Davis hat dagegen in einem anderen Bereich große Erfolge bei der Energieeinsparung erzielt: dem Energieverbrauch der Haushalte, der 27% des Gesamtenergieverbrauchs ausmacht und der im Rahmen einer lokalen Ökonomie sehr weitgehend beeinflußt werden kann. Die Strategie bestand darin, bei den Planungsvorgaben für den Neubau von Häusern die strengsten Energieverbrauchsstandards festzuschreiben, die die Gesetze von Kalifornien zuließen. Dies bedeutete aber nicht, daß die Häuser für die Bauherren damit zwangsläufig teurer wurden: In jeder Gemeinde wird der Preis für ein neues Haus dadurch bestimmt, was der Immobilienmarkt hergibt, und nicht durch die Baukosten. Wenn nun ein Bauherr zusätzlich 10.000 DM ausgeben muß, um die vorgeschriebenen Standards einzuhalten, dann hat er 10.000 DM weniger für den Bauplatz zur Verfügung. Der Landbesitzer verliert also, während der Hauseigentümer von der Verringerung seiner Kosten für Heizung, Licht, Klimatisierung und von einem höheren Wiederverkaufswert profitiert. Die ersten Häuser, die in Davis nach den neuen Standards gebaut wurden, erzielen heute einen um 12% höheren Preis als gleich alte, konventionell gebaute Häuser.[84]

Die Begeisterung über die Erfolge dieser Politik der hohen Standards ist in Davis so groß, daß man sogar eine monatliche Zeitschrift herausgibt, den "Biketown Builder", die Bauunternehmer und andere Interessierte über den aktuellen Stand der Entwicklungen informieren soll. Während der Bauphase werden bei den Häusern regelmäßige und gründliche Kontrollen durchgeführt, und die Mitarbeiter der Planungsbehörden sind angewiesen, bereits im Vorfeld mit Architekten und Bauherren ausführliche Gespräche zu führen, um über mögli-

---

84 Roodman, David/Lenssen, Nicholas (1995): A Building Revolution: How Ecology and Health Concerns are Transforming Construction [Worldwatch Paper No. 124]. Washington: Worldwatch Institute.

che Verbesserungen ihrer Pläne zu beraten. Dabei geht es häufig nicht nur um die Häuser an sich, sondern auch um ihre Positionierung auf dem Baugrundstück. Der Stadtrat von Davis hat in einer politischen Erklärung gefordert, daß der Aspekt der Energie-Effizienz als ein wichtiger Punkt von Beginn an in die Planung einbezogen werden müsse und nicht erst im Nachhinein an die ansonsten fertigen Pläne angefügt werden dürfe. Hierzu hat der Stadtrat eine Liste der Punkte verabschiedet, auf die von den Behörden im Genehmigungsverfahren geachtet werden soll. So soll die Ausrichtung der Häuser die Nutzung der im Sommer herrschenden Winde zur Kühlung der Wohnräume ermöglichen und im Winter durch optimale Sonneneinstrahlung die nötige Heizenergie reduzieren: "Die Gestaltung der Gebäude-Außenwände sollte eine Sonneneinstrahlung an der Südseite der Gebäude ermöglichen ... und dabei berücksichtigen, da§ der Sonnenstand am Tag des Winteranfangs am 21. Dezember einen Winkel von 20,7 Grad einnimmt." Als Folge müssen mindestens 80% der freistehenden Häuser einer Parzelle in ihrer Längsachse in einem Winkel von 22,5 Grad zur Ost-West-Richtung stehen. Es müssen Pläne für die Begrünung erstellt werden, die sowohl für Schatten auf Park- und Spielplätzen als auch auf den Häusern selbst sorgen; um einer Aufheizung des Wohngebietes im Sommer entgegenzuwirken, muß der Umfang der befestigten Flächen so gering wie möglich gehalten werden. Eine weitere Bedingung ist die Bereitstellung eines umfassenden Wegenetzes für Fußgänger und Radfahrer.[85]

Wärmeschutzstandards und Passivhäuser

Schweden hat schon im Jahre 1983 einen Wärmeschutzstandard festgelegt, der den Wärmeverlust pro Quadratmeter und Jahr auf 50 bis 60 kWh begrenzen soll. Ernst Ulrich von Weizsäcker und das Ehepaar Lovins haben darauf hingewiesen, daß das "Faktor-4-Ziel" – also die Steigerung der Energie-Effizienz um das Vierfache – in Deutschland bereits dann erreicht wäre, wenn der durchschnittliche Wärmeverlust der deutschen Häuser von 200 kWh pro Quadratmeter und Jahr auf den schwedischen Standard reduziert werden könnte.[86] Dabei gibt es seit einiger Zeit schon Häuser, die zeigen, daß der schwedische Standard noch bei weitem übertroffen werden kann.

Das sogenannte "Passivhaus" in Darmstadt-Kranichstein hat einen Wärmeverlust von jährlich unter 15 kWh/qm; im Vergleich zu einem normalen Wohnhaus werden nur 5% der Heizenergie und 10% des Strombedarfs benötigt.[87] Dieses Ergebnis ist vor allem die Folge einer optimalen Isolation von Fenstern und Außenwänden. Der zusätzliche Raumwärmebedarf wird mit Heißwasser aus einem besonders effizienten, gasbetriebenen Wasserboiler gedeckt. Raumheizung wird durch eine Innovation weitgehend überflüssig, die in

---

85 Davis City Council (Hrsg.) (1992): Energy-Efficient Subdivision Design: General Plan Policy Interpretation. Davis: Selbstverlag.

86 Weizsäcker, Ernst Ulrich von/Lovins, Amory B./Lovins, L. Hunter (1995): Faktor Vier – Doppelter Wohlstand, halbierter Naturverbrauch. München: Droemer Knaur, 42f.

87 Vgl. Feist, Wolfgang/Klien, Jobst (1994): Das Niedrigenergiehaus. Karlsruhe: C.F. Müller.

diesem Haus erstmals ausprobiert wurde: Eine Schaumstoffschicht wird um alle Fensterrahmen gelegt und ragt etwa 3 cm in die Fensterflächen hinein. Diese "Fensterschals" verhindern den sonst üblichen Wärmeverlust am Rahmen. Dieses System könnte leicht zu einem lokal produzierbaren Massenprodukt weiterentwickelt werden.

Eine andere Energiesparmaßnahme ist die Erwärmung der Frischluft, die den Innenräumen zugeführt wird. Die Luft wird durch eine mehrere Meter lange und vier Meter tief in den Erdboden vergrabene Röhre geleitet, wo die Außenluft selbst im Winter auf 8° Celsius erwärmt wird, bevor sie über einen Wärmetauscher in das Haus selbst geleitet wird.

Professor Owen Lewis, Direktor der Energy Research Group der School of Architecture des University College in Dublin, ist wie viele andere Experten der Auffassung, daß die Mehrkosten für die Umsetzung einer hohen Energieeffizienz beim Hausbau entgegen der weitverbreiteten Meinung gering sind: "Das wird von der Bauindustrie sehr stark übertrieben. Ich würde sagen, daß 5% die Obergrenze sind, denn wenn man einmal den Wärmeverlust auf ein niedriges Niveau gebracht hat, kann man sehr viel einsparen, weil man keinen Heizkessel, keinen Schornstein und keine Zentralheizung installieren muß. Ab einem gewissen Punkt jedoch sind nur noch sehr geringe Verbesserungen möglich, und es lohnt sich nicht, noch mehr auszugeben."[88] Teilweise liegt dies daran, daß die Bewohner des Hauses, die Beleuchtung und die Haushaltsgeräte sowieso genügend Wärme abgeben, um den verbleibenden Wärmeverlust des Hauses auszugleichen. Zum anderen ist dieser Verlust zu einem großen Teil durch die Notwendigkeit einer regelmäßigen Frischluftzufuhr bedingt und daher nicht ganz zu vermeiden.

Solarenergie als Kuppelprodukt

Ohnehin ist es möglicherweise billiger, für den Ausgleich der Wärmeverluste Energie von der Sonne einzufangen, als noch mehr Geld für zusätzliche Isolierung auszugeben. Das Haus von Susan Roaf in Oxford galt als das erste in Großbritannien, das durch die 48 Solarpanels auf seinem Dach mehr Strom produziert, als seine Bewohner während des ganzen Jahres verbrauchen. Das Stromnetz wird hierbei als Batterie genutzt – in den sonnenreichen Stunden des Tages wird Strom in das Netz eingespeist und in den Nachtstunden daraus wieder entnommen. Dabei gibt es noch viele andere Beispiele für die positive Entwicklung innerhalb der Photovoltaik. So hat eine spanische Firma Lärmschutzwände mit eingebauten (Photovoltaik-)Zellen entwickelt, die nicht mehr kosten als jede andere hochwertige Abdämmung. Sie werden als sechs Meter hohe Einheiten geliefert und vertikal montiert. Natürlich sind senkrecht angebrachte Zellen in gewisser Weise ineffizient, weil sie schräg angebracht werden müssen, um die maximale Menge an Sonne einzufangen, aber der Grad der Effizienz ist hier nicht in dem Maße von Bedeutung, weil der Strom im wesentlichen als ein kostenloses Kuppelprodukt zur eigentlichen Aufgabe der Wand anfällt – dem

---

88 Interview im Dezember 1995.

Lärmschutz. Auch dieses Produkt ließe sich massenhaft in lokaler Fertigung herstellen – ein weiteres von zahllosen anderen Einsatzgebieten für gemeinwesenorientierte wirtschaftliche Aktivitäten, die sich vor allem mit Phantasie und Kreativität und einer gewissen Abkehr von der Standardkostenrechnung des industriellen Systems wiedergewinnen lassen.

Die Umsetzung von hohen Standards bei Neubauten kann jedoch nur ein Teil der Lösung sein. Die letzte, im Jahr 1987 in der Bundesrepublik durchgeführte Gebäude- und Wohnungszählung ergab einen Wohnungsbestand von 25,3 Mio. Wohnungen, wovon ca. 22,6 Mio., also etwa 90%, vor 1980 gebaut worden waren[89] und damit überwiegend aus einer Zeit stammen, in der Energieeffizienz kaum eine Rolle spielte. Zwar werden ständig alte Häuser abgerissen und durch neue ersetzt, doch würde es noch mehrere Jahrzehnte dauern, um auf diese Weise den gesamten Wohnungsbestand den aktuellen Umweltstandards anzupassen. Hinzu kommt, daß das Abreißen und Neubauen von Häusern mit einem hohen Energie- und Materialeinsatz verbunden ist und neben den ökologischen und finanziellen Kosten vielfach auch soziale Probleme mit sich bringt.

Negawatt statt Megawatt

Es stellt sich daher die Frage: Was kann eine Gemeinde tun, um bei ihren bestehenden Gebäuden eine zufriedenstellende Energieeffizienz zu erreichen? Einen wichtigen Ansatzpunkt bietet ein Konzept, das in den USA seit Jahren unter dem Stichwort "Negawatt-Kraftwerke" diskutiert wird und mit dem in Europa wiederum die Dänen die meisten Erfahrungen gesammelt haben. Denn es war für die kommunalen Elektrizitätswerke in Dänemark billiger, Kunden zur Einsparung einer Einheit Strom zu bewegen, als Kapital für ein neues Kraftwerk bereitzustellen, das diese Einheit produziert hätte. Nach Angaben von AKF, dem dänischen Institut für Studien zur Kommunalverwaltung, ist mangelndes Wissen das größte Hindernis zur Reduzierung des Stromverbrauchs in den Haushalten. Bei einem Experiment wurde Informationsmaterial über Möglichkeiten zur Stromeinsparung an drei Gruppen von Haushalten verschickt, wobei keine dieser Gruppen Strom für die Raumheizung einsetzte. Es wurden ihnen günstige Kredite angeboten, falls sie eine dieser Maßnahmen umsetzen wollten. Außerdem wurde ihnen noch eine Broschüre darüber zugeschickt, wie sie ihren Stromzähler ablesen können. Als Folge dieser einfachen Schritte reduzierte die Gruppe 1 ihren Stromverbrauch um 7,4%. Bei Gruppe 2, bei der zusätzlich noch der Strompreis erhöht worden war, ging der Verbrauch um 8,3% zurück. Gruppe 3 wurde genauso behandelt wie Gruppe 2, nur wurden ihre Mitglieder außerdem noch von einem Berater besucht – ihr Verbrauch sank um 10%. Diese Einsparungen wurden überwiegend durch Verhaltensänderungen erreicht; nur in

89 Vgl. Statistisches Bundesamt (Hrsg.) (1994): Datenreport 1994. Bonn: Bundeszentrale für politische Bildung und eigene Berechnungen.

wenigen Fällen waren Glühlampen und elektrische Geräte durch neue, effizientere Modelle ersetzt worden.[90]

Über einen längeren Zeitraum hinweg, wenn bei einer größeren Zahl elektrischer Geräte ein Austausch fällig geworden wäre, hätten wesentlich tiefere Einsparungen erreicht werden können, wie das "Billsavers Project" der Lothian and Edinburgh Environmental Partnership (LEEP) zeigt. Bei dem Projekt wurde ein Jahr lang der Stromverbrauch in hundert Haushalten mit niedrigem Einkommen untersucht. Erst danach wurden diese Haushalte mit Energiesparlampen versorgt, und es wurde ihnen dabei geholfen, ältere Geräte zu ersetzen oder reparieren zu lassen. "Deutliche Einsparungen wurden durch den Einbau von Energiesparlampen erzielt; das extremste Beispiel waren Gesamt-Einsparungen von 70%", schreibt Robert Barnham, der für die Projektentwicklung zuständig war.[91] "Es gibt schon Fälle, wo davon ausgegangen wird, daß der Austausch eines (Alt-)Gerätes schon im ersten Jahr zu Einsparungen bei den Betriebskosten führen wird, die die Kosten für die Neuanschaffung wettmachen. Die deutlichsten Einsparungen entstehen durch den Austausch von Kühlschränken und Kühl- und Gefrierkombinationen; sie haben zwar nur eine eher geringe Wattzahl, laufen aber ununterbrochen, und in bestimmten Fällen verbrauchen ältere Modelle bis zu zehnmal mehr Energie als ein effizientes Austausch-Modell." LEEP hat nun ein Projekt gestartet, bei dem Familien Energiesparlampen mit Krediten der örtlichen Genossenschaftsbanken kaufen können, und untersucht nun die Energieeinsparpotentiale in jeweils einhundert Haushalten der Mittel- und Oberschicht. "Die Entwicklung eines Energiedienstleistungsunternehmens könnte eine längerfristige Möglichkeit sein und Beratung, bequeme Finanzierung, Verkauf und Installationsarbeiten umfassen", schreibt Barnham.

Beratung und Finanzierung

Das Bristol Energy Centre wurde als ein Ableger des Centre of Alternative Technology in Machynlleth in Wales gegründet, um zu zeigen, was alternative Technologien im städtischen Raum leisten können. Es hat selbst wiederum eine Firma mit dem Ziel gegründet, nicht nur den Stromverbrauch, sondern den gesamten Energieverbrauch eines Haushaltes zu reduzieren. Dort werden die hauptsächlichen Hindernisse für eine generelle Verbesserung der privaten Energiestandards darin gesehen, daß viele Menschen entweder überhaupt nicht wissen, was zu tun ist, oder daß es aus ihrer Sicht zu viele Umstände macht, sich einen Handwerker zu besorgen, der die Arbeiten durchführt, zumal sie den Handwerkern ohnehin nicht trauen. Hinzu kommt, daß vielen Leuten das Geld fehlt, um die notwendigen Maßnahmen finanzieren zu können, selbst wenn sie sich mittel- oder langfristig rechnen.

---

90 Larsen, Anders et al. (o.J.; 1995): Virkemidler og Elbesparelser. København: AFK. US-amerikanische Stromkonzerne verfügen mittlerweile über beträchtliche Erfahrungen, wie Kunden dazu gebracht werden können, weniger Strom zu verbrauchen; das "Results Center" sammelt und publiziert die Ergebnisse derartiger Projekte.

91 Vgl. Barnham, Robert (1995): "Energy Saving Pays Off", in: Safe Energy Journal, Sept.-Nov. 1995, 14f.

Um diese Probleme anzupacken, hat das Zentrum gemeinsam mit dem regionalen Stromversorgungsunternehmen Northern Electric und einem Finanzberatungsunternehmen einen "Energy Club" gegründet und im Oktober 1995 in zwei Gemeinden außerhalb von Bristol – in Yate und in Nailsea – ein Versuchsprojekt gestartet. Bei diesem Test wurden Wohnungseigentümer einer "intensiven Marketing-Maßnahme" unterzogen, die von einem per Post zugesandten Unterstützungsgesuch des Stadtrates begleitet wurde. Darin wurde nachdrücklich dazu aufgefordert, durch einen Anruf beim Energy Club Wege zu erkunden, um die eigenen Energiekosten zu reduzieren. "Mit unseren Computerprogrammen können wir schon ziemlich viel erreichen, indem wir den Leuten am Telefon Fragen stellen", sagte ein Sprecher des Energy Club.[92] "Wir geben ihnen eine Einschätzung vom Umfang der Einsparungen, die sie wahrscheinlich realisieren können und die gewöhnlich um die 600 DM pro Jahr ausmachen – das sind 20 bis 30% ihrer Energiekosten – und sagen ihnen, wieviel dies in etwa kosten würde. Wenn sie noch immer interessiert sind, führen wir eine Analyse durch und organisieren Handwerker, die die Arbeiten für sie erledigen. Falls nötig, können wir auch die Finanzierung durch einen persönlichen Kredit mit fünfjähriger Laufzeit bei einer Geschäftsbank arrangieren. Die erzielten Einsparungen sollten ausreichen, um die Rückzahlungen zu decken."

Auf keinen Fall wird man dem Energy Club vorwerfen können, er sei nicht ehrgeizig: Er erwartet, fünf Jahre nach Aufnahme des vollständigen Betriebes 2,5 Mio. Haushalte beraten zu haben, wodurch diese Haushalte über 1 Mrd. DM pro Jahr eingespart haben sollen. Die dadurch erreichte Reduzierung des CO_2-Ausstoßes soll dem Äquivalent von 1,4 Mio. Tonnen Kohle pro Jahr entsprechen.[93] "Wir können die Häuser auf 60 bis 70 auf der SAP-Skala[94] bringen", sagt ein Club-Sprecher. "Wieviele Haushalte wir letztlich beraten können, wird davon abhängen, wieviele andere Leute die kommerziellen Möglichkeiten erkennen und ebenfalls einsteigen. Staatliche Zuschüsse sind nicht damit verbunden."

Verbesserung der Energieeffizienz bei Altbauten

Auch bei bestehenden Gebäuden lassen sich jedoch wesentlich höhere Standards der Energieeffizienz erreichen als die, die der Energy Club anstrebt. Im niederländischen Schiedam beispielsweise hat der Stadtrat an einem 448 Einheiten umfassenden Wohnblock, der 1956 gebaut worden war und dringend renoviert werden mußte, eine besonders hochwertige Wärmedämmung durchführen lassen. An den Außenwänden wurde eine 150 mm dicke Styroporschicht befestigt

---

92 Telefon-Interview im Dezember 1995.

93 So eine Pressemitteilung vom März 1995.

94 SAP steht für Standard Assessment Procedure. Die Skala reicht von 1 bis 100, wobei der Wert 1 sehr hohe Energieverluste anzeigt und der Wert 100 für eine sehr hohe Energieeffizienz steht, was jedoch nicht bedeutet, daß keine Verluste vorliegen. So ist eine Einordnung von Niedrigenergiehäusern auf dieser Skala nicht möglich; sein Passivhaus, so ein Besitzer, würde etwa bei 250 liegen. Der Wert 60 bis 70 entspricht dem, was in Großbritannien durch die derzeitigen Vorschriften für Neubauten erreicht wird.

und darüber ein Metallgitter und Außenputz angebracht. Dies ist stets die effizienteste Möglichkeit, ein bereits bestehendes Gebäude zu isolieren, und wesentlich besser und einfacher als eine Isolierung der Innenwände. Insbesondere in den neuen Bundesländern wird diese Technik eingesetzt, um den Zustand der Häuser zu verbessern. Außerdem wurden die Dächer mit einer 70 mm dicken Dämmschicht isoliert und die Balkone verglast. Die alten Fenster wurden durch neue mit Argon gefüllte Doppelglas-Fenster ersetzt, die eine die Wärmestrahlen reflektierende Silberoxyd-Beschichtung haben und in Holzrahmen eingefaßt sind. Darüber hinaus wurden auch neue Raumheizungen installiert. Diese Maßnahmen brachten die Wohnungen auf den Standard der besten niederländischen Neubauten, und sie verbrauchen nun 90% weniger Energie als der Durchschnitt des niederländischen Hausbestandes.[95]

Nach der jüngsten britischen Schätzung würde der Gesamtenergieverbrauch der Haushalte um fast 40% zurückgehen, wenn in jedem Haushalt alle möglichen Energiesparmaßnahmen umgesetzt würden. Dazu zählen der Einbau von Doppelglas-Fenstern, Dämmung des Dachbodens mit einer 150 mm Fiberglas-Isolierung, geeignete Abdichtung gegen Zugluft, Isolierung der Wände, Einbau der effizientesten Energiesparlampen und Austausch von elektrischen Geräten durch neue energiesparende Modelle. Bei der genannten Schätzung wurde bereits berücksichtigt, daß sich nicht alle Maßnahmen in einer entsprechenden Reduzierung des Energieverbrauchs niederschlagen werden, sondern sich manche Menschen zum Beispiel auch den "Luxus" einer wärmeren Wohnung leisten werden.[96] Außerdem würden die meisten Investitionen den Wohnungsinhabern, wenn sie die Arbeiten selbst ausführen, eine Rendite von mindestens 15% erbringen. Selbst wenn sie Handwerker damit beauftragen müssen, sollte der Ertrag der meisten Investitionen bei 8% und mehr liegen.

Die Hindernisse beim Energiesparen sind somit weder technischer noch finanzieller Art, sondern sie sind im wesentlichen sozial bedingt – und das ist genau der Punkt, an dem die Gemeinden überlegen müssen, wie sie ihre lokalen Handlungsspielräume für den Aufbau einer gemeinwesenorientierten Wirtschaft nutzen könen.

---

95 Vgl. Olivier, David (1991): "Continental efficiency", in: Building Services, März 1991.

96 Vgl. Shorrock, L. (1995): Potential Carbon Emission Savings from Energy Efficiency in Housing [information paper 15/95]. London: Building Research Establishment.

6. Vom Land leben

Die moderne industrielle Landwirtschaft kann nicht sehr viel länger in der derzeit praktizierten Form fortgesetzt werden. Sie schädigt die Böden zu sehr und untergräbt die genetische Basis. Notwendig sind eine neue Form der bäuerlichen Landwirtschaft und eine möglichst kleinräumige Vermarktung.

Gründe für regionale Unabhängigkeit

Es gibt drei gewichtige Gründe dafür, warum in einer Region ein möglichst großer Teil der Nahrungsmittel, die benötigt werden, auch dort produziert werden sollte. Erstens: Nur wenn man Nahrungsmittel kauft, die am Ort mit lokal vorhandenen Ressourcen erzeugt wurden, kann man einigermaßen sicher sein, *was* man ißt. Kaum eine Woche vergeht, ohne daß in den Medien nicht über irgendeinen Lebensmittelskandal berichtet wird: Salmonellen bei Hühnern, Antibiotika im Schweinfleisch, Verunreinigungen in kalt gepreßten Salatölen, schließlich der BSE-Skandal bei Rindfleisch. Das Vertrauen der Menschen in die industrielle Landwirtschaft und die damit verbundene Nahrungsmittelindustrie hat stark abgenommen.

Den zweiten Grund haben wir bereits in Kapitel 2 angesprochen. Jede Region, in der das Überleben ihrer Bewohnerinnen und Bewohner davon abhängt, daß Nahrungsmittel von außerhalb gekauft werden, muß Jahr für Jahr eigene Produkte oder Dienstleistungen exportieren – und zwar so viel, daß die Erlöse ausreichen, um die Lebensmittelrechnungen zu bezahlen. Das bedeutet, daß eine solche Region ständig den Risiken extrem instabiler Weltmärkte ausgesetzt ist und sich dem globalen Wettbewerb mit tausenden anderer Produzenten stellen muß. Ohne einen steten Mittelzufluß von außen kann eine solche Region nicht überleben; sie kann nicht aufhören, Güter oder Dienstleistungen zu exportieren, selbst wenn die Preise, die sie auf den Weltmärkten erzielen kann, lächerlich niedrig sind. Daß dies eine reale Gefahr sein kann, hat der Verfall der Weltmarktpreise vieler Exportprodukte – auch im agrarischen Bereich – in den letzten Jahrzehnten immer wieder gezeigt. Die Menschen in der Region haben in der Regel auch keinen Einfluß auf die Preise, die sie für ihre Importe bezahlen müssen. Mit anderen Worten: Der "Wechselkurs" – besser: das reale Austauschverhältnis – zwischen den Gütern und Dienstleistungen, die die Region anbietet, und den Nahrungsmitteln und anderen lebensnotwendigen Dingen, die sie nachfragt, wird extern bestimmt. Damit entscheidet das Welthandels- und -finanzsystem darüber, wie die Menschen in der Region leben. Sie sind auf eine ganz existentielle Weise von diesem System abhängig, ja ihm sogar ausgeliefert.

Nur wenige Menschen in der industriellen Welt sind über diesen Tatbestand besorgt. Das hat natürlich einen Grund, denn das Weltagrarsystem hat sich über einhundert Jahre lang sehr zu ihrem Vorteil entwickelt. Nur die Kleinbauern haben darunter gelitten: Sehr viele Bauern mußten während des Siegeszuges der industriellen Landwirtschaft ihre Höfe aufgeben. In den anderen Sektoren der Wirtschaft mußten die Menschen über die Jahre und Jahrzehnte immer weniger Arbeitszeit aufwenden, um das Geld zu verdienen, das für den Ankauf der Grundnahrungsmittel notwendig ist. In den Industrieländern entstand immer mehr das Gefühl, daß Nahrungsmittelknappheiten in den entwikkelten Ländern endgültig der Vergangenheit angehören[1] – schließlich ist eines der größten Probleme der EU, wie man mit der agrarischen Überproduktion, den Butterbergen und den Milchseen fertig werden kann. Warum sollte man also eine solch vorteilhafte Situation aufgeben – jedenfalls, solange man nicht durch äußere Umstände dazu gezwungen wird?

Der dritte Grund für eine größtmögliche lokale Unabhängigkeit im Nahrungsmittelbereich birgt zugleich auch die Antwort auf diese Frage. Das System der industriellen Landwirtschaft, das offenkundig diesen Überfluß produziert hat, ist nicht zukunftsfähig und kann sowohl in Form einer plötzlichen Katastrophe als auch – was wahrscheinlicher ist – als Summe kleiner und kleinster Veränderungen zusammenbrechen. Ein wichtiger Grund dafür, daß dieses System mit den Kriterien nachhaltiger Entwicklung nicht vereinbar ist, besteht in dem hohen Energieverbrauch – Energie, die für die Produktion, die Verpackung und den Transport von Lebensmitteln verbraucht wird. Mitarbeiter eines schwedischen Institutes haben errechnet, daß ein Energieeinsatz von 15,8 MJ benötigt wird, um im System der industriellen Landwirtschaft ein Kilo Brot zu produzieren, zu verpacken und zum Verbraucher zu transportieren; ein Kilo Brot versorgt unseren Körper jedoch nur mit 10 MJ Energie, wenn wir diese Menge essen. Noch krasser ist der Unterschied bei tiefgefrorenen Erbsen: 22,6 MJ werden für Produktion, Verpackung und Vermarktung benötigt – das Zehnfache ihres Energiegehaltes. Ähnlich ist die Relation bei Rindfleisch von Tieren, die auf gedüngtem Weideland gehalten werden: 1 Kilo liefert 6 MJ Energie beim Verzehr, aber es stecken 64,2 MJ darin, bis das Stück Fleisch auf der Ladentheke liegt.[2]

Auf Düngemittel entfallen in der Tat etwa 50% des Einsatzes fossiler Energie in der konventionellen industriellen Landwirtschaft – das sind zwischen 5 und 10% des Primärenergieverbrauchs eines Industrielandes.[3] Schon im Jahre 1978 entfielen auf den Transport von Lebensmitteln in Großbritannien weitere 5% des gesamten Energieeinsatzes.[4] In den letzten 20 Jahren ist aber die durchschnittliche Entfernung, die die Nahrungsmittel zurücklegen, bis sie auf unseren Tellern landen, um über 50% gestiegen.[5] Das bedeutet, daß der Energieverbrauch für diesen Zweck beträchtlich gewachsen sein muß. Rechnet man den Einsatz von Energie bei der Verarbeitung von Agrarprodukten hinzu, kann man

---

1 Allerdings gibt es immer wieder einmal Medienkampagnen, die die Knappheitsfurcht am Leben zu erhalten suchen; so gab es etwa im Herbst 1995 ein Nachrichtenwelle, daß eine Dürre nicht nur in den Ländern des Südens, sondern weltweit zu Versorgungsengpässen führen könnte.

2 Berechnungen des Swedish Food Institute, zit. bei: Industry Council for Packaging and the Environment (Hrsg.) (1991): Packaging Saves Energy. London: Incpen.

3 Greenpeace (Hrsg.) (1992): Green Fields, Grey Future: EC Agricultural Policy at the Crossroads. Amsterdam: Greenpeace.

4 Blaxter, Kevin (1978): Energy Use in Farming and its Cost. Oxford: Oxford Farming Conference.

5 Vgl. SAFE Alliance (Hrsg.) (1994): The Food Miles Report. London: SAFE.

sagen, daß etwa ein Viertel des gesamten Energieverbauchs in Industrieländern für die Produktion und die Vermarktung von Nahrungsmitteln aufgewendet wird.[6]

Industrielle Landwirtschaft ist nicht zukunftsfähig

Ein weiterer Grund dafür, daß das gegenwärtige System der industriellen Landwirtschaft nicht als zukunftsfähig angesehen werden kann, ist in der Schädigung des Bodens durch die damit verbundenen Anbaumethoden zu sehen. Schon ein altes Sprichwort sagt, daß das Düngen mit Kalk den Vater reich und den Sohn arm macht. Die Düngung mit gelöschtem Kalk verringert den Säuregehalt des Bodens, für einige Jahre wird Stickstoff freigesetzt, was bei den Pflanzen ein besonders üppiges Wachstum hervorruft. Nur – wenn die Stickstoffvorräte erschöpft sind, dann sinken die Erträge unter das Niveau vor der Düngung. Nur jährliche Gaben von natürlichem Dünger, der den Humus ergänzen kann, wird diesen Prozeß langfristig verhindern. Auch künstliche Dünger steigern den Ertrag für eine gewisse Zeit, aber auch sie greifen in die natürliche Zusammensetzung der Böden ein und machen diese unter anderem viel anfälliger für Erosionsprozesse. In einigen Gebieten mit industrieller Landwirtschaft schätzt man den Erosionsverlust auf 20 Tonnen der obersten Bodenschicht pro Hektar und Jahr[7] – das liegt weit über den Werten, die sich bei traditionellen oder modernen organischen Formen der Bewirtschaftung ergeben würden. Eine Erosion in diesem Ausmaß ist eine ernsthafte Gefahr, denn Schätzungen gehen von einem durchschnittlichen Ertragsverlust von 8% bei einem Verlust von nur 12 Tonnen Boden pro Hektar aus.[8] In Südostasien ist es so weit, daß einige Formen der industriellen Landwirtschaft nicht mehr eingesetzt werden können. Trotz steigender Düngergaben sinken die durchschnittlichen Hektarerträge einiger im Rahmen der "Grünen Revolution" entwickelten hochertragreichen Reissorten um 1% pro Jahr.[9]

Irritierenderweise werden die Gründe, weswegen das Welternährungssystem in keiner Weise nachhaltig ist, von den meisten Menschen weitgehend ignoriert. Viele Umweltgefährdungen – von der Atomkraft bis zum sauren Regen, vom Ozonloch bis zu den Müll-Altlasten – sind mittlerweile im Bewußtsein der meisten Menschen; nur wenige Menschen sehen jedoch, daß auch die gene-

---

6 Blaxter, op.cit., 44, geht davon aus, daß dieser Wert in Großbritannien bei 28% lag.

7 Vgl. Body, Richard (1991): Our Food, Our Land: Why Contemporary Farming Practices Must Change. London: Rider.

8 Vgl. Arden-Clark, Christian/Hodges, Robert (1988): "The environmental effect of conventional and organic biological farming systems", in: Biological Agriculture and Horticulture, 3. Jg., Heft 3, 223 – 287.

9 Interview mit Dr. K.G. Cassman, International Rice Research Institute, Dezember 1993. Auch bezüglich dieser Frage ist es jedoch so, daß die langfristigen Gefahren der "Grünen Revolution" seit über 20 Jahren bekannt und gut dokumentiert sind; vgl. z.B. Randhawa, M.S. (1974): Green Revolution – A Case Study of Punjab. Delhi/Bombay/Bangalore: Vikas; Sharma, Hari (1973): "The Green Revolution in India – Prelude to a Red One?", in: Gough, Ravi/ders. (Hrsg.): Imperialism and Revolution in South Asia. New York/London: Praeger.

tische Vielfalt der natürlichen Umwelt bedroht ist und das Welternährungssystem daher kollabieren kann – mit dann völlig unkalkulierbaren politischen Folgen. Da auch hier die Stärkung lokaler, gemeinwesenorientierter Ökonomien helfen kann, dieses Problem zumindest ein wenig zu entschärfen, möchten wir auf den nächsten Seiten auf diesen Problemzusammenhang im Ganzen ein wenig ausführlicher eingehen. Ein Beispiel aus der Vergangenheit zeigt exemplarisch und in einem Schlaglicht, worum es hier eigentlich geht.

"Old Cornish" – eine Blumenkohlsorte verschwindet

Nach dem Bau der Eisenbahnen in der Mitte des letzten Jahrhunderts konnten die Bauern in Cornwall die Vorteile des milden Klimas nutzen und schon sehr früh im Jahr Gemüse und andere Produkte auf allen Märkten in Großbritannien anbieten. Besonders begehrt war ihr Blumenkohl. Die Sorte, die sie anbauten, hieß "Old Cornish"; sie war durch Kreuzung verschiedener Sorten, die in den vierziger Jahren des 19. Jahrhunderts aus Italien importiert worden waren, gezüchtet worden. Die Bauern wußten nicht, daß "Old Cornish" gegen eine bestimmte Pilzkrankheit resistent war, die in Wales sowie im Süden und Südwesten Englands sehr verbreitet ist: Diese Krankheit führt erst zu braunen Flecken auf den äußeren Blättern der Pflanzen, die zunächst gelb werden und dann absterben.

In den vierziger Jahren des 20. Jahrhunderts führte das Seale Hayne Agricultural College in Devon neue Züchtungsversuche von Blumenkohl durch. Danach brachte das Landwirtschaftsministerium in Verbindung mit einem großen Saatguthändler den Bauern französische Blumenkohlsorten nahe. Innerhalb von zehn Jahren verschwand "Old Cornish" vom Markt, weil die Konsumenten damals die dichten weißen Sorten aus Frankreich bevorzugten und die lockeren gelblichen Blumenkohlköpfe von "Old Cornish" nicht mehr mochten. Am Ende baute niemand mehr die alte Sorte an – sie war verschwunden. Kurz danach bemerkte man erste Ausbrüche der Pilzkrankheit, und heute ist es sehr schwierig geworden, eine zufriedenstellende Ernte von Blumenkohl in Cornwall zu bekommen. Die Bauern haben versucht, resistente französische Sorten zu finden, dennoch gab es in einigen Gebieten immer wieder Totalausfälle. Eine Fruchtfolge mit anderen Gemüsen lindert das Problem, und es hilft auch, die Erde vor der Aussaat mit hohen Gaben von Holzasche oder Kalium zu behandeln, aber man kann die Pilzkrankheit auf chemischem Wege nicht verhindern. "Die neuen Sorten haben dazu geführt, daß eine der besten und vielleicht die einzige wirkliche Quelle der Resistenz gegen diese Krankheit vernichtet wurde", schreiben Cary Fowler und Pat Mooney in ihrem Bericht über diese Tragödie:[10] "Wir werden niemals wissen, ob diese Sorte noch andere hervorragende Eigenschaften hatte."

Aus dieser Geschichte können zwei Lehren gezogen werden. Die eine ist, daß es unter Umständen überhaupt nur möglich sein wird, auf eine nachhal-

---

10 Fowler, Cary/Mooney, Pat (1990): Shattering – Food, Politics, and the Loss of Genetic Diversity. Tucson: University of Arizona Press, 73.

tige, ökologisch orientierte Form der Landwirtschaft überzugehen, bei der keine künstlichen Schädlingsbekämpfungsmittel verwendet werden, wenn die alten Saatgutsorten erhalten bleiben, die eine solche Form der Landwirtschaft in der Vergangenheit ermöglicht hatten. In ähnlicher Weise gilt dies für alte Nutztierrassen; wir kommen später noch darauf zurück. Die zweite Lehre besteht darin, daß chemische Wirkstoffe natürliche Resistenzen nur sehr unvollkommen ersetzen können und daß es ohne eine genetische Vielfalt bei den Nutzpflanzen unter Umständen unmöglich wird, die Ernährungssicherheit zu gewährleisten.

Alte und neue Saatgutsorten

Sortenreines Saatgut mit einer nur geringen genetischen Variabilität gibt es noch nicht sehr lange. Tausende von Jahren verwendeten die Menschen Saatgut, das in der Fachsprache mit dem Begriff der "Landsorte" bezeichnet wird – das sind natürliche Mischungen von Saatgutsorten, die an die lokalen Bedingungen gut angepaßt sind. Obwohl es fast jedes Jahr einen Befall durch Schädlinge oder Pflanzenkrankheiten gab, litten darunter dann nur die Pflanzen auf den Feldern, die dafür jeweils besonders anfällig waren; in der Regel war ein Großteil der Ernte gesichert, weil die Landsorten Abwehrmechanismen entwickelt hatten, da sie über hunderte von Jahren ihren Feinden unter der Bedingung einer landwirtschaftlichen Nutzung und noch viele tausende von Jahren zuvor als Wildpflanzen ausgesetzt waren. Unglücklicherweise ist es heute jedoch so, daß jene Vielfalt innerhalb einer Art, die diese Sicherheit hervorgebracht hatte, als unerwünscht angesehen wird: Die heutigen Züchter und die Anhänger einer industrialisierten Landwirtschaft wollen, daß ihre Ernte durch und durch gleichmäßig aussieht und gleich schmeckt; sie wollen, daß sich die Pflanzen auf dem Feld ganz gleichmäßig entwickeln und auch nach der Ernte und in der Küche keine Unterschiede auftreten. Das bedeutet zum Beispiel, daß ein Weizensaatgut gefordert wird, aus dem Pflanzen hervorgehen, die gleichmäßig und einheitlich groß werden und zur gleichen Zeit erntereif sind. Aus diesem Grund versuchen Pflanzenzüchter seit Beginn des 19. Jahrhunderts, durch immer neue Kreuzungen besondere Eigenschaften aus der Vielfalt des Spektrums von Eigenschaften in einer Landsorte herauszufiltern, bis sie ein sortenreines Saatgut erzielt haben, das sich womöglich auch noch ohne jede Variabilität von Generation zu Generation fortpflanzt.

Auf einem Feld, das mit einer Landsorte bepflanzt ist, wandert ein Schädling, der eine Pflanze findet, die ihm nicht schmeckt, zu einer anderen Pflanze, die ihm besser zusagt. Aufgrund eines bescheidenen, aber stetigen Nahrungsmittelangebotes gibt es für den Schädling keinen Druck, sich zu verändern. Wenn jedoch Tausende von Hektar mit einem sortenreinen Saatgut bepflanzt sind, müssen Schädlinge und auch Pflanzenkrankheiten – um nicht selbst auszusterben – sich anpassen und die verschiedenen Resistenzen überwinden, die das gleichförmige Saatgut vielleicht aufweisen mag. Dies geschieht bemerkenswert schnell. In einem Experiment am Internationalen Institut zur Erforschung von Reis (IRRI) auf den Philippinen wurden braune Heuschrekken, der gefährlichste Reisschädling in Asien, in einen großen Kasten mit Mudgo gesperrt; Mudgo ist eine Reissorte, die als resistent gegen den Befall von Heuschrecken galt. Die meisten Heuschrecken verhungerten, aber einige bekamen doch Nachwuchs. In der zehnten Generation der Heuschrecken – etwa drei Monate später – verschlangen die Heuschrecken Mudgo genauso bereitwillig wie jede andere nicht-resistente Reissorte. Auch Pflanzenkrankheiten können sich mit großer Geschwindigkeit anpassen. Die erste Variante einer bestimmten Rostkrankheit bei Weizen wurde 1917 identifiziert. Fünfzig Jahre später gab es 300 weitere Varianten dieser Krankheit, die in Folge der Entwicklung von Weizensorten entstanden waren, die gezüchtet worden waren, weil man über rostresistente Weizensorten verfügen wollte.

Im System der industriellen Landwirtschaft gibt es ein verzweifeltes Rennen zwischen Pflanzenzüchtern auf der einen und Schädlingen und Pflanzenkrankheiten auf der anderen Seite – mit völlig unkalkulierbaren Folgen, sollten die Pflanzenzüchter einmal verlieren. Es ist nur leicht übertrieben, wenn man sagt, daß das Leben einer Saatgutsorte nicht mehr länger dauert als das eines Schlagers. "Triumph", eine Gerstensorte aus Ostdeutschland, wurde nach ihrer Einführung im Jahre 1982 sehr schnell zu einer der am meisten angebauten Sorten in Irland. Bis 1989 war jedoch die Resistenz dieser Sorte gegenüber verbreiteten Pflanzenkrankheiten verschwunden, und sie mußte durch eine englische Züchtung – "Blenheim" – ersetzt werden, die wiederum schon im Jahre 1994 nicht mehr brauchbar war. Wenn die Resistenzen einer Sorte wirkungslos werden, kann manchmal der Einsatz von Pestiziden das Problem lösen, aber Schädlinge können auch gegen chemische Mittel manchmal sehr schnell ihrerseits Resistenzen entwickeln: Nur sechs Jahre, nachdem DDT eingeführt wurde, gab es die ersten Fälle von DDT-resistenten Schädlingen. In der Tat befürchten viele Wissenschaftler, daß Schädlinge Resistenzen mit einer höheren Geschwindigkeit entwickeln, als die Forschung neue Pestizide hervorbringen kann, und daß eine ganze Anzahl sehr gefährlicher Schädlinge in nächster Zukunft nicht mehr kontrollierbar sein wird.

Die Pflanzenzüchter können nur zu den Landsorten und den Wildpflanzen zurückgehen, aus denen ihre Züchtungen von Nutzpflanzen ursprünglich entwickelt worden waren, um aus diesem ursprünglichen genetischen Material neue Resistenzen in weiterentwickelte Sorten hineinzuzüchten. Unglücklicherweise haben jedoch mehrere Faktoren dazu geführt, daß nur sehr wenige Landsorten überhaupt noch angebaut werden, und dies nur in sehr abgelegenen Gegenden. Dazu hat der Siegeszug der industriellen Landwirtschaft weltweit beigetragen, der Erfolg internationaler Saatgutunternehmen, die ihre neuen Sorten überall auf dem Globus verkaufen, und schließlich der Niedergang vieler Formen der traditionellen Landwirtschaft. Weizen war ursprünglich vermutlich zuerst auf dem Balkan oder in Armenien angepflanzt worden, und vor noch nicht allzulanger Zeit gab es auf den Feldern zwischen Griechenland und Indien und südlich bis nach Äthiopien eine enorme genetische Vielfalt von Weizensorten. Innerhalb der letzten fünfzig Jahre ist jedoch fast der gesamte Anbau auf gleichförmige, kommerziell vermarktete Sorten umgestellt worden. Dies hat dazu geführt, daß der Reichtum des genetischen Erbes, der früher auf diesen Feldern zu finden war, mittlerweile nahezu verschwunden ist.

Professor Jack Harlan von der Universität von Illinois war einer der ersten, der auf die Gefahren hinwies, die dieser Verlust der genetischen Vielfalt bedeutet. Das ganze Ausmaß des Problems wird in einer Geschichte deutlich, die Harlan erzählte, viele Jahre nachdem er 1948 Weizenpflanzen auf einem türkischen Feld gesammelt hatte:[11]

"Dies ist eine armselige Weizensorte, sehr hoch, mit einem dünnen Halm, der sich bei Wind und Regen leicht umlegt, nicht besonders winterfest, anfällig für Rostkrankheiten an den Blättern, und sie hat obendrein auch keine guten Backeigenschaften. Über 15 Jahre lang hat sich verständlicherweise niemand um diese Sorte gekümmert. Aber plötzlich wurde in den Staaten im Nordwesten der USA eine bestimmte Rostkrankheit zu einer ernsten Gefahr, und es zeigte sich, daß eben diese Weizensorte, die ich damals gesammelt hatte, nicht nur gegen diese Art der Rostkrankheit resistent war, sondern darüber hinaus gegen eine große Anzahl weiterer Pflanzenkrankheiten."

Genbanken – Aufgaben und Risiken

Heute ist genetisches Material aus dieser armseligen Weizensorte die Grundlage eines jeden Züchtungsprogramms für die Staaten im Nordwesten der USA und hat den Landwirten dort Verluste in Millionenhöhe erspart. Niemand weiß, welche möglicherweise wertvollen genetischen Eigenschaften mit dem Verschwinden von Landsorten unwiederbringlich verlorengegangen sind. Natürlich ist es richtig, daß nicht alles genetische Material, das diese Sorten enthalten hatte, verschwunden ist. Besorgte Wissenschaftler haben – zum Teil wohl auch aufgrund der Warnungen von Jack Harlan – im Jahre 1972 den International Board for Plant Genetic Resources (IBPGR) gegründet, der dafür Sorge tragen soll, daß Landsorten und andere Sorten kommerziell wichtiger Nahrungspflanzen gesammelt und in Genbanken eingelagert werden. Mehr als 110.000 Weizensorten und Landsorten sowie 12.500 "wilde" Weizensorten werden heute im International Maize and Wheat Improvement Centre in Mexiko konserviert. Ähnliche Sammlungen gibt es für Kartoffeln, Gerste, Mais, Sorghum, Reis, Erdnüsse, Bohnen, Süßkartoffeln, Erbsen und andere Nutzpflanzen. Aber niemand weiß, welchen Teil der ursprünglichen Vielfalt diese Sammlungen beinhalten. Und es gibt weitere Probleme: Die Sammlungen der international wichtigen Nutzpflanzen sind zwar unvollständig, aber immerhin doch vorhanden; die Pflanzen, die nur von regionaler oder lokaler Bedeutung sind, sind bis heute noch immer weitgehend unbeachtet. Entsprechende Sammlungen sind bis jetzt nicht angelegt worden. Darunter gibt es zum Beispiel zwanzig verschiedene Ölsaaten, die in Ostafrika angebaut werden und in anderen Teilen des Globus fast unbekannt sind. Die Regierung von Peru hat eine Rettungsaktion in letzter Minute durchgeführt, durch die eine Reihe von Sorten verschiedener Nutzpflanzen gerettet werden konnte, die nur in den Anden von Bedeutung sind: Dazu gehört Chenopodi-

11 Vgl. Harlan, Jack (1995): "Seed Crops", in: Frankel, Otto H./Hawkes, Jack (Hrsg.): Resources for Today and Tomorrow, 114f.

um quinoa und Chenopodium pallidicaule oder Wurzelgemüse wie Canna edulis – alle diese Sorten wären fast der Vergessenheit anheim gefallen.

Nur weil genetisches Material gesammelt wurde, heißt das noch nicht, daß es auch sicher ist. Die weltweite Reissammlung wird vom Internationalen Institut für die Erforschung von Reis (IRRI) in einem beeindruckenden Kühlhaus aufbewahrt, das allerdings nicht sehr weit entfernt von zwei aktiven Vulkanen und im Zentrum einer erdbebengefährdeten Zone errichtet wurde. Dann gibt es immer wieder Berichte von Unglücksfällen; Fowler und Mooney[12] beschreiben die Folgen eines Ausfalls des Kühlsystems im Zentrum für Sorghum und Hirse in Haiderabad in Indien; in den vergangenen Jahren ging eine größere Sammlung von Maissorten in Peru bei einem ähnlichen Vorfall verloren; 500 Sorten amerikanischer Cassava gingen beim Transport von einer Genbank in eine ander verloren. Andere Vorfälle von Schlamperei, unsachgemäßer Lagerung und Mißmanagement runden dieses düstere Bild ab.[13]

Die Schilderungen der Probleme mit jenen Genbanken sollten nicht als eine Aufforderung verstanden werden, sie abzuschaffen, sondern, ganz im Gegenteil, als ein Plädoyer, sie noch sehr viel zahlreicher zu betreiben, so daß bei einzelnen Ausfällen dann durch eine möglichst hohe Redundanz keine unwiederbringlichen Verluste entstehen. Leider gibt es aber noch grundsätzlichere Probleme bezüglich der Genbanken, die nicht nur deren Sicherheit oder sachgemäße Unterhaltung betreffen. Schädlinge und Pflanzenkrankheiten passen sich den Bedingungen der äußeren Welt fortlaufend durch Veränderung an; das in Kühlschränken gelagerte Saatgut kann sich jedoch nicht weiter entwickeln und neue Variationen hervorbringen. Durch die Lagerung wurden die Pflanzensorten quasi aus dem Fortgang der Evolution herausgenommen. Wenn man sich daher ausschließlich auf die Genbanken verlassen würde, könnte es geschehen, daß irgendwann in der Zukunft Schädlinge oder Pflanzenkrankheiten eine bestimmte Eigenschaft entwickelt haben, gegen die gelagerte Sorten nicht mehr resistent sein können, eben weil ihnen durch die Lagerung die Möglichkeit genommen wurde, eine solche Resistenz zu entwickeln.

Ein zweites Problem liegt darin, daß Saatgut in einer Genbank nur für eine bestimmte Zeit gelagert werden kann, ohne die Keimfähigkeit zu verlieren. Diese Zeitspanne ist von Nutzpflanze zu Nutzpflanze unterschiedlich; auch die Temperatur, bei der das Saatgut gelagert wird, ist von Bedeutung. Üblicherweise wird daher, wenn ein bestimmter Prozentsatz einer Zufallsstichprobe des Saatguts seine Keimfähigkeit verloren hat – der Standard beträgt hier 15% –, der Rest des Saatgutes aufgetaut und regeneriert, indem es ausgesät wird. Danach wird das neue Saatgut, das die Pflanzen auf den Feldern produzieren, eingelagert. Dieses Verfahren birgt jedoch zwei weitere Probleme. Zum einen kann man nicht ohne weiteres annehmen, daß das Saatgut, das die Keimfähigkeit verloren hatte, völlig identisch mit jenem Saatgut gewesen ist, das erfolgreich weiter vermehrt werden konnte. Es kann durchaus sein, daß bereits dieser Unterschied der Keimfähigkeit zu einem unwiederbringlichen Verlust genetischer

12 Fowler/Mooney (1990), op.cit., 256.

13 Vgl. Clunies-Ross, Tracy (1995): "Gene Banks or Gene Morgues?", in: The Ecologist, Vol. 25, Heft 5 (Sept./Okt. 1995), 183.

Information geführt hat. Das zweite Problem liegt darin, daß die Veränderung der genetischen Information jedes Mal stattfindet, wenn Saatgut ausgesät wird und die Pflanzen heranwachsen, weil sie auf unterschiedliche Weise auf die jeweiligen Gegebenheiten – Wetter, Bodenbeschaffenheit, Insekten, Pflanzenkrankheiten – reagieren, die sie während der Wachstumsperiode antreffen. Um dies zu beweisen, hat Eric Roos, ein Pflanzenphysiologe in Fort Collins, eine gleiche Anzahl von acht verschiedenen Bohnensorten 15 mal ausgepflanzt und das neugewonnene Saatgut wieder eingelagert. Am Ende dieses Experimentes waren sechs dieser Sorten nicht mehr in der ursprünglichen Form vorhanden.

Die Betreiber von Saatgutbanken befinden sich daher in einem unauflösbaren Dilemma. Wenn sie das Saatgut so lange lagern, daß nur ein kleiner Teil davon seine Keimfähigkeit behält, geht die genetische Information des Teils unwiederbringlich verloren, der sich nicht mehr vermehren läßt. Wenn sie dagegen versuchen, das gelagerte Saatgut häufig auszusäen und zu regenerieren, geht ein anderer Teil der genetischen Information im Prozeß der Regeneration selbst verloren. Mit anderen Worten: Gleichgültig welcher Strategie sie folgen, auf lange Sicht wird eine Genbank jenes Material behalten, das sich besonders gut angepaßt hat, um unter den Bedingungen einer Genbank zu überleben – aber eine ganze Reihe der Eigenschaften, die die Pflanzen unter natürlichen Bedingungen ursprünglich einmal aufgewiesen haben, geht verloren.

Fowler und Mooney ziehen aus dieser Problemkonstellation eine Schlußfolgerung, die fast auf der Hand liegt: Die genetische Vielfalt kann nicht nur durch Genbanken erhalten werden. Daher müssen deren Anstrengungen durch andere Bemühungen auf regionaler und lokaler Ebene unterstützt werden. Vielfalt kann nur durch eine Vielfalt unterschiedlicher Methoden gerettet werden:[14]

"Man kann nicht hoffen, mit einer einzigen Methode zu bewahren und zu schützen, was Jahrtausende mit unterschiedlichen Umweltbedingungen und Anbaumethoden zu seiner Entwicklung benötigt hat. Diese Vielfalt ist – wie Musik oder die Form von Dialekten – ein Teil des Lebenszusammenhangs, in dem sie entstanden ist. Ohne diesen Lebenszusammenhang und die Bedingungen, die sie hervorgebracht hat, kann diese Vielfalt nicht lange bestehen. Daher müssen Gemeinden und Regionen die Vielfalt in ihrer Landwirtschaft retten, wenn sie sich ihre eigenen Handlungsspielräume für eine eigenständige weitere Entwicklung erhalten wollen. Bei Saatgut aus anderen Regionen können sich immer Probleme der Anpassung ergeben."

Eine zweite Schlußfolgerung klingt nach den obigen Ausführungen ebenso plausibel: Vielfalt kann nicht erhalten werden, wenn sie nicht tatsächlich auch genutzt wird. Nur unter den Bedingungen der Nutzung kann sich die Vielfalt unter natürlichen Bedingungen weiter entwickeln. Da das Bedürfnis nach Vielfalt nicht enden kann, dürfen auch die Anstrengungen nicht nachlassen, diese Vielfalt zu bewahren. Keine Technologie kann uns die Verantwortung abnehmen, die genetische Vielfalt der Nutzpflanzen für die jetzige und alle zukünftigen Generationen zu bewahren.

---

14 Fowler/Mooney (1990), op.cit., 168.

Erhalten von Saatgut als regionale Aufgabe

Was bedeutet das? Ganz einfach: Gemeinden und Regionen müssen so weit wie möglich die Nahrungsmittel für ihren eigenen Bedarf erzeugen, indem sie Saatgut verwenden, das sie selbst auf natürliche Weise weiter vermehren. Nur auf diese Weise können sich die Nutzpflanzen in einer bestimmten Region an die dortigen Bedingungen anpassen; nur so können diese Pflanzen Resistenzen gegen Schädlinge und Pflanzenkrankheiten entwickeln, denn auch die Schädlinge und Pflanzenkrankheiten entwickeln sich gemäß den lokalen Bedingungen weiter. Kurzum, Landsorten gehört die Zukunft; sortenreines Saatgut und Hybridsorten bergen zu große Gefahren.[15]

Nicht wenige Landwirte und Gärtner pflegen weiterhin ihr eigenes Saatgut – insgesamt sind es jedoch sehr viel weniger geworden. 1982 begann die Kinsealy Research Station in der Nähe von Dublin Saatgut von Kohl- und Rübensorten zu sammeln, die irische Bauern traditionellerweise selbst weiter vermehren; nur zwei Jahre später jedoch hatten 40% dieser Landwirte aufgehört, ihre eigenen Sorten weiter zu pflegen, und daher ist es sehr wahrscheinlich, daß nur ein kleiner Teil des Sortenreichtums der Vergangenheit gerettet werden konnte. Dennoch: In buchstäblich letzter Minute konnten einige sehr interessante und möglicherweise wertvolle Sorten vor der Ausrottung bewahrt werden. Dazu gehört eine eigenartige Kohlsorte mit dem Namen "Cut and Come", die mehrere Stengel hat und eher wie eine Kletterpflanze aussieht. Viele Wochen im Frühjahr kann von dieser Pflanze frisches Grün geerntet werden und, wie der Name andeutet, nach dem ersten Schnitt treiben neue Stengel aus. Im Westen Irlands konnten einige Landsorten einer Kohlsorte gesammelt werden, die als Futtermittel angebaut werden und unter dem Namen "Flat Dutch" bekannt sind: Das Saatgut war über hundert Jahre von einigen Familien weiter vermehrt worden. Diese Landsorten haben einen Vorzug gegenüber den gewöhnlichen holländischen Kohlsorten: Sie können im Spätsommer ausgesät werden, können überwintern und im nächsten April ausgepflanzt werden, ohne daß das Risiko besteht, daß die Pflanzen schießen. Im Frühjahr kann man in den Kleinstädten im Westen Irlands noch immer auf den Märkten Bündel dieser Kohlpflanzen sehen, die anderen Bauern zum Kauf angeboten werden.

Die Sortenlisten der Europäischen Union

Trotzdem: Diese und andere "Erfolge" in letzter Minute haben die zuständigen Stellen in der Europäischen Union bislang nicht veranlassen können, genügend Gelder für intensive Such- und Sammelaktionen bereitzustellen. Nach wie vor gibt es viele Regionen, deren Vielfalt der Nutzpflanzensorten nicht genügend erforscht oder gar dokumentiert ist. Dabei wird das Rennen gegen die Zeit immer dramatischer, da als Folge der Politik der Europäischen Union mit Sicher-

15 Hybridsorten sind das Resultat der ersten Kreuzung zweier sehr unterschiedlicher Sorten, durch die kräftige, identische Pflanzen entstehen, deren Saatgut jedoch nicht in genügendem Maße weiter keimfähig ist.

heit Tausende von Sorten unwiederbringlich verlorengegangen sind. Es ist nämlich verboten, Saatgutsorten weiterzugeben oder zu verkaufen, die auf der EU-Sortenliste vertreten und somit geschützt sind. Normalerweise bestehen Saatgutkataloge nur aus solchen Sorten, wofür meist eine Lizenzgebühr beim Sortenschutzinhaber bezahlt wird. Diese Bestimmungen schützen die Interessen der großen Saatgutfirmen, die sich in der Union for the Protection of New Varieties in Plants (UPOV) zusammenschlossen haben. Natürlich ist es ein Problem, wenn einzelne Firmen mit enormen Kosten neue Sorten züchten, die dann von anderen Firmen "übernommen" werden und unter einem anderen Namen ebenfalls verkauft werden. Um auf die Sortenliste der EU zu kommen, muß eine Saatgutsorte daher einem bestimmten Test unterzogen werden, mit dem sichergestellt werden soll, daß die Sorte sich von allen anderen merkbar unterscheidet und ihre genetische Struktur ein Mindestmaß an Uniformität und Stabilität aufweist. Diese Tests kosteten 1976 etwa 360 DM an Gebühren, 1995 war dieser Betrag auf 2.400 DM gestiegen.[16] Wenn die neue Sorte die Tests besteht, kann sie in die nationale Sortenliste eingetragen werden – Kosten: 650 DM – und kann dort verbleiben, sofern eine jährliche Gebühr in Höhe von weiteren 375 DM gezahlt wird. Außerdem kann von der Saatgutfirma, die die Rechte an der Sorte hält, verlangt werden, ein normiertes Feld mit dieser Sorte zu unterhalten, damit die genetische Uniformität fortlaufend überprüft werden kann.

Wenn diese Bestimmungen nur für neue Sorten angewandt würden, hätte man sie noch halbwegs akzeptieren können. Doch wurden diese Bestimmungen auch für alte Sorten eingeführt. Dies hat viele kleinere Saatgutunternehmen in eine Krise gestürzt, denn da sie kein Kapital für aufwendige Zuchtprogramme haben, spezialisieren sich diese Unternehmen oft auf traditionelle Sorten. Viele dieser Unternehmen hatten keine Chance, daß ihre Sorten in die nationale oder die EU-Sortenliste aufgenommen wurden, weil Landsorten und alle anderen Sorten mit einer gewissen genetischen Variabilität automatisch durch das Stabilitätskriterium des Testverfahrens ausgeschlossen wurden. Da, wie gesagt, seit Juli 1980 alle Sorten, die gehandelt werden, auf diesen Listen verzeichnet sein müssen, haben viele kleinere Unternehmen aufgegeben und an größere Konkurrenten verkauft. Rank Hovis McDougall hat so in einer einzigen Woche 83 kleine Saatgutfirmen aufgekauft.[17]

In keinem Fall zahlen Unternehmen all diese Gebühren für die Testprozedur und die Eintragung beziehungsweise den Verbleib auf der Sortenliste, wenn ein bestimmtes Saatgut nur in geringen Mengen verkauft werden kann. Da die Verkäufe an gewerbliche Landwirte und Gartenbaubetriebe neun Zehntel des Umsatzes einer durchschnittlichen Saatgutfirma ausmachen, werden in der Regel dann auch nur jene Sorten für die Liste gemeldet, die bei den gewerblichen landwirtschaftlichen Betrieben Anklang finden. Dies ist ganz besonders unglücklich, da Hobby- oder Schrebergärtner und ökologisch orientierte landwirtschaftliche Betriebe ganz andere Saatgutsorten benötigen als ein herkömmlicher Betrieb, der mit "industrialisierten" Landbaumethoden wirtschaftet. Ein hoher

16 Diese und die folgenden Preisangaben wurden uns brieflich vom Plant Variety Rights Office in Cambridge im Mai 1995 mitgeteilt.

17 Fennell, Kay (1987): The Seed Scandal. Sevenoaks: Socialist Countryside Group.

Ertrag, Gleichförmigkeit und gute Eigenschaften bei der Weiterverarbeitung sind die Charakteristika, die ein kommerzieller Betrieb haben möchte, wohingegen der "Amateur" vor allem anderen eine Frucht mit einem besonders guten Geschmack haben will. Bei Erbsen bevorzugt ein gewerblicher Landwirt zum Beispiel eine Sorte, bei der die Pflanzen nicht an Stöcken angebunden werden müssen, bei denen die Früchte zur gleichen Zeit reif werden, so daß sie zu einem Zeitpunkt geerntet werden können, der für den Tiefkühlmarkt genau der richtige ist, und die nur wenig Blätter oder verholzte Stengel haben, die die Erntegeräte blockieren könnten. Der Freizeitgärtner und der ökologisch orientierte Landwirt dagegen möchten eine hoch wachsende Pflanze, so daß sie beim Ernten keine Rückenschmerzen bekommen; über einen möglichst langen Zeitraum sollen immer einige Hülsen reif werden, und der Geschmack soll am besten sein, wenn die Erbsen frisch geerntet sind – die Eigenschaften nach der Tiefkühlprozedur interessieren nicht so sehr. Aber obwohl die Probleme und die Gefahren, die wir in diesem Kapitel bislang geschildert haben, schon lange bekannt sind, sind in den letzten Jahren doch Dutzende von hochwachsenden Erbsensorten und tausende anderer alter Nutzpflanzensorten langsam aus den Saatgutkatalogen verschwunden – und damit können sie auch endgültig verschwinden, wie das Beispiel des "Old-Cornish"-Blumenkohls gezeigt hat.

Die Prozedur zur Aufnahme in die Sortenlisten hat auch dazu geführt, daß genetisches Material verlorengeht, weil nur eine bestimmte Sorte einer traditionellen Nutzpflanzenart aufgenommen wurde. Andere Varianten der Saatgutfirmen wurden einfach als identisch klassifiziert, obwohl es in manchen Fällen sehr klar war, daß dies gar nicht zutraf. Die Übergänge sind immer fließend – es haben sich zum Beispiel Sorten, die im Laufe der Jahre in verschiedenen klimatischen Gebieten selektiert werden, mit der Zeit verändert und sind oft gar nicht mehr zu vergleichen mit Ausgangssorten, die denselben Namen tragen.[18] Zum Beispiel war in den siebziger Jahren die Zwiebel "Bedfordshire Champion" bei Kleingärtnern eine der beliebtesten Sorten, und in den verschiedensten Saatgutkatalogen tauchten unterschiedliche Varianten dieser Sorte auf: "Bedfordshire Champion Hurst Reselected", "Golden Globe", "Nuttings Golden Ball", "Cambridge No. 10", "Sutton Globe" oder "Up-to-Date" waren unter anderen solche Varianten. Nach dem Juli 1980 durften alle diese Varianten nur noch unter dem Namen Bedfordshire Champion verkauft werden, ungeachtet der Tatsache, daß einige der Varianten sich von der Ausgangssorte erheblich weiterentwickelt hatten, weil sie über viele Jahre in ganz unterschiedlichen Regionen angepflanzt und weiter vermehrt worden waren. Es spielte noch nicht einmal eine Rolle, daß einige der neuen Varianten eine Resistenz gegen eine bestimmte Sorte von Mehltau aufwiesen, die die Ausgangssorte nicht hat.

Wenn eine alte traditionelle Sorte zum Eintrag in die nationale oder die EU-Sortenliste angemeldet wird, ist sie damit noch immer nicht dauerhaft gesichert, denn sie bleibt nur so lange auf der Liste, wie die Firma, die die Anmeldung veranlaßt hat, die jährliche Gebühr für die Eintragung auch bezahlt. Da die Firmen jedoch Kosten sparen wollen, sind seit 1980 hunderte von Gemüsesor-

---

18 Vgl. Arche-Noah-Gesellschaft zur Erhaltung der Kulturpflanzenvielfalt und deren Entwicklung (1997): Jahreskatalog 1997. Schloß Schiltern: Selbstverlag, 3.

ten wieder aus der Liste genommen worden, was bedeutet, daß es nicht mehr legal ist, sie zu verkaufen: Es drohen Prozesse und Strafen. Gesetzt den Fall, eine solche Sorte hat trotzdem überlebt, so müßte jeder, der sie wieder legal verkaufen möchte, die vollen Gebühren für eine neue Testserie und für die Wiederaufnahme in die Sortenliste bezahlen.

Es sind zwar bei der Europäischen Union einige Verfahren anhängig, um die Bestimmungen zum Verkauf von kleinen Saatgutmengen an nichtgewerbliche Gärtner zu erleichtern. Experten sind jedoch mehr als skeptisch, was die Beurteilung der Erfolgsaussichten derartiger Vorstöße angeht.[19]

Alternative Genbanken

Einige wenige private Organisationen haben die Tragweite und die Dramatik des drohenden Verlustes der Artenvielfalt erkannt. Die Henry Doubleday Research Association (HDRA) in der Nähe von Coventry ist ein Verband von Kleingärtnern, die sich um organische Anbaumethoden bemühen. Dessen Pressearbeit ist es zu einem guten Teil zu verdanken, daß Oxfam den Plan verwirklichen konnte, eine eigene Genbank in Wellesbourne zu gründen. HDRA ist aber auch selbst aktiv geworden, hat eine Saatgutbank gegründet und ermutigt seine Mitglieder, alte Sorten zum Austausch untereinander weiter zu vermehren. Außerdem wurden Saatgutfirmen angeschrieben mit der Bitte, alle Sorten übernehmen zu dürfen, die die Firmen aus ihrem Angebot streichen wollten. 1977 hat HDRA den ersten Saatgutkatalog für seine Mitglieder veröffentlicht. Eine ähnliche Vereinigung für den deutschsprachigen Raum gibt es in Österreich: Auch die "Gesellschaft zur Erhaltung der Kulturpflanzenvielfalt" und deren Entwicklung gibt einen Jahreskatalog heraus, in dem Angebote von Saatgutsorten von Mitgliedern für Mitglieder verzeichnet sind. Dennoch, so schreiben die Herausgeber dieses Kataloges, sei ihre Arbeit "ein wenig wie eine Fahrt durch die Felsen Scylla und Charybdis". Denn einerseits drohe die Gefahr, gegen das Gesetz zu verstoßen, das besagt, daß man nur Sorten in Umlauf bringen darf, die auf der Sortenliste stehen; andererseits, daß diese Sorten nicht ohne weiteres in den Verkehr gebracht werden dürfen. Dabei bleibe die Erhaltung biologischer Vielfalt auf der Strecke, und die Erhalter können für ihre gemeinnützige Arbeit in der Tat bestraft werden.[20]

HDRA hat derzeit etwa 700 Sorten in seiner Saatgutbank, und 4.000 Kataloge werden jährlich an die Mitglieder verschickt, die fünf Sorten – kostenlos, versteht sich, denn ein Verkauf wäre illegal – zum Anbau in ihren eigenen Gärten bestellen können. Arche Noah dagegen vermittelt nur die Angebote der Mitglieder untereinander – diese bestehen derzeit aus etwa 2.000 verschiedenen Sorten. Bei beiden Vereinigungen ist der regelmäßige Informationsaustausch über besonders seltene und im Bestand gefährdete Sorten besonders

---

19 Das Problem besteht natürlich in der Unmöglichkeit einer eindeutigen Klassifikation in Saatgut, das für den gewerblichen Anbau bestimmt wird, und in solches, das für die Nutzung in Kleingärten vorgesehen ist.

20 Arche Noah (Hrsg.) (1997): Jahreskatalog 1997, 3.

wichtig; beide Vereinigungen erhalten zur Rettung und Wiedervermehrung derartiger Sorten eigene Gärten, in denen auch Versuchsanbau von neueren Sorten oder unerforschten Varianten betrieben wird. HDRA verfolgt die Strategie, das gelagerte Saatgut in sehr kurzen Zeitabständen wieder in Umlauf zu bringen. Das erlaubt auf der einen Seite den Mitgliedern, das Saatgut auch zu nutzen; auf der anderen Seite entwickeln sich die Sorten dann unter den jeweiligen Anbaubedingungen – wie oben dargelegt – manchmal relativ schnell weiter. Allerdings wird immer versucht, eine kleine eiserne Reserve in Form einer langfristigen Lagerung zu halten, denn es gibt immer wieder Schwierigkeiten und Probleme beim Anbau: "Ein gut meinender Helfer bringt die Sortenbezeichnungen durcheinander, Schnecken mähen ganze Bestände ab, Wind köpft die schönsten Stengel, Mäuse dezimieren die Pflanzen, das Wetter kann verrückt spielen, Kinder jäten die Gemüsekulturen – und so weiter."[21]

Welche Bedeutung derartige privat initiierte Aktivitäten erlangen können, zeigt ein Beispiel aus den Vereinigten Staaten von Amerika. Seed Savers' Exchange ist eine Vereinigung, die HDRA und Arche Noah sehr ähnlich ist; diese Vereinigungen stehen untereinander auch in guter Verbindung. Seed Savers' Exchange hat mitlerweile über 5.000 Sorten in seiner Saatgutbank – viele davon sind in staatlichen Saatgutbanken nicht vorhanden. Schon im Jahre 1985 zeigte eine Studie, die von einem Untersuchungsausschuß des amerikanischen Kongresses in Auftrag gegeben worden war, daß von den 1.799 Bohnensorten, die die 630 Landwirte und Gärtner von Seed Savers' Exchange anbauten und weiter vermehrten, nur 147 in staatlichen Sammlungen gefunden werden konnten.[22] Seed Savers' Exchange besaß 554 Tomatensorten, die offiziellen Stellen dagegen nur 133.

Rettung in letzter Minute für alte irische Apfelsorten

Ende der vierziger Jahre besuchte einer der berühmtesten Apfelexperten Irlands, Dr. J.G.D. Lamb, eine Vielzahl alter Obstgärten im ganzen Land und erfaßte und fotografierte die Vielfalt der Sorten für seine Dissertation.[23] "Vor einem halben Jahrhundert konnte sich Irland noch weitgehend selbst mit Obst und Gemüse versorgen. Hat man nicht seine eigenen Äpfel angebaut, dann hatte man unter Umständen keine. Dadurch entstanden Sorten, die nur in geographisch ganz begrenzten Gebieten zu finden waren", schrieb Lamb im Jahre 1995 und fährt fort:[24]

"Zu dieser Zeit gab es ein Netzwerk von Gartenfachleuten, von denen viele über ein umfassendes Wissen verfügten. Ich zog außerdem die statistischen Erhebungen zu Rate, die zu Beginn des 19. Jahrhunderts veröffentlicht wurden, weil oft die Apfelsorten aufgeführt wurden, die damals angebaut wur-

---

21 Ibid., 8.

22 Fowler, Cary (1985): Report on Grassroots Genetic Conservation Efforts. Washington: US Office of Technology Assessment.

23 Lamb, J.G.D. (1951): The Apple in Ireland: Its History and Varieties. Dublin: RDS.

24 ders. (1995): "Introduction", in: Irish Seed Savers (Hrsg.): The Native Irish Apple Project. Dublin: ISS-leaflet.

den. Wenn Obstbauern, die an verschiedenen Orten ansässig waren, ein und denselben Namen für einen Apfel verwendeten, so nahm ich dies als ein starkes Anzeichen dafür, daß es sich um ein und dieselbe Sorte handelte, besonders, wenn er in den entsprechenden statistischen Erhebungen auftauchte. Insgesamt fand ich siebzig Apfelsorten irischer Herkunft als lebende Bäume. Wieviele von ihnen werden heutzutage im Zeitalter der Kettensäge überleben?"

Anita Hayes, die Gründerin von Irish Seed Savers, versuchte, dies herauszufinden. "Von den Sorten, die Dr. Lamb erfaßt hat, sind 28 in der Apfelsammlung in Brogdale in England. Weitere vier Sorten werden vom Armagh Orchard Trust angebaut. Und seitdem wir vor sieben Jahren mit der Suche begonnen haben, haben wir weitere 23 gefunden", erzählte Anita Hayes Ende 1997. "Eine von ihnen, Honeyball, wurde von meinem Briefträger gefunden, der solche Äpfel als kleines Kind gegessen hatte und wußte, daß es den Baum noch immer gab. Eine andere Sorte, Red Brandy, die gegen Schorf resistent ist und die Lamb in Piltown in der Grafschaft Kilkenny gefunden hatte, wurde von Joy Daniels, einem unserer Mitglieder, wiedergefunden, als sie ältere Familienmitglieder nach dem Namen eines Baumes fragte, den ihr Vater einmal prämiert hatte."

Eine dritte Sorte, der Ballyvaghan Seedling, wurde früher in der Grafschaft Clare sehr häufig angebaut, weil die Bäume sich so leicht ziehen lassen. Stecklinge wurzeln sehr einfach, wenn man sie zur rechten Zeit im Jahr einfach in die Erde steckt. Die Sorte erschien nicht auf Lambs Liste, weil er bei seiner Erhebung die westlichen Teile Irlands nicht berücksichtigte. Der Ballyvaghan Seedling wurde von der Geographin Geneviève Tenthorney wiederentdeckt, als sie das Gebiet der Galway Bay für das University College in Dublin vermaß. Tenthorneys Vater baut in der Schweiz Äpfel an, so daß sie sich für einen Artikel über verschollene Apfelsorten interessierte, den Hayes veröffentlicht hatte. Dort heißt es:[25]

"Um uns herum gibt es alte Apfelbäume, bei denen wir nicht mehr wissen, welche Sorten es sind. Sprechen Sie mit den Älteren in Ihrer Gemeinde, um zu sehen, ob sie irgend etwas darüber wissen. Beobachten Sie, wie sie im September aussehen und ob sie noch Früchte tragen. Machen Sie ein Foto von ihnen, zerschneiden Sie den Apfel und fotografieren Sie ihn noch einmal, um seine innere Struktur zu dokumentieren. Ebenso wichtig wie die Bestimmung der Bäume und der Geschmack der Äpfel sind die Geschichten, die die Bäumen umgeben."

So begann Geneviève Tenthorney während ihrer Vermessungsarbeiten, Menschen nach alten Apfelbäumen zu fragen. Schließlich wurde sie zu einem aufgelassenen Obstgarten in Ballyvaughan geführt, um sich dort einen Baum anzusehen. Sie spürte sofort, daß er etwas Besonderes war. Einige Monate später konnte sie dann seine hellgelbe Frucht mit den einladenden roten Stellen probieren: Das bestätigte ihre Vermutung. "Beim ersten Biß verspürt man einen scharfen Geschmack, aber er ist erstaunlich süß, mit einem langen, bleibenden

---

25 Hayes, Anita (1993): "The Native Irish Apple Project", Common Ground, July/August 1993.

Nachgeschmack, genau wie ein guter Brandy", sagte sie.[26] Geneviève Tenthorney fotografierte den Baum, wie angewiesen, und schickte das Foto an Anita Hayes, die es an Dr. Michael Henarty, einem Fachmann für Obstanbau am University College in Dublin weiterreichte. Henarty konnte dem Baum selber auch keinen Namen zuordnen und schickte das Bild dem pensionierten Leiter der Abteilung für Gartenbau, Professor C.J. Clarke, einem Freund von Lamb und gleichfalls Apfelexperte, der den Apfel sofort erkannte.

Anita Hayes betrachtet die Jagd nach den verschollenen Äpfeln als ein Rennen gegen die Zeit, weil hauptsächlich ältere Menschen die Namen der Bäume und ihre Geschichten kennen und weil jedes Jahr einige der verbliebenen Bäume sterben oder gerodet werden. Und obwohl Lamb und Clarke sich bester Gesundheit erfreuen, wird ihre Sachkenntnis nicht für immer verfügbar sein. "Diese Männer waren ihrer Zeit weit voraus", sagt Anita Hayes:[27] "Es ist so wichtig, daß die alten Sorten wiederentdeckt und erhalten werden, bevor sie und das Wissen darüber gänzlich verloren sind, weil alle alten Berichte hervorheben, wie resistent sie gegen Krankheiten sind; und für die organische Obstproduktion braucht man Sorten, die gegen Schorf und Brand resistent sind. Diese Bäume sind Teil unserer lokalen Geschichte und bringen auf sehr praktische Art und Weise Artenvielfalt in unser Leben."

Ein in Piltown wachsender Kochapfel, den Lamb nicht benennen konnte, veranschaulicht den potentiellen Wert der Sorten, deren möglichem Aussterben so viele Menschen mit Gleichgültigkeit begegnen. Es handelt sich hierbei um einen Apfel, der gegen Sturm sehr widerstandsfähig ist. Er trägt seine Früchte bis in den Winter hinein, lange nachdem seine Blätter herabgefallen sind, und beim Pflücken muß man mit aller Kraft an den Äpfeln drehen und zerren. Peadar MacNeice – ein Obstbauer – vom Armagh Orchard Trust hofft, daß bei der Suche nach alten Apfelsorten eine richtig gute Sorte gefunden wird, die er dann für den Markt anbauen kann. "Wir können gute Kochäpfel, wie beispielsweise den Bramley, in diesem Teil des Landes anbauen,," sagt er, "aber wir haben nicht ausreichend Sonne für sehr viele der Speiseäpfel".[28]

Wenn alte Sorten wiederentdeckt werden, dann werden Stecklinge auf Wurzelstämme gepfropft und in einen neuen Obstgarten, den Hennarty beim University College in Dublin eingerichtet hat, eingepflanzt. Gepfropfte Exemplare werden auch im Obstgarten des Armagh Apple Trust zwischen Moy und Portadown angebaut; dort gibt es schon 42 alte Sorten aus Ulster, von denen viele von Lamb nicht erfaßt wurden. In einem Garten, den Hayes für Irish Seed Savers anlegte, werden Bäume zum Verkauf an Mitglieder herangezogen. Aufgrund gesetzlicher Bestimmungen, die die Übertragung von Pflanzenkrankheiten verhindern sollen, war es nicht möglich, Stecklinge der irischen Sorten aus dem englischen Brogdale zurückzuholen, jedoch erhielt Hayes die Erlaubnis, Gewebe von ihnen zu nehmen, um dieses in irischen Bäumen zu kultivieren. Für das Überleben der alten Sorten ist es sehr wichtig, daß sie weit verbreitet werden.

---

26 Telefongespräch im Dezember 1995.

27 Interview im November 1995.

28 Telefongespräch im Dezember 1995.

Irish Seed Savers (ISS) beschränkt sich nicht darauf, verlorene Apfelsorten wiederzufinden. Anita Hayes meint, daß die Vereinigung zwei wichtige Aufgaben hat. Die eine ist die Erhaltung von Sorten, die lange Zeit in Irland angebaut wurden – beispielsweise der Delaway-Kohl, eine sehr zuverlässige Sorte, dessen Samen ISS von einem achtzig Jahre alten Mann bekam, der ihn fünfzig Jahre lang angebaut hatte. Ein anderes Beispiel ist der Kohl, den R.F. Murphy in Glen of Aherlow fand; sobald Anita Hayes erfuhr, daß dessen Same in der Genbank von Wellesbourne war, fing sie damit an, selbst Samen zu ziehen, um sie an die Mitglieder von ISS zu schicken. Anita Hayes erhält auch alte Kartoffelsorten, die sie von der Museumssammlung von Teagasc, dem Büro für landwirtschaftliche Entwicklung, bekommen hat, so daß sie Mitgliedern Knollen zum Testen geben kann. Sie sagt, daß deren Geschmack sehr unterschiedlich sein kann. "In diesem Jahr konnte ich Proben von Lumpers, der Kartoffel, die die Menschen zur Zeit der Hungersnot aßen, an Schulen schicken, so daß die Kinder, die dieses Thema gerade im Unterricht behandelten, sie essen konnten. Sie sind furchtbar. Sie liegen richtig schwer im Magen, genauso, wie es in den Büchern aus dieser Zeit geschrieben steht."

Irish Seed Savers' zweite Aufgabe ist der Import traditioneller Sorten aus der ganzen Welt, die für irische Bedingungen geeignet scheinen, so daß die Mitglieder sie anbauen können. Wenn sie das Saatgut vermehren und an Nachbarn weiterreichen, entwickeln sie langsam Arten, die sich im Rahmen der jeweiligen örtlichen Gegebenheiten gut entwickeln. "Ich arbeite an englischen und französischen Melonensorten des 19. Jahrhunderts, und außerdem habe ich einen Kürbis entdeckt, der ziemlich gut gewachsen ist, obwohl wir zwei furchtbare Sommer hatten", sagte Anita Hayes. Sie erzählt, wie sie mit Begeisterung die Reihen verzieht und die Pflanzen pikiert, deren Samen sie vermehren will. "Es ist etwas ganz anderes, Gemüse zum essen anzubauen oder zum Erhalt der Artenvielfalt – beispielsweise nach einem Salat zu suchen, der starkem Wind standhalten kann."

Einmal, nachdem Anita Hayes J.G.D. Lamb in seinem Haus in Offaly besucht hatte, wurde sie von dessen Frau Helen an die Tür gebracht. "Wir glaubten, es sei zu spät", erzählte sie Anita Hayes beim Abschied. "Aber jetzt vielleicht doch nicht."

Kommunale Streuobstaktionen in Baden-Württemberg

Die Pflege alter Sorten muß jedoch Bestandteil einer umfassenderen Aufgabe sein: die Erhaltung traditioneller Formen der Landwirtschaft, die zugleich Grundelemente der für Europa typischen Kulturlandschaften sind. Diese Formen bewahren eine große Vielfalt an Nutzpflanzen und geben der dazugehörigen Flora und Fauna ihren Lebensraum. Traditionelle Formen der Landwirtschaft können neu auf lokaler Ebene und bei einer ganzen Reihe von Agrarprodukten erprobt und weiterentwickelt werden; der Erhalt und die Pflege von Streuobstwiesen ist ein besonders lohnendes und mittlerweile auch schon bewährtes Beispiel.

Mit einer Fläche von 970 Hektar nehmen die Streuobstflächen ungefähr 29% der Fläche der Gemarkung der Gemeinde Metzingen in Baden-Württemberg ein. Um auch künftig die in der Regel kleinparzellierten Streuobstwiesen zu erhalten, arbeiten in dieser Gemeinde der Städtische Obstbau, die Umweltberatung der Stadt, der Bezirksobst- und Gartenbauverband, der Kreisobstbauverein, die Umweltverbände und die ortsansässigen Schulen zusammen.[29] Zur Optimierung der Vermarktung wurde Ende der achtziger Jahre eine Obstlagerhalle mit Verkaufsfläche gebaut. Die Produktpalette wurde durch die Herstellung und den Direktverkauf von Apfelsaft erweitert; neben dem Direktverkauf von den Obstanbauern kann der Verkauf an die Betreiber der Lagerhalle delegiert werden, außerdem wird das Tafel- und Mostobst zum Teil traditionell über Baumversteigerungen vor der Ernte vermarktet.

Förderung erfährt der Obstbau dadurch, daß die Bereitschaft geweckt werden konnte, bei Bewirtungen im Rathaus und bei öffentlichen Veranstaltungen sowie in Schulen und Kindergärten regional erzeugten Apfelsaft anzubieten. Durch gezielte Öffentlichkeitsarbeit, Führungen durch die städtischen Obstanlagen, durch Infostände und Baumpflanzaktionen, durch Ernteaktionen, Schulungen und Baumpatenschaften wird versucht, das Bewußtsein für die Bedeutsamkeit dieser Form der Kulturlandschaft zu erhalten.

Bei der traditionellen Form des Obstanbaus in Streuobstwiesen wachsen verschiedene hochstämmige Obstbaumarten – Apfel, Birne, Kirsche, Quitte, Zwetschge, auch Walnuß – locker verteilt in der Landschaft. Die Grundstücke werden gleichzeitig als Wiesen oder Weiden genutzt. Seit 1990 wurden die Obstbaumflächen nach und nach extensiviert, das heißt, daß die Flächen teilweise nach den Richtlinien des Integrierten Anbaus bewirtschaftet werden, teilweise wird auf den Einsatz synthetischer Dünger beziehungsweise Pflanzenschutzmittel ganz verzichtet. Durch den Einsatz von Erntewagen und anderer geeigneter Geräte konnte der Arbeitsaufwand für Pflege und Ernte teilweise deutlich reduziert werden. Ein moderater Preisaufschlag wird von den Kunden akzeptiert, da mittlerweile das Bewußtsein vorhanden ist, daß es sich hier sowohl um gesunde Lebensmittel als auch um einen Beitrag zum Schutz der eigenen Region handelt.

In Metzingen konnte durch die langjährigen und umfassenden Aktionen das Verständnis für die Erhaltungswürdigkeit des Streuobstanbaus geweckt werden; die Streuobstwiesen erscheinen derzeit nicht als gefährdet. Schwieriger ist die Situation dort, wo der Streuobstanbau historisch nicht eine so wichtige Rolle gespielt hat – und wo die industrialisierte, intensive Landwirtschaft oder andere Flächennutzungen – von Gewerbegebieten bis zum Golfplatz – eine ökonomisch attraktive Konkurrenz bilden.

Dennoch gibt es mittlerweile sehr zahlreiche lokale kommunale und private Initiativen zur Erhaltung von Streuobstwiesen. Besonders erwähnenswert ist das Streuobstmuseum Weilermühle/Ailingen im Bodenseekreis, in dem 165 Hochstämme mit rund sechzig verschiedenen Äpfel- und Birnensorten einen guten Überblick über die Sortenvielfalt geben und besonders wertvolle Lokalsorten vorstellen. Eine ähnliche Funktion erfüllt der Obstlehrpfad zwischen

29 Quellen: Ministerium für den ländlichen Raum Baden-Württemberg (Hrsg.) (1997): Streuobst – Ideen, Aktionen, Konzepte zum Erhalt der Streuobstwiesen in Baden-Württemberg. Deutsche Umwelthilfe e.V. (Hrsg.) (1996): Kommunale Naturschutzprojekte – 20 Beispiele. Radolfzell: Selbstverlag.

Denkingen und Spaichingen mit 150 Hochstämmen, zum Teil auch Wildobstarten wie Schlehe, Eberesche oder Kirschpflaume, und der Mostbirnen-Sortengarten "Unterer Frickhof" mit weit über hundert Birnensorten. Immer häufiger versuchen einzelne Landwirte, durch die bewußte Pflege alter Obstbaumsorten ihren Beitrag zur Bewahrung der herkömmlichen Artenvielfalt zu leisten. Dies geschieht oft auch in Zusammenschlüssen von Landwirten zu Vermarktungsgemeinschaften wie etwa in Hunding, wo mittlerweile 3.000 neue Hochstämme gepflanzt wurden und wo 7.000 weitere dazukommen sollen.[30]

Streuobstwiesen dienen dem Artenschutz nicht nur, weil hier eine Vielzahl alter Obstbaumsorten erhalten werden kann, sondern weil in den für sie charakteristischen Biotopen eine große Zahl zum Teil stark gefährdeter Tier- und Pflanzenarten Nahrung und Lebensraum findet. Durch die Kombination von Unterwuchs und Bäumen verhindern Streuobstwiesen eine Erosion der Böden und vermindern die Auswaschung von Nährstoffen. Traditionell dienten Streuobstwiesen dem Windschutz; sie "produzieren Frischluft" und wirken klimaausgleichend.

Bei der Verarbeitung von heimischem Obst werden weniger Energie und Rohstoff verbraucht als bei der Herstellung von Obstsäften aus importierten Saftkonzentraten; für das Waschen, Eindicken und Verdünnen von Orangensaft müssen pro Glas zirka 22 Liter Wasser veranschlagt werden; für die Herstellung eines regional erzeugten naturtrüben Apfel-Direktsaftes, dessen Rohware von Hand aufgelesen wird, verbraucht man nur etwa 2,6 Liter Wasser für das Spülen der Flaschen und das Waschen der Äpfel. Ein Vergleich der Energiebilanz für den Transport fällt noch drastischer aus; außerdem können durch den Absatz von Produkten aus heimischem Streuobst Arbeitsplätze im Anbau, der Verarbeitung und im Handel erhalten oder wieder neu geschaffen werden.

Die Große Hungersnot in Irland

In Irland wissen die Menschen nur zu gut, was passieren kann, wenn die Ernährungssicherheit eines Landes sich auf eine zu geringe genetische Variabilität stützt. Alle zwölf Kartoffelsorten, die in Irland vor der Hungersnot des Jahres 1845 angepflanzt wurden, waren aus nur zwei Ausgangssorten gezüchtet worden; die genetische Vielfalt war daher sehr gering, zumal die Bauern sie niemals aus Saatgut züchteten, sondern über die Knollen weiter vermehrten, wodurch die genetische Vielfalt noch stärker reduziert wurde. Als im späten 16. Jahrhundert Kartoffeln zum ersten Mal in Irland angebaut wurden, waren alle ihre natürlichen Feinde noch in der Neuen Welt. In zeitgenössischen Schilderungen wird die Kartoffel daher als Pflanze beschrieben, die von Mehltau, Brand, Schimmel, Fäule und anderen Pflanzenkrankheiten oder Schädlingen nicht be-

---

30 Vgl. auch Woodward, Lawrence/Flemming, David/Vogtmann, Hardy (1998): "Durch Regionalisierung zur Nachhaltigkeit", in: Zeitschrift Ökologie und Landbau, 26. Jg., Heft 105 (Januar 1998), 52ff.; "Stöffche vom Berkersheimer Roten", in: Frankfurter Rundschau vom 8. 11. 1997; "Wo der Prinz zur Schafsnase wird – Experten sind in der Rhön den heimischen Apfelsorten auf der Spur", in: Frankfurter Rundschau vom 28. 10. 1997.

fallen werden kann; Kartoffeln seien "zählebiger als die Gemeine Quecke"[31]. Daher waren Kartoffeln besonders wertvoll als Sicherung gegen zu feuchte Sommer, in denen ein großer Teil der Getreideernte ausfiel. Der Anbau von Kartoffeln hat daher eine ganze Reihe von regional begrenzten Hungersnöten verhindert. Im Westen von Irland wurden Kartoffeln jedoch mit der Zeit in immer größeren Mengen angebaut, vor allem von Menschen, die so wenig Land besaßen, daß sie sich keine – etwa vierjährige – Fruchtfolge leisten konnten. In vielen Fällen war das zur Verfügung stehende Land auch so steinig oder morastig, daß als einziges überhaupt auch nur Kartoffeln gediehen.

Im Laufe der Jahrzehnte wurden die Überquerungen des Atlantik häufiger, und so kam es, daß auch den Feinden der Kartoffeln der Sprung über den Atlantik gelang. In den fünfziger Jahren des 18. Jahrhunderts tauchte zum ersten Mal eine Trockenfäule auf, die Kartoffelvorräte vernichtete. In den siebziger Jahren des 18. Jahrhunderts stellte man zum ersten Mal die Kräuselkrankheit fest, die die Blätter befällt und durch ein Virus ausgelöst wird, das durch Blattläuse übertragen wird; die Kräuselkrankheit kann die Ertäge um 70% verringern. Seit 1795 gibt es Botrytis in Irland, ein blau-grauer Schimmelpilz, durch den Blätter und Stengel verfaulen. 1833 tauchte eine bakterielle Krankheit auf, die die Pflanzen vergiftet; die Stengel werden schwarz, und die Knollen verfaulen in der Erde oder während der Lagerung. Und schließlich kam die Schwarzfäule. Sie trat zuerst im Juni 1845 auf der Isle of Wight auf und hatte sich bis zum August auf alle Länder Europas ausgebreitet. Ganze Felder wurden fast über Nacht schwarz und stanken. Niemand konnte auch nur das Geringste dagegen tun.

Je mehr diese Krankheiten auftraten, desto risikoreicher wurde es, Kartoffeln anzubauen. In jedem der drei mal 25 Jahre zwischen 1724 und 1799 gab es fünf Jahre, in denen es eine schlechte Kartoffelernte gab, aber nur in drei oder vier der insgesamt 15 schlechten Jahre wurden so ernsthafte Ernteausfälle verzeichnet, daß sie offiziell als Hungerjahre eingestuft wurden, in denen Hilfsmaßnahmen in großem Stil organisiert wurden. Zwischen 1800 und 1824 gab es 9 Jahre mit schlechten Ernten, von denen fünf als Hungerjahre eingestuft wurden. Die größte Katastrophe gab es im Jahre 1821, als eine Viertelmillion Menschen starb. Zwischen 1825 und 1849 schließlich gab es 14 Jahre mit schlechten oder katastrophal schlechten Ernten, von denen zumindest acht zu Hungersnöten führten. Etwa 1 Million Menschen verloren ihr Leben, eine weitere Million wanderte aus. Die Folgen dieser Katastrophe und der erzwungenen Emigration gehören zu den einschneidendsten Ereignissen in der Geschichte Irlands.[32]

Wäre es nicht gelungen, in den Tausenden von Kartoffelsorten, die von Bauern in den Anden und in Mexiko angebaut werden, ein Gen zu finden, das Resistenz gegen Schwarzfäule in sich trägt, und dieses Gen in unsere heutigen

---

31 Nicht-Gärtnern sei gesagt, daß die Quecke auch heute noch ein besonders hartnäckiges Unkraut ist.; zit. bei Hobhouse, Henry (1992): Seeds of Change. London: Macmillan, 184; die folgende Schilderung der großen irischen Hungersnot stützt sich zum Teil auch auf Bourke, Austin (1993): The Visitation of God: The Potato and the Great Irish Famine. Dublin: Lilliput.

32 Vgl. dazu Hobhouse, Henry, op.cit.

Kartoffelsorten einzuzüchten, wäre es unwahrscheinlich, daß heute irgend jemand in Europa noch Kartoffeln anbauen könnte. Sechzig Jahre später mußten die Kartoffeln ein weiteres Mal beinahe abgeschrieben werden, weil der sogenannte Auswuchs auftrat, eine Krankheit, die durch einen Pilz übertragen wird, der dazu führt, daß ungeheure Mengen schwarzer, blumenkohlähnlicher Triebe aus faulenden Knollen wachsen. Der Pilz verbreitet sich im Boden, und selbst erdverkrustete Stiefel oder Staub, der durch den Wind davongetragen wird, können ihn weiterverbreiten. Im Jahr 1908 war dieses Problem so gravierend geworden, daß die Krankheit zu einer meldepflichtigen Krankheit erklärt wurde. Im Jahr darauf wurde jedoch festgestellt, daß zwei Kartoffelsorten – "Snowdrop" und "Golden Wonder" – niemals davon betroffen wurden. Aus diesen beiden Ausgangssorten wurden alle heutigen Sorten gezüchtet, die gegen diese Krankheit resistent sind – zur Zeit ist sie jedenfalls kein ernsthaftes Problem. Das Problem konnte deswegen so relativ zügig gelöst werden, weil Landwirte an ihren aktuell angebauten Kartoffelsorten feststellen konnten, daß es eine genetische Resistenz gegen diese Krankheit gab und in welchen Sorten sie vorlag. Hätte man nur eine bestimmte Kartoffelsorte angebaut und die anderen alle in einer Saatgutbank gelagert, hätte man sehr viel länger gebraucht, um dem Problem Herr zu werden.[33]

Es ist nicht ausgeschlossen, daß die Kartoffel heute wieder von der Schwarzfäule bedroht ist. Eine zweite Form der Krankheit ist über den Atlantik nach Europa gekommen, und einige Wissenschaftler befürchten, daß die zweite Variante zusammen mit der ersten eine Hybridform entwickeln könnte, gegen die kaum ein oder gar kein Gegenmittel entwickelt werden könnte.[34] Viele andere wichtige Nahrungspflanzen auf der Erde sind durch ähnliche Gefahren bedroht. Fowler und Mooney halten es für nahezu unvermeidbar, daß zumindest eine davon der Menschheit als Nutzpflanze dann nicht mehr zur Verfügung stehen wird, wenn die genetische Vielfalt auf der Erde weiter zerstört wird:[35]

"Wenn die genetische Vielfalt bis zu einem bestimmten Ausmaß verlorengegangen ist, geht auch die Fähigkeit der Nutzpflanzen verloren, sich an veränderte Bedingungen anzupassen. Man muß nicht warten, bis die letzte Weizenpflanze verwelkt ist, damit man Weizen als ausgerottet erklären kann. Er wird ausgerottet werden, wenn er die Fähigkeit verliert, sich weiter zu entwickeln, und wenn weder die genetischen Mechanismen noch unsere Chemikalien in der Lage sind, ihn zu schützen. Und dieser Tag kann ganz leise kommen – selbst wenn noch Millionen Hektar Weizenfelder die Erde bedecken."

Bedrohte Nutztierrassen

Der Verlust der genetischen Vielfalt beschränkt sich nun leider nicht auf Pflanzen. In einer rationalen Welt müßte Milchvieh mit einem hohen Milchertrag, das mit schlechtem Weidegrund zufrieden ist, auf dem andere Arten verhungern

---

33 Vgl. die Ausführungen von Lawrence Hills im HDRA Newsletter 1980.
34 Siehe die Berichte in der Irish Times vom 3. 5. 1994 und vom 10. 2. 1995.
35 Fowler/Mooney (1990): op.cit., 218.

würden, eigentlich als eine wertvolle Ressource angesehen werden. In unserer heutigen Welt, wie sie nun einmal ist, ist eine Rinderart mit genau diesen Eigenschaften – das Kerry-Rind – fast ausgestorben und wurde nur in letzter Minute gerettet. Der Tiefpunkt war 1982, als es in Irland und Großbritannien nur noch 110 Kühe und 96 Kälber dieser Rasse gab. Die Zahl dieser kleinen und unscheinbaren schwarzen Tiere – ihre Schulterhöhe beträgt nicht mehr als 38 Inches – hat sich zwar seitdem verdoppelt. Da ihre Zahl jedoch so stark gefallen ist, daß die genetische Vielfalt der Rasse bereits stark reduziert ist, wird mittlerweile ein Computerprogramm eingesetzt, um unter den verbleibenden Exemplaren die Fortpflanzung so weit wie möglich unter Vermeidung von Inzucht zu gewährleisten.[36] Die Kerry-Rasse ist nahezu ausgestorben, obwohl es eine eigene Vereinigung gibt, die sich der Zucht dieser Rasse widmet, obwohl es Unterlagen über diese Tiere seit den vierziger Jahren des letzten Jahrhunderts gibt und obwohl es erwiesen ist, daß sie Futter besser verwerten als fast alle anderen Rassen von Rindern. Schon 1841 wurde getestet, daß eine Galloway-Kuh im Schnitt 71,75 Pfund Heu fraß, 6,25 quarts Milch gab, aus der 0,65 Pfund Butter gemacht werden konnte. Die Kerry-Kuh fraß dagegen 16,8 Pfund Heu, gab 7,5 quarts einer wesentlich fetthaltigeren Milch, aus der fast 1 Pfund Butter gemacht werden konnte.[37]

Da die Tiere auch auf schlechtem Weideland gute Milch geben, wurden sie in Irland die Kühe armer Leute genannt. Der Milchertrag wird noch besser, wenn die Kühe auf guten Weiden gehalten werden. Daß die Bullenkälber auch gutes Rindfleisch geben, ist für Milchkuhrassen eher unüblich. Nur brauchen sie etwas länger, um ihr Schlachtgewicht zu erreichen: etwa 560 Pfund in drei Jahren – das ist in der Tat sehr wenig, wenn man das Charolais-Rind zum Standard erhebt. Da der Preis für Rindfleisch aufgrund der Konkurrenz industrieller Landwirtschaft sehr niedrig ist, kann man mit diesen Tieren natürlich keine großen Geschäfte machen.[38]

Viele andere traditionelle Nutztierrassen haben möglicherweise wertvolle Eigenschaften für eine ökologisch orientierte Landwirtschaft, denn eine solche Landwirtschaft sollte als ein System mit nur geringen Inputs betrieben werden. Trotz einer erhöhten Aufmerksamkeit in den letzten Jahren sind noch viele dieser Rassen bedroht. Wo es Erfolge gibt, sind sie sehr oft dem uneigennützigen Einsatz einzelner Züchter oder privater Vereinigungen zu verdanken. Die einzige Schweinerasse, die traditionell in Irland gehalten wurde, ist ausgestorben; sie hieß "Irish Greyhound", weil die Tiere einen langen und schmalen Körperbau hatten und für ihre Schnelligkeit und Sprungfähigkeit berühmt waren. Eine große Anzahl britischer Schweinerassen – darunter "Lop", "Large Black", "Middle White", "Tarnworth", "Berkshire" und "Gloucester Old Spot" – hätten vermutlich ohne eine britische Vereinigung dasselbe Schicksal erlitten: In Großbritannien ist seit deren Gründung keine Schweinerasse ausgestorben.[39]

---

36 Interview mit Brian Bradley vom Department of Genetics am Trinity College in Dublin.

37 Vgl. Curran, Leo (1989): Kerry and Dexter Cattle. Dublin: RDS.

38 Interview mit Raymonde Hilliard, der Präsidentin der Vereinigung für Kerry-Rinder.

39 Vgl. "The Arc", die vierteljährliche Zeitschrift des Rare Breeds Survival Trust.

Pferden wird in einer ökologisch orientierten Landwirtschaft eine besondere Rolle beigemessen. In Großbritannien gab es um das Jahr 1920 etwa 1 Mio. Arbeitspferde – 775.000 in landwirtschaftlichen Betrieben und die restlichen im Transport und für die Verteilung von Nahrungsmitteln.[40] 1990 gab es jedoch nach einem Zensus des Landwirtschaftsministeriums in Großbritannien nur noch 4.500 Pferde in der Landwirtschaft, etwas mehr als 1979, als deren Zahl nur noch 4.375 betragen hatte.[41] John Ward von der Shire Horse Society schätzt, daß nur etwa 10% dieser Tiere tatsächlich noch als Arbeitspferde eingesetzt werden. Von dieser Rasse gibt es noch etwa 3.500 Stuten, und da die Nachfrage nach Arbeitspferden faktisch nicht mehr existiert, werden die meisten mit anderen Rassen gekreuzt, um Spring- und Reitpferde zu züchten. Eine gute Stute dieser Rasse kostet etwa 4.500 DM, ein als Arbeitspferd geeigneter Wallach etwa 3.300 DM. "Man bekommt sehr viel Pferd für sehr wenig Geld", sagt John Ward.[42] Aufgrund der Anzahl der Tiere gilt diese Pferderasse nicht als gefährdet, aber es gibt weniger als 350 "Suffolk Punch" und ähnlich wenige "Clydesdale"-Pferde. Diese beiden Rassen werden als gefährdet eingestuft: Nach dem Standard der Welternährungsorganisation der Vereinten Nationen ist dies immer dann der Fall, wenn es weniger als 1.000 gebärfähige weibliche Tiere und weniger als zwanzig zeugungsfähige männliche Tiere einer Rasse gibt, und als "besonders gefährdet" gilt eine Rasse dann, wenn es weniger als hundert weibliche und weniger als fünf männliche fortpflanzungsfähige Tiere gibt.[43]

Der Verlust einer Nutztierrasse oder einer einzelnen Sorte einer Nutzpflanze wird zunächst wenig bemerkt werden; beklagen werden dies in aller Regel nur einige Liebhaber und Fachleute. Würde es aber aufgrund der geschilderten Problemlage hier zu einem wirklich großen Ausfall kommen, wären die Folgen langfristig unabsehbar und langfristig mit Sicherheit auch viel schlimmer als ein Zusammenbruch des Weltfinanzsystems. Daher möchten wir noch einmal betonen, daß Anstrengungen und Bemühungen, die zunächst klein, unscheinbar und in finanzieller Hinsicht gewiß wenig profitabel sind, in ihrer Bedeutung gar nicht unterschätzt werden können: Es ist Aufgabe jeder Gemeinde und jeder Region, die genetische Vielfalt der Nutzpflanzen zu erhalten, die sich unter den jeweiligen geographischen und klimatischen Bedingungen entwickelt hat; dazu müssen die Saatgutsorten immer wieder angebaut und Saatgutmischungen sachgerecht gelagert werden. Auch die Erhaltung der Nutztierrassen muß sorgfältig gesichert werden. Daher sollten Gemeinden und Regionen eigene lokale Organisationen nach dem Muster von HDRA, Seed Savers' Exchange oder der Arche-Noah-Gesellschaft zur Erhaltung der Kulturpflanzenvielfalt und deren Entwicklung gründen. Eine Vernetzung derartiger Organisationen mit einem je eigenen lokalen Schwerpunkt kann dann zu einem geordneten Austausch von Saatgut zwischen den Regionen führen und auf diese Weise zu einer Erhöhung der Sicherheit der genetischen Ressourcen beitragen – auch dies, wie im Falle von

---

40 Chivers, Keith (1988): History with a Future – Harnessing the Heavy Horse for the Twenty-First Century. Peterborough: Shire Horse Society.

41 Vgl. Heavy Horse World, 5. Jg., Heft 2, Sommer 1991.

42 Interview im Juli 1995.

43 Angaben von der Shire Horse Society.

Geld, Kredit und Energie, im Sinne eines "zweiten Sicherungssystems", für den Fall, daß das erste Sicherungssystem der multinationalen Konzerne einmal versagen sollte.

Reduktion externer Inputs in der Landwirtschaft

Nun dreht es sich bei einem Übergang von der industriellen zu einer ökologisch orientierten Landwirtschaft nicht nur darum, daß Gemeinden und Regionen zu ihrer Nahrungsmittelversorgung dadurch beitragen, daß sie regional spezifische Saatgutsorten anbauen; der wesentliche Punkt besteht auch hier darin, die Abhängigkeit von externen Inputs soweit wie möglich zu reduzieren. Um ein weiteres, häufiges Mißverständnis gar nicht erst aufkommen zu lassen: Es dreht sich hierbei in keiner Weise einfach um die Rückkehr zu traditionellen Formen der Landbewirtschaftung. Die folgende Übersicht zeigt die ganze Bandbreite der verschiedenen Aspekte, die bei einem solchen Übergang von der industriellen zu einer ökologischen Form der Landwirtschaft berücksichtigt werden müssen:[44]

– Die Sonnenenergie und andere erneuerbare Formen der Energie sind in der ökologisch orientierten Landwirtschaft die Hauptenergiequelle. Auf die in der industriellen Landwirtschaft in großen Mengen eingesetzte fossile Energie unterschiedlicher Form wird soweit wie möglich verzichtet.
– Ein Teil der Energie wird in ökologisch orientierten landwirtschaftlichen Betrieben selbst erzeugt.
– In der ökologisch orientierten Landwirtschaft dominiert die Nutzung von Regenwasser und kleinräumigen Bewässerungssystemen. Große Staudämme, die Verteilung von Trinkwasser über weite Distanzen und tief gebohrte Brunnen zur Wasserversorgung – Entwicklungen des industriellen Systems – werden nur in wirklichen Notsituationen eingesetzt.
– Die ökologisch orientierte Landwirtschaft verwendet ausschließlich organische Düngemittel. Die Bekämpfung von Pflanzenkrankheiten und Schädlingen erfolgt durch das Anlegen von Mischkulturen sowie durch mechanische und biologische Verfahren. Auf die anorganischen Dünger, die Pestizide und Herbizide des industriellen Systems wird nur bei der Gefahr eines Totalverlustes zurückgegriffen.
– In der ökologisch orientierten Landwirtschaft werden hauptsächlich heimische, traditionelle Saatgutsorten verwendet; möglich sind auch Mischungen verschiedener Saatgutsorten.[45] Sortenreines Saatgut, insbesondere

---

44 Zusammengestellt nach Pretty, Jules (1995): Regenerating Agriculture. London: Earthscan.

45 In "Short Circuit" findet sich auf S. 268f. eine Fallstudie, mit der gezeigt wird, wie es möglich war, durch die Verwendung von Saatgutmischungen bei Gerste in der ehemaligen DDR bei gutem Ertrag auf einer Anbaufläche von 350.000 Hektar die Ausbringung von etwa 400 Tonnen Fungiziden zu vermeiden. Erst aufgrund der Anforderungen an die Sortenreinheit westdeutscher Mälzereien wurde diese Anbaumethode nach der Vereinigung der beiden deutschen Staaten aufgegeben. In der Schweiz, in Polen und in den Vereinigten Staaten haben jedoch in großem Stil Versuche mit dem Anbau von Saatgutmi-

Hybridvarianten, sollten keinesfalls auf der Mehrzahl der Felder angebaut werden.

- Auf den Feldern gibt es keine Monokulturen wie bei der industriellen Landwirtschaft, sondern eine Vielfalt verschiedener Sorten und einen Anbau in sorgfältig überlegter Fruchtfolge.
- Die ökologisch orientierte Landwirtschaft ist erheblich arbeitsintensiver als die industriellen Anbauweisen, bei denen sehr viel mehr mit Maschinen bewerkstelligt wird; bäuerliche Formen der Landbewirtschaftung, auch Familienbetriebe, finden wieder ihr Auskommen.
- Das Kapital der ökologisch orientierten landwirtschaftlichen Betriebe wird von den Besitzern der Höfe oder durch neue, lokale Formen der Kreditwirtschaft aufgebracht; die Höfe im industriellen System werden vom herkömmlichen Bankensystem mit Krediten versorgt, was die vorherrschenden Konzentrationstendenzen weiter verschärft.
- Die Vermarktung der Produkte erfolgt bei den ökologisch orientierten Betrieben hauptsächlich über regionale Vertriebsstrukturen. Die industrielle Landwirtschaft produziert dagegen für den anonymen (Welt-)Markt.

Die Umstellung von industriellen auf ökologisch orientierte Anbaumethoden braucht einige Jahre, in denen die Landwirte Ertragsverluste erleiden; in dieser Zeit der Umstellung müssen Hilfen und Zwischenfinanzierungen zur Verfügung gestellt werden – was jedoch durchaus im Interesse einer gemeinwesenorientierten Ökonomie ist, denn von der Umstellung profitiert letztendlich die Gemeinde oder Region als Ganzes. Außerdem stellt sich sehr oft heraus, daß die Umstellung weniger Probleme mit sich bringt, als die meisten Menschen glauben, denn viele Ausgaben entstehen den Landwirten nur innerhalb des industriellen Systems. Zum Beispiel ist es fast unvermeidlich, Pestizide zu verwenden, wenn stickstoffhaltige Kunstdünger ausgebracht werden, weil der Dünger die Pflanzen nicht nur zu kräftigerem Wachstum anregt, sondern auch für Insekten, Bakterien und Pilzinfektionen anfälliger macht. Wird auf Kunstdünger hingegen verzichtet, sind Pestizide oft ebenfalls überflüssig. Eine weitere Ursache für erhöhten Schädlingsbefall sind die großen Felder ohne Hecken dazwischen, die die Bauern entfernt haben, um die immer größer dimensionierten Landmaschinen besser nutzen zu können.

"Benjeshecken" als Möglichkeit der Biotopvernetzung

Diese Veränderungen können jedoch wieder rückgängig gemacht werden – und an diesem Beispiel können wir exemplarisch zeigen, daß die industrielle Landwirtschaft durch "neue" Methoden zur Verwirklichung "alter" Erkenntnisse auch wieder beendet werden kann. Hecken und andere natürliche Feldbegrenzungen sind Lebensräume für Nützlinge. Eine ökologisch orientierte Landwirtschaft versucht daher, durch bewußte Gestaltung der Umwelt die Lebensbedingungen der Feinde der Schädlinge zu fördern.

---

schungen von Gerste und auch von Weizen begonnen; briefliche Mitteilung von Prof. Martin Wolfe, ETH Zürich, vom 23. Januar 1995.

Die Grundidee bei der Anlage von sogenannten "Benjeshecken" ist einfach: Entlang von Wegen, Waldrändern oder auf nicht mehr genutztem Agrarland wird Strauchwerk und Geäst, wie es beispielsweise bei Straßenmeistereien oder bei der Parkpflege als "Abfall" anfällt, in beliebig langen, etwa vier Meter breiten und anderthalb Meter hohen "Gestrüppbarrieren" fächerförmig aufgereiht. Diese bieten bereits zahlreichen Tieren einen neuen Lebensraum. Durch natürliche Vorgänge, wie etwa Sameneintrag durch Vogelkot und ähnlichem, kommt es in diesen Streifen zur Ausbildung einer Hecke, die in der Anfangszeit durch das Gestrüpp vor Vergrasung und Wildverbiß geschützt wird. In einer modifizierten Variante wird dieser Prozeß durch das gezielte Einpflanzen von Sträuchern beschleunigt – dies wurde in Varchentin im Landkreis Müritz in großem Stil so gemacht.[46]

Die Ausgangssituation in der Region um Varchentin war – durchaus typisch – geprägt von den Folgen der Flurbereinigung und den Meliorationsarbeiten der sechziger und siebziger Jahre, Bachläufe waren verrohrt und Einzelbäume, Baumgruppen und Hecken entfernt worden. Nach Angaben von Ludwig Wegener, der das Projekt 1990/91 initiiert und vorangetrieben hat, spielten bei der Überlegung zur Anlage der Hecken auch der Zusammenbruch der Großbetriebe, insbesondere die Auflösung der LPG Varchentin und die damit verbundene Freisetzung vieler Arbeitskräfte eine Rolle. Man wollte mögliche Fördermittel der EU und das Programm zur Flächenstillegung nutzen; außerdem hatte Hermann Benjes im Winter 1990/91 in der Region mehrere Vorträge zum Thema gehalten.

Auf Hermann Benjes geht auch der Name "Benjeshecke" zurück: Er hat ein altes Konzept zur Anlage von Feldhecken aufgegriffen und zu mehreren Varianten weiterentwickelt, an die sich verschiedene Schutz- und Pflegekonzepte anschließen.[47]

Allein im Jahr 1991, der laut Wegener "intensiven Phase" des Projektes, entstanden auf diese Weise zirka acht Kilometer Hecken, woran zeitweise bis zu dreißig ABM-Kräfte beteiligt waren. Mittlerweile ist der Gesamtbestand auf etwa 15 Kilometer angewachsen, die in den kommenden Jahren noch gepflegt werden sollen, unter anderem durch eine Selektion der Gehölze. Mit zehn Kilometer am Stück, so Benjes, gebe es in Varchentin nun "die längste Benjeshecke der Welt.[48]

Die Hecken wurden in Varchentin feldwegbegleitend angelegt, abseits der Hauptverkehrsstraßen und unter Beachtung der Vernetzungsfunktion für

46 Informationen von Ludwig Wegener, Groß Varchow.

47 Vgl. Benjes, Hermann (1994): Die Vernetzung von Lebensräumen mit Feldhecken. 4. Aufl. München: Natur und Umwelt Verlag; Starkmann, Thomas (1992): Neue und alte Hecken im Münsterland. Ökologie, Planung und Pflege von Neuanpflanzungen in der freien Landschaft. Münster: Schriftenreihe des Westfälischen Amtes für Landespflege, Heft 2; Bayerisches Staatsministerium für Ernährung, Landwirtschaft und Forsten (Hrsg.) (1995): Naturnahe Hecken durch Verwendung autochthoner Gehölze. München: Reihe Ländliche Entwicklung in Bayern, Materialien 33/1995. Forstliche Versuchs- und Forschungsanstalt Baden-Württemberg (Hrsg.) (1990): Hecken und Feldgehölze. Freiburg: Mitteilungen, Heft 144.

48 Benjes, Hermann (1994), op.cit., 168.

vorhandene Biotope. Die Anlage erfolgte mit zwei parallel verlaufenden, zirka einem Meter breiten Strauchbahnen. Auf dem dazwischenliegenden, etwa einem halben Meter breiten Pflanzstreifen wurden unter anderem Weißdorn, Schwarzdorn, Wildrosen, Heckenkirschen und Hainbuchen eingepflanzt, außerdem verschiedene Baumsorten, darunter Eichen, Ahorn und Wildobst. Bei den Pflanzaktionen und der begleitenden Anlage von Steinbiotopen und Holzrotteplätzen wirkten teilweise auch Angehörige der Bundeswehr im Rahmen ihres jährlichen Umwelttages mit.

Pflanzaktionen werden in dieser oder ähnlicher Form auch häufig von Naturschutzverbänden und Bürgergruppen durchgeführt. Es gibt weitere Beispiele, die sich konkret an dem Konzept der Benjeshecken orientieren. So entstanden im niedersächsischen Harpstedt unter Leitung von Eberhard Guba insgesamt 12 Kilometer Hecken. In Rotenburg an der Wümme hat Falk Lutosch eine "Biotopbörse" eingerichtet, die jene Menschen zusammenbringen soll, die an der Errichtung von Hecken interessiert sind. Es gibt auch Projekte, bei denen Schulkinder zu den Hauptakteuren zählen, so unter der Leitung des Lehrers Peter Schäfer in Roßdorf und von Udo Friedrich in Michelstadt.

Zur Wettbewerbsfähigkeit einer gemeinwesenorientierten Landwirtschaft

Wir möchten jedoch auch im Falle der Landwirtschaft wie schon bei der Nutzung erneuerbarer Energiequellen darauf hinweisen, daß eine gemeinwesenorientierte Ökonomie anders "rechnen" kann und ökologisch orientierte Anbaumethoden regional in aller Regel wettbewerbsfähig sein werden – auch gegen eine Weltmarktkonkurrenz. Dies ist insbesondere dann der Fall, wenn es in der Gemeinde oder der Region ungenutzte Ressourcen gibt, etwa nicht bebautes Land oder Arbeitslosigkeit, und wenn die Kosten, die bei der Nutzung dieser Ressourcen entstehen, in einer lokalen Währung bezahlt werden können. Selbst wo dies nicht oder nicht in größerem Maßstab möglich ist, müssen Lebensmittel, die mit ökologischen Anbaumethoden erzeugt worden sind, nicht unbedingt mehr kosten als die Produkte des landwirtschaftlich-industriellen Systems. Schon im Jahre 1979, vor fast zwanzig Jahren, hat eine britische Studie gezeigt, daß der Bruttoertrag pro Hektar Winterweizen bei ökologisch orientiertem Anbau 393 Pfund und bei herkömmlichem Anbau 399 Pfund betrug; dabei wurde der höhere Preis, den ökologisch angebaute Produkte erzielen, nicht berücksichtigt.[49] Eine ähnliche Studie über 200 organisch, biologisch-dynamisch und konventionell wirtschaftende Betriebe in Baden-Württemberg zeigte ebenfalls, daß ökologisch orientierte Anbaumethoden nur geringfügig niedrigere Hektarerträge bringen als die industriellen Methoden.[50] Viel hängt dabei von der Qualität der Böden ab. Je besser der Boden, desto geringer sind die Unterschiede, und da ökologisch orientierte Anbaumethoden die Böden langsam verbessern, werden

---

49 Bateman, D./Vine, A. (1981): Organic Farming Systems in England and Wales. Aberystwyth: University College of Wales, Department of Agricultural Economics.

50 Böckenhoff, Ewald/Hamm, Ulrich/Umhau, Martin (1986): "Analyse der Betriebs- und Produktionsstrukturen sowie der Naturalerträge im alternativen Landbau", in: Berichte über Landwirtschaft, Neue Folge, 64. Jg., 1 – 39.

die Unterschiede geringer, je länger ein bestimmtes Feld auf diese Methoden umgestellt ist. Der Anbau von Winterweizen brachte bei einem bestimmten Bauernhof im dritten Jahr nach der Umstellung auf organischen Landbau 3,3 Tonnen pro Hektar; 17 Jahre nach der Umstellung war der Hektarertrag auf 4,2 Tonnen gestiegen. Der durchschnittliche Ertrag bei herkömmlichen Methoden unter Verwendung von Kunstdüngern und Bioziden lag in dieser Gegend bei 4,7 Tonnen – und man kann erwarten, daß dieser Ertrag langsam sinkt, da die industriellen Methoden zur Bodenerosion beitragen. Wenn dieser Verlust nicht wieder durch die Einführung neuer, hochertragreicher Sorten wettgemacht wird, könnten die Erträge mit ökologisch orientierten Methoden in ein oder zwei Jahrzehnten durchaus über den Erträgen liegen, die sich mit industriellen Methoden erzielen lassen.

Eine besonders eindrucksvolle Studie liegt aus Minnesota in den Vereinigten Staaten von Amerika vor. Im Jahre 1993 lag das Nettoeinkommen von vier Betrieben, die auf ökologisch orientierte Anbaumethoden umgestellt hatten, zwischen 50 und 100% *über* den durchschnittlichen Nettoeinkommen der herkömmlichen landwirtschaftlichen Betriebe dieser Gegend, obwohl ihre Betriebsfläche deutlich unterdurchschnittlich war.[51] Sie hatten eine wesentlich höhere Gewinnspanne, weil sie zwar einen höheren Anteil menschlicher Arbeitskraft verwendeten, aber keine Ausgaben für Dünger oder Pestizide hatten, die bei ihren Nachbarn bis zu 40% der Betriebskosten ausmachen konnten.[52]

Auch Jules Pretty kommt zu dem Ergebnis, daß bei ökologisch orientierten landwirtschaftlichen Betrieben die durchschnittlichen Erträge zwar niedriger als bei herkömmlichen sein können, ihre Betriebskosten aber im Verhältnis dazu noch niedriger sind: Im Schnitt sind die Erträge ökologisch orientierter Betriebe nach den Angaben von Pretty bei Nutzpflanzen bei 5 bis 10% und um 10 bis 20% bei tierischen Produkten niedriger.[53] "Die Erträge bei tierischen Produkten liegen hauptsächlich deswegen niedriger, weil die Besatzdichte auf nicht gedüngten Wiesen viel niedriger sein muß. In Großbritannien werden auf Weideland in der Regel recht hohe Mengen stickstoffhaltiger Dünger ausgebracht, und wenn man auf die alten Kleewiesen zurückgeht, kann man die Erträge nicht halten. Aber es gibt viele Beweise dafür, daß es den Tieren viel besser geht. In Deutschland leben Kühe in 'alternativen' Herden länger und sind fruchtbarer."[54] Interessanterweise haben auch die Landwirte selbst, die keine Chemikalien bei ihrer Arbeit verwenden, eine höhere Fertilität als ihre Kollegen im industriell-landwirtschaftlichen System.[55]

Der wichtigste Faktor ist jedoch, daß die höhere Qualität der ökologisch erzeugten Lebensmittel den leicht geringeren Hektarertrag mehr als ausgleicht.

---

51 Land Stewardship Project (Hrsg.) (1994): Profitability of Four Sustainable Farms in Minnesota. Lewiston: Selbstverlag.

52 Vgl. auch National Research Council (Hrsg.) (1989): Alternative Agriculture. Washington: NRC, 39.

53 Pretty, Jules (1995): Regenerating Agriculture. London: Earthscan, 112.

54 Ibid.

55 Vgl. "Organic farmers higher in sperm than other men", in: Irish Times vom 10. Juni 1994. Zur Problematik reduzierter Fertilität bei erhöhter Exposition von Chemikalien vgl. auch Umweltbundesamt (Hrsg.) (1997): Jahresbericht 1997. Berlin: Erich Schmidt.

Eine weitere Studie hat gezeigt, daß organisch angebautes Gemüse, das als Dünger nur natürlichen Kompost erhielt, im Schnitt einen Minderertrag pro Hektar von 24% gegenüber Gemüse aufwies, das mit Kunstdünger gezogen wurde, jedoch 23% mehr Trockenmasse enthielt.[56] Mit anderen Worten: Hier hatte der Chemiedünger lediglich den Wassergehalt der Pflanzen erhöht. Die organisch erzeugten Gemüse hatten pro Gewichtseinheit 19% mehr natürlichen Zuckergehalt. Außerdem hatten sie pro Gewichtseinheit 18% mehr Protein, 28% mehr Vitamin C und 77% mehr Eisen. Es überrascht nicht, daß sie auch wesentlich weniger unerwünschte Substanzen in sich hatten: 93% weniger Nitrate, die in krebserregende Nitrosamine umgewandelt werden können, und 42% weniger freie Aminosäuren. Die ökologisch angebauten Produkte waren damit eindeutig die besseren Lebensmittel.

Die Geschäftspolitik der großen Lebensmittelketten

Die ökologisch orientierte Landwirtschaft wird vom herrschenden Wirtschaftssystem also systematisch benachteiligt. Düngemittel, Pestizide und Herbizide sind zu billig, da ihr Preis die Kosten für die Umweltschäden, die sie anrichten, nicht abdeckt. David Pimentel hat geschätzt, daß in den Vereinigten Staaten von Amerika für jeden US-Dollar, der für Pestizide ausgegeben wird, im Grunde ein weiterer US-Dollar auf die Seite gelegt werden müßte, um die durch deren Einsatz entstehenden Umweltschäden zu reparieren; Pimentel schlägt daher eine Steuer vor, die den Preis für Pestizide verdoppeln sollte.[57] Alle derartigen Schätzungen können jedoch nur einen ersten Anhaltspunkt geben, denn um sie durchzuführen, muß man Preise für Dinge – wie etwa Artenvielfalt – festsetzen, für die das eigentlich nicht geht. Der Einsatz von Arbeit wird in dem herrschenden Wirtschaftssystem dagegen durch die hohe Belastung durch Steuern und Abgaben künstlich verteuert. Trotz dieser Wettbewerbsverzerrungen kann die ökologisch orientierte Landwirtschaft durchaus konkurrenzfähig sein, besonders wenn es gelingt, die Produkte auf direkterem Wege an die Verbraucher zu verkaufen.

Die Umstellung auf ökologisch orientierte Anbaumethoden wäre jedoch sehr schwierig, wollte man versuchen, die so erzeugten Lebensmittel über die herkömmlichen Vertriebswege zu vermarkten. Zum einen liegt das an den Kriterien für die Güteklassen, die die großen Einzelhandelsketten fast ausschließlich verwenden; 1995 hatten diese großen Ketten einen Umsatzanteil bei Obst und Gemüse von etwas über 50%. Zehn Jahre zuvor lag dieser Anteil noch bei 24%, bis zum Jahre 2000 wird ein Anstieg auf etwa 70% erwartet.[58] Um die Norm der Güteklassen zu erreichen, sind die Landwirte gezwungen, Düngemittel und Pestizide zu verwenden, damit das gleichförmige, kosmetisch perfekte Aussehen von Obst und Gemüse erreicht wird, von dem die Lebensmittelketten be-

---

56 Schuphan, Werner (1965): Nutritional Values in Crops and Plants. London: Faber.

57 Pimentel, David (1992): "Environmental and Economic Costs of Pestizide Use", in: Bioscience, 42. Jg., Heft 10, 750 – 760.

58 Raven, Hugh/Lang, Tim/Dumonteil, Caroline (o.J. [1995]): Off Our Trollies: Food Retailing and the Hypermarket Economy. London: Institute for Public Policy Research.

haupten, daß die Kunden das so haben wollen. Obwohl sehr viel Chemie verwendet wird, um dieses Ziel zu erreichen, werden dennoch große Mengen von Obst und Gemüse zurückgewiesen, die keinen anderen Mangel haben, als daß ihr Aussehen nicht ganz den Vorschriften entspricht: Über 50% der ökologisch erzeugten Lebensmittel, aber auch fast ein Fünftel der konventionell erzeugten Produkte werden in der Regel auf diesen Absatzmärkten nicht akzeptiert.[59] Das Problem wird weiter dadurch verschärft, daß die Supermarktketten nur sehr wenige Sorten ankaufen, was bedeutet, daß jene Sorten, die sie haben möchten, in großen Mengen produziert werden müssen, was wiederum das Problem der Schädlingsbekämpfung erschwert. So gibt es in Großbritannien etwa 2.000 Apfelsorten, von denen nur neun in großem Stil verkauft werden.

Dieses Mengenproblem stellt die Landwirte vor weitere Schwierigkeiten. Die Supermarktketten möchten am liebsten mit nur wenigen Zulieferern arbeiten, die in der Lage sind, alle Läden ihrer Ketten regelmäßig und zuverlässig mit den erwünschten Produkten zu beliefern. Diese betriebswirtschaftlich aus der Sicht der Einzelhandelsketten durchaus rationale Geschäftspolitik hat den Konzentrationsprozeß jedoch erheblich verschärft, weil dadurch eine ganze Reihe weiterer Bereiche der Wirtschaft mit hineingezogen wurden. Es entstanden Zwischenhändler, die die Produkte der Landwirte aufkaufen und an die Regionaldepots der Ketten liefern. Auf diese Weise wurden nicht nur die kleinen selbständigen Lebensmittelgeschäfte zur Aufgabe gezwungen, sondern auch viele Bauern mit kleineren Höfen, denn diese hatten sehr oft die "Tante-Emma-Läden" beliefert. Nachdem aber etwa in Großbritannien drei Viertel dieser Läden zwischen 1978 und 1993, also innerhalb von nur 15 Jahren, verschwanden, mußten sie ihre Produkte den großen Ketten und ihren Zwischenhändlern andienen – und deren Ankaufspreise und Qualitätsnormen bedeuteten oftmals dann auch für sie das Aus.

Der Niedergang der regional orientierten bäuerlichen Landwirtschaft wurde noch dadurch beschleunigt, daß sich die großen Einzelhandelsketten zunehmend auf den Importmärkten engagierten, um ihre Waren kostengünstig einzukaufen. Beispiele für die Auswirkungen dieser Veränderungen, die allesamt die industrialisierte Form der Landwirtschaft begünstigten, gibt es unzählige. Französische Äpfel, vorwiegend der relativ geschmacksarme Golden Delicious, haben in Großbritannien mittlerweile einen Marktanteil von 35%, britische Äpfel dagegen einen Marktanteil von nur noch 25%. Obwohl es einen Überfluß an heimischen Äpfeln, Zwiebeln, Karotten und grünen Bohnen in allen Ländern Westeuropas gibt, finden sich auf den Märkten mittlerweile regelmäßig grüne Bohnen aus Kenia, Äpfel aus Nord- und Südamerika, Zwiebel aus Neuseeland und Karotten aus Südafrika. Diese Produkte werden nicht nur importiert, damit einem weiteren vermeintlich omnipräsenten Wunsch der Verbraucher Rechnung getragen wird, nämlich ein möglichst völlig saisonunabhängiges Angebot präsentieren zu können. Hugh Raven, der Koordinator der britischen "Sustainable Agriculture, Food and Environment Alliance" (SAFE), hält es schlichtweg für Wahnsinn, Himbeeren aus Amerika um den halben Globus zu

---

59 Vgl. z.B. Norman, Burt (1990): "Making the Grade", in: New Farmer and Grower, Nr. 26, Frühjahr 1990.

fliegen – auf dem Höhepunkt der Erntezeit in Europa, wo europäische Anbieter Mühe haben, ihr reichhaltiges Angebot zu Preisen abzusetzen, die sie nicht zur Aufgabe ihres Betriebes zwingen.[60]

Alle diese Entwicklungen haben natürlich dazu geführt, daß Lebensmittel nun im Schnitt über sehr viel weitere Entfernungen transportiert werden. Hugh Raven schätzt, daß die Verdoppelung der durchschnittlichen Transportdistanzen von Lebensmitteln seit Ende der siebziger Jahre ein ganzes Drittel der Steigerung des Warentransportaufkommens auf den Straßen ausmacht.[61] Auch nahezu unsinnige Formen der Zentralisierung haben dazu beigetragen – etwa bereitet eine britische Fast-Food-Kette alle Sandwiches in einer Produktionsstätte in der Nähe von Derby vor und liefert sie über Nacht in firmeneigenen Lastwagen aus; eine andere Kette leitet alle Milchprodukte – gleichgültig, ob sie importiert werden oder wo sie in Großbritannien hergestellt oder verkauft werden – durch ein einziges Verteilungslager in Warwickshire.

Aber diese Logistik zur Verteilung der Produkte, die Verpackung, die Werbung und das Marketing, die solche Ketten notwendigerweise haben müssen, sind auch gleichzeitig ihre schwache Stelle, denn all das kostet sehr viel Geld. Im Laufe der Entwicklung der Lebensmittelketten über die Jahre wurde der Anteil im Preis der Produkte immer größer, den die Ketten darauf verwenden müssen, um ihr Vertriebssystem zu unterhalten; der Anteil, den die Erzeuger für die eigentlichen Produkte bekommen, wurde dagegen immer kleiner. In den Jahren zwischen 1982 und 1992 stiegen in Großbritannien die Preise für Nahrungsmittel, die die Konsumenten zahlen mußten, um 52%; die Preise hingegen, die die Einzelhandelsketten an die Landwirte zahlten, stiegen nur um 18%.[62]

Konzentrationsprozesse in der Landwirtschaft

Wie wir bereits gesagt haben – diesem Konzentrationsprozeß hat sich die Landwirtschaft in Europa nirgendwo auf Dauer entziehen können. So haben im Jahre 1973 in Irland 35.700 bäuerliche Familienbetriebe Schweine gemästet, kleine weiterverarbeitende Betriebe gab es überall im Land, und etwa die Hälfte des Verbraucherpreises für Schweinefleisch oder Schinkenprodukte ging an die Landwirte.[63] Im Jahre 1996 gab es nur noch weniger als 700 Schweinemäster, obwohl die Zahl der schlachtreifen Tiere pro Jahr sich in diesem Zeitraum verdoppelte. Und es gab nur noch sechs weiterverarbeitende Betriebe, von denen drei einem einzigen Unternehmen – Avonmore – gehörten. Als Ergebnis dieser Entwicklungen ging gerade nur noch ein Fünftel des Verbraucherpreises für Schinken an die landwirtschaftlichen Betriebe, die mittlerweile mehr die Gestalt

60 Vgl. Daily Telegraph vom 10. Oktober 1994. Die Folgen der Geschäftspolitik, die alle Produkte zu jeder Zeit und an allen Orten anbieten will, sind näher analysiert in Diefenbacher, Hans (1995): "Ökologische Produktpolitik und Sustainable Development", in: Grothe-Senf, Anja/Kadritzke, Ulf (Hrsg.): Versöhnung von Ökonomie und Ökologie? Theoretische und praktische Überprüfungen. Berlin: edition sigma, 81 – 94.

61 Raven, Hugh/Lang, Tim/Dumonteil, Caroline (o.J.), op.cit., 29.

62 Ibid., 31.

63 Vgl. Business and Finance (Dublin), 27. August 1992.

von Schweinefabriken als von Familienbetrieben haben. Zwischen 1980 und 1987 fiel der Betrag, den die Landwirte für ihren Anteil an einem Päckchen Cornflakes erhielten, um ein Drittel, wohingegen der Preis für ein solches Päckchen um ein Drittel gestiegen war.[64] In den fünfziger Jahren gingen in Westdeutschland drei Viertel der Ausgaben für landwirtschaftliche Produkte an die Erzeuger; dreißig Jahre später war dieser Anteil auch hier auf ein Fünftel gefallen.[65] In Dänemark gingen im Jahre 1991 56% des Erlöses vor Steuern für ein Päckchen Mehl an den Einzelhändler, den Zwischenhändler oder wurden für Transport und Verpackung verwendet; 13% war der Anteil für das Mahlen des Mehls, und nur 25% erhielt der Landwirt. Interessanterweise bekamen ökologisch arbeitende Betriebe nur wenig mehr für ihre Produkte; daß deren Preis bei Mehl im Laden dann fast das Doppelte betrug, lag ausschließlich an den höheren Gewinnspannen, die der Handel für sich in Anspruch nahm.[66] Mit anderen Worten: Die Bereitschaft der Verbraucher, für hochwertige Lebensmittel mehr zu zahlen, wurde vom Handel erkannt und ausgenutzt, jedoch nicht an die Erzeuger weitergegeben.

Die Botschaft all dieser Beispiele ist eindeutig. Die ökologisch orientierte Landwirtschaft wird nur dann in großem Stil konkurrenzfähig, wenn sie die Handelsketten zwischen Erzeuger und Verbraucher so weit wie nur möglich unterbricht und ihre Produkte in der Regel lokal oder regional vermarktet. Das kann entweder über kleine Läden, über Erzeuger-Verbraucher-Genossenschaften oder über verschiedene Formen der Direktvermarktung geschehen. Auf diese Weise wäre es möglich, daß die Erzeuger wieder einen höheren Anteil der Erlöse für ihre Produkte selbst bekommen; die Verbraucher hingegen hätten die Gewißheit, gesündere und qualitativ höherwertigere Lebensmittel zu bekommen, und nicht zuletzt würde die Bandbreite regional unterschiedlicher Produkte wieder zunehmen. Und selbst wenn die Ausgaben für Lebensmittel, die der durchschnittliche Verbraucher tätigen muß, wieder geringfügig steigen – die genannten Vorteile sind dies allemal wert.

Erzeuger-Verbraucher-Gemeinschaften: Die Indian Line Farm

Nun gibt es verschieden Formen der gemeinwesenorientierten Landwirtschaft, von denen wir im weiteren Verlauf dieses Kapitels einige vorstellen möchten. So sind Erzeuger-Verbraucher-Gemeinschaften nicht nur eine elegante Methode der Direktvermarktung, sondern bieten darüber hinaus auch noch viele weitere Vorteile. Die Idee ging von Deutschland und der Schweiz in den siebziger Jahren aus, wurde in Nordamerika Anfang der neunziger Jahre besonders populär und kam in den letzten Jahren über den Atlantik zurück nach Großbritannien und Irland.

---

64 Goering, Peter/Norberg-Hodge, Helena/Page, John (1993): From the Ground Up – Rethinking Industrial Agriculture. London: Zed Books, 34.

65 Vgl. Greenpeace (Hrsg.) (1992), op.cit., 42.

66 Ibid., 68.

Robyn van En gehört zu denjenigen, die das Konzept fast durch Zufall in den Vereinigten Staaten von Amerika eingeführt haben. 1983 war sie nach Great Barrington in Massachusetts gezogen, mit ihrem damals sechs Jahre alten Sohn, und hatte eigentlich ihre Ausbildung zur Kindergärtnerin fortsetzen wollen. Sie suchte ein Haus mit einem Garten, in dem sie einige Blumen haben wollte – höchstens 300 oder 400 Quadratmeter. Aber die Indian Line Farm mit 60.000 Quadratmetern Land, fünf Kilometer vor der Stadt, auf der früher einmal Milchkühe gehalten wurden, war nicht teurer als ein kleines Haus mit Garten in der Stadt. Als van En den Bauernhof kaufte, war er zwei Jahre lang brach gelegen; die früheren Besitzer, die ihn seit Ende der vierziger Jahre bewirtschaftet hatten, hatten an einen potentiellen Bauherrn verkauft, der auf den höher gelegenen 30.000 Quadratmetern Luxusvillen bauen wollte, von denen man eine wunderschöne Aussicht gehabt hätte.

Diese früheren Besitzer waren froh, überhaupt einen Käufer für ihren Hof zu finden. Die Milchwirtschaft in Massachusetts war in einem rapiden Niedergang begriffen. In den dreißiger Jahren wurden von hier große Teile der Nachfrage von New York gedeckt, aber in der Zwischenzeit war es so billig geworden, Milch mit Lastwagen über 3.000 Kilometer von Wisconsin heranzutransportieren, daß zwei Drittel der Milchprodukte, die in Massachsuetts konsumiert wurden, in einem anderen Bundesland erzeugt wurden. Zwischen 1980 und 1983 gab die Hälfte der Bauern in Massachusetts, die Milchvieh gehalten hatten, ihren Hof auf; allein im Jahr 1988 verringerte sich die Zahl der Landwirte in diesem Bereich um 7%. In vielen Fällen konnte das Land nicht verkauft werden, verwildert langsam und wird wieder zu Wald – eine Entwicklung, die in Europa unter anderem auch in höher gelegenen Teilen des Elsaß anzutreffen ist. Die Häuser werden jetzt häufig nur für ein paar Wochen im Jahr als Ferienquartiere benutzt, sofern sie nicht auch langsam verfallen.

Robyn van En kaufte den Besitz von dem Bauherrn, dessen Pläne sich doch nicht hatten verwirklichen lassen, und bewirtschaftete einen kleinen Teil davon mit organischen Anbaumethoden. Die meisten ihrer Produkte verkaufte sie an eine Gruppe von Familien aus der Nachbarschaft, die sich zusammengeschlossen hatten, um ihre Grundnahrungsmittel gemeinsam einzukaufen. Dadurch hatte sie zwar keine Vermarktungsprobleme, aber sie mußte alles nötige Kapital selbst auftreiben, sie trug alle Risiken und mußte auch die ganze Arbeit selbst tun. "Ich wußte schon damals", sagte Robin van En, "daß es etwas Besseres geben mußte, um Landwirtschaft zu betreiben. Mir schwebte eine Art von Genossenschaft vor, in die die Menschen ihre Fähigkeiten einbringen könnten, ihre Erfahrungen und ihre Ressourcen zum gegenseitigen Nutzen teilen würden und in der gleichzeitig die Menschen, die die Nahrungsmittel anbauten, in einer direkteren Beziehungen zu den Verbrauchern stehen würden."[67]

Im Jahre 1994, inmitten ihrer zweiten Anbausaison, besuchte Jan Vandertuin den Bauernhof von Robyn van En mit einem gemeinsamen Freund. Vandertuin stammte aus Vermont, hatte auf mehreren konventionellen und ökologisch wirtschaftenden Höfen gearbeitet und war gerade aus der Schweiz zurückgekommen, wo er am Aufbau von "Tobinambur" in Zürich beteiligt gewe-

67 Interviews mit Robyn van En im November 1993 und im März 1998.

sen war. Topinambur ist eine Genossenschaft, die Gemüse für etwa 125 Familien erzeugt, die in der Genossenschaft Mitglied sind; ihre Milchprodukte decken nicht nur den Bedarf dieser Familien, sondern werden darüber hinaus noch an andere verkauft. Topinambur hatte zwei ähnliche Schweizer Projekte als Vorbilder: Les Jardins de Cocagne in der Nähe von Genf, ein Verein, der drei Vollzeit-Gärtner beschäftigt, um jede Woche ökologisch angebautes Gemüse an etwa 550 Menschen zu liefern, und Agrico in der Nähe von Basel, die mit vier Arbeitskräften Eier, Milch, Gemüse und Getreide für mehr als 150 Familien erzeugen. "Wir hatten uns nur ein paar Minuten unterhalten", sagte Robyn van En, "da wußten Jan und ich, was wir mit meinem Hof tun sollten."

Da keiner von beiden dachte, genügend Erfahrung im Gartenbau zu haben, um eigenverantwortlich die gesamte Fläche des Hofes bewirtschaften zu können, annoncierten sie, um einen erfahrenen Landwirt zur Mitarbeit zu gewinnen. In der Zwischenzeit machten sie ihr neues Konzept in der Gegend bekannt: "Die Kosten und die Ernte teilen". Der erste Erfolg war, daß sie dreißig Familien fanden, die jede neunzig US-Dollar im voraus zahlten, damit van En und Vandertuin eine alte Apfelwiese abernten und aus den Äpfeln Saft, Essig und Apfelwein herstellen konnten. Im darauffolgenden Jahr kam Hugh Radcliffe dazu, ein erfahrener biodynamischer Gärtner, der früher als Biologe in der Forschung an der Cornell University gearbeitet hatte und mittlerweile davon überzeugt war, daß herkömmliche Forschung keine geeigneten Werkzeuge bereitstellen kann, um lebende Pflanzen zu verstehen. Im Herbst 1985 begann er auf 3.000 Quadratmetern Land, das er von van En gepachtet hatte, Hügelbeete für die Frühjahrsaussaat vorzubereiten. In diesem Winter ließen die drei außerdem einen Werbeprospekt drucken. Sie boten dreißig Anteile an, mit denen jeweils zwei oder drei Menschen das Recht auf Gemüselieferungen für ein ganzes Jahr erwerben konnten, außerdem dreißig sogenannte "Winteranteile", gedacht für Familien, die sich zwar im Sommer aus ihren eigenen Gärten mit frischem Gemüse versorgten, jedoch nicht genug anbauten, um auch im Winter ausreichend Kartoffeln, Rüben, Karotten, Pastinaken und anderes Wurzelgemüse zu haben.

Der Prospekt versprach die Lieferung der Ernte zweimal pro Woche im Sommer und dann alle zwei Wochen im Winter. Die Ernte sollte sommers wie winters in jeweils gleiche Teile aufgeteilt werden – so viele Teile, wie es eben Anteilseigner gab. Der Anbau wurde so geplant, daß jeder Anteilseigner im Sommer zweimal pro Woche etwa fünf Pfund frisches Gemüse und im Winter alle zwei Wochen 20 Pfund Kartoffeln, Rüben oder Wurzelgemüse bekommen sollte.

Die Kosten für das ganze Projekt schätzten die drei auf knapp unter 21.000 US-Dollar, was bedeutete, daß ein normaler Anteil pro Jahr 557 US-Dollar und ein Winteranteil 140 US-Dollar kosten mußte – vorausgesetzt, daß alle Anteile verkauft werden konnten. Wie schon bei Topinambur, verpflichteten sich auch hier alle Anteilseigner mit dem Kauf eines Anteiles, zwei Tage im Jahr bei der Gartenarbeit mitzuhelfen; außerdem mußte man akzeptieren, daß der Preis eines Anteils am Ende des Jahres bis zu 12% nach oben oder unten korrigiert werden konnte, je nachdem, wie die Anbausaison verlaufen war. Die Anteilseigner wurden auch gebeten, ihre Verbundenheit mit dem Projekt dadurch zu zeigen, daß sie, sofern es ihnen finanziell möglich war, ihren Anteil im voraus voll bezahlten. Da das Projekt mit den Äpfeln im Jahr zuvor ein großer Erfolg gewesen war, konnten die Anteile ohne große Schwierigkeiten verkauft werden, zumal der Preis – 13 US-Dollar pro Woche für 43 Wochen ganz frisches, organisch angebautes Gemüse – weitaus billiger als jedes Angebot von Lebensmittelläden war.

An den Auslieferungstagen mußte die Ernte bis 11 Uhr morgens abgeschlossen sein. Die gesamte Ernte jeder Gemüsesorte wurde auf einer alten Waage für Eisenbahnfracht gewogen und dann mit Hilfe von Babywaagen in gleiche Teile geteilt. Das Gemüse wurde dann in angefeuchtete Säcke verpackt, die jedes Mal zurückgegeben werden mußten; die einzelnen Bündel konnten dann entweder um die Mittagszeit auf dem Hof abgeholt werden, oder sie wurden am Nachmittag an verschiedene Punkte der Stadt ausgefahren.

Das Angebot für die nächste Saison bestand aus 55 normalen Anteilen zu jeweils 597 US-Dollar und 20 Winteranteilen zu je 160 US-Dollar, was für van En, Vandertuin und Radcliffe ein Gesamteinkommen von 36.000 US-Dollar bedeutete. 80% dieses Einkommens wurden auf die Arbeitsleistung angerechnet. Trotzdem bekam Radcliffe für dreißig Wochen Arbeit während der Anbausaison nur 13.500 US-Dollar, was, wie einer der Anteilseigner zugab, der von Anfang an dabei war, etwa halb so viel war, wie er eigentlich hätte verdienen müssen. Im Jahr 1988 wurde der Preis eines normalen Anteils auf 300 US-Dollar festgesetzt, schlicht deswegen, weil auch die Mengen halbiert wurden, die für jeden Anteil geliefert wurden, weil eine ganze Reihe der Anteilseigner sagten, daß sie im Jahr zuvor mehr Gemüse bekommen hätten, als sie benötigen würden. In diesem Jahr wurden 135 normale Anteile gezeichnet.

Leider endete das Projekt in dieser Form nach der dritten Anbausaison – aufgrund einer Meinungsverschiedenheit, die mit dem Projekt an sich nur indirekt zu tun hatte. Robyn van En hatte der Gemeinschaft, an der sie ja selbst beteiligt war, einen Pachtvertrag über drei Jahre gegeben, der die Option beinhaltete, das Land danach zu kaufen. Nach dem dritten Jahr wollten alle Beteiligten diese Option ausüben, und so wurde ein unabhängiger Sachverständiger bestellt, der den Kaufpreis bestimmen sollte. "Er setzte einen für alle akzeptablen Preis für das Gelände fest, auf dem der organische Anbau betrieben wurde, aber er bestimmte keinen Preis für die Stallungen, weil er der Ansicht war, daß sie nicht richtig genutzt wurden", sagt van En. "Aber so wie ich es sehe, hat die Gemeinschaft die Stallungen sehr wohl genutzt; auf den Tischen dort wurde die ganze Ernte gewogen und abgepackt, und die Vorräte für die Winterlieferungen wurden in einem der Ställe gelagert. Daher wollte ich das Gebäude mit verkaufen; es ist solide gebaut und in einem besseren Zustand als das Haus, in dem ich wohne."

Aber die Gemeinschaft wollte nicht mehr zahlen als den Preis, den der Sachverständige für das Gelände festgesetzt hatte. Robyn van En wollte zu diesen Bedingungen aber gar nichts verkaufen; die Gemeinschaft trennte sich von ihr und kaufte ein anderes Grundstück auf der der Indian Line Farm gegenüberliegenden Seite von Great Barrington. 1989 und 1990 setzte van En ihr Projekt mit einem anderen angestellten Gärtner fort, begann aber gleichzeitig, für diese Idee in ganz Nordamerika zu werben. Diese Arbeit nahm sie bald so sehr in Anspruch, daß sie sich entscheiden mußte: entweder ihr eigener Hof oder das Engagement zur Verbreitung der Idee. Die Indian Line Farm besteht daher heute wieder fast nur noch aus Wiesen und Weideland; ein Teil des Gartens ist an einen organisch arbeitenden Gärtner vermietet, und die Ställe werden von einer Brauereigenossenschaft genutzt. Aber dieser Fehlschlag ist nicht so wichtig, denn das Konzept, das Robyn van En, Jan Vandertuin und Hugh Radcliffe hier entwickelt haben, hat weite Verbreitung gefunden. Heute gibt es in Nordamerika über 600 derartige Erzeuger-Verbraucher-Gemeinschaften, die mehr als 100.000 Menschen mit landwirtschaftlichen Produkten versorgen. Dabei sind unterschiedliche Varianten der Organisation entstanden, und eine ganze Reihe dieser Gemeinschaften versorgt auch Großstadtbewohner mit allem Lebensnotwendigen: Getreide, Fleisch, Obst, Gemüse und Milch.

Der Buschberghof: ein Bauernhof, auf dem Nahrungsmittel "nichts kosten"

Die Indian Line Farm ist nicht die einzige Erzeuger-Verbraucher-Gemeinschaft, die 1986 in den Vereinigten Staaten gegründet wurde. Ein anderer Pionier war der Temple-Wilton-Bauernhof in der Nähe von Wilton in New Hampshire, der nach der Ankunft von Trauger Groh umgestaltet wurde. Trauger Groh kam vom Buschberghof in Fuhlenhagen, ungefähr 30 Kilometer östlich von Hamburg, auf dem er die vorhergegangenen 15 Jahre gearbeitet hatte. Temple-Wilton und der Buschberghof waren – und sind es immer noch – biodynamische Bauernhöfe, die gemäß einem von Rudolf Steiner entwickelten System geführt werden. Biodynamische Landwirtschaft stützt sich auf "ein Bewußtsein oder Gefühl, daß alles Leben eine Verbindung mit der geistigen kosmischen Welt hat und daß die Menschen die Pflicht haben, das Leben so zu leiten, daß diese Verbindungen ungestört zur Geltung kommen können. Weiterhin arbeiten biodynamische Bauern mit der Grundeinstellung, daß die Erde und auch der Bauernhof selber lebende Organismen sind."[68]

In der Praxis unterscheidet sich biodynamische von der "gewöhnlichen" organischen Landwirtschaft dadurch, daß biodynamische Bauern gemäß den Mondphasen säen und pflanzen, bei der Kompostherstellung Hirschhornmehl verwenden und die Pflanzen mit verschiedenen Extrakten wie beispielsweise Eichenrinde oder Schafgarbenblätter behandeln.

Der Buschberghof wurde Anfang der fünfziger Jahre biodynamisch, kurz nachdem sich die anthroposophische Bewegung von der Unterdrückung durch die Nationalsozialisten erholte. Die Umstellung schützte ihn jedoch nicht vor den Problemen, denen sich andere kleine Bauernhöfe gegenübersahen, obwohl die Kosten gering waren und die Produkte unter dem biodynamischen Demeter-Zeichen zu überdurchschnittlichen Preisen verkauft werden konnten. In den fünfziger und sechziger Jahren sanken in der Bundesrepublik im Vergleich zu den Löhnen alle Preise für Lebensmittel – ob biodynamisch, organisch oder konventionell erzeugt – kontinuierlich ab, weswegen Carl-August Loss, der Besitzer des Hofes, es immer schwieriger fand, die Mitarbeiter zu bezahlen und

---

68 Schilthuis, Willy (1994): Biodynamic Agriculture. Edinburgh: Floris.

die eigene Familie zu ernähren. Wie jeder andere, so versuchte auch er, die Kosten durch Mechanisierung zu senken, und nahm von der Bank einen Kredit auf, um Gerätschaften zu kaufen. Trotzdem mußte auch er 1968 erkennen, daß sich seine Schulden mit jedem Jahr vergrößerten und er Bankrott machen und seinen Bauernhof, der sich seit dem 16. Jahrhundert im Familienbesitz befand, verlieren würde, wenn er so weitermachte wie bisher. Weil er lieber sein Land verschenken wollte als es von den Gläubigern abgenommen zu bekommen, errichtete er eine Treuhandgesellschaft, der er den ganzen Besitz übertrug.

Zu diesem Zeitpunkt lernte er Trauger Groh kennen. Groh war ebenfalls Landwirt, aber sein Land wurde für einen Militärflughafen enteignet, und somit hatte er Bargeld zum Anlegen. Die zwei Männer glaubten, daß die Verarbeitung der Milch und des Getreides, die der Buschberghof erzeugte, wahrscheinlich ein besseres Einkommen abwerfen würde als der Kauf eines neuen Bauernhofs für Groh. Daraufhin übertrug Groh sein Kapital der Treuhandgesellschaft für den Bau eines Kuhstalls, einer Molkerei mit einer darüberliegenden Wohnung, einer Getreidemühle und einer Bäckerei. Desweiteren wurde auf einem kleinen Hügel außerhalb des Dorfes ein großes, rosafarbenes Gebäude im charakteristischen Stil der Anthroposophen gebaut. Darin gibt es zwei Privatwohnungen, eine große Küche und Eßzimmer, eine Bibliothek, ein Versammlungszimmer und Wohngelegenheiten für zwölf behinderte Menschen, um die man sich nach Steiners Lehre aufgrund eines Gefühls für soziale Verpflichtungen kümmert und die im Garten, in der Molkerei oder im Haus je nach ihren Möglichkeiten mitarbeiten.

Da Groh und Loss die Treuhandgesellschaft mit ihrem Land, ihrem Kapital und ihrer Ausrüstung ausgestattet hatten, erschien es ihnen verkehrt, für deren Gebrauch Miete zu zahlen. Trotzdem zahlten sie zur Deckung der Abschreibungen auf die Maschinen und für die Instandhaltung der Gebäude der Treuhandgesellschaft eine jährliche Gebühr. "Der neue Bauernhof startete aus einer schwierigen finanziellen Position und mußte zu einer Zeit, als der Markt für biodynamische und organische Produkte sehr begrenzt war, drei Familien gleichzeitig ernähren", schreibt Grohs Tochter Christina. "Der Bauernhof entwickelte sich langsam mit der Verbesserung seines Bodens, seiner Weiden und seines Viehbestands ... Manchmal verkauften wir unsere Erzeugnisse in einem Hofladen, dann wieder durch Großhändler und auf wöchentlichen Touren über die kleinen Märkte. Wie auch immer, wir stellten fest, daß der Verkauf sehr viel Zeit und Energie in Anspruch nahm."[69]

1987 entschlossen sich die Familien, die den Buschberghof betrieben, eine Idee von Groh zu übernehmen, die dieser gerade erst in Temple-Wilton in die Praxis umgesetzt hatte. Nach Diskussionen mit ihren Kunden, die sie wöchentlich mit ihrem Verkaufsbus belieferten, und auch mit den Menschen, die ihre Milch direkt vom Hof kauften, errichteten sie einen "Wirtschaftsverein zur Pflege der Pflanzen, Tiere und Menschen" mit einer anvisierten Mitgliederzahl von rund achtzig Familien, weil sie glaubten, daß dies die Anzahl von Personen

69 Groh, Christina (1991): "Community supported agriculture: a new approach to marketing", in: New Farmer and Grower, Ausg. Frühjahr 1991.

sei, die die Farm ernähren könnte.[70] Die Farm hat 84 Hektar, von denen 1,6 Gemüsefelder sind, 42 Felder und 28 Weideland. Der Rest ist Wald. Die Bauern schätzten, daß die 72 Hektar, auf denen Gras und Feldfrüchte wachsen, 288 Menschen versorgen könnten, wenn man für die Nahrungsmittelproduktion pro Person 0,25 Hektar veranschlagt. Diese Zahl entpuppte sich als etwas zu vorsichtig.

Dem Verein lag die Idee zugrunde, daß auf dem Bauernhof jedes Jahr die laufenden Kosten des darauffolgenden Jahres geschätzt werden sollten, die sodann auf die Vereinsmitglieder umgelegt würden; allerdings sollten diese dafür keinen direkten Anspruch auf festgelegte Lebensmittellieferungen erhalten, sondern die Arbeit auf dem Bauernhof ermöglichen. Was auch immer der Bauernhof herstellte, würde den Mitgliedern gehören, und sie würden es kostenlos erhalten.

Im ersten Jahr, 1988, traten 195 Mitglieder dem Verein bei. Dies waren nicht genügend Menschen, um den gesamten Ertrag des Bauernhofs aufzunehmen, so daß der Hofladen und andere Verkaufseinrichtungen parallel weiterliefen. Ein großer Teil der Mitglieder waren Familien, die schon vorher Milch direkt vom Hof gekauft hatten – das waren jeweils Gruppen von ungefähr zehn Familien, die einander Milch vom Bauernhof mitbrachten. Im folgenden Jahr verpflichteten sich 321 Mitglieder, woraufhin der Hofladen geschlossen und auch die Lieferung von Milch an Dritte beendet wurde. Wie in Temple-Wilton beschloß jede Familie, wieviel sie im Monat zur Unterstützung des Bauernhofs entbehren konnte, und zahlte diesen Betrag dem Schatzmeister des Vereins. Sie konnten dann so viele Lebensmittel bestellen, wie sie wollten.

Dieses System wird immer noch angewendet. "Es gab keinen Mißbrauch. Niemand hat bislang beispielsweise mehr bestellt, als sein Haushalt hätte verbrauchen können, um es zu verkaufen oder zu verschenken", erzählte Wolfgang Stränz, ein Chemie- und Sprachenlehrer, der monatlich zum Bauernhof fährt, um frische Produkte zu holen. "Das liegt daran, daß wir uns in Gruppen von acht oder neun Familien zusammengeschlossen haben, die in dem gleichen Stadtteil von Hamburg leben und abwechselnd die Bestellungen aufnehmen und Besorgungen erledigen. Jedes Gruppenmitglied würde es sofort bemerken, wenn sich jemand einen Vorteil verschaffen würde."[71]

1995 betrug das Budget des Bauernhofs 500.000 DM, das entspricht bei neunzig teilnehmenden Familien einem durchschnittlichen Beitrag von 5.500 DM. Wie viele ihrer Lebensmittel bekommt die Familie von Wolfgang Stränz nun für ihren Beitrag? "Also, wir kaufen Tee, Kaffee, Bier, Salz, Pfeffer, Nudeln und Reis. Solange die Früchte auf dem Bauernhof noch nicht reif sind, essen wir Tomaten von den Kanarischen Inseln. Und jeden Sonntag gehe ich zum Bäcker und kaufe frische Brötchen. Aber das ist alles. Alles andere kommt vom Bauernhof. Das Angebot an Nahrungsmitteln, die wir beziehen, ist recht breit. Es gibt beispielsweise neun verschiedene Sorten Brot und sieben verschiedene Sorten Käse."

---

70 Vgl. Groh, Trauger/McFadden, Steven (1990): Farms of the Future. Kimerton/Pennsylvania: Biodynamic Farming and Gardening Association.

71 Gespräch im Juli 1995.

Der alte Wirtschaftshof von Carl-August Loss liegt in der Mitte des Dorfes. Weizen, Dinkel – ein Getreide, das bei biodynamischen Bauernhöfen beliebt ist – Gerste, Hafer und Roggen sind in den Backsteinscheunen gegenüber dem Wohnhaus gelagert und warten darauf, in der hauseigenen Mühle weiterverarbeitet zu werden. Nicht weit entfernt liegt die Bäckerei, deren großer Holzofen drei Tage nach der Feuerung noch immer warm ist. In einer der anderen Scheunen stehen die Gerätschaften. Die Schweine sind in einem Stall abseits der Straße untergebracht. Bei jeder Abholfahrt werden leere Holzkisten mitgebracht, von der jede mit einem Familiennamen gekennzeichnet ist, und die Bestellungen hinterlassen, die bis zur nächsten Abholfahrt in vier Tagen zusammengestellt werden. Das Hauptgebäude, neben dem die Heuscheune, die Kuhställe und die Molkerei gebaut wurden, liegt etwa 800 Meter weiter.

In der Molkerei wird modernes Gerät für die Käseherstellung verwendet. Die Molke wird in einen Tankwagen abgepumpt, so daß man sie den Berg hinunterbringen kann, um dort damit die Schweine zu füttern. Neben dem Käse wird auch Butter und Joghurt hergestellt. "Bevor wir an diesem System teilnahmen, war uns biodynamische Butter einfach zu teuer", erzählte Stränz. "Jetzt kochen wir sogar damit."

Tobias Petersen ist Engländer, lebt mit seiner Frau und vier Kindern auf dem Hof und arbeitet unter anderem als Hirte. "Diese Arbeit ist so viel befriedigender als jede Arbeit, die ich in England finden würde", erzählte er mir. "Dort würde ich auf eine Herde mit wenigstens 200 Tieren aufpassen und meine gesamte Zeit mit ihnen verbringen. Hier kümmere ich mich nur um zwanzig, so daß ich meine Arbeit gründlich erledigen und noch viele andere Arbeiten auf dem Bauernhof übernehmen kann." Die Kühe, welche der Treuhandgesellschaft gehören, sind "Angler", eine seltene Rasse aus dieser Gegend. Es ist Juni, so daß die Kühe auf einer Weide grasen, die nahe der Windmühle des Bauernhofs liegt. Im Winter werden sie drinnen mit Heu gefüttert. "Wir benutzen kein Silofutter", sagte Christina Groh. "Milch von Tieren, die damit gefüttert wurden, hat einen bestimmten Geschmack und ist nicht annähernd so gut für die Käseproduktion geeignet."

Ein großer Teil des Strohs aus der Getreideernte wird als Streu für die Herde verwendet. Es wurde auch schon überlegt, einen oder mehrere der vier Traktoren, die dem Bauernhof gehören, durch Pferde zu ersetzen. Doch ist es sehr schwer, passende Pferde zu finden, und sogar noch schwieriger, jemanden zu finden, der noch die Fertigkeiten besitzt, mit ihnen zu arbeiten.

Das Hauptgebäude ist von einem Blumengarten umgeben, ein Obstgarten grenzt an, und ein Gemüsegarten befindet sich daneben. Zwei Gewächshäuser befinden sich hinter einer Hecke, und es gibt Schaukeln und Sandkästen für kleine Kinder: Die Töchter von Groh und die vier Bauern, die den Bauernhof betreiben, haben alle kleine Kinder. Patricia Groh hilft bei der Versorgung der behinderten Bewohner – dafür gibt es Zuschüsse vom Staat. Vier oder fünf Landwirtschaftsstudenten arbeiten gewöhnlich auf dem Bauernhof. Zusätzlich gibt es einen bezahlten Angestellten, und die Behinderten haben zwei weitere Pfleger.

Wolfgang Stränz meint, daß sich die Mitglieder des Vereins mit allem, was in Fuhlenhagen passiert, sehr verbunden fühlen, weil sie bei ihren Fahrten, die sie dorthin unternehmen, um die Bestellungen abzuholen, die Bauern treffen und sehen, was sich ereignet. Außerdem wählt jede Gruppe eine Person aus, um dort an den monatlichen Verwaltungstreffen teilzunehmen. Sie begleiten ebenfalls die Hofbegehungen, die jedes Jahr im Frühjahr und im Sommer stattfinden, und einige Mitglieder arbeiten regelmäßig unter der Woche oder für einige Wochen im Sommer auf dem Hof. Mitglieder können jederzeit auf dem Grundstück picknicken.

Trotzdem machten sich Vereinsmitglieder Sorgen darüber, daß für die Bauern, obwohl sie ziemlich gut von ihrem Einkommen leben können, weil sie ihre Lebensmittel und ihre Wohnungen kostenfrei bekommen, nicht ausreichende finanzielle Vorsorge getroffen wird für die Zeit, in der sie in den Ruhestand gehen. "Sie müssen sich ein Haus kaufen und eine angemessene Rente bekommen", sagt Stränz. "Vielleicht sollten unsere Mitgliedsbeiträge höher sein." In jüngster Zeit sind sie es. Seit kurzem wurde zum Budget des Hofes nicht nur ein Betrag für die Altersvorsorge hinzugefügt, sondern auch ein fünfprozentiger Aufschlag, um einen Fond für größere Investitionen aufzubauen.

Der Buschberghof ist ein eindrückliches Beispiel dafür, wie eine gemeinwesenorientierte Versorgung mit Lebensmitteln aussehen kann, aber die wirkliche Frage ist, ob dieses Beispiel kopiert werden kann. Ein Teil des Erfolges gebührt der Treuhandgesellschaft, welche in der Tat die Nahrungsmittelpreise subventioniert, weil sie das Budget des Bauernhofs nicht mit Pachten für Land und Gebäude oder Zinsen für das Geld, das in den Tieren und der Kapitalausrüstung steckt, belastet hat. Wie viele Landbesitzer wären bereit, ihr Land und Kapital einer ähnlichen Treuhandgesellschaft zu übertragen und einen gemeinschaftlich unterhaltenen Landwirtschaftsbetrieb der gleichen Art und Weise aufzubauen?

Trauger Groh ist es in Amerika gelungen, drei Familien zu finden, die bereit waren, den Temple-Wilton-Bauern die Nutzung ihres Landes zu erlauben im Tausch für sämtliche Nahrungsmittel, die sie benötigten, aber die Familien gaben die Eigentumsrechte an ihrem Land nicht auf und gingen diese Vereinbarung hauptsächlich ein, damit ihre brachliegenden Felder sich nicht in Wildnis zurückverwandelten. Wo solche Landbesitzer nicht gefunden werden können, haben Gruppen, die eine Erzeuger-Verbraucher-Gemeinschaft aufbauen wollen, drei Alternativen. Eine ist, daß die Mitglieder einfach mehr für ihre Lebensmittel zahlen, um damit die Pacht und die Zinszahlungen zu decken. Die zweite ist, daß die Gruppen eine Grundstückstreuhandgesellschaft errichten; wie das funktionieren kann, schildern wir weiter unten. Die dritte Möglichkeit ist, daß sie einen Weg finden, um eine oder mehrere der in den Kapiteln 3 und 4 beschriebenen Methoden anzuwenden, um lokales Geld zu schaffen und lokale Ersparnisse zu mobilisieren, um auf diese Weise günstige oder zinsfreie Kapitalmittel bereitzustellen.

Erzeuger-Verbraucher-Gemeinschaften – ein Resumée

Das Charakteristikum der Systeme, die auf der Indian Line Farm und auch auf dem Buschberghof verwirklicht wurden, besteht darin, daß die Anteilseigner oder Mitglieder einen Anspruch auf die gesamte Ernte haben. Sie finanzieren die Gärtner, bezahlen die Pacht für das Land und die Ausrüstung; sie tragen bei Ernteausfällen das gesamte Risiko. Es gibt überhaupt keine Garantie dafür, daß der Gesamtwert ihres Ernteanteils höher liegt als der Betrag, den man in einer Anbausaison für die Produkte im Supermarkt bezahlen müßte. Und sie helfen, wenngleich oftmals nur in Form eines symbolischen Beitrags, bei der Gartenarbeit. Einige Gemeinschaften haben jedoch Regelungen getroffen, daß weniger gut situierte Mitglieder ihren Anteil durch eigene Arbeit auf dem Hof quasi selbst erarbeiten können und dann kein Geld zahlen brauchen.

Damit wird deutlich, daß eine gemeinwesenorientierte Landwirtschaft im besten Fall nicht nur darin besteht, daß lokal verfügbare Ressourcen für die Befriedigung der Bedürfnisse der Menschen verwendet werden, die am Ort leben. Die geschilderten Beispiele zeigen, daß hier zum Teil enge Beziehungen zwischen den Erzeugern und den Verbrauchern entstanden sind, die bei Letzteren das Verständnis für die Natur und die Bedingungen einer ökologisch orientierten landwirtschaftlichen Produktion fördern. Wenn derartige Beziehungen tatsächlich entstehen, ist dies langfristig für eine gemeinwesenorientierte Ökonomie wesentlich wichtiger, als wenn die langfristige Bindung der Konsumenten den Landwirten "nur" mehr ökonomische Sicherheit geben würde – allerdings ist auch dies schon ein sehr wichtiger Punkt.

Timothy Laird hat 83 Erzeuger-Verbraucher-Gemeinschaften in den Vereinigten Staaten von Amerika untersucht. Auch er kam zu der Überzeugung, daß diese Gemeinschaften "vor allem den Menschen wieder ihre Bindung an die Natur deutlich machen, und daß sie die Bauern, denen diese Bindung noch bewußter ist, mit den Menschen in Verbindung bringen, die ihre Produkte essen … Ein solcher Bauernhof produziert keine Nahrungsmittel, ohne auf deren Verwendung zu achten, sondern er produziert Nahrungsmittel für die Gemeinschaft."[72]

Wenn dies richtig ist, dann geht es bei den Erzeuger-Verbraucher-Gemeinschaften in erster Linie um den Aufbau von Beziehungen zwischen Menschen; 63% der Landwirte, die Laird befragt hatte, gaben auch an, daß für sie dieser Aspekt der erfolgreichste bei dieser neuen Art der Betriebsführung ist. Überraschenderweise landete der Faktor, den man zunächst für den wichtigsten halten würde, bei den Bauern recht weit abgeschlagen auf dem zweiten Platz: Nur 30% der Befragten gaben die finanzielle Sicherheit als das wichtigste Motiv an, für eine Erzeuger-Verbraucher-Gemeinschaft zu arbeiten; etwa ebensoviele nannten als "weiteren wichtigen Grund", daß sie dadurch mit ökologischen Anbaumethoden arbeiten konnten. Über die Hälfte der Landwirte gab an, daß die Unterstützung durch die Gemeinschaft für sie besonders wichtig geworden sei, und ein Interviewpartner sagte, daß es darauf ankomme, daß die Mitglieder etwas von der Sache verstünden und das große Ganze und nicht nur ihren eigenen Teil sehen würden. Die Mitglieder müßten ein Gefühl dafür entwickeln, daß sie an allem beteiligt seien.

---

72 Laird, Timothy (1995): Community-Supported Agriculture: A Study of an Emerging Agricultural Alternative. University of Vermont, Graduate College.

Übertragungsmöglichkeiten des Finanzierungsmodells auf andere Bereiche

Das Finanzierungsmodell dieser Art der Gemeinschaften läßt sich durchaus auf andere Bereiche einer gemeinwesenorientierten Ökonomie übertragen. So könnte ein Bäcker in die Lage kommen, eine neue Teigrührmaschine ohne Fremdfinanzierung nicht kaufen zu können. Anstatt zur Bank zu gehen, könnte er Anteile an seiner Produktion im voraus verkaufen – etwa wöchentliche Brot- oder tägliche Brötchenlieferungen. Ein ähnliches Modell könnte eine Kfz-Werkstatt ausschreiben: Für einen bestimmten Betrag im voraus könnte man das Recht auf halbjährliche Inspektionen oder Ölwechsel erwerben oder den Anspruch auf Pannenhilfe in einem bestimmten Umkreis der Werkstatt; diese wiederum könnte das Geld verwenden, um die Einrichtung und die Werkzeuge zu kaufen.

Subskriptionsverfahren ähnlicher Art werden von gewerblichen Unternehmen schon sehr lange benutzt – ganz traditionell war diese Methode bei Buchverlagen eingeführt, um den Druck kostspieliger Werke vorzufinanzieren. Nach 150 Jahren entstand die erste legale Whisky-Brennerei auf der schottischen Isle of Arran im Jahre 1995 und wurde teilweise durch die Ausgabe von Anteilen im Wert von zirka 1.200 DM finanziert, deren Inhaber sich nun im Jahre 1998 auf die Lieferung von fünf Kisten à zwölf Flaschen einfacheren (blended) Whiskys und im Jahre 2001 auf dieselbe Menge Whiskys bester Qualität (single-malt) freuen dürfen.[73] Kapitalanteile künftiger Kunden haben auch das Entstehen einer genossenschaftlich organisierten Brauerei in Birmingham ermöglicht.[74]

Die Tagwerk-Erzeuger-Verbraucher-Genossenschaft, die Rhöner Apfel-Initiative und die "Aktion Voller Kühlschrank"

Selbst wenn es gelänge, in der nächsten Zeit noch viele Erzeuger-Verbraucher-Gemeinschaften aufzubauen, so wird es doch nicht möglich sein, die Nahrungsmittelversorgung insgesamt auf diesem System aufzubauen. Aber das bedeutet nicht, daß alle anderen Waren von ihren Produzenten über anonyme Märkte verkauft werden müssen. Wie wir bereits erwähnt haben, ist es schon ein ganz beachtlicher Gewinn, wenn über manche Produkte stabile Beziehungen zwischen Anbietern und Abnehmern hergestellt werden können, die die Zwänge weltweiter oder auch nur europaweiter Märkte mildern. Langfristige Verträge können hier zu einer spürbaren Re-Regionalisierung von Wertschöpfungskreisläufen führen, selbst wenn Erzeuger und Verbraucher sich nicht in einer Gemeinschaft zusammenschließen, die die Risiken so weitgehend teilt wie bei der Indian Line Farm oder beim Buschberghof.

Im Frühjahr 1983 schlossen sich zum Beispiel im Landkreis Erding auf Initiative eines Verbrauchers die vier Biohöfe mit ihren Kunden zu einer lockeren Gemeinschaft zusammen, um die Vermarktung der Biohöfe zu verbessern,

---

73 Anzeige im Guardian vom 18. März 1995.
74 In "Short Circuit", S. 310ff. wird dieses Beispiel ausführlich geschildert.

mehr Menschen zu erreichen und den "Biohof-Tourismus" einzudämmen – die Waren gebündelt zu den Kunden zu bringen und Einzelfahrten zu vermeiden.[75] Als nächstes erfolgte die regelmäßige Beschickung eines Marktstandes in Erding mit den Produkten der Höfe.

Im September 1984, angeregt auch durch eine Tagung zum Thema "Frieden mit der Natur", gründeten 37 Verbraucherinnen und Verbraucher und die vier Biohöfe die Tagwerk-Genossenschaft mit einem Stammkapital von 17.200 DM; ein Lager wurde eingerichtet und ein eigenes Transportfahrzeug angeschafft. Bei einem Genossenschaftsanteil von 200 DM gibt es heute etwa 700 Genossinnen und Genossen, aus den vier Biohöfen sind etwa hundert geworden, neben einem Zentrallager gibt es neun Einzelverkaufsläden, und neun Wochenmarktstände werden regelmäßig beliefert. Zusätzlich werden Naturkostläden und andere kleinere Läden in den Dörfern der Landkreise Erding und Freising sowie angrenzender Gebiete beliefert.

1987 wurde ein Förderverein gegründet, der als gemeinnützig anerkannt wurde. Der Verein übernahm die Öffentlichkeitsarbeit, organisiert Hoffeste, Exkursionen und Fahrradurlaubsprogramme und ist darüber hinaus in der Landschaftspflege und in der Beratung im Blick auf ökologischen Landbau tätig. Seit 1990 fungiert der Tagwerk-Verein als Bioland-Regionalgruppe; der Förderverein hat mittlerweile über 400 Mitglieder.

Umsatzstärkster Bereich ist das Getreide. Sieben Bäcker haben mit der Genossenschaft einen Vertrag geschlossen und backen unter dem Tagwerk-Zeichen. Das Angebot umfaßt mittlerweile etwa fünfzig Brotsorten; die Läden verkaufen einen Teil des Getreides auch als Rohware.

Mit Genossenschaft und Verein konnte sowohl der Absatz als auch die Verfügbarkeit biologisch erzeugter, hochwertiger Lebensmittel in der Region stabilisiert werden. Tagwerk ist es gelungen, das Logo der Genossenschaft als regional anerkanntes eigenes Gütesiegel zu etablieren. Das Prinzip der Minimierung der Transportwege wird so weit wie irgend möglich auch innerhalb der Genossenschaft befolgt. Durch den Aufbau der genossenschaftseigenen Beratungstätigkeit konnte ein einheitlicher Standard für die Produkte angestrebt werden; die Aufklärungsaktionen für die Verbraucher haben dagegen Kenntnisse über die Entstehungsbedingungen der Produkte und das Bewußtsein für eine hochwertige, gesunde und naturbelassene Ernährung gestützt.

Mittlerweile gibt es an vielen Orten der Bundesrepublik Initiativen zur Direktvermarktung von Agrarprodukten.[76] Sie reichen von reinen Interessensgemeinschaften regionaler Erzeuger zur Verbesserung ihres Absatzes auf der

---

75 Jasper, Ulrich (1997): Tagwerk Verbraucher-Erzeuger-Genossenschaft, in: ders./Schievelbein, Claudia u.a. (Hrsg.): Leitfaden zur Regionalentwicklung. Rheda-Wiedenbrück: Arbeitsgemeinschaft bäuerliche Landwirtschaft, 92-103; Tagwerk-Zeitung.

76 Eine größere Zahl weiterer Direktvermarktungs-Initiativen wird in dem oben zitierten Band von Jaspers/Schievelbein vorgestellt. Vgl. zusätzlich: Dicks, Ute/Gaitsch, Regina u.a. (1997): Bericht über die Recherche über Projekte und Initiativen zur Nachhaltigen Regionalentwicklung in Rheinland-Pfalz. Trier: TAURUS; Kuhnert, Heike/Wirthgen, Bernd (1997): Die Bedeutung der Direktvermarktung als Einkommensalternative für landwirtschaftliche Betriebe in der Bundesrepubliik Deutschland. Bonn: Köllen Verlag.

einen und reinen Einkaufsgenossenschaften auf der anderen Seite bis hin zu Initiativen, die – wie das vorgestellte Beispiel – einen integrierten Ansatz verfolgen. Zwei weitere originelle Ideen möchten wir hier noch vorstellen:

Der Verein "Rhöner Apfelinitiative" hat sich zum Beispiel zum Ziel gesetzt, auf der einen Seite die Interessen und Produktionskapazitäten der Obsterzeuger in der Rhön zu bündeln und auf der anderen Seite für regionale Apfelprodukte zu werben: In der Palette sind derzeit neben Saft und Wein ein Apfelbier (!), Sherry, Senf und Apfelchips – gedörrte Apfelscheiben, die in den Antoniuswerkstätten Fulda, einer Behinderteneinrichtung, hergestellt werden.

Die Aktion "Voller Kühlschrank" des Bauernmarktes Vulkaneifel hat sich im Rahmen eines Modellprojektes ebenfalls zum Ziel gesetzt, Einkommensalternativen zwischen direktvermarktenden Landwirten und Dienstleistungsbetrieben zu schaffen: Bereits vor Ankunft in der Ferienwohnung können Feriengäste Produkte bestellen, um bei der Ankunft einen gefüllten Kühlschrank vorzufinden; weitere touristische Angebote sind geplant.

Kurze Wege: Direktvermarktung in Eisenach und Hindelang

In der Bundesrepublik gibt es ca. 12.000 Direktvermarkter in der Landwirtschaft. Diese Zahl erscheint zunächst hoch, bei über 550.000 Betrieben in der Landwirtschaft insgesamt sind dies jedoch im Schnitt nicht mehr als insgesamt 2,1% der Betriebe.[77] Dagegen ist die Direktvermarktung mittlerweile insbesondere bei den westdeutschen ökologisch orientierten Betrieben mit über 80% weit verbreitet, so daß die These aufgestellt werden kann, daß die Umstellung auf ökologische Anbaumethoden und die Direktvermarktung hier Hand in Hand gehen. Mit 28% ist der Anteil der Direktvermarkter bei den ostdeutschen ökologisch orientierten Betrieben wesentlich geringer.[78]

Vor diesem Hintergrund kann das von Landwirten initiierte und von der Stadt Eisenach unterstützte Thüringer Modellprojekt einer Bauernmarkthalle als eine Möglichkeit gesehen werden, dieses Ungleichgewicht zu beheben und damit einen Beitrag zu leisten, um den Grad der regionalen Selbstversorgung zu erhöhen.[79] Da die teilweise ökologisch wirtschaftenden Agrarbetriebe der Eisenacher Region große Schwierigkeiten hatten, ihre Erzeugnisse über die bestehenden Handelsstrukturen vor Ort abzusetzen, gründeten einige Landwirte im Jahre 1995 die "Vereinigung landwirtschaftlicher Direktvermarkter im Wartburgkreis e.V.". Aus der Zielsetzung, die eigene Produktion "auf der regionalen

77 Stand 1995; einige Direktvermarkter bieten mittlerweile ihr Angebot auch im Internet an; vgl. http://www.sul.net/lwmk/ für Direktvermarkter im Märkischen Kreis.

78 Kreuzer, Kai (1996): Bio-Vermarktung. Vermarktungswege für Lebensmittel aus ökologischer Erzeugung, Lauterbach; Pottebaum, Paul/Bullerdiek, Annette (1994): Handbuch Direktvermarktung – Neue Wege für den Absatz landwirtschaftlicher Produkte. Münster-Hiltrup

79 Gespräch mit Frau Neukirchner, Bauernmarkthalle Eisenach GmbH, vom 18. 12. 1997. Deutsche Umwelthilfe (Hrsg.) (1997): Beispiele: Einrichtung eines Bauernmarktes. Stadt Eisenach, Thüringen. Ausgabe 4/1997.

Basis der Direktvermarktung zu fördern", wurde in diesem Kreis die Idee des Bauernmarktes aufgegriffen und die "Bauernmarkthalle Eisenach GmbH" gegründet.

Der Standort Eisenach wurde gewählt, um in der ländlich geprägten Region das Potential der städtischen Nachfrager erschließen zu können. Die Stadt stellte eine Fläche von 5.000 Quadratmetern bereit und errichtete darauf für 3,8 Mio. DM eine Halle, die sie für zwanzig Jahre an die GmbH vermietete. Für 94% der Investitionen wurden vom Land und der EU Fördermittel bereitgestellt, der Rest kam vom Landkreis und den Landwirten der GmbH. In der im Oktober 1997 eröffneten Markthalle bieten neben den beteiligten Agrarbetrieben rund dreißig weitere Lieferanten aus der Region ihre Produkte an.

Über die verkaufsfördernden Effekte lassen sich derzeit noch keine konkreten Angaben machen. Bemerkenswert ist jedoch, daß der Verkauf nur zu einem geringen Teil durch die Landwirte selbst abgewickelt wird und daher neue Arbeitsplätze im Verkauf und der Organisation geschaffen wurden. Insgesamt wurden in der Bauernmarkthalle 15 Stellen eingerichtet, davon sieben im Verkauf, sechs in der angeschlossenen Gastronomie und zwei in der Organisation. Das Personal war zuvor überwiegend arbeitslos und wurde für die neue Tätigkeit speziell geschult. Durch die Professionalisierung des Verkaufs konnte der sonst oft eintretende negative Effekt der Arbeitsmehrbelastung durch die Direktvermarktung vermieden werden: Diese Mehrarbeit wird sonst in der Regel überwiegend von den Frauen getragen.[80]

Im bayerischen Hindelang wurde im Jahre 1995 von 70 ökologisch arbeitenden Landwirten die "Hindelanger Bauern-Vermarktungs-GmbH" gegründet.[81] Sie betreibt mittlerweile zwei Läden und eine Metzgerei und strebt eine Weiterverarbeitungs- und Direktvermarktungsquote von 100% an. Bei Fleisch und Milch wurde dies bereits in weiten Teilen erreicht. Um die Einrichtung eines Verarbeitungs- und Vermarktungszentrums mit Metzgerei, Molkerei und ständigem Bauernmarkt zu ermöglichen, hat die Gemeinde für die GmbH das ehemalige Postgebäude erworben.

Die Direktvermarktung bietet insbesondere den kleineren und mittleren Betrieben eine Absatz- und Einkommensalternative und kann daher dazu beitragen, dem herrschenden Trend zur Konzentration entgegenzuwirken.[82]

---

80 Eine für die Bundesrepublik einzigartige Interessenvertretung stellt der Dachverband der hessischen Direktvermarkter dar, der seit 1994 auch die von den Bürgern telefonisch nutzbare Datenbank "Produktbörse für hessische Spezialitäten direkt vom Bauernhof" unterhält.

81 Vgl. Süddeutsche Zeitung vom 3./4. 01. 1998.

82 Bundesministerium für Ernährung, Landwirtschaft und Forsten (Hrsg.) (1997): Die Bedeutung der Direktvermarktung als Einkommensalternative für landwirtschaftliche Betriebe in der Bundesrepublik Deutschland. Eine Situationsanalyse [Durchgeführt von der Universität Gesamthochschule Kassel, Fachgebiet Agrarmarktlehre/Marketing]. Bonn: BMELF.

Eine Renaissance für Tante-Emma-Läden

Gleichgültig in welcher Form der Organisation – nicht alle Produkte können direkt vermarktet werden. Wenn eine Gemeinde oder eine Region daher wieder einen größeren Handlungsspielraum zum Aufbau einer gemeinwesenorientierten Ökonomie erhalten möchte, sind kleine Läden, die im Besitz von Bewohnerinnen und Bewohnern der Gemeinde oder Region sind, besonders wichtig. Die großen Einzelhandelsketten kaufen in der Regel zentral ein und sind in der Regel nicht gewillt, in jeder ihrer Filialen ein anderes, an das Angebot aus der Region angepaßtes Produktsortiment zu unterhalten. Daher müssen die kleinen Tante-Emma-Läden und die kleinen Fachgeschäfte – etwa Drogerien – erhalten oder, wo sie bereits verschwunden sind, neu eingerichtet werden.

Im Vergleich zu Großbritannien und Deutschland steht Irland in dieser Beziehung noch ganz gut da. Selbst winzige Dörfer haben dort in der Regel noch einen Lebensmittelladen; in Deutschland gibt es in Dörfern oft kein oder nur ein Geschäft, und in Großbritannien hat im Vergleich dagegen der größte Kahlschlag stattgefunden: Selbst in Canterbury, einer Kleinstadt mit 35.000 Einwohnern, gibt es kein größeres Geschäft mehr, das im Besitz eines Ortsansässigen wäre.

In Westport ist dagegen nur ein Video-Verleih und ein Schuhgeschäft nicht im Besitz von Menschen, die in der Stadt oder der Umgebung wohnen. Doch auch in Irland geraten die kleinen Lebensmittelläden langsam unter Druck, was dazu geführt hat, daß sie viele Produkte, die sie vorher selbst weiterverarbeitet hatten, in dieser Form nicht mehr anbieten. Damit verbleibt ein geringerer Teil des Mehrwertes im Preis der Waren in der Gemeinde, denn die Produkte werden jetzt einfach nur noch von überall her eingekauft.

Vor zwanzig Jahren war Hoban's mit seinen hölzernen Verkaufstheken das größte Lebensmittelgeschäft in Castlebar, einer Kleinstadt in der Nähe von Westport; eigentlich war der Laden mehr als das. Auf der Rückseite des Ladens war eine Bäckerei, die eine große Auswahl von Brot, Kuchen und Süßigkeiten herstellte; Hoban's war berühmt für seine selbstgemachten Schweinefleischpasteten; auf der Seite war ein Schlachthaus, in dem auch Rinder für die Fleischwarenabteilung geschlachtet und verarbeitet wurden. Schinken wurden gekocht und Würste hergestellt. Im Laden wurde Tee selbst abgepackt, Kaffee sogar selbst geröstet.

Kurzum, Hoban's war mehr als nur ein großer Laden, es war eine kleine Lebensmittelfabrik mit über dreißig Angestellten, bis er Mitte der achtziger Jahre schließen mußte. Der Wettbewerbsdruck durch die Supermärkte wurde zu groß, und keines der Kinder der Eigentümer wollte das Geschäft weiterführen. Jetzt werden alle diese Arbeiten nicht mehr von Einwohnern der Gegend ausgeführt, sondern anderswo. Fast alle Waren, die jetzt von den Strichcode-Lesern der Kassen in den Supermärkten von Castlebar gescannt werden, werden außerhalb der Stadt verarbeitet und abgepackt – nicht selten am anderen Ende der Welt.

Eine Alternative: Neue Nachbarschaftsläden

Nachbarschaftsläden können als Dienstleistungseinrichtung und Kommunikationstreffpunkt das regionale Versorgungsangebot verbessern und das Leben in den Gemeinden wieder bereichern. Damit sie überleben können, ist es jedoch unabdingbar, daß sich die Bevölkerung aktiv beteiligt. Darüber hinaus ist bei der Gründung oder der Revitalisierung eine Förderung durch die Kommune oder durch eine Gruppe interessierter Menschen fast unverzichtbar.[83]

Hutten in der Nähe von Schlüchtern im Main-Kinzig-Kreis ist ein Dorf mit knapp 900 Einwohnern. Nachdem in den siebziger Jahren drei Lebensmittelgeschäfte geschlossen wurden, war eine wohnortnahe Versorgung mit Lebensmitteln seit 1987 nicht mehr möglich. Drei Jahre lang kaufte die Bevölkerung im neun Kilometer entfernten Schlüchtern ein, danach entschlossen sich 1990 einige Bürger dazu, wieder ein Lebensmittelgeschäft aufzubauen.[84]

Durch Öffentlichkeitsarbeit, Pressemitteilungen, Flugblätter und Veranstaltungen wurde die Huttener Bevölkerung über das geplante Projekt informiert. Als Standort wurde die ehemalige Dorfschule ausgewählt. Die Stadt Schlüchtern und das Land Hessen übernahmen die Umbauarbeiten. Seit September 1991 besteht nun der Nachbarschaftsladen unter dem Namen "Unser Laden". Sechs Frauen aus dem Ort erledigen die anfallenden Verkaufs-, Bestell- und Reinigungsarbeiten für eine Vergütung von etwa 12 DM pro Stunde. Sie sind Gesellschafterinnen und beschäftigen sich quasi selbst. Der Personaleinsatz erfolgt in gegenseitiger Absprache. Die Öffnungszeiten sind beschränkt und den Einkaufsgewohnheiten der örtlichen Bevölkerung angepaßt. Werktags ist der Laden jeweils von 8.30 bis 11.30 Uhr geöffnet, samstags von 8.00 bis 12.00 Uhr. Freitag nachmittag hat das Geschäft zusätzlich von 16.00 bis 18.00 Uhr auf.

Als Zusatzfunktionen betreibt "Unser Laden" ein Infobrett mit kommunalen Mitteilungen und verkauft Textilien auf Kommissionsbasis. Eine Ausweitung um Post- und Bankdienstleistungen ist aufgrund vorhandener Niederlassungen gegenwärtig noch nicht möglich. Diese Angebote sollen eventuell später einbezogen werden, wenn weitere Räumlichkeiten zur Verfügung stehen.

Das Konzept des Nachbarschaftsladens berücksichtigt nicht nur die materielle Versorgungskomponente mit Einzelhandelsangebot und weiteren öffentlichen und privaten Dienstleistungen, sondern fördert auch die "dörfliche Selbstorganisation" und kann damit zur (Re-)Aktivierung der Dorfgemeinschaft beitragen. Ein Interesse der Verbraucher an neuen Nahversorgungskonzepten ist ebenfalls erkennbar, doch ist die Bereitschaft der Bevölkerung, vielfältige ehrenamtliche Tätigkeiten zu übernehmen, um dieses Konzept zu realisieren, nicht überall gleichermaßen ausgeprägt. Das Engagement der Menschen konzentriert

---

83 Hessisches Ministerium für Wirtschaft, Verkehr, Technologie und Europaangelegenheiten (Hrsg.) (1994): Der Nachbarschaftsladen: Alles unter einem Dach! Ein Handbuch zur Sicherung der ländlichen Grundversorgung für Bürgerinnen und Bürger, Kaufleute, Kommunen und Planer. Wiesbaden: Selbstverlag; Bundesministerium für Raumordnung, Bauwesen und Städtebau (Hrsg.) (1996): Nachbarschaftsladen 2000 als Dienstleistungszentrum für den ländlichen Raum. Bonn: BMBau.

84 Informationen von Artur Graf, Schlüchtern-Hutten.

sich dabei vorrangig auf die Sicherung der Grundversorgung mit Gütern des täglichen Bedarfs.

Die Village Retail Services Association – Beratung zur Gründung von Nachbarschaftsläden

Derek Smith, ein Landwirt im Ruhestand, hat einen gemeinnützigen Verein ins Leben gerufen, um Gemeinden in Großbritannien zu helfen, Geschäfte zu erhalten oder zu eröffnen: die Village Retail Services Association (ViRSA). Sein Engagement in dieser Sache begann, als im Januar 1991 der Eigentümer des einzigen Ladens in seinem Dorf, Halstock im Westen von Dorset, ankündigte, daß er schließen wolle, weil er die Belastung durch hohe Zinsen nicht mehr tragen könne. Smith und die anderen 350 Dorfbewohner waren niedergeschlagen, weil dies für sie als ein weiterer Schritt zum Niedergang ihres Dorfes erschien: Die Schule war 1986 geschlossen worden, und zuvor war die Kirchengemeinde mit 17 anderen Gemeinden zu einem Bezirkspfarramt mit vier Pfarrern zusammengelegt worden, das Pfarrhaus und ein Grundstück in Kirchenbesitz waren verkauft worden.

Das Schicksal der Schule und der Kirche war von Behörden entschieden worden, die das Dorf nicht beeinflussen konnte. Die Zukunft des Ladens aber, so dachten Smith und seine Nachbarn, lag dagegen in ihren Händen, und sie hielten eine Reihe von öffentlichen Versammlungen zu diesem Problem ab. "Schon beim ersten Treffen kamen wir einmütig zum Entschluß, daß wir den Laden erhalten wollten", erzählt Smith:[85] Beim zweiten Treffen, zwei Wochen später, wurden die Pläne dafür schon ganz gut ausgearbeitet – gerade zum richtigen Zeitpunkt, denn kurz danach überraschte uns der Besitzer mit der Nachricht, daß er schon drei Wochen später schließen wollte. Beim nächsten Treffen zahlten sechzig Dorfbewohner insgesamt 15.000 Pfund an zinslosen Darlehen an eine neue Gesellschaft ein, die wir gegründet hatten, die Halstock Village Shop Company, die den Laden betreiben sollte. Fünf Tage danach mietete diese Gesellschaft ein Ladenlokal, das in der restlichen Zeit umgebaut, renoviert, eingerichtet und mit Waren ausgestattet wurde. Der alte Laden schloß an einem Freitagabend, und am darauffolgenden Montagmorgen öffnete der neue."

Sechs Monate lang wurde das Geschäft von Freiwilligen betrieben; erst danach wurde eine Pächterin, Brenda Escott, gefunden. Sie investierte noch einmal 12.000 Pfund von ihrem eigenen Geld und nutzt den Laden als Untermieterin der Genossenschaft, in die sich die Halstock Village Shop Ltd. umgewandelt hatte.

Obwohl der Laden das Preisniveau der Supermärkte fast halten kann, macht er im Jahre 1993 bei einem Umsatz von 100.000 Pfund einen Reingewinn von 3.665 Pfund, das Gehalt von Brenda Escott nicht eingerechnet. Aber dieses Geld ist nicht leicht verdient. Escott öffnet den Laden an jedem Werktag um 7.30 Uhr und schließt um 18.00 Uhr; auch am Sonntag morgen ist geöffnet, dafür bleibt der Dienstag Nachmittag geschlossen. Sie beschäftigt zwei Teilzeit-

85 Interviews im März 1996.

kräfte für jeweils 100 Pfund pro Woche. "Es ist harte Arbeit", sagte Brenda Escott,[86] "und es würde sich ohne den Zusatzverdienst, den ich für die Zweigstelle der Post bekomme, nicht rechnen."

Derek Smith dachte, daß die Erfahrungen, die in Halstock gemacht wurden, auch anderen Dörfern von Nutzen sein konnten. Daher gründete er ViRSA, um dieses Wissen weiterzugeben. "Nur eine Handvoll Dörfer hatte zuvor Erfolg mit derartigen Rettungsaktionen gehabt, und noch weniger hatten Stehvermögen über einige Jahre bewiesen", sagte Smith: Mir schien, als hätten wir in Halstock ungefähr die richtige Methode entwickelt, die natürlich angepaßt, erweitert und verbessert werden mußte, um eine Blaupause für andere Dörfer zu bekommen. Aber es kann teuer und zeitraubend sein, das Rad immer wieder neu zu erfinden, und wenn man ein paar Speichen dabei vergißt, ist die Katastrophe schnell da."

Das Modell von Halstock hat nach Ansicht von Derek Smith zwei wichtige Komponenten. Die eine besteht darin, daß die Menschen, die einen Laden erhalten möchten, auch in diesen Laden von ihrem eigenen Geld investieren sollten, denn dann werden sie dort auch mit größerer Sicherheit einkaufen. Andere Methoden der Kapitalbeschaffung – etwa, daß die Kunden ihre Einkäufe einen Monat im voraus bezahlen – hält Smith für weniger zuverlässig, denn viele Kunden machen das zwar für einige Monate, füllen ihr Guthaben dann aber nicht wieder auf. Niemand kann sie davon abhalten, zu anderen Geschäften zu gehen. Ein günstiger Kredit der Gemeinde, um einem in Zahlungsschwierigkeiten geratenen Händler wieder aufzuhelfen, ist nach Auffasung von Derek Smith auch nicht optimal, wenn die Ursachen dieser Schwierigkeiten nicht gleichzeitig behoben werden können. Die Kreditbelastung vieler Ladenbesitzer ist so hoch, daß sie eigentlich nicht erwarten können, die Kredite aus den Erträgen ihres Ladens jemals zu tilgen.

Die zweite wichtige Komponente seines Systems besteht nach Meinung von Smith darin, daß eine Gesellschaft, ein Verein oder eine Genossenschaft gegründet wird, die den Laden formell betreibt, die die Lokalität anmietet, die Kühltruhen und die Regale kauft und die wiederum einen Pächter oder Angestellten findet, der das Geschäft führt. "Auf diese Weise können die Bewohner des Dorfes – genauer, die Mitglieder der Genossenschaft -- bestimmen, wer ihren Laden führt. Sie können so versuchen, einen Eindruck von seinen Fähigkeiten zu bekommen, bevor sie ihn einstellen."

Es ist möglich, den Laden in der Anfangszeit mit Vereins- oder Genossenschaftsmitgliedern auf ehrenamtlicher Basis zu betreiben. "Aber dies ist keine Dauerlösung", sagte Derek Smith: "Man sollte das nicht auf unbegrenzte Zeit so planen, denn die Leute verlieren mit der Zeit das Interesse an dieser Art von Arbeit, wenn sie nicht bezahlt wird." Dennoch gibt es Läden, etwa in Letcombe Basset in Oxfordshire, die seit zehn oder 15 Jahren mit ehrenamtlichem Personal geführt werden.

Derek Smith spricht sich auch dagegen aus, einen Geschäftsführer für den Laden anzustellen. Es sei nicht ausgemacht, daß man jemanden mit den notwendigen Fähigkeiten oder der erforderlichen Einsatzbereitschaft zu einem

86 Interview im März 1996.

Lohn findet, den die Betreibergenossenschaft auch bezahlen kann. "Ein Pächter dagegen wirtschaftet auf eigene Rechnung und wird weit eher motiviert sein, sich voll einzusetzen. Und wenn es nicht klappt, wird der Pächter kündigen, weil sein Einkommen nicht ausreicht, ohne daß die Genossenschaft ruiniert ist. Sie kann den Laden ja immer noch mit Freiwilligen weiter betreiben, jedenfalls eine Zeit lang."

Nachdem er ViRSA gegründet hatte, bereiste Derek Smith sechs Länder, um die Faktoren im Detail zu studieren, die zum Erfolg oder Mißerfolg von kleinen Dorfläden führen. Er gelangte zur Überzeugung, daß die Fähigkeiten und der Umgang der Ladeninhaber mit ihren Kunden von alles entscheidender Bedeutung ist. "Alle Geschäfte, die ich studiert habe, hatten im Umkreis von 15 Kilometern mindestens einen Supermarkt als Konkurrenten. Ein Laden mit einem Umsatz von fast 500.000 DM hatte zwei große Supermärkte in einer Entfernung von weniger als zwei Kilometern. Er wird mit Umsicht und Erfahrung von einem Ehepaar betrieben und hat mir gezeigt, was fähige Leute trotz erdrükkendem Wettbewerb zu leisten vermögen."

Wird ein solcher Laden also von jemandem geführt, der die notwendigen Kenntnisse hat, mit den Kunden umgehen kann und außerdem bereit ist, oft mehr als vierzig Stunden in der Woche zu arbeiten, dann kann ein solcher Laden nach den Erfahrungen von Derek Smith in Orten ab 400 Einwohnern unterhalten werden.[87] Der Laden sollte eine Verkaufsfläche von mindestens 50 Quadratmetern haben und über zusätzlichen Lagerraum verfügen. Smith geht davon aus, daß ein Mindestumsatz pro Jahr von 180.000 DM bis 200.000 DM getätigt werden muß, damit das Geschäft eine Familie ernährt.

Im ersten Jahr ihres Bestehens hat ViRSA zwölf Gemeinden beraten und konkrete Pläne zur Erhaltung oder Wiedereröffnung eines Dorfladens ausgearbeitet. In Talaton im Osten Devons wurde das Konzept von Halstock bis aufs I-Tüpfelchen übernommen. Das einzige Lebensmittelgeschäft war dort in einen Teufelskreis geraten: Eine abnehmende Zahl von Kunden bedeutete, daß das Warenangebot eingeschränkt wurde, was den Umsatz wiederum reduzierte und schließlich zur Geschäftsaufgabe führte – nachdem der Laden drei Generationen in derselben Familie gewesen war. Als es soweit gekommen war, wollten die Dorfbewohner "ihren" Laden doch nicht missen.

Auf den Rat von Derek Smith wurde ein Fragebogen verteilt, um zu testen, wie stark der Rückhalt bei den Bewohnern wirklich war: 80% der 140 Haushalte waren danach bereit, sich zu engagieren. Also wurde die Talaton Village Association als eingetragene Genossenschaft gegründet; 120 Dorfbewohner traten mit einem Mitgliedsbeitrag von 10 Pfund bei. Außerdem wurden 6.500 Pfund aufgebracht, indem die Village Association zinslose Schuldscheine im Wert von je 50 Pfund verkaufte. Derek Smith motivierte die Bewohner zur Beteiligung auch mit dem Argument, daß der Marktwert ihrer eigenen Häuser höher sei, wenn es in ihrem Dorf ein Minimum an Infrastruktur gebe. Die Village Association mietete den Laden an, die Handwerker des Ortes renovierten ihn,

---

87 Smith schlägt vor, noch eine Postfiliale dazuzunehmen – diese Möglichkeit ist (noch) eine britische Spezialität; ein solches zweites, ergänzendes "Standbein" kann jedoch auch ganz andere Formen annehmen.

ohne etwas dafür zu berechnen. Das Kapital der Association wurde verwendet, um eine Registrierkasse, eine Kühltheke und andere Einrichtungsgegenstände zu kaufen. Der Laden wird von 35 Frauen ehrenamtlich betrieben – manche arbeiten dort nur zwei Stunden im Monat, andere mehr.

Der Dorfladen von Talaton kalkuliert mit einem Umsatz von etwa 230.000 DM im Jahr. Andere Läden wie jener in Letcombe Basset setzen nur ein Fünftel oder ein Sechstel dieses Betrages um; in Letcombe Basset wird auch nur für eine Stunde am Tag geöffnet. Die Verantwortlichen dort sind der Ansicht, daß weit wichtiger als die Menge der verkauften Waren die Tatsache ist, daß der Laden zum Treffpunkt für die Dorfbewohner geworden ist.

Glücklicherweise sind die kleinen Tante-Emma-Läden noch nicht überall verschwunden. Wir haben bereits darauf hingewiesen, daß die Situation in Irland zum Beispiel unvergleichbar besser ist. Auch dort jedoch, wo diese Läden scheinbar noch gut funktionieren, sind sie in zunehmendem Maße gefährdet. Erstaunlich gute Resultate können jedoch durch Kampagnen erzielt werden, mit deren Hilfe bei der Bevölkerung in einer Gemeinde oder einer Region ein Bewußtsein dafür geweckt werden soll, was sie zerstören, wenn sie einen zu großen Teil ihres Haushaltsgeldes in den großen Supermärkten ausgeben. Ein Beispiel dafür, wie die regionale Orientierung vom Konsumenten verstärkt werden kann, schildern wir am Ende dieses Kapitels.[88]

Nachbarschaftsläden werden nicht das Ende für die großen Supermärkte bedeuten, selbst wenn es gelänge, ihre Zahl um ein Mehrfaches zu steigern. Der Tagesumsatz vieler Supermärkte ist zuweilen höher als der Jahresumsatz von Nachbarschaftsläden. Doch können diese eine wichtige Funktion übernehmen, die Supermärkte auf der grünen Wiese niemals erfüllen können. Sie sind Treffpunkt für die Menschen am Ort, sie können die Grundversorgung mit Nahrungsmitteln am Ort sicherstellen, und nicht selten finden sich in ihren Regalen Produkte, die es niemals bis in die Supermärkte schaffen: das Beste nämlich, was die Region zu bieten hat.

Wochenmärkte für Überschüsse und kleine Mengen

Jeden Donnerstagmorgen schließt Bríd McAuley die Türen des Gemeindezentrums von Westport auf, schaltet in dem dunklen, hallenden Saal das Licht ein, trägt gemeinsam mit einem Kollegen zwölf Klapptische von einem Stapel in der Küche herein und stellt sie hufeisenförmig entlang der zwei langen Wände und vor der Bühne auf. Dann trägt sie aus ihrem Kombi Kisten und Säcke mit Kräutern und Gemüse herein, die ihr Ehemann Chris und sie auf ihrem organischen 0,8 Hektar großen bäuerlichen Kleinbetrieb, der ungefähr sechs Kilometer außerhalb der Stadt liegt, geerntet haben. "Wenn wir Hochsaison haben, dann muß ich zweimal mit dem Auto fahren, um alles herzubringen, was wir haben", sagt sie.

---

88 In "Short Circuit", S. 319 und 324 wird eine entsprechende Kampagne im County Mayo in Irland beschrieben.

Ab neun Uhr kommen andere Menschen mit ihren Sachen, die sie verkaufen wollen. Auf den Tischen links im Saal gibt es Brot, Brötchen und Kuchen; Strickwaren und andere Handarbeiten sind auf den Tischen, die rechts in der Halle stehen, und am Kopf des Hufeisens wird das Gemüse aufgebaut. Marmeladen und Limonaden kommen in die obere linke Ecke neben Eier von frei laufenden Hühnern, von denen die meisten schon vorbestellt sind, daneben die gerupften und geputzten Puten und Hennen. Am anderen Ende der Halle bauen zwei Frauen Tische auf, an denen sich die Menschen zu einem Imbiß hinsetzen können. In der Küche warten Sandwiches auf Tabletts, und der Boiler ist schon für den Tee eingeschaltet.

Gegen zehn Uhr ist alles fertig. Sobald die Türen geöffnet werden, betreten mehr als ein Dutzend Menschen den Saal; sie kommen so früh, weil sie sicher gehen wollen, daß sie auch bekommen, was sie kaufen möchten. Eine Stunde später sind die Tische im "Café" besetzt, während die Tische mit Backwaren und Gemüse fast leergeräumt sind, obwohl der Markt noch weitere zwei Stunden geöffnet ist.

Dieses Bild wiederholt sich – mehr oder weniger nach dem gleichen Muster – einmal wöchentlich in 74 anderen Städten und Dörfern in Irland und 538 Gemeinden in Großbritannien – den Orten, in denen Country Markets Ltd. in Irland und Women's Institutes (WI) Markets in England, Wales und den Kanalinseln Wochenmärkte betreiben. Beide Einrichtungen sind aus den zwei nationalen Vereinigungen von Landfrauen, der irischen Landfrauenvereinigung (ICA) und den Woman's Institutes (WI) hervorgegangen.[89] In Irland übernahm Country Markets Ltd. viele Elemente aus dem Leitfaden von WI, als 1946 der erste Markt in Fethards in Tipperary eröffnet wurde. Der erste britische Markt war schon 27 Jahre früher in Lewes in Sussex entstanden, um WI-Migliedern, Arbeitslosen und Rentnern eine Möglichkeit zu geben, überschüssige Gartenerzeugnisse zu verkaufen. Vor der Weltwirtschaftskrise in den dreißiger Jahren eröffneten jedoch nur verhältnismäßig wenige Märkte. In der Weltwirtschaftskrise trat dann das Landwirtschaftsministerium an WI mit der Bitte heran, bei der Verbesserung der Ernährungssituation in Großbritannien zu helfen. Eine finanzielle Unterstützung des Carnegie Trust ermöglichte WI eine Ausdehnung seiner Aktivitäten.

Daß die Märkte, die zuerst entstanden waren, noch immer existieren, ist größtenteils dem strengen Reglement der beiden nationalen Organisationen zu verdanken. Es lohnt sich daher, dieses Reglement im Detail zu betrachten. Beginnen wir mit der Eröffnung eines neuen Marktes. Wenn eine Person oder Gruppe aus einer anderen Region an ein Mitglied der Vereinigung mit der Absicht herantritt, einen neuen Markt zu gründen, dann muß die Zentrale von Country Market Ltd. unverzüglich benachrichtigt werden, so daß die Geschäftsführerin der Gesellschaft, Mary Coleman, an den Treffen zur Vorbereitung teilnehmen kann, um die Ziele, Regeln und Funktionen der Gesellschaft zu erklären. In der Tat reist Mary Coleman aus Dublin an, um wenigstens an vier Treffen teilzunehmen, bevor irgendein Markt seine Pforten öffnet. Zuerst beschreibt sie, wie der Markt arbeitet, und wenn sich dann genügend Menschen dazu ent-

89 Ansprechpartner: Mary Coleman, Dublin und Penny Annand, Reading.

schließen, weiterzumachen, wird sie mindestens drei Workshops mit ihnen abhalten, auf denen sie die Pflichten erklärt, die die gewählten Vorstandsmitglieder der lokalen Märkte übernehmen müssen, wie die zum Verkauf angebotenen Waren ausgezeichnet und verpackt sein müssen und wie die Unterlagen des Marktes geführt werden müssen. Obwohl die Mitglieder überwiegend Frauen sind, können in Großbritannien und Irland auch Männer Mitglieder werden.

Nach den Workshops werden die Teilnehmer eingeladen, Mitglieder von Country Market zu werden, indem sie Anteile in einem Wert von drei Pfund kaufen. Wenn mindestens zwanzig Menschen beitreten und sich verpflichten, regelmäßig Waren für den Markt anzubauen oder herzustellen, dann empfiehlt Mary Coleman in der Regel dem nationalen Verwaltungsausschuß, die Eröffnung des neuen Marktes zu genehmigen. Niemand darf mehr als einem Country Market angehören. Außerdem verfolgen irische Märkte die Politik, daß sie Menschen, die weiter als 15 Kilometer entfernt wohnen, in der Regel die Mitgliedschaft verweigern. "Dies ist so, weil wir glauben, daß sie ihre eigenen Märkte aufbauen sollten und nicht zu lange Anfahrtswege haben sollten", erklärt uns Bríd McAuley.

Nichts, was auf einem Country Market verkauft wird, noch nicht einmal Handarbeiten, trägt den Namen des Herstellers oder der Herstellerin: Auf dem Etikett steht nur eine Mitgliedsnummer und, in rot, der Preis. Es ist sehr unwahrscheinlich, daß die Person, die die Ware verkauft, sie hergestellt oder angebaut hat, und sie wird darüber nur äußerst ungern Auskunft geben. Warum diese Anonymität? Sind die Mitglieder nicht stolz auf ihre Arbeit? "Natürlich sind sie es", sagt Mary Coleman. "Aber würde der Name des Herstellers irgendwo erscheinen, dann gibt es immer wieder Menschen, die diese Person nicht mögen und deshalb deren Erzeugnisse nicht kaufen würden. Und würden wir den Mitgliedern erlauben, beispielsweise die eigenen Brote und Kuchen neben den Erzeugnissen anderer zu verkaufen, gäbe es eine natürliche Tendenz, die eigenen Waren zuerst zu verkaufen. Darum ist es das Beste, daß die Mitglieder die Waren anderer Mitglieder verkaufen. Auf diese Weise können sie ganz und gar unparteiisch und neutral dazu stehen."[90]

Die Mitglieder bringen ihre Waren vor Öffnung des Marktes her und geben dem Vorstand eine Liste mit der Aufstellung aller Dinge, die sie zum Verkauf mitgebracht haben. Der Vorstand vergleicht nicht nur die Liste mit den Anlieferungen. Auf vielen Märkten wird beispielsweise frisches Obst und Gemüse nach Größe und Qualität in Güteklassen eingeteilt und die Präsentation der Waren überprüft. Da gerade die Qualität der Produkte, deren Frische und Präsentation die Kunden anlockt, kann der Vorstand Produkte schlechter Qualität zurückweisen. Er sollte ebenso die Preisvorschläge mit den Mitgliedern besprechen, so daß alle auf der gleichen Grundlage arbeiten und den Einzelhandel am Ort nicht unterbieten. Funktioniert ein Markt planmäßig, dann sind die Preise für verarbeitete Produkte, wie beispielsweise Brot, Kuchen und Marmelade, die einzigen, die nicht dem Ladenpreis entsprechen, sondern sie ergeben sich aus dem Preis des Glases oder der Verpackung plus dem doppelten Wert der Zutaten und der Energie, die bei der Herstellung verbraucht wurde. Marmeladengläser

90 Interview im Februar 1996.

müssen die Standardgröße haben, und die Verpackungen dürfen keine alten Etiketten mit fremden Markennamen mehr aufweisen, weil dies zu Schadensersatzansprüchen führen könnte.

Wenn der Markt vorüber ist und ein Mitglied unverkaufte Ware wieder mitnimmt, dann korrigiert das zuständige Vorstandsmitglied beide Kopien des Lieferscheins, behält eine Kopie für sich und gibt dem Mitglied die andere zurück. Unterdessen summiert der Kassenwart die Einnahmen, um sie dann bei der Bank einzuzahlen. Die Mitglieder werden für ihre Verkäufe nicht sofort am Markttag bezahlt, sondern erhalten jeweils für die Verkäufe eines Monats einen Scheck, von dem bereits eine Kommission in Höhe von 10% abgezogen wurde. Ein großer Teil dieser Abgabe dient der Deckung der Kosten vor Ort wie beispielsweise für die Saalmiete. Knapp ein Drittel geht an die Geschäftsstelle, um das Gehalt der Geschäftsführerin und der Buchhalterin zu bezahlen. Beglichen werden mit dieser Abgabe auch die Prämien für verschiedene Versicherungen: Versichert sind Unfälle, die den Kunden auf dem Gelände des Marktes zustoßen könnten, Diebstahl von Markteinnahmen und Forderungen, die sich daraus ergeben können, wenn jemand nach dem Verzehr von Lebensmitteln, die er an einem Marktstand gekauft hat, krank wird. Für die zusätzliche Gebühr von einem Pfund sind die Marktmitglieder auch gegen Unfälle versichert, die sich auf dem Weg von ihrem Zuhause zum Markt ereignen können.

Die Mehrheit der Märkte empfindet die zehnprozentige Kommission als mehr als ausreichend, um die Abgaben der Geschäftsstelle und ihre eigenen Ausgaben zu decken, und die Vorschriften räumen den Mitgliedern des jeweiligen Marktes das Recht ein, darüber abzustimmen, ob der Überschuß unter ihnen selbst verteilt oder für gemeinnützige Zwecke verwendet werden sollte, etwa für Weiterbildungskurse oder zur Unterstützung der Gemeinde. "Gewöhnlich verwenden wir unseren Überschuß für solche Dinge", erzählte Lily Ryder, die frühere Vorstandsvorsitzende des Marktes in Westport. Regelmäßig treten Gruppen wie das Straßenfestkomitee und der Tourismusausschuß mit der Bitte um Unterstützung an uns heran."[91]

Natürlich war nicht jeder Markt erfolgreich, und einige wurden geschlossen. Mary Coleman ist der Ansicht, daß die häufigste Ursache von Problemen ein Mangel an Verpflichtung gegenüber dem Grundsatz der Kooperation ist: "Viele Menschen haben keine Ahnung, was es bedeutet, mit anderen Menschen zusammenzuarbeiten. Dr. Muriel Gahan, eine der Gründerinnen unseres ersten Marktes, sagte, daß die Mitarbeit beim Markt einen hartnäckigen guten Willen erfordert. Natürlich werden Menschen mit anderen, die sie vielleicht nicht so sehr mögen, zusammenarbeiten müssen; aber ich kann mich an eine Frau erinnern, die mir erzählte, daß sie es als persönlichen Mißerfolg betrachten würde, wenn ihr dies nicht für zwei bis drei Stunden wöchentlich gelänge."

Die irischen Märkte veröffentlichen keine Angaben über ihren jährlichen Umsatz. "Eine Zahl zu nennen würde einigen Menschen ein falsches Bild vermitteln. Sie könnten glauben, daß es reiner Gewinn sei, wohingegen nach Abzug aller Kosten der Stundenlohn der Mitglieder sehr gering ist", erklärte Mary Coleman; vielleicht sollen auch die Finanzbehörden nicht ohne Not aufmerksam

---

91 Interview im Februar 1996.

gemacht werden. Die Briten sind hingegen nicht so schüchtern: Im Rahmen der Feierlichkeiten anläßlich des 75. Jahrestags der Eröffnung des ersten Marktes im Jahre 1994 verkündete WI-Market stolz, daß der Umsatz von 1 Mio. Pfund im Jahr 1972 auf 10 Mio. Pfund im Jahr 1992 gestiegen ist; pro Markt sind das im Durchschnitt 18.600 Pfund – etwa 55.000 DM – im Jahr. Dies mag nicht sehr viel sein, aber hinter den Durchschnittszahlen verbergen sich ernorme Unterschiede in den Umsätzen der einzelnen Märkte und der Marktteilnehmer, die sich dort engagieren.

Ungefähr zwanzig Menschen verkaufen jede Woche ihre Waren über den Markt von Westport, obwohl dieser mehr als vierzig Mitglieder hat. "Man bekommt aus einem Country Market soviel heraus, wie man in ihn hineinsteckt", sagt Bríd McAuley. "Wenn man zu einigen anderen Märkten geht, sieht man nur einige ältere Damen herumsitzen, was in Ordnung ist, wenn es das ist, was sie wollen. Ich kann mich an einen anderen Markt erinnern, von dem die Menschen sagten, er würde sie an die Kriegsjahre und an die Zeit der Lebensmittelrationierung erinnern. Einige Menschen aus diesem Ort besuchen unseren Markt in Westport und erzählen uns, daß sie niemals auf ihren Markt gehen, weil es zu bedrückend sei. Einige Menschen bringen jede Woche nur einige Gläser Marmelade mit. Für sie ist es hauptsächlich ein gesellschaftliches Ereignis. Für andere sind die Einnahmen allerdings sehr wichtig, und ihr Engagement hier ist fast zu einem Teilzeitjob geworden. Sie backen vielleicht donnerstags, kochen am Wochenende Marmelade ein und am Abend stricken sie. Als Mary Coleman kam, um diesen Markt aufzubauen, erzählte sie uns, daß es nur ein kleines Zubrot zu unserem Familieneinkommen liefern würde, aber für einige von uns ist es weit mehr als das."

Sammeleinkauf durch Konsumenten-Genossenschaften

Selbst dort, wo keine Möglichkeiten bestehen, Erzeuger-Verbraucher-Gemeinschaften oder -Genossenschaften zu bilden, und wo das Engagement nicht ausreicht, um einen Nachbarschaftsladen aufzubauen, kann dennoch etwas getan werden, um die Versorgung interessierter Menschen mit naturbelassenen, hochwertigen Lebensmitteln aus der Region zu verbessern. Durch den Aufbau einer Konsumenten-Genossenschaft ist es möglich, Nahrungsmittel entweder direkt von Erzeugern oder Großhändlern einzukaufen und an die Mitglieder zu verteilen. Das Prinzip ist sehr einfach und kann ohne großen Aufwand und ohne große Vorlaufzeiten vor allem auch in Städten durchgeführt werden.

Die Dublin Food Co-operative Society arbeitet seit 1983 nach dieser Methode. Hervorgegangen ist sie aus einer Gruppe von Atomkraftgegnern, die nach dem erfolgreichen Protest gegen den Bau eines Atomkraftwerks in Wexford einen positiven Beitrag zum Umweltschutz leisten und sich nicht nur auf die Verhinderung einer risikoreichen Großtechnologie beschränken wollten.

Pauric Cannon ist seit der Gründung dabei und koordiniert heute die Arbeit der Genossenschaft.[92] Man begann mit einer photokopierten Liste mit vierzig Produkten, die man bestellen konnte und im voraus bezahlen mußte. Der Koordinator der Gruppe addierte die Bestellungen und kaufte ein; da die Rechnungen durch die Vorauszahlungen der Mitglieder sofort beglichen werden konnten und da bei einigen Produkten recht große Mengen zusammenkamen, konnten zum Teil beträchtliche Rabatte herausgehandelt werden. Die ersten 16 Mitglieder trafen sich zunächst monatlich in einem Raum über einem vegetarischen Restaurant, um die Sammeleinkäufe aufzuteilen. Das Abwiegen und Verpacken der Waren, die Abrechnung und das Einsammeln der neuen Aufträge geschah in einer gemeinschaftlichen Aktion.

Als die Mitgliederzahl die vierzig überschritten hatte, wurde es zu mühsam, all die Säcke mit Reis, Kartoffeln und Bohnen über vier enge Treppenabsätze in das Obergeschoß zu schleppen. Die Gruppe mietete einen kleinen, ebenerdigen Raum, mußte 1987 aber ein weiteres Mal umziehen. 1987 hatte die Genossenschaft 200 Mitglieder, und der monatliche Turnus wurde auf einen vierzehntägigen Turnus umgestellt. 1993 gab es mehr als 500 Mitglieder und einen Jahresumsatz von über 300.000 DM. Seit 1993 nutzt die Genossenschaft einen großen Saal, den sie seit 1995 für jeden Samstag Morgen angemietet hat – das Prinzip war jedoch unverändert: Produkte müssen vorbestellt und im voraus bezahlt werden.

Natürlich brachten die Steigerung der Zahl der Mitglieder und des Umsatzes einige Veränderungen mit sich. Zum einen können aufgrund der hohen Mengen, die eingekauft werden, ganz beträchtliche Preisabschläge realisiert werden: 1991 ergab eine Auswertung, daß manche Produkte in der Genossenschaft bis zu 42% billiger waren als im Supermarkt. Zum anderen konnte die Arbeit nicht mehr nur ehrenamtlich geleistet werden. Die stundenweise Vergütung der Mitglieder, die den Einkauf durchführten und den Warentransport bewerkstelligten, wurde durch geringe Preisaufschläge finanziert; auf diese Weise wurden auch einige Investitionen getätigt. Schließlich stellte die Genossenschaft eine Geschäftsführerin fest ein. Pauric Cannon bedauerte dagegen, daß die wöchentliche Öffnung der Verteilstelle bedeutet, daß nicht mehr alle Mitglieder jedesmal vorbeischauen: Vorher, so sagte er, hätte man sich ziemlich darauf verlassen können, die Mitglieder immer anzutreffen. Folgerichtig hat man damit begonnen, "Clubs der Genossenschaft" einzurichten – das sind kleine Gruppen von Mitgliedern, die jeweils Sammelbestellungen für ihre Gruppe bei der Genossenschaft einreichen, sie dort abholen und dann unter sich verteilen.

Über die Jahre hat der Dublin Food Co-op freundschaftliche Beziehungen zu einem ähnlichen Projekt in Japan aufgebaut. Die Seikatsu Konsumgenossenschaft begann im Jahre 1965, als eine Hausfrau zweihundert andere überredete, Milch zusammen einzukaufen; die Genossenschaft hat sich über die Jahre zu einem gigantischen Unternehmen ausgeweitet, das 1998 über 220.000 Mitglieder – 99,9% davon Frauen – hat. In einem wichtigen Punkt unterscheidet sich Seikatsu von der Genossenschaft in Dublin: Die Mitglieder bezahlen mo-

92 Vgl. Dublin Food Co-op Newsletter, Nr. 9 vom Frühjahr 1993, Interviews im Sommer 1995 und 1996.

natlich etwa 15 DM an die Genossenschaft, und zwar maximal zwanzig Jahre lang. Dadurch verfügt die Genossenschaft über ein Kapital von über 250 Mio. DM, im Schnitt etwas über 1.000 DM pro Mitglied. Von den Erträgen dieses Kapitals können die Gehälter von über 800 Vollzeit-Beschäftigten, wiederum fast nur Frauen, teilweise finanziert werden. Diese Angestellten arbeiten nicht nur in der Geschäftsführung der Filialen zur Verteilung der Produkte; die Genossenschaft stellt mittlerweile auch Produkte mit eigenen Arbeitskräften her, wobei Seikatsu-Produkte immer eine hohe Qualität haben, aber nicht unbedingt besonders billig sind.

1996 betrug die Mitgliederzahl des Dublin Food Co-op mehr als 600, und das "Gesetz der großen Zahl" machte es möglich, einigermaßen die Verkäufe zu kalkulieren. Daher konnte das Prinzip der Vorausbestellungen aufgegeben werden. Der Food Co-op ist damit auf der einen Seite nichts anderes mehr als ein Bioladen, der nur an Mitglieder der Genossenschaft verkauft – das Konzept unterscheidet sich kaum von den Konsumvereinen der zwanziger Jahre. Auf der anderen Seite gibt es aber nach wie vor sieben Teams mit vierzig Mitgliedern, die abwechselnd beim Abwiegen, Verpacken und bei der Abrechnung helfen. Viele Mitglieder sagen, daß sie bei dieser Arbeit viele Menschen kennengelernt hätten, die sie sonst nie getroffen hätten. Der soziale Zusammenhalt unter den Mitglieder ist auch hier für viele Beteiligte das eigentlich Wichtige. Entscheidend an der Projektidee ist jedoch, daß sie so einfach zu starten ist.

Sammeleinkauf – nicht nur bei Nahrungsmitteln

Derartige Modelle des Sammeleinkaufs lassen sich mit entsprechenden Modifikationen durchaus auch auf andere Bereiche übertragen. Neben dem Selbstbau ist der Sammeleinkauf eine zweite Möglichkeit, die Anschaffungskosten für Solaranlagen erheblich zu senken.

Beispielsweise wurde die Bürgergruppe "Pro Solarenergie" (PS) im Juli 1994 mit dem Ziel gegründet, "über die Nutzung regenerativer Energien zu informieren und eventuell bei Bedarf in großen Gruppen Anlagen zu kaufen und zu installieren".[93] PS führte zunächst Informationsveranstaltungen und eine Meinungsumfrage durch, um die Teilnahmebereitschaft abschätzen zu können. Auf dieser Grundlage wurden bei 14 Firmen für jeweils fünf, zehn und zwanzig Anlagen Angebote eingeholt. Darunter wurden letztlich zwei Installationsbetriebe ausgewählt, zwischen denen sich die Interessierten dann entscheiden konnten. Beide Firmen traten gegenüber dem Hersteller als Sammelbesteller auf, um so einen möglichst hohen Rabatt sicherzustellen. Ein wichtiges Auswahlkriterium war für PS, daß die Firmen in der Gemeinde bzw. in einer Nachbargemeinde ansässig sind und durch den Auftrag daher die lokale Wirtschaft gestärkt und ihnen der Einstieg in erneuerbare Energie erleichtert wurde.

In Lelbach, einem Ort mit etwa 160 Häusern, wurden durch die Initiative von Pro Solarenergie über zwanzig Anlagen in Betrieb genommen, in den um-

93 Gottschlich, Rainer (1995): Dokumentation des Solarprojektes, unveröffentl. Mskr; Rundschreiben von Pro Solarenergie vom 25. 7. 1995.

liegenden Orten noch einmal halb soviel. Durch ihre Sammelbestellung erhielten die Käufer 12% Rabatt. Beim Preis einer Anlage für einen Vier-Personen-Haushalt von 7.567 DM – brutto, bei 2 x 2,3 Quadratmeter Kollektorfläche, montiert im Selbstbau, ohne Rohrverlegung – entspricht dies einer Ersparnis von 908 DM. Einschließlich der Rohrverlegung, die noch einmal im Schnitt 580 DM netto kostete, und abzüglich eines Landeszuschusses in Höhe von 30% des Endpreises bekam der Käufer diese Anlage letztlich für 5.128 DM.

Die Idee, die Anschaffungskosten für Solaranlagen durch Masseneinkauf zu senken, liegt auch dem Phönix-Projekt des Bundes der Energieverbraucher zugrunde, das in Zusammenarbeit mit zahlreichen Umweltverbänden und Vereinen entstand.[94] Phönix ist als "herstellerunabhängiges Non-Profit-Projekt" konzipiert. Dies bedeutet, daß die durch den "Sammeleinkauf" entstehenden Preisvorteile an den Kunden weitergegeben werden. Weitere Preis- und Qualitätsvorteile versprechen sich die Initiatoren von der regelmäßigen Ausschreibung der Anlagenproduktion, also der Herstellerunabhängigkeit. Der Verkauf der Anlagen erfolgt im Direktbezug über ein bundesweites Netz von ca. 500 sogenannten "Phönix-Solarberatern", die vor Ort über die geeignete Anlagengröße informieren und nötigenfalls die Selbstmontage betreuen.

Laut einer Prospektankündigung konnte Phönix seine Anlagenpreise zum Beginn des Jahres 1997 um 500 DM senken. Eine Phönix-Anlage für einen Vier-Personen-Haushalt – 2 x 2,4 Quadratmeter Kollektorfläche, im Selbstbau montiert – kostet damit 4.900 DM; hierbei sind jedoch noch die in den verschiedenen Bundesländern jeweils gültigen Fördermöglichkeiten zu berücksichtigen. Phönix, im Jahr 1994 gegründet, hat bis 1997 rund 7.500 Anlagen abgesetzt, der Durchschnittspreis lag inklusive Montage und Förderung bei 5.800 DM.

Stärkung der regionalen Orientierung bei Konsumenten: Innovative Regionalwirtschaft in der Rhön

Wenn eine lokale oder regionale gemeinwesenorientierte Wirtschaft langfristig als tragfähige Säule parallel zur globalen Ökonomie etabliert werden soll, muß sie zu einem vernetzten System mit einer breiten Basis ausgebaut werden. Einzelne Sektoren, wie die ökologische Landwirtschaft mit Direktvermarktung, und punktuelle Ereignisse, wie regionale Messen, bei denen Produkte aus der Region präsentiert werden können, sind dabei zwar ebenso wichtige Bausteine wie die Renaissance der kleinen Einzelhandelsgeschäfte, doch kann man sich darauf nicht beschränken. Kommunen, Unternehmen und Bürger müssen sich vielmehr gemeinsam darum bemühen, möglichst viele Akteure in die regionalen gemeinwesenorientierten Wirtschaftsprozesse einzubinden. Wir möchten noch einmal wiederholen, daß sich ein erfolgreicher Aufbau gemeinwesenorientierter Strukturen nur durch eine Vielzahl paralleler kleiner Schritte realisieren läßt, die allerdings von einer gemeinsamen Orientierung geleitet werden.

Die Rhön macht in der Diskussion um die Stärkung der Regionen als Schrittmacher seit Jahren auf sich aufmerksam. Besondere Bedeutung hat hier-

---

94 Im Internet vgl. http://www.oneworldweb.de/bde/phoenix.html.

bei das Regionale Zentrum für Wissenschaft, Technik und Kultur (RWZ), das im Mai 1991 als Stiftung gegründet wurde.[95] Zu den 214 Stiftern aus Osthessen, Westthüringen und der Bayerischen Rhön zählen Kommunen und Landkreise, Unternehmen aus der Industrie, dem Handel und dem Handwerk sowie Verbände und Vertreter aus Wissenschaft und Kultur. Das RWZ arbeitet in den Bereichen Regional-, Stadt- und Dorfentwicklung, fördert das Wirtschaften in der Region, unterstützt soziale und kulturelle Arbeit und betreibt die Entwicklung von Umwelttechnologie.

Zur Finanzierung dieser Aktivitäten dienen die Erträge des Stiftungskapitals, Fördergelder des Landes Hessen, die sich – mit rückläufiger Tendenz – im Jahre 1996 auf rund 790.000 DM beliefen, und projektbezogene Einnahmen, die 1996 etwa 100.000 DM betrugen. Unter den bislang über hundert vom Regionalen Zentrum bearbeiteten Projekten[96] sind einige insbesondere unter dem Aspekt der Entwicklung einer gemeinwesenorientierten Wirtschaft von Interesse.

So wurden zum Beispiel "Regionalläden" als Existenzgründungen zur Vermarktung regionaltypischer Produkte aus Kunst, Handwerk und Landwirtschaft projektiert und eingerichtet. Der erste Regionalladen entstand 1995 in Gersfeld, ein zweiter 1996 im "Ochsenbäcker Haus" in der Stadt Tann.[97]

"Rhöner Entdeckungen" ist ein vom RWZ herausgegebener Verkaufskatalog für regionale Erzeuger, vor allem aus den Bereichen Handwerk, Kunsthandwerk, Nahrungsmittel, der gerade auch den kleineren Anbietern diesen Vertriebsweg eröffnen soll.[98] Das Regionalmarketing im Internet wird auch auf anderen Wegen betrieben, etwa zur "Konzeption und Umsetzung einer gemeinsamen Werbestrategie zur Imageförderung und Vermarktung regionaler Produkte und Dienstleistungen".[99] Beispiele für diese Vermarktungsform sind der "Marktplatz Rhön" und die Website der "Bauernmarktgemeinde Rasdorf". Der "Marktplatz Rhön" soll "ein Umschlagplatz von regionenspezifischen Waren, Dienstleistungen und Informationen" sein und besteht aus dem "Rhön Shop", den "Rhön News" und den "Innovations".

Das RWZ organisiert auch sogenannte ökologische Regionalschauen unter dem Motto "Region in Aktion" mit der Zielsetzung einer "Bündelung der innovativen Kräfte der Region, dem Aufbau einer regionalen Kreislaufwirtschaft, der Vermarktung regionaler Produkte und Aufbau von Kooperationen". Bei der dritten Regionalschau 1997 wurde auch der mittlerweile zweite Innovationspreis unter dem Motto "Ideen schaffen Arbeit" verliehen.[100] Der Innovationspreis zielt auf kleinere und mittlere Unternehmen, Einzelpersonen und Institutionen aus der Region und soll beschäftigungswirksame ökologisch und sozial

---

95 Vorstand des RWZ (Hrsg.) (1993): RWZ. (Selbstdarstellung) Fulda. Vorstand des RWZ (Hrsg.) (1997): RWZwischenbilanz 1996 – Entwicklungen im Rückblick. Schlüchtern. RWZeitung, Nr. 4, Nov. 1996.

96 Im Internet unter: http://www.rhoen.net/RWZ/projekte.html.

97 Informationen von der Rhön Kreativ Vertriebs GbR, Gersfeld.

98 Der Katalog ist in einer Kurzfassung auch im Internet abrufbar: http://www.rhoen.net/Entdeckungen/recht.html.

99 Im Internet unter http://www.rhoen.com/Marktplatz/recht.html.

100 Ansprechpartner: Dipl. Ing. Manfred Hempe, RWZ, Hünfeld.

verträgliche Produktneuheiten, neue Verfahrensweisen und Dienstleistungen von regionaler Bedeutung in ihrer Markteinführung und gesellschaftlichen Umsetzung unterstützen.

Derzeit läßt sich noch nicht abschätzen, wieviel Arbeitsplätze zum Beispiel gesichert oder neugeschaffen wurden und welche langfristigen Auswirkungen sich für den intraregionalen Umsatz ergeben. Doch müssen die Anstrengungen in der Region, die unter anderem die Bereiche Energie, Verkehr, Landwirtschaft, Gastronomie und Tourismus umfassen, als Ganzes gesehen werden. Die Synergie-Effekte tragen hier mit Sicherheit dazu bei, daß ein neues Leitbild für die Region entstehen kann. Die Vielzahl der laufenden Projekte und Aktivitäten zeigt, daß hier bereits einiges in Bewegung geraten ist.

7. Moderne Zeiten

Die Marktwirtschaft vertraut auf den Wettbewerb als Kontrollinstanz für das ökonomische Verhalten der Wirtschaftssubjekte. Da dies in einer gemeinwesenorientierten lokalen Wirtschaft nicht funktionieren kann, bedarf es hierfür neuer Ansätze und Verhaltensweisen.

Der einzelne und die Gesellschaft

In der Wirtschaft, die uns umgibt, sind die Erwartungen an die Leistungen des einzelnen sehr hoch. Dieser Leistungsdruck hat das industrielle System maßgeblich geprägt. Aber solange dieser Druck nicht verringert oder verändert wird, wird es nicht möglich sein, eine befriedigende Alternative zu entwickeln. Dies bedeutet konkret: Wenn lediglich ein Teil der Methoden und Maßnahmen, mit denen die Regionen einen höheren Selbstversorgungsgrad erlangen können, eingesetzt wird, ohne daß die Menschen ihre Einstellungen ändern, sind die Fehlschläge programmiert. Es ist notwendig, über ein neues Gleichgewicht zwischen der je individuellen Selbstverwirklichung und den Zielen zu diskutieren, die ein Gemeinwesen erreichen will oder muß. Glücklicherweise bedeutet dieses neue Gleichgewicht nicht, daß die Menschen einschneidende persönliche Opfer bringen müssen, wie wir im folgenden zeigen möchten. Ganz im Gegenteil: Es besteht die Möglichkeit einer neuen Steigerung der Wohlfahrt, wenn sich die Gesellschaft auf dieses Ziel zubewegt.

Der Druck des industriellen Systems auf den einzelnen ist teilweise ein Nebenprodukt der Reaktion des Protestantismus auf die katholische Lehrmeinung, daß die Kirche der Weg sei, über den der einzelne in den Himmel komme. Der Protestantismus lehrte dagegen, die Erlösung hänge ausschließlich von der unmittelbaren Beziehung des Menschen zu Gott ab, weshalb in der Folge praktisch alle Menschen in der westlichen Welt, einschließlich der Katholiken, zur der Auffassung gelangten, daß sie persönlich für ihr Seelenheil verantwortlich seien. Von der Ansicht, daß man sich selbst um seine Zukunft in der jenseitigen Welt kümmern müsse, war es kein allzugroßer Schritt zu der Vorstellung, daß man dies auch in dieser Welt tun müsse. Dies galt insbesondere für die Zeit nach 1776, dem Jahr, in dem der "Vater der Nationalökonomie", Adam Smith, in seiner "Untersuchung über die Natur und die Ursachen des Wohlstandes der Nationen" schrieb, wenn jeder nach seinem persönlichen wirtschaftlichen Vorteil strebe, würde er oder sie von einer "unsichtbaren Hand" dazu geführt, das Gemeinwohl der Gesellschaft effektiver zu fördern, als würde man dies auf direktem Wege versuchen.[1] Doch jene, die sich heute auf diese Theorie beziehen, haben vergessen oder übersehen absichtlich, daß Smith seine "unsichtbare Hand" nur auf der Grundlage von allgemein verbindlichen Werten und Rah-

1 "Nicht vom Wohlwollen des Metzgers, Brauers und Bäckers erwarten wir das, was wir zum Essen brauchen, sondern davon, daß sie ihre eigenen Interessen wahrnehmen. Wir wenden uns nicht an ihre Menschen-, sondern an ihrer Eigenliebe, und wir erwähnen nicht die eigenen Bedürfnisse, sondern sprechen von ihrem Vorteil"; Smith, Adam (1776), op.cit., 17.

menbedingungen der Wirtschaft wirken sah – Werten, die auch von Geschäftsleuten akzeptiert wurden, und Rahmenbedingungen, die der Staat garantierte.

Der Irrweg des homo oeconomicus

Die Mißachtung, die die heutigen Wirtschaftswissenschaftler in der Mehrzahl gegenüber der sozialen Komponente der unsichtbaren Hand an den Tag legen, ist nicht zufällig: Die Zunft der Ökonomen verbannt die Moral ebenso wie soziale und psychologische Aspekte ganz bewußt aus ihren Gedankengebäuden. Alle Ökonomen, die der herrschenden neoklassischen Lehrmeinung anhängen, sehen den Menschen als *homo oeconomicus*, der seine Entscheidungen rational und im Hinblick auf die Erfüllung seines begrenzten individuellen Eigeninteresses fällt. Die Volkswirtschaft kann ihrer Ansicht nach als die Summe dieser individuellen Entscheidungen verstanden werden. Mit anderen Worten: Diese Theorie unterstellt, was Margaret Thatcher in ihrem berühmten Satz ausdrückte, nämlich daß "es so etwas wie eine Gesellschaft nicht gibt", um individuelles Gewinnstreben zu mäßigen oder um das Verhalten von einzelnen zu verändern. Die Wirtschaftswissenschaftler behaupten dies ungeachtet der Tatsache, daß Soziologen, eine von Ökonomen zutiefst verachtete Spezies, eine Vielzahl von Beweisen vorgelegt haben, wonach die Normen von Gesellschaften und Gruppen die wichtigsten Einflußgrößen für menschliches Verhalten darstellen.

Die Ökonomen mit diesem theoretischen Hintergrund sind praktisch dazu gezwungen, die Möglichkeit zu ignorieren, daß Irrationalität, Vorurteile, Liebe, Solidarität in einer Gemeinschaft, Idealismus, Erziehung und selbst aufgeklärter Eigennutz hilfreiche Kategorien sein können, um das Verhalten von Menschen zu erklären. Denn wenn sie ihr Modell verwerfen, das auf der doppelten Vereinfachung beruht, das Verhalten der Menschen ließe sich durch Vernunft und reinen Egoismus erklären, und einige oder gar alle der zuvor genannten möglichen Faktoren in ihr Weltbild miteinbeziehen würden, erschiene die Welt so kompliziert, daß sie dazu keine definitiven Aussagen mehr treffen könnten. Natürlich scheinen ihre Vereinfachungen in vielen Fällen zu funktionieren, da sie den Ökonomen relativ genaue Voraussagen darüber machen können, wie sich einige ökonomische Variablen entwickeln werden. Trotzdem kann durch nichts gerechtfertigt werden, daß die meisten Ökonomen behaupten, die reale Welt müsse nach ihren vereinfachten Annahmen geformt werden, um effizient zu sein, und daß jedes bestehende System, jedes Handeln und jedes Ergebnis nur suboptimal ist, wenn es nicht den Regeln entspricht, die aus den Annahmen der Neoklassik abgeleitet werden.

Das ökonomische Verhalten von Ökonomen – eine déformation professionelle?

Unglücklicherweise machen sich jedoch nur sehr wenige Leute bewußt, auf welch fadenscheinigem Fundament die meisten ökonomischen Vorhersagen beruhen. Daher wird heute ein Vorschlag, sobald er von einem Ökonomen als "unökonomisch" eingestuft wird, oftmals genauso schnell und mit ebensowenig Diskussion verworfen, wie dies vor fünfhundert Jahren mit Vorschlägen geschah, die von der Kanzel aus als unmoralisch bezeichnet wurden. Tatsächlich stärkt auch heute die Moral den Bannspruch der Ökonomen ebenso wie seinerzeit den der Geistlichen, denn alles wirklich Unökonomische impliziert gleichzeitig Verschwendung – und das ist tatsächlich ein moralisches Problem in einer Welt, in der viele Menschen an Mangel leiden.

Wie die Geistlichen haben auch die Ökonomen die Denkweise der "Laien" beeinflußt, mit dem Unterschied, daß ihre Lehren die Menschen eher davon abgebracht als darin bestärkt haben, den Interessen der Gemeinschaft die gleiche Bedeutung beizumessen wie ihren eigenen Anliegen. Dies wurde durch eine Serie faszinierender Experimente veranschaulicht, die im Jahre 1980 mit amerikanischen Studenten verschiedener Fakultäten durchgeführt wurden.[2] Bei einem Test erhielten Doktoranden im ersten Semester einen bestimmten Geldbetrag und wurden aufgefordert, dieses Geld auf zwei Konten – ein "privates" und ein "Gemeinschaftskonto" – nach eigenem Belieben zu verteilen. Gleichzeitig wurde ihnen folgende Versuchsanordnung mitgeteilt: Das auf dem "privaten" Konto eingezahlte Geld werde nicht verzinst, doch dürfe es jeder am Ende des Experiments behalten; die auf dem Gemeinschaftskonto eingezahlten Beträge dagegen würden zusammengefaßt, über die Laufzeit hinweg verzinst und am Ende zu gleichen Teilen an alle Beteiligten ausgezahlt. Folglich wäre es für die Gruppe als Ganzes am besten, wenn jeder den gesamten Betrag auf das Gemeinschaftskonto einzahlen würde, da dann das gesamte Geld verzinst und somit der maximale Zinsertrag erzielt würde – der an alle zu verteilende Endbetrag wäre hierbei am höchsten. Aus der Sicht des einzelnen dagegen wäre es am besten, sein gesamtes Geld auf das eigene "Privatkonto" einzuzahlen und zusätzlich einen Anteil von dem Gemeinschaftsgeld zu kassieren, inklusive der Zinsen, die die übrigen "Dummköpfe" für ihn erwirtschaftet haben.

Wie haben sich die Studenten nun verhalten? Als man die Ergebnisse auswertete, stellte sich heraus, daß die Studenten der Ökonomie im Durchschnitt nur ein Fünftel, die übrigen Studenten dagegen die Hälfte ihres Geldes auf das Gemeinschaftskonto eingezahlt hatten. Bei der im Anschluß an das Experiment erfolgten Befragung über die Motivation für ihr Verhalten gab fast die Hälfte der Nicht-Ökonomen an, sie hätten Bedenken gehabt, ob die Zuteilung am Ende gerecht verlaufen würde, weshalb sie vorsichtshalber nur die Hälfte ihres Kapitals auf das Gemeinschaftskonto einzahlten. Über ein Drittel der Ökonomiestudenten dagegen verweigerte die Beantwortung dieser Frage oder gab kompli-

2 Frank, Robert/Gilovich, Thomas/Regan, Denis (1993): "Does studying economics inhibit co-operation?", in: Marwell, Gerald/Ames, Ruth (1981): "Economists Free Ride, Does Anyone Else?", in: Journal of Public Economics, Vol. 15, No. 3, 295 – 310, zit. im Journal of Economic Perspectives, Vol. 7, No. 2, 159 – 171.

zierte Antworten, die nicht so richtig ausgewertet werden konnten. "Es scheint, daß die Bedeutung von Gerechtigkeit in diesem Zusammenhang dieser Gruppe irgendwie fremd war", kommentierten die Autoren ironisch.[3]

In einem zweiten Experiment erhielt jede Studentin und jeder Student zehn US-Dollar, die die betreffende Person zwischen sich und einem anderen Studenten aufteilen mußte.[4] Daran war die Auflage geknüpft, daß der jeweilige Partner der vorgeschlagenen Aufteilung zustimmen mußte, sonst würde keiner von beiden das Geld behalten dürfen. Sofern der verteilende Student oder die Studentin auf Gerechtigkeit Wert legt, wird das Geld je zur Hälfte aufgeteilt werden. Jemand, der in erster Linie seinen persönlichen Nutzen mehren will, wird unterdessen kalkulieren, wie wenig er seinem Gegenüber gerade noch anbieten kann, ohne daß es aus Neid oder Groll zum Streit über die Aufteilung kommt. Jedes Paar durfte das Spiel nur einmal spielen, daher hatte der Empfänger keinen Anreiz, bei der ersten Verteilung zu streiten, um bei den folgenden Runden möglichst hohe Anteile zu erhalten. Und was geschah dieses Mal? Erneut verteilten die Ökonomiestudenten das Geld eindeutig ungerechter als die Studenten der übrigen Disziplinen.

Nach einer weiteren Untersuchung, derzufolge Ökonomieprofessoren weniger für wohltätige Zwecke spendeten als andere Akademiker, führten die Forscher eine weitere Studie durch, aus der hervorging, daß primär die ökonomische Lehre die Ursache für die geringere Gemeinwohlorientierung dieser Menschen war und weniger die grundsätzliche Einstellung derer, die sich für dieses Fach entschieden hatten.[5] Hierzu stellte die Forschergruppe drei Gruppen von Studenten über mehrere Monate hinweg eine Reihe von Fragen, bei denen sie sich überlegen sollten, wie sie auf bestimmte Situationen reagieren würden. Zwei der Gruppen setzten sich aus Studienanfängern des Fachbereichs Ökonomie zusammen: eine Gruppe von "Hartgesottenen", die in Mikroökonomie von einem Dozenten mit den Schwerpunkten Industrieorganisation und Spieltheorie unterrichtet wurde, und eine zweite, eher moderatere Gruppe, deren Dozent ein Spezialist für die Entwicklung des kommunistischen China war. Die Mitglieder der dritten Einheit, der Kontrollgruppe, waren Studenten der Astronomie. Im Verlauf der Unterrichtseinheiten wurde ein durchgängiges Muster deutlich, wobei sich die Gruppe der "Hartgesottenen" zunehmend selbstsüchtiger zeigte als die zweite Gruppe, deren Mitglieder sich wiederum negativer entwickelten als die Astronomiestudenten.

Die Glaubenssätze der Ökonomie: gefährliche Erfolge durch Vereinfachungen

So wie auch die Einstellungen der Katholiken von der protestantischen Lehre beeinflußt wurden, so haben die gemeinschaftsfeindlichen Aspekte der ökonomischen neoklassischen Theorie nicht nur die Studenten und Professoren der

---

3 Ibid., 160.
4 Carter, John/Irons, Michael (1990): "Are Economists Different, and If So, Why", Working Paper, College of the Holy Cross, zit. bei ibid., 161.
5 Ibid., 162ff.

Ökonomie und ihre Art, Probleme anzugehen, tiefgreifend verändert: Auch die Einstellungen der Öffentlichkeit wurden durch die stete Wiederholung der Glaubenssätze dieser ökonomischen Theorie in den Medien negativ beeinflußt. Da nun aber die Ökonomie, entgegen dem, was sie zu sein vorgibt, keineswegs ein neutrales wissenschaftliches Analyseinstrumentarium ist, sondern als Ideologie benutzt wird, die wegen der ihr inhärenten Annahmen auch bei jenen zu einer vorurteilsbeladenen Herangehensweise an die Probleme der realen Welt führen kann, die dieses Fach nie studiert haben, muß man versuchen, diesem verhängnisvollen Einfluß auf das Denken der Menschen entgegenzuwirken. Gelingt es nicht, die Grenzen der wissenschaftlichen Aussagemöglichkeiten der Ökonomie genau zu beschreiben, so wird diese Wissenschaft weiter ideologisch verwendet werden können und alle Versuche, eine gemeinwesenorientierte Wirtschaft auf eine neue Weise zu beleben, werden scheitern, bevor sie ihre Wirkung richtig entfalten können.

Der philippinische Ökonom Sixto Roxas, früher stellvertretender Vorsitzender des Vorstandes der American Express International Bank, ist der Ansicht, daß das Hauptproblem der konventionellen Ökonomie darin bestehe, daß sie sich in ihrer Analyse auf die Interessen der Individuen und der Firmen, statt auf die der Familie und der Gemeinschaft konzentriere.[6]

"Neoklassische Ökonomie ist nicht nur ein mathematischer Rahmen oder ein Analyseverfahren, um das Verstehen der Realität zu erleichtern: Sie ist eine vollentwickelte Ideologie und ein Modell zur Wiedererschaffung der Welt ... Die Welt, in der wir heute leben, ist geschickt und heimtückisch organisiert, um einem ganz bestimmten Muster einer aufgezwungenen Entwicklung zu entsprechen, einer massiven Umstrukturierung nach dem Vorbild der Welt der Unternehmen, in der man sich nur in Projekten engagiert, die Profit versprechen und die alle übrigen Bedürfnisse der Menschheit ignoriert ... Was übrig bleibt, ist ein gigantisches Durcheinander praktisch unlösbarer Probleme: Gesundheit, Bildung, Umweltschutz, Hilfe für die Armen und die Behinderten."

Die ökonomische Theorie ist in der Gefahr, Menschen zu Maschinen aus Fleisch und Blut zu degradieren, die zwar Löhne und Gehälter erhalten und Profit erwirtschaften, aber deren nicht-ökonomische Existenz nicht wahrgenommen wird.

Gemeinwesenorientierte Bilanzierung als Aufgabe

Um dies zu ändern, schlägt Roxas die Erstellung einer Gewinn-und-Verlust-Rechnung für eine Gemeinde oder eine Region als Ganzes vor, statt einzelne Bilanzen nur für die Einkommensbezieher zu präsentieren. "Die Welt der Unternehmen hat ein Rechnungswesen hervorgebracht, welches Umsätze, Kosten und Einkommen für die Inhaber der Unternehmen mißt. In einem neuen Paradigma muß das gleiche für die Gemeinden und die Regionen geschehen."[7] Na-

---

6 Roxas, Sixto (1994): "The victims of vanity", in: Down to Earth, (Neu Delhi), 15 März 1994.

7 Ibid.

tionale Einkommensgrößen wie das Bruttosozialprodukt, so Roxas, sollten künftig aus den Gemeindebilanzen errechnet werden und nicht, wie zur Zeit, aus den Einkommen der Firmen und Einzelpersonen.

Doch obwohl die Umsetzung dieser Idee von Roxas ein großer Schritt nach vorne wäre, führte dies unmittelbar zu dem in Kapitel 2 diskutierten Problem, nämlich daß Marktpreise nicht geeignet sind, um verläßliche Werte für alle jene Nutzen zu erhalten, die für die Menschen wichtig sind: Wie sollte man Gesundheit und Glück auch in Preisen ausdrücken? Und womit sollte man die Kosten für eine Gemeinde darstellen, die diesen Nutzen gegenüberstehen? Sicherlich nicht mit dem gegenwärtigen Geldwert für die Güter und Dienstleistungen, die aus der Region exportiert werden, und mit dem die in die Region importierten Güter und Dienstleistungen bezahlt werden. Und auch nicht mit der Menge der Arbeit, die die Bewohnerinnen und Bewohner der Gemeinde leisten – im Gegenteil, befriedigende Arbeit sollte eigentlich als Nutzen und nicht als Kosten erfaßt werden. Dagegen sollten – wie in Kapitel 2 ausgeführt – alle die negativen externen Effekte, die durch die Wirtschaftsweise entstehen, die bislang auch die lokale Ökonomie bestimmt – wie etwa Arbeitslosigkeit, Beeinträchtigung der Gesundheit, Ungleichheit, Kriminalität, Streß, Lärm, Umweltbelastungen, Bodenerosion und Verbrauch der natürlichen Ressourcen –, als Kosten gerechnet und den Vorteilen gegenübergestellt werden.

Eine auf Gemeinden oder Regionen bezogene Bilanzierung würde sich daher sehr stark von dem Rechnungswesen der Unternehmen unterscheiden und zu völlig andersgearteten Ergebnissen führen. Möglicherweise würde lediglich eine Kategorie – die der Einnahmen – als monetäre Größe ausgedrückt; die Vielzahl der anderen Indizes, die es zu überwachen gilt, würde nach ihrer relativen Entwicklung im Vergleich zum Vorjahresniveau oder in bezug auf einen Zielwert bewertet. Ist die Arbeitslosigkeit zurückgegangen? Gut, das wäre eine Veränderung in die richtige Richtung. Aber die Ungleichheit der Einkommensverteilung hat zugenommen? Das wiederum wäre ein Rückschritt. Läßt sich dies mit der Entwicklung der Arbeitslosigkeit aufrechnen? Hier lassen sich keine allgemeingültigen Aussagen treffen, sondern nur auf der Ebene einer individuellen ethischen Beurteilung: Für die Zusammenfassung verschiedener Indikatoren in ein Gesamt-Wohlfahrtsmaß gibt es kein verbindliches Meßinstrument, kein System von Rechenvorschriften, das hier weiterhelfen könnte. Aber das heißt nicht, daß man sich dieser Aufgabe nicht stellen müßte. Die Indikatoren, die die Entwicklung einer Gemeinde oder einer Region unter ganz verschiedenen ökonomischen, ökologischen und sozialen Aspekten darstellen, können als Folie verwendet werden, auf der die Menschen ihre Vorstellungen zu Leitlinien und Zielen zur Entwicklung ihrer Region diskutieren.

"Sustainable Seattle"

In einer ganzen Reihe von Kommunen sind bereits derartige Indikatorensysteme entwickelt worden.[8] Einer der ersten Ansätze dieser Art war das Projekt des "Sustainable Seattle", das im Jahr 1980 begann. Die sogenannte "Master List" unterteilt sich in die fünf Bereiche Umwelt, Bevölkerung und Ressourcen, Wirtschaft, Jugend und Bildung, Gesundheit und Gemeinschaft und umfaßt insgesamt vierzig Indikatoren, mit denen die Lebensqualität und die Nachhaltigkeit der Entwicklung im Verwaltungsbezirk King County, zu dem auch Seattle gehört, beobachtet werden.[9]

Verschiedene Kommunen in Großbritannien experimentieren derzeit mit dem Seattle-Modell.[10] Auch Jacksonville in Florida ist dem Beispiel von Seattle gefolgt – doch zunächst aus einem völlig anderen Interesse: Hier wurde in erster Linie deswegen versucht, die Lebensqualität der Stadt zu erfassen, um sie bei großen Firmen als guten Investitionsstandort anpreisen zu können; das Ziel, den Bürgern ein Instrument an die Hand zu geben, das sie selbst für die Entwicklung einer zukunftsfähigen Stadt verwenden konnten, war am Anfang nur von untergeordneter Bedeutung. Doch ungeachtet dessen hat sich das Programm sehr erfolgreich entwickelt. Es umfaßt nun 72 Indikatoren aus neun Bereichen des öffentlichen Lebens: Bildung, Wirtschaft, öffentliche Sicherheit, natürliche Umwelt, Gesundheit, soziale Umwelt, Politik und Verwaltung, Kultur und Erholung, sowie Mobilität – worunter "die Möglichkeiten und die Annehmlichkeit der Fortbewegung innerhalb von Jacksonville und zwischen Jacksonville und anderen Orten" verstanden wird.[11]

Das Heidelberger Indikatorenmodell

Auch eine Arbeitsgruppe der Forschungsstätte der Evangelischen Studiengemeinschaft in Heidelberg hat versucht, ein System von Indikatoren zu erarbeiten, das Anregungen zur Diskussion hinsichtlich der Frage ermöglichen soll, ob sich eine Region in Richtung nachhaltigen Wirtschaftens entwickelt hat oder

---

8 Ein detaillierter Vergleich von ca. 15 verschiedenen Indikatorensystemen hauptsächlich aus den USA, Großbritannien und Deutschland findet sich bei Teichert, Volker/Diefenbacher, Hans/Wilhelmy, Stefan (1997): Regionale Indikatoren für nachhaltige Entwicklung [Expertise für die Bundesforschungsanstalt für Landeskunde und Raumordnung, Bonn]. Heidelberg: FEST.

9 Sustainable Seattle (Hrsg.) (1998): Sustainable Seattle Master List 1997, im Internet unter http://www.scn.org/sustainable/indicators.html.

10 Diese Arbeiten werden vor allem von der Sustainable Development Unit der British Association for the United Nations vorangetrieben. Der Local Government Management Board hat einen Report mit Indikatorensätzen aus Hertfordshire, Merton, Oldham, Fife, Bedfordshire, Leicestershire und Strathclyde herausgegeben – LGMB (Hrsg.) (1995): Sustainability Indicators Research Project: Consultants' Report on the Pilot Phase. Luton: LGMB.

11 Jacksonville Committee (1997): Life in Jacksonville. Quality Indicators for Progress; im Internet unter: http://www.unf.edu/-clifford/jcci/qip.html.

nicht.[12] Dieses Indikatorensystem wurde am Beispiel der Stadt Heidelberg und des Rhein-Neckar-Kreises in Form möglichst langer Zeitreihen (1960 – 1995) getestet. Um das Indikatorensystem überhaupt erarbeiten zu können, war es notwendig, den Begriff "nachhaltiges Wirtschaften" im Detail zu operationalisieren. Für die Bereiche Ökologie, Ökonomie und Soziales wurden daher in einem ersten Schritt jeweils sechs Teilziele zur nachhaltigen Entwicklung formuliert und mit zahlreichen Gesprächskreisen und Konsultationen interessierter Akteure innerhalb und außerhalb der betrachteten Regionen diskutiert und im Laufe dieser Diskussionen teilweise auch revidiert. Am Ende dieser Phase konnte mit diesen Zielen einer wünschenswerten gesellschaftlichen Entwicklung ein recht hoher Konsens bei den Gruppen erzielt werden, die an diesem Prozeß beteiligt waren: von Fachwissenschaftlern über die Kommunalverwaltung und ökologische Bürgerinitiativen bis hin zu einzelnen Interessengruppen.

Danach wurden dann je drei Indikatoren für jedes dieser Ziele gebildet, außerdem jeweils sechs Indikatoren, die speziell auf die Besonderheiten der Region eingehen. Dieses Gerüst von insgesamt sechzig Indikatoren wurde einem ähnlichen Diskussionsprozeß unterworfen wie der Katalog der Ziele. Die Summe der Indikatoren soll nicht als Versuch verstanden werden, "endgültige Wahrheiten" zu vermitteln, sondern als Diskussionsangebot: Es dient dazu, sowohl langfristige Entwicklungen als auch den Prozeß der Entstehung von Zielen und Leitlinien für zukünftige Entwicklungen bewußter zu machen. Die Zeitreihen der Indikatoren können genutzt werden, um mit den Bürgerinnen und Bürgern sowie den kommunalpolitischen Entscheidungsträgern Gespräche über Prioritätensetzungen und Handlungsspielräume zu führen. Bereits die Arbeit an dem Projekt hat zu vielen solchen Diskussionen geführt. Das Vorhaben ist von vornherein so angelegt gewesen, daß es auch auf andere Regionen in Baden-Württemberg oder in anderen Bundesländern übertragen werden kann.

Die Funktion von Gewinn und Wettbewerb

Dennoch – vor jeder Art der Euphorie muß hier gewarnt werden. Selbst wenn derartige Indikatorensysteme eine genauere Vorstellung von dem vermitteln, was in einer Kommune oder einer Region gerade falsch läuft, bedeutet das noch lange nicht, daß die Bewohnerinnen und Bewohner dieses Gebietes in der Lage sein werden, diese Fehlentwicklungen zu korrigieren.

Firmen und Selbständige müssen Gewinne machen, um auf dem Markt dauerhaft bestehen zu können; in dieser Hinsicht sind Gewinne durchaus positiv zu werten. Jedoch lassen sich mit den bisher in der Ökonomie gebräuchlichen Meßverfahren keine verläßlichen Angaben darüber machen, ob und in welchem Umfang der von einem Unternehmen ausgewiesene Gewinn dazu beiträgt, daß die Kommune, in der er erwirtschaftet wurde, ihre Ziele verwirklichen kann. In

---

12 Diefenbacher, Hans/Karcher, Holger/Stahmer, Carsten/Teichert, Volker (1997): Nachhaltige Wirtschaftsentwicklung im regionalen Bereich – ein System von ökologischen, ökonomischen und sozialen Indikatoren [Texte und Materialien, Reihe A, Bd. 42]. Heidelberg: FEST.

der Tat senken Unternehmen ihre Kosten häufig gerade dadurch, daß sie öffentliche Güter – etwa die Infrastruktur einer Region oder deren natürliche Ressourcen wie sauberes Wasser, die Luft oder den Boden als Medium zur Aufnahme von Schadstoffen – in Anspruch nehmen, ohne dafür angemessene Gegenleistungen zu erbringen. Doch selbst genuin gemeinwesenorientierte Unternehmen können nur in dem Maße die Kommune bei der Verwirklichung ihrer Zielsetzungen unterstützen, wie sie ihre finanzielle Situation nicht ernsthaft gefährden. Mit anderen Worten: Gemeinschaften können die Privatwirtschaft – die vielleicht bedeutendste gesellschaftliche Kraft zur Veränderung der Welt überhaupt – nur sehr begrenzt einspannen, um das Gemeinwohl zu fördern und ein Gleichgewicht mit dem individuellen Streben nach Wohlstand zu schaffen.

Dies ist eine der schwerwiegendsten Schwächen des industriellen kapitalistischen Systems. Je mehr sich der Wettbewerb als Ergebnis des internationalen Freihandels verschärft, um so geringer wird der Bewegungsspielraum des einzelnen Unternehmens werden, um sich für das Gemeinwohl zu engagieren. Statt dessen wird der Weltmarkt dem einzelnen Hersteller immer unerbittlicher vorschreiben, was er zu produzieren hat, zu welchem Preis und mit welcher Technologie. Wenn ein Unternehmen versuchen sollte, sich den Vorgaben des Marktes zu widersetzen, etwa weil die Unternehmensleitung moralische Bedenken hat und ein bestimmtes Produktionsverfahren wegen seiner negativen sozialen und ökologischen Auswirkungen ablehnt, so wird es unter den Bedingungen des internationalen Freihandels weniger Profit machen als seine Rivalen, es sei denn, es kann diese Verweigerungshaltung in seine Marketingstrategie einbauen – so wie es Body Shop mit seiner Ablehnung gegenüber Tierversuchen getan hat – und zudem genügend Menschen finden, die bereit sind, seine höheren Preise zu bezahlen. In den meisten Fällen jedoch würde ein moralisches Verhalten zu einem Rückgang seiner Gewinne führen und es so einschränken, kommerzielle Möglichkeiten auszubeuten, was den weniger moralischen Konkurrenten einen Vorteil verschafft und sein eigenes Überleben gefährdet. Schon Adam Smith hatte dies erkannt: Nur wenn das Gesetz moralische und öffentliche Verpflichtungen jedem Unternehmen auferlegt, können es sich alle Unternehmen leisten, diese zu befolgen.[13]

Wettbewerb zwingt die Unternehmen, sich eine kommerzielle Zwangsjacke anzulegen und auf eine ganz bestimmte Weise zu handeln. Ein völlig freier, unreglementierter Wettbewerb ist in seinem Totalitarismus umfassender und effektiver, als es die sowjetische Planwirtschaft jemals war; und dies ist genau das, wofür ihn seine Befürworter bewundern, weil sie glauben, daß es nur einen Weg gibt, um ein Unternehmen oder eine Wirtschaft "effizient" zu führen. Sie geben gerne zu, daß ihre Definition von Effizienz rein ökonomischer Natur ist und soziale Aspekte ausklammert, da nach ihrer Ansicht die nichtwirtschaftlichen Belange gesondert behandelt werden sollten – aber erst nachdem maximale Gewinne erwirtschaftet wurden. Da aber diese Gewinne häufig zu Lasten von sozialen Zielen erwirtschaftet werden, ist der extrem wettbewerbsorientierte Ansatz – "Erst die Gewinne maximieren und danach einen Teil

---

13 Smith, Adam (1776), op.cit., 29ff; vgl. dazu auch Viner, Jacob (1927): "Adam Smith and Laissez Faire", in: Journal of Political Economy, Vol. 35, 198 – 232.

davon für soziale Aufgaben verwenden" – ein höchst ineffizienter Weg, um die sozialen Ziele einer Gesellschaft zu verfolgen. Was die Kommunen und Regionen daher brauchen, ist eine Wirtschaftsform, die ihren Unternehmen genügend Schutz vor dem globalen Wettbewerb bietet, damit sie sowohl die sozialen Aufgaben erfüllen als auch ihre eigenen Ziele erreichen können. Um dies ein weiteres Mal zu sagen: Natürlich wäre es auch denkbar, international gültige soziale und ökologische Mindeststandards auf akzeptablem Niveau zu vereinbaren, die Wettbewerbsvorteile durch die Nichtbeachtung sozialer und ökologischer Ziele ausschließen würden. Aber die Verabschiedung eines solchen weltweit gültigen Regelwerks ist mittelfristig nicht in Sicht – geschweige denn eine wirksame Kontrolle eines solchen Systems.

Dies bedeutet auch, daß es ungeheuer schwierig ist, gemeinwesenorientierte Wirtschaftsformen – selbst dort, wo sie bereits bestehen – vor dem globalen Wettbewerb zu schützen.

Noch einmal: Mondragón

Selbst die Mondragón-Kooperativen,[14] die zu den größten und in mancher Hinsicht zu den erfolgreichsten gemeinwesenorientierten Unternehmen zählen, waren nicht in der Lage, sich gegenüber den Kräften des internationalen Wettbewerbs angemessen zu schützen, obwohl keine externen Investoren beteiligt waren und sie über eigene Quellen für billiges Kapital verfügten.

Als die ersten Mondragón-Genossenschaften gegründet wurden, war die Nachfrage nach ihren Produkten sehr hoch, denn in Spanien war gerade erst das Zeitalter des Konsums angebrochen, und der spanische Markt war nach außen durch hohe Zölle abgeschottet. Daher "war das Management einfach, frei von größeren Belastungen und die Gewinne strömten im Überfluß", sagt Jos_ Maria Ormachaechea, einer der Gründer von ULGOR, dem ersten Unternehmen, daß zu einem Goldesel für das System wurde.[15] Noch bis in die späten achtziger Jahre hinein war das wichtigste Geschäftsfeld der Genossenschaft, die Herstellung von Haushaltsgeräten, durch einen Zollsatz von 35% vor internationalem Wettbewerb geschützt. Diese Barriere wurde allerdings bis 1991 auf 5% herabgesetzt und verschwand komplett mit der Einführung des Gemeinsamen Europäischen Marktes im Januar 1993.

In dem Maße, in dem die Zölle in den achtziger Jahren abgebaut wurden, nahm der Wettbewerb durch internationale Anbieter zu, und die spanischen Konsumenten wurden wesentlich anspruchsvoller. Dadurch wiederum wurden Management und Marketing auch innerhalb der Kooperativen wichtiger als die eigentliche Produktion. In diesen Bereichen waren vor allem junge Menschen tätig, deren Generation sich weniger als ihre Vorgänger dem Ideal der Genossenschaft verpflichtet fühlte und denen man daher höhere Löhne zahlen mußte, um ihre Abwanderung zu verhindern. Um dies zu ermöglichen, mußte mit der

---

14 Vgl. Kapitel 4.

15 Zitiert nach David Morris (1992): The Mondragón Co-operative Corporation. Washington: Institute for Local Self Reliance.

alten Regel, wonach niemand mehr als das dreifache des niedrigsten Lohnsatzes verdienen durfte, gebrochen werden – erstmals 1973, als der Faktor auf 4,5 angehoben wurde, und erneut 1983 mit einer Erhöhung auf den Faktor 6.[16] Schließlich wurden Mitte 1992 sämtliche derartigen Beschränkungen für die Bezahlung leitender Positionen aufgehoben, was zwangsläufig die Solidarität unter den Mitarbeitern der Genossenschaft beeinträchtigte. Der sich verschärfende Wettbewerb veranlaßte die Kooperativen außerdem, sich um eine höhere Arbeitsproduktivität zu bemühen, obwohl die Arbeitslosenrate in der Region bereits auf über 16% gestiegen war. Daher ist zwar der Kapitaleinsatz pro Arbeiter seit 1985 deutlich gestiegen, und auch die Produktion hat zugenommen, gleichzeitig stagnierte aber die Zahl der Beschäftigten in den produzierenden Kooperativen.

Im Jahr 1992 unterzeichneten die Kooperativen Assoziierungsverträge mit einer neuen Organisation, einer Vereinigung der Kooperativen von Mondragón (MCC), die die Vereinbarungen mit der genossenschaftseigenen Bank ersetzen, die nunmehr nur noch 15% ihrer Kredite an die Kooperativen vergibt. Seit der Gründung hat die MCC einige der kleineren Kooperativen zusammengelegt, indem sie deren Mitarbeiter und Maschinen in einem Gebäude unterbrachte. Bei MCC ist man der Ansicht, daß Genossenschaften mit nur vierzig oder sechzig Mitgliedern nicht wettbewerbsfähig sind, und daß jeder, der am Markt nicht bestehen kann, untergehen wird. MCC ist außerdem dabei, die Vielfalt der von den Kooperativen insgesamt hergestellten Produkte einzuschränken. Die Zusammenarbeit mit privaten Firmen gewinnt zunehmend an Bedeutung, neue Investitionen und die Schaffung neuer Arbeitsplätze vollzogen sich in letzter Zeit überwiegend außerhalb des Mondragón, in Regionen, die über keine genossenschaftliche Tradition verfügen. Und während es früher für einen Mitarbeiter praktisch undenkbar war, nicht gleichzeitig auch Miteigentümer der Genossenschaft zu sein, ist dies inzwischen üblich geworden, da einige mehr am Gewinn als an den Menschen interessierte Manager in der Lage sein wollen, die Größe der Belegschaft im Stil von "hire and fire" den Schwankungen der Nachfrage problemlos anpassen zu können.

Durch die zunehmende Dominanz von MCC in der Beziehung der Mitglieds-Kooperativen untereinander und die Aufstockung der Kooperativen ist sehr viel von dem Bewußtsein verlorengegangen, im eigenen Unternehmen ein Partner in einer Gruppe von Gleichberechtigten zu sein. "Das System der Mondragón-Kooperative gleicht zunehmend dem eines dezentralisierten US-Konzerns, etwa von Johnson & Johnson", bemerkt David Morris.[17] Bis 1995 hatte MCC so viele alte Genossenschaftsprinzipien über Bord geworfen, daß an

---

16 David Morris (op.cit.) weist darauf hin, daß niemand zu diesem Mindestlohn angestellt war, so daß die tatsächliche Spanne zwischen Höchst- und Mindestverdienst etwa 4,3 : 1 betrug, viel niedriger als in der spanischen Industrie, wo das Verhältnis etwa 15 : 1 war. In Großbritannien lagen die Einkommen von Spitzenmanagern im Jahre 1995 im Schnitt 18 mal über dem Durchschnittslohn von Arbeitern in der Produktion, in den USA betrug das Verhältnis 28 : 1, während Schweden und die Schweiz mit 9 : 1 das niedrigste Verhältnis aufwiesen; vgl. Financial Times vom 23. 11. 1995.

17 Vgl. Morris (1992), op.cit.

der Börse Aktien im Wert von 96 Mio. US-Dollar an externe Investoren verkauft werden konnten.[18]

Aber sie hatten auch kaum eine andere Wahl. Wenn man Zulieferer für Volkswagen, Ford und General Motors ist und bei Kühlschränken einen Marktanteil in Spanien von 35% verteidigt, und das gegen Konkurrenten wie Electrolux und Bosch, die ebenfalls in Spanien produzieren, dann legt man sich damit eine extrem enge wettbewerbsbedingte Zwangsjacke an. Nachdem die Geschäftsführer beschlossen hatten, die Gehälter für Führungskräfte bei Mondragón an das normale Niveau anzugleichen, war die Organisation endgültig auf dem besten Weg, ein ganz gewöhnliches kommerzielles Unternehmen zu werden. Welchen der in Kapitel 2 beschriebenen Pfade hätte MCC auch schon beschreiten können, um sich aus seiner Situation zu befreien? Drei dieser Wege – geringere Löhne, kürzere Absatzwege und Abschottung des Marktes, soweit erforderlich, um einen Teil der Produkte in lokaler Währung absetzen zu können – waren ihm nicht zugänglich, und der vierte – Zugang zu billigem Kapital durch eine Genossenschaftsbank – war nicht mehr so wichtig wie früher. Mondragón mag noch immer ein Netzwerk von gemeinwirtschaftlichen Unternehmen sein, aber es bedient nicht mehr den Markt eines einzelnen Gemeinwesens. Hätte es dieses Prinzip beibehalten, könnte es jetzt vermutlich in einem stabileren kommerziellen Umfeld agieren, in dem weniger Wettbewerb aufgrund ganz anderer wirtschaftlicher Rahmenbedingungen herrschen würde.

Zur Sozialpflichtigkeit von Gewinnen

Die zentrale Verpflichtung, mit der sich gemeinwesenorientierte Unternehmen im Kontext einer lokalen Ökonomie auseinandersetzen müssen, betrifft die gerechte Aufteilung der Gewinne. Wenn ein Unternehmen mit Hilfestellung einer Gemeinde und unter Nutzung der öffentlichen Güter, wie wir sie weiter oben beschrieben haben, Gewinne erwirtschaftet, sollten seine Besitzer akzeptieren, daß diese Gewinne nicht ihnen allein gehören: Sie müssen zum Teil auch der Gemeinde zugerechnet werden. Daher sollten sie in diesem Bewußtsein verwendet und nicht außerhalb der Gemeinde oder der Region ausgegeben oder investiert werden. Diese Überlegung steht auch hinter der zu Anfang dieses Kapitels erhobenen Forderung nach einem neuen Gleichgewicht zwischen gesellschaftlichen und individuellen Zielen. Während einige Autoren unter gemeinwesenorientierten Unternehmen nur solche verstehen, die im Besitz und unter Kontrolle der öffentlichen Hand sind, werden hier darunter alle Unternehmen verstanden, die Nachfrage und die Bedürfnisse des lokalen Marktes befriedigen und deren Eigentümer die moralische Verpflichtung anerkennen, ihre eigenen Interessen mit denen der Gemeinde oder der Region in Einklang zu bringen.

Man könnte an dieser Stelle einwenden, daß ein Unternehmen, das seine Gewinne auf den überregionalen Märkten erwirtschaftet, indem es Arbeitskräfte, Ressourcen und Kapital einer bestimmten Region einsetzt und dafür angemessene Preise bezahlt, auch frei über diese Gewinne verfügen können sollte. Doch

---

18 Vgl. "Foreign players eye Mondragón", The European v. 19. Mai 1995.

was ist ein angemessener Preis? Macht derzeit nicht jedes erfolgreiche Unternehmen zusätzliche Gewinne, weil es Zugriff auf zahlreiche Produktionsfaktoren hat, für die es niemals den vollen Preis zahlen muß? Tatsächlich hätte sich das industrielle System vermutlich nie entwickelt – jedenfalls mit Sicherheit nicht in der heute zu beobachtenden Weise –, wenn die Wirtschaft nicht massiv durch die Steuerzahler, die Gesellschaft und die Umwelt subventioniert worden wäre. Alle Unternehmen haben deshalb auch soziale Verpflichtungen, die vermutlich weit über das hinaus gehen, was sie jemals an Steuern zahlen. Das Dilemma des industriellen Systems liegt darin, daß diese Verpflichtungen, selbst wenn sie anerkannt würden, aufgrund der Zwänge des internationalen Wettbewerbs, innerhalb des herkömmlichen Wirtschaftssystems nicht erfüllt werden können.

Alternativen zur Wettbewerbsökonomie müssen möglich sein

Wettbewerb kann sich darüber hinaus noch in anderer Form gegen die Gesellschaft richten. Im herkömmlichen, gewinnorientierten System stehen Inhaber von Unternehmen unter dem ständigen Druck, ihren Umsatz steigern zu müssen, selbst wenn dies dazu führt, daß konkurrierende Geschäfte schließen müssen. Ein Übermaß an Wettbewerb funktioniert nach dem Motto "Fressen oder gefressen werden" und nicht im Sinne von "Leben und leben lassen" einer solidarischen – auch ökonomischen – Koexistenz. Ein Unternehmen, das versucht, sich diesem Zwang zu entziehen, wird in der Regel geschwächt und schließlich von einem seiner Konkurrenten geschluckt. Aber ein Wirtschaftssystem, in dem eine derart starke Konzentrationstendenz wirkt, hat es sehr schwer, soziale und ökologische Interessen gegen die Wirtschaft zur Geltung zu bringen. Monopole aber versorgen die Menschen nicht optimal.

Notwendig ist daher ein System, das auch andere Einstellungen zuläßt: Wenn ein Lebensmittelhändler es als seine Berufung ansieht, den Menschen in seinem Stadtviertel zu dienen statt beständig seinen Gewinn zu maximieren, um überleben zu können, so müßte dies möglich sein. Ein solcher Einzelhändler hätte eine völlig andere Einstellung zu seiner Arbeit und würde eine ganz andere Art der Erfüllung dabei empfinden. Er würde stolz sein auf seinen guten Service, die Qualität seiner Produkte und seine große Auswahl. Und er würde die Tatsache akzeptieren, daß nur eine bestimmte Menge an Lebensmitteln in seinem Viertel verkauft werden kann: Wenn er also mehr verkaufen wollte, müßten die anderen Händler, die er als Kollegen und nicht als Konkurrenten ansehen würde, Einbußen hinnehmen, was ihre Zukunftsperspektiven und die ihrer Familien beeinträchtigen würde. Er wäre sich dessen bewußt, daß das Leben zahlreicher Menschen schwieriger werden würde, wenn diese anderen Händler ihr Geschäft aufgeben müßten, da für sie der Einkauf bei seinen Kollegen bequemer ist. Wenn er sein eigenes Einkommen aufbessern müßte, würde er folglich nach Wegen suchen, die seine Nachbarn nicht schädigten. Eine Möglichkeit könnte darin bestehen, von außerhalb der Gemeinde importierte Produkte auf einer relativ niedrigen "Fertigungsstufe" einzukaufen und ihre Weiterverarbeitung und das Abpacken in seinem Laden durchzuführen, um einen möglichst großen Teil des Mehrwerts für sich und damit für die Gemeinde abschöpfen zu können. Oder er könnte nach einem völlig anderen Tätigkeitsfeld Ausschau halten, das bislang noch niemand in dem Viertel ausfüllt und das er noch nebenher betreiben könnte.

"Der Andere Weg"-Naturkostladen in Hamburg

Wenn sich die Art der Bezahlung ändert, mit der die Konsumentinnen und Konsumenten die Arbeit von Ladeninhabern und anderen Geschäftsleuten entlohnen, können diese die notwendige Freiheit erhalten, um in der beschriebenen Weise zu handeln – diese Erfahrung hat Doris Seemann mit ihrem Naturkostladen in Hamburg gemacht. Wie die meisten neuen Geschäfte machte Seemann, die zuvor schon als Buchverkäuferin und Kindergärtnerin gearbeitet hatte, mit ihrem Laden zunächst Verluste, nachdem sie 1986 eröffnet hatte. Das Problem war, daß sie die Gewinnspanne nicht ausreichend hoch ansetzen konnte, um bei der von ihr verkauften Menge sämtliche Betriebskosten decken zu können, denn dann wären ihre Preise nicht mehr konkurrenzfähig gewesen. Über fünf Jahre hielt sie mit der konventionellen Strategie durch, die darin besteht, die Zähne zusammenzubeißen und alle anfallenden Verluste wegzustecken, in der Hoffnung, daß der Absatz steigen und der Laden profitabel werden wird, bevor sämtliche Rücklagen und Kreditmöglichkeiten erschöpft sind. Doch dann eröffnete Doris Seemann ihr Geschäft unter dem neuen Namen "Der Andere Weg" ein zweites Mal: Sie bot ihren Kunden an, sich mit einer monatlichen Mitgliedsgebühr von 50 DM an den Betriebskosten zu beteiligen und als Gegenleistung die Produkte zum Einkaufspreis kaufen zu können. Sie konnte genügend Menschen für ihre Idee gewinnen, was ihre Beziehung zu diesen Kunden radikal verändert hat. Statt ihre Preise auf das höchstmögliche Niveau zu setzen, das ihre Kunden nach ihrer Einschätzung gerade noch akzeptieren würden, bestand die Herausforderung nun darin, den Wareneinkauf so gut wie möglich im Interesse der Mitglieder durchzuführen und für diese sowohl den Laden als auch den Service möglichst attraktiv und angenehm zu gestalten.[19]

Der Interessenskonflikt zwischen Ladenbesitzer und Kunde war somit aufgehoben. Doris Seemann war nun eher die Beauftragte der Mitglieder ihres Ladens und nicht länger deren Gegenüber. Ihre Kundschaft profitierte ebenfalls, denn jeder, der für mehr als 150 DM pro Monat in dem Laden einkauft, kann ganz beachtliche Einsparungen erzielen und hatte deshalb einen sehr großen Anreiz, so viel Einkäufe wie möglich in dem Laden zu tätigen. Die Mitglieder hatten das Gefühl, an dem Geschäft beteiligt zu sein, weshalb unter anderem auch die Zahl der Ladendiebstähle zurückging. "Meine Kunden sind jetzt meine Freunde", sagte Seemann.

Daß Wettbewerb auf der einen Ebene einen unheilvollen Einfluß entwikkeln kann und auf einer anderen praktisch nicht stattfindet, stellt für lokale Ökonomien ein Problem dar. In der Weltwirtschaft ist der globale Wettbewerb das

---

19 Gespräch mit Doris Seemann auf dem 26. Deutschen Evangelischen Kirchentag, Hamburg 15. Juni 1995.

wichtigste Instrument, um sicherzustellen, daß Unternehmen keine überhöhten Gewinne zu Lasten ihrer Kunden erzielen. Dagegen ist es ziemlich unwahrscheinlich, daß in einer lokalen Ökonomie die Intensität des Wettbewerbs hoch genug ist, um auf diese Weise die Höhe der Gewinne effektiv zu kontrollieren. Daher müssen andere Mechanismen entwickelt werden, die zum einen die Auswüchse des Wettbewerbs in den Bereichen verhindern, in denen eine relativ große Zahl gleichartiger Geschäfte miteinander konkurriert und die zum anderen verhindern, daß in den Bereichen, in denen dies nicht der Fall ist, Monopole und Oligopole überzogene Gewinne machen. Die Notwendigkeit eines solchen Kontrollsystems ist nicht neu: Im Mittelalter regulierten im Handwerk die Zünfte den Wettbewerb zwischen ihren Mitgliedern, während das Problem des Monopols von den weltlichen und geistlichen Herrschern durch das Konzept des "gerechten Preises" zu bewältigen versucht wurde – eine Idee, die durch lokale Ökonomien wieder zu neuen Ehren gelangen könnte.

Die Lehre vom gerechten Preis

Die scholastische Wirtschaftslehre des Mittelalters war nicht auf Akkumulation und Gewinn abgestellt, sondern darauf, die Existenz eines jeden Mitglieds der Gesellschaft so zu garantieren, daß das wirtschaftliche Leben im Einklang mit den Lehren des Evangeliums gestaltet werden kann. Der heilige Thomas von Aquin (1224/25-1274) hat sich intensiv mit der Frage beschäftigt, wie die individuellen Interessen und die der Allgemeinheit in Einklang gebracht werden könnten. Für ihn ist der richtige Weg vorgezeichnet in dem ewigen Gesetz, das in aller Kreatur wirkt und an dem der Mensch durch seine Vernunft Anteil haben kann.[20] Handel war für ihn, entgegen der Meinung früherer christlicher Theologen,[21] nicht per se Sünde, aber er war seiner Ansicht nach gefährlich, weil er die Beteiligten zur Sünde verleite. Thomas lehrte, der Mensch habe zwar das Recht, sein Vieh oder andere Erzeugnisse zu verkaufen, um seine Stellung innerhalb der Gesellschaft zu wahren und sich und seiner Familie ein angemessenes Leben zu ermöglichen, doch die Bestimmung der Preise erfolgt nach einem besonderen Regelwerk. Zum einen berücksichtigt Thomas bei der Bemessung des gerechten Preises die Gefahren, die der Transport eines Gutes von einem Ort zum anderen mit sich bringt, sodann die Unterschiedlichkeit von Produktionsbedingungen nach Ort und Zeit.[22] Außerdem spielt bei Thomas die Qualifi-

---

20 "Talis participatio legis alternae in rationale creatura lex naturalis dicitur"; Thomas von Aquin, Summa theologiae II-II, q. 91, a. 2; zit. auch bei Sombart, Werner (1930): Die drei Nationalökonomien – Geschichte und System von der Lehre der Wirtschaft. München/Leipzig: Duncker und Humblot, 26.

21 Kein Christ dürfe Händler sein, forderte der heilige Chrysostomus (354 – 407), und zumindest der Geistlichkeit wurde im Decretum Gratiani Handel treiben zunächst generell untersagt; vgl. Decretum Gratiani II C 12 qu. 1, zit. bei Brentano, Lujo (1901): Ethik und Volkswirtschaft in der Geschichte. München: C. Wolf & Sohn.

22 Varietas loci atque temporum; Thomas von Aquin, Summa theologiae II-II, q. 77, a. 4; Ausg. der Albertus-Magnus-Akademie, Bd. 18: "Recht und Gerechtigkeit", Heidelberg/München: F.H. Kerle 1953, 360.

kation des Arbeiters eine Rolle. Wenn aber alle diese Dinge berücksichtigt sind – Arbeit, Kosten, Qualifikation, Gefahr des Transports, dazu der Stand des Käufers und des Verkäufers –, dann erfordere die ausgleichende Gerechtigkeit, daß die Annahme einer Ware als Entgelt für die Weggabe einer anderen weder Verlust noch Gewinn bringen darf. Der Vorteil eines Tausches darf damit nicht in einer Wertdifferenz, sondern nur in einer Differenz der Gebrauchswerte für die Beteiligten bestehen. Auf diese Weise ist nach Thomas von Aquin jedes Mitglied der berufsgegliederten Gesellschaft in der Lage, durch Tausch für sich Vorteile zu erzielen, ohne einen anderen im geringsten zu schädigen.[23]

Ein gutes Beispiel sind die Statuten von Kilkenny aus dem Jahr 1367, die sehr detailliert festlegten, wie ein gerechter Preis zu berechnen sei. "Es ist verfügt, daß der Bürgermeister, der Beauftragte des Souveräns oder ein anderer leitender Beamter der Gemeinde zwei der besonnensten Männer des Ortes zu sich bestellen soll, sowie den Händler, dem die besagten Waren gehören, und die Seeleute seines Schiffes." Der Händler und die Seeleute mußten, unter Eid, den Einkaufswert der Waren und die Höhe der Transportkosten benennen. Dann legten der Bürgermeister oder der Beamte und die beiden "besonnenen Männer" den Preis fest, zu dem die Waren verkauft werden mußten.[24]

Darüber hinaus wurde noch eine Reihe weiterer Maßnahmen eingesetzt, um überhöhte Gewinne zu verhindern. In London gab es eine Bestimmung, die unterbinden sollte, daß jemand eintreffende Frachten wichtiger Güter aufkaufte, um so den Markt zu beherrschen. Wenn ein Schiff mit Kohle anlegte, mußte die Ladung acht Tage lang in kleinen Einheiten verkauft werden, wobei die Menge pro Familie auf fünfzig Körbe begrenzt war. Erst danach durfte die verbleibende Kohle verkauft werden. Selbstverständlich war dabei die Handelsspanne des Schiffseigners auf der Basis eines gerechten Preises festgelegt.

Gilden und Zünfte

Die andere regulierende Kraft jener Zeit waren die Gilden beziehungsweise im Handwerk die Zünfte, die erstmals etwa ab 1100 in Erscheinung traten und sich von Italien, dem Rheinland, Holland und Belgien rasch ausbreiteten.[25] Die Gilden hatten sowohl soziale als auch ökonomische Funktionen. Christine Ax beschreibt die besondere Bedeutung des Handwerks für eine nachhaltige Wirtschaft:[26]

---

23 Siehe dazu auch Hagenauer, Selma (1931): Das "Iustum Pretium" bei Thomas von Aquin. Diss. Frankfurt/M., Stuttgart: Vierteljahrschrift für Sozial- und Wirtschaftsgeschichte, Beiheft 24.

24 Coulton, G. (1945): Medieval Panorama. Cambridge: Cambridge University Press, 291.

25 Christine Ax verweist unter Bezug auf Sinz, H. (1977): Das Handwerk. Düsseldorf/Wien: Econ-Verlag darauf, daß es bereits 1200 vor Christus erste Ansätze für eine zunftmäßige Organisation des Handwerks gab. Vgl. Ax, Christine (1997): Das Handwerk der Zukunft – Leitbilder für nachhaltiges Wirtschaften. Basel/Boston/Berlin: Birkhäuser, 61.

26 Ibid., 62.

"Die Zünfte regelten ... penibel den Zugang zum Handwerk, Art und Umfang der Ausbildung der Lehrlinge, Bezahlung, Arbeitszeiten, Produktion und Vermarktung; auch Funktion, Gestalt und Preis unterlagen dem zünftigen 'Qualitätsmanagement'. Die Vielzahl von Reglementierungen ließ den Individuen mit Sicherheit weit weniger Entscheidungsspielraum, als dies heute der Fall ist. Diese Auflagen sorgten aber auch für berechenbare wirtschaftliche und soziale Rahmenbedingungen und für einen hohen Mindeststandard an gestalterischer und handwerklicher Qualität. Innerhalb der Regeln war echte Meisterschaft erwünscht und möglich – wie viele erhalten gebliebene Alltagsobjekte und Kulturschätze belegen."

"Das allgemeine Ziel", so Antony Black, "bestand darin, zu verhindern, daß das Geschäft des einen zu Lasten der anderen expandierte."[27] In einigen Zünften wurden von einem Mitglied, das Rohstoffe zu einem Vorzugspreis erstehen konnte, erwartet, daß er diesen geschäftlichen Vorteil mit den anderen Mitgliedern teilte. Bei vielen Gilden mußten die Werkstätten von der Straße her einsehbar sein, damit jederzeit kontrolliert werden konnte, ob die Zunftregeln auch eingehalten wurden.

Es gibt unterschiedliche Meinungen darüber, ob die Gilden tatsächlich das richtige Gleichgewicht zwischen den Interessen ihrer Mitglieder und denen der Gesellschaft zu wahren wußten. Gegenwärtig scheint weitgehend Konsens darüber zu bestehen, daß die Gilden zunehmend zum Interessenverband ihrer Mitglieder wurden, als sich die Werthaltungen in den Jahrzehnten unmittelbar vor Beginn der Renaissance allmählich veränderten. Gleichwohl besteht kein Zweifel daran, daß den Zünften große nicht-ökonomische Bedeutung zukam: "Die Zünfte waren neben Familie und Kirche die wichtigste Sozialversicherungsinstanz. Sie gewährten Hilfe und ein Minimum an Sicherheit gegen die Wechselfälle des Lebens: Armut, Krankheit und Alter."[28] Die Zünfte verliehen dem einzelnen seinen sozialen Status und banden ihn – befördert durch den gegenseitigen Treueschwur und durch häufige gemeinsame Festessen – in eine Gruppe von Kollegen und Freunden ein, die ihm privat und beruflich mit Rat und Tat zur Seite standen. Die Gilden trugen dazu bei, daß Arbeit zur Berufung wurde.

Briarpatch in San Francisco

Eine moderne Organisation, die – vielleicht – unbewußt einige Bestandteile einer Zunftordnung übernommen hat, ist Briarpatch in San Francisco, ein informelles Netzwerk kleinerer Geschäftsleute, die laut ihren Grundsätzen "ihr Geschäft in erster Linie betreiben, um Menschen zu dienen"[29] und nicht, um reich zu werden. Bezeichnenderweise ist das Wort "dienen" im Original unterstrichen. Eine

---

27 Black, Antony (1984): Guilds and Civil Society. London: Methuen, 16.

28 Ax (1997), op.cit., 62.

29 Whitmyer, Claude (1992): A Home in the Briarpatch, unveröff. Mskr.; Informationen zu Briarpatch stammen auch aus Gesprächen mit Mitgliedern im November und Dezember 1993. Short Circuit, 345ff. enthält eine ausführlichere Beschreibung der Vereinigung.

weitere "zünftige" Regelung ist, daß die Bücher der Mitglieder "zur Einsicht offen sind für alle: Angestellte, Kunden, Zulieferer und jedermann, der Interesse hat", – eine Verbindung des Konzeptes vom gerechten Preis und der zur Straße hin offenen Werkstatt der Zunftmitglieder. Briarpatch wurde 1974 von Leuten gegründet, die während der sozialen, politischen und ökologisch motivierten Unruhen Ende der sechziger Jahre gegen Staat und Wirtschaft auf die Straße gegangen waren und dann Anfang der siebziger Jahre feststellen mußten, daß sie mittlerweile selbst zu einem Rädchen im wirtschaftlichen Getriebe geworden waren. "Wir wollten kein 'business as usual' betreiben. Wir wollten Geschäfte auf andere Art betreiben", sagte der Engländer Roger Pritchard, der sehr früh dem Netzwerk beigetreten war. Pritchard ist heute Berater für Kleinunternehmen und arbeitet Teilzeit als Koordinator der fünfzig Mitglieder zählenden East Bay Briarpatch, die in Berkeley und Oakland tätig ist. "Wir hatten eine gemeinsame Vorstellung von Ehrlichkeit, Offenheit und gegenseitiger Teilhabe, wollten alles, was wir taten, besonders gut tun und dabei Spaß haben bei der Arbeit und sie danach ausrichten, was uns wichtig war und was wir gut konnten, und wir vertraten eine Politik der Fürsorge gegenüber jenen, die mit uns Geschäfte machten. Wir stellten fest, daß die Geschäftswelt normalerweise nicht so funktionierte, weshalb wir uns gegenseitig unterstützen mußten, damit diese Grundsätze in unseren Unternehmen zum Tragen kommen konnten."[30]

Die Situationen von Selbständigen und kleinen Unternehmen

Im herrschenden Wirtschaftssystem sind viele Menschen, die ein kleines Unternehmen betreiben und keiner Vereinigung wie Briarpatch angehören, in der sie gegenseitig Hilfe und Unterstützung leisten, ständig in einem ziemlich nervenaufreibenden Konkurrenz-, oftmals sogar Existenzkampf gefangen. Viele müssen sich eingestehen, daß sie einem Ungeheuer dienen, welches ihnen keine freie Minute läßt und ihre Gedanken vollständig beherrscht, so daß sie kaum mehr anderen Interessen nachgehen können. Selbst wenn sie sich für kurze Zeit frei nehmen, werden sie von Sorgen geplagt über ungelöste Aufgaben, die sie in dieser Zeit eigentlich angehen müßten. Probleme begleiten sie, wenn sie abends ins Bett gehen, und erwarten sie am Morgen, kaum daß sie aufgewacht sind. Sie werden unzufrieden mit ihrer Situation und unzufrieden mit sich selbst. Viele Selbständige werden dies bestätigen können.

Zu allem Übel sind die Besitzer von kleinen Unternehmen in der Regel mit sich allein. Dies liegt daran, daß sie kaum jemanden finden, der bereit ist, ihnen ausgiebig zuzuhören und mit ihnen über ihre Probleme, ihre Möglichkeiten und ihre eintönige Alltagsarbeit detailliert zu reden. Der Kleinunternehmer hat daher kaum die Möglichkeit, seine Gedanken durch Gespräche weiterzuentwickeln und durch die Ansichten eines informierten, gleichwohl hinreichend objektiven und distanzierten Menschen zu bereichern. Viel zu oft muß der jeweilige Lebenspartner diese Funktion erfüllen. Dies ist häufig eine schlechte

30 In "Short Circuit", 345ff. findet sich eine erheblich ausführlichere Fallstudie über Briarpatch.

Lösung, insbesondere dann, wenn das Familieneinkommen durch die geschäftlichen Probleme gefährdet ist, da das Privatleben dann keine Zuflucht mehr bietet vor den Belastungen der Arbeit.

Eine "one-man-show" ist in der Geschäftswelt oft ein Hinweis auf eine Katastrophe. Nur sehr wenige Menschen verfügen über sämtliche Fähigkeiten, ausreichendes Fachwissen und alle persönlichen Charaktereigenschaften, um ein erfolgreiches Unternehmen aufzubauen und zu leiten. Der eine ist ein ausgezeichneter Verkäufer und wird von eingehenden Bestellungen genauso in den Bann gezogen wie ein Angler von anbeißenden Fischen. Begeisterte Verkäufer können mit Freude Stunden damit verbringen, einen wichtigen Kunden dahin zu bringen, ihren Köder zu schlucken – doch wenn der Auftrag erst einmal erteilt wurde, verlieren sie leicht das Interesse. Die eintönige Plackerei des Zusammenstellens der Ware, des Verpackens, der Fakturierung, des Verschickens und letztlich des Geldeintreibens ist nicht nach ihrem Geschmack, obgleich sie selbstverständlich wissen, das jeder dieser Schritte genauso wichtig ist wie das Einholen neuer Aufträge. Wenn es unbedingt sein muß, können sie sich zwar unter Umständen noch dazu durchringen, dies alles zu machen, doch sobald es etwa darum geht, über so lästige Dinge wie die Mehrwertsteuer Buch zu führen, fällt ihnen immer noch etwas Wichtigeres ein – zum Beispiel einen Kunden anzurufen und zu fragen, ob er nicht vielleicht schon wieder Nachschub braucht –, weshalb die eigentlich wichtige Arbeit dann nicht ordentlich getan wird. Der Typ des Buchhalters hat dagegen viel mehr Freude daran, die Waren- und Kontobestände beständig im Auge zu behalten, ist dabei jedoch alles andere als ein gerissener Geschäftemacher. Anderen Menschen wiederum, die sehr große Befriedigung dabei empfinden, Produkte zu entwerfen oder herzustellen, fällt es sehr schwer, sich mit großem Eifer im Verkauf oder der Buchhaltung zu engagieren. Die richtige Mischung aus verschiedenen persönlichen Eigenschaften ist für den Erfolg eines Unternehmens ausschlaggebend, doch man findet sie, wie gesagt, nur sehr selten in einer einzigen Person vereinigt.

Als Ergebnis läßt sich an dieser Stelle festhalten, daß einerseits fast jedes Unternehmen von seiner Anlage her ein gemeinschaftliches Unterfangen ist, es aber andererseits in dem gegenwärtigen Wirtschaftssystem äußerst schwierig ist, ein Unternehmen gemeinschaftlich zu organisieren. In einer kleinen Firma muß daher in der Regel eine einzige Person in jeder Situation sämtliche Risiken und Verpflichtungen übernehmen, obwohl er oder sie zwangsläufig dafür meist schlecht gerüstet ist. Daher brechen viele Kleinbetriebe unter dieser Belastung zusammen. Angesichts des enormen Drucks und der gravierenden Einschränkung des Privatlebens gibt es im herrschenden industriellen System große Hemmschwellen, ein kleines Unternehmen neu zu gründen, wenn man sich unmittelbar dem Konkurrenzdruck des globalen Wettbewerbs aussetzen muß. Daher sind viele Unternehmensgründer von der Hoffnung geleitet, schnell reich zu werden und sich früh zur Ruhe setzen zu können. Natürlich sind viele Unternehmensgründer ungeduldig, handeln falsch und haben weder die Geduld noch die Ausdauer, um einen Betrieb in Gang zu bringen. Doch ihre Motivation verträgt sich überhaupt nicht mit den Grundstrukturen einer gemeinwesenorientierten Wirtschaft, die eben nicht durch den massiven Wettbewerbsdruck eines auf Konkurrenz und nicht auf Solidarität aufbauenden Systems geleitet wird.

Das herrschende industrielle System ist daher weder für Kleinunternehmer noch für die Gesellschaft insgesamt vorteilhaft. In einer gemeinwesenorientierten Ökonomie muß der "dienstleistende" Charakter der Unternehmen wieder stärker im Vordergrund stehen. Das bedeutet, daß ein Unternehmen eher in bezug auf seine Leistungen für das Gemeinwesen insgesamt beurteilt werden muß, und nicht – wie dies derzeit geschieht – ganz überwiegend an seinem Ertrag, den es für die Kapitaleigner abwirft, gemessen werden kann. Unter solchen Bedingungen würde ein völlig anderer Personenkreis in das Geschäftsleben eintreten – Menschen, die gerne den Anspruch des Alleineigentümers auf 100% des Gewinns aufgeben würden, wenn sie dafür nicht länger 100% der Lasten tragen müßten. Warum verhalten wir uns gegenüber kleinen Privatunternehmen völlig anders als zum Beispiel gegenüber gemeinnützigen Vereinen? Wenn etwa ein Sportverein sein Defizit mit einer Tanzveranstaltung ausgleichen will, wundert sich niemand, wenn die Organisatoren einen Rundruf starten und um Mithilfe bitten. Dagegen würde es der vom Bankrott bedrohte örtliche Bäcker schwer haben, kostenlose Helfer zu bekommen, denn jeder erwartet von ihm, daß er Gewinne macht. Die Ursache liegt offensichtlich nicht in der unterschiedlichen Attraktivität der beiden Arbeiten, sondern in den jeweiligen Eigentumsverhältnissen begründet. Der Sportverein gilt als gemeinwesenorientiertes Unterfangen, während der Bäcker "nur" versucht, für sich selbst Gewinn zu erwirtschaften. Aber ohne ihn würde es morgens keine frischen Brötchen geben.

Wenn die lokale Wirtschaft gestärkt werden soll, muß man sich einen neuen Typus einer kommerziellen, in gemeinschaftlichem Besitz befindlichen Organisation ausdenken, der einige Elemente der alten Zünfte, einige Elemente einer modernen, gemeinwesenorientierten Vereinigung wie Briarpatch sowie einige Elemente eines Investmenttrusts in sich vereinigt. Das Hauptanliegen wäre, den Menschen in der Region zu dienen und nicht, für Eigentümer und Investoren Gewinne zu machen. Daher würde dieser Typ von Unternehmen notfalls auch Spenden sammeln können, um die Bilanzen auszugleichen; freiwillige Helfer könnten angeworben werden, um mitzuarbeiten oder die bezahlten Beschäftigten zu beraten. Nach ähnlichem Muster arbeiten in den USA die öffentlichen Radiostationen, die gute Programme senden, nur in begrenztem Umfang Werbung machen und die ihre Verluste einmal im Jahr mit einer Spendenwoche ausgleichen. Das Mondragón-System, so wie es in seinen ersten Jahren war, ist ebenfalls ein gutes Modell, weil es über wirkungsvolle Mechanismen zur Begrenzung der Lohnunterschiede und zur Gewinnverteilung verfügte und es gleichzeitig schaffte, die Interessen seiner Anteilseigner mit denen der Gemeinschaft in Einklang zu bringen. Mondragón verfügte zudem über Methoden, um Interessierte bei der Gründung einer Kooperative finanziell und durch erfahrene Berater zu unterstützen. Obwohl sich Mondragón in den letzten Jahren stark verändern mußte, kann man doch immer noch sehr viel davon lernen.

Thermo Electron in Waltham

Der in vielen Geschäftsfeldern tätige Technologiekonzern Thermo Electron in Waltham, Massachusetts, der sowohl alternative Energiesysteme als auch künstliche Herzen produziert, hat Teile des Mondragón-Modells mit großem Erfolg wiederentdeckt, wenngleich hier der Gewinn der Anteilseigner und nicht die Interessen des Gemeinwesens im Vordergrund standen. Der Konzern hat zahlreiche High-Tech-Firmen gegründet, indem er nach Angaben seines Präsidenten George Hatsopoulos die "Vorteile eines Großkonzerns mit denen eines neugegründeten Unternehmens"[31] kombinierte. Beschäftigte des Unternehmens bekommen, wenn sie eine neue Geschäftsidee haben, eine Gewinnbeteiligung an ihrem Projekt, einen Kredit der Muttergesellschaft und soviel technische und administrative Unterstützung, wie sie benötigen, damit sie die kritische Hürde überwinden können, an der die meisten potentiellen Unternehmensgründer scheitern. Wenn sich dann ein Projekt bewährt, wird es in eine unabhängige Firma umgewandelt, die sich Kapital durch den Verkauf von Aktien beschaffen kann, wobei Thermo Electron allerdings stets eine Mehrheitsbeteiligung behält. Zwischen 1985 und 1994 gründete das Unternehmen auf diese Weise zehn Firmen, und nach den eigenen Planungen sollen bis zum Jahr 2000 weitere vierzehn folgen. Und während in den USA im Durchschnitt 85% aller Neugründungen wieder aufgeben müssen, sagt Hatsopoulos: "Wir werden [unsere] nicht scheitern lassen."

Bedingungen für die Förderung gemeinwesenorientierter Kleinunternehmen

Was auf der lokalen Ebene offensichtlich fehlt, ist ein vielseitiger Ansprechpartner für gemeinwesenorientierte Kleinunternehmen. Diese Lücke könnte durch die Einrichtung einer kommunalen Kooperative geschlossen werden, an der jeder Einwohner einer Gemeinde oder einer Region Anteile erwerben könnte. Diese Kooperative würde mit Einzelpersonen oder mit Gruppen zusammenarbeiten, die innerhalb ihres Einzugsgebietes ein Unternehmen gründen möchten. Sie würde dazu entsprechende Machbarkeitsstudien durchführen, bei der Entwicklung des unternehmerischen Konzepts helfen, Beteiligungskapital bereitstellen, Angebote zur Weiterbildung machen und jene administrativen Aufgaben übernehmen, für die die Geschäftsinhaber ungenügend qualifiziert sind. Besonders wichtig wäre, daß diese Kooperative die Kleinunternehmer auch nach der Startphase unterstützen und beraten und sie mit anderen Unternehmern zusammenbringen und vernetzen würde.

Wenn in den einzelnen lokalen Ökonomien ein Großteil der vielfältigen Bedürfnisse durch ein eigenständiges Angebot von Gütern und Dienstleistungen gedeckt werden soll, müssen diese auch über eine Vielzahl von kleinen Unternehmen verfügen, und die kommunalen Kooperativen, deren Gründung wir hiermit vorschlagen, werden sich folglich mit zahlreichen kleinen Projekten befassen müssen, von denen viele in einer modernen Form der Heimarbeit organi-

---

31 Zitiert nach: The Economist vom 18. Februar 1995.

siert werden können. Eine Alternative zum industriellen System aufzubauen, bedeutet nämlich auch in bezug auf die Betriebsgrößen, die Technologien und die Standorte keineswegs, dieses einfach nur in kleinerem Maßstab zu kopieren. In einer Studie über Leben und Arbeit auf der zu Kent gehörenden Isle of Sheppey weist Raymond E. Pahl darauf hin, daß in vorindustrieller Zeit "die Arbeit von den Haushalten ausgeführt wurde und aus einer Kombination von Selbstversorgung, Lohnarbeit und Nebenerwerb bestand ... Geregelte Vollzeitarbeit mit einer einzigen Arbeitsstelle war im 18. Jahrhundert die Ausnahme."[32] Eine Mischung aus verschiedenen Aktivitäten war in jener Zeit die Norm und wird es im postindustriellen Zeitalter vermutlich auch wieder werden. Die meisten Menschen werden wieder viel mehr Dinge für sich und ihre Familie selbst machen – ohne Bezahlung natürlich – und als Ergänzung für Menschen in ihrem direkten Umfeld arbeiten – entweder unmittelbar oder über die Vermittlung durch ein gemeinwesenorientiertes Unternehmen –, wofür sie hauptsächlich in lokaler Währung vergütet werden. Und nach wie vor werden viele Menschen zusätzlich für Unternehmen im industriellen System arbeiten und dafür in nationaler oder bald sogar, wenn der "Euro" kommt, in internationaler Währung bezahlt werden. Auch hier werden moderne Formen der (Tele-)Heimarbeit zunehmen – doch die Bedeutung des industriellen Systems insgesamt wird sinken: So erfolgreich dieses System – für die Kapitaleigner – ist, so werden seine Folgen nach den Kriterien einer gemeinwesenorientierten Wirtschaft doch immer problematischer.

Dies wird nicht zuletzt die Anforderungen an den Wohnraum tiefgreifend verändern. Nach den Kapiteln über Energie und Ernährung – die Bekleidung haben wir am Rande mitbetrachtet – hätte es in diesem Buch eigentlich noch eines Kapitels über das Bauen und Wohnen bedurft, denn die meisten städtischen Wohnungen wurden unter der Annahme gebaut oder in den letzten Jahrzehnten danach umgebaut, daß die Menschen zu Hause kaum mehr machen als essen, schlafen und fernsehen. Da die meisten Wohnungen häufig kaum Platz für einen Kinderwagen geschweige den für ein Fahrrad bieten, werden sie den Anforderungen der veränderten Arbeitsverhältnisse nicht gerecht. Dagegen steht auf dem Land natürlich mehr Platz zur Verfügung. Es gibt bereits Initiativen, die die Abwanderung von Arbeitslosen in ländliche Regionen unterstützen und die es als einen besonderen Vorteil für die Beteiligten ansehen, daß ihnen dort ein Garten und eventuell sogar ein Arbeitsschuppen zur Verfügung stehen.[33]

---

32 Pahl, Raymond E. (1984): Divisions of Labour. Oxford: Blackwell, 131.

33 In "Short Circuit", S. 355 ff. werden die Erfahrungen von "Rural Resettlement Ireland" beschrieben, einer Initiative, die in Loop Head im County Clare begann und Arbeitslose erfolgreich motivierte, wieder in eine Gegend zu ziehen, die in den letzten Jahrzehnten einen großen Bevölkerungsrückgang erlebte, um dort die lokale Ökonomie zu stärken – teilweise erst wieder neu zu installieren. Auch in Frankreich gibt es Gegenden, in denen der Zuzug von "Neo-Rurales" eine Gegenbewegung zum Sterben der Strukturen ganzer Regionen in Gang gesetzt hat. Die Grundidee an sich ist alles andere als neu – programmatisch formuliert, findet sie sich unter anderem in Gustav Landauers Schriften; vgl. Landauer, Gustav (1908): "Was will der Sozialistische Bund?", in: Der Sozialist, 1. 10. 1908; ders. (1909): "Was ist zu tun?", in: Der Sozialist, 11. 1. 1909; ders. (1910): "Die Siedlung", in: Der Sozialist, 1. 5. 1910. Umgesetzt wurden diese Ideen in einer ganzen Reihe von Wohnungsbaugenossenschaften in den zwanziger Jahren dieses Jahr-

Sowohl auf die Familien als auch auf die Kommunen werden ebenfalls tiefgreifende Veränderungen zukommen. Das Zusammenspiel von Eigen- und Erwerbsarbeit – ausgedrückt in der Fachsprache: von formeller und informeller Arbeit – ist einer der zentralen Prozesse, auf der die Organisation der entwickelten Gesellschaften aufbaut. Wenn vielen Menschen Erwerbsarbeit aber nicht länger als Möglichkeit offen steht, wird die Struktur der Gesellschaft entweder zusammenbrechen oder sie wird sich ändern müssen, was zum Teil bereits schon geschehen ist. Wendell Berry, der Dichter, Erzähler, Dozent an einer Universität und Tabakfarmer in Kentucky ist, brachte diese Zusammenhänge in einem 1988 publizierten Essay auf den Punkt:

"(...) wenn das Wirtschaften nicht mehr auf die Haushalte oder die Kommunen bezogen ist, sind die Familienmitglieder und Nachbarn füreinander nicht länger nützlich. Wenn die Menschen füreinander nicht mehr nützlich sind, schwindet der Zusammenhalt in den Familien und Gemeinden, und die Menschen sind in der Gefahr, in Abhängigkeit von fremdbestimmten Wirtschaftssystemen und Organisationen zu geraten."[34]

Und wenn die Arbeitskraft der jungen Erwachsenen nicht mehr gebraucht wird, werden diese – in der Regel für immer – wegziehen und damit die Abfolge der Generationen in der Region aufbrechen. In wirtschaftlich dauerhaft schwachen Regionen werden Kinder oftmals gezielt so unterrichtet, daß sie auf diese Situation vorbereitet sind. Wenn aber die jungen Erwachsenen wegziehen und eine ganze Region "überaltert", wie das in vielen ländlichen Gebieten Europas bereits geschehen ist, dann werden die alten Geschichten nicht länger weitererzählt, und die Stätte ihrer Kindheit verliert langsam ihre Geschichte und ihre Kultur. Der Verlust der Kultur eines Ortes ist teils ein praktischer Verlust und teils ein ökonomischer. Zum einen bewahrt die Kultur das Wissen darüber, wie man an einem Ort leben, wie man ihn nutzen kann und wie er genutzt wurde. Durch die Kultur wird dieses Wissen an die nachfolgenden Generationen weitergegeben. Zum anderen kommen in diesen Erinnerungen auch eine besondere Beziehung und ein Respekt gegenüber diesem Ort zum Ausdruck, und daher trägt die Kultur eines Ortes letztlich auch das Wissen in sich, wie der Ort angemessen und behutsam genutzt werden kann und, wichtiger noch, den ausdrücklichen Befehl, ihn nur angemessen und behutsam zu nutzen. Die einzig sinnvolle "Bedienungsanleitung für das Raumschiff Erde"[35] ist kein Buch, das irgendein Mensch einmal schreiben wird, sondern sie besteht aus dem Zusammenspiel hunderttausender Kulturen einzelner Orte.

---

hunderts – etwa der Gartenbau-Genossenschaft in Mannheim. Nicht zuletzt ist hier an Versuche zu erinnern, mit Siedlungsprogrammen dieser Art die Obdachlosigkeit zu bekämpfen; vgl. z.B. Trappmann, Klaus (Hrsg.) (1980): Landstraße – Kunden – Vagabunden. Gregor Gogs Liga der Heimatlosen. Berlin: Gerhardt Verlag.

34 Berry, Wendell (1990): "The Work of Local Culture", in: ders. (Hrsg.): What are People for? San Francisco: North Point Press.

35 Fuller, Buckminster (1977): Bedienungsanleitung für das Raumschiff Erde. Amsterdam: Verlag der Kunst [Neuaufl. 1996].

Industrielle und gemeinwesenorientierte Ökonomie – ein ausgewogenes Verhältnis ist möglich

Mit dem vorliegenden Buch wollten wir deutlich machen, daß Methoden bereits entweder vorhanden sind oder entwickelt werden können, um ein ausgewogeneres Verhältnis zwischen dem industriellen System und einem gemeinwesenorientierten Wirtschaften zu schaffen. Es sollte auch klar geworden sein, daß regionale Wirtschaftskreisläufe, die einen guten Teil der Bedürfnisse der Menschen in einer Region abdecken, wieder hergestellt oder wiederbelebt werden können. Kinder können so auch an ihrem Heimatort eine lebenswerte Zukunft haben. Das heißt selbstverständlich nicht, daß sie – wie dies in vergangenen Jahrhunderten nur zu oft der Fall war – *ausschließlich* dort ihre Lebensperspektive finden müssen. Doch sollten sie nicht von den Mechanismen einer globalisierten Ökonomie gezwungen werden können, ihre Heimat zu verlassen, wenn die Wirtschaft den Menschen dienen soll und nicht umgekehrt. Doch dieses wird nur möglich sein, wenn jeweils eine kleine Gruppe von Menschen in vielen Regionen und Gemeinden bereit ist, an der (Wieder-)Erlangung dieses Gleichgewichtes mitzuwirken.

Von einigen Beispielen in außergewöhnlichen Kommunen abgesehen,[36] wurden die in diesem Buch beschriebenen Ansätze bislang meist nur isoliert voneinander erprobt, so daß sich kaum Synergien zwischen den einzelnen Projekten bilden konnten. Der nächste Schritt muß nun deshalb darin bestehen, nach Wegen zu suchen, um mehrere der beschriebenen Instrumente gleichzeitig einsetzen zu können, damit sie ihre tatsächliche Leistungsfähigkeit unter Beweis stellen können. Darüber wissen wir noch viel zu wenig. Es gibt aber in den vorangegangenen Kapiteln vielversprechende Hinweise darauf, welches Potential sich dabei entfalten könnte.

Erst wenn einige Gemeinden und Regionen den Beweis erbringen können, daß es ihnen gelungen ist, eine weitgehend unabhängige und gut funktionierende gemeinwesenorientierte Ökonomie aufzubauen, werden Politiker den neuen Ansatz unterstützen und andere Kommunen den Mut haben, diesem Beispiel zu folgen. Für all jene, die die Ansicht vertreten, daß das globale industrielle System, sofern es nicht gebändigt wird, nicht nachhaltig ist und eine ständige Bedrohung für die Lebenszusammenhänge vieler Menschen darstellt, kann es eigentlich keine wichtigere Aufgabe geben, als in ihren eigenen Gemeinden zu demonstrieren, daß die Welt auch einen anderen Weg einschlagen kann.

Dennoch zögern viele seltsamerweise damit, sich auf diesen Weg einzulassen. Die meisten Menschen glauben oder hoffen zumindest noch immer, daß die ökologischen und sozialen Probleme gelöst werden können, daß die alltäglichen Meldungen über Rekordarbeitslosigkeit und Instabilität der Weltwirtschaft nur vorübergehende Probleme anzeigen und daß das Leben bald wieder in die Bahnen zurückkehren wird, in denen es früher verlief und die sie zu verstehen glauben. Menschen wollen meist keine neuen Verhaltensmuster einüben müssen und nicht mit neuen Unsicherheiten konfrontiert werden. Und sie wollen sich auch nicht der Hoffnung berauben, an der Ausschüttung des üppigen Geldse-

---

36 Der Epilog im nächsten Kapitel beschreibt eine solche Kommune.

gens teilzuhaben, den das industrielle System für eine kleine, auserwählte Schar bereit hält, den sprichwörtlichen Marschallstab im Tornister doch noch zu ergreifen. Aber solange sie weiterhin gut bezahlten Jobs nachjagen und sich der Illusion hingeben, die relative Sicherheit, die die meisten Menschen in den Industrieländern einst genossen, könne durch Politiker wiederhergestellt werden, die noch immer nicht verstanden haben, wie zerstörerisch dieses System und die seit 1970 eingeleiteten Veränderungen wirken, solange werden sie sich auch nicht an den Aufbau kleiner Wirtschaftskreisläufe wagen, obwohl diese für die Sicherung ihrer Zukunft dringend erforderlich sind.

Viele Menschen klammern sich an die Hoffnung, radikale Veränderungen könnten vermieden werden, wenngleich der Beweis für das Scheitern des vorherrschenden Systems – legt man die Maßstäbe einer gemeinwesenorientierten Wirtschaft an – ganz offenkundig ist. Mittlerweile sind selbst Arbeitsplätze in der öffentlichen Verwaltung und bei gewinnträchtigen Unternehmen mit dominierender Marktstellung nicht mehr sicher. Die Arbeiter der Guinness-Brauerei zum Beispiel wurden in der Vergangenheit in Irland ebenso weithin beneidet wie die Arbeiter der BASF in Ludwigshafen oder von Daimler Benz oder BBC in Mannheim, weil ihre Jobs besonders sicher waren und hoch bezahlt wurden. Heute werden sie zwar immer noch sehr gut bezahlt, doch sicher sind ihre Jobs auch nicht mehr. Den Stellenabbau bei BBC im letzten Jahrzehnt haben wir in Kapitel 1 bereits geschildert. Auch bei Guinness leben die Arbeitnehmerinnen und Arbeitnehmer mittlerweile mit der ständigen Furcht um ihren Arbeitsplatz, obwohl das Unternehmen den irischen Biermarkt noch immer mit einem Marktanteil von über 90% beherrscht. Doch trotz dieser starken Position hatte Guinness seine Belegschaft in der Zentralbrauerei in Dublin, deren Höchststand in den sechziger Jahren knapp 4000 Arbeiter und Angestellte betrug, bis zum Jahr 1992 auf 900 reduziert. "Wir müssen im internationalen Rahmen wettbewerbsfähig sein", erklärte ein Unternehmenssprecher, als er 1993 ein weiteres Stellenabbau-Programm ankündigte, durch das die Zahl der Arbeitsplätze in der Brauerei bis zum Jahr 2000 auf 500 gesenkt werden soll.

Diese Veränderungen sind Herausforderung und Chance zugleich. Denn für viele Menschen, darunter zahlreiche aus der Mittelschicht, erscheint dadurch die in diesem Buch vorgestellte gemeinwesenorientierte Wirtschaftsweise nicht mehr länger nur als eine verrückte Spielerei, sondern sie wird für sie zu einer realen Möglichkeit einer selbstbestimmten Zukunft für sich und ihre Familie.

Eine ausgeglichene gemeinwesenorientierte Wirtschaft wird aber nicht entstehen, wenn wir versuchen, eine lokale Ökonomie aufzubauen, nur weil es keine anderen realistischen Alternativen gibt. Um dies zu erreichen, müssen andere Motive an erster Stelle stehen. Die schwerwiegendste Fehlleistung des industriellen Systems ist vielleicht, daß es nicht zur Kenntnis nimmt, daß der Mensch ein soziales Wesen ist, das nur glücklich sein und sich wohl fühlen kann, wenn es in eine Vielzahl unterschiedlicher Gruppen und Einheiten eingebunden ist: die Familie etwa, der Freundeskreis, die Kommune, die Region und das Land. Aufgrund dieser Fehlleistung, die wiederum damit zusammenhängt, daß die herrschende ökonomische Theorie den Menschen vorrangig nur als homo oeconomicus begreift, mißt das industrielle System einer starken Wirtschaft mehr Bedeutung bei als verläßlichen Sozialstrukturen. Das industrielle System verführt die Menschen, den Zusammenbruch dieser sozialen Strukturen ebenso hinzunehmen wie die Zerstörung der natürlichen Umwelt und die Deformation der Individuen zu einzelnen, separaten Wirtschaftssubjekten, indem es im Gegenzug Konsumgüter als Kompensation anbietet. Tatsächlich hat dieses System einen Teufelskreis geschaffen: Je stärker Menschen fühlen, daß sie sich wegen der hohen Anforderungen und Belastungen der Arbeitswelt immer mehr von sich selbst und ihren Freunden entfremden, um so mehr passen sie sich dieser Arbeit an. Denn nur dann können sie genug Geld verdienen, um all die Produkte dieses Wirtschaftssystems zu kaufen, von denen sie hoffen, daß sie sie hinwegtrösten über die Unzufriedenheit mit sich selbst und dem Leben, das sie führen.

Die Betonung der individuellen Leistung und des Wettbewerbs durch das industrielle System verleitet die Menschen oder zwingt sie dazu, Dinge zu tun, die anderen schaden. Die Art und Weise, mit der dieses System Menschen das Gefühl vermittelt, versagt zu haben, obwohl ihre Situation das Ergebnis von Ereignissen ist, auf die sie zu keinem Zeitpunkt viel Einfluß hatten, ist äußerst verhängnisvoll. Mit anderen Worten: Dieses Wirtschaftssystem schädigt die Menschen sowohl mit seinen Belohnungen als auch mit seinen Strafen und verhindert, daß sie angemessen miteinander umgehen. Der Zusammenhang zwischen der Zunahme psychischer Depressionen und dem Zusammenbruch sozialer Beziehungen zeigt, wie hoch der Preis sein kann, den das industrielle System fordert.[37]

Dieser Teufelskreis kann aufgebrochen werden. Der Aufbau einer gemeinwesenorientierten Wirtschaft verändert gesellschaftliche Strukturen ebenso stark wie wirtschaftliche. Die Freude über die Aussicht auf zufriedenstellende wirtschaftliche Aktivitäten sollte als Triebkraft für Veränderungen wichtiger sein als die Sorge darüber, was passieren könnte, wenn alles so weiter läuft wie bisher. So wichtig es auch ist, daß einzelne und kleine Gruppen von Menschen mit diesen Veränderungen einfach beginnen, so notwendig ist es auch zu erkennen, daß es immer Gemeinschaften von Menschen sind, die diese neuen Strukturen tragen und mit Leben erfüllen. Der Beitrag und die Leistung von einzelnen – unabhängig davon, worin sie bestehen – kann daher vielleicht am ehesten mit der Wirkung einer Linse verglichen werden, mit deren Hilfe ein Bündel von Faktoren in einem Brennpunkt konzentriert werden kann.

Menschen können sich nur dann voll entfalten, wenn sie mit anderen Menschen in Beziehung stehen. Die meisten Menschen erfahren es als beglükkend, wenn ihre Arbeit Bestandteil eines sinnvollen Ganzen ist. Der Aufbau einer gemeinwesenorientierten Wirtschaft kann so zu einer neuen Qualität der Arbeitszufriedenheit führen und damit wesentlich zu einem erfüllten Leben beitragen.

---

37 Vgl. dazu u.a. Lane, Robert (1994): Giving Friendship Priority over Commodities. New Haven: Yale University, Dept. of Political Science.

Epilog
Die Zukunft – vielleicht so?

Die kleine australische Stadt Maleny, in der mehr der in diesem Buch besprochenen Projekte verwirklicht wurden als vielleicht irgendwo sonst auf der Welt, liegt etwa 300 Meter hoch in den Blackhall Mountains, Luftlinie ungefähr 80 Kilometer nördlich von Brisbane. Um dorthin zu gelangen, muß man bei Landsborough vom Bruce Highway in Richtung Westen abbiegen und etwa 18 Kilometer einer kurvenreichen Straße folgen, die von der Küstenebene steil ansteigt. Wenn man weiter hinauffährt, hat man einen wunderschönen Blick über die Sunshine Coast und die dahinterliegende Moreton Bay. In Gipfelnähe wird die Straße plötzlich enger, zieht sich an einem Felsen entlang, und man bemerkt einen abrupten Vegetationswechsel: Die Gummibäume und das grobe braune Gras der Ebene weichen grünen Hügelketten und Resten tropischer Wälder. Dann, etwas weiter, kurz vor Bald Knob Lookout, windet sich die Straße wieder talwärts, und man kommt, bevor man die Stadt erreicht, an vier oder fünf Gästehäusern und Restaurants vorbei.

"Als ich 1974 hierher kam, war die Straße enger und sogar noch kurvenreicher, da sie dem ursprünglichen Fahrweg folgte, auf dem die Butter zum Markt gebracht wurde", sagt Jan Tilden, eine promovierte Soziologin, die für die "Range News", die örtliche Zeitung, arbeitet. Die Butter, von der sie spricht, wurde in einer im Jahre 1904 von Bauern gegründeten Molkerei-Kooperative hergestellt, die in diese Gegend gezogen waren, nachdem man gegen Ende des letzten Jahrhunderts die Zedern-, Pinien- und Buchenwälder abgeholzt hatte. In den frühen siebziger Jahren jedoch hatten die meisten Bauern in der Gegend als Reaktion auf den erheblichen Preisverfall von Butter und Käse auf dem Weltmarkt ihre Betriebe von Milchwirtschaft auf Rinderzucht umgestellt. Diese Umstellung führte dazu, daß weniger Landarbeiter gebraucht wurden; sie zogen mit ihren Familien weg, und viele ihrer alten Häuser standen leer. In anderen Fällen entstanden Großbetriebe, weil manche Bauern aufgeben mußten und ihr Land verkauften, und auch dadurch kam es zu leerstehenden Farmhäusern – solange, bis die Gegend von jungen, gebildeten Stadtmenschen entdeckt wurde, die auf der Suche nach einem einfacheren, weniger konsumorientierten Leben waren. "Ich war eine der ersten aus der neuen Welle von Siedlern, die in die Hochebene von Maleny zogen", sagt Jan Tilden. "Der Teil eines alten Farmhauses, das ich für 6 Dollar die Woche mietete, hatte kein fließendes Wasser und eine recht unzuverlässige Stromversorgung. Dem Bauern, dem es gehörte, war es peinlich, überhaupt etwas zu verlangen."

Jill Jordan, eine Psychologin, die etwa drei oder vier Jahre vor Jan Tilden nach Maleny gezogen war, erzählt, daß die Einwohner des Städtchens nicht so recht wußten, wie sie mit ihren neuen Nachbarn umgehen sollten. "Man betrachtete uns als Hippies und begegnete uns mit großem Mißtrauen", berichtet sie, und Jan Tilden stimmt ihr zu: "Sie waren uns gegenüber tolerant, wenn auch nicht gerade herzlich, und wir städtischen Neuankömmlinge waren Anlaß für allerlei Klatsch und Tratsch."

Ein ständiger Anlaß von Klagen unter den Zugezogenen war das geringe Angebot an Nahrungsmitteln im einzigen Supermarkt am Ort. Im Frühjahr 1979 wurde auf Vorschlag von Lorna Wilson, die aus den Vereinigten Staaten zugezogen war, wo sie Mitglied in einer Lebensmittelkooperative gewesen war, eine Versammlung einberufen, um zu besprechen, wie man diesem Defizit begegnen könnte. Nach erheblichen Zweifeln – "keiner von uns hatte irgendeine Geschäftserfahrung", sagt Jordan – entstand die Idee einer Genossenschaft, und man bildete eine Kerngruppe aus drei Frauen und drei Männern, die diese Genossenschaft aufbauen sollte. "Wir wollten Linsen, Naturreis und frisches Gemüse essen", erklärt Jan Tilden, "und nicht die langweiligen Dosenprodukte, die es im Supermarkt gab. Bei unserem ersten Treffen gaben wir eine Liste herum, auf der die Leute eintrugen, was sie essen wollten, und dies wurde die Grundlage für unseren Warenbestand."

Der Entschluß, den Bedürfnissen der Gruppe durch den Aufbau einer Genossenschaft zu entsprechen und nicht durch einen konventionellen Laden in Privatbesitz, erwies sich als wichtig für die Zukunft. So war es die mutige Entscheidung der Kerngruppe, das Projekt nicht bei jemandem zu Hause zu starten, sondern ein leerstehendes Ladengeschäft in der Hauptstraße von Maleny, der Maple Street, zu mieten, so daß das Geschäft für alle Bewohner der Stadt leicht erreichbar war und gleichzeitig als Informationszentrum und Treffpunkt dienen konnte. Durch den Verkauf von Anteilen wurde etwas Kapital zusammengetragen, Ausstattung und Zubehör für den Laden wurden gespendet, und so öffnete das Geschäft, mit Jill Jordan als Geschäftsführerin, im Januar 1980. Allmählich kamen auch die Einheimischen, um ihre überschüssigen Produkte zu verkaufen, und nach etwa einem Jahr lief alles so gut, daß Jordan sogar ein Gehalt bekam.

"Einige Einheimische erschienen gleich von Anfang an bei der Genossenschaft und waren froh, ihre Eier und ihr Gemüse hier anbieten zu können", berichtet Tilden. "Einer von ihnen, George Cassells, der damals Anfang sechzig war, kümmerte sich um die Finanzen. Diese Tatsache trug dazu bei, die alten und neuen Bewohner Malenys einander näherzubringen."

Der Erfolg der Genossenschaft machte der Gruppe Mut, auch noch andere Dinge in Angriff nehmen zu können. Als Jordan 1983 von einer Konferenz in Tasmanien mit der Idee einer Kreditgenossenschaft als Sammelstelle der örtlichen Spareinlagen zurückkehrte, war die Begeisterung so groß, daß unter Jordans Leitung innerhalb von 5 Monaten die "Maleny and District Community Credit Union Ltd." auf der gegenüberliegenden Straßenseite eröffnet werden konnte; die Einlagen betrugen am ersten Tag 53.000 Dollar. Drei Jahre später überstiegen die Einlagen 1 Mio. Dollar. Bis 1993 hatte die Kreditgenossenschaft 2.500 Mitglieder und war in der Lage, weitere 33 neue Geschäfte zu finanzieren, was gleichzeitig die Schaffung von 87 neuen Arbeitsplätzen bedeutete.

"Die Kreditgenossenschaft ist der Herzschlag der Stadt", meint Jordan. "Viele ihrer Kreditnehmer hätten anderswoher keinen Krdit bekommen können. Ein Teil des jährlichen Überschusses wird in Fonds für Umwelterziehung und Weiterbildung im Genossenschaftswesen angelegt. Darüber hinaus gibt es auch einen Gemeinde-Entwicklungsfonds, bei dem die Mitglieder über die Art und Weise der Zuteilung entscheiden, und einen Gemeinde-Unterstützungsfonds, aus dem in Notzeiten – zum Beispiel bei Feuer oder nach einem Unfall – sowohl an Mitglieder als auch an Nichtmitglieder der Genossenschaft Zahlungen geleistet werden können."

Im Jahre 1987 kam die Nachricht von Michel Lintons Experiment mit LETS über die Permakultur-Bewegung nach Maleny. Jill Jordan kaufte sich aus eigener Tasche ein Flugticket nach Kanada, um zu sehen, wie dieses System funktioniert. Als Ergebnis wurde der erste Tauschring in Australien im Oktober 1987 in Maleny ins Leben gerufen. "Es schlug ein wie eine Bombe, die Leute waren bereit dafür", berichtet sie. Ende 1995 hatte der Tauschring 800 Mitglieder, von denen 500 regelmäßig Handel betreiben und deren monatlicher Geldumlauf 25.000 Bunyas beträgt – die Einheit ist nach den hier wachsenden Pinien benannt, von denen die Ureinwohner eßbare Nüsse sammeln. "Der Tauschring ist nicht nur ein äußerst wirkungsvolles ökonomisches Instrument, sondern erweist sich auch als überaus sozial", sagt Jordan. "Ältere Menschen leben oft alleine, mit festem Einkommen und ohne die Verpflichtung, irgendwelche Aufgaben übernehmen zu müssen, die sie für ihren Selbstwert und zum Überleben benötigen. Sie fühlen sich obendrein nutzlos, weil sie, obwohl sie ihr Leben lang Fertigkeiten und Kenntnisse aufgebaut haben, keine Möglichkeit sehen, diese an jüngere Leute weiterzugeben. Ein Tauschring verändert all dies. Es ermöglicht den Älteren, Guthaben zu erwerben, indem sie ihre Kenntnisse lehren, und junge, kräftige Leute zu beschäftigen, die körperlich schwere Arbeit für sie erledigen."

1988 und 1989 entstanden weitere Kooperativen. "Wastebusters" unterhält in Zusammenarbeit mit dem Gemeinderat ein Recycle-Depot. In Mountain Fare, wo Frauen ohne Berufserfahrung unterrichtet werden, begann man mit dem Anbau und Verkauf von Kräutern und dehnte dann die Aktivitäten der Genossenschaft durch die Zulieferung von Lebensmitteln und die Herstellung von Tiefkühlprodukten aus. Die Expansion in diese Unternehmensbereiche ermunterten die Regierung von Queensland, das Kapital zur Verfügung zu stellen, das benötigt wurde, um die 1978 geschlossene alte Molkerei in kleine Geschäftseinheiten umzurüsten. Die Einrichtung wurde 1991 wiederum mit Jordan als Leiterin eröffnet; zwei Jahre später mußte eine Firma, die sich dort etabliert hatte, schon wieder wegziehen, weil sie zu groß geworden war. Außerdem gab es noch einen Verleger sowie zwei Nahrungsmittelproduzenten – "Pure Pasta Products", die biologisches Getreide verwenden, und "Maleny Clean Cuisine", ein Hersteller von Saucen und Chutneys aus biologisch angebauten Zutaten. Die Leiterin des Zentrums gibt den Pächtern der Räumlichkeiten, die sich den Sekretariatsdienst teilen, technische und moralische Unterstützung. Erst kürzlich wurde ein Telekommunikations-Haus eröffnet, um den Pächtern Zugang zu marktbezogenen und technischen Informationen zu ermöglichen.

Ende 1995 gab es 18 Genossenschaften in Maleny; die neueste ist eine lokale Radiostation. Es gibt noch einen Klub, der der Kooperative tagsüber als Ausbildungszentrum dient und abends ein Treffpunkt für hiesige Musiker ist. "Es ist wirklich toll", erzählte mir Jordan, "im Augenblick sind wir dabei herauszufinden, wie die Leute ihre Drinks mit Bunyas – der lokalen Währung des Tauschrings – bezahlen können."

Es wäre falsch anzunehmen, daß allein diese Kooperativen die im Niedergang begriffene Stadt der frühen siebziger Jahre in die heute lebendige, pulsierende Gemeinde verwandelt hätten, aber sie haben zweifellos dazu beigetragen. Derek Sheppard, ein ehemaliger Mitarbeiter im Amt für Wirtschaftsförderung der Regierung von Queensland, der sich pensionieren ließ und nach Maleny zog, um einem Arbeitstag von 16 Stunden zu entkommen, vermutet, daß der Zustrom von Rentnern in den späten siebziger Jahren eine wesentlich größere Rolle beim wirtschaftlichen Aufschwung der Stadt spielte. Die wachsende Anzahl der von Sheppard "Pensionäre" genannten Menschen hat für jene, die eine alternative Wirtschaft in der Stadt ins Leben rufen wollten, zu Problemen geführt. "Die Bauern sind zwar konservativ, aber sie konnten mit den Alternativen umgehen", meint Sheppard. "Die Rentner sind ebenfalls konservativ, aber sie wehren sich gegen Versuche, alternative Wege zu finden. Das ist verdammt nervend. Als wir den Klub ins Leben riefen, hat die National Party[1] jeden Schritt des Projekts bekämpft. Und das Folk-Festival, welches das größte in Australien ist und der Stadt ungefähr 2 Mio. Dollar einbrachte, mußte nach Woodford, 15 Kilometer entfernt, verlegt werden. Die Rentner wollen nicht einsehen, daß es andere Menschen in der Gemeinde gibt, die ihren Lebensunterhalt verdienen müssen."

Obwohl die Genossenschaftsbewegung in der Stadt nach Jordans Meinung "eine unglaublich starke politische Kraft" geworden ist, war der wachsende rechtsgerichtete Flügel dennoch einflußreich genug, Jordans Wiederwahl in den Gemeinderat im März 1994 nach Ablauf einer dreijährigen Amtszeit zu verhindern. "Ich wurde genau von denen abgewählt, deretwegen ich mich in den Gemeinderat habe wählen lassen – mit dem Ziel, sie loszuwerden. Oje!" schrieb sie uns kurz danach. "Daran sieht man, wieviel es hier in Sachen Bildung und Erziehung zu tun gibt ..."

Das ist sicherlich richtig. Die Versorgung von Touristen mit Lebensmitteln und Getränken sichert einer stetig wachsenden Einwohnerzahl von Maleny ihr Einkommen, und der Gedanke, die Stadt solle ihre Abhängigkeit von anderen Regionen eher verringern als vergrößern, ist den meisten Bewohnern immer noch suspekt. "Noch nicht einmal die Einsicht, daß es eine gute Idee ist, Produkte hier aus der Region zu kaufen, ist weit verbreitet", meint Sheppard. "Wir sind nur eine halbe Autostunde von der Küste entfernt, wo große Läden ein breites Angebot bereitstellen." Und auch im alternativen Bereich selbst gibt es noch eine Menge zu tun. "Der Tauschring ist nur in Grenzen nützlich", kommentiert Sheppard. "Er hat keinen wirklichen Einfluß auf die Verfügbarkeit von Produkten für den täglichen Bedarf in Gemischtwaren- und Lebensmittelläden. Bauarbeiter und Klempner sind ebenfalls schwer für Bunyas zu bekommen, weil sie auch in der normalen Währung genug Arbeit bekommen können." Darüber hinaus ist die innovative Kraft der Kredit-Genossenschaft aufgrund ihrer geringen Größe beschränkt. "Da sie nur 7 oder 8 Mio. Dollar Kapital besitzt, muß sie ihre Kredite bei Hauskäufen auf 50.000 Dollar beschränken. Aber ein Grundstück allein kann hier schon noch 70.000 Dollar kosten", meint er dazu.

---

1 Die National Party, die sich selbst rechts und konservativ nennt, hat bei den letzten Wahlen im März 1996 8,2% der Stimmen bekommen. Die Partei hat sich erst vor einigen Jahren diesen Namen gegeben – sie hieß früher Country Party.

Jordan und ihre Mitstreiterinnen und Mitstreiter versuchen, diese Schwierigkeiten zu überwinden, indem sie so viele Menschen wie möglich dazu bewegen, sich an ihren unterschiedlichen Unternehmungen zu beteiligen. "Konstante Kommunikation ist der Schlüssel zum Erfolg", sagt sie: "Es ist unabdingbar, die breitere Öffentlichkeit über jede Phase eines Projektes zu informieren, um so die Möglichkeit zur Beteiligung zu gewährleisten. Jede Organisation sollte eine breite Basis haben, um ihre Stabilität zu sichern. Wir fordern Leute zur Beteiligung auf und betonen, daß unsere Aktivitäten jedem ermöglichen sollten, mehr Geld zu verdienen."

Eine auf einer breiten Basis angelegte Struktur ist eine von Jordans vier goldenen Regeln für die erfolgreiche wirtschaftliche Entwicklung in einer Gemeinde. Die anderen Regeln sind:

– Klein anfangen, mit den Fertigkeiten und Ressourcen, die in der Gemeinde verfügbar sind. Lieber ein kleiner Erfolg als ein großer Reinfall.
– Auf die Erfahrung anderer zurückgreifen. Es ist wichtig, jemanden in der Gruppe zu haben, der "für den Job" Zeit investiert hat, beispielsweise bei einem ähnlichen Projekt gelernt hat, selbst wenn es bedeutet, deswegen zu reisen.
– Ein System gegenseitiger Unterstützung innerhalb der Organisation bilden und, wenn es dann mehrere Organisationen gibt, zwischen diesen.

Der letzte Grundsatz ist wirklich entscheidend im Blick auf das, was die Genossenschaften erreicht haben. Jedes Unternehmen, wie zum Beispiel das der Lebensmittelkooperative, kann die Erwartungen der Gemeinschaft als Ganzes gesehen nur begrenzt erfüllen, egal wie groß dieses Unternehmen wird. Wenn jedoch verschiedene Organisationen arbeiten, können sich zwischen ihnen Synergie-Effekte entwickeln, bei der jede Genossenschaft zum Erfolg der anderen beitragen kann. Diese Synergie führt zu einem Erfolg, den die Unternehmungen als einzelne nicht erreichen könnten, denn das Ganze wird so größer als die Summe der Teile. Das Spektrum der Möglichkeiten, das sich dadurch den einzelnen Beteiligten eröffnet, verändert sich vollkommen. "Wir merkten dies seit etwa 1989, speziell im Blick auf die Fertigkeiten der Menschen. Es gibt unzählige Geschichten von Leuten, die noch niemals einen Geschäftsbrief geschrieben oder eine Rechenmaschine bedient hatten, bevor sie einer der Maleny-Genossenschaften beitraten, und die jetzt ohne weiteres ihre eigenen Mikro- oder Mini-Geschäfte laufen haben oder eine Multi-Millionen-US-Dollar-Einrichtung wie die Kredit-Genossenschaft leiten. Wir haben eine Kultur von Unternehmen in der Gemeinde geschaffen, ein ganz neuer Bereich, in der die Menschen tätig werden können", sagt Jordan.

Tilden stimmt ihr zu. "Die letzten zwanzig Jahre in Maleny sind geprägt von einem schnellen Bevölkerungswachstum und von wirtschaftlichen Veränderungen. Die Genossenschaften haben die Menschen vor dem Gefühl der Machtlosigkeit bewahrt und vor dem Gefühl, auf der Straße der Verlierer zu stehen. Die Unternehmenskultur macht sie stark. Daher konnten wir auf 'Red Rooster' – eine Schnellimbiß-Kette, die am Ort ein Restaurant eröffnete – beträchtlichen Einfluß bezüglich ihrer Geschäftsführung und der Arbeitsbedingungen für die Angestellten ausüben."

Aber trotz der Synergie-Effekte hätten die einzelnen Genossenschaften ohne die beträchtliche Leistung unbezahlter, freiwilliger Arbeit nicht überleben und auch nicht erfolgreich sein können. "Der Bedarf an ehrenamtlicher Arbeit ist mehr oder weniger charakteristisch für alle Genossenschaften in Maleny, gerade in der ersten Zeit", meint Tilden. "Seit einigen Jahren werden alle Angestellten nach Tariflöhnen bezahlt, aber die Leiter der Genossenschaften arbeiten immer noch auf freiwilliger Basis, und die Mitglieder werden ermutigt, ihre Dienste anzubieten, um die Preise auf konkurrenzfähigem Niveau zu halten. Manche fragen, ob unsere Genossenschaften als lebensfähig angesehen werden können, wenn sie sich auf ehrenamtliche Arbeit stützen, aber wie soll man Lebensfähigkeit in der Geschäftswelt definieren, wenn es doch um die Anstrengung geht, in einer nicht-nachhaltigen und ungerechten Weltwirtschaft ökologisch nachhaltig und sozial gerecht zu sein?"

"Maleny ist eine Stadt, die aus einzelnen Gemeinschaften besteht", sagt Derek Sheppard, der deshalb mit seiner Frau Joanne beschloß, hierher zu ziehen, weil Kunst und Handwerk hier im Mittelpunkt stehen. Neben der Leitung der lokalen Radiostation, "Access FM", und der Künstler-Genossenschaft, die er innehat, ist er eine treibende Kraft in der "Maleny District Community Learning Centre Co-operative Society Ltd.", die eine Schule nach dem Vorbild der Sudbury-Valley-Schule in den USA für Schüler im Alter zwischen vier und 19 Jahren – und für Erwachsene außerhalb der Schulzeiten – gründen will, in der jeder jeden Tag entscheidet, was er lernen möchte. "Die Intensität und das Ausmaß der Gemeinschaft in Maleny sind schon toll. Die Verpflichtung gegenüber Idealen und ihre praktische Umsetzung sowie die Unterstützung, die uns entgegengebracht wird, das ist schon sehr aufregend. Es gibt mir Ansporn, gerade wenn der Weg etwas holperig wird", schrieb er in der Herbstausgabe 1995 des Review, ein regelmäßig erscheinendes Magazin der Genossenschaft von Maleny.

"Maleny toleriert die unterschiedlichen Verhaltensweisen der Menschen und verfügt über bemerkenswerte Mechanismen zu ihrer Unterstützung", sagte er uns. "Wenn Sie etwas planen und Sie gehen mit diesem Plan in die Gemeinde, werden Sie Hilfe bekommen, um ihn zu verwirklichen – und wenn auch nur, wie so oft, moralische Unterstützung."

Kurzum: Maleny ist eine Stadt, in der Leute lernen, ihr Wissen erweitern und in der sie sich selbst verwirklichen können, indem sie sich aufeinander einlassen. Wer kann von seiner Heimat mehr verlangen? "Maleny ist nichts Besonderes", meint Jill Jordan, "es ist nur das Ergebnis eines Prozesses, der überall stattfinden kann."

Ulrich Duchrow/Martin Gück

Nachwort

"Die Kirchen verpflichten sich ... zur Bekämpfung wirtschaftlicher Systeme, die sich im Zuge der Globalisierung negativ auswirken."[1]

Warum erscheint ein solches Buch in einem kirchlich und theologisch geprägten Verlag? Wer sich mit der Geschichte der Ökumene befaßt, sollte davon nicht überrascht sein. Bereits seit 1966, dem Jahr der großen Konferenz für Kirche und Gesellschaft des Ökumenischen Rates der Kirchen (ÖRK) in Genf, wurde im Rahmen der ökumenischen Bewegung der Ruf nach einer neuen Weltwirtschaftsordnung laut. Damals ging es im wesentlichen um die Bekämpfung der Ungerechtigkeiten, die der Norden dem Süden zumutet. Schon 1968 nahm die Vollversammlung des ÖRK in Uppsala diesen Ruf auf. Im gleichen Jahr formulierte die lateinamerikanische Katholische Bischofskonferenz in Medellín ihre biblisch begründete "vorrangige Option für die Armen".

Das vorliegende Buch zeigt, durch welche Mechanismen sich neoliberale Strukturen weltweit zunehmend durchgesetzt haben und auf welche Weise die marktradikalen Strategien der Deregulierung, Liberalisierung und Privatisierung – wenigstens in vorhandenen Ansätzen – sozial regulierte Marktwirtschaften verdrängt haben. So wurden auch die reichen Gesellschaften des Nordens zunehmend in Reiche, Arme und Ausgeschlossene gespalten, und die Umverteilung von unten nach oben nimmt immer drastischere Formen an.

In dieser Situation reagierten auch viele der betroffenen Kirchen, in den USA die Katholische Bischofskonferenz und die United Church of Christ, in Großbritannien die Anglikanische Kirche mit "Faith in the City". In Deutschland nahmen die Kirchen die Probleme erst 1994 auf und leiteten einen Konsultationsprozeß für ein gemeinsames Wort zur wirtschaftlichen und sozialen Lage ein. In diesem gemeinsamen Wort wehren sie sich ausdrücklich gegen das, was sie "Marktwirtschaft pur" nennen.

Zu diesem Bewußtwerdungsprozeß trug wesentlich der "Konziliare Prozeß für Gerechtigkeit, Frieden und Bewahrung der Schöpfung" bei, zu dem der ÖRK in seiner Vollversammlung in Vancouver 1983 aufgerufen hatte. Die 1. Europäische Ökumenische Versammlung in Basel 1989 stellte in ihrer Botschaft fest: "Armut und Hunger sind ein Skandal, der uns nicht ruhen lassen darf. Der friedliche Umgang mit der Natur setzt die Absage an lebensbedrohende Strukturen in Wirtschaft und Gesellschaft voraus." Und im Schlußdokument heißt es: "Die gesamte Menschheit, aber besonders die Armen, Unterdrückten und Machtlosen, benötigen dringend eine neue Weltwirtschaftsordnung. Jede wirtschaftliche Entwicklung muß sozial verträglich und international verantwortbar

---

1 Botschaft der 2. Europäischen Ökumenischen Versammlung, Graz 1997, abgedruckt bei Senn, Felix (Hrsg.) (1998): Widerstehen und Befreien – Versöhnung in friedlosen Verhältnissen. Luzern: Exodus Verlag, 105 – 109.

sein: sie muß unter Rücksichtnahme auf die Umwelt und auf zukünftige Generationen geplant und verwirklicht werden."[2]

Bei dieser Versammlung in Basel faßten ökumenische Basisgruppen den Beschluß, diesen "Konziliaren Prozeß" durch eine bewußte Bildung von Bündnissen mit den von Armut betroffenen und mit ihnen solidarischen Menschen, Gruppen und Bewegungen auf eine breitere gesellschaftliche Basis zu stellen. So entstand das ökumenische Basisnetzwerk "Kairos Europa – unterwegs zu einem Europa für Gerechtigkeit". Im Lauf der letzten Jahre wurde ein Programm unter dem Namen "Alternativen zu den Mechanismen von Verarmung und Verschuldung in Süd, Ost und West" entwickelt. Es wurden sowohl praktische Projekte in Angriff genommen als auch eine ausgiebige Strategiedebatte geführt. Das Ergebnis ist eine "Doppelstrategie", die auf einer gemeinsamen Grundlage beruht: auf einem klaren Nein und einem klaren Ja.[3]

Nein sagen wir zu dem, was in diesem Buch "industrielle Wirtschaftsweise" genannt wird. Für uns liegt das beherrschende Motiv und Ziel der diese Wirtschaftsweise tragenden Strukturen und Verhaltensmuster in der grenzenlosen Vermehrung der Geldvermögen durch grenzenlosen Wettbewerb. Wir sehen darin nicht nur ein ökonomisches Problem. Vielmehr fallen darin ökonomische, soziale, ökologische, politische, kulturelle, psychologische und religiöse Grundentscheidungen. Was bestimmt letztlich das gesamte Leben einer Gesellschaft in ihren natürlichen und generationenübergreifenden Zusammenhängen? Das ist *die* theologische Frage – die keineswegs nur von TheologInnen gesehen wird.[4]

Das Nein zu den "Göttern des Marktes" ist keineswegs abstrakt. Vielmehr handelt es sich um die Absage an Geist, Logik und Praxis der deregulierten neoliberalen Marktwirtschaft. Diese Absage kann zum Beispiel bedeuten, die Zusammenarbeit mit Geschäftsbanken aufzukündigen, die Geldvermögensvermehrung durch Spekulation betreiben oder Steuerflucht über Steuerparadiese begünstigen. Wenn Gewerkschaften, Kirchen oder gar öffentliche Institutionen eine solche Praxis entwickelten, hätte dies nicht nur politische Bedeutung, sondern tiefgreifende symbolische Kraft, die erheblich zur notwendigen Umorientierung des Bewußtseins in den Gesellschaften beitragen könnte.

Das klare Ja zielt auf eine alternative Vision. Hier geht es um das, was in diesem Buch als die Frage nach Begriff und Maßindikatoren wirtschaftlicher Effizienz diskutiert wird. Nicht rein monetär gemessenes Wirtschaftswachstum

---

2 Frieden und Gerechtigkeit. Dokumente der Europäischen Ökumenischen Versammlung (1989). Hg. im Auftrag der Konferenz Europäischer Kirchen und des Rates der Europäischen Bischofskonferenzen. Basel/Zürich: Friedrich Reinhardt Verlag/Benziger Verlag, 40f. und 73.

3 Vgl. Duchrow, Ulrich (1997): Alternativen zur kapitalistischen Weltwirtschaft. Biblische Erinnerung und politische Ansätze zur Überwindung einer lebensbedrohenen Ökonomie. Gütersloh/Mainz: Gütersloher Verlagshaus/Matthias-Grünewald-Verlag, 2. Aufl., 220ff.

4 Vgl. z.B. einerseits die Ideologen der kapitalistischen Marktwirtschaft Bolz, Norbert/Bosshart, David (1995): Kult-Marketing – Die neuen Götter des Marktes. Düsseldorf: ECON Verlag; andererseits die ideologiekritischen Autoren George, Susan/Sabelli, Fabrizio (1997): Kredit und Dogma – Ideologie und Macht der Weltbank. Hamburg: Konkret Literatur Verlag.

ist als effizient zu bezeichnen, sondern ein Wirtschaften, das gleichzeitig wirtschaftlichen Wohlstand, soziale Gerechtigkeit, ökologische und generationenübergreifende Nachhaltigkeit und die Mitbeteiligung der betroffenen Menschen bei den Entscheidungen einschließt. In einem Wort: Bei der alternativen Vision geht es um lebensfreundliches Wirtschaften in umfassendem Sinn.

Auf dieser Grundlage baut sich die genannte Doppelstrategie auf. Sie besteht aus

- der Entwicklung und der Verwirklichung von Alternativen im Kleinen, besonders auf lokaler und regionaler Ebene, sowie aus
- Bemühungen um eine Politik zur sozial-ökologisch-demokratischen Re-Regulierung der Wirtschaft auf allen politischen Ebenen – von der lokalen bis zur globalen Ebene – durch die Bildung von Bündnissen innerhalb der Zivilgesellschaft.

Bei den Alternativen im Kleinen geht es im wesentlichen um die lokal-regionale Ebene, die in diesem Buch im Vordergrund steht. Man kann sich aber auch vorstellen, daß regionenübergreifende Körperschaften solche Alternativen verwirklichen. Beispielsweise gibt es in der Evangelischen Landeskirche in Baden einen sogenannten Gemeinderücklagenfonds. In ihn zahlen Gemeinden, die wissen, daß sie in der Zukunft einmal bauen werden, Ersparnisse ein und erhalten dafür nur einen Inflationsausgleich. Die Gemeinden, die mit Krediten aus diesem Fonds gerade bauen, zahlen die gleichen niedrigen Gebühren als "Zins". Dieses genossenschaftliche Vorgehen spart allen Beteiligten die Differenz zwischen Soll- und Habenzinsen, die sie sonst an die Geldvermögensbesitzenden und die Banken zahlen müßten. Der Gemeinderücklagenfonds kann deshalb besonders günstig für die Beteiligten arbeiten, weil die Kirchenverwaltung auch die Geschäfte des Fonds abwickelt. Aber selbst wenn zusätzliche Bearbeitungsgebühren anfielen, lägen sie weit unter der sonst zu zahlenden Differenz zwischen Soll- und Habenzinsen.

Es gibt weitere Beispiele. Eines ist die vom ÖRK initiierte und im 4. Kapitel beschriebene Ökumenische Entwicklungsgenossenschaft (EDCS). Neben engagierten Individuen halten hier viele Kirchen und Kirchengemeinden Anteile. Auch bei EDCS gibt es nur eine "Dividende" in Höhe des Inflationsausgleichs. Innerhalb der Kirchen gibt es darüber hinaus auch weitergehende Initiativen, die dazu auffordern, Geld nur noch in alternativen Banken anzulegen und auch neue Modelle von gerechterem Teilen von Arbeit und Einkommen innerhalb der eigenen Institution zu praktizieren. In Darmstadt ist zum Beispiel die Idee entwickelt worden, eine PfarrerInnengenossenschaft zu gründen, die darauf zielt, gemeinsam für eine Alterswohnung nach Auszug aus den Pfarrhäusern vorzusorgen. Ein weiterer Bereich ist Kirchenland, das für genossenschaftliche und ökologische Nutzung zur Verfügung gestellt werden könnte.

Alle diese Beispiel dienen nicht etwa "gesinnungsethischer" Gewissenssalvierung. Denn keines von ihnen ist "sauber" im Sinne einer vollständigen Trennung von den prinzipiell abzulehnenden Mechanismen der deregulierten neoliberalen Marktwirtschaft. Die alternativen Banken und der erwähnte Gemeinderücklagenfonds beispielsweise sind per Gesetz gezwungen, einen Teil ihrer Einlagen als Sicherheit in den allgemeinen Geldmarkt zu geben. Wohl aber verwirklichen diese Alternativen im Kleinen eine symbolische Teilabkopplung vom Weltmarkt, mit der zunächst einmal demonstriert werden kann, daß Alternativen möglich sind. Außerdem bieten sie eine Chance auf tragfähige Strukturen für den Fall, daß die hochlabile globale Finanz- und Realwirtschaft in noch katastrophalerem Maß als schon jetzt in die Krise gerät, was leider keineswegs unwahrscheinlich ist.

Es wäre nun aber unverantwortlich, die Weltwirtschaft mit ihren katastrophalen Folgen für Milliarden von Menschen und die Natur einfach so weiter in die Krise laufen zu lassen, ohne alle politischen Möglichkeiten zu ihrer sozialökologischen und demokratischen Re-Regulierung zu nutzen. Nur so kann man auch dem Aberglauben entgegentreten, ihre jetzige Form sei Naturgesetz – was uns die Gewinner aus Wirtschaft und Politik gern glauben machen möchten. Nur so kann deutlich werden, daß die jetzige Struktur der Weltwirtschaft auf bewußte und noch immer wirkungsmächtige *politische* Entscheidungen zurückgeht und daß es *politische* Alternativen gibt.

Daß die transnationalen Banken und Konzerne sich insbesondere seit den siebziger Jahren immer mehr staatlicher Steuerung und Besteuerung entzogen haben, wurde von den Regierungen der sieben reichsten Industrienationen (G7) nicht nur toleriert, sondern zunehmend gefördert. Die von ihnen kontrollierten sogenannten Bretton-Woods-Institutionen – Internationaler Währungsfonds (IWF), Weltbank und Welthandelsorganisation (WTO) – zwingen der ganzen Welt Deregulierung, Liberalisierung und Privatisierung im Interesse transnational agierender Unternehmen auf. Strukturanpassungsprogramme mit der Folge des Sozialabbaus begleiten diese dogmatisch neoliberale Politik. Der neueste Versuch der Verhinderung sozial-ökologischer staatlicher Steuerung ist das Multilaterale Investitionsabkommen (MAI) der OECD. In Europa hat sich die EU zu einem wichtigen Transmissionsriemen globaler Wirtschaftsinteressen entwickelt.

Dabei haben UNO und Nichtregierungsorganisationen (NROs) klare Alternativvorschläge für eine sozial-ökologische und demokratische Re-Regulierung der Weltwirtschaft vorgelegt. Diese können hier nicht im einzelnen aufgelistet werden,[5] zentral wichtig sind jedoch vor allem drei Bereiche:

- die Re-Regulierung der Finanzmärkte;[6]
- die steuerliche Entlastung der Arbeit und statt dessen eine größere steuerliche Belastung des Produktionsfaktors Kapital (zum Beispiel Wertschöp-

---

5 Zusammenfassend für die UNO vgl. United Nations Research Institute for Social Development (Hrsg.) (1995): States of Disarray – The Social Effects of Globalisation. An UNRISD report for the World Summit for Social Development. London: UNRISD. Vgl. auch Kairos Europa (Hrsg.) (1994): Dokumentation der Anhörung im Europäischen Parlament "Die politische Verantwortung der Europäischen Union für die internationale Finanzordnung im Blick auf nachhaltige Entwicklung, Beschäftigung und soziale Gerechtigkeit; dies. (Hrsg.) (1996): The European Monetary Union in the Context of Mass Unemployment, Social Degradation, and the Globalisation of Capital Markets; dies. (Hrsg.) Offener Brief "Für eine alternative Steuerpolitik in Europa – gegen Arbeitslosigkeit und Umweltzerstörung" 20. 11. 1997.

6 Vgl. Gück, Martin (1996): "Geld regiert die Welt – wer regiert das Geld? Die Gefahren des hochspekulativen internationalen Finanzsystems", in: epd Dritte Welt Information 10/11/96; und ders. (1998): "Tiger in Not: Krisen und kein Ende? Die internationalen Finanzmärkte brauchen Fesseln", in: epd Dritte Welt Information, 1/2/98.

fungssteuer), inklusive Tobinsteuer auf spekulative Gewinne und Bekämpfung der Steuerflucht, und des Verbrauchs von Energie und nicht erneuerbaren natürlichen Ressourcen;[7]

– soziale und ökologische Mindeststandards sowie selektive Handelsbeschränkungen für gewisse Bereiche im internationalen Handel.[8]

All dies könnte in absehbarer Zeit verwirklicht werden. Das Problem ist der politische Wille in den G7-Ländern. In ihnen werden diese lebenswichtigen Themen von den Medien und den etablierten Parteien kaum einmal öffentlich thematisiert. Von daher ist es kein Wunder, daß die Masse der Wählerinnen und Wähler keine politischen Alternativen sehen, obwohl es ihre eigenen Interessen betrifft und sie eigentlich für die Politik, die im Grunde ihren eigenen Interessen zuwiderläuft, mitverantwortlich sind. Angesichts dieser Fehlsteuerung in Medien, Wirtschaft und Politik zielt der zweite Teil der Doppelstrategie auf die Mobilisierung und Vernetzung von verschiedensten Sektoren der zivilen Gesellschaft – lokal, national, europäisch und global.

Ausgangspunkt für Kairos Europa sind die Selbstorganisationen der Opfer des Systems, die für ihre Rechte kämpfen. Das Problem hierbei liegt auf der Hand. Die Ideologie der neoliberalen Gesellschaft besagt, daß jeder und jede, die etwas leisten wollen, dazu auch die Chance hat. Das führt dazu, daß die Benachteiligten und die strukturell Ausgeschlossenen sich schämen, durch Selbstorganisation an die Öffentlichkeit zu treten. Sie verstecken sich, fühlen sich ohnmächtig und richten ihre Aggressionen gegen diese Gesellschaft selbstzerstörerisch gegen sich selbst. Die in diesem Buch vorgestellten lokalen und regionalen Handlungsmöglichkeiten sind auch in dieser Hinsicht von unschätzbarem Wert, insofern sie den in die Passivität gedrängten Opfern ihre Würde als handelnde Subjekte wiedergeben. Auf dieser Basis und gleichzeitig wirkt aber auch der zweite Teil der Doppelstrategie in diese Richtung. Das beweist der von Frankreich ausgehende organisierte Aufbruch der Arbeitslosen in Europa. Aber auch für die übrigen Sektoren der zivilen Gesellschaft ist es unter dem Aspekt der Überwindung der neoliberalen Konkurrenzideologie wichtig, die Gesellschaft in Solidarität mit den betroffenen Opfern und Ausgeschlossenen zu humanisieren. Für die Kirchen gehört dies zu ihrem Wesen und Auftrag, und die Gewerkschaften werden immer mehr an Basis und Einflußmöglichkeiten verlieren, wenn sie sich nur als Interessenvertretung einer stetig abnehmenden Zahl von Arbeitsplatzbesitzenden und nicht in gleichem Maß auch der Erwerbslosen verstehen.

Diese Aufgabe stellt sich aber nicht nur im europäischen, sondern im weltweiten Rahmen. Was früher als nach außen gerichtete Entwicklungspolitik verstanden wurde, hat direkten Einfluß auf die Verhältnisse in Westeuropa und umgekehrt. Zum Beispiel werden die Lohn- und Arbeitsbedingungen von Arbeitenden wechselseitig negativ beeinflußt, wenn diese sich gegeneinander ausspielen lassen. Und die durch Zerstörung der sozioökonomischen und ökologi-

---

7 Vgl. Altvater, Elmar/Mahnkopf, Birgit (1996): Grenzen der Globalisierung. Ökonomie, Ökologie und Politik in der Weltgesellschaft. Münster: Westfälisches Dampfboot, 585.

8 Vgl. z.B. Breßel, Frank/Windfuhr, Michael (1995): Welthandel und Menschenrechte. Bonn: Dietz, 131ff.

schen Verhältnisse im Süden und Osten verursachte, durch Not erzwungene Migration verändert die wirtschaftliche und politische Lage auch in Westeuropa.

Eine organisierte Einmischung zugunsten einer sozial-ökologisch-demokratischen Korrektur der Politik ist zunehmend wichtig. Denn in Europa besteht die Gefahr, daß immer mehr Menschen bereit werden, als Weg aus der Krise den populistischen Versprechungen rechtsradikaler Parteien und Bewegungen zu folgen. Frankreich, Österreich, Ungarn und Weißrußland sind dafür die bekanntesten Beispiele.

Es ist nicht sicher, daß sich angesichts der Übermacht der neoliberalen Ideologie in absehbarer Zeit eine ökologisch und sozial orientierte Politik international etablieren läßt. Schon aus diesem Grund sind die in diesem Buch vorgeschlagenen Wege zur Teilabkopplung aus dem deregulierten Weltmarkt und seinen Ausschluß-, Verschuldungs- und Verarmungsmechanismen eine Perspektive, die die Hoffnung nicht sterben läßt. Gleichzeitig können sie so die Basis bilden, hartnäckig auch den zweiten Teil der Doppelstrategie zu stärken und so dazu beitragen, daß die Weltwirtschaft zumindest teilweise aus ihrem zerstörerischen Kurs herausgesteuert wird und wieder Beiträge leistet zu einem Wirtschaften für das Leben.

Heidelberg, im März 1998 Ulrich Duchrow und Martin Gück

Weiterführende Literatur, Adressen, zusätzliche Informationen

Zu diesem Kapitel

Die zitierte Literatur und viele weitere Hinweise finden sich in den Fußnoten dieses Buches. Zur besseren Übersicht hielten wir es für nützlich, auf den folgenden Seiten, thematisch nach der Abfolge der Kapitel und der Abschnitte des Buches geordnet, weiterführende Literatur, Adressen und sonstige Informationsquellen anzugeben. Im Grunde ist seit der zunehmenden Popularität des Internet der Hinweis überflüssig geworden, daß die folgende Zusammenstellung keinerlei Anspruch auf Vollständigkeit erhebt. Erwähnt werden sollte vielleicht jedoch, daß die elektronischen Medien zwar die Vielfalt der Informationsquellen erhöht und die Möglichkeit, eine erste Übersicht auch fern einer guten Universitätsbibliothek rasch zu gewinnen, entscheidend verbessert haben. Dennoch sind bei den in unserem Buch angesprochenen Themen viele wertvolle Informationen gerade nicht auf diesem Wege zu gewinnen: So haben sich etwa die Redakteure und Herausgeber der Zeitschrift "Plain" (siehe unten) zum Ziel gesetzt, ohne moderne Technologie auszukommen und alle Produktionsschritte von Hand auszuführen; in ihren Redaktionsräumen gibt es "noch nicht einmal" ein Telephon. Aber selbst wo das Fehlen moderner Technologie nicht das Ergebnis eines bewußten Verzichtes ist, der Schritt zu den neuen Medien ist bei weitem noch nicht überall vollzogen, und wer sich bei Recherchen nur auf den PC verläßt, wird bei vielen Themen weite Bereiche fast systematisch ausblenden.

Die Zusammenstellung der Informationshinweise wurde im April 1998 abgeschlossen; einige Nachträge wurden bis Ende Juni 1998 hinzugefügt. Wenn Internet-Adressen nicht mehr existent sein sollten, hilft in vielen Fällen der Weg über eine Suchmaschine; die meisten Institutionen, die einmal im Internet vertreten sind, geben dies nicht wieder auf, doch ist dieses Medium noch nicht so stabil, als sich die Zugangswege nicht doch noch häufig verändern würden.

Bei einigen Gruppen oder Organisationen geben wir keine Postadressen an, weil die jeweils Verantwortlichen befürchteten, zu viele Anfragen zu bekommen. In diesen Fällen sollte die kleine Mühe der Detektivarbeit, die jeweilige Adresse selbst herauszufinden, die wirklich wichtigen von den vielleicht nicht so drängenden Anfragen trennen. Wir haben auch generell darauf verzichtet, Telephonnummern anzugeben, weil man sich mit einer schriftlichen Anfrage eben dann aueinandersetzen kann, wenn es einem selbst gerade paßt.

Wie wir schon erwähnt haben, folgt die Gliederung dieses Kapitels in groben Zügen dem Aufbau des Buches. In einigen wenigen Fällen haben wir jedoch thematisch eng verwandte Bereiche auch zusammengefaßt. Im Abschnitt "Zur Entwicklung der ländlichen Welt", der unter der Einführung aufgelistet wird, werden auch Hinweise zu diesem Thema genannt, die an anderen Stellen des Buches genannt werden, ebenso in den Abschnitten "Zur Entwicklung der globalen Ökonomie" (Kap. 1) und "Ökonomische Theorie - ökologische Ökonomie" (Kap. 2). Generell werden auch viele grundlegende oder weiterführende Arbeiten oder Informationsquellen genannt, die in dem vorliegenden Buch nicht direkt zitiert werden. Wir hoffen, daß wir mit diesen Seiten ein Fundament bieten, auf dessen Grundlage man sich detaillierte Informationen etwas leichter erarbeiten kann.

Allgemeine Informationsquellen

Suchmaschinen und anderes im Internet

Bei Internet-Recherchen nach Schlagworten haben wir die besten Erfahrungen mit der folgenden Suchmaschine gemacht:

- http://www.altavista.digital.com.

Die Suche nach veröffentlichter Literatur gestaltet sich bei der folgenden Adresse besonders erfolgreich:

- http://www.ubka.uni-karlsruhe.de/hylib/kvk_extern.html.

Über diese Adresse lassen sich unter anderem die Bestände der Deutschen Bibliothek und regionaler Bibliotheksverbunde in Deutschland, aber auch der British Library oder der Library of Congress recherchieren.

Wertvolle Hinweise liefern auch die Zusammenstellung von Internet-Seiten der Universitätsbibliothek Mannheim:

- http://www.bib.uni-mannheim.de/public/dbrech/www-quellen.shtml.

Über diese Seite kann man neben Zusammenstellungen von Informationsquellen für einzelne wissenschaftliche Disziplinen nicht zuletzt eine ziemlich komplette Sammlung von Suchmaschinen aufrufen.

Zeitschriften

In Deutschland gibt es vermutlich keine Zeitschrift, die das Thema der Entwicklung einer gemeinwesenorientierten Ökonomie zum zentralen Gegenstand hätte. Eine Reihe von Periodika bietet jedoch aus der ihnen jeweils eigenen Perspektive immer wieder Beiträge zum Thema, wobei jeweils ökologische, soziale oder politische Aspekte überwiegen. Einen ökologischen Schwerpunkt haben die Zeitschriften

- *Politische Ökologie;* Bezugsadresse:, ökom GmbH, Waltherstr. 29/III. Rgb, 80337 München, im Internet unter http://www.umwelt.de.
- *Grünstift,* ein regionales Umweltmagazin für Berlin und Brandenburg; Bezugsadresse: Stiftung Naturschutz Berlin, Potsdamer Str. 68, 10785 Berlin, im Internet unter http://snb.blinx.de.

Einen anarchistischen Hintergrund hat die seit 25 Jahren bestehende Zeitschrift

- *Graswurzelrevolution;* Bezugsadresse: Kaiserstr. 24, 26122 Oldenburg.

Zu nennen sind schließlich die Zeitschriften

- *Kommune;* Bezugsadresse: Kasseler Str. 1a, 60486 Frankfurt/M.
- *Contraste - Zeitung für Selbstverwaltung;* Bezugsadresse: Contraste e.V. - Verein zur Förderung von Selbstverwaltung und Ökologie, Postfach 104520, 69035 Heidelberg.

Auch in Irland und Großbritannien gibt es eine Reihe von Zeitschriften, die sich um lokale Alternativen bemühen. Die Mischung aus theoretischer Analyse und der detaillierten Beschreibung praktischer Ideen macht folgende Zeitschrift besonders wertvoll:

- *Common Ground;* Bezugsadresse: Smutternagh, Knockvicar, Boyle, Co. Roscommon, Irland.

Einen radikalen Ansatz lokaler Alternativökonomie bietet die Zeitschrift

- *Plain;* Bezugsadresse: Center for Plain Living, P.O.Box 100, Chesterhill OH 43728, USA.

Plain hat in jeder Ausgabe einen thematischen Schwerpunkt, darunter "Bringing food closer to home", "Exiting the information superhighway" oder "Leaving money behind".

Andere Zeitschriften, in der alternative Formen der Ökonomie und gesellschaftlicher Organisationsformen vorgestellt werden, sind:

- *The Aisling;* Bezugsadresse: Inishmore, Aran, Co. Galway, Irland;
- *Resurgence;* Bezugsadresse: Salem Cottage, Trelill, Bodmin, Cornwall PL30 3 HZ, Großbritannien;
- *Turning Point 2000;* Bezugsadresse: The Old Bakehouse, Cholsey, Oxon OX10 9NU, Großbritannien;
- *Tranet;* Bezugsadresse: P.O.Box 567, Rangeley, ME 04970-0567, USA, im Internet unter http://www.nonviolence.org/~nvweb/tranet.

Die beiden letztgenannten Zeitschriften enthalten auch ausführliche Rezensionen und Veranstaltungskalender.

Wertvolle Zeitschriften mit besonderem Bezug auf die Nord-Süd-Problematik sind:

- *Blätter des Informationszentrums Dritte Welt (iz3w),* Bezugsadresse: Kronenstr. 16a, Hinterhaus, Postfach 5328, 79020 Freiburg i.Brsg., im Internet unter http://www.rolf.de/iz3w.
- *Forth World Review;* Bezugsadresse: 24 Abercorn Place, London NW8.
- *Third World Resurgence;* Bezugsadresse: Third World Network, 228 Macalister Road, 10400 Penang, Malaysia.

Handbücher

Insbesondere in den letzten Monaten ist eine größere Zahl von Veröffentlichungen erschienen, die einen außerordentlichen Reichtum an ergänzendem Material zu den in diesem Buch vorgestellten Projekten bereithalten. Die Recherchen zur Zusammenstellung dieser Arbeiten wurden im Rahmen eines vom Ministerium für Umwelt und Verkehr Baden-Württemberg geförderten Projektes der Forschungsstätte der Evangelischen Studiengemeinschaft durchgeführt, bei dem 120 Projekte zur Förderung regionaler Nachhaltigkeit beschrieben und nach einheitlichen Kriterien analysiert wurden:

Teichert, Volker/Diefenbacher, Hans/Gramm, Rolf u.a. (1998): *Lokale Agenda 21 in der Praxis - Kommunale Handlungsspielräume für eine lokale Wirtschaftspolitik.* Heidelberg: FEST [Texte und Materialien, Bd. 44].

Zunächst gibt es zahlreiche "alternative" oder "grüne" Branchenbücher auf überregionaler Ebene. Das fast schon legendäre Vorbild des "Whole Earth Catalogue" ist mittlerweile auf nationaler Ebene zur eingeführten Praxis geworden: Das alternative Branchenbuch ist mit 20.000 Bezugsquellen für umweltfreundliche Produkte und Dienstleistungen aus den Bereichen Baustoffe, Medizin, Sanfte Technologien und Lebensmittel in der zehnten Auflage zu einer Art Klassiker geworden, aber auch auf der Ebene von Bundesländern gibt es mittlerweile derartige Nachschlagewerke:

ALVerlagsgesellschaft für umweltfreundliche Produkte (Hrsg.) (1998): *Das alternative Branchenbuch.* 10. Aufl., München: ALTOP. Im Internet unter: http://www.oneworld.de.

BUND Landesverband Nordrhein-Westfalen (Hrsg.) (1997): *Das grüne Branchenverzeichnis Nordrhein-Westfalen.* Tremsbüttel: AVI-Verlag. Weitere Bände sind für Berlin, Schleswig-Holstein und Hamburg erhältlich und für Hessen in Vorbereitung.

Whole Earth (Hrsg.) (1974): *Whole Earth Catalogue.* Sausalito: Selbstverlag.

Zu nennen sind außerdem periodische Sammlungen "gelungener" Projekte mit Beispielcharakter für nachhaltige Entwicklung. Aus unterschiedlichen Entstehungszusammenhängen gibt es mittlerweile eine Reihe von periodisch erscheinenden Veröffentlichungen, in denen einzelne Initiativen und Projekte besonders herausgestellt werden. Zum Beispiel veröffentlicht die Deutsche Umwelthilfe im Rahmen ihres Kommunalwettbewerbs Faltblätter mit der Beschreibung einzelner beispielhafter Umweltmaßnahmen in Städten und Gemeinden. Diese Beispiele sind neben weiteren auch in der Zeitschrift „Kommunal-ökologische Briefe“ enthalten. Mehrmals im Jahr informiert das Fachinformationszentrum Karlsruhe zu Forschungsvorhaben des BMBF im Bereich neuer Energietechnologien und zu Umweltthemen. Schließlich gibt das Bundesministerium für Familie, Senioren, Frauen und Jugend einen Informationsdienst zur Kinder- und Jugendhilfe heraus, in dem ebenfalls kontinunierlich relevante Projekte in diesem Bereich vorgestellt werden:

Bundesministerium für Familie, Senioren, Frauen und Jugend (Hrsg.): *KABI - Konzertierte Aktion Bundes Innovationen;* 40 Ausgaben bis März 1998, kostenlos bei KABI-Leserservice, Postfach 400, 65175 Wiesbaden.

Deutsche Umwelthilfe (Hrsg.): *Beispielhafte Umweltmaßnahmen in Städten und Gemeinden.* Düsseldorf: Raabe Fachverlag für Öffentliche Verwaltung, im Internet unter http://wwmwelt.de/lektuere/uk.

Fachinformationszentrum Karlsruhe (Hrsg.): *BINE Projekt Info-Service.* Der Service kann kostenfrei abonniert werden.

Kommunal-ökologische Briefe, vgl. z.B. Heft 23, 2. Jg. (1997), 11ff.; die Zeitschrift ist die Fortführung der Periodika "Umwelt kommunal", "Ökologische Briefe" und "Kommunale Briefe für Ökologie".

Publiziert worden sind auch Sammlungen von Vorschlägen, die sich unmittelbar an die Adresse von Kommunalverwaltungen richten. Speziell für Mitarbeiter von Kommunalverwaltungen gibt es mittlerweile eine ganze Reihe von Handreichungen, die sich auf bestimmte Aufgabenbereiche konzentrieren und in denen ebenfalls "gelungene" Projekt-Beispiele vorgestellt werden. In jüngerer Zeit sind hier beispielsweise gute Übersichten zum Thema Klimaschutz und zur Förderung der Niedrigenergie-Bauweise erschienen:

Deutscher Städte- und Gemeindebund (Hrsg.) (1997): *Kommunale Agenda 21 - Rathaus und Klimaschutz.* 4. überarbeitete Auflage, Braunlage: Ottdruck.

Schmittknecht, Isabel (1997): *Kommunale Maßnahmen zur Förderung der Niedrig-Bauweise.* Frankfurt: Klima-Bündnis/Allianza del Clima e.V.

Zu nennen sind auch themenzentrierte Sammlungen von Projekten, die bestimmten Bereichen nachhaltiger Entwicklung förderlich sind. Hier sollen als Beispiele einige Arbeiten erwähnt werden, die wiederum größere Bereiche ansprechen: so etwa Aufgaben des Energiesparens und des Klimaschutzes in Bürogebäuden, die Erzeugung und Vermarktung naturbelassener, hochwertiger Nahrungsmittel im Rahmen einer regionalen Agrarentwicklung und der Bereich des "ökologischen" Wohnens. Auch hier soll zumindest erwähnt werden, daß viele Ideen seit über zwanzig Jahren präsentiert werden:

Arbeitsgemeinschaft bäuerliche Landwirtschaft (Hrsg.) (1997): *Leitfaden zur Regionalentwicklung.* Rheda-Wiedenbrück: ABL-Bauernblatt Verlag.

Gestring, Norbert/Heine, Hartwig u.a. (1997): *Ökologie und urbane Lebensweise.* Braunschweig/Wiesbaden: Friedrich Vieweg & Sohn.

Harper, Peter/Boyle, Godfrey (Hrsg.) (1976): *Radical Technology.* London: Wildwood House.

Klima-Kampagne KEBAB gGmbH (Hrsg.) (1997): *Klimaschutz am Arbeitsplatz*. Berlin: Wagemann.

Olkowski, Helga/Olkowski, Bill/Javits, Tom (1978): *The Integral Urban House - Self-Reliant Living in the City.* San Francisco: Farrallones Institute.

Dann gibt es eine Reihe von Arbeiten, die sich mit den Handlungsmöglichkeiten bestimmter einzelner Akteure oder Akteursgruppen befassen. Als Beispiel für diese Gruppe von Arbeiten sollen Veröffentlichungen genannt werden, die sich mit Umsetzungsmöglichkeiten nachhaltiger Entwicklung im Bereich der Kirchen befassen:

Breyer, Klaus (1998): *Lokale Agenda 21 - Zukunftsfähige Gemeinde. Eine Arbeitshilfe zur Agenda-Arbeit für Kirchenkreise, Kirchengemeinden, Gruppen und Initiativen.* Düsseldorf: Amt für Sozialethik der Evangelischen Kirche im Rheinland.

Forum - Kirchliches Umweltmagazin, Schwerpunkt-Ausgabe „Lokale Agenda 21 - Herausforderung für die Kirche“ Heft 51, Mai 1997.

Südwind - Institut für Ökonomie und Ökumene e.V. (Hrsg.) (1997): *Kommunales Wirtschaften für das Leben - Ein Leitfaden für PresbyterInnen zur Umsetzung der lokalen Agenda 21.* Siegburg: Selbstverlag.

Gerade in den letzten Monaten ist eine Reihe allgemeiner Sammlungen von Projekten zur Förderung nachhaltiger Entwicklung erschienen, die den Gegenstandsbereich nach ganz unterschiedlichen Kriterien behandeln. Der Umweltberatungsverband Nordost hat einen bundesweiten Wettbewerb für "nachhaltige Aktionen" veranstaltet, bei denen Konsumthemen im Vordergrund standen. Die Trierer Arbeitsgemeinschaft für Umwelt-, Regional- und Strukturforschung hat eine umfassende regional auf Rheinland-Pfalz bezogene Erhebung von Projekten und Initiativen zur nachhaltigen Regional-Entwicklung durchgeführt. Ein von der Stiftung Fraueninitiative Köln gefördertes Projekt dokumentiert "nicht profit-orientierte Formen des Wirtschaftens, bei denen, meist in nachbarlichen Zusammenhängen, in nichtpatriarchalischer Arbeitsteilung Selbstversorgung zur Bedürfnisbefriedigung der Beteiligten angestrebt wird". Das Kriterium partizipativer oder selbstverwalteter Unternehmensorganisation steht auch bei einer Recherche des Netzes für Selbstverwaltung und Selbstorganisation im Vordergrund, bei der Projekte aus den Bereichen Bauen, Ernährung, Energie und Verkehr vorgestellt werden. Die jüngste Arbeit schließlich konzentriert sich auf das Thema der Stärkung von Regionen durch neue Formen der ökonomischen Kooperation:

Klee, Günther/Kirchmann, Andrea (1998): *Stärkung regionaler Wirtschaftspotentiale - Bestandsaufnahme und Analyse innovativer Projekte.* Tübingen: Institut für Angewandte Wirtschaftsforschung.

Möller, Carola/Bleibaum, Brigitte u.a. (1997): *Auf der Suche nach der verlorenen Zukunft - Wirtschaften für das „gemeine Eigene“.* Berlin: Trafo-Verlag.

Netz e.V. (Hrsg.): *Ökologie und Partizipation - Zwei Gesichter zukunftsfähigen Wirtschaftens.* Bonn: Verlag Stiftung Mitarbeit.

TAURUS e.V. (Hrsg.) (1997): *Bericht an die Landeszentrale für Umweltaufklärung Rheinland-Pfalz über die Recherche über Projekte und Initiativen zur Nachhaltigen (Regional-)Entwicklung in Rheinland-Pfalz.* Trier: Universität Trier.

Umweltberatung Nordost e.V. (Hrsg.) (1997): *Nachhaltige Aktionen - Handbuch für nachahmenswerte Projekte.* Sonderheft der Politischen Ökologie, September 1997.

Schließlich gibt es Sammlungen von Projekten, die bereits im Rahmen einer "Lokalen Agenda 21" plaziert sind. Ebenfalls in den letzten Monaten ist eine größere Zahl von Publikationen erschienen, die Möglichkeiten und Grenzen einer nachhaltigen Regionalentwicklung für eine bestimmte Gemeinde, eine Region oder ein Bundesland thematisieren. Auch in diesen Veröffentlichungen werden immer wieder Fallbeispiele einzelner Projekte und Initiativen beschrieben, die exemplarisch für positive Veränderungen erscheinen. Die Veröffentlichungen aus Berlin und Aachen stellen dabei einzelne Projekte in den Vordergrund, wobei diese auch in den Gesamtrahmen einer integrierten lokalen Agenda 21 eingeordnet werden; die Beispiele aus Hannover und Brandenburg entwikkeln dagegen in erster Linie ein detailliertes Konzept der nachhaltigen Kommunal- beziehungsweise Regional-Entwicklung und führen die entsprechenden Beispiele aus der Stadt und der Region in eher illustrativer Absicht auf:

Grüne Liga Berlin e.V. (Hrsg.) (1997): *Berliner Beispiele - Gute Nachrichten zur Lokalen Agenda 21.* Berlin: Selbstverlag.

Jung, Wolfgang/Hinzen, Ajo u.a. (1997): *Zukunftsfähiges Wirtschaften im Raum Aachen.* Aachen: Stiftung Kathy Beys.

Landesanstalt für Umweltschutz Baden-Württemberg (Hrsg.) (1998): *Aktionsinfos.* Karlsruhe: LfU.

Landeshauptstadt Hannover, Amt für Umweltschutz, Agenda-Büro (Hrsg.) (1998): *Ein Beitrag zur lokalen Agenda 21 für Hannover - Leitbilder, Leitlinien, Leitziele, Maßnahmen und Projekte.* Hannover: Selbstverlag.

Soyez, Konrad/Ackermann, Peter (Hrsg.) (1997): *Nachhaltige Entwicklung im Land Brandenburg.* Neuruppin: Brandenburgisches Umweltforschungszentrum.

Bibliographische Berichte zur Lokalen Agenda 21 neueren Datums sind:

Bundesumweltministerium/Umweltbundesamt (Hrsg.) (1998): *Wegweiser "Lokale Agenda 21" - Literatur, Ansprechpartner.* Bonn: BMU.

CAF Agenda Transfer (1998): Literatur Spezial - Sonderausgabe der *Stadtgespräche - Nachrichten zur lokalen Agenda 21 in Deutschland;* Bezugsadresse: CAF, Berliner Platz 23, 53111 Bonn.

Institute und Verbände

Forschung zu ökonomischen Alternativen und nachhaltiger Entwicklung betreiben unter anderem die

- New Economics Foundation, 1st Floor, Vine Court, 112-116 Whitechapel Road, London E1, 1JE, Großbritannien, e-mail: neweconmics@ gn.apc.org. Die Foundation gibt einen vierteljährlichen Newsletter heraus: New Economics.

Ökologisch orientierte Forschungsinstitute in Deutschland sind:

- Öko-Institut - Institut für angewandte Ökologie e.V., Postfach 6226, 79038 Freiburg i. Brsg. und Bunsenstr. 14, 64293 Darmstadt, im Internet unter http://www.oeko.de; das Öko-Institut gibt als Mitgliederzeitschrift die *Öko-Mitteilungen* heraus.
- IFEU-Institut für Energie- und Umweltforschung e.V., Wilckensstr. 3, 69120 Heidelberg.
- Institut für ökologische Wirtschaftsforschung, Giesebrechtstr. 13, 10629 Berlin. Das IÖW gibt zusammen mit der Vereinigung für ökologische Wirtschaftsforschung die Zeitschrift *Ökologisch Wirtschaften* heraus.

Auf dem Gebiet der ökologischen Nachhaltigkeit und lokalen Entwicklungsprogrammen auch in der Dritten Welt ist aktiv die:

- International Society for Ecology and Culture, 21 Victoria Square, Clifton, Bristol BS8 4ES, Großbritannien. Von der Gesellschaft wurden einige Bücher zum Thema herausgegeben, u.a.:
  - ISEC (Hrsg.) (1994): The Future of Progress - Reflections on Environment and Development. Bristol: ISEC.
  - ISEC (Hrsg.) (1996): Ancient Futures. Learning from Ladakh. Bristol: ISEC.

ISEC ist die europäische Geschäftsstelle des International Forum on Globalization und der britische Zweig von Ecoropa.

Netzwerke von Gruppen und (kommunalen) Initiativen

- Im Europäischen Netzwerk für ökonomische Selbsthilfe und lokale Entwicklung soll die grenzüberschreitende Zusammenarbeit von Organisationen unterstützt werden, die Initiativen für ökonomische Selbsthilfe und lokale Entwicklung gestartet haben. Ansprechpartner in Deutschland ist Harald Kegler, Bauhaus Dessau, Gropiusallee 38, 06831 Dessau; das Sekretariat des Netzwerkes ist an der TU Berlin, IFG Lokale Ökonomie, Sekr. FR 4-8, Franklinstr. 28/29, 10587 Berlin.

- Die International Coalition for Local Environmental Initiatives, Eschholzstr. 86, 79115 Freiburg i.Brsg., im Internet unter http://www.iclei.org.
- Kairos Europa; Informationen über Regionalstelle für Mission und Ökumene, Hegenichstr. 22, 69120 Heidelberg; Newsletter im Internet unter http://www.c3.hu/~bocs/knb976-g.htm.
- Klima-Bündnis/Alianza del Clima e.V., European Coordination Office, Philipp-Reis-Str. 84, 60486 Frankfurt/M.
- Gemeinde-Netzwerk "Allianz in den Alpen"; weitere Informationen über Alpenforschungsinstitut, Kreuzeckbahnstr. 19, 82467 Garmisch-Partenkirchen oder über die Geschäftsstelle der Internationalen Alpenschutzkommission, Heiligkreuz 52, FL-9490 Vaduz, Liechtenstein.
- Ein Netz der europäischen Tauschring-Bewegung und von Gruppen, die sich um Programme zur Förderung von Kleinst-Krediten bemühen, ist: Aktie Strohalm, Oudegracht 42, NL-3511 AR Utrecht, Niederlande; e-mail: strohalm@intouch.nl. Aktie Strohalm betreibt auch Forschungen zum monetären Bereich der Ökonomie.

Einführung

Zur Entwicklung der ländlichen Welt

Bourke, Austin (1993): *The Visitation of God: The Potato and the Great Irish Famine*. Dublin: Lilliput.

Bourne, George (1912): *Change in the Village*. Ausg. New York: Augustus M. Kelley 1969.

Brody, Hugh (1974): *Inishkillane: Change and Decline in the West of Ireland*. Harmondsworth: Penguin.

Browne, Charles (1893): *The Ethnography of Inishbofin and Inishark, Co. Galway*. Dublin: Proceedings of the Royal Irish Academy, Series 3, Vol. 3.

Concannon, Kieran (Hrsg.) (1993): *Inishbofin through Time and Tide*. Inishbofin Development Association.

Critchfield, Richard (1994): *The Villagers*. New York: Anchor Books/Doubleday.

Emmett, Isabel (1964): *A North Wales Village*. London: Routledge.

Ó Criomhthain, Tomas (1929): *The Islandman*. Dublin: Talbot Press.

Ó Súilleabnáin, Muiris (1933): *Twenty Years A-Growing*. Dublin: Talbot Press.

O'Dowd, Anne (1981): *Meithheal, a Study of Co-operative Labour in Rural Ireland*. Dublin: Comhairte Bhéaloideas Éireann, University College.

Plunkett, Horace (1902): Memorandum on Agricultural Education for Ireland. Dublin: Dept. of Agriculture and Technical Instruction.
Rose, Walter (1942): *Good Neighbours*. Cambridge: Cambrige University Press.
Sayers, Peig (1936): *Peig*. Dublin: Talbot Press.

Kapitel 1 - Außer Kontrolle

Statistiken und andere Zahlenangaben

Bundesanstalt für Arbeit (Hrsg.) (1997): *Amtliche Nachrichten, Arbeitsstatistiken*. Nürnberg: BfA
Bundesarbeitsgemeinschaft Wohnungslosenhilfe e.V. (Hrsg.) (1996): *BAG Informationen*. Bielefeld.
Central Statistical Office (Hrsg.) (fortlaufend): *Social Trends*. London: HSMO.
European Commission (Hrsg.) (fortlaufend): *Annual Employment Report*. Bruxelles: EG.
Statistisches Bundesamt (Hrsg.) (fortlaufend): *Statistisches Jahrbuch*. Stuttgart: Metzler-Poeschel.

Zur Entwicklung der globalen Ökonomie

Literatur:

Allais, Maurice (1972): *La libéralisation des relations économiques internationales*. Paris: Gautelier-Villars.
Allais, Maurice (1989): *La théorie générale des surplus*. Grenoble: Presses universitaires.
Bourdieu, Pierre et al. (1993): *La misère du monde*. Paris: Editions du Seuil; deutsch: *Das Elend der Welt*. Konstanz: Universitätsverlag 1997.
Cecchini, Paolo (1988): *Europa '92: Der Vorteil des Binnenmarkts*. Baden-Baden: Nomos Verlagsgesellschaft.
Chakravarti, Raghavan (1993): *Third World Resurgence*, No. 29/30, Januar 1993.
Douthwaite, Richard (1992): *The Growth Illusion*. Dublin: Lilliput Press.
Forrester, Viviane (1996):*L'Horreur économique*. Paris: Fayard; deutsch: *Der Terror der Ökonomie*. Wien: Zsolnay 1997.
Golding, Ian/van der Mesbrugghe, Dominique (1992): *Trade Liberalization: What's at Stake*. Paris: OECD.
Kunanayakam, Tamara (1992): "Die internationale Verschuldung der Entwicklungsländer - Ursachen und Interessen. Gewinner und Verlierer.", in: *Zeitschrift für Evangelische Ethik*, 36. Jg., Heft 1, 41-60.

Kurtzman, Joel (1993): *The Death of Money*. New York: Simon and Schuster.

Lansley, Stewart (1994): *After the Gold Rush*. London: Century.

Litaer, Bernard (1997): "Global currency speculation and its implications", in: *Third World Resurgence*, No. 87/88, Januar 1997, 15 - 17.

Walther, Rudolf (1998): "Globalisierung ist provinziell", in: *Frankfurter Rundschau* vom 7. Januar 1998.

Adressen:

- Der Verein Weltwirtschaft, Ökologie und Entwicklung (WEED), Berliner Platz 1, 53111 Bonn, gibt einen monatlichen Informationsbrief *Weltwirtschaft und Entwicklung* und zusätzlich ca. sechs Sonderdienste im Jahr heraus.
- Der Bundeskongreß entwicklungspolitischer Aktionsgruppen (BUKO), Nernstweg 32-34, 22765 Hamburg, gibt ebenfalls eine Reihe von Informationsschriften heraus, darunter in zehn Ausgaben pro Jahr das *BUKO Agrar Info.*

Zur Kritik am Bruttosozialprodukt und zum Index for Sustainable Economic Welfare

Cobb, Clifford W. (1989): "The Index for Sustainable Economic Welfare", in: Daly, Herman E./Cobb, John B. Jr. (ed.): *For the Common Good - Redirecting the Economy toward Community, the Environment, and a Sustainable Future*. Boston: Beacon Press, 401 - 457.

Cobb, Clifford W./Cobb, John B. Jr. (1994): *The Green National Product - A Proposed Index of Sustainable Economic Welfare*. Lanham/New York/London: University Press of America.

Diefenbacher, Hans (1995): *Der Index for Sustainable Economic Welfare - eine Fallstudie für die Bundesrepublik Deutschland 1950 - 1992*. Heidelberg: FEST [Texte und Materialien, Reihe B, No. 24].

Jackson, Tim/Marks, Nic (1994): *Measuring Sustainable Economic Welfare - A Pilot Index: 1950 - 1990*. London: Stockholm Environment Institute.

Jackson, Tim/Marks, Nic et al. (1998): Sustainable Economic Welfare in the UK, 1950 -1996. London: New Economics Foundation.

Leipert, Christian (1975): *Unzulänglichkeiten des Sozialprodukts in seiner Eigenschaft als Wohlfahrtsmaß*. Tübingen: J.C.B. Mohr.

Rubik, Frieder (1985): "Das Bruttosozialprodukt als Indikator für Lebensqualität? Kritik und Alternativen: in Projektgruppe Ökologische Wirtschaft (Hrsg.): *Arbeiten im Einklang mit der Natur*. Freiburg: Dreisam-Verlag, 145 - 176.

Steiger, Alois (1979): *Sozialprodukt oder Wohlfahrt?* Diessenhofen: Rüegg.

Kapitel 2: Genügend Handlungsspielräume schaffen

Ökonomische Theorie, ökologische Ökonomie

Grundlegende Arbeiten zur ökonomischen Theorie und zur ökologischen Ökonomie finden sich auch dann in der folgenden Liste, wenn sie erst in den nachfolgenden Kapiteln eine Rolle spielen.

Birkhölzer, Karl (1994): Lokale Ökonomie zwischen Marginalisierung und zukunftsweisender Wirtschaftsweise, in: Gesellschaft für sozialwissenschaftliche Forschung und Publizistik (Hrsg.): *Lokale Ökonomie - Beschäftigungs- und Strukturpolitik in Krisenregionen.* Berlin: Edition Berliner Debatte

Collins, Joe/Lappé, Frances Moore (1977): *Food First - Beyond the Myth of Scarcity.* San Francisco: Institute for Food and Development Policy; deutsch: *Vom Mythos des Hungers,* Frankfurt/M.: S. Fischer 1978.

Diefenbacher, Hans (1995): "Ökologische Produktpolitik und Sustainable Development", in: Grothe-Senf, Anja/Kadritzke, Ulf (Hrsg.): *Versöhnung von Ökonomie und Ökologie? Theoretische und praktische Überprüfungen.* Berlin: edition sigma, 81 - 94.

Hauff, Volker (Hrsg.) (1987): *Unsere gemeinsame Zukunft. Der Brundtland-Bericht der Weltkommission für Umwelt und Entwicklung.* Greven: Eggenkamp.

Hawken, Paul (1993): *The Ecology of Commerce.* New York: Harper Collins.

Nordhaus, William (1990): "Greenhouse economics: Count before leap", in: *The Economist* v. 7. 7. 1990.

Pierce, David/Atkinson, Gerald (1993): "Capital Theory and the Measurement of Sustainable Development. An Indicator of weak Sustainability", in: *Ecological Economics*, Vol. 8, 103-108.

Smith, Adam (1776): *An Inquiry into the Nature and the Causes of the Wealth of Nations.* Ausg. von W.B. Todd, Oxford: Clarendon Press 1976; deutsch i. d. Ausg. von H.C. Recktenwald, München: Beck 1978.

Sohmen, Egon (1976): *Allokationstheorie und Wirtschaftspolitik.* Tübingen: J.C.B. Mohr, 2. Aufl. 1992.

Umweltbundesamt (Hrsg.) (1997): *Nachhaltiges Deutschland.* Wege zu einer umweltgerechten Entwicklung. Berlin: E. Schmidt.

Weizsäcker, Ernst Ulrich v./Lovins, Amory B./Lovins, L. Hunter (1995): *Faktor Vier - Doppelter Wohlstand - halbierter Naturverbrauch.* München: Droemer Knaur.

Weizsäcker, Ernst Ulrich von (1989): *Erdpolitik.* Darmstadt: Wiss. Buchgesellschaft.

Whelan, Kevin (1993): *The Territorial Spiral: Historical Evidence of Scale-Appropriateness* [Working Paper 4, Landscape and Life: Appropriate Scales for Sustainable Development]. Dublin: University College.

Zur Entwicklung von Unternehmen und Branchen

Weber, Alfred (1922): *Über den Standort der Industrien.* 2. Aufl. Tübingen: J.C.B. Mohr.

Hack, Volker (1979): *Geschichte der John-Deere-Werke Mannheim.* Mannheim: John-Deere-Werke.

Internationaler Metallgewerkschaftsbund (Hrsg.) (1988): *BBC - Asean Brown Boveri - Anatomie einer Fusion.* Genf: IMB

Keller, Maryann (1989): *Rude awakening: The Rise, Fall, and Struggle for Recovery of General Motors.* New York: Morrow.

Keller, Maryann (1994): *Der Krieg der Autogiganten: Wem gehört das 21. Jahrhundert?* Frankfurt a.M.: Eichborn.

Mitbestimmung, Partizipation, Wirtschaftsdemokratie

Diefenbacher, Hans/Nutzinger, Hans G. (Hrsg.) (1984/1990): *Konzepte und Formen der Arbeitnehmerpartizipation*, 4 Bde., Heidelberg: FEST.

Flieger, Burghard (1996): *Produktivgenossenschaft als fortschrittsfähige Organisation.* Marburg: Metropolis.

Huber, Josef/Kosta, Jirí (Hrsg.) (1978): *Wirtschaftsdemokratie in der Diskussion.* Frankfurt/M.: Europäische Verlagsanstalt.

Jungblut, Michael (1973): *Nicht vom Brot allein. Elf Modelle für Mitbestimmung und Gewinnbeteiligung.* Hamburg: Hoffmann und Campe.

Sik, Ota (1979): *Humane Wirtschaftsdemokratie: ein Dritter Weg.* Hamburg: Knaus.

Zum informellen Sektor

Bender, Christiane/Graßl, Hans (1997): "Dienstleistungen und ihre technische Reproduzierbarkeit - die 'McDonaldisierung' erfaßt immer mehr Bereiche der Ökonomie", in: *Frankfurter Rundschau* vom 14. 10. 1997.

Gershuny, Jonathan (1978): *After industrial society?* London: Macmillan, deutsch: *Die Ökonomie der nachindustriellen Gesellschaft*, Frankfurt/M.: Campus 1981.

Gershuny, Jonathan (1987): "The Future of Service Employment in the Emerging Self-Service Economy", in: Giarini, Orio (Hrsg.): *The Emerging Service Economy.* Oxford: Pergamon Press.

Zum Thema Arbeitsmotivation

Frey, Bruno S. (1997): *Not Just for the Money*. Cheltenham/Brookfield: Edward Elgar.

Israel, Joachim (1972): *Der Begriff Entfremdung*. Reinbek: Rowohlt.

Juster, F. Thomas (1985): "Preferences for Work and Leisure", in: ders./Stafford, Frank P. (Hrsg.): *Time, Goods and Well-Being*. Ann Arbor: Institute for Social Research.

Lane, Robert (1991): *The Market Experience*. Cambridge: Cambridge University Press.

Kapitel 3: Den Geldkreislauf durchbrechen

Geldtheorie und internationale Finanzen

Blardone, Gino et al. (1992): *Strategies de développement et adjustements structurels*. Genève: IUD.

Born, Karl Erich (1967): *Die deutsche Bankenkrise 1931 - Finanzen und Politik*. München: Piper.

Eberlei, Walter/Unmüßig, Barbara/Wahl, Peter (1996): *Schuldenreport '96*. Bonn: WEED.

Galbraith, John Kenneth (1976): *Money - Where it Came, Where it Went*. Harmondsworth: Penguin.

Hayek, Friedrich A. (1976): *Denationalisation of Money*. London: Institute of Economic Affairs.

Irmler, Heinrich (1976): "Bankenkrise und Vollbeschäftigungspolitik", in: Deutsche Bundesbank (Hrsg.): *Währung und Wirtschaft in Deutschland, 1876 - 1975*. Frankfurt/M.: Fritz Knapp, 283 - 330.

Keynes, John M. (1936): *The General Theory of Employment, Interest and Money*. London: Macmillan, deutsch: *Allgemeine Theorie der Beschäftigung, des Zinses und des Geldes*. Berlin: Duncker und Humblot.

Mistry, Percy (1994): *Multilateral Debt - An Emerging Crisis?* Den Haag: FONDAD.

Peter, Hans-Balz (1995): *Zur ethischen Evolution von Weltbank und Währungsfonds*. Bern: Institut für Sozialethik des SEK.

Pfleiderer, Otto (1976): "Die Reichsbank in der Zeit der großen Inflation, die Stabilisierung der Mark und die Aufwertung von Kapitalforderungen", in: Deutsche Bundesbank (Hrsg.): *Währung und Wirtschaft in Deutschland, 1876 - 1975*. Frankfurt/M.: Fritz Knapp, 157 - 202.

Pick, Albert (1967): *Papiergeld*. Braunschweig: Klinkhardt und Biermann.

Rittmann, Herbert (1986): *Deutsche Geldgeschichte seit 1914.* München: Klinkhardt und Biermann.

Solomon, Lewis (1996): *Rethinking our Centralized Monetary System: the Case for a System of Local Currencies.* Praeger: New York.

Geld und Finanzinstitutionen - historische Alternativen

Bellers, John (1696): *Proposals for raising a colledge of industry of all useful trades and husbandry* [Report to the committee of the Association for the Relief of the Manufacturing and Labouring Poor], hrsg. v. Robert Owen, Ausg. London: Longman, Hurst, Rees, Orme, and Brown 1818, Repr. New York: AMS Press 1972.

Buchenau, Heinrich (1917): "Mitteilungen zur mitteldeutschen Brakteatenkunde", in: *Blätter für Münzfreunde*, 50. Jg., Nr. 460.

Cipolla, Carlo (1982): *The Monetary Policy of Fourteenth-Century Florence.* Berkeley: University of California Press.

Clarke, George (Hrsg.) (1987): *John Bellers - His Life, Time, and Writings.* London: Routledge and Kegan Paul.

Denicke, Jürgen (1983): *Die Brakteaten der Münzstätte Braunschweig,* Teil 1: Heinrich der Löwe 1142 - 1195. Braunschweig.

Diefenbacher, Hans (1996): "Anarchismus - Die verlorene Utopie?", in: ders. (Hrsg.): *Anarchismus - Zur Geschichte und Idee der herrschaftsfreien Gesellschaft.* Darmstadt: Wissenschaftliche Buchgesellschaft/Primus-Verlag, 7 - 23.

Dopsch, Alfons (1930): *Naturalwirtschaft und Geldwirtschaft in der Weltgeschichte.* Wien: L.W. Seidel & Sohn.

Hutchinson, Frances/Burkitt, Brian (1997): "Towards a Re-evaluation of the Role of Finance in the Causation of Environmental Degradation", in: *Local Environment,* Vol. 2, No. 1, 7 - 17.

Morton, Arthur L. (1969): *The Life and Ideas of Robert Owen.* London: Seven Seas Publications.

Owen, Robert [1989]: *Eine neue Auffassung von der Gesellschaft: ausgewählte Texte,* hrsg. v. Lola Zahn. Berlin: Akademie-Verlag.

Polyani, Karl (1957): "The economy as an institutes process", in: ders. u.a. (Hrsg.): *Trade and Markets in the Early Empires.* Chicago: Gateway.

Proudhon, Pierre Joseph (1840): *Qu'est-ce que la propriété où recherches sur le principe du droit et du gouvernement.* Deutsch: *Was ist das Eigentum? Erste Denkschrift, Untersuchungen über den Ursprung und die Grundlagen des Rechts und der Herrschaft.* Ausg. Berlin: B. Zack 1896.

Salomon, Gottfried (1920): *Proudhon und der Sozialismus.* Berlin: Paul Cassirer.

Sedillot, René (1989): *Histoire morale et immorale de la monnaie.* Paris: Edition Bordas.

Simon, Helene (Hrsg.) (1919): *Robert Owen und der Sozialismus.* Berlin: Paul Cassirer.

White, Lawrence (1984): *Free Banking in Britain: Theory, Experience, and Debate, 1800 - 1845.* London: Cambridge University Press.

Silvio Gesell, Freiwirtschaft und Schwundgeld-Experimente

Zeitschriften:

- *Der 3. Weg - Zeitschrift für die natürliche Wirtschaftsordnung*, herausgegeben von der Freisozialen Union, Bezugsadresse: Rappenbergstr. 64, 91757 Treuchtlingen; eine Zeitschrift, in der die Welt strikt nach Maßstäben der Freiwirtschaft interpretiert wird.
- Der *INWO-Rundbrief* wird von der Initiative für Natürliche Wirtschaftsordnung herausgegeben; die Geschäftsstelle in Deutschland ist in der Max-Bock-Str. 55, 60320 Frankfurt/M.

Literatur:

Creutz, Helmut (1998): *Das Geldsyndrom - Wege zu einer krisenfreien Marktwirtschaft* [überarb. Ausg.]. Frankfurt: Ullstein.

Fisher, Irving (1934): *Mastering the Crisis.* London: George Allen and Unwin.

Fisher, Irving: (1932): *Stamp Scrip.* New York: Adelphi.

Gesell, Silvio (1906): *Die Verwirklichung des Rechtes auf den vollen Arbeitsertrag durch die Geld- und Bodenreform.* Les Hauts-Geneveys/Leipzig: Selbstverlag und Verlag Bernhard Hartmann.

Gesell, Silvio (1911): *Die neue Lehre vom Geld und Zins.* Berlin/Leipzig: Physiokratischer Verlag.

Gesell, Silvio (1916): *Die neue Wirtschaftsordnung durch Freiland und Freigeld.* Les Hauts-Geneveys: Selbstverlag, 6. Aufl. Berlin/Bern: Freiland-Freigeld-Verlag 1923; zuletzt in Gesammelte Werke Bd. 11, Lütjenburg: Gauke-Verlag 1991.

Issautier, Marino-Bertil (1961): *Perspecitve d'une Révolution Economique et Monétaire.* Sonderheft der Cahiers de la Pensée et de l'Action (Paris).

Schneider, Norbert (1996): "Wära - eine Alternative für heute?", in: *Contraste,* Nr. 162.

Schwarz, Fritz (1934): "Sechs-Stunden-Tag im Mittelalter", in: ders.: *Vorwärts zur festen Kaufkraft des Geldes und zur zinsbefreiten Wirtschaft.* Bern: Genossenschaft Verlag Freiwirtschaftlicher Schriften.

Schwarz, Fritz (1951): *Das Experiment von Wörgl.* Bern: Genossenschaft Verlag Freiwirtschaftlicher Schriften.

Suhr, Dieter (1983): *Geld ohne Mehrwert.* Frankfurt/M.: Fritz Knapp.

Suhr, Dieter (1989): *The Capitalistic Cost-Benefit Structure of Money.* Berlin/New York: Springer.

Wünstel, Michael (o.J.): *Hoffnung auf eine bessere Welt.* Im Internet unter http://www.tauschring.de/d0502hof.htm.

Tauschringe

Quellen im Internet:

- http://www.talent.ch/adr/lets.html gibt eine Adressenliste bestehender Tauschringe im deutschsprachigen Raum.
- http://home.t-online.de/home/michael.wuenstel/d0000hpt.htm bietet ebenfalls Kontaktadressen von Tauschring-Projekten in Deutschland, Europa und Übersee, dazu weitergehende Informationen zu Barter-Projekten und alternativen Geldsystemen.
- http://www.u-net.com/gmlets/design/dml 3.html liefert Informationen über das System von Michael Linton.
- http://www.prairienet.org/community/religion//idf/currency.html gibt Details über Tauschringe in Australien und bietet Computer-Software für die Verwaltung von Tauschring-Konten.
- http://members.aol.com/efssociety ist die Homepage der E.F.Schumacher Society (Adresse: 140 Jug End Road, Great Barrington, Massachusetts 01230), die ebenfalls Informationen zum Thema erschließt.

Literatur:

Barnes, Helen, North, Peter, Walker, Perry (o.J.; 1997): *LETS on Low Income.* London: New Economics Foundation.

Borchardt, Wolfgang/Wirtz, Joachim (1996): *Tauschring - Geldloser Ressourcentausch für Vereine, Betriebe und Projekte.* Bonn: Stiftung Mitarbeit.

Brandenstein, Pierre/Corino, Carsten/Petri, Thomas B. (1977): "Tauschringe - ein jursitisches Niemandsland?", in: *Neue Juristische Wochenschrift,* 50. Jg., Heft 13, 825 - 831.

Diefenbacher, Hans/Leipner, Ingo (1997): "Wirtschaften ohne Mark und Euro - Können Tauschringe einen Beitrag zu einer nachhaltigen Gesellschaft leisten?", in: *Politische Ökologie,* Nr. 53 (Sept./Okt. 1997), 42 - 45.

Lang, Peter (1994): *LETS Work: Rebuilding the Local Economy.* Bristol: Grover Books.

Paysys GmbH (Hrsg.) (1997): *LETSysteme und Tauschringe.* 4. Aufl., Frankfurt: Selbstverlag.

Ritter, Joseph A. (1995): "The Transition from Barter to Fiat Money", in: *American Economic Review,* Vol. 85, No. 3, 134 - 149.

Seyfang, Jyll (1994): *The Local Exchange Trading System: Political Economy and Social Audit.* University of East Anglia: School of Environmental Sciences.

Williams, Colin C. (1996): "The New Barter Economy: An Appraisal of Local Exchange and Trading Systems", in: *Journal of Public Policy,* Vol. 16, No. 1, 85 - 101.

Adressen

- Das LETS-Tauschnetz München, c/o Elisabeth Hollerbach, Sonnentaustr. 7, 80995 München, ist besonders aktiv und gibt 3 bis 4mal im Jahr die Zeitschrift LETS-Netz heraus.
- Letslink UK (Adresse: 61 Woodcock Road, Warminster, Wiltshire BA12 9DH, Großbritannien) ist eine britische Kontaktstelle für Tauschringe. Letslink UK hat ein LETS Info Pack erstellt, das Informationen über den schrittweisen Aufbau eines Tauschrings, Ratschläge zu Steuern und Sozialabgaben und anderes enthält. Das Infomaterial ist für 10 brit. Pfund erhältlich. Letslink UK produziert vierteljährlich die Zeitschrift Lets-link und unterhält ein Archiv mit Materialien zu Tauschringen.
- Letslink Ireland (Adresse: c/o Bill Walsh, Lower Aiden Street, Kiltimagh, Co. Mayo) ist eine Anlaufstelle in Irland; Bill Walsh bringt Interessenten und potentielle Gründerinnen und Gründer von Tauschringen in Kontakt mit gut funktionierenden Systemen.
- Michael Linton ist zu erreichen über: Landsman Community Services Ltd., 1600 Embleton Crescent, Courtenay, British Columbia V9N 6N8, Canada, e-mail: lcs@mars.ark.com, im Internet unter http://www.unet.com/gmlets.html
- Aktie Strohalm (Adresse: Oudegracht 42, NL-3511 AR Utrecht, Niederlande) vermittelt Kontakte in die Benelux-Staaten und nach Frankreich. Die Gruppe arbeitet auch über Fragen der Geldtheorie und lokaler Alternativen im Finanzbereich.

Ithaca Hours

Glover, Paul (1997): *Ortswährung als Anstoß zu einer Gemeinschaftswirtschaft*, im Internet unter http://www.lightlink.com/hours/ithacahours/foreign/deutsch/index.html.

Ithaca Money (Hrsg.) (1997): *Hometown Money Starter Kit.* Ithaca: Selbstverlag. Die Publikation ist in Europa für 35 US-Dollar von Ithaca Money erhältlich (Adresse: Box 6578, Ithaca, NY 14851, USA, e-mail: hours@lightlink.com).

Constant - Geld auf der Basis eines Warenstandards

Benello, C. George/Swann, Robert/Turnbull, Shann/Morehouse, Ward (Hrsg.) (1989): *Building Sustainable Communities: Tools and Concepts for Self-Reliant Economic Change.* New York: Bootstrap.

Borsodi, Ralph (1933): *Flight from the City.* New York/London: Harper and Brothers.

Borsodi, Ralph (1989): *Inflation and the Coming Keynesian Catastrophe.* Great Barrington: : E.F. Schumacher Society.

Der Wirtschaftsring und andere Barter-Vereinigungen

- Der Wirtschaftsring ist zu erreichen unter der Adresse: Auberg 1, CH-4002 Basel.
- Eine irische Barter-Vereinigung ist Contranet, 6 Lower Kilmacud Road, Stillorgan, Co. Dublin, Irland.
- In Großbritannien gibt es die British Barter Association, c/o Alan Cartledge, 48 New Street, Three Bridges, Crawley, Sussex RH10 1LW, Großbritannien.

An Literatur ist zu nennen:

Wünstel, Michael (1991): "WIR Wirtschaftsring-Genossenschaft", in: *Angebot und Nachfrage,* Heft 6/1991.

Kapitel 4: Ein eigenständiges Bankwesen

Grameen Bank, alternative Banken und Kleinstkredite

Khandker, Shahid/Khalily, Baqui/Khan, Zahed (1994): *Is Grameen Bank Sustainable?* Washington: World Bank; im Internet unter http://www.worldbank.org:80/html/hcovp/phnflash/hcwp/hrwp015.html.

Madörin, Mascha (1998): "Hochkonjunktur für alternative und kleine Banken", in: *Finanzplatz-Informationen der Aktion Finanzplatz Schweiz,* Heft 1/98, Februar 1998.

o. Verf. (1997): "Small Ideas which are Changing Our Way of Banking", in: *New Economics Newsletter*, Februar 1997, 6 - 8.

Toups, Catherine (1997): "Microcredit - Times Ten", in: *Choices (UNDP),* October 1997.

Yunus, Mohammed (1994): *Grameen Dialogue* (Newsletter der Grameen Bank). Im Internet vgl. http://news.citechco.net/grameen/bank/.

Yunus, Mohammed (1995): *Grameen Bank - Experiences and Reflections.* Chittagong: Grameen Bank.

Ziegelmeyer, Michael/Stark, Marius (1998): "Wie sozial ist Ihre Bank?", in: *Sozialcourage - Magazin für soziales Handeln,* Heft 1/1998.

Weitergehende Informationen im Internet zu alternativen Bankensystemen:

- Zu Grameen unter http://www.soc.titech.ac.jp/titsoc/higuchi-lab/icm/grameen-info.html.
- Unter http://www.soc.titech.ac.jp/icm/ findet sich eine reichhaltige Bibliothek zu allen Fragen der Organisation von Kleinkrediten.

Kreditgenossenschaften

Anlaufstellen

- Die US-amerikanischen Kreditgenossenschaften haben im Internet eine gemeinsame Website eingerichtet, die umfassende Informationen erschließt: http://www.webdms.com/culinks.html.
- In Großbritannien gibt es zwei nationale Vereinigungen, die nicht besonders gut aufeinander zu sprechen sind: die National Federation of Credit Unions, 35 Avon Avenue, Meadow Well, North Shield, Northumberland NE29 7QT und die Association of British Credit Unions Ltd. (ABCUL), Westminster Business Square, 339 Kennington Lane, London SE11 5QY. ABCUL vertreibt eine Broschüre mit dem Titel "Starting a Credit Union" und "An Introduction to Credit Unions", ein Information-Kit der Open University.
- Die nationale Organisation in Irland ist die Irish League of Credit Unions, Castleside Drive, Dublin 14, Irland. Die Vereinigung bietet für Interessenten Schulungskurse zum Aufbau einer Kreditgenossenschaft an.

Literatur

Arnold, Walter/Lamparter, Fritz (1996): *Friedrich Wilhelm Raiffeisen.* Neuhausen/Stuttgart: Häussler.

Culloty, Andrew (1990): *Nora Herlihy - Credit Union Pioneer.* Dublin: Irish League of Credit Unions.

Froschauer, Manfred/Sandgruber, Roman/Schneider, Friedrich (1994): *Theorien und Grundsätze Raiffeisens und ihre Auswirkungen auf die moderne Raiffeisen-Geldorganisation.* Linz: Trauner.

Klein, Michael (1997): *Leben, Werk und Nachwirkung des Genossenschaftsgründers Friedrich Wilhelm Raiffeisen (1818 - 1888), dargestellt im Zusammenhang mit dem deutschen Protestantismus.* Köln: Rheinland-Verlag.

Raiffeisen, Friedrich Wilhelm (1887): *Die Darlehenskassen-Vereine* [5. Aufl.] Neuwied: Ländliche Genossenschaftsbibliothek, Neudruck 1951.

Wohnungs- und Siedlungsgenossenschaften, Baugenossenschaften

Boddy, Martin (1986): *The Building Societies.* London: Macmillan.

Bundesstiftung Umwelt/Deutsches Institut für Urbanistik (Hrsg.) (1996): *TAT-Orte 1996.* Berlin: DIFU, in Internet unter: http://www.difu.de/publikationen/difu-berichte/3_96/ artikel06.shtml.

Eurotopia (Hrsg.) (1997): *Leben in Gemeinschaft.* Niedertaufkirchen: Eurotopia-Verlag.

McKillop, Donald/Ferguson, Charles (1993): *Building Societies: Structure, Performance and Change.* London: Graham and Trotman.

Mondragón

Harrison, Amy/McKay, Fiona (1997): *The Mondragón Co-operative System - Greening your Business, Bringing Your Values to Work.* London: National Green Pages; im Internet unter: http://www.soulzone.com:80/commerce/news/#Mondragón.

Kasmir, Sharryn (1996): *The Myth of Mondragón - Cooperatives, Politics, and Working Class Life in a Basque Town.* Albany: State University of New York Press.

Long, Mike (1996): *The Mondragón Co-operative Federation - A Model for our Times?* im Internet unter http://www.spunk.org/texts/labor/sp001411.txt;

Morris, David (1992): *The Mondragón System: Co-operation at Work.* Washington: Institute for Local Self-Reliance.

Morris, David (1992b): *The Mondragón Co-operative Corporation.* Washington: Institute for Local Self-Reliance.

Morrison, Roy (1991): *We Build the Road as We Travel.* Philadelphia: New Society Publishers.

Weitere Informationen zu Mondragón finden sich bei

- Freedom Press, im Internet unter: http://www.lglobal.com/TAO/Freedom;
- zusätzlich im Internet: http://iisd1.iisd.ca/50comm/commdb/desc/d13.htm.

Islamisches Bankensystem

Ghaussy, A. Ghanie (1986): *Das Wirtschaftsdenken im Islam. Von der orthodoxen Lehre bis zu den heutigen Ordnungsvorstellungen.* Bern/Stuttgart.

Nienhaus, Volker (1982): *Islam und moderne Wirtschaft. Probleme und Perspektiven.* Graz/Wien/Köln.

Tworuschka, Monika (1986): "Islam", in: Michael Klöcker/Udo Tworuschka (Hrsg.): *Ethik der Religionen. Lehre und Leben, Bd. 4: Besitz und Armut.* München/Göttingen, 67 - 91.

Adressen und Informationsmaterial alternativer Banken und Initiativen

- Aston Reinvestment Trust, The Rectory, 3, Tower Street, Birmingham B19 3UY, Großbritannien; e-mail: reinvest@gn.
- Ecology Building Society, 18 Station Road, Cross Hills, Keighley, Yorkshire BD20 5BR, Großbritannien.
- EDCS, P.C. Hooftlaan 3, NL-3818 HG Amersfoort, Niederlande; E-mail office@edcs.nl. Vgl. auch: "Bei dieser Bank erhalten auch Habenichtse einen Kredit", in: Frankfurter Rundschau vom 2./3.10.1997; Zeitschrift "Eine Welt", Heft Nr. 1 (Februar) 1998; Informationen zu regionalen Förderkreisen u.a. von EDCS-Förderkreis Berlin e. V., Geschäftsführer

Siegwart Kriebel, Sonnenallee 315, 12057 Berlin oder vom Westdeutschen Förderkreis, c/o Sylvia Lorek, Adenauerallee 37, 53113 Bonn.

- GLS-Bank (Gemeinschaftsbank für Leihen und Schenken), Postfach 100829, 44708 Bochum, e-mail: GLS.Bochum@t-online.de; die GLS-Bank gibt die Zeitschrift *Bankspiegel - Zeitschrift für ein modernes Bankwesen* heraus.
- ICOF Community Capital Ltd115, Hampstead Road, Handsworth, Birmingham B20 2BT, Großbritannien. http://www.icof.co.uk/share/ index.html; weitere Informationen vgl. ICOF Community Capital Brief Info, im Internet unter: http://www.lightlink.com/cdb-l/archives/12.94-3.96/ 0335.html.
- Öko-Bank, Postfach 160651, 60069 Frankfurt/M.; Hauszeitschrift "Ökorrespondenz", bis März 1998 31 Nummern.
- Self-Help Association for a Regional Economy, Box 76, RD 3, Great Barrington, Massachusetts 01230, USA.
- South Shore Bank, c/o John Shapiro, Senior Vice-President, South Shore Bank, 7054 S. Jeffery Boulevard, Chicago, Illinois 60649; im Internet unter http://skb.com.
- TILT, King Williams College, Yalberton, Paignton, Devon TQ4 7TE.
- Triodos Bank, c/o Glen Saunders, 11 The Promenade, Clifton, Bristol BS8 3NN, Großbritannien. Informationen im Internet: http://www. foe.co.uk:80/pubsinfo/infoteam/pressrel/1996/1996062100121.html.
- UK Social Investment Forum, c/o Danyal Sattar, Vine Court, 112-116 Whitechapel Road, London E1 1JE, Großbritannien. e-mail: danyal@gn.apc.org; im Internet unter: http://www/bath.ac.uk/Centres/ Ethical/UKSIF.
- UmweltBank, Laufertorgraben 6, 90489 Nürnberg; Vgl. hier "Neue Perspektiven" (Gesamtkatalog der Bank 1998) und "Bank und Umwelt" Newsletter, bis März 1998 14 Hefte.
- Wohnungs- und Siedlungsgenossenschaft Ökodorf e.G., Projektzentrum, Dorfstr. 4, 29416 Groß Chüden.
- Women's Self Help Employment Project, 166 W. Washington Street, suite 730, Chikago, Ill. 60602, USA.
- Woodstock Institute, c/o Malcolm Bush, President, 407 South Dearborn (suite 550), Chicago, Illinois 60605; e-mail woodstock@wwa.com.

Kapitel 5: Energie hält die Welt in Atem

Vorbemerkung und allgemeine Informationen zu Energiefragen

Zu keinem der in diesem Buch angesprochenen Themenbereiche gibt es eine dermaßen unüberschaubare Flut von Veröffentlichungen wie zu der Energieproblematik. Einen vorzüglichen ersten Einstieg in die damit verbundenen Fragen gibt:

Hill, Robert/O'Keefe, Phil/Snape, Colin (1995): *The Future of Energy Use*. London: Earthscan.
Johansson, Thomas B./Burnham, Lannie (Hrsg.) (1993): *Renewable Energy: Sources for Fuels and Electricity*. Washington D.C.: Island Press
Stockholm Environment Institute (Hrsg.) (1993): *Towards a Fossil-Free Energy Future*. London: Greenpeace International.

Nach Beendigung der Arbeit an dem vorliegenden Buch sind in Deutschland zwei grundlegende Studien vorgelegt worden, die an dieser Stelle noch zumindest genannt werden sollen, da sie in der nächsten Zeit in der bundesdeutsche Energie-Diskussion eine Rolle spielen werden:

Scheelhaase, Janina D./Wolff, Heimfrid (1998): *Grenzen und Chancen einer dauerhaften und durchhaltbaren Entwicklung im Energiesektor* [Bericht im Auftrag des Bundesministeriums für Wirtschaft, Bonn]. Basel: Prognos [im Erscheinen].
Altner, Günter/Dürr, Hans-Peter/Michaelsen, Gerd (1998): *Zukünftige Energiepolitik - Phase II: Handlungsprogramm* [Studie im Auftrag der Niedersächsischen Energie-Agentur]. [im Erscheinen].

Eine Reihe von Zeitschriften informiert regelmäßig über erneuerbare und nachhaltige Energieressourcen und Energiepolitik, darunter:

- *Energiedepesche,* Bezugsadresse: Bund der Energieverbraucher e.V., Josefstr. 24, 53619 Rheinbreitbach.
- *Safe Energy Journal,* herausgegeben von Friends of Earth, Bezugsadresse: 72 Newhaven Road, Edinburgh EH6 5QG, Großbritannien.
- *Renew,* herausgegeben von Network for Alternative Technology and Technology Assessment (NATTA), Bezugsadresse: NATTA, Energy and Environment Research Unit, Faculty of Technology, Open University, Walton Hall, Milton Keynes, Buckinghamshire MK7 6AA, Großbritannien.
- *New Review,* herausgegeben von Energy Technology Support Unit (ETSU), Bezugsadresse: ETSU, Harwell, Oxfordshire OX11 0RA, Großbritannien.

Einen Einstieg zu umfassenden Informationen über erneuerbare Energiequellen findet man im Internet auf folgenden Seiten:

- http://solstice.crest.org; dies ist der on-line Server des US Center for Renewable Energy and Sustainable Technology (CREST);
- http://www.demon.co.uk/tfc/uk-ises_jumplist.html wird von der UK Solar Energy Society betrieben;
- http://demon.co.uk/tfc/ssin.html ist die Seite des Student Solar Information Network.

Weitere Adressen

- Danish Energy Agency, Landermærket 11, DK-1119 København K.
- NATTA, Energy and Environment Research Unit, Faculty of Technology, Open University, Walton Hall, Milton Keynes, Bucks. MK7 6AA, Großbritannien.

Statistiken und andere Daten

Bayerischer Solar- und Windatlas (Neuaufl. 1997); kann beim Bayerischen Staatsministerium für Wirtschaft, Verkehr und Technologie, Referat Öffentlichkeitsarbeit, Prinzregentenstraße 28, 80538 München, e-mail: STMWVT-Poststelle@t-online.de kostenlos angefordert werden.

Bundesministerium für Wirtschaft (Hrsg.) (fortlaufend): *Energiedaten.* Bonn: BMWi.

ESSO AG (Hrsg.) (1997): *Oeldorado '97 - Reserven, Förderung, Verbrauch.* Hamburg: Selbstverlag.

Landesanstalt für Umweltschutz Baden-Württemberg (1997): *Solar- und Windenergieatlas*; Informationen dazu finden sich im Internet unter http://www.uis-extern.um.bwl.de/lfu/abt2/sw_atlas/windatl.htm.

Ruhrgas AG (Hrsg.) (1997): *Grundzüge der Erdgaswirtschaft.* Im Internet unter http://www.ruhrgas.de:80/deutsch/gaswirt/gaswirt.htm

Statistisches Bundesamt (Hrsg.) (fortlaufend): *Datenreport.* Bonn: Bundeszentrale für politische Bildung.

Umweltbundesamt (Hrsg.) (1997): *Daten zur Umwelt 1997.* Berlin: Erich Schmidt Verlag.

Energiepolitik allgemein, Energie-Effizienz

Biewald, Bruce u.a. (1995): *Societal Benefits of Energy Efficiency in New England.* Im Internet unter http://www.tellus.org/npfdsm.html.

Danielen, Oluf/Hackstock, Rober/Koukios, Emmanuel/Rakos, Christian (1995): *Pathways from Small-Scale Experiments to Sustainable Regional Development.* [Express Path Summary Report EV5V-CT92-0086]. Brüssel: EU-Kommission.

Elliott, Dave (1995): *Towards a Renewable Energy Strategy for the UK.* Milton Keynes: Network for Alternative Technology and Technology Assessment.

O'Rourke, Terence (1995): *Hatherleigh Community Renewable Energy Study.* Bournemouth: Selbstverlag.

Schade, Diethard (Hrsg.) (1995): *Energiebedarf - Energiebereitstellung - Energienutzung.* Berlin u.a.: Springer.

SWEB/ETSU (Hrsg.) (1993): *Renewable Sources of Energy in the SWEB Area: Future Prospects* [ETSU resource study 287]. Harwell: ETSU.

Adressen:

- Das Results Center, c/o IRT Environment Inc., PO Box 10990, Aspen, Colorado 81612-9689, USA sammelt und publiziert die Ergebnisse von Projekten, wie Kunden von Stromkonzernen dazu gebracht werden können, weniger Strom zu verbrauchen.

Windenergie

Binswanger, Hans Christoph (1997): "Die verlorene Unschuld der Windenergie", in: *Blätter für deutsche und internationale Politik,* 42. Jg., Heft 10, 1272 - 1275.

Deutsches Windenergie-Institut (Hrsg.) (1997): *Förderung der Windenergie.* Wilhelmshaven (auf Diskette).

Gubbins, Bridget (1994): *Living with Wind Farms in Denmark and the Netherlands.* Morpeth: North Energy Association (Bezugsadresse: 2 Old Bakehouse Yard, Morpeth, Northumberland NE1 1AS).

Hurley, Brian/Staudt, Larry (1988): *Identification of Wind-Energy Rich Sites Best Suited for Wind Farm Development.* Dublin: Department for Energy.

Schaarschmidt, Dieter (1997): "Wie ein Bürgerwindprojekt im Wendland entsteht", in: *ö-punkte, Schwerpunkt Windenergie*, Startausgabe, November 1997.

Scheer, Hermann (1997): "Konflikte zwischen traditionellem Umweltschutz und ökologischer Wirtschaftsperspektive", in: *Blätter für deutsche und internationale Politik*, 42. Jg., Heft 12, 1499 - 1503.

Winter, Carl-Jochen (1997): "Keine nachfossile Zivilisation ohne die Nutzung der Windkraft", in: *Blätter für deutsche und internationale Politik,* 42. Jg., Heft 12, 1496 - 1498.

Weitere Informationen im Internet:

- Von der Danish Wind Turbine Manufacturers Association werden unter http://www.windpower.dk:80/faqs.htm Antworten auf häufig gestellte Fragen zusammengefaßt.

- Ausführliche Informationen bietet auch die Arbeitsgruppe Windkraftanlagen der TU Berlin, unter http://keynes.fb12.tu-berlin.de/luftraum/konst/windkraft.html.
- Technische Angaben zur Großen Windanlage finden sich unter http://129.69.67.105/ ~doerner/GROWIAN.html.
- Technische Angaben eines etablierten dänischen Herstellers - Vestas - finden sich im Internet unter http://www.vestas.dk.

Adressen:
- The British Wind Energy Association, 89 Kingsway, London WC2B 6RH, Großbritannien. Eine Mitgliedschaft kostet 30 Pfund pro Jahr und beinhaltet das vierteljährliche Magazin „Wind Directions". Das Magazin kann auch ohne Mitgliedschaft abonniert werden.
- Die Irish Wind Energy Association, 52 Croydon Green, Marino, Dublin 3, Irland, gibt den Newsletter "In the Wind" heraus; Informationen im Internet unter http://www.energ.polimi.it/development/ORG/di2523.htm.
- Danske Vindkraftværker, Egensevej 24, DK-4840 Alslev, Dänemark.
- Naturlig Energi, Vrinners Hoved, DK-8420 Knebel, Dänemark.

Wasserkraft

Department of Energy (1985): *Small-Scale Hydro-Electric Potential for Ireland.* Dublin: Selbstverlag.

Department of Energy (Hrsg.) (o.J.): *The Development of Small Scale Hydro Power Schemes.* 2 Bde, Dublin: Selbstverlag; auch als Handbuch zur Beurteilung potentieller Standorte geeignet.

Fraenkel, P./Paish, O. u.a. (1991): *Micro-Hydro Power: a Guide for Development Workers.* London: Intermediate Technology Publications - eine der umfassendsten Publikationen über Kleinwasserkraftanlagen.

Adressen:
- Polyturbine Ltd., Unit 16, IDA Enterprise Centre, 111 Pearse Street, Dublin 2, Irland.

Photovoltaik

Informationen im Internet:
- Unter http://www.solarserver.de findet man den vielleicht besten Einstieg zu Informationen über Sonnenenergie: ein Firmenverzeichnis, Informationen über Fachverbände, Forschungsinstitute, Förderprogramme, Veranstaltungen und anderes.
- Der Energiewende-Verlag in Eschringen unterhält ebenfalls eine Website mit zahlreichen Querverweisen unter http://www.webzone1.co.uk/www/solar/index.htm.

- Eine weitere Übersicht von Querverweisen zu anderen Informationsquellen hat das Landesinstitut für Erziehung und Unterricht in Stuttgart unter http://www.de1.emb.net/schulen/rsi/SOLAR/internet.htm zusammengestellt. Häufige Fragen zur Solarenergie beantwortet unter anderem das Solar-Informations- und Demonstrationszentrum, im Internet unter http://www.solid.de.

Zeitschriften:
- *Solarbrief - Menschen, Politik und Technik für die Energiewende*, Herausgeber: Solarenergie-Förderverein Aachen, Herzogstr., 52070 Aachen.
- *Solarthemen*, Herausgeber: Verlag Guido Bröer & Andreas Witt, Bueltestr. 85, 32545 Bad Oeynhausen.
- *Solarzeitalter - Eurosolar - Journal für ökologische Politik*, Bezugsadresse: Neckar-Verlag GmbH, Postfach 1820, 78008 Villingen-Schwenningen.
- *Sonnenenergie - Zeitschrift für regenerative Energiequellen und Energieeinsparung*, Herausgeber: Deutsche Gesellschaft für Sonnenenergie e.V.,Verlag und Redaktion: DGS-Sonnenenergie Verlags-GmbH, Augustenstr. 79, 80333 München.
- *Sonnenenergie & Wärmetechnik* - Erste deutsche Zeitschrift für alle regenerativen Energiequellen und dezentrale Energieerzeugung, Herausgeber: Bielefelder Verlagsanstalt, Niederwall 53, 33602 Bielefeld.

Weitere Adressen:
- Bundesverband Solarenergie e.V., Kruppstr. 5, 45128 Essen.
- Europäische Sonnenenergie-Vereinigung (Eurosolar), Plittersdorfer Str. 103, 53111 Bonn.
- Deutscher Fachverband Solarenergie e.V., Christaweg 42, 79114 Freiburg.
- British Photovoltaic Association, c/o IT Power, The Warren, Bramshill Road, Eversley, Hampshire RG27 0PR, Großbritannien.
- Bürgergruppe Pro Solarenergie, Rainer Gottschlich, Lelbach C 16, 34497 Korbach.

Literatur:

Langniß, O./Luther, J./Nitdch, J./Wiemken, E. (1997): *Strategien für eine nachhaltige Energieversorgung - Ein solares Langfristszenario für Deutschland.* Stuttgart/Freiburg: Deutsches Zentrum für Luft- und Raumfahrt/Fraunhofer-Institut für Solare Energiesysteme.

Paulitz, Henrik (1997): *Solare Netze - Neue Wege für eine klimafreundliche Wärmewirtschaft*. Göttingen: Verlag Die Werkstatt.

Biomasse

Boldt, Jørgen (1993): *Bioenergy in Denmark.* Kopenhagen: Danish Energy Agency.

Culshaw, Faith/Butler, Clare (1992): *A Review of Biodiesel as a Transport Fuel* [ETSU-R-71]. London: HMSO.

Danish Energy Agency (Hrsg.) (1992): *Update on Centralized Biogas Plants*. København: DEA.

Dunne, W. (1990): *Liquid Fuels from Conventional Agricultural Crops.* Dublin: Teagasc.

ETSU (Hrsg.) (1991): *Straw as Fuel: Current Developments in the UK.* Harwell: ETSU Technology Summary N° 73.

Foster, Caroline (1993): "The carbon and energy budgets of energy crops", in: *Energy Conservation Management*, Vol. 34, Heft 9 - 11, 897 - 904.

Martindale, Larry P. (1991): *The Potential for Straw as a Fuel in the UK.* Harwell: Energy Technology Support Unit (ETSU).

Pott, Fromut (1998): "Das Hightech Holzfeuer - Biomasse kann rund 10 Prozent des Energieverbrauchs in Deutschland liefern", in: *Frankfurter Rundschau* vom 3. 2. 1998.

Thomas, J. (1991): *Fuel Oil Seed Rape.* Dublin: Teagasc.

Umweltbundesamt (Hrsg.) (1995): *Oköbilanz Rapsöl.* Berlin: UBA.

Adressen:

- Dänisches Institut für Agrarökonomie, Gl. Køge Landevej 1, DK-2500 Valby.
- Les Gornall, Green Environmental Services, 13 Thornhill Park, Magherafelt, BT45 5JQ, Großbritannien. Gornall liefert Maschinen, die mit unbehandeltem Biogas laufen.
- Methan O'Gen, Tooracurragh, Ballymacarbry, Co. Waterford, Irland, veröffentlicht zweimonatlich die Zeitschrift Methane Gen über Biogasanlagen.
- Business Development Unit, c/o Mary O'Donnell, The Sutherland Centre, North Street, Skibbereen, Co. Cork, Irland.
- Rural Generation Ltd., Malcolm Dawson, Henshaw Farm, Todmorden, Lancs., OL14 8QR.

Verkehr, Mobilität

Böge, Stefanie (1992): *Die Auswirkungen des Straßengüterverkehrs auf den Raum: Die Erfassung und Bewertung von Transportvorgängen in einem Produktlebenszyklus.* Univ. Dortmund: Dipl.Arbeit.

City-Mobil Forschungsverbund (Hrsg.) (1998): *Forschungsberichte Stadtverträgliche Mobilität,* Freiburg: Öko-Institut.

Davis City Council (Hrsg.) (1992): *Energy-Efficient Subdivision Design: General Plan Policy Interpretation.* Davis: Selbstverlag.

Estevan, Antonio/Sanz, Alfonso (1995): *Hacia la Reconversión Ecologica del Transporte en España.* Madrid: Centro de Investigación para la Paz.

European Federation for Transport and Environment (EFTE) (Hrsg.) (1994): *Greening Urban Transport: European Examples of Pedestrian and Cycling Policy.* Bruxelles: EFTE.

Öko-Mitteilungen, 21. Jg., Heft 2, Schwerpunkt Verkehr.

Teufel, Dieter (1989): *Gesellschaftliche Kosten des Straßengüterverkehrs: Kostendeckungsgrad im Jahr 1987 und Vorschläge zur Realisierung des Verursacherprinzips* [UPI-Bericht Nr. 14]. Heidelberg: Umwelt- und Prognose-Institut.

Adressen:

- European Federation for Transport and Environment, Adresse: Rue de la Victoire 26, B-1060 Bruxelles.
- European Car Sharing, Feldstr. 13 B, 28203 Bremen.
- Dorf Mobil Bad Boll, c/o Jobst Kraus, Pappelweg 12, 73087 Bad Boll.

Energie-Effizienz bei Gebäuden

Barnham, Robert (1995): "Energy Saving Pays Off", in: *Safe Energy Journal,* Sept.-Nov. 1995, 14 - 28.

Feist, Wolfgang/Klien, Jobst (1994): *Das Niedrigenergiehaus.* Karlsruhe: C.F. Müller.

Larsen, Anders et al. (o.J.; 1995): *Virkemidler og Elbesparelser.* København: AFK.

Olivier, David (1991): "Continental efficiency", in: *Building Services,* März 1991.

Roodman, David/Lenssen, Nicholas (1995): *A Building Revolution: How Ecology and Health Concerns are Transforming Construction* [Worldwatch Paper No. 124]. Washington: Worldwatch Institute.

Shorrock, L. (1995): *Potential Carbon Emission Savings from Energy Efficiency in Housing* [Information paper 15/95]. London: Building Research Establishment.

Weizsäcker, Ernst Ulrich von/Lovins, Amory B./Lovins, L. Hunter (1995): *Faktor Vier - Doppelter Wohlstand, halbierter Naturverbrauch.* München: Droemer Knaur.

Kapitel 6: Vom Land leben

Zur Agrarpolitik insgesamt

Literatur:

Blaxter, Kevin (1978): *Energy Use in Farming and its Cost.* Oxford: Oxford Farming Conference.

Body, Richard (1991): *Our Food, Our Land: Why Contemporary Farming Practices Must Change.* London: Rider.

Goering, Peter/Norberg-Hodge, Helena/Page, John (1993): *From the Ground Up - Rethinking Industrial Agriculture.* London: Zed Books.

Greenpeace (Hrsg.) (1992): *Green Fields, Grey Future: EC Agricultural Policy at the Crossroads.* Amsterdam: Greenpeace.

Industry Council for Packaging and the Environment (Hrsg.) (1991): *Packaging Saves Energy.* London: Incpen.

Pretty, Jules (1995): *Regenerating Agriculture.* London: Earthscan.

Raven, Hugh/Lang, Tim/Dumonteil, Caroline (o.J. [1995]): *Off Our Trollies: Food Retailing and the Hypermarket Economy.* London: Institute for Public Policy Research.

SAFE Alliance (Hrsg.) (1994): *The Food Miles Report.* London: SAFE.

Adressen:

- Food First Informations- und Aktionsnetzwerk, Sektion der Bundesrepublik Deutschland e.V., Overwegstr. 31, 44625 Herne. FIAN gibt einen vierteljährlichen Newsletter heraus.
- Das Agrarbündnis wurde 1989 als Dachverband der Deutschen Agraropposition e.V. gegründet und setzt sich für eine umwelt- und sozialverträgliche bäuerliche Landwirtschaft ein. Das Bündnis gibt ein Jahrbuch unter dem Titel "Landwirtschaft [Jahreszahl] - Der kritische Agrarbericht" heraus.

Erhaltung der genetischen Vielfalt

Literatur:

Clunies-Ross, Tracy (1995): "Gene Banks or Gene Morgues?", in: *The Ecologist,* Vol. 25, Heft 5 (Sept./Okt. 1995).

Curran, Leo (1989): *Kerry and Dexter Cattle.* Dublin: RDS.

Fennell, Kay (1987): *The Seed Scandal.* Sevenoaks: Socialist Countryside Group.

Fowler, Cary (1985): *Report on Grassroots Genetic Conservation Efforts.* Washington: US Office of Technology Assessment.

Fowler, Cary/Mooney, Pat (1990): *Shattering - Food, Politics, and the Loss of Genetic Diversity.* Tucson: University of Arizona Press.

Harlan, Jack (1995): "Seed Crops", in: Frankel, Otto H./Hawkes, Jack (Hrsg.): *Resources for Today and Tomorrow.*

Hayes, Anita (1993): "The Native Irish Apple Project", *Common Ground,* July/August 1993.

Hobhouse, Henry (1992): *Seeds of Change.* London: Macmillan

Lamb, J.G.D. (1951): *The Apple in Ireland: Its History and Varieties.* Dublin: RDS.

Mooney, Pat (Hrsg.) (1998): The Parts of Life - Agricultural Biodiversity, Indigenous Knowledge, and the Role of the Third System. Special Issue of *Development Dialogue,* Uppsala: Dag Hammarskjöld Foundation, April 1998.

Randhawa, M.S. (1974): *Green Revolution - A Case Study of Punjab.* Delhi/Bombay/Bangalore: Vikas.

Sharma, Hari (1973): "The Green Revolution in India - Prelude to a Red One?", in: Gough, Ravi/ders. (Hrsg.): *Imperialism and Revolution in South Asia.* New York/London: Praeger.

Initiativen und Gruppen zur Erhaltung der Vielfalt bei Pflanzen

- Arche-Noah-Gesellschaft zur Erhaltung der Kulturpflanzenvielfalt und deren Entwicklung e.V., Obere Straße 40, A-3553 Schiltern, Österreich; die Gesellschaft gibt, für Mitglieder, einen Jahreskatalog mit den Saatgut-Angeboten der Mitglieder heraus.
- SAFE, 38 Ebury Street, London SWI 0LU, Großbritannien.
- Plant Variety Rights Office, Ministry of Agriculture, Fisheries and Food, White House Lane, Huntington Road, Cambridge DB3 0LF.
- Heritage Seed Library, Genetic Resources Department, Henry Doubleday Research Association, Ryton Organic Gardens, Ryton-on-Dunsmore, CV8 3LG, Großbritannien. Der Beitritt zur Vereinigung umschließt ein Abonnement des Newsletters "leafLET".
- Brogdale Horticultural Trust, Brogdale Road, Faversham, Kent, ME13 8XZ; der Trust bewirtschaftet einen Garten mit 2300 Apfelsorten, die in einem Handbuch beschrieben werden: Morgan, Joan/Richards, Alison (1993): The Book of Apples, London: Ebury.
- Irish Seed Savers, Capparoe, Scarriff, Co. Clare, Irland.
- Irish Genetic Conservation Trust, c/o Jim Martin, Department of Botany, Trinity College, Dublin 2, Irland.
- Armagh Orchard Trust, c/o MacNeice Brothers Orchards, Ardress East, Portadown, Co. Armagh, BT62 1SQ, Nordirland.
- Genetic Resources Action International (GRAIN), Girona 25, pral, E-08010 Barcelona, Spanien; e-mail: grain@grain@bcn.servicom.es. Der vierteljährlich erscheinende Newsletter "Seedling" setzt sich besonders stark für die Erhaltung genetischer Vielfalt in nicht-industrialisierten Ländern ein.
- Seed Savers' Exchange, RFD 2, Princeton, Missouri 64673, USA.

Initiativen und Gruppen zur Erhaltung der Vielfalt bei Nutztieren

- Monitoring Institute for Rare Breeds and Seeds in Europe, Schneebergstr. 17, CH - 9000 St. Gallen; das Institut unterhält eine Informationsdatenbank über Bestände aller Nutztierrassen, insbesondere Esel und Ziegen.
- Rare Breeds Survival Trust, National Agricultural Center, Kenilworth, Warwickshire CV8 2LE; The Ark ist die vierteljährliche Zeitschrift des Trust.
- Shire Horse Society, East of England Showground, Peterborough PE2 0XE, Großbritannien.

- Irish Rare Breeds Society, Derk, Dromard, Co. Sligo, Irland.

Ökologisch orientierte Landwirtschaft insgesamt

Zeitschriften:

- *Ökologie und Landbau;* Bezugsadresse: Stiftung Ökologie und Landbau, Weinstraße Süd 51, 67098 Bad Dürkheim.
- *The Smallholder*, Bezugsadresse: Hook House, Hook Road, Wimlington, March, Cambridgeshire, PE15 0QL; erscheint monatlich.
- *Heavy Horse World,* Bezugsadresse: Park Cottage, West Dean, Chichester, West Sussex, PO18 0RX, Großbritannien; vier Ausgaben pro Jahr.
- *Agroforestry*, Bezugsadresse: Agroforestry Research Trust, 46 Hunters Moon, Dartington, Totnes, Devon, TQ9 6JT, Großbritannien; vier Ausgaben pro Jahr.

Literatur:

Arden-Clark, Christian/Hodges, Robert (1988): "The environmental effect of conventional and organic biological farming systems", in: *Biological Agriculture and Horticulture,* 3. Jg., Heft 3, 223 - 287.

Bateman, D./Vine, A. (1981): *Organic Farming Systems in England and Wales.* Aberystwyth: University College of Wales, Department of Agricultural Economics.

Böckenhoff, Ewald/Hamm, Ulrich/Umhau, Martin (1986): "Analyse der Betriebs- und Produktionsstrukturen sowie der Naturalerträge im alternativen Landbau", in: *Berichte über Landwirtschaft,* Neue Folge, 64. Jg., 1 - 39.

Burdick, Bernhard (1994): "Ökolandbau - die klimaverträglichere Alternative", in: *Ökologie und Landbau*, 22. Jg., Vol. 90, 38 - 42

Chivers, Keith (1988): *History with a Future - Harnessing the Heavy Horse for the Twenty-First Century.* Peterborough: Shire Horse Society.

Land Stewardship Project (Hrsg.) (1994): *Profitability of Four Sustainable Farms in Minnesota.* Lewiston: Selbstverlag (Bezugsdresse: P.O.Box 130, 180 E. Main Street, Lewiston, Minnesota MN 55952).

National Research Council (Hrsg.) (1989): *Alternative Agriculture.* Washington: NRC.

Pimentel, David (1992): "Environmental and Economic Costs of Pestizide Use", in: *Bioscience,* 42. Jg., Heft 10, 750 - 760.

Schilthuis, Willy (1994): *Biodynamic Agriculture.* Edinburgh: Floris.

Schuphan, Werner (1965): *Nutritional Values in Crops and Plants.* London: Faber.

Weitere Gruppen, Initiativen, Verbände:

- The Soil Association, 88 Colston Street, Bristol, BS1 5BB, Großbritannien. Interessenten können das vierteljährlich erscheinende Magazin "Living Earth" abonnieren; die Organisation gibt auch die Zeitschrift "New Farmer and Grower" heraus.
- Irish Organic Farmers and Growers Association, 56 Blessington Street, Dublin 7.
- Organic Trust, Islands, Urlingford, Co. Kilkenny, Irland.
- Bio-Dynamic Agricultural Association, Kilderry, Peterswell, Co. Galway, Irland.

Permakultur - Literatur:

Mollison, Bill (1990): *A Practical Guide for a Sustainable Future*. Washington: Island Press, deutsch: *Permakultur konkret - Entwürfe für eine ökologische Zukunft*. München: Pala-Verlag.

Permakultur - Adressen:

- Im Internet ist unter http://2012.org/permakultur/europa.html eine Adressenliste von Permakultur-Vereinigungen in ganz Europa abzurufen.
- In Deutschland gibt es ein Permakultur Institut e.V., das eine Informationsstelle unter der folgenden Adresse unterhält: c/o Heide Micah, Witzfeld 21, 40667 Meerbusch.
- Permanent Publications, Hyden House Ltd, Little Hyden Lane, Clanfield, Hampshire PO8 0RU, Großbritannien, veröffentlicht einen Katalog und die vierteljährliche Zeitschrift Permaculture Magazine.
- The British Permaculture Association, PO Box 1, Buckfastleigh, Devon, TQ11 0LH, Großbritannien, veröffentlicht ein Bulletin, einen ebenfalls vierteljährlichen Newsletter.

Feldhecken:

Bayerisches Staatsministerium für Ernährung, Landwirtschaft und Forsten (Hrsg.) (1995): *Naturnahe Hecken durch Verwendung autochthoner Gehölze*. München: Reihe Ländliche Entwicklung in Bayern, Materialien 33/1995.

Benjes, Hermann (1994): *Die Vernetzung von Lebensräumen mit Feldhecken*. Bonn: Natur und Umwelt. 4. Aufl., München: Natur und Umwelt Verlag

Forstliche Versuchs- und Forschungsanstalt Baden-Württemberg (Hrsg.) (1990): *Hecken und Feldgehölze*. Freiburg: FVF-Mitteilungen, Heft 144.

Starkmann, Thomas (1992): *Neue und alte Hecken im Münsterland. Ökologie, Planung und Pflege von Neuanpflanzungen in der freien Landschaft*. Münster: Schriftenreihe des Westfälischen Amtes für Landespflege, Heft 2.

Streuobstanbau - Literatur:

Deutsche Umwelthilfe e.V. (Hrsg.) (1996): *Kommunale Naturschutzprojekte - 20 Beispiele*. Radolfzell: Selbstverlag.

Ministerium für den ländlichen Raum Baden-Württemberg (Hrsg.) (1997): *Streuobst - Ideen, Aktionen, Konzepte zum Erhalt der Streuobstwiesen in Baden-Württemberg*. Stuttgart: Selbstverlag.

o.Verf. (1997): "Stöffche vom Berkersheimer Roten", in: *Frankfurter Rundschau* vom 8. 11. 1997.

o.Verf. (1997b) "Wo der Prinz zur Schafsnase wird - Experten sind in der Rhön den heimischen Apfelsorten auf der Spur" in: *Frankfurter Rundschau* vom 28. 10. 1997.

Woodward, Lawrence/Flemming, David/Vogtmann, Hardy (1998): "Durch Regionalisierung zur Nachhaltigkeit", in: *Zeitschrift Ökologie und Landbau*, 26. Jg., Heft 105 (Januar 1998).

Streuobstanbau, Adressen:

- Streuobstmuseum Weilermühle: Informationen bei der BUND-Regionalgeschäftsstelle Bodensee-Oberschwaben, Hindenburgstr. 10, 88348 Saulgau.
- Weitere Informationen zum Obstlehrpfad Denkingen-Spaichingen erteilt das Bürgermeisteramt Denkingen, Tel. 07532-6269.
- Informationen zum Mostbirnen-Sortengarten gibt Siegfried Gnädinger, Unterer Frickhof 54, 88696 Owingen-Billafingen.
- Fördergemeinschaft regionaler Streuobstanbau Bergstraße/Odenwald, Postfach 231023, 68181 Mannheim.

Landwirtschaftliche Genossenschaften und Kooperativen

Literatur:

Groh, Christina (1991): "Community supported agriculture: a new approach to marketing", in: *New Farmer and Grower,* Ausg. Frühjahr 1991.

Jasper, Ulrich (1997): "Tagwerk Verbraucher-Erzeuger-Genossenschaft", in: ders./Schievelbein, Claudia u.a. (Hrsg.): *Leitfaden zur Regionalentwicklung*. Rheda-Wiedenbrück: Arbeitsgemeinschaft bäuerliche Landwirtschaft, 92-103.

Laird, Timothy (1995): *Community-Supported Agriculture: A Study of an Emerging Agricultural Alternative.* University of Vermont, Graduate College.

Vgl. Groh, Trauger/McFadden, Steven (1990): *Farms of the Future.* Kimerton/ Pennsylvania: Biodynamic Farming and Gardening Association.

Adressen:

- In Großbritannien gibt die Soil Association Auskunft (Adresse siehe oben).

- Community Supported Agriculture of North America, c/o Robyn Van En, Indian Line Farm, Box 57, Jug End Road, Great Barrington, Mass. 01230, USA. Eine erneuerte und erweiterte Ausgabe des Handbuchs "Basic Formula to Create Community Supported Agriculture" ist im Herbst 1996 erschienen; ein Newsletter erscheint in unregelmäßigen Abständen.

Direktvermarktung und "Tante-Emma-Läden"

Literatur:

Bundesministerium für Ernährung, Landwirtschaft und Forsten (Hrsg.) (1997): *Die Bedeutung der Direktvermarktung als Einkommensalternative für landwirtschaftliche Betriebe in der Bundesrepublik Deutschland. Eine Situationsanalyse* [Durchgeführt von der Universität Gesamthochschule Kassel, Fachgebiet Agrarmarktlehre/Marketing]. Bonn: BMELF.

Bundesministerium für Raumordnung, Bauwesen und Städtebau (Hrsg.) (1996): *Nachbarschaftsladen 2000 als Dienstleistungszentrum für den ländlichen Raum.* Bonn: BMBau.

Deutsche Umwelthilfe (Hrsg.) (1997): *Beispiele: Einrichtung eines Bauernmarktes. Stadt Eisenach, Thüringen.* Ausgabe 4/1997.

Dicks, Ute/Gaitsch, Regina u.a. (1997): *Bericht über die Recherche über Projekte und Initiativen zur Nachhaltigen Regionalentwicklung in Rheinland-Pfalz.* Trier: TAURUS.

Hessisches Ministerium für Wirtschaft, Verkehr, Technologie und Europaangelegenheiten (Hrsg.) (1994): *Der Nachbarschaftsladen: Alles unter einem Dach! Ein Handbuch zur Sicherung der ländlichen Grundversorgung für Bürgerinnen und Bürger, Kaufleute, Kommunen und Planer.* Wiesbaden: Selbstverlag;.

Kuhnert, Heike/Wirthgen, Bernd (1997): *Die Bedeutung der Direktvermarktung als Einkommensalternative für landwirtschaftliche Betriebe in der Bundesrepublik Deutschland.* Bonn: Köllen Verlag.

Adressen:

- Artur Graf, Unser Laden, Rhönstraße 13, 36381 Schlüchtern-Hutten.
- Rhön Kreativ Vertriebs GbR, Amelungstr. 2, 36129 Gersfeld.
- Rhöner Apfelbüro, Bahnhofstraße 4, 36151 Burghaun.
- Mary Coleman, Country Markets Ltd, Swanbrook House, Bloomfield Avenue, Dublin 4, Irland.
- Penny Annand, WI Country Markets Department, Reada House, Vachel Road, Reading RG1 1NY, Großbritannien.

Konsumvereine:

- Dublin Food Co-operative Society Ltd, Carmichael House, North Brunswick Street, Dublin 7, Irland.
- Seikatsu Club Consumers' Co-operative, 2-26-17 Miyasaka, Setagaya-ku, Tokyo, Japan. Mehrere Publikationen in englisch untersuchen die Bewegung auf theoretischem und praktischem Niveau; Seikatsu Club Seikyo Kanagawa (1991): I Among Others, Yokohama.

Kapitel 7: Moderne Zeiten

Der "homo oeconomicus" und die Ökonomen

Carter, John/Irons, Michael (1990): *Are Economists Different, and If So, Why?* Working Paper, College of the Holy Cross.

Frank, Robert/Gilovich, Thomas/Regan, Denis (1993): "Does studying economics inhibit co-operation?", in: *Journal of Economic Perspectives,* Vol. 7, No. 2, 159 - 171

Marwell, Gerald/Ames, Ruth (1981): "Economists Free Ride, Does Anyone Else?", in: *Journal of Public Economics*, Vol. 15, No. 3, 295 - 310.

Roxas, Sixto (1994): "The victims of vanity", in: *Down to Earth,* (New Delhi), 15 März 1994.

Indikatoren für nachhaltige Entwicklung einer Region

Diefenbacher, Hans/Karcher, Holger/Stahmer, Carsten/Teichert, Volker (1997): *Nachhaltige Wirtschaftsentwicklung im regionalen Bereich - ein System von ökologischen, ökonomischen und sozialen Indikatoren* [Texte und Materialien, Reihe A, Bd. 42]. Heidelberg: FEST.

Jacksonville Committee (1997): *Life in Jacksonville. Quality Indicators for Progress*; im Internet unter: http://www.unf.edu/-clifford/jcci/qip.html.

Local Government Management Board (Hrsg.) (1995): *Sustainability Indicators Research Project: Consultants' Report on the Pilot Phase.* Luton: LGMB.

Sustainable Seattle (Hrsg.) (1998): *Sustainable Seattle Master List 1997*, im Internet unter http://www.scn.org/sustainable/indicators.html.

Teichert, Volker/Diefenbacher, Hans/Wilhelmy, Stefan (1997): *Regionale Indikatoren für nachhaltige Entwicklung* [Expertise für die Bundesforschungsanstalt für Landeskunde und Raumordnung, Bonn]. Heidelberg: FEST.

Gerechte Preise und Zunftorganisation

Black, Antony (1984): *Guilds and Civil Society.* London: Methuen.
Brentano, Lujo (1901): *Ethik und Volkswirtschaft in der Geschichte.* München: C. Wolf & Sohn.
Coulton, G. (1945): *Medieval Panorama.* Cambridge: Cambridge University Press.
Hagenauer, Selma (1931): Das "Iustum Pretium" bei Thomas von Aquin. Diss. Frankfurt/M., Stuttgart: *Vierteljahrschrift für Sozial- und Wirtschaftsgeschichte*, Beiheft 24.
Le Goff, Jacques (1986): *Wucherzins und Höllenqualen. Ökonomie und Religion im Mittelalter.* Stuttgart: Klett-Cotta
Sombart, Werner (1930): *Die drei Nationalökonomien - Geschichte und System von der Lehre der Wirtschaft.* München/Leipzig: Duncker und Humblot, 26.
Thomas von Aquin, *Summa theologiae,* Ausg. der Albertus-Magnus-Akademie, Bd. 18: „Recht und Gerechtigkeit", Heidelberg/München: F.H. Kerle 1953.

Gemeinwesenorientierte Ökonomie

Berry, Wendell (1990): „The Work of Local Culture", in: ders. (Hrsg.): *What are People for?* San Francisco: North Point Press.
Fuller, Buckminster (1977): *Bedienungsanleitung für das Raumschiff Erde.* Amsterdam: Verlag der Kunst [Neuaufl. 1996].
Landauer, Gustav (1908): "Was will der Sozialistische Bund?", in: *Der Sozialist,* 1. 10. 1908.
Landauer, Gustav (1909): "Was ist zu tun?", in: *Der Sozialist,* 11. 1. 1909.
Landauer, Gustav (1910): "Die Siedlung", in: *Der Sozialist,* 1. 5. 1910.
Lane, Robert (1994): *Giving Friendship Priority over Commodities.* New Haven: Yale University, Dept. of Political Science.
Pahl, Raymond E. (1984): *Divisions of Labour.* Oxford: Blackwell.

Sachregister

In den Registern sind nur die inhaltlichen Kapitel, nicht aber der Anhang mit weiterführenden Informationen erfaßt.

Personen-, Firmen- und Institutionen-Register

XYZ

Was passiert mit meinem Geld?

Antje Schneeweiß

Mein Geld soll Leben fördern

Hintergrund und Praxis ethischer Geldanlagen

Herausgegeben von SÜDWIND e.V.

Mit einem Vorwort von Ernst-Ulrich von Weizsäcker

240 S. Kt.

ISBN 3-7867-2062-2

„Was passiert eigentlich mit meinem Geld?" Viele empfinden es immer mehr als Widerspruch, daß sie mit ihrem Ersparten ungewollt genau das fördern, was sie sonst bekämpfen: Rüstungsindustrie, eine umweltzerstörende Produktion, Ausbeutung in den Ländern des Südens etc. Doch es gibt Alternativen!

Antje Schneeweiß legt den aktuellen Leitfaden für ethisch verantwortete Geldanlagen vor: Sie entwickelt Kriterien für alternative Anlagen, beantwortet Fragen nach Sicherheit, steuerlichen Aspekten usw. und gibt einen umfassenden Überblick über entsprechende Angebote. Ein notwendiges Kursbuch für alle, denen es um mehr geht als um Zinsen!

Matthias-Grünewald-Verlag · Mainz

Weltwirtschaft – eine zentrale Herausforderung der Kirche

Ulrich Duchrow

Alternativen zur kapitalistischen Weltwirtschaft

Biblische Erinnerung und politische Ansätze zur Überwindung einer lebensbedrohenden Ökonomie
320 S. Kt.
ISBN 3-7867-1752-4

Unser kapitalistisches Weltwirtschaftssystem ist gescheitert: Ein auf ständigem Zwang zu Wachstum basierendes Zivilisationsmodell verweigert einem Großteil der Menschheit das Lebensnotwendige und hat das Überleben unseres Planeten insgesamt in Frage gestellt.
Ulrich Duchrow orientiert sich am Dreischritt der Befreiungstheologie: Sehen – Urteilen – Handeln. Er zeigt die lebenszerstörenden Mechanismen unserer Weltwirtschaft auf, erinnert an biblische Widerstandstraditionen und weist auf alternative Handlungsmöglichkeiten hin.

Matthias-Grünewald-Verlag · Mainz